HJALMAR HEGGE

Freiheit, Individualität und Gesellschaft

LOGOI

Philosophie, Literatur, Geschichte

Herausgegeben von
Manfred Krüger

Band 10

HJALMAR HEGGE

Freiheit, Individualität und Gesellschaft

Eine philosophische Studie zur menschlichen Existenz

Aus dem Norwegischen
von Stephan Rotthaus
und Gabriele Sperlich-Rotthaus

VERLAG FREIES GEISTESLEBEN

CIP-Titelaufnahme der Deutschen Bibliothek

Hegge, Hjalmar: Freiheit, Individualität und Gesellschaft:
eine philosophische Studie zur menschlichen Existenz / Hjalmar Hegge.
Aus dem Norweg. von Stephan Rotthaus und Gabriele Sperlich-Rotthaus. –
Stuttgart : Verlag Freies Geistesleben, 1992
(Logoi; Bd. 10)
Einheitssacht.: Frihet, individualitet og samfunn <dt.>

ISBN 3-7725-1111-2

NE: GT

Einband: Walter Schneider, unter Verwendung eines Motivs
des Schwellensteins von New Grange

Druck: Werner Schaubruch, Bodenheim

INHALT

VORWORT
ZUR DEUTSCHEN AUSGABE

Dieses Buch ist eine philosophische Studie, genauer gesagt: eine Untersuchung unter moralphilosophischem, erkenntnistheoretischem und sozialphilosophischem Aspekt. Daß *alle* genannten Blickwinkel und *eben diese drei* für die Behandlung des dreiteiligen Themas der menschlichen Existenz – Freiheit, Individualität und Gesellschaft – nicht nur notwendig, sondern in diesem auch eng miteinander verbunden sind, wird die Arbeit als ganze zeigen.

Dieses Buch versucht, die zentralen Themen westlichen Denkens und westlicher Kultur in einer ganzheitlichen, historischen und systematischen Sicht aufzugreifen: die individuelle Freiheit, die Existenz menschlicher Individualität und die Frage des Verhältnisses der Menschen zueinander, ihre Sozialität. Dabei wird gezeigt, daß ein enger Zusammenhang zwischen innerer (geistiger) und äußerer oder sozialer Freiheit des Menschen besteht und daß sich Freiheit und Sozialität, tiefer gesehen, nicht widersprechen, sondern vielmehr gegenseitig bedingen. Das gleiche gilt für die Ideen der Freiheit, Gleichheit und Brüderlichkeit – wenn deren Gültigkeit auf bestimmte Gesellschaftsbereiche bezogen wird, nämlich auf das Geistes- und Kulturleben, das rechtlich-politische Leben und das Wirtschaftsleben.

Die Darstellung kämpft an vielen Fronten: So wird der Mensch als Individualität und freies Wesen durch eine Argumentation begründet, die sich gegen jeden Versuch wendet, ihn auf Naturvorgänge, gesellschaftliche Verhältnisse oder andere allgemeine Gesetze zu reduzieren. Dementsprechend wird mit dem Kapitalismus, seinem Egoismus und Kommerzialismus ebenso ins Gericht gegangen wie mit dem Marxismus und seiner materialistischen Grundanschauung – in der Absicht, einer gesellschaftlichen Anschauung den Weg zu bahnen, die sowohl Freiheit als auch Sozialität gewährleistet.

Die erwähnten Auseinandersetzungen auf sozialphilosophischem Gebiet sind im wesentlichen prinzipieller Natur, so daß die äußeren politischen Umwälzungen der letzten Jahre, etwa in Osteuropa, kaum in die Betrachtung einfließen. Was sich dort vollzogen hat, ist keine Erneuerung einer sozialen Denkweise, sondern der Übergang von einer veralteten Gesellschaftsform zu einer anderen!

So hat die deutsche Ausgabe gegenüber der Originalausgabe aus dem Jahr 1988 nur wenige inhaltliche Änderungen erfordert.

Änderungen sind jedoch auf einer anderen Ebene vorgenommen worden. Im ursprünglichen Text bezogen sich viele Beispiele und Hinweise auf spezifisch norwegische Verhältnisse beziehungsweise auf Literatur in norwegischer Sprache. In der deutschen Ausgabe sind diese auf ein Minimum beschränkt, die Literaturhinweise soweit möglich durch entsprechende Titel in deutscher oder englischer Sprache ersetzt. Schließlich sind in der Übersetzung einige – wenn auch nur geringfügige – Ergänzungen hinzugekommen.

Für die Entstehung der deutschen Ausgabe danke ich neben meinen engagierten und tatkräftigen Übersetzern, Stephan Rotthaus und Gabriele Sperlich-Rotthaus, vor allem dem *Norges allmennvitenskapelige forskningsråd* (Norwegischer allgemein-wissenschaftlicher Forschungsrat) und dem *Rudolf Steiner-Fonds für wissenschaftliche Forschung* in Nürnberg, die sie durch ihren finanziellen Beitrag ermöglicht haben.

Für das große Interesse, das der Herausgeber der Logoi-Reihe, Herr Dr. Manfred Krüger, an meiner Arbeit genommen hat, möchte ich meine besondere Verbundenheit zum Ausdruck bringen.

Dankbar bin ich auch dem finnischen Philosophen Professor Reijo Wilenius, der in einer Besprechung meiner Habilitationsschrift ihre Übersetzung in die deutsche und englische Sprache sehr empfohlen hat, sowie dem Verlag für die gründliche und gewissenhafte Vorbereitung und Herstellung der deutschen Ausgabe.

Oslo, im Juli 1992 *Hjalmar Hegge*

VORWORT
ZUR NORWEGISCHEN AUSGABE

Dieses Buch ist entstanden auf der Grundlage eines lebenslangen philosophischen Studiums, insbesondere von Studien der letzten 20 bis 30 Jahre. Es knüpft teils an Arbeiten an, die ich bereits früher publiziert habe, teils an Vorlesungen, die ich als Dozent an der Universität Oslo gehalten habe, wobei die Bearbeitung als solche und die einzelnen Gesichtspunkte wesentlich erweitert, vertieft und aktualisiert wurden.

Es fällt ins Auge (z.B. bei einem Blick in das Inhaltsverzeichnis oder Sachregister), daß die Arbeit ein weites Themenspektrum umfaßt. Daß das Thema eine derart extensive Bearbeitung erfordert, wird im Text selbst und auch schon in der Einleitung begründet. Nichtsdestoweniger können einzelne Abschnitte des Buches, wie z.B. Teil II «Freiheit und Gesellschaft», relativ unabhängig von den übrigen Teilen gelesen und verstanden werden.

Obwohl es sich bei diesem Buch um eine philosophische Abhandlung handelt, sollte sein Grundthema in hohem Maße auf allgemeines Interesse stoßen. Ich habe daher versucht, die Darstellung so einfach wie möglich zu gestalten, so daß eine gewinnbringende Lektüre auch ohne spezielle, fachphilosophische Kenntnisse möglich sein sollte. Eine eingehendere Darstellung des Grundthemas des Buches, seiner Problemstellung und Zielsetzung findet sich in der nachfolgenden Einleitung.

Meine Arbeit wurde (mit Ausnahme einzelner späterer Ergänzungen und geringfügiger Veränderungen) als philosophische Habilitationsschrift vorgelegt und im April dieses Jahres öffentlich disputiert. Ich möchte an dieser Stelle den Mitgliedern des Beurteilungskomitees danken:

Prof. Reijo Wilenius (Universität Jyväskylä, Finnland), Prof. Guttorm Fløistad und Egil A. Wyller (Universität Oslo).

Vielen bin ich auch für praktische Hilfe von der ersten Reinschrift bis zum fertigen Buch Dank schuldig. Keiner sei genannt, aber auch keiner vergessen.

Oslo, im November 1988 *Hjalmar Hegge*

EINLEITUNG

Die Problemstellung

Dies ist eine Studie zur menschlichen Freiheit. Sie baut auf dem Grundgedanken auf, daß Freiheit nicht isoliert von anderen Aspekten des menschlichen Lebens zu verstehen ist. Diese Feststellung mag trivial erscheinen, tatsächlich jedoch zeigt sich im zeitgenössischen wie im traditionellen Denken, daß Tendenzen zur Isolierung der Freiheitsproblematik vorherrschen. Ein klassisches Beispiel ist das liberalistische Freiheitsverständnis, das von den ökonomischen Machtverhältnissen abstrahiert. Eine andere, konträre Spielart einer freiheitsbeschränkenden Sichtweise ist die Tendenz, die gesellschaftliche Freiheit des Menschen ohne Beachtung und Begründung «innerer», intra-individueller Willensfreiheit zu erörtern. Das Gegenstück hierzu findet sich in der philosophischen Behandlung der Willensfreiheit in früheren Jahrhunderten, wo man diese isoliert von der äußeren, gesellschaftlichen Unterdrückung zu ergründen versuchte.

Wenn Freiheit als Einheit verstanden werden muß (und dies wollen wir im folgenden begründen), dann sind solche Teilperspektiven nicht nur unvollständig, sondern beinhalten auch selbst Widersprüche. So kann man nicht die gesellschaftliche Freiheit des Menschen hervorheben, gleichzeitig aber die Auffassung akzeptieren, das einzelne Individuum (der einzelne menschliche Geist) sei in Denken und Handeln von biologischen oder umweltspezifischen (z.B. materiellen) Umständen determiniert. Auf der anderen Seite erscheint es ebenso unvereinbar, die völlige Unabhängigkeit des Individuums von solchen Verhältnissen zu postulieren und zugleich dessen soziale Unterdrückung hinzunehmen.

Unsere Schlußfolgerung hieraus: Die Freiheitsproblematik hat eine «innere» wie eine «äußere» Seite (wie wir es vorläufig ausdrücken wollen), und diese beiden Seiten müssen im Zusammenhang miteinander gesehen werden. Es ist unsere Überzeugung, die wir noch näher begründen werden, daß unser Verständnis äußerer, gesellschaftlicher Freiheit durch unser Verständnis innerer Freiheit bedingt ist – und umgekehrt. Und obwohl sich diese beiden

Bereiche der Freiheit gegenseitig bedingen, müssen wir sie doch aus teilweise völlig unterschiedlichen Perspektiven zu verstehen versuchen. Dem «inneren» Aspekt werden wir uns im wesentlichen in Form einer philosophischen Begründung der inneren Freiheit nähern. Wir werden uns hierbei vor allem mit Problemstellungen aus dem Bereich der Erkenntnistheorie und Ethik beschäftigen. Bei der Behandlung des «äußeren» Aspektes werden wir insbesondere eine sozialphilosophische Perspektive eröffnen.

In groben Zügen können wir sagen, daß wir den Begriff der Freiheit unter zwei Aspekten betrachten werden: zum einen in Verbindung mit Willen, Erkenntnis und Handeln des einzelnen, zum anderen in Verbindung mit der Tatsache, daß der Mensch auch ein gesellschaftliches Wesen ist. Die Überschriften der beiden Hauptteile I und II unserer Studie sind Ausdruck dieser beiden Sichtweisen. Teil I haben wir «*Freiheit und Erkenntnis*» genannt. Es ist nicht unmittelbar einleuchtend, daß dieses Thema entscheidend ist für die Freiheitsproblematik, wenn auch eine erkenntnistheoretische Begründung der Freiheit wichtig erscheint. Aus unserer Sicht beinhaltet das Thema «Freiheit und Erkenntnis» aber viel mehr. Wir sind nämlich der Auffassung (und sehen es als zentrale Aufgabe an, dies nachzuweisen), daß es einen notwendigen, erkenntnistheoretisch begründbaren Zusammenhang zwischen Freiheit und menschlicher Erkenntnis gibt. Eine unserer Hauptthesen ist folglich, daß Freiheit und Erkenntnis in wesentlichen Punkten zwei Seiten derselben Sache sind. Wir werden versuchen, diese These sowohl systematisch wie historisch zu begründen.

Die historische Perspektive steht hierbei im Vordergrund, weil diese in höchstem Maße geeignet ist, das Freiheitsproblem zu erhellen und gleichzeitig für eine fruchtbare Erörterung einen ausgezeichneten Ausgangspunkt bietet. Es gibt denn auch Philosophen, die die Geschichte der Menschheit schlechthin als «Entwicklung zur Freiheit» gedeutet haben. Wir wollen unsere Studie daher mit einer solchen historischen Perspektive einleiten; mit Blick auf den weiteren Fortgang der Erörterung wird dies im wesentlichen eine philosophiegeschichtliche Perspektive sein.

Aus der von uns intendierten weiten Perspektive auf den Begriff der Freiheit ergeben sich zahlreiche sehr umfassende Fragen zu individuellen wie gesellschaftlichen Aspekten des menschlichen Lebens. Wir können nicht zu allen Fragestellungen eine auch nur annähernd erschöpfende Darstellung geben. Aber dies ist auch nicht erforderlich, um die prinzipiell wichtigen Aspekte menschlicher Freiheit, auf die wir uns konzentrieren wollen, beleuchten zu können. Diese Aspekte werfen in erster Linie Fragen nach dem

Zusammenhang zwischen Freiheit und *Erkenntnis* und nach der Stellung und Integration der Freiheit im *gesellschaftlichen* Ganzen auf. Diesen Themen sollen nicht nur die beiden Hauptteile gewidmet sein, sondern wir wollen bereits in dem einleitenden historischen Teil auf sie eingehen.

Zwischen diesen beiden Themen besteht ein enger Zusammenhang. Er beruht darauf, daß menschliche *Erkenntnis* sowohl einen individuellen wie einen allgemeinen, intersubjektiven Aspekt hat und daher Grundlage sowohl innerer wie äußerer (Willens- bzw. sozialer) Freiheit ist. Aus diesem Grund behandeln wir das Verhältnis zwischen Freiheit und Erkenntnis *vor* der Frage nach dem Zusammenhang von Freiheit und Gesellschaft.

Der abschließende Teil soll der Vertiefung der sich durch die ganze Studie ziehenden Perspektive dienen: des Zusammenhangs zwischen innerer und äußerer Freiheit.

Die Methode

In unserer Darstellung wird es in der Hauptsache darum gehen, zentrale philosophische Themen wie Erkenntnis, Denken und Handeln zu vertiefen sowie zentrale philosophische Begriffe wie ‹Freiheit›, ‹Gleichheit› und ‹Rationalität› zu erörtern. Dies heißt jedoch nicht, daß wir uns ausschließlich auf einer «theoretischen» Ebene bewegen. Wir beziehen uns stets auf *Erfahrung.*

Allerdings verstehen wir ‹Erfahrung› in einem umfassenderen Sinne als das, was in der heutigen Wissenschaftstheorie gerne als «empirische Methode» («hypothetisch-deduktive» Methode) bezeichnet wird. Wir werden später in verschiedenen Zusammenhängen kritisch darauf eingehen, daß diese Methode auf der *positivistischen* Annahme basiert, die gegebenen «Daten» stellten die fundamentale Wirklichkeitsinstanz dar, und «Theorie» sei aus diesem Grunde prinzipiell lediglich hypothetischer Natur. In der Folge ist man (vom logischen Empirismus bis zur philosophischen Semantik) einseitig damit beschäftigt, wie unsere Begriffe «getestet» werden können (als ob das Experiment die höchste Erkenntnisform wäre!), während sich *unsere* empirische Methode vorzugsweise dafür interessiert, wie die Begriffe *gebildet* werden.

Insoweit ist unsere Auffassung von ‹Erfahrung› eher mit der phänomenologischen, hermeneutischen und *transzendentalphilosophischen* Methode verwandt. Mit der letztgenannten haben wir darüber hinaus gemein, daß wir die *Grundlagen* menschlicher Existenz aufzudecken suchen, indem wir uns mit Begriffen wie ‹Erkenntnis›, ‹Individualität›, ‹Freiheit› und ‹Gesellschaft› befassen. Andererseits distanzieren wir uns auch in weiten Teilen von der Transzendentalphilosophie, insofern wir unsere Methode als *Erfahrung* von *Wirklichkeit* verstehen und nicht als eine bloße «Rekonstruktion» formaler «Bedingungen der Möglichkeit» von Denken und Handeln.

Zur Frage der Methode können wir hier nur andeuten, was später ausführlich erörtert wird: Auf den Positivismus gehen wir vor allem in dem Kapitel «Erkenntnis, Individualität und Freiheit» ein, auf die Transzendentalphilosophie in den Kapiteln «Freiheit und Dogmatismus» und «Die Sphären von Freiheit und Gleichheit». Die Methodenfrage im allgemeinen werden wir auch in dem abschließenden Teil der Studie behandeln.

Die Terminologie

Wir wollen unsere Darstellung nicht mit dem Versuch beginnen, formale «Definitionen» der für diese Studie grundlegenden Begriffe zu geben. Eine solche Vorgehensweise ist zwar gängige Lehrbuchregel, die sich in dem einen oder anderen Fall als nützlich erweisen kann, aber auch Grenzen ihrer Anwendbarkeit hat. Im Falle umfassender und komplizierter Begriffe wie ‹Freiheit› und ‹Erkenntnis› würde ein solcher Definitionsversuch eher die Phänomene verschleiern denn aufdecken, wenn er sich überhaupt als durchführbar erweisen sollte. Die Definition von ‹Eisenbahn› beansprucht in internationalen Vertragswerken mehrere Seiten – ein Begriff wie ‹Freiheit› dürfte um einiges komplizierter sein.

Auf der anderen Seite sind zu Beginn einige Anmerkungen zur Wahl der Terminologie sinnvoll, um möglichen Mißverständnissen vorzubeugen. Dies betrifft zwei der in unserer Studie zentralsten Begriffe, die wir mit «Rationalität» und «Sozialität» bezeichnet haben. Wir haben diese Ausdrücke gewählt, da sie nach Herkunft und ursprünglicher Bedeutung das gut abdecken, was wir herausstellen wollen – auch wenn sie im normalen Sprachgebrauch fremd wirken und teils in anderen als der von uns intendierten Bedeutung verwendet werden.

Letzteres betrifft insbesondere den Ausdruck «Rationalität», dem wir eine weit umfassendere Bedeutung geben, als dies in moderner wissenschaftstheoretischer und z.B. soziologischer Debatte in der Regel der Fall ist, wo dieser Begriff vornehmlich im Kontext mit menschlichem Handeln verwendet wird. Vor allem darf der Begriff, so wie wir ihn verwenden, nicht im Sinne von «Zweckdienlichkeit» oder «Zweckmäßigkeit» (vgl. den Ausdruck «rationell») verstanden werden. Der von uns intendierte Begriffsinhalt läßt sich andererseits mit Wörtern wie «Vernunft» oder «Vernünftigkeit» nicht adäquat ausdrücken, da deren Bedeutung im Sprachgebrauch sehr viel stärker festgelegt ist als die von «Rationalität». Auch konnten wir «Rationalität» nicht durch die Wörter «Denken» oder «Erkenntnis» ersetzen, da diese in unserer Studie spezifische Bedeutungen haben, die als Teile in unseren Rationalitätsbegriff einfließen. Das Wort «Rationalität» hat darüber hinaus den Vorteil, daß es von seinem Ursprung, dem lateinischen Wortstamm «ratio», der Bedeutung sehr nahe kommt, in der wir es verwenden, was bereits aus der einleitenden historischen Betrachtung deutlich werden wird.

Den Ausdruck «Sozialität» verwenden wir als Sammelbezeichnung für Verhältnisse zwischen den Menschen. Normalerweise werden diese mit «das Soziale» oder «das Gesellschaftliche» umschrieben; unsere Bezeichnung ist jedoch umfassender als letztere und enger als erstere. Ein tieferes Verständnis dessen, was wir in diese Bezeichnung wie auch in den Ausdruck «Rationalität» legen, wird sich aus den folgenden Erörterungen ergeben.

EINE HISTORISCHE PERSPEKTIVE

I

FREIHEIT UND INDIVIDUALITÄT

Die europäische Kulturgeschichte scheint, ungeachtet ihrer Vielfalt, von einem grundlegenden Charakteristikum bestimmt zu sein: der Entfaltung der freien *Individualität*, der Freiheit des einzelnen Menschen. Hierdurch unterscheidet sie sich von allen anderen uns bekannten Kulturen. Ein Vergleich der europäischen Geschichte mit z. B. den großen Kulturen des Ostens verdeutlicht dies; diese Völker haben, trotz ihrer in vielerlei Hinsicht reichen und weisen Kulturen, weder der *Individualität* einen übergeordneten Wert beigemessen, noch sind sie vom Ideal der Freiheit des einzelnen Menschen geprägt gewesen.

Ganz im Gegenteil: Das Ideal beispielsweise der alten indischen Kultur – in der Veda-Tradition wie im Buddhismus – war die *Negierung* der «Individuation», des Individualisiert-Seins in einem irdischen Körper. Ziel dieser Kultur ist die Befreiung des Menschen von seiner irdischen Existenz, sein Aufgehen im Universum (Nirvana), wie es u.a. in Weltanschauung und Lebensführungslehre des Yoga zum Ausdruck kommt. Individualität erscheint hier als Merkmal nur des irdischen Daseins und wird ausschließlich negativ gesehen – in scharfem Kontrast zur europäischen Tradition, die insbesondere im Christentum die Unsterblichkeit der *individuellen* Seele und deren *Aufgabe* im irdischen Leben hervorhebt.[1]

Auch dem heutigen Hinduismus, einer Lehre, die die Inkarnation nicht direkt negiert, ist die Vorstellung einer «irdischen Aufgabe» jedes Menschen fremd. Die Bedeutung der sich zwischen Geburt und Tod erstreckenden Existenz des Individuums tritt gegenüber der großen kosmischen Perspektive eines jenseitigen Lebens und ständig neuer Inkarnationen zurück. Im Unterschied zum Christentum fallen die Entscheidungen nicht «hier und jetzt»; *alles* Geschehen ist Schicksal, nichts ist Freiheit. Eine derartige Auffassung muß Gleichgültigkeit gegenüber der irdischen Existenz des einzelnen hervorbringen. Auf der äußeren Ebene schlägt sich dies u. a. in der sozialen Diskriminierung des Individuums im hinduistischen Kastenwesen sowie in unhinterfragtem Hinnehmen eines tradierten Feudalwesens nieder – eine für uns Europäer befremdliche Vorstellung.

In der anderen großen östlichen Kultur, der chinesischen, waren die Negierung der irdischen Existenz und die Verneinung der Individuation keine kulturellen Ideale. Nichtsdestoweniger trägt auch diese Kultur deutlich individualitätsverneinende Züge; auch hier ist die Freiheit des Individuums kein ausgeprägtes Ziel. Die chinesische Kultur ist über Jahrtausende vom Ideal der inneren wie auch äußeren Einordnung und Unterwerfung des Individuums gekennzeichnet gewesen; man denke nur an Religion, Philosophie und Gesellschaftslehre des Konfuzianismus und das strenge Privilegiensystem des Kaiserreiches.[2]

Auch in anderen, kleineren Kulturen begegnet uns die Idee von Individualität und Freiheit des einzelnen Menschen nicht – nicht einmal in der ursprünglichen jüdischen Kultur. Jahve ist der Gott des Volkes Israel (oder wie es heißt der «Gott Abrahams, Isaaks und Jakobs») und nicht der des einzelnen. Die Gemeinschaft, basierend auf Blutsverwandtschaft, Rasse und Geschlecht, ist dem einzelnen stets übergeordnet, sowohl in Fragen der äußeren Lebensführung als auch des inneren, geistigen Lebens. Erst mit dem Christentum vollzieht sich ein Wandel: wenn Paulus erklärt, daß «es nicht Jude oder Grieche gibt», sondern daß der einzelne Mensch als Individuum entscheidend ist – und zwar im Verhältnis zu Gott wie zwischen den Menschen.

Diese skizzenhafte Beschreibung vermag die Entwicklung lediglich in groben Zügen darzustellen. Es soll nicht geleugnet werden, daß sich auch in der europäischen Geschichte – in Theorie wie Praxis – Beispiele für Freiheitsverneinung und Unterdrückung des einzelnen anführen lassen, die in ihrem repressiven Charakter nicht hinter dem chinesischen Kaiserreich zurückstehen. Einen wesentlichen Unterschied gilt es jedoch zu beachten: Die Negation und Unterdrückung von Freiheit und Individualität generiert in Europa eine ständige innere Spannung, die sich in Widerstand äußert und sich nicht selten in explosivem Aufruhr entlädt – von den Christen im alten Rom über Renaissance und Reformation bis zur französischen Revolution läßt sich dies beobachten. Wenn Repression auch äußerlich akzeptiert werden mußte, so wurde sie innerlich nie unbedingt gutgeheißen. Dieser immer wieder aufflammende Kampf um Recht und Freiheit des Individuums scheint ein die europäische Geschichte und Kultur auszeichnendes Merkmal zu sein. Auf der Suche nach den Ursachen hierfür wird gewöhnlich auf zwei Quellen verwiesen: Athen und Palästina. Athen steht dabei für das freie Denken und den freien Bürger; Palästina für die christliche Lehre von Eigenwert und Unantastbarkeit des Individuums.

Die von Athen und Palästina ausgehenden Impulse haben im historischen Verlauf zwar je verschiedene Aspekte von Freiheit und Individualität herausgestellt, weisen jedoch eine Gemeinsamkeit auf: ihre Bedeutung für die Entwicklung eines sich ständig vertiefenden Individualitäts-Bewußtseins. Diese Gemeinsamkeit wollen wir zum Ausgangspunkt der folgenden Betrachtungen nehmen.

Als erstes wollen wir die Kultur Griechenlands im fünften und vierten Jahrhundert vor Christus betrachten; wenn von Freiheit und Individualität die Rede ist, wird häufig von der athenischen Demokratie als historischem Ursprung unserer Demokratie-Idee ausgegangen. Trotz vielfältiger Beschränkungen ist die athenische Demokratie der Beginn der Anerkennung der besonderen, gesellschaftlichen Stellung des *Individuums.* Demokratie als Gesellschaftsform basiert schließlich auf den einzelnen Menschen als Individuen und nicht auf blutsverwandtschaftlich oder anderweitig begründeten Gruppen und Kollektiven. Der in der griechischen Gesellschaft beginnenden Individualitätsbejahung entspricht eine Veränderung auf der inneren Ebene, die noch bedeutsamer ist. Gemeint ist hier die griechische Philosophie, in diesem Zusammenhang vor allem die Gestalt des Sokrates.

Sokrates, häufig als Geburtshelfer des philosophischen und wissenschaftlichen Denkens bezeichnet, spielte auch bei der Entwicklung von Individualität eine wichtige Rolle. Durch seine Appelle an *eigenes Denken* und eigene Überzeugung führt er den einzelnen Menschen zur Selbsterfahrung als Individuum, als Individualität. Durch die sokratischen Übungen in begrifflichem Denken befreit sich der Mensch von der Gebundenheit des mythischen Bildbewußtseins an den Kosmos. Es scheint eine Eigenschaft des begrifflichen Denkens als Bewußtseinsakt zu sein (also jener Aktivität, die Sokrates bei seinem Gesprächspartner anregen will), dem einzelnen ein *Bewußtsein* davon zu schaffen, Individuum zu sein: Ich-Bewußtsein ist ein Produkt von Denkaktivität (wir werden hierauf zurückkommen). Im Verhältnis von Sokrates zu seinen Schülern ist dies in überzeugender Weise dokumentiert: Durch seine Gespräche erwachen die Teilnehmer zur Selbständigkeit, werden zu Individuen. Die athenische Demokratie ist die äußere, gesellschaftliche Manifestation dieser Tatsache. Gleichwohl ist dies erst der Beginn von Individualitätsbewußtsein.

Wie verhält es sich mit dem Christentum, dem anderen bedeutenden individualitätsschaffenden Impuls der europäischen Kultur? Auf den ersten Blick und in begrenzter zeitlicher Perspektive scheint der christliche Impuls von der individualitätsbildenden Kraft des sokratischen bzw. griechischen Denkens weit entfernt. Vielen erscheint das Christentum eher als Inbegriff der Verneinung von Denken und Individualität, vor allem als Verneinung von selbständigem individuellem Denken. Gewisse historische Tatsachen legen eine solche Auffassung nahe, z. B. die autoritäre mittelalterliche Kirche und bestimmte denkfeindliche religiöse Strömungen, die bis in die Gegenwart hineinreichen. Es wäre jedoch völlig falsch, diese Strömungen mit der Funktion des Christentums innerhalb der europäischen Geschichte oder gar mit der christlichen Lehre als solcher zu identifizieren.

Angedeutet hatten wir die historische Funktion des Christentums bereits mit Hinweis auf Paulus. Zur eingehenderen Beleuchtung des Christentums als jenem zweiten großen historischen Impuls der Individualitätsidee werden wir uns mit Augustinus, dem ersten großen christlichen Philosophen im vierten und fünften Jahrhundert nach Christus, beschäftigen. Bei Augustinus zeigt sich deutlich die Radikalität christlicher Lehre in bezug auf den Eigenwert des Individuums. Die individuelle menschliche Existenz, ihr Glauben und Gewissen, ist nicht länger einem Kollektiv, der Familie, der Rasse oder der Volksgemeinschaft untergeordnet.

In letzter Instanz ist der Mensch nur Gott gegenüber für seine Gedanken und Handlungen verantwortlich – nicht aber der Autorität anderer Individuen oder einer weltlichen Obrigkeit.

Augustinus geht noch weiter. Ihm gilt das Individuum (präziser gesagt: das *Bewußtsein*, ein Individuum zu sein, d. h. das Selbstbewußtsein) als die tiefste Wirklichkeit des ganzen Daseins – und für diesen christlichen Denker bedeutet dies: das Göttlichste im Dasein. In der introspektiven Betrachtung der eigenen Seelentätigkeit vermeint Augustinus, den festen und sicheren Punkt des Daseins zu finden, von dem ausgehend er alles andere zu verstehen sucht. Der Gedanke, daß nichts Geringeres als die Wirklichkeit selbst im Innenleben des Individuums zu suchen sei, wurde bereits durch die Spätantike, insbesondere durch den Neuplatonismus, vorbereitet. Er erfährt seine Vollendung erst im (wie es der Philosophiehistoriker Windelband bezeichnet) «Prinzip der selbstgewissen Innerlichkeit» des christlichen Neuplatonikers Augustinus.[3] Die Individualität, begriffen als das subjektive Erleben oder Bewußtsein, ein Ich zu sein, wird mit Augustinus zur wesentlichen Basis allen Denkens und Reflektierens über das Individuum. Das in der griechischen Kultur erwachte Selbstbewußtsein wird durch seelische Verinnerlichung vertieft.

Eine Passage aus Augustinus' berühmten *Bekenntnissen* soll sein Verständnis von der grundlegenden Realität des Selbstbewußtseins näher beleuchten. Die Frage, wo das Göttliche (will heißen die höchste Wirklichkeit) eigentlich zu finden sei, richtet er zuerst an die Dinge, die den Menschen umgeben: an die Erde und das Meer, an Sonne und Mond usw. Diese aber antworten: «Wir sind nicht der Gott, den du suchst.» Augustinus wendet sich nun an sein eigenes Inneres, an seine eigene Seele – und hier erhält er Antwort und Gewißheit: «Weil *ich bin* und *weiß* und *will* ... und weiß, daß ich selbst bin und will, und daß ich sein und wissen will.» Durch «diese drei Dinge» – in der Gewißheit des eigenen inneren, auf die Persönlichkeit zentrierten Seelenlebens – kommt der Mensch der Gottheit am nächsten, ja die drei Dinge sind für Augustinus sogar Abbild der «Dreieinigkeit des Allmächtigen».[4]

Das Wort der Schrift: «Gottes Reich ist in dir», finden wir bei Augustinus in doppelter Bedeutung. Zum einen ist das Göttliche vorzugsweise im Inneren des Menschen, in der Seele zu suchen; zum anderen ist das Göttliche in der Seele des *einzelnen*, des Individuums zu finden. Letzteres unterscheidet ihn von der nicht-christlichen Tradition seiner Zeit (Neuplatonismus), welche auch die introspektive Suche nach dem Göttlichen vertritt, aber das individuelle Moment nicht so stark betont.

Wie verbindet Augustinus sein Verständnis von Individualität, also *Selbstbewußtsein*, mit *Freiheit*? Eine Antwort gibt seine Lehre von der Willensfreiheit, wie sie vor allem in *De libero arbitrio* formuliert ist. Mit diesem Werk liegt ein Versuch vor, die Freiheit des menschlichen Willens zu begründen; wir wollen uns deshalb intensiver mit ihm auseinandersetzen.

Die richtige (gute) Handlung, sagt Augustinus, muß *gewollt* sein, um richtig oder gut sein zu können: «Denn ohne ihn (den freien Willen; H.H.) vermag der Mensch nicht recht zu leben.» Aber nicht nur das: Auch die falsche, «sündige» Handlung setzt den freien Willen voraus; dies geht daraus hervor, daß «die göttliche Fügung den bestraft, der ihn (den freien Willen; H.H.) zum Sündigen benutzt.» Denn eine derartige Bestrafung wäre ohne Sinn – wie auch das Lob für gutes Handeln sinnlos wäre –, wenn die Sünde nicht auf eigenem, freien Willensbeschluß des einzelnen beruhte. «Wenn alles ohne Willen geschähe, gäbe es weder Sünde noch gute Tat, und Strafe und Lohn wären ungerecht.»[5]

Die gute und die sündige Handlung stehen sowohl konträr als auch alternativ zueinander, so daß man sagen kann: «Die freie Willensentscheidung» beruht auf der *Wahl* zwischen ihnen. Aus diesem Grund wurde Augustinus' Willensfreiheitslehre häufig als Lehre von der freien Wahl des Menschen zwischen dem Guten und dem Schlechten charakterisiert, also als Lehre von der «Wahlfreiheit». Freilich ist hier nicht von irgendeiner Wahl die Rede. Bei allem, was aus «Natur oder Notwendigkeit» geschieht, können wir nicht von Schuld oder Lobenswürdigkeit sprechen – also auch nicht von freiem Willen. Zu klären ist jedoch, was denn mit «Natur» und «Notwendigkeit» gemeint ist, oder umgekehrt: *Was* am Menschen wählt da? Ist es wirklich das *Selbst*, das Ich, das die Wahl trifft? Auf diese Frage werden wir später zurückkommen; Augustinus selbst gibt letztlich keine zufriedenstellende Antwort, auch wenn er eine auf das Sinnliche und Zeitliche gerichtete Handlung als schlecht, eine auf das Geistige und Unvergängliche zielende Handlung als gut beurteilt.

Trotzdem ist Augustinus' Lehre von nicht zu unterschätzender Bedeutung; seine Argumentation zum Zusammenhang von «Schuld», «Lobenswürdigkeit» und «freiem Willensbeschluß» ist nicht auf den religiösen Inhalt begrenzt, den er diesen Begriffen beimaß. Seine Erörterungen stellen vielmehr ganz grundsätzlich auf die Verantwortung des einzelnen Menschen für seine Handlungen ab, kraft der Tatsache, daß dieser eine freie Individualität ist: Augustinus' Lehre legt beredtes Zeugnis ab von der Bedeutung des Christentums als historischen Impulses in der Entwicklung des Persönlichkeitsbewußtseins. Der Idee und Überzeugung von Eigenwertigkeit und Verantwortlichkeit des *einzelnen* Menschen ist es zuzuschreiben, daß sich z. B. Martin Luther ohne andere «Waffe» als die seines eigenen Gewissens dem Reichstag in Worms stellte, daß Giordano Bruno bereit war, für seine eigene Überzeugung auf dem Scheiterhaufen zu enden, um nur zwei Beispiele zu nennen. Jene Individualitätsidee hat die Aufklärungsphilosophie ebenso inspiriert wie die französische Revolution und das spätere Menschenrechtsdenken – all dies hat nur scheinbar wenig mit Augustinus und dem Christentum zu tun.

Es ist bemerkenswert, wie radikal Augustinus die christliche Lehre auffaßt – er schafft nicht nur der individuellen Freiheit im Verhältnis zu äußerem Zwang Raum, er behauptet sogar die Freiheit des Menschen für dessen Verhältnis zu Gott. Der allmächtige Gott hat etwas von seiner Macht dem Menschen gleichsam überlassen. Der Mensch ist durch den freien Willen in seiner «eigenen Macht», indem Gott der Menschenseele «so viel Würde verlieh, daß es in ihrer Macht liegt, wenn sie will, bis zur Glückseligkeit heranzureifen.» «Was der Mensch für sich wählt ..., liegt in seiner Macht.»[6] Die menschliche Individualität verfügt in der Willensfreiheitslehre des Augustinus somit über eine so weitreichende Souveränität, daß nicht einmal Gott ihr eine verbindliche Marschroute vorschreiben kann.

Daß der Mensch aus sich heraus durch freie und verantwortliche Wahl zu dem Guten hinfinden soll, wird als das wahre Wesen des Menschen begriffen. In der Geschichte der Menschheit ist dies ein völlig neuartiger Gedanke; selbst das Judentum mit seiner Lehre von der Verantwortung des einzelnen gegenüber Gott sah das Individuum weiterhin dem Gesetz unterworfen, welches ihm Gehorsamkeit abverlangte. In der Auslegung des Christentums bei Augustinus ist nicht länger entscheidend, daß der Mensch an und für sich das Gute tut, sondern daß er es aus *eigenem* Willen tut, aus *sich selbst* heraus, in *Freiheit*. Das Gesetz wird gewissermaßen in den *einzelnen* Menschen gelegt.

Dieses Verständnis von Freiheit und Individualität war für die europäische Geschichte von immenser Bedeutung; in den verschiedensten Bereichen kann dies nachgewiesen werden. Im Ideal des europäischen Humanismus finden wir es manifestiert: Die Entwicklung der einzelnen Persönlichkeit ist Ziel und Sinn des Lebens, das Individuum soll in eigener Entscheidung und selbstverantwortlich seinen Charakter entwickeln und in der Erkenntnis wachsen. *Nur* durch eigene Wahl und Verantwortung ist solches Reifen und Wachsen möglich.

Von Theorie und Dichtung ausgehend hat diese Persönlichkeitsidee in das praktische Leben Einzug gehalten und zur Formung unserer Kultur beigetragen. Wenn wir heute nicht als entscheidend ansehen, was an und für sich «richtig» ist, zum Beispiel auf dem Gebiet der Erziehung und Politik, sondern daß die Individuen selbst vermittels *eigener* Einsicht und Reife das Richtige erkennen, ist dies Ausdruck der Idee von Eigenwert und fundamentaler Bedeutung von Persönlichkeit und Individualität. Auf dem Gebiet der Pädagogik stellen wir diese Idee der alten, autoritären Auffassung von Bildung und Lehre entgegen; auf dem Gebiet der Politik basiert die Demokratie auf dem Ideal, daß die Individuen selbstverantwortlich, aufgrund *eigener* Überzeugungen, Entscheidungen treffen sollen. Auch deshalb muß persönliche Integrität und Wahlfreiheit gesichert werden.

Die Idee, daß das höchste Ziel der Kultur die Entwicklung der menschlichen Persönlichkeit sei, stand im Zentrum des klassischen europäischen Humanismus, der oft als bislang unübertroffener Höhepunkt unserer Kulturentwicklung angesehen wird; auch der Ausspruch Goethes: «Das höchste Glück der Erdenkinder ist die Persönlichkeit», ist in diesem Zusammenhang zu sehen.

Es soll jedoch auch auf einen wesentlichen Unterschied zwischen Augustinus' Lehre von einer freien und verantwortlichen Persönlichkeit des Menschen und dem späteren europäischen Humanismus hingewiesen werden. Augustinus' Begriff der menschlichen Individualität ist in christlichen Vorstellungen verwurzelt und vor dem Hintergrund der Lehre von der Unsterblichkeit der individuellen Seele (eine Lehre, die wir übrigens auch von Sokrates und Platon kennen) entstanden. Der spätere europäische Humanismus kommt hingegen weltlicher daher, häufig ohne direkte Anknüpfung an religiöse Vorstellungen. Seine Bemühungen, die Realität von Individualität und Freiheit zu begründen, sind einem philosophischen, nicht-religiösen Denken verpflichtet. Dieses Bemühen ist bemerkenswerterweise in der Moderne auf große Schwierigkeiten gestoßen, insofern das heutige Denken, insbesondere das naturwissenschaftliche, für derartige Begründungen wenig Raum läßt. Eigenwert und Freiheit des Individuums entziehen sich einer erkenntnistheoretischen Begründung, wenn materialistische oder naturalistische Theorien den Menschen lediglich als komplizierte, von physischen oder mechanischen Gesetzen determinierte Maschine oder als von Erbfaktoren und Umwelt bestimmtes, tierähnliches Wesen begreifen. Mit wenigen Ausnahmen, die auf einem spiritualistischen Natur- und Menschenbild aufbauen (z. B. Goethe), wurden die späteren Humanisten daher zu einem reinen Gesinnungshumanismus genötigt, der – bar näherer erkenntnistheoretischer Begründung – lediglich auf Überresten der früheren Denktradition basiert.

Die Bedrängung, die hieraus für den Humanismus erwuchs, kristallisiert sich u. a. am Emporwuchern autoritären Denkens und autoritärer Gesellschaftspraxis. Dies ist aber nicht nur dem Mangel an Vorstellungen zuzuschreiben, die den Menschen als Individualität und freies Wesen hätten begründen können; die Ursache scheint ebenfalls in der speziellen Verbindung von Freiheit und Individualität mit Denken und Erkenntnis *als solchen* zu liegen. Die Resignation des Humanismus bezüglich seiner eigenen erkenntnistheoretischen Begründung bedeutete damit eine zweifache Schwächung seiner Ideale von Individualität und Freiheit. Diesen Zusammenhang zwischen Individualität und Freiheit einerseits und Denken und Erkenntnis andererseits wollen wir noch näher betrachten. Wir hatten diesen Zusammenhang bereits im Rahmen der historischen Perspektive angedeutet; in Anlehnung an Sokrates und die klassische griechische Kultur hatten wir herausgestrichen, daß Individualität und Selbstbewußtsein durch das eigene *Denken* heranwachsen.

2

FREIHEIT UND RATIONALITÄT

Indem Augustinus Freiheit und Individualität des Menschen in zentralen christlichen Vorstellungen (von Sünde, Schuld, Strafe und Unsterblichkeit der Seele) begründet, beeinflußt und prägt er Jahrhunderte europäischer Geistesgeschichte. Hier liegt auch der wesentliche Unterschied zwischen Augustinus' Verständnis von Freiheit und Individualität und dem der klassischen griechischen Philosophie: Zwar argumentiert auch Augustinus im wesentlichen philosophisch, seine Beweisführungen beruhen aber in letzter Instanz auf religiösem Erleben und auf Vorstellungen, die er der Heiligen Schrift entlehnt. Zwar knüpft die Idee von Freiheit und Individualität an menschlichem Erleben und der Selbsterfahrung als Individuum an – für Augustinus war dies jedoch stärker mit religiösem Gefühl als mit *Denk*erfahrung verbunden; die religiösen Vorstellungen ihrerseits beruhen im wesentlichen auf Offenbarung und Glauben – und nicht auf Erkenntnis. In diesen beiden Punkten unterscheidet sich der Ansatz Augustinus' von der Erfahrung menschlicher Individualität in den Dialogen Platons. Insoweit bei Platon eine derartige Erfahrung vorliegt, beruht sie auf gedanklicher Reflexion; so wird die Unsterblichkeit der Seele durch Erkennen, ja sogar *als* Erkenntnis begründet. In der griechischen Kultur ist die Verselbständigung des einzelnen Menschen darauf zurückzuführen, daß er sich mittels begrifflichen Denkens von der *mythischen* Kosmosgebundenheit der Volksreligion befreit. Anders bei Augustinus, bei dem die Autonomie des Individuums aus dem Losreißen vom Kosmos überhaupt entsteht, welches aus der Selbstbeschau der Seele folgt.

Das Denken ist für Augustinus in erster Linie ein Mittel zur Auslegung der christlichen Lehre und weniger der Weg *an sich* zu Selbstbewußtsein, Individualität und Freiheit. Dies zeigt sich in den folgenden Jahrhunderten noch deutlicher und ändert sich erst gegen Ende des ersten Jahrtausends. Dann erst tritt das Denken, die Vernunft (*ratio*), wieder als jener Bereich hervor, in dem der Mensch vorzugsweise seine Selbständigkeit erfährt; es findet eine umfassende Erneuerung der griechischen Philosophie statt – zunächst des

Platonismus, später des Aristotelismus. Dies ist allerdings nicht nur eine Erneuerung; es läßt sich deutlich eine durch das Denken *verstärkte* Individualitätserfahrung ausmachen – in den dazwischenliegenden Jahrhunderten hatte sich das menschliche Selbstbewußtsein innerhalb des religiösen Lebens weiterentwickelt: Die Epoche der christlichen Scholastik ist angebrochen und wird die Jahrhunderte bis zum Beginn der Neuzeit prägen.

Wollten wir die Scholastik kurz charakterisieren, könnten wir sagen: Sie war ein großangelegter Versuch, das ganze Dasein mittels *Gedanken und Begriffen* zu erfassen – ein Versuch, der in der Geschichte ohne Entsprechung geblieben ist. Niemals zuvor (und in dieser Form auch nicht wieder) ist so intensiv, so subtil und sublim gedacht worden – beispielsweise auf dem Gebiet der Logik und Wissenschaftstheorie, ganz zu schweigen von der Ethik und Theologie. Daß diese Tatsache durch das Unverständnis der folgenden Jahrhunderte verdeckt und erst durch die philosophie- und wissenschaftsgeschichtliche Forschung der letzten Jahrzehnte wieder ans Tageslicht gebracht wurde, steht auf einem anderen Blatt.[1]

Worauf es uns hier ankommt, ist die Art, wie in der Scholastik gedacht wurde, insbesondere daß dem Denken und den Begriffen die Bedeutung beigemessen wurde, Ausdruck der *Wirklichkeit* zu sein. Dies hing offenbar damit zusammen, daß die Menschen jener Zeit die Vernunft mit ihren Begriffen in besonderem Maße als Bereich erlebten, in dem sie sich mehr als in jedem anderen in der Wirklichkeit fühlten. Darum mußte diese Wirklichkeit *gedacht* werden – die tiefsten Aspekte der Wirklichkeit, wie die Existenz Gottes und die Unsterblichkeit der Seele, bildeten dabei keine Ausnahme. Nur vor diesem Hintergrund ist zu verstehen, warum ontologische Gottesbeweise (Vernunftsbeweise für Gottes Existenz) und der sogenannte Universalienstreit (um den Wirklichkeitsstatus der Begriffe) Philosophen und Theologen, ja die ganze gebildete Allgemeinheit, über Hunderte von Jahren hinweg dermaßen beschäftigen und engagieren konnten. Dem Menschen der Gegenwart erscheinen diese Fragen unmittelbar nur als lebensferne Abstraktionen, mit denen er nichts Konkretes zu verbinden vermag. Die gängige Auffassung von der Scholastik ist im übrigen von deren unstrittiger Entartung im Spätmittelalter geprägt, wo im Rahmen akademischer Dispute Logik und Begriffsapparat der Hochscholastik zwar beibehalten, aber ihres tieferen Inhaltes entleert wurden.

Der Unterschied zwischen dem zentralen mittelalterlichen Denken und Augustinus ist offensichtlich: Für Augustinus sind Denken und Erkennen an sich nur «unfruchtbare Neugierde». Er sucht daher den Fixpunkt der menschlichen Seele in erster Linie im Bereich des Willens, in dem er auch Individualität und Freiheit verankert. Diesen Fixpunkt verlegen die Scholastiker, insbesondere Thomas von Aquin als exponiertester Denker der Hochscholastik, in die *Vernunft* (*ratio*): Die Welt ist von Rationalität durchwirkt; der Mensch hat durch sein «natürliches Licht» (die Vernunft) Zugang zu ihrer Wirklichkeit. Gerade das Vermögen der Vernunft macht die spezifische Natur des Menschen aus und begründet gleichermaßen seine *Individualität.* Laut Thomas beruht sogar die Unsterblichkeit der einzelnen Menschenseele auf eben dieser Fähigkeit – sowie auf ihrer Liebe zu Gott, welcher, wohlgemerkt, als höchster *Intellekt* aufgefaßt wird. Doch ist hier «ratio» als «göttlicher Funken», «Licht des Geistes» im Menschen zu interpretieren und offenbar nicht identisch mit dem, was wir heutzutage mit «Vernunft» und «Intellekt» verbinden.

Wiewohl die christlichen Glaubensdogmen für beide Denker von fundamentaler Bedeutung sind, weist daher Thomas' Auffassung auch hier Unterschiede zu Augustinus auf. Bezüglich Individualität und Freiheit ist dies beispielsweise bei der Lehre von Gottes «Vorsehung» und der «Vorbestimmung» des Menschen der Fall. Hier nimmt der *spätere* Augustinus einen Standpunkt in Gestalt der «Prädestinationslehre» ein, der in offenbarem Gegensatz zu seiner eigenen Freiheitslehre steht: Die freie Wahl zwischen dem Guten und dem Bösen wird zur Illusion, wenn der einzelne von vorneherein zu Erlösung bzw. Verdammnis auserwählt ist. Der Individualität und Freiheit ist hier jegliche Grundlage entzogen. Mit der Prädestinationslehre findet eine Verschiebung von der Sündhaftigkeit des einzelnen zu der der ganzen Menschheit (Erbsünde) statt, von welcher das Individuum nur ein Teil ist. Es scheint, als werde das kämpferische Selbstbewußtsein Augustinus', das die Begründung der Freiheit ausschließlich im Erleben des Selbstbewußtseins sucht, letztlich überwältigt von Macht und Autorität von oben kommender Gnade: Wie bei der Vorstellung von Jahve im Alten Testament wird das Gesetz noch als außerhalb des Menschen liegend aufgefaßt.[2]

Nur vor diesem Hintergrund sind Aussagen Augustinus' zu verstehen wie: «Ich würde den Evangelien nicht glauben wollen, wenn mich nicht die Autorität der katholischen Kirche dazu bringen würde.»[3] Denn es ist die Kirche, die als institutionalisierter Vermittler der Gnade auftritt. Vor diesem Hintergrund muß auch die Huldigung des späteren Augustinus an die weltliche Autorität verstanden werden, beispielsweise in seinem Werk *De civitate Dei* (Über den Gottesstaat); nicht die Freiheit des einzelnen ist dort Thema, sondern die (durch die Erbsünde) verdorbene Natur des Menschen und die Notwendigkeit auch äußerer Zucht.[4]

Dies ändert sich in der hochscholastischen Philosophie mit Thomas von Aquin. Zwar begegnet uns bei ihm die gleiche religiöse Dogmatik, aber sie wird der Individualität und Freiheit nicht so kraß gegenübergestellt wie in der späten Phase Augustinus'. Selbst wenn die höchsten religiösen Wahrheiten auch für Thomas über der Vernunft stehen, sind sie doch gewissermaßen in Verlängerung der Vernunft angesiedelt und werden auf ein Minimum beschränkt. Die Erkenntnis des einzelnen Menschen reicht beinahe bis an das höchste Gut heran, an die Seligkeit (*beatitudo*) selbst. Und, wohlgemerkt, hier ist die Rede vom Menschen als Individualität![5] Der Thomismus ist durch seine *Verbindung von Individualität und Rationalität* sowie durch die Betonung von Denken und Erkennen in der Lage, dieser Individualität und ihrer Freiheit eine viel fundiertere und sicherere *Begründung* zu geben, als es ein innerhalb der Augustinischen Tradition stehendes Denken vermochte. Dies ist für die Entwicklung der Freiheitsidee bis in die Neuzeit von entscheidender Bedeutung gewesen.

Wir wollen in diesem Zusammenhang zunächst eine Frage aufgreifen, die sich aus Augustinus' Begründung der Freiheit in der Wahl zwischen dem Guten und dem Bösen ergibt. Unmittelbar kann seine Begründung überzeugend wirken, bei näherer Betrachtung erweist sie sich aber als ausgesprochen problematisch (in ethischer wie psychologischer Hinsicht). Handelt der Mensch aus *freier* Entscheidung, wenn er das *Böse* wählt? Wählt er in diesem Fall überhaupt *selbst*? Wenn man diese Fragen verneint, kann Freiheit nicht in der *Wahl* zwischen dem Guten und dem Bösen begründet werden. Zur Konkretisierung des Problems ein Beispiel: Man stelle sich vor, ein Mensch sehe sich vor die Entscheidung gestellt, einer moralischen Norm zu entsprechen oder seinen Lüsten und Trieben nachzugeben. Kann man sagen, dieser Mensch sei frei und handle aus sich selbst heraus, wenn er sich für letzteres entscheidet? Man scheint diese Frage verneinen zu müssen: Seine Wahlhandlung beruht gerade *nicht* auf etwas Individuellem, sondern auf dem am stärksten Nicht-Individuellen am Menschen: auf seinen gattungsmäßigen Trieben und Begierden.

Damit verändert die Freiheitsfrage allerdings ihren Charakter. Sie gerät zur Frage nach dem Bereich der menschlichen Natur, in dem sich der Mensch am ausgeprägtesten als Individuum entfalten kann. Mit anderen Worten: Es geht um den Bereich des Menschen, in dem er *selbst* herrscht und bestimmt. Dabei ist offenkundig, daß dieser Bereich nicht der reine Wille sein kann, denn dieser ist auch auf das gerichtet, was vom Individuellen fortführt. Die Antwort auf dieses Problem liegt darin, daß die «Herrschaft» des Menschen nur dort bestehen kann, wo er (im eigentlichen Wortsinn) *bestimmt* oder *urteilt*, also in der *Vernunft* oder *Ratio*. Damit sind wir bei Thomas' Verständnis von menschlicher *Individualität*, oder, wie es in seiner *Summa theologica* heißt: «Mensch zu sein bedeutet eigentlich im Einklang mit der *Vernunft* sein. Und deshalb sagt man auch, ein Mensch halte sich *an sich selbst* fest, wenn er sich an das hält, was in Übereinstimmung mit der Vernunft steht.»[6]

Indem die Vernunft «urteilt», kommt ihr die Sonderrolle zu, «in unserer eigenen Macht (zu) stehen.»[7] Es ist daher die Vernunft, die jederzeit die Richtung des Willens bestimmt, indem sie diesem in den Einzelsituationen Motive und Gründe vorgibt. Auf diese Weise «hängt die Güte des Willens von der Vernunft ab, indem der Wille vom Motiv abhängt.»[8] Nach Thomas «steuert» und «befehligt» die Vernunft sozusagen den Willen; Thomas spricht auch vom «vernunftgesteuerten Willen».

Doch wo bleibt hier die Willens*freiheit*? Auch die Freiheit wird von Thomas in die Vernunft verlegt, welche ihm schlechterdings als die «Wurzel aller Freiheit» gilt, insofern die Vernunft oder Erkenntnis durch ihre Urteile die willensleitenden Entscheidungen trifft. Die Wahlfreiheit, die Augustinus ausschließlich dem Willen zulegt, liegt für Thomas primär in den «Überlegungen» und «Abwägungen» der Vernunft: «Die Wahl folgt dem Urteil der Vernunft über die Dinge, auf die sich die Handlung bezieht.» Da jedoch dieses Urteil je nach Erkenntnisstand mehr oder weniger unsicher sein wird, eröffnen sich Wahlmöglichkeiten.[9] Als absolut eindeutig gilt ihm nur jenes Motiv, das aus Einsicht in das höchste Gut abgeleitet ist.

Dies beleuchtet das Problem, das Augustinus' Freiheitsauffassung als Wahlfreiheit des Willens zwischen dem Guten und dem Bösen aufwarf. Thomas zufolge ist die Wahl des Bösen nämlich nicht auf eine freie Willensentscheidung des Menschen zurückzuführen. Wendet er sich dem Bösen zu, d. h. der Sünde, so ist dies eine *Folge mangelhafter Erkenntnis* – genauer gesagt sind es die Leidenschaften, die seiner Vernunft Beschränkungen auferlegen. Die Sünde wurzelt also nicht im Menschen selbst als *Individualität*, sondern ist vielmehr eine Art Nebenwirkung unzureichender Erkenntnis, die ihrerseits auf der Unvollkommenheit des Menschen beruht. «Das Böse wählen zu können», sagt Thomas, «gehört an und für sich nicht zum freien Willen, sondern ist eine Folge des freien Willens, indem dieser Teil der Schöpfung ist und deshalb irren kann.»[10]

Dies verringert indes nicht die Bedeutung von «Verantwortung», «Schuld» usw. – Kategorien, die in Augustinus' Begründung der Willensfreiheit eine so wesentliche Rolle spielen; der Unterschied zu Thomas liegt hier lediglich darin, daß er derartige Begriffe an die menschliche Erkenntnisfähigkeit knüpft und nicht nur an den Willen. Hier geht es nicht um Erkenntnisfähigkeit in dem trivialen Sinn, daß ein Mensch, der «nicht weiß, was er tut», nicht oder nur vermindert für seine Handlungen verantwortlich gemacht werden kann. Entscheidend ist, daß dem Menschen die Verpflichtung auferlegt ist zu *wissen*, was er tut, da böses oder schlechtes Handeln in letzter Instanz auf dem Versagen des *erkennenden* Menschen beruht. Indem Thomas die Freiheit im Menschen als Vernunftswesen verankert, überwindet er das von Augustinus' Wahlfreiheitslehre hinterlassene Dilemma. Zugleich jedoch ist seine vernunftsbasierte Freiheitslehre geeignet, jenes Verständnis von Persönlichkeit zu wahren, zu dem die augustinische Lehre den Grundstein legte: Die Verknüpfung von Individualität und Freiheit mit Vernunft und Erkenntnis schränkt keineswegs das humanistische Ideal von Selbständigkeit und Entwicklung der Persönlichkeit ein, beruht doch die Aktivität des Erkennens in höchstem Maße auf *eigener* Aneignung durch den einzelnen und nicht auf etwas außerhalb der Individualität Liegendem. Thomas' Begründung von Freiheit in der *Rationalität* stellt dieses Ideal zudem auf ein viel solideres Fundament, als es die stärker glaubensdogmatisch fundierte Lehre des Augustinus vermochte.

Es ist diese Verbindung von Freiheit und Individualität mit Rationalität, durch die das scholastische Denken über Augustinus und das frühe Mittelalter hinausweist. Die *ratio* tritt jetzt als die Tätigkeit der Seele hervor, vermittels derer der Mensch sich selbst intimst als Individualität, als Ich, wie auch seine Nähe zum Göttlichen erlebt und erfährt.[11] Während sich diese Sichtweise auffallend von Augustinus' Bild vom Menschen, von Freiheit und Göttlichkeit abhebt, ist sie verwandt mit der griechischen Philosophie, in erster Linie der aristotelischen. Tatsächlich weisen zahlreiche Aspekte in Denken, Anthropologie, Psychologie und Ethik des Thomas von Aquin darauf hin, daß ihm dieser griechische Denker Vorbild war. Gerade der Zusammenhang zwischen Freiheit und Rationalität einerseits sowie Rationalität und Göttlichkeit andererseits ist eine auffallende Gemeinsamkeit.

Diese Gemeinsamkeit sollte jedoch nicht über grundlegende Unterschiede zwischen Thomas und Aristoteles hinwegtäuschen, selbst wenn diese Unterschiede weniger in dem Gedankengebäude selbst als in unterschiedlicher Schwerpunktsetzung bestehen. Letzteres ist zweifellos auf die Entwicklung des menschlichen Selbstbewußtseins im Laufe der dazwischenliegenden Jahrhunderte zurückzuführen – eine Entwicklung, die in Augustinus' Denken einen so klaren Ausdruck findet. Zwar machte sich schon Aristoteles Gedanken über individuelle Freiheit; was wir jedoch *innere* Freiheit nennen können, war ihm, wie auch anderen griechischen Philosophen, nie ein Anliegen, ganz im Unterschied zu den späteren, christlichen Denkern. Wohl erörtert Aristoteles die Freiheit als Wahlfreiheit (wie dies später ganz ausgeprägt bei Augustinus der Fall ist), auch knüpft er die Freiheit (wie Thomas) an Einsicht oder Vernunft. Hierbei nimmt er jedoch die Individualität des Menschen nicht (wie Augustinus und Thomas) zum Ausgangspunkt, und Freiheit begründet er nicht unmittelbar in «Überlegungen» der Vernunft (wie Thomas), geschweige denn, daß er sie aus der Vernunft oder Rationalität selbst ableitet. Im übrigen erörtert Aristoteles die Frage der Freiheit vornehmlich in gesellschaftlichen Kontexten.[12] Hierauf werden wir später zurückkommen.

Daß auch Thomas' Begründung der menschlichen Freiheit schwerwiegende Probleme aufwirft, wollen wir im folgenden Kapitel aufgreifen. An dieser Stelle sei nur das Problem berührt, daß Thomas – in der Verknüpfung von Freiheit mit Vernunft und Erkenntnis – die *Bezeichnung* «Freiheit» auf Wahlfreiheit beschränkt. Dies ist insofern problematisch, als diese Wahlfreiheit eigentlich eine Funktion der «Unsicherheit» oder «Fehlbarkeit» der Vernunft ist, während Thomas andererseits die Möglichkei zu ständig wachsender Wahrheitserkenntnis und damit Weisheit behauptet, bis hin zur Einsicht in «das höchste Gut». Daraus folgt das Paradoxon, daß der Mensch an Freiheit verliert, je mehr er an Einsicht und Erkenntnis gewinnt ...

Selbst wenn dies unbestreitbar eine Konsequenz eines *nur* auf Wahlfreiheit beschränkten Verständnisses von Freiheit ist, so fügt sich dies nicht bruchlos in die Lehre Thomas' ein. Er behauptet ja gerade, daß der Mensch mehr «bei sich selbst», d. h. um so individueller ist, je mehr er «im Einklang mit der Vernunft» steht – und sollte hiermit nicht *auch* zunehmende *Freiheit* des Menschen einhergehen? Die entscheidende Schwachstelle des Freiheitsverständnisses bei Thomas ist somit keineswegs die unvollständige Verbindung von Individualität und Freiheit mit Rationalität, sondern daß er nicht wagt, das Handeln aus höchster Einsicht als *Freiheit* zu *bezeichnen*. In der Zeit, in der er lebte, wäre dies wohl auch überaus kühn und nahezu undenkbar gewesen.[13]

Einem derart unverhüllten Freiheitsbegriff begegnen wir erst in der Neuzeit. Hier sei lediglich Spinoza erwähnt, für den Freiheit ausdrücklich mit dem *höchsten* Grad menschlicher Erkenntnis verbunden ist. Vernunft ist bei Spinoza nicht nur (wie bei Thomas) tiefste «Natur» des Menschen; das Handeln unter diese Natur zu stellen, heißt bei ihm, *frei* zu handeln. Andererseits verankert Spinoza diese Freiheit in einem Verständnis von menschlicher Erkenntnis, welches das spezifisch *Individuelle* an der Freiheit verdrängt. Dies berührt ein generelles Problem des Verhältnisses zwischen Erkenntnis und Freiheit, das ein Hauptthema unserer weiteren Erörterungen sein wird.

Zunächst jedoch zurück zu Thomas und Augustinus: Von Augustinus' Willensfreiheitslehre sagten wir, daß nicht einmal Gott dem Menschen einen «verbindlichen Lebensweg» solle auferlegen können. Thomas' Auffassung von menschlicher Individualität und Unabhängigkeit, als in der *Vernunft* verankert, ist jedoch nicht minder radikal, wenn er zum Beispiel erklärt, daß «selbst wenn die Vernunft darin irrt, etwas als Gottes Gebot auszugeben, es das Gleiche bedeutet, dem Befehl der Vernunft nicht zu folgen, wie Gottes Gebot nicht zu achten.»[14]

Thomas spricht dem Menschen faktisch eine uneingeschränkte Autonomie zu, die ihre Begründung in Vernunft und vernunftgesteuertem Willen findet. Diese Begründung von Individualität aus der *Rationalität* wird zum entscheidenden Fundament für die Autonomie des Individuums. Die Verbindung des Ich, der Individualität mit Rationalität, mit Denken und Erkennen, wird zum mehr oder weniger expliziten Ausgangspunkt für das Denken und die Geisteshaltung der folgenden Jahrhunderte. Sie hat den späteren Freiheitsbestrebungen die Richtung gewiesen (genannt sei hier nur die rationalistische Aufklärungsphilosophie), aber auch die Freiheitsimpulse auf der äußeren, gesellschaftlichen oder sozialen Ebene geprägt.

3
FREIHEIT UND SOZIALITÄT

In der hochscholastischen Philosophie des Thomas von Aquin ist die äußere, gesellschaftliche Freiheit noch nicht entwickelt und begründet. Denken und Lebensform des Mittelalters scheinen, selbst in ihren sublimsten Manifestationen, noch nicht reif dafür zu sein, eine *solche* Freiheit denken, geschweige denn in Praxis umsetzen zu können. Das mittelalterliche Denken und Leben ist noch zu fest integriert in die autoritäre Kirche, zu sehr gebunden an eine dogmatische Religiosität. Bevor gesellschaftliche Freiheit überhaupt denkmöglich wurde und durch institutionellen Wandel realisiert werden konnte, war eine Emanzipation von der Autorität der Kirche und überkommenen Glaubensdogmen notwendig. Lange Zeit erwiesen sich die vielschichtigen Zwänge, die auf das Leben der Menschen ausgeübt wurden, als zu stark. Die Emanzipation von diesen Zwängen sollte viele Jahrhunderte dauern und reicht im Grunde bis in die Gegenwart hinein.[1]

Wir wollen zusammenfassend die großen Züge dieses jahrhundertelangen Aufbruchs von überkommenen Gedanken und äußerer Autorität skizzieren. Es sind die Grundzüge eines Bruches, der sich von der beginnenden Renaissance im 14. Jahrhundert bis in die Gegenwart hinein vollzieht, und zwar auf den unterschiedlichsten Ebenen: in Philosophie und Wissenschaft, in Politik und sozialer Praxis – und nicht zuletzt in der Religion. Bemerkenswert ist die zeitliche Verschiebung dieses Emanzipationsprozesses in den verschiedenen Bereichen. Er zeichnet sich zunächst im philosophischen Denken und in der Dichtung ab (frühe Renaissance), danach in der Religion (Reformation), schließlich in der Wissenschaft (Ende des 16. Jahrhunderts und im 17. Jahrhundert). Erst im 18. Jahrhundert manifestiert er sich auch massiv im sozialen und politischen Leben.

Die äußere und eher institutionelle Befreiung, die wir in diesen Jahrhunderten feststellen können, ist also – im Unterschied zur Konzentration auf die «innere» Freiheit im christlichen Mittelalter – deutlich «von innen nach außen» gerichtet. Sie entwickelt sich aus der inneren Freiheit eines introvertierten religiösen Lebens und philosophischen Denkens, deren Entwicklung und Begründung wir anhand Augustinus' Willensfreiheitslehre und Thomas' Ethik nachvollzogen haben. Es ist der Weg von Renaissancedichtung und -denken (Petrarca, Cusanus, Erasmus von Rotterdam) über Reformation (Zwingli, Hus, Luther) und Wissenschaft (Kopernikus, Kepler, Galilei) zum Menschenrechtsdenken der Naturrechts- und Aufklärungsphilosophie bei Grotius, Locke und Voltaire – um nur einige Namen zu nennen, die von der Richtung dieses Emanzipationsprozesses zeugen.

Man kann diesen Prozeß auch aus einer anderen Perspektive als der chronologischen sehen. Legt man stärkeres Gewicht auf die Art des institutionellen Wandels, so erweist sich dieser Emanzipations prozeß im kulturellen (einschließlich dem religiösen) Bereich als Befreiung des Menschen von seiner Rolle als Proselyt der Geistlichkeit, d.h. der Dogmen und sozialen Bindungen der Kirche – eine Befreiung hin zu einer institutionalisierten Glaubens- und Gedankenfreiheit. Es bedeutete weiter die Befreiung von politischer Unterwerfung unter den Willen des Fürsten durch eine sukzessive Herausbildung von politischer Öffentlichkeit und Demokratie. Und schließlich war es die Befreiung von feudaler Leibeigenschaft hin zu einem unabhängigeren ökonomischen Leben, befreit von Hörigkeit und den Restriktionen beispielsweise des Zunftwesens. Alles in allem handelt es sich also um eine Befreiung von verschiedensten Formen von Herrschaft.

Dieser Aspekt wie auch der Gedanke von einer Phasenverschiebung des Emanzipationsprozesses in den verschiedenen sozialen Bereichen eröffnet eine historische Perspektive für einen späteren Teil unserer Studie, in dem wir das Thema «Freiheit und Gesellschaft» systematischer erarbeiten wollen. An dieser Stelle sei lediglich vorausgeschickt, daß die kulturelle Befreiung mit der Institutionalisierung einer gewissen Glaubens- und Gedankenfreiheit eine notwendige Voraussetzung für die politische Befreiung, d. h. für die Herausbildung einer politischen Öffentlichkeit darstellt; wird doch diese Öffentlichkeit gerade dadurch möglich, daß kulturell freie Individuen als Bürger zusammenkommen und politische Gleichberechtigung und Partizipation einfordern. Aus diesem Grund mußte die kulturelle Befreiung, wie auch historisch geschehen, der politischen vorausgehen. Mit diesen Andeutungen wollen wir diesen Zusammenhang vorerst auf sich beruhen lassen. In der nun folgenden Betrachtung von Freiheit und Sozialität aus historischer Perspektive geht es um den Zusammenhang zwischen der historischen Entwicklung der Freiheits- und Individualitätsidee (vgl. die vorangegangenen Kapitel) einerseits und der sich auf gesellschaftlicher

Ebene niederschlagenden Freiheitsimpulse der folgenden Jahrhunderte andererseits.

Wir wollen den Faden aufnehmen bei der Freiheits- und Individualitätsidee des Augustinus. Die Freiheit, die seine Willensfreiheitslehre dem einzelnen Menschen einräumt, ist ausgesprochen radikal: Sie billigt nicht einmal ein Eingreifen des Allmächtigen in die Wahlentscheidung des Individuums. Konsequent gedacht, muß dies auch gegenüber jeglicher *gesellschaftlicher* Macht gelten, sprich im Verhältnis zu anderen Individuen oder der Gesellschaft als solcher, d. h. der weltlichen Obrigkeit oder dem Staat. Denn die Freiheit des Menschen, autonom zwischen dem «Guten» und dem «Bösen» wählen zu können – für Augustinus Bedingung der Möglichkeit von Individualität –, würde durch den Eingriff anderer Individuen oder der Gesellschaft in gleicher Weise wie durch einen Eingriff Gottes verletzt. Also muß diese Freiheitsidee in ihrer *Konsequenz* beinhalten, die Freiheit für den einzelnen *auch* innerhalb des gesellschaftlichen oder sozialen Lebens zu realisieren. Es scheint so, als trüge die Freiheitsidee als solche den Keim zu dem später so bezeichneten klassischen Liberalismus in sich, in dem die Freiheit des Individuums ein dem sozialen Leben *generell* übergeordnetes Prinzip ist und jeglicher Eingriff in diese Freiheit als schlecht bewertet wird. Wird diese Vorstellung von Freiheit und Individualität für die soziale Sphäre konsequent durchdacht, legt sie sogar eine Form von anarchistischem Gesellschaftsverständnis nahe.

Augustinus selbst konnte zweifellos eine so weitreichende Folgerung nicht ziehen – aus zwei Gründen: Zum einen wäre es zu seiner Zeit ein überaus großer Schritt gewesen, eine *äußere*, gesellschaftliche Freiheit gleich radikal zu denken wie die «innere» Willensfreiheit. Für den nach innen gewandten Menschen des Mittelalters gab es keinen selbstverständlichen Zusammenhang zwischen dem Willen und eher privatem Handeln einerseits und nach außen gerichtetem, auf gesellschaftliche Institutionen bezogenem Handeln. Ein solcher Zusammenhang wird offenbar erst in der neueren, im Grunde erst in der heutigen, Zeit erlebt.

Zweitens wurde äußere Freiheit bei Augustinus durch jene Macht und Autorität modifiziert, die er der Institution der Kirche beimaß. Wie seine für das Mittelalter typische Staatslehre zeigt, akzeptierte er zudem die weltliche Autorität der staatlichen Obrigkeit. Durch seine spätere Lehre von Erbsünde und Prädestination schränkte Augustinus im übrigen selbst die Bedeutung innerer Freiheit radikal ein.

Vor dem Hintergrund von Augustinus' ursprünglicher Freiheitslehre beinhaltet das Akzeptieren einer sozialen Ordnung, die auf rein äußerer (kirchlicher oder weltlicher) Autorität und Macht beruht, eine im Grunde *un*vermittelte Zusammenführung des Individuellen mit dem Sozialen, der Freiheit mit der *Sozialität.* Wird nämlich individuelle Freiheit in der Weise verstanden, daß es sie im Prinzip *von außen* zu begrenzen gilt, dann wird auch das Verhältnis zwischen Individuum und Gesellschaft zu einem unvermittelten und äußeren, ja sogar antagonistischen Verhältnis: Es läßt sich keine Brükke schlagen von Individualität und individueller Freiheit zur Sozialität.

Zweifellos hat dieser unversöhnte Gegensatz das Freiheits- und Gesellschaftsdenken über Jahrhunderte hinweg belastet und belastet es weiterhin: Die Individuen werden als letztlich isolierte Einheiten angesehen, die in sich selbst keine Sozialität begründen; folglich erscheint jede Gesellschaftsordnung als etwas, das den Individuen von außen aufgezwungen werden muß. Im klassischen politischen Denken hat diese Sichtweise im 17. Jahrhundert ihren adäquaten Ausdruck in der Staatsphilosophie des Thomas Hobbes gefunden: Dem einzelnen wird jede Sozialität abgesprochen; aus diesem Grund befinden sich die Individuen grundsätzlich im Konflikt, im «Kampf jedes gegen jeden», und es gilt, sie von «außen» und «oben» durch eine potente Staatsmacht in Schach zu halten.

Es kann keinen Zweifel geben, daß diese Auffassung weite Teile der politischen Theorie und Praxis der Neuzeit geprägt hat, auch wenn sich dies selten so deutlich manifestiert wie in Hobbes' *Leviathan* – man hat eher vermieden, an seine Staatsphilosophie offen anzuknüpfen. Die Auffassung von den Individuen als isolierten Einheiten, denen eine primäre soziale Motivation fehlt, hat ihre Entsprechung im gesellschaftswissenschaftlichen Denken der Gegenwart, wenn versucht wird, soziale Interaktionen als egozentrierte Handlungen von isolierten «Akteuren» zu verstehen. Dies gilt auch dann, wenn man meint, mit subtileren Theorien menschlichen Gemeinschaftshandelns eine Art «Solidarität» aus dem Eigeninteresse der Individuen ableiten zu können (spieltheoretische Modelle). Individualität und Sozialität verbleiben hier in gleicher Weise unvermittelt und äußerlich aufeinander bezogen, indem das Soziale, wie seinerzeit bei Thomas Hobbes, als lediglich wohlkalkulierter, rationaler Egoismus gesehen wird.

Birgt die Idee von Individualität ein unlösbares Dilemma, das sich in dem Augenblick offenbart, in dem wir sie in den *sozialen* Raum projizieren? Erweist sich die Freiheitsidee, die ihre philosophische Ausformung in der Willensfreiheitslehre des Augustinus erhielt und offensichtlich ein treibendes Moment des späteren europäischen Humanismus gewesen ist, bei näherer Betrachtung als asozial? In der Gegenwart haben gerade jene, deren Denken sich in solchen Bahnen bewegte, das, was sie als verfehlten «Individualismus» bezeichneten, durch verschiedene Arten von «Kollektivismus» ersetzen wollen, bei dem das Soziale der Individualität und Freiheit des einzelnen übergeordnet wird.

Die beschriebene Freiheitsidee hat nur dann jene nahezu paradoxale Konsequenz, wenn sie ausschließlich auf einen *abstrakten* Begriff von Freiheit rekurriert, wenn also nicht näher über das Verständnis menschlicher *Individualität* reflektiert wird, mit der Freiheit nicht nur verbunden ist, sondern in der sie ihren Ursprung hat. Dieses Verständnis von Individualität, von Eigenwert und Unantastbarkeit des einzelnen Menschen – ja, dessen Heiligkeit als unsterbliche Seele – beinhaltet nämlich nicht nur, daß dem *einzelnen* Individuum ein solcher Eigenwert und Unantastbarkeit zukommt, sondern *allen* Individuen. Eben die Eigenschaft, Individualität zu sein, kennzeichnet unterschiedslos alle Individuen – «Hier ist kein Jude oder Grieche.» – alle Menschen sind einander als Individualität ebenbürtig. Daraus folgt, daß die beschriebene Individualitätsidee keinen prinzipiellen Konflikt zwischen den Individuen impliziert – im Gegenteil, sie trägt in sich den Keim zur *Sozialität.* Das Soziale, d. h. die Gegenseitigkeit zwischen den Menschen, leitet sich gerade aus Eigenwert und Unantastbarkeit des einzelnen ab. Insoweit erweisen sich Individualität und Sozialität als zwei Seiten einer Sache.

In diesem Licht besehen besteht kein grundsätzlicher Gegensatz zwischen der Freiheit des einzelnen und einer Sozialität, wie sie dem «christlichen Brüderlichkeitsgedanken» zugrunde liegt – und zwar weder aus Sicht der Denktradition des Augustinus noch aus der des späteren Mittelalters. Der Grund hierfür ist, daß diese beiden Aspekte als miteinander verbunden erlebt wurden – wenn auch dieses Erleben noch keine hinreichende Begründung darstellt. Die Botschaft der Heiligen Schrift schien in diesem Punkt übrigens ziemlich eindeutig, besonders in dem Satz «Liebe deinen Nächsten wie dich selbst!» Der Zusatz «wie dich selbst» ist eigentümlich für das *christliche* Gebot der Nächstenliebe; er bringt offenbar die wahre Basis von Mitmenschlichkeit zum Ausdruck: *Alle* Menschen sind eine unantastbare Individualität, sind Individuen mit Eigenwert – wie man selbst. Der Respekt vor der höheren Bestimmung der *eigenen* Seele bedingt den Respekt vor dem *anderen* Menschen, der eine ebensolche höhere Bestimmung hat. Sozialität wie Freiheit haben demnach ihre Wurzel in der *Individualität.* Dies ist auch in den christlichen Vorstellungen vom ewigen Leben jeder Menschenseele und in der Gleichheit aller vor Gott verankert.

Die Konsequenzen, die sich aus Augustinus' Individualitäts- und Willensfreiheitslehre für das Verhältnis zwischen Sozialität und Individualität ergeben, befinden sich also in bester Harmonie mit zentralen christlichen Auffassungen. Dies gilt auch in einem anderen bedeutsamen Zusammenhang. Nach Augustinus kann einer Handlung nur dann wirkliche moralische Güte zugesprochen werden, wenn dieses Handeln der *Freiwilligkeit* des einzelnen entspringt – dieses ethische Prinzip muß gleichermaßen für das Verhältnis zu den *Mitmenschen* wie für das zu Gott gelten; Sozialität ist ebenso unvereinbar mit Druck und Zwang wie das wahre Verhältnis zu Gott.

Dieser gefühlte und erlebte Einklang zwischen Individualität und Sozialität (wir können sagen: zwischen innerer Freiheit, Gleichheit und Brüderlichkeit) ist ein Aspekt. Problematischer ist die Frage, wie dieses Verhältnis konkret gedacht oder gar in *gesellschaftlichen Institutionen* ausgeformt werden kann. Im Mittelalter kann von einer solchen Institutionalisierung keine Rede sein. Erst in der Neuzeit, besonders in der Gegenwart, drängte sich das Problem auf: Wie können individuelle Freiheit und Sozialität (Gleichheit und Brüderlichkeit) im sozialen Leben harmonisch zusammenwirken? Dies ist eine Frage von fundamentaler Bedeutung, wie ein Blick auf die sozialen und politischen Konflikte der letzten hundert Jahre zeigt, insbesondere was die Gestaltung der Ökonomie angeht.

Später werden wir näher darauf eingehen, daß uns der philosophische Problemkreis «Individualität, Freiheit und Sozialität» erhellende Perspektiven für die gegenwärtige Situation liefern kann. So läßt sich z. B. über den bereits erwähnten Liberalismus sagen, daß er in seinen grundlegenden Aussagen auf einer mangelhaften Reflexion des Individualitätsbegriffes zu beruhen scheint. Im Liberalismus findet nur *ein* (wenn auch zentraler) Aspekt der Individualität Berücksichtigung: die individuelle Freiheit. Der Liberalismus erweist sich hingegen als mehr oder weniger blind für den anderen Aspekt von Individualität: die Gegenseitigkeit oder Sozialität. Dadurch wird Individualität tendenziell identisch mit Egozentrizität; die Verteidigung der Freiheit gerät zur Verteidigung des Egoismus (vgl. «freies» Spiel der Kräfte in der Marktwirtschaft). Wir werden später sehen, daß dieses mangelhafte Sozialitätsverständnis zur Folge hat, daß in der gesellschaftlichen Praxis auch die Freiheit des einzelnen nicht richtig gewahrt werden kann.

Unsere einleitende historische Betrachtung zur Individualitäts- und Freiheitsidee vermag auch eine andere Seite der Frage nach dem Menschen als sozialem Wesen zu beleuchten. Die historische Entwicklung zeigt, daß diese Idee in engem Zusammenhang mit dem steht, was wir *Rationalität* genannt haben. Wie verhält es sich mit *diesem* Zusammenhang bei der Frage nach der Sozialität, nach dem Verhältnis zwischen Individuum und Gesellschaft? Anknüpfend an Thomas von Aquin zeigte sich, daß ein tieferes Verständnis menschlicher Individualität und Freiheit ein bestimmtes Menschenbild erfordert, daß der Mensch wesentlich als *Vernunfts*wesen verstanden werden muß. Thomas' Begründung von Individualität und Freiheit aus der Rationalität wirft die Frage nach der Integration *dieser* Auffassung in das *soziale* Leben auf: Welcher Art ist das Verhältnis zwischen Individualität, Freiheit und *Rationalität* einerseits und Sozialität andererseits?

Auch diese Frage spricht nicht nur ein philosophisches Problem an. Dies kommt in den politischen und sozialen Kämpfen, die wir in groben Zügen als Befreiungsprozeß charakterisiert haben, wie auch bei den politischen Theoretikern zum Ausdruck. Ein Beispiel: das Freiheitsdenken der Aufklärungszeit, deren soziale und politische Ideen unter anderem Auslöser der französischen Revolution waren. Gerade die französische Revolution hängt entscheidend damit zusammen, daß der Mensch als *rationales* Wesen gedacht wurde und sich die Forderung erhob nach einer auf diesem Verständnis aufbauenden Gestaltung des *sozialen* Lebens. Dieses Beispiel zeugt aber auch davon, daß man tatsächlich von einer harmonischen Verbindung von Freiheit, Rationalität und Sozialität noch weit entfernt war. Daß das Rationalitätsverständnis der Aufklärung in sich eher den Keim zum Untergang von Freiheit und Sozialität trägt, ist von vielen betont worden; auch wir werden später darauf näher eingehen. Gerade dieser Mangel treibt die vielen nachfolgenden Lösungsversuche, vom utopischen Sozialismus bis zum Marxismus, hervor. Das ungelöste Problem von individueller Freiheit, Rationalität und Sozialität war, ob bewußt formuliert oder nicht, *der* Sprengstoff in den Gesellschaftskonflikten der letzten Jahrhunderte – die zahlreichen, häufig gewaltsamen Konflikte der Gegenwart einbegriffen.

Eine Rekonstruktion der Entstehungsgeschichte dieses Problemes erleichtert uns dessen Verständnis. Zu diesem Zweck ist es naheliegend, erneut das Denken Thomas' zum Ausgangspunkt zu nehmen. Wir sind hier einem Denken begegnet, das nicht nur den Zusammenhang zwischen Freiheit und Rationalität hervorhob, sondern gleichzeitig einen Versuch darstellt, das Dasein als solches vernunftmäßig zu verstehen. Das hochscholastische Rationalitätsverständnis als Ausgangspunkt für das Erfassen *sozialer* Bezüge wirft jedoch Probleme hinsichtlich des Verhältnisses zwischen Individuum und Gesellschaft auf, die das hochscholastische Denken selbst *nicht* zufriedenstellend lösen kann. Diese Probleme werden den folgenden Jahrhunderten überlassen, nicht nur als ungelöste philosophische Fragen, sondern als ständige Quelle sozialer Unruhe und Konflikte.

Um das Verhältnis zwischen Freiheit, Rationalität und Sozialität bei Thomas von Aquin zu verstehen, müssen wir seine Philosophie zunächst vor dem Hintergrund des aristotelischen Denkens betrachten, welches auch in diesem Zusammenhang Vorbild der Hochscholastik war. Wie Aristoteles hebt Thomas das Vernunftvermögen des Menschen als dessen eigentliche Natur hervor und betont, daß die Freiheit des Menschen bedingt ist durch die Entfaltung eben dieser Fähigkeit. Andererseits bringt Aristoteles die Freiheitsfrage damit in Verbindung, daß der Mensch *Gesellschafts*wesen ist («ein politisches Lebewesen», wie er es nennt). Hier werden Freiheit und Rationalität in einen deutlichen Zusammenhang mit Sozialität gestellt. Für Aristoteles ist die Freiheit des Menschen sogar erst vollständig durch sein gesellschaftliches Leben erreichbar, Sozialität ist ihm mit anderen Worten eher Voraussetzung für Freiheit als umgekehrt (vgl. die Gegenposition bei Augustinus).

Auch wenn Thomas als christlicher Philosoph dem Individuellen, sowohl im Denken wie auch in der Lebensführung, sehr viel stärkeres Gewicht beimißt, stehen seine Überlegungen auch in diesem Punkt weitgehend in aristotelischer Tradition. Für Aristoteles ist jener Mensch in gewisser Weise frei, der Einsicht in «die Gesetze» hat, d. h. in unserem Zusammenhang vor allem Einsicht in die Gesetze der Gesellschaft. Wer mit Hilfe seiner Vernunft (die für Aristoteles das eigentliche Wesen des Menschen ausmacht) einsieht, warum die Gesetzesbestimmungen sind, wie sie sind, ist frei, im Unterschied zu demjenigen, der die Gesetze lediglich befolgt, ohne sie zu erkennen.[2]

Wie Aristoteles sieht auch Thomas das Handeln des rationalen Menschen in einem fundamentalen Zusammenhang mit «den Gesetzen», aber auch hier zeigen sich gewichtige Unterschiede. So bezeichnet Thomas ein Handeln, welches von Einsicht in die Gesetze motiviert ist, nicht als «Freiheit». Ja, wie schon gesagt, zaudert er geradezu, Freiheit anders denn als «Wahlfreiheit» zu bezeichnen, auch wenn diese Wahlfreiheit an die Überlegungen der Vernunft geknüpft sind. Es sollte aber ebenfalls die Begrenzung des aristotelischen Freiheitsbegriffs beachtet werden, denn Freiheit steht für ihn nicht im Einklang mit *Individualität* und Rationalität (wie in Thomas' eigentlicher Intention), sondern ist ausschließlich geknüpft an den Nachweis des «Ungezwungenseins», einem Gesetz aus Einsicht und nicht nur z. B. aus reiner Pflicht zu folgen.

Dieser bedeutsame Unterschied zwischen Thomas und Aristoteles zeigt sich auch an ihrer Auffassung von den gesellschaftlichen Regeln. Während für Aristoteles ein Konflikt zwischen dem rationalen Menschen, der Einsicht in die Gesetze hat, und der Gesellschaft schlechterdings unmöglich ist, ist dies für Thomas ein zentrales Thema – ja, ein Konflikt zwischen der Einsicht des einzelnen (Gewissen!) und den von der Gesellschaft gegebenen Gesetzen vermag gar «Ungehorsam» gegenüber diesen Gesetzen zu legitimieren.[3]

Ungeachtet solcher Unterschiede, die mit der jahrhundertelangen Weiterentwicklung menschlicher Individualität zusammenhängen, besteht eine wesentliche Übereinstimmung zwischen Thomas und Aristoteles im Hinblick auf den einzelnen Menschen, seiner Rationalität und seinem Handeln: Rationalität wird generell als das Vermögen zur *Einsicht in die Gesetze* verstanden, die dem einzelnen jeweils *vorgegeben* sind! Dies berührt nun individuelle *Freiheit* in höchstem Maße: Wenn auch der Mensch diese Gesetze selbst erkennt, es bleiben Gesetze, denen er sich zu *unterwerfen* hat – unabhängig davon, ob das Gesetz als göttliches oder ewiges Gesetz in Erscheinung tritt (*lex divina* oder *aeterna*) oder als in der Natur des Menschen angelegt (bei Thomas: *lex naturalis*) oder als gesellschaftsgegebenes Gesetz aufgefaßt wird (*lex humana*).

Diese Gesetze repräsentieren zwar auf je verschiedenen Ebenen eine vernünftige Ordnung (Rationalität), weshalb sich der Mensch als Vernunftswesen vermittels seiner Einsicht in sie in gewisser Weise mit ihnen identifiziert. Jedoch ist keines dieser Gesetze Resultat der Gesetzgebung des einzelnen Menschen, weder das «natürliche Gesetz» in jedem einzelnen Individuum noch die Gesetze des «Universums» oder der Gesellschaft. Auch das natürliche Gesetz (*lex naturalis*) hat bei Thomas kein *individuelles* Gepräge. Zwar ist es in jedem Menschen angelegt und erfährt seine eigentliche Manifestation erst durch dessen Vernunftaktivität, aber ist es doch von außen, von Gott, gegeben. Wie sehr auch das menschliche Erkennen des Gesetzes die Vorbedingung seiner Realisierung ist, so muß der Mensch sich doch von ihm *leiten* lassen. Als Gesetz ist es eben *nichts Individuelles*, sondern etwas *Allgemein*-Menschliches. Entsprechend verhält es sich mit den ethischen Motiven (Normen) für die Handlungen des Menschen; diese sind ebenfalls gegeben und allgemeiner Natur. «Das höchste Gut» (*summum bonum*), auf das sich das «ewige (oder göttliche) Gesetz» bezieht, ist ein «gemeinsames Gut» (*bonum commune*), dieses Gesetz folglich gemeinsames Gesetz. Es dient nicht zuletzt auch als «Druck» – und gut sind jene Menschen, die sich dieser gemeinsamen Norm «vollkommen unterwerfen».[4]

Freilich kann das gemeinsame oder allgemeine Gesetz das Handeln jedes einzelnen nicht im Detail regulieren (schon wegen der unterschiedlichen Voraussetzungen und Situationen der Individuen), so daß insoweit eine gewisse Individualisierung gegeben ist. Menschliche Handlungen sind deshalb nach Thomas auf «individuelle Dinge» gerichtet, und «das Gesetz» zielt in diesem Zusammenhang auf «individuelle Werte» ab. Diese «Individualisierung» ändert jedoch nichts daran, daß das Gesetz als allgemeine «Regel oder Maßstab» gilt, der jegliche Einzelhandlung unterworfen ist. Auch wenn sich die Handlungen auf «individuelle Dinge» beziehen, müssen diese doch «rückbezogen werden auf ein gemeinsames Gut ..., da sie ein gemeinsames Ziel oder Zweck verfolgen.»[5]

Einer solchen, eingeschränkten Handlungsindividualisierung begegnen wir bereits bei Aristoteles, obschon menschliche Individualität in seinem Denken einen relativ bescheidenen Platz einnimmt. Er war aber realistisch genug, um die Unmöglichkeit zu erkennen, die richtige (gute) Handlung unmittelbar aus dem allgemeinen Gesetz (Norm) abzuleiten. Dies erklärt im übrigen, warum Aristoteles (im Unterschied zu Platon) die Bürger nicht vollkommen dem Staat unterordnet, sondern diese in eine Art Wechselbeziehung mit ihm treten läßt. Dennoch wäre es falsch, hieraus den Schluß zu ziehen, daß wir bei Aristoteles (oder Thomas) ein neuzeitliches Verständnis von der Stellung des Individuums in der Gesellschaft vorfinden – ein Verständnis, wie es heute u. a. die Souveränität des Volkes und die Demokratie als Regierungsform begründet.

Trotz der dargelegten «Individualisierungstendenzen» bleibt das Wesentliche unverändert: So wie sich Thomas und Aristoteles das Verhältnis zwischen Rationalität und Sozialität denken – als Einsicht des Individuums in allgemeine Gesetze –, wird Sozialität auf Kosten von Individualität und individueller Freiheit gefördert. Die *generelle* Anbindung von Rationalität an *allgemeine Gesetze* bedeutet eine Gefährdung der Freiheit des Individuums, wie sehr es sich auch durch eigene Erkenntnisaktivität «Einsicht» in die Gesetze verschaffen soll. Obschon die Philosophie Thomas' und das ganze hochscholastische Denken einen entscheidenden Fortschritt in der Begründung von Individualität und Freiheit durch deren Anbindung an Rationalität darstellt, leidet diese Begründung an ihrem spezifischen Verständnis von Rationalität. Auch Thomas schreckt letztlich davor zurück, die Konsequenzen aus dem Freiheitsimpuls zu ziehen, die im Keim schon bei Augustinus angelegt sind, nämlich «das Gesetz in den einzelnen Menschen zu verlegen.» Ganz offenbar war der Gott des Alten Testamentes noch zu übermächtig, als daß Thomas diesen Schritt hätte wagen können.

Thomas' Verständnis des Verhältnisses von Individualität und Rationalität erweist sich hier als bedeutungsvoll für das weitere Schicksal der menschlichen Freiheit. Dies wird allerdings erst richtig deutlich, wenn dieses Verhältnis auf das *soziale* Leben übertragen wird, d. h. wenn das allgemeine oder gemeinsame Gesetz als *Gesellschafts*gesetz (*lex humana*) in Analogie zu göttlichen oder Naturgesetzen aufgefaßt wird – und zwar obwohl Thomas in der Unterordnung des Individuums unter die Gemeinschaft nicht so weit geht wie Aristoteles und im Unterschied zu diesem die Möglichkeit eines Konfliktes zwischen dem Vernunftgesetz im Individuum und den Gesetzen der Gemeinschaft hervorhebt.

Andererseits ist unbestritten, daß der thomistische Versuch der Verbindung von Individualität und Rationalität mit Sozialität einen historischen Fortschritt bedeutet. Zum einen besteht, wie dargelegt, ein enger Zusammenhang zwischen Sozialität und der Idee von Individualität, da letztere, insofern sie universelle Geltung beansprucht, in sich selbst den Keim zur Sozialität trägt. Des weiteren scheint es einen engen Zusammenhang zwischen Sozialität und Rationalität zu geben, was nicht zuletzt in Denken und Gesellschaftsentwicklung der folgenden Jahrhunderte zum Ausdruck kommt. Wäre der Mensch nicht im Grunde ein *rationales* Wesen, wäre eine wirkliche Gemeinschaft nicht möglich! Rationalität ist eine Voraussetzung für Sozialität, weil sie sinnvolle menschliche *Kommunikation* erst ermöglicht und damit jegliches soziale und politische Leben überhaupt. Auf diesen Sachverhalt werden wir in den folgenden Kapiteln noch zurückkommen, insbesondere im zweiten Teil der Studie.

Dem Thomismus kommt das große Verdienst zu, den offensichtlich engen Zusammenhang zwischen Individualität, Rationalität und Sozialität herausgearbeitet zu haben. Das thomistische Rationalitätsverständnis vermag jedoch Individualität und damit auch individuelle *Freiheit* nicht zu wahren. Der *Rationalitäts*begriff des Thomismus erweist sich insofern als *unzureichend:* die *hier* beschriebene Vernunftsaktivität wird aufgefaßt als erschöpfende Erörterung der menschlichen Entfaltung als rationales Wesen. Die Bestimmung der Gesetze als allgemein und gegeben bezieht sich wohlgemerkt nicht nur auf die von der Gesellschaft geschaffenen Gesetze, sondern gilt generell. «Das natürliche Gesetz» (*lex naturalis*) sieht Thomas zwar als in jedem einzelnen Menschen niedergelegt, nicht jedoch als vom Menschen *selbst* hervorgebracht. Wie wir gezeigt haben, dient es als *allgemeines* Gesetz oder Norm und ist nicht in der Weise im einzelnen verankert, daß dieser als sein eigener «Gesetzgeber» erscheint und so seine Handlungsmotive selbst hervorbringt.[6]

Dieser Bruch in der Vermittlung zwischen Individualität auf der einen, Rationalität und Sozialität auf der anderen Seite hat die politische Theorie und Praxis der Neuzeit geprägt und liegt als weiterhin ungelöstes Problem zahlreichen Gesellschaftskonflikten zugrunde. In der Philosophie erreicht dies mit dem Denken *G. W. F. Hegels* einen gewissen Höhepunkt; bei ihm tritt mit besonderer Deutlichkeit das soziale Konfliktpotential hervor, das dieses ungelöste Problem in sich birgt. Bekanntlich führt von Hegel u. a. eine Linie zu dem Verständnis des Verhältnisses von Individuum und Gesellschaft, wie wir es bei Karl Marx vorfinden – mit allen damit verbundenen Einflüssen und Wirkungen. Allein aus diesem Grund sollte eine eingehende Betrachtung des Hegelschen Denkens von größtem Interesse sein.

Wie Thomas von Aquin denkt auch Hegel den Menschen grundsätzlich als *rationales* Wesen; wie jenem gilt ihm die Individualität sowie die Freiheit des Menschen als durch dessen Rationalität bedingt. In der Verbindung von Individualität mit Rationalität geht Hegel sogar noch weiter als Thomas, insofern die Individualität oder das (wie Hegel es nennt) «Subjekt» schlechthin mit Notwendigkeit aus der Natur der Rationalität hervorgeht. So hebt er in der Vorrede seiner *Phänomenologie des Geistes* hervor, daß die «Substanz», bestimmt als das durch und durch rationale Wesen des ganzen Daseins, «wesentlich Subjekt ist»! Hegel erscheint somit als der erste in der Denkgeschichte, der zu dem Begriff eines vollständig autonomen, sich selbst hervorbringenden Subjektes vordringt. Das «Wahre», verstanden als das Rationale oder die «Vernunft», ist somit nicht nur etwas «Ursprüngliches» oder «Unmittelbares», sondern schlechthin als «sein eigenes Werden» aufzufassen.[7]

Das «Subjekt», von dem hier die Rede ist, wird jedoch ineinsgesetzt mit der Gottheit (oder dem «Weltgeist», wie Hegel es ausdrückt), und *insoweit* bewahrt Hegel die in christlicher Tradition stehende Auffassung eines «personalen Gottes» (wie sie Augustinus in die Philosophie einführte), verankert sie nun allerdings in der Vernunft, d. h. der Rationalität. Dies ist ein entscheidender Unterschied zum Gottesbegriff beispielsweise der Antike oder dem Spinozas, für den die Gottheit lediglich ein höchstes Prinzip im Dasein darstellt.

Das autonome Subjekt ist bei Hegel also *nicht* der *einzelne Mensch*, d. h. die Individualität, auf die wir im Rahmen unserer Erörterung der menschlichen Freiheit die Aufmerksamkeit richten; im Verhältnis zum einzelnen Menschen handelt es sich um ein *allgemeines* Subjekt, das «allgemeine Individuum» – eben jenen «Weltgeist». Freilich, Hegel weist wie niemand vor ihm dem Menschen als rationalem Wesen einen hervorragenden Platz im Dasein zu: Menschliche Erkenntnis repräsentiert nicht nur eine Art Abbild der Wirklichkeit (wie z. B. bei Thomas), sondern ist selbst Vollendung der Wirklichkeit – ohne die Erkenntnis des Menschen wäre das Dasein nicht zu verwirklichen. Was sich hier verwirklicht, ist jedoch nicht der *einzelne Mensch* als Individualität, sondern der allgemeine Weltgeist, für den die Individuen lediglich *Werkzeuge* sind, wenn auch notwendige. Von daher kommt auch nur dem allgemeinen Subjekt im eigentlichen Wortsinne *Freiheit* zu.

Mit Blick auf das menschliche Individuum erscheint der *allgemeine* und *vorgegebene* Charakter des Rationalitätsbegriffs bei Hegel noch bedrängender als beim Rationalitätsverständnis der thomistischen Tradition. Bezüglich der Freiheit des einzelnen besteht kein wesentlicher Unterschied zwischen Hegel und Spinoza, auch wenn Hegel zu einem tieferen Verständnis von Rationalität als auch ‹Substanz› vordringt. Die individuelle Freiheit des Menschen, ja individuelle Existenz überhaupt, gerät bei Hegel zu einem außerordentlichen Problem. So heißt es in seiner *Phänomenologie*: Im Verhältnis zum allgemeinen Subjekt, dem «allgemeinen Individuum» oder «selbstbewußten Geist», sei das «besondre Individuum» der «unvollständige Geist» und ein «unscheinbares Moment».[8]

Dieses Verhältnis tritt besonders deutlich im Zusammenhang mit der Frage der *Sozialität* hervor, d. h. wenn wir uns von der Hegelschen Logik und Ontologie zu seiner Betrachtung von Geschichte und Gesellschaft wenden. Nicht die Individuen, sondern Geschichte und Gesellschaft als solche sind die eigentlichen Manifestationen des Weltgeistes; selbst die originellsten und genialsten Individuen sind in der Geschichte nichts als Exponenten der Entwicklung dieses allgemeinen Geistes zu ständig höheren Stufen der Selbstrealisierung. Entsprechendes gilt für das Verhältnis des Individuums zur Gesellschaft, welche nach Hegel wohlgemerkt im Staat ihre höchste Vollendung findet: Das Individuum wird erst wahrhaft Individuum als ein Teil dieses Staates. So hebt Hegel in seiner «Rechtsphilosophie» hervor, daß «das Individuum selbst nur Objektivität, Wahrheit und Sittlichkeit (hat), als es ein Glied desselben (des Staates; H. H.) ist». «Die Vernünftigkeit» – oder Rationalität – besteht «der Form nach in einem nach *gedachten, d. h. allgemeinen* Gesetzen und Grundsätzen sich bestimmenden Handeln».[9]

Unter gesellschaftlicher Freiheit des Menschen versteht Hegel eben derartiges Handeln. Indes negiert dieses Verständnis des Verhältnisses von Rationalität und Sozialität offenbar sowohl *menschliche* Individualität wie *individuelle* Freiheit, auch wenn Hegel (wie Aristoteles) das Verhältnis zwischen Individuum und Gesellschaft als «organische» Wechselwirkung versteht und nicht nur als «mechanische» Unterordnung. Hegel weist damit das demokratische Prinzip eines durch freie Beschlüsse der Individuen konstituierten Staates entschieden zurück.

Hegels Verständnis von Rationalität und Sozialität weicht auch in anderen bedeutsamen Aspekten von der Individualitäts- und Freiheitstradition ab, die von Augustinus und Thomas bis zum europäischen Humanismus und der damit verbundenen Persönlichkeitsidee reicht. Für Hegel ist die individuelle Existenz des Menschen mit seinem historischen und gesellschaftlichen Erscheinen abgeschlossen, wohingegen sie für die christlich-humanistische Tradition eine fundamentalere Bedeutung und eine metaphysische Verankerung, u. a. in den Vorstellungen von der Unsterblichkeit der Seele, hat.[10]

Hier besteht ein fundamentaler Unterschied zwischen Hegel und Thomas von Aquin, ungeachtet der Parallelen, die wir mit Hinblick auf das Rationalitäts- und Freiheitsverständnis aufgezeigt hatten. Denn Thomas ist gerade die Unsterblichkeit der individuellen Menschenseele ein zentrales Anliegen: In seiner Schrift *De unitate intellectus* führt er einen erbitterten Kampf gegen die Anfechtung der Unsterblichkeit durch die «Averroisten». Man kann insgesamt sagen, daß Thomas die Idee menschlicher Individualität rettet, die Idee individueller Freiheit jedoch als Folge seines Rationalitätsverständnisses aufgibt und auf diese Weise eine Linie einschlägt, die bis zu Hegel führt.

Eine der bedeutsamsten zeitgenössischen Reaktionen gegen die Hegelsche Philosophie ist mit dem Namen Søren Kierkegaards verbunden. Diese Gegenreaktion hat ebenfalls einen christlich-religiösen Hintergrund, wenn auch Kierkegaard nicht die angesprochene metaphysische Frage beschäftigt, sondern eine ethisch-psychologisch motivierte Verteidigung der individuellen Existenz gegenüber dem individualitätsfeindlichen Hegelschen «System». Damit wurde er im übrigem zu einem Ausgangspunkt der heutigen Existenzphilosophie. Mit großer Vehemenz wird hier die Verantwortung und Wahl oder Entscheidung des einzelnen betont, die in dem allgemeinen, unpersönlichen Rationalitätsbegriff Hegels verlustig zu gehen scheint; es wird appelliert an «Innerlichkeit» und «eigentliche Existenz», und in bester Tradition von u. a. Augustinus wird betont, daß Subjektivität die Wahrheit ist.

Diese erneute Einforderung der Individualität hat jedoch einen hohen Preis: die Aufgabe von Rationalität im Verständnis von Individualität, Freiheit und Sozialität – eine Voraussetzung, insbesondere bei Kierkegaard, für die behauptete Existenz der Individualität. Denn: die «Subjektivität» ist nicht nur die Wahrheit, sondern ebenso das «Paradoxon», das Irrationale. Hier steht das Denken Kierkegaards nicht so sehr in Verwandtschaft zu Augustinus, sondern vielmehr zu Tertullians «credo quia absurdum» aus dem 3. Jahrhundert. Als eine derart prinzipielle Irrationalität ist die Reaktion gegen Hegel offenbar ein historischer Rückschritt. Denn, wie wir in Anlehnung an Thomas von Aquin hervorhoben, bedeutete gerade die Verankerung von Individualität und Freiheit in der Rationalität eine gegenüber der augustinischen Freiheitslehre entscheidend avancierte Position. Die Schwäche der thomistischen Auffassung, die wir nun auch im Denken Hegels aufgezeigt haben, ist ihr begrenztes Verständnis von Rationalität als Einsicht in *allgemeine*, dem Individuum *vorgegebene* Gesetze. Daß mit dieser Auffassung eine Verneinung des Individuellen und der Freiheit einhergeht, tritt besonders deutlich an der Art des Verständnisses vom Menschen als gesellschaftlichem Wesen zutage. Dies erreicht mit der Hegelschen Verbindung von Sozialität und Rationalität einen Höhepunkt. Anstatt nun ein *Rationalitäts*verständnis zu suchen, das geeignet wäre, Individualität und Freiheit zu wahren, gibt die Reaktion gegen Hegel jegliche Rationalität in diesem Zusammenhang auf, womit sie sich der fundamentalen Grundlage für Individualität und Sozialität beraubt.

Bei Kierkegaard wird im übrigen deutlich, daß das existenzphilosophische Denken seinen Ursprung hat im mangelhaften Rationalitätsverständnis von Thomas bis einschließlich Hegel. Indem Rationalität lediglich als etwas allgemeines, dem Individuum gegebenes, in Erscheinung tritt, sieht sich Kierkegaard gezwungen, der Rationalität eine gänzliche Absage zu erteilen, wenn er denn Raum schaffen will für Individualität («das Subjekt» und sein «Werden»). In der Betonung des Individuellen gegenüber dem «Welthistorischen» bei Hegel vermögen wir Kierkegaard zu folgen; insofern er in der Rationalität (dem Denken und Erkennen) in keinster Weise Individualität am Werk sieht, entfernt er jedoch das Richtige zusammen mit dem Fehlerhaften. «Die wahre Subjektivität (also Individualität) ist nicht die wissende», sagt er in seinem Werk *Afsluttende uvidenskabelig Efterskrift*. Ja, objektive Erkenntnis gerät sogar zur «Abstraktion» von der Individualität, was bezüglich der individuellen Unsterblichkeit die bemerkenswerte Konsequenz hat, daß er meint, daß «sich objektiv nicht nach der Unsterblichkeit fragen läßt.»[11]

Das 19. (und 20.) Jahrhundert weist andererseits nicht nur Reaktionen *gegen* Hegel auf; nicht minder bedeutsam sind diejenigen, die in der einen oder anderen Weise auf der Hegelschen Philosophie aufbauen, auch wenn sie häufig den Mangel seiner Philosophie eher verstärkt als überwunden haben. Der Bedeutendste unter ihnen ist zweifellos Karl Marx, der zwar an dem Denken Hegels Kritik übt, insbesondere am philosophischen Idealismus, in wesentlichen Punkten aber dessen Auffassung vom Verhältnis zwischen Individuum und Gesellschaft übernimmt. Wie für Hegel so ist auch für Marx der Mensch ein ausschließlich historisch und sozial bestimmtes Wesen, das als bloßes Glied eines gesellschaftlichen Entwicklungsprozesses erscheint. Die damit verbundene Problematik ändert sich auch nicht dadurch, daß Marx die Triebkraft und Gesetzmäßigkeit dieses historischen Prozesses nicht einem «Weltgeist» und dessen dialektischer Entfaltung zuschreibt, sondern der materiellen Produktion und deren gesetzmäßiger Entwicklung und Veränderung. Ganz im Gegenteil, er verstärkt jenen Mangel des Hegelschen Denkens über Individuum und Gesellschaft.

So steht bei Marx nicht die Freiheit des *einzelnen* Menschen, sondern die des Kollektivs im Vordergrund. Selbst die ideale Zukunftsgesellschaft ist nicht auf das freie Individuum, sondern auf die Freiheit der Menschheit in einer umfasssenden Gemeinschaft ausgerichtet. Durch diese Akzentuierung unterscheidet er sich nicht nur fundamental von Thomas von Aquin, sondern auch von dem ansonsten in gemeinschaftlichen Kategorien denkenden Aristoteles, sowie von Hegel, dessen idealer Staat letztlich als Gesellschaft von Einzelindividuen in Erscheinung tritt. Der universell kollektivistische Zug der Marxschen Lehre impliziert eine Verneinung von Individualität und individueller Freiheit, die die Hegelsche Auffasssung noch übertrifft: Indem Sozialität nicht aus Individualität entspringt, wie wir es oben für den christlichen Brüderlichkeitsgedanken angedeutet haben, erhält Sozialität keine Verankerung im *einzelnen* Menschen, sondern verbleibt etwas Äußerliches und Unvermitteltes und muß deshalb den Individuen von außen aufgezwungen werden. Die vielen Versuche, die der Realisierung der Marxschen Gesellschaftstheorie gewidmet sind, scheinen von dieser Unzulänglichkeit des Verhältnisses von Individuum und Gesellschaft zu zeugen.

In diesem Zusammenhang ist allerdings ein anderer Unterschied zwischen der Hegelschen und der Marxschen Auffassung weitaus entscheidender; er bezieht sich auf das Verständnis von Rationalität bei Marx. Wie vor ihm schon Hegel, Aristoteles und Thomas versteht er Rationalität als *allgemeine* Gesetze oder Gesetzmäßigkeiten, dem *alles* unterliegen soll. Aber im Unterschied zur ganzen idealistischen Philosophie (auch Spinoza einbegriffen) faßt Marx die Rationalität der menschlichen Existenz nicht als *Einsicht des einzelnen* in diese Gesetze auf, also als etwas, das ohne diese individuelle Erkenntnisaktivität nicht hervortreten, sondern virtuell bleiben würde. Diese Aktivität ist besonders bei Thomas und Spinoza mit dem moralischen Streben des Individuums verbunden. Für Marx dagegen stehen diese Gesetzmäßigkeiten (welche für ihn in erster Linie gesellschaftliche Gesetze sind) in überhaupt keinem *inneren* Verhältnis zur Erkenntnis des Menschen. Nach Marx sind diese Gesetzmäßigkeiten in Analogie zu den Naturgesetzen zu verstehen, *insofern* der einzelne Mensch, wie jedes Ding in der Natur, *Produkt* der herrschenden Gesetze ist.

«Das menschliche Wesen» hebt Marx in seinen *Thesen über Feuerbach* hervor, «ist kein dem einzelnen Individuum innewohnendes Abstraktum. In seiner Wirklichkeit ist es das Ensemble der gesellschaftlichen Verhältnisse.»[12]

Diese *naturalistische* oder *materialistische Wendung des Rationalitätsbegriffes* bei Marx ist für weite Teile des nachhegelschen Denkens des 19. Jahrhunderts charakteristisch. Dieser Wendung ist durch frühere Denker der Neuzeit vorgegriffen worden; es sei an das Rationalitätsverständnis der Aufklärung erinnert. Im 19. Jahrhundert hatte es Auguste Comte, jenen Begründer des «Positivismus», zum Vorbild, der wie Marx die Gesellschaftsgesetze als Naturgesetze auslegte.

Was das Verhältnis zwischen Individuum und Gesellschaft betrifft, so ist offensichtlich ein solches Verständnis von Rationalität (in casu als Wissenschaft vom Menschen als Gesellschaftswesen) für Individualität und Freiheit eine noch *stärkere* Bedrohung, als es das Verständnis von Rationalität als Einsicht in gegebene Gesetze bereits war. Denn hier begegnen uns die Gesetze als *natur*notwendige Gesetze, die den Menschen einbeziehen, und nicht als die Notwendigkeit, wie wir sie zum Beispiel im «ewigen Gesetz» bei Thomas von Aquin finden. Hier wird das Individuum als kausalbestimmt (determiniert) verstanden, also ohne jeglichen freien Willen, dort wird der Wille zumindest als Realität aufgefaßt, wenn auch von Motiven bestimmt, die auf der Einsicht in allgemeine und gegebene Gesetze basieren. Gerade dieses naturalistische Realitätsverständnis, das uns im Marxismus wie in den meisten übrigen Gesellschaftstheorien seit der Mitte des vorigen Jahrhunderts begegnet, hat in unserer Zeit heftige Kritik ausgelöst. Viele philosophische und sozialwissenschaftliche Debatten haben sich um dieses Thema und damit um das Verhältnis zwischen Rationalität, Individualität und Sozialität gedreht, wobei die Freiheit oder Emanzipation des Menschen im Mittelpunkt stand.

Wir werden in späteren Kapiteln an einige Aspekte dieser Gegenwartsdebatte anknüpfen; an dieser Stelle sollen nur kurz und zusammenfassend die gegenwärtigen Probleme formuliert werden, wie sie sich aus der historischen Betrachtung des Freiheitsbegriffes zu ergeben scheinen:

Erstens entpuppt sich die – wie es scheint – unvermeidliche Anbindung von Individualität und Freiheit an Rationalität in der europäischen Geistesentwicklung als ein antagonistisches Verhältnis, wenn *Rationalität* ausschließlich als Einsicht in allgemeine Gesetzmäßigkeiten verstanden wird. Dieses Dilemma wird mit dem Hegelschen Denken überdeutlich. Allerdings kann von einer zufriedenstellenden Lösung dieses Dilemmas auch in der gegenwärtigen Diskussion der Freiheitsfrage keine Rede sein.[13]

Zweitens ergibt sich für Individualität und individuelle Freiheit durch die *naturalistische* Wendung in den Theorien der Human- und Sozialwissenschaften des 19. Jahrhunderts (Comte u. a.) eine weitere Gefährdung. Mit der marxistischen Auffassung des Verhältnisses von Individuum und Gesellschaft ist dies besonders drängend geworden.

Drittens (und dies hängt mit den oben beschriebenen Problemen zusammen) bleibt zu klären, wie das Verhältnis zwischen Individualität und Sozialität gedacht und gar praktisch ausgeformt werden kann, ohne sich in *prinzipielle Widersprüche und Antinomien* zu verstricken.

Die beiden ersten der hier skizzierten Probleme sollen uns in dem nun folgenden Teil der Studie «Freiheit und Erkenntnis» beschäftigen; dem dritten Problem werden wir uns in dem zweiten Teil «Freiheit und Gesellschaft» widmen.

In dem abschließenden Teil unserer Studie «Unteilbarkeit der Freiheit» werden wir die Resultate unserer Erörterungen zusammenfassen und vertiefen – mit besonderem Gewicht auf dem *Zusammenhang* zwischen dem, was wir innere und äußere Freiheit des Menschen genannt haben.

TEIL I:
FREIHEIT UND ERKENNTNIS

4
ERKENNTNIS, INDIVIDUALITÄT UND FREIHEIT

Die bisherigen Ausführungen haben gezeigt, wie sich im Verlauf der europäischen Kulturentwicklung allmählich ein Verständnis von Individualität und Freiheit des einzelnen Menschen herausbildet und wie diese zunehmend anerkannt werden. Wir haben darauf hingewiesen, wie sich durch die fundamentale Verbindung von Individualität und Freiheit mit Rationalität der Charakter dieser Ideale gewandelt hat. Dieser sich über nahezu ein Jahrtausend erstreckende Prozeß läßt sich philosophiegeschichtlich an der Entwicklung von Augustinus bis Thomas von Aquin nachvollziehen.[1]

Die Idee von Individualität und Freiheit als solche, wie auch ihre Verbindung mit Rationalität, besteht in der Neuzeit fort; in den folgenden Epochen suchte man diesem Ideal auf gesellschaftlicher und institutioneller Ebene Geltung zu verschaffen. Im Zuge dieser Bemühungen zeigte sich allerdings, daß dieses Verhältnis von Individualität, Freiheit und Rationalität nicht zuletzt auch drängende Probleme mit sich führte. So enthüllte der Versuch einer Übertragung dieses Verhältnisses auf das soziale Leben nicht nur ein theoretisches Dilemma, sondern generierte darüber hinaus folgenschwere soziale Konflikte, wie wir unter Bezugnahme u. a. auf Hegel und Marx zu zeigen suchten. Die Ursache hierfür ist in der *Form* des Rationalitätsverständnisses zu suchen, von dem ausgehend Individualität, Freiheit und Sozialität gedacht wurden. Während man das Rationale als allgemeine, gar naturnotwendige Struktur des Individuums begriff, wurde das Soziale nicht von der Individualität her, sondern als von *außen* an das Individuum heranzutragende Ordnung verstanden, die ihre Bestimmtheit von Natur, Gesellschaft, Geschichte oder Gottheit erhielt. In diesem unvermittelten und damit kontroversen Verhältnis zwischen Individualität und Sozialität liegt unseres Erachtens die Wurzel für viele soziale Konflikte unserer Zeit.

Es ist jedoch fraglich, ob sich Rationalität im Kontext der menschlichen Existenz überhaupt anders begreifen läßt denn als *allgemeine, dem Individuum vorgegebene Struktur.* Daß diese Frage für die zukünftige Entwicklung sowohl von Individualität als auch von Freiheit von entscheidender Bedeutung ist, legen die Implikationen einer verneinenden Antwort nahe: *Entweder* wird Individualität in die Sphäre der Irrationalität verlegt, wodurch Freiheit zu einem blinden Sprung in ein leeres Nichts gerät, ohne eine apodiktische Verbindungslinie zum übrigen rationalen Dasein des Menschen. (Dies erscheint uns als Weg in die Absurdität; ein Weg, den bestimmte Richtungen moderner Literatur und Dramatik sowie weite Teile des philosophischen Existentialismus beschritten haben, allerdings mit recht düsterem und fruchtlosen Resultat.) *Oder* es werden Individualität und Freiheit zwischen den Mühlsteinen der allgemeinen Gesetze zerrieben, ob diese nun als unerbittliche Naturgesetze, historische Gesetze oder als schablonenhafte Normen und Gebote gedacht werden. Auch dies ist eine Implikation der negativen Antwort.

Als Beispiel für die letzte Position können die verschiedenen Formen eines mechanistischen und positivistischen Menschenbildes angeführt werden, ebenso ethische und religiöse Dogmatismen unterschiedlichster Ausprägung. Beispielhaft für erstere Position ist u. a. der frühe Jean-Paul Sartre; er behauptet zwar mit Vehemenz die «Wahl»möglichkeit und Freiheit des Individuums (was ihm als «Sein» des Bewußtseins schlechthin gilt), er verankert dieses Sein jedoch (ähnlich Kierkegaard) in einem Gefühl (nämlich der «Angst»), und nicht in der Ratio. Dies bringt ihn gefährlich nah an einen ethischen Solipsismus, wenn nicht Nihilismus, heran und begründet einen absoluten ontologischen Dualismus.[2]

So unterschiedlich die beiden beschriebenen Positionen auch sind, sie bergen gleichwohl ein gemeinsames Problem: den ungelösten Gegensatz zwischen menschlicher Individualität und Freiheit einerseits und Rationalität andererseits; ein Dilemma, das es zu überwinden gilt. Deshalb wollen wir die oben gestellte Frage auch mit einer positiven Intention umformulieren: Wie kann Rationalität begriffen werden, so daß sie Individualität und Freiheit nicht untergräbt, sondern vielmehr *begründet*? Dieser Frage ist der vorliegende Teil I unserer Studie gewidmet.

Wir haben darauf hingewiesen, daß bereits mit dem Aufkommen des Begriffsdenkens in der klassischen griechischen Kultur ein Verständnis von Wirklichkeit einsetzt, das im Individuum als einem selbständigen Wesen seinen Ausgangspunkt nimmt; der Mensch befreit sich von seiner Bindung an den Kosmos, er löst sich von seiner früheren, mythischen Bewußtseinsform. Dieses Wirklichkeitsverständnis erreicht mit der christlichen Persönlichkeitsidee bei Augustinus einen Höhepunkt. In den folgenden Epochen wird es zu einer richtungsweisenden Idee, wenn auch Gegenkräfte in Gestalt der autoritären Kirche oder der späteren individualitätsfeindlichen Wissenschaft auftreten. Mit der scholastischen Philosophie wird indes deutlich, daß Individualität (das «Ich») in erster Linie durch die Vernunftaktivität des Menschen, der *Ratio,* erfahren wird und erst in zweiter Linie durch das Selbstbewußtsein als solches. Dies wird zur Grundlage für das Individualitätsverständnis und die Wirklichkeitsorientierung der folgenden Jahrhunderte. Trotz verschiedener, entgegengesetzter irrationaler Impulse scheint von nun an die Idee von Individualität untrennbar mit Rationalität verknüpft. Philosophiegeschichtlich erreicht dies einen Höhepunkt mit Descartes' berühmtem *cogito ergo sum* – ich *denke,* also *bin* ich.

Unsere Feststellung, daß das der gleichen philosophischen Tradition entspringende Verständnis von Rationalität jedoch auch eine Gefährdung der Individualität und individuellen Freiheit impliziert, wirft die Frage nach dem Warum dieses Zusammenhanges auf. Haben wir bisher lediglich die Ideen*geschichte* rekonstruiert, so werden wir nun die Frage nach dem Zusammenhang zwischen Rationalität und Individualität (zwischen dem Denken des Menschen und seinem Ich) in *systematischer* – in erster Linie *erkenntnistheoretischer* – Absicht stellen. Vor dem Hintergrund des bisher Gesagten bedeutet das: Wir suchen nach einer erkenntnistheoretischen Begründung für das Verhältnis zwischen Denken und Ich, wie es sich in der Tradition von Thomas bis Hegel herauskristallisiert, und intendieren gleichzeitig die Überwindung des mangelhaften Rationalitätsverständnisses dieser Tradition.

Elemente einer solchen erkenntnistheoretischen Begründung finden sich auch in philosophischen Reflexionen der Neuzeit, nicht zuletzt bei den Rationalisten des 17. Jahrhunderts, z. B. bei Descartes. Als Vertreter des 20. Jahrhunderts ist sicherlich Edmund Husserl zu nennen, der die Autonomie menschlicher Individualität durch Reflexion nach dem Muster Descartes' (*Cartesianische Meditationen*) zu begründen versucht («das transzendentale Ego»). Das cartesische *ego cogito* ist Husserl zufolge nichts Geringeres als der «apodiktisch gewisse und letzte Urteilsboden, auf dem jede radikale Philosophie zu begründen ist».[3] Doch nicht nur derartige philosophische Analysen, bereits relativ einfache Reflexionen über Alltagserfahrungen sind geeignet, die enge Verbindung von Denken und Ich bzw. Ich-Bewußtsein zu vergegenwärtigen. Sehen wir uns dies etwas näher an.

Aus unmittelbarer, unreflektierter Erfahrung wird der Mensch sich selbst (sein «Ich») in der Regel mit seinem eigenen Körper identifizieren, den er ja als von der übrigen Welt abgetrennt erlebt (man vergleiche das Wirklichkeitsverständnis des Kindes auf einer bestimmten Entwicklungsstufe). Aber schon relativ einfache Reflexionen führen zu der Erkenntnis, daß der Körper trotzdem von gleicher Beschaffenheit ist wie die umgebende Welt, die man vermittels seiner Sinne erfährt. Aus diesem Grund identifiziert man sich eher mit seiner «inneren» Vorstellungswelt. Auf der Suche nach der eigenen Identität wird man sich jedoch auch von diesen Vorstellungen distanzieren müssen, da sie im wesentlichen unserer Umwelt entstammen. Damit erscheinen nun die inneren Gefühls- und Willensakte als die genuine Sphäre der Entfaltung unseres Ichs. In ideengeschichtlicher Perspektive ist dies die Sphäre, in der Augustinus das Identitätsempfinden verortet: die Erfahrung des Menschen von sich selbst als eines Zentrums der verschiedenen Bewußtseinsakte (oder, allgemeiner ausgedrückt, als Selbstbewußtsein); je nach Mentalität des einzelnen kann dabei der Schwerpunkt dieses Selbstbewußtseins mehr auf dem Gefühl oder auf der Willensaktivität liegen. Für Augustinus war bekanntlich die Willensaktivität der entscheidende, wesentliche Ausdruck der Individualität (der «Persönlichkeit» oder der «Subjektivität»), kraft ihres offenbar engen Zusammenhanges mit dem moralischen Streben des Menschen und seiner Wahl zwischen dem Guten und dem Bösen.

Diese Reflexion kann jedoch fortgeführt werden, und, wie wir gesehen haben, ist dies auch historisch der Fall gewesen. Von allen inneren Bewußtseinsaktivitäten erweist sich nämlich das Denken als besonders intim mit dem Ich verwoben. Aus zwei Gründen mag dies auf den ersten Blick allerdings befremdlich wirken: Erstens wird man im allgemeinen davon ausgehen, daß der Mensch als Ich enger mit seinem Gefühls- und Willensleben verbunden ist als mit seinem Denken, das oft abstrakt und distanziert erscheint. So erleben wir die vom Denken gebildeten Begriffe als wenig lebendig und konkret – übrigens in bemerkenswertem Gegensatz zu den Griechen der Antike, die ihre Ideen «schauten». Zweitens wird der Einwand vorgebracht, das Denken könne nur als das Allgemeine in Form allgemeiner Begriffe und Gesetze verstanden werden, folglich gerade nicht Ausdruck für das Individuelle, für Ich und Ich-Bewußtsein, sein. Beiden Einwänden wollen wir nachgehen; der zweite Einwand fällt mit dem zusammen, was wir selbst als Problem hervorgehoben haben und sich im Verlauf der historischen Entwicklung des menschlichen Denkens auch faktisch als Problem erwiesen hat.

Das erste Argument, das auf den abstrakten Charakter des Denkens abstellt, spricht Erfahrungen an, wie wir sie alle mit unserem Denken machen, so wie es sich im täglichen Leben und in systematischer wissenschaftlicher Denktätigkeit entfaltet. Diesen Erfahrungen mit dem Denken stehen jedoch andere diametral entgegen, zum Beispiel die Erfahrung der fundamentalen

Wirklichkeit, die in den Gesetzmäßigkeiten des Denkens liegt, zumindest in den einfachen Regeln der Logik, mit denen wir uns als mit der in gewissem Sinne tiefsten Wahrheit identifizieren. Nicht zuletzt aus diesem Grunde verbanden die Denker der Scholastik Ich-Bewußtsein (Individualität) mit Vernunftaktivität (Rationalität). Und ganz offensichtlich war diese Erfahrung mit dem Denken bis in die Neuzeit hinein ein zentraler Impuls vor allem im Bereich der Wissenschaft.

Vor diesem Hintergrund erscheinen «Gefühls- und Willensphilosophien» (man denke an Schleiermacher und Schopenhauer) als Irrweg, auch wenn dieser historisch als Reaktion auf die Entwicklung des Rationalitätsverständnisses der Neuzeit verständlich ist. Was das Verhältnis zwischen Individualität und Rationalität angeht, scheinen wir uns in einer nahezu schizoiden Situation zu befinden: Unser Denken erweist sich einerseits als derart abstrakt, daß wir unser Ich nicht mit ihm in Verbindung bringen können, während es andererseits ohne Zweifel eine außerordentlich hohe Identifikationskraft hat. Die Identifikation Giordano Brunos mit seinen Gedanken war beispielsweise so stark, daß er ihretwillen auf den Scheiterhaufen ging. Aus verschiedenen Blickwinkeln werden wir dieses Dilemma und seine mögliche Auflösung zu beleuchten versuchen.

In einem ersten Schritt wollen wir fragen, worauf es beruhen mag, daß wir uns mit dem Denken als Bewußtseinsaktivität *identifizieren.* Eine eingehende Betrachtung des Denkens enthüllt, daß wir, als Ich, in Wirklichkeit enger mit dem Denken verbunden sind als mit jeder anderen Aktivität unseres Bewußtseins, unabhängig von unserer Einstellung dazu. Selbst zu intensivsten Gefühlen oder Willensaktivitäten besteht immer eine gewisse Distanz, insofern eine Miterfahrung dieser Akte als *Objekt* und nicht nur als Subjekt gegeben ist (vorausgesetzt, daß wir uns überhaupt unserer selbst bewußt sind). Anders beim Denken. Wir stehen auf eine so unmittelbare Weise im Denkprozeß, daß wir ihn nicht *gleichzeitig* als Objekt betrachten können. Zwar können wir auch das Denken selbst zum Gegenstand machen, dies jedoch immer erst im *nachhinein.* In der Tat ist während des Denkaktes all unsere Aufmerksamkeit auf das Objekt des Denkens gerichtet; bei Gefühl und Willen hingegen, ganz zu schweigen von körperlichen Empfindungen, wissen (also denken) wir simultan, daß wir fühlen oder wollen oder empfinden. Dem Anschein nach sind wir als Ich in stärkerem Maße mit dem Denken identisch als mit jedem anderen Bewußtseinsakt. Das Denken erweist sich somit als die eigentliche Sphäre der Entfaltung der Individualität: Damit sind wir bei einer erkenntnistheoretischen Begründung des Ausgangspunktes der scholastischen Philosophie, z. B. des Thomas von Aquin und von Descartes' «Ich denke, also bin ich» angelangt.[4]

Aber das ist noch nicht alles. Wir werden uns unserer selbst *als Ich* überhaupt nur mit Hilfe des Denkens bewußt; das *Selbst*-Bewußtsein ist gänzlich ein Produkt des Denkens. Wir werden uns niemals unseres Fühlens und Wollens als einer Tätigkeit bewußt, die etwas *mit uns selbst* zu tun hat, wie sehr wir uns mit ihr auch identifizieren mögen – außer durch das Denken, durch eine denkende Erfassung der Gefühls- und Willensaktivität. Vermittels des Denkens *erkennen* wir uns selbst als *Subjekt* gegenüber einem Objekt. Ohne diese unser Denken auszeichnende Unterscheidungsmöglichkeit würden wir in einem Strom von Eindrücken leben und könnten nicht zwischen einem Subjekt und einem Objekt differenzieren.[5]

Diese Funktion des Denkens läßt sich auf verschiedene Weise bestätigen. So ist für kleine Kinder, bei denen das Denken noch wenig entwickelt ist, charakteristisch, daß «Ich» und «Welt» gleitend ineinander übergehen, ungeachtet der Intensität des Gefühls- und Willenslebens. Entsprechendes finden wir bei den Menschen der prähistorischen, mythischen Kulturen: Aufgrund des noch nicht entwickelten *Begriffsdenkens* tritt das Individuum als solches nicht hervor. Als ein weiteres Beispiel können wir die höheren Tiere anführen, die ohne Zweifel Wahrnehmungen, Gefühle und in gewisser Weise Vorstellungen haben; wir werden ihnen aber weder ein Ich noch ein Selbstbewußtsein zuschreiben, da ihnen das Vermögen des Denkens fehlt. Tiere leben in einem Strom von Eindrücken und Impulsen, der zwar eine Struktur aufweist, aber keine vom Denken geschaffene, vor allem keine, bei der eine Trennung zwischen «Innen» und «Außen», zwischen Subjekt und Objekt möglich ist.

Es ist einsichtig, daß sich das Subjekt (genauer gesagt, sein Selbstbewußtsein) in dem Moment mit dem übrigen Bewußtseinsleben verbindet, in dem sich das Subjekt vermittels des Denkens vom Objekt absetzt. Dies geschieht aber auf eine so intime Weise, daß die herausragende Bedeutung des *Denkens* für das Selbstbewußtsein oft vollständig in den Hintergrund tritt. Seine Bedeutung wie auch die ausgezeichnete Stellung des Denkens als Ich-Aktivität sollte trotzdem nicht verkannt werden, wie es in den verschiedenen Richtungen der Gefühls- oder Willensphilosophie geschieht.

Wir haben auf zweierlei Weise versucht, die Sonderstellung des Denkens als Ich-Aktivität nachzuweisen: durch den Hinweis darauf, daß sich der momentane Denkvorgang einer gleichzeitigen Objektivierung entzieht, sowie durch Hervorhebung der Rolle des Denkens bei der Herausbildung eines Selbstbewußtseins, d. h. bei der Trennung von Subjekt und Objekt. Die

Sonderstellung des Denkens tritt aber auch in anderer Weise zutage, und zwar im Moment der *Vereinigung* von Subjekt und Objekt bei dem Vorgang, den wir als *Erkennen* bezeichnen. Gerade durch das Denken verbindet sich der Mensch auf das engste mit der *Welt;* dies ist das Wesensmerkmal menschlicher Erkenntnis schlechthin: Das Objekt, das uns unmittelbar als ein Fremdes erscheint, kann in seiner Fremdheit oder reinen Objektexistenz für uns aufgehoben werden, indem es auf den Begriff gebracht wird, wie es beispielsweise Hegel in seiner *Phänomenologie des Geistes* nachweist.[6] Diese Aufhebung der Fremdheit ist zweifellos nur möglich, weil der erkennende Mensch sein Denken als eigene Tätigkeit *erfährt.*

Doch aus der durch Erkenntnis vermittelten Aufhebung der Fremdheit des Objektes als ‹Objekt› folgt noch mehr: Diese Aufhebung kann eigentlich nur geschehen, weil die Begriffe, die das erkennende Subjekt durch eigene Gedankenaktivität bildet, zugleich das eigentliche Wesen des *Objektes* erfassen, andernfalls würde dem Objekt weiterhin etwas Fremdes anhaften. In den beschriebenen Erfahrungen der Subjekt-Objekt-Relation, des Verhältnisses von Ich (Individualität) und unmittelbarer (gegebener) Wirklichkeit, liegt ohne Zweifel auch die Berechtigung der neuzeitlichen Forderung nach *Erkenntnis* und *Wissenschaftlichkeit.* Genau hierin liegt die Fortführung der Ich- oder Individualitätserfahrung der christlichen Scholastik: Das Ich wird nicht nur im reinen Denken erfahren (wie bei Thomas und noch dem Rationalismus z. B. eines Descartes), sondern es verbindet sich mittels dem objektbezogenen Denken mit der *empirischen* Wirklichkeit. Die Verknüpfung von Individualität mit Rationalität gerät zur Verknüpfung mit Erkenntnis im weitesten Sinne.

In der beschriebenen Aufhebung der Fremdheit der Welt liegt auch die tiefere Erklärung dafür, daß wissenschaftliche Erkenntnis – zu Recht – als *Freiheitsimpuls* erlebt wird; insofern Erkenntnis ein Produkt der menschlichen *Ich*-Aktivität ist, ist sie etwas, was diese *selber* hervorbringt. Die Welt mit den ihr innewohnenden Gesetzmäßigkeiten ist zwar objektiv gegeben, doch menschliche Erkenntnis ist die Bedingung der Möglichkeit, daß das, was ist, auch in Erscheinung treten kann. Die Welt ist also nicht etwas «Fertiges», das die Erkenntnis bloß «abzubilden» bräuchte, wie es manche Philosophen meinten. Tatsächlich ist der Mensch immer auch Mitschöpfer des Weltprozesses – eine Bedeutung, die auch die idealistische Philosophie (v. a. und am konsequentesten Hegel) der Erkenntnis beimaß.

Doch wir wollen an dieser Stelle gleich hinzufügen, daß die wissenschaftliche Erkenntnis in der Form, die die Neuzeit hervorgebracht hat, im Hinblick auf menschliche Freiheit und Individualität ein zweischneidiges Schwert ist.

Dies aus zwei Gründen. Erstens haben ihre nach außen gerichteten Methoden (einseitige Quantifizierung usw.) und abstrakten Theorien (hierauf kommen wir später zurück) dazu geführt, daß dem Menschen immer weniger eine Erfahrung seiner eigenen, denkenden Mitwirkung im Erkenntnisprozeß gegeben ist und damit die Erkenntnistätigkeit immer weniger als *Freiheit* erlebt wird. In der methodischen Wendung nach außen und der theoretischen Abstraktheit der modernen Wissenschaft liegt die Hauptursache für das verbreitete Gegenargument, das Denken *als solches* habe rein abstrakten Charakter. Zweitens hat die Wissenschaft, die im wesentlichen Naturwissenschaft war oder doch zumindest deren Denkschemata nacheiferte, auf die Einsicht in bloß *allgemeine* Gesetze hingearbeitet, die (da dem Individuum vorgegeben) einem Verständnis des Menschen als Individualität und freies Wesen keinen Raum ließen.

Mit dieser Kennzeichnung der modernen Wissenschaftlichkeit begegnen wir wiederum dem zweiten der beiden Einwände zu unserer Auffassung, daß das Denken (und damit die Erkenntnis) *nur* dem Allgemeinen, nicht dem Individuellen gelten könne. Ein derartiges Verständnis von Rationalität hat nicht nur die Wissenschaftlichkeit der Neuzeit geprägt; es ist sogar in der idealistischen Philosophie stillschweigend vorausgesetzt worden, was wir bei Thomas von Aquin und besonders bei Hegel zeigen konnten. Wenn wir hier den Standpunkt vertreten, die Individualität würde sich vermittels der Denkaktivität bei der Erkenntnis allgemeiner Gesetze entfalten, so beschwören wir zugleich die Gefährdung der Individualität selbst herauf. Diese Gefährdung resultiert daraus, daß man Denken und Erkenntnis mit der Einsicht in *derartige* Gesetze für *erschöpft* hält und folglich damit *identifiziert*. Wir haben diese Schwierigkeit bereits herausgearbeitet. Neu ist auf dieser Stufe der Überlegung, daß diese Gefahr mit der modernen Wissenschaft sehr viel mächtiger wurde, weil sich das Individuum nicht mehr in einer inneren Erkenntnis-Beziehung, sondern in einer äußeren Kausal-Beziehung zu jenen Gesetzen befindet und folglich als ihr Produkt aufgefaßt wird.

Diese ausschließliche Anbindung des Denkens und der Erkenntnis (Rationalität) an das Allgemeine haben wir im Vorhergehenden bereits einer Kritik unterzogen. Im Anschluß an unsere Überlegungen zum Wesen des Erkenntnisvorganges wollen wir im folgenden unsere Auffassung nun näher beleuchten. Wir richten unser Augenmerk vornehmlich auf die Gleichsetzung menschlicher Erkenntnis mit *Einsicht* in das Allgemeine, d. h. auf die Erkenntnisbeziehung selbst.

Nun steht außer Frage, daß der überwiegende Teil des Denkens und der

Erkenntnis sich in allgemeinen Begriffen entfaltet und in der Einsicht in allgemeine Gesetze besteht. Bereits Platon und Aristoteles trafen diese Feststellung, die seitdem – von der Universalphilosophie des Mittelalters bis zur Wissenschaftstheorie der Gegenwart – allgemein anerkannte Gültigkeit besitzt. Dies ist für die Naturwissenschaften so unbestritten wie für weite Teile (nach Meinung sehr vieler Wissenschaftler sogar ohne Einschränkung) der Humanwissenschaften, wie Psychologie und Soziologie. Andererseits kommt in Wissenschaften wie den letzteren offenbar ein neues Moment hinzu: Während bei aller nicht-menschbezogenen Erkenntnis sich der Mensch als erkennendes Subjekt einem Objekt gegenüberstellt, ist das Erkenntnisobjekt in den Humanwissenschaften (zumindest zu einem Teil) dieses *erkennende Subjekt* selbst, also die *Individualität* (wie wir herausgearbeitet haben). Eine Frage drängt sich daher auf: Auch wenn sich unserer Erkenntnis alles Seiende als von allgemeinen Gesetzen bestimmt zeigt, wäre es nicht mindestens denkbar, daß sich dies anders verhält, wenn das erkennende und handelnde Subjekt selbst zum Objekt der Erkenntnis wird?

Das ist an sich keine neue Problemstellung. Im letzten und auch in diesem Jahrhundert haben zahlreiche Philosophen der Humanwissenschaften (von Heinrich Rickert und Wilhelm Dilthey bis zu den Hermeneutikern der Gegenwart) versucht, sich vom Ideal der Naturwissenschaften zu distanzieren und die Wissenschaft vom Menschen auf eine andere Basis zu stellen – übrigens nur bedingt mit Erfolg, soweit es darum geht, die Wirklichkeit der *Individualität* nachzuweisen. Für uns erhält die Problemstellung jedoch einen spezifischen Charakter, insofern wir unseren Ausgangspunkt in der Verbindung von Individualität (Ich) mit Rationalität (*Denken* und *Erkenntnis*) nehmen. Die für uns *bedeutsame* Frage lautet daher: Wie gelangen wir von der allgemeinen Erfahrung des Ich durch Denken und Erkenntnis, d. h. von einem Ich, das sich durch Einsicht in bloß *allgemeine* und *gegebene* Gesetze bildet, zu einem Begriff von Rationalität, der ein wirklich autonomes Subjekt beinhaltet und damit individuelle *Freiheit* realiter erst ermöglicht? Rationalität und Individualität derart begreifen hieße, die Erfahrung der Individualität durch die gewöhnliche Erkenntnisaktivität zu transzendieren, und wäre zugleich eine Überschreitung und Weiterführung der Individualitätserfahrung und des Rationalitätsverständnisses in der Tradition von Thomas von Aquin bis Hegel.

Zunächst ist jedoch zu klären, wodurch menschliche Erkenntnis, wie sie uns in der Praxis aller (empirischen) wissenschaftlichen Tätigkeiten vertraut ist, allgemein gekennzeichnet ist.

Stellen wir uns als Erkennende der Wirklichkeit gegenüber, so erscheint uns diese *unmittelbar* als etwas Unbestimmtes und Unzusammenhängendes – als etwas, das noch nicht in seiner eigentlichen Wirklichkeit für uns in Erscheinung tritt. Die Objekte (so, wie wir sie unmittelbar erfassen) sind gewissermaßen nur die «halbe» Wirklichkeit; ihre volle Wirklichkeit zeigt sich uns erst mittelbar – vermittelt durch unsere Erkenntnis von ihnen. Erst durch die Begriffe, die wir bilden, und die Gesetzmäßigkeiten, die wir mit Hilfe der Erkenntnis enthüllen, treten sie als bestimmte Objekte und in ihrem wirklichen Zusammenhang hervor. Wie oben ausgeführt, besteht unsere Erkenntnis darin, die Objekte auf Begriffe zu bringen und damit ihre Fremdheit für uns zu überwinden, aufzuheben, und das heißt: Erst dadurch treten sie in ihrer vollen Wirklichkeit in Erscheinung.[7]

Daraus folgt aber auch, daß die weitergehende Frage nach dem Wesen der Dinge, jenseits dessen, als was sie durch ihre Begriffe und Gesetzmäßigkeiten erscheinen, sinnlos ist: Sie bedeutet, erneut nach Begriffen und Gesetzen zu fragen. Denken und Erkennen stehen jenseits jeglicher Erklärung ihrer selbst; vielmehr sind sie es, durch die alles übrige erklärt wird! Wer meint, auf «Grundlegenderes» zu stoßen, wenn er zur Erklärung von Denken und Erkennen auf angenommene äußere Ursachen (körperliche Prozesse u. ä.) rekurriert, hat ihre Natur nicht verstanden. Wie wir gesehen haben, besteht unsere Erkenntnis aus zwei fundamentalen Elementen: dem Gegebenen (wir können es Beobachtungsobjekte oder Wahrnehmungen nennen) und den Begriffen; beide sind irreduzibel, d. h. als Ausgangspunkt für die Erkenntnis nicht auf anderes «rückführbar». Was beide Elemente verbindet, ist keinesfalls ein materieller (nicht einmal ein psychologischer) Vorgang, sondern ein rein *ideeller*: die Denk- und Erkenntnistätigkeit.

Auch in der modernen Erkenntnistheorie und Wissenschaftstheorie hat sich inzwischen weitgehend die Auffassung durchgesetzt, daß es keinen Sinn gibt (aus mechanistisch-materialistischer Sicht), «hinter» den physischen (beobachtbaren) Dingen etwas Physisches zu suchen und beispielsweise in den Molekülen und Atomen dieses «Dahinterliegende» zu vermuten (man vergleiche u. a. die Standpunkte von Carl G. Hempel und Karl R. Popper). Man hat hier also eingesehen, was Goethe bereits so formulierte: «Man suche nur nichts hinter den Phänomenen; sie selbst sind die Lehre».[7a] Mit anderen Worten: Was über das sinnlich Wahrnehmbare hinausgeht, kann nur durch das Denken bestimmt werden. Aber noch steht die genauso grundlegende Einsicht aus, daß es ein sinnloses Unterfangen ist, «hinter» dem Denken und den Begriffen überhaupt etwas Physisches zu suchen oder sie gar kausal «erklären» zu wollen. Da es das Denken und seine Begriffe sind, wodurch etwas erklärt wird, können diese nicht ihrerseits durch etwas anderes erklärt werden – was sich bereits aus der Tatsache erschließt, daß begriffliche Einsichten (z. B. die mathematische, daß zwei plus zwei gleich vier ist) durch nichts außer durch sich selbst erklärt werden können. Sinnvoll ist einzig die Frage nach Wahrheit oder Gültigkeit oder Wirklichkeitsadäquanz unserer Begriffe – nicht aber die Frage danach, ob diese Begriffe Kausalprozessen in Raum und Zeit unterworfen sind!

In der menschlichen Erkenntnis und ihren Begriffen begegnet uns eine fundamentale Wirklichkeit, die (bildlich gesprochen) in sich selbst ruht. Der Hegelianer Marcus Monrad, der führende Denker Norwegens des vorigen Jahrhunderts, kennzeichnet diese Identität, die Wesensübereinstimmung von Erkenntnis und Wirklichkeit, so: «Wenn also der Gedanke (die Erkenntnis) das umfaßt, was das Seiende (die Objekte) im wesentlichen ist (sind), dann folgt daraus umgekehrt ..., daß das Seiende im wesentlichen Gedanke ist.»

Diese Auffassung des Wesens menschlicher Erkenntnis findet in der idealistischen Philosophie überzeugte Fürsprecher; sie weicht andererseits entschieden von dem verbreiteten Erkenntnisskeptizismus (Empirismus und Nominalismus) ab – von jener Position also, die die Erkenntnis- und Wissenschaftstheorie der Neuzeit tief geprägt hat. Man vermag zwar noch einzusehen, daß den Dingen erst durch Denken Sinn und Zusammenhang verliehen wird, man will aber nicht anerkennen, daß die Begriffe des Denkens einen wie auch immer gearteten *Wirklichkeits*status haben können. Dem stellen wir die Behauptung entgegen, daß uns die erkenntnis*theoretische* Betrachtung eine Erfahrung des Wirklichkeitscharakters der Erkenntnis vermitteln kann, daß die skeptischen Positionen der empirischen Wissenschaften jedoch erst durch Erkenntnis*praxis* überwunden werden können.[8]

Wir knüpfen, soweit es den Realitätscharakter der Erkenntnis betrifft, an das Rationalitätsverständnis der idealistischen Tradition von Thomas bis Hegel an, wenn wir auch im Unterschied vor allem zu Hegel das einzelne Individuum in den Mittelpunkt der Betrachtung stellen. An welcher Stelle wir uns von der idealistischen Tradition absetzen, wurde bereits erläutert: dort, wo die Rationalität ausschließlich als Einsicht in *allgemeine* Gesetze begriffen wird, die letztlich dem einzelnen Individuum *vorgegeben* sind.[9] Wieweit ist aber jenes idealistische Rationalitätsverständnis auch dann berechtigt, wenn wir selbst als erkennendes und handelndes Subjekt das Objekt unserer Erkenntnisbemühungen sind? Wir wollen diese Frage vor dem Hintergrund der (oben erläuterten) allgemeinen Auffassung von der menschlichen Erkenntnisstruktur erörtern.

Wie bei jeder anderen Erkenntnis stellt sich auch hier Erkenntnis nicht unmittelbar ein, sondern muß erst durch beobachtende und denkende Aktivität des Subjekts gewonnen werden. Als unmittelbares Erkenntnisobjekt tritt unser eigenes Ich vor uns hin als noch unbestimmte, diffuse Vielfalt von Bewußtseinsakten, Gefühls- und Willensimpulsen, Vorstellungen, Empfindungen usw., die in bestimmte Umstände und eine gegebene Lebenssituation eingebettet sind. Aber kommt die Erkenntnis dieser diffusen Mannigfaltigkeit tatsächlich jener Einsicht in allgemeine Gesetze gleich, analog den übrigen möglichen Objekten unserer Erkenntnis? Bis zu einem gewissen Grad werden wir dem sicherlich zustimmen können. So sind wir alle bestimmten artspezifischen Gesetzen unterworfen, haben bestimmte körperliche Bedürfnisse usw. Bezogen auf unsere Psyche scheint dies nicht minder der Fall zu sein. Selbst in Fragen der Moral, dem würdevollsten Bereich menschlicher Entfaltung, scheinen bestimmte allgemeine Gesetze zu gelten, wenn wir auch diesen Gesetzen in der Regel meist nicht absolut unterworfen sind, wir uns ihnen vielmehr selbst unterwerfen. Diese Gesetze sind allgemeine ethische Normen, Vorschriften und Gebote. Auch sie sind (wie ausgeführt) allgemeingültig und dem Individuum vorgegeben.[10] Obgleich sie erst durch das Streben des einzelnen und dessen Einsicht in sie hindurch zur Wirksamkeit gelangen, stellen sie, mit Blick auf unsere Selbsterkenntnis, keineswegs etwas *Individuelles* dar.

Indessen gibt es einen Typus vorgegebener, allgemeiner Gesetze, dem in diesem Zusammenhang unser besonderes Interesse gelten soll: Hier sind all die Gesetze angesprochen, die nur scheinbar bindend sind, da sie vom Subjekt durch die Erkenntnis seiner Situation als solche *aufgehoben* werden können. Jürgen Habermas bezeichnet sie als «quasi-naturalistisch»; beispielhaft führt er die psychotherapeutische Situation an: Hier werden bestimmte Gesetze, denen sich das Individuum unterworfen fühlt und die es gar als Zwang und Last empfindet, entlarvt als psychische Bindungen, von denen sich das Individuum durch seine Erkenntnis ihres Ursprunges und Zusammenhanges *befreien* kann. Habermas bezeichnet denn auch diese Art der Erkenntnis als «emanzipatorisch» oder «kritisch», indem er sie gegen jegliche dogmatische Normierung des *sozialen* Lebens stellt. Die Erkenntnis des Menschen stellt also auf der individuellen wie auch der sozialen Ebene eine Befreiung von einer vorgegebenen, allgemeinen Gesetzmäßigkeit dar. Vor diesem Hintergrund stellt sich die Frage: *Was bestimmt dann (positiv gesehen) das Handeln des Menschen,* wenn nicht allgemeine, vorgegebene Gesetze?

Für das *erkennende* Subjekt unterscheidet sich seine *Handlungssituation* zunächst in keiner Weise von irgendeinem anderen unmittelbar beobachteten (wahrgenommenen) Objekt: Ihr fehlt noch jegliche Bestimmung, jeglicher Zusammenhang. Ohne Bestimmung und Zusammenhang, die erst *durch das Erkennen* hinzukommen, ist auch die Handlungssituation des Subjektes nur eine «halbe» Wirklichkeit. Als Objekt unserer Erkenntnis ist die *Handlungssituation* andererseits *von allen anderen* Erkenntnisobjekten *deutlich verschieden.* Im Falle der Handlungssituation sind Bestimmung und Zusammenhang (bevor wir sie erkennen) in der Wirklichkeit nicht da; während es bei der Erkenntnis aller anderen Objekte um die Aufdeckung einer Bestimmung oder eines Zusammenhanges geht, die im *voraus* gegeben ist, wenn sich diese Bestimmung auch nicht ohne die erkennende Mitwirkung des Menschen offenbart. Wir kommen also zu dem Schluß, daß das erkennende Subjekt dem Objekt – im Fall der Handlungssituation – seine Bestimmung und seinen Zusammenhang *überhaupt erst gibt.* Anders ausgedrückt: Während alle anderen Objekte in der Wirklichkeit vollendet sind, auch wenn dies nicht unmittelbar erscheint, ist unsere Handlungssituation *auch in der Wirklichkeit* unvollendet, bis wir selbst als erkennendes Subjekt ihre Bestimmung oder ihren Begriff hervorbringen. Wir selber generieren also die Intention, aus der heraus wir handeln.[11]

Gewiß, es ist betont worden, daß die Natur zu erkennen, sie zu schaffen heißt, wie der Idealist F. W. J. Schelling behauptet. Dies ist (wie oben dargelegt) insofern zutreffend, als die Objekte der Natur das, was sie in der Welt sind, erst durch die menschliche Erkenntnis werden (*dies* macht den Menschen zur Krone der Schöpfung). Die Gesetzmäßigkeiten der Natur existieren andererseits vor wie nach unserer Erkenntnis von ihnen – im Unterschied zur Handlungssituation, die auch ihre *Gesetze* erst vermittels unserer Erkenntnis erhält.

Erkenntnis von unserer eigenen Handlungssituation heißt also letztlich nicht, Einsicht in *vorgegebene* Gesetze zu haben. Wenn wir hier überhaupt von Gesetzen oder Normen sprechen können, dann von solchen, die wir uns selber geben! Von *allgemeinen* Gesetzen kann auch nicht die Rede sein, da sich die Bestimmungen oder Begriffe auf unsere individuelle Subjektivität beziehen, dazu noch in einer einzigartigen, konkreten Handlungssituation. Damit haben wir ein Verständnis von Individualität und Erkenntnis (Rationalität) begründet, das *nicht* mit dem Individuellen im Menschen in Konflikt gerät. Im Gegenteil, hier ist von einem Rationalitätsverständnis die Rede, bei dem sich Rationalität und Individualität als zwei Seiten derselben Sache erweisen – nämlich der Erkenntnis des Menschen von sich selbst als Handelndem.

Zugleich geben wir damit auch der menschlichen Freiheit eine Begründungsbasis! Wenn nämlich der Mensch aus der *Erkenntnis* seiner Handlungssituation heraus handelt, so wird der individuelle, gänzlich ihm selbst entspringende Begriff zur Intention oder zum Motiv seiner Handlung. Und das impliziert: Er handelt in jeder Hinsicht *aus sich selbst heraus*; einerseits als Subjekt der (ihrerseits nicht auf Kausalgesetze reduzierbaren) Erkenntnis, aber *zugleich auch* als autonomes, real existierendes (handelndes) Subjekt. Mit anderen Worten: Er handelt *frei*. Seine Handlungsmotive gehen nicht auf die Einsicht in allgemeine, vorgegebene Gesetze, schablonenhafte Normen oder von außen kommende Gesetze zurück. Durch seine Erkenntnis gibt er sich selber die «Gesetze», nach denen er sein Handeln ausrichtet. Die christliche Lehre, das «Gesetz (sei) in jedem einzelnen verankert», scheint hier ihre ethische und erkenntnistheoretische Begründung zu erfahren. Die Erkenntnis seiner Handlungssituation, bei der der Mensch selber die Begriffe (Motive oder Intentionen) für seine Handlungen bildet, läßt ihn zu seinem «eigenen Gesetzgeber» werden.

Aus dem bisher Gesagten müßte hervorgehen, daß die Freiheit, wie wir sie hier auffassen, offensichtlich nicht etwas ist, an dem der Mensch ohne weiteres teil hat. Im Gegenteil: Es liegt im Wesen der Freiheit, daß sie nur verwirklicht werden kann, wenn der Mensch in allerhöchstem Maße mitwirkt – und zwar durch die Erkenntnis seiner selbst. Zwar setzt *jede* Erkenntnistätigkeit eine Eigenaktivität des Subjekts voraus, für die Erkenntnis des Menschen von sich selbst in seinen Handlungssituationen gilt dies aber in ganz besonderem Maße. Geht es doch hier nicht nur darum, Einsicht in vorgegebene Gesetze zu gewinnen, was bereits eine schwere Aufgabe sein kann, sondern in diesem Fall muß das erkennende Subjekt die «Gesetze» des *Objektes* selber schaffen. Bei den meisten Handlungssituationen wird der Mensch daher weniger als das beschriebene höchste Freiheitsideal realisieren können. Er ist dann auf «allgemeine, vorgegebene Gesetze» als Motive für seine Handlungen angewiesen, wobei es aus ethischer Sicht immer noch einen wesentlichen Unterschied ausmacht, ob diese Gesetze rein physischer Natur sind oder hochrangige moralische Normen und Gebote darstellen.

In unserem Verständnis von Individualität und Freiheit sind Handlungen dieses letzteren Typus im strengen Sinne nicht als *frei* auszuzeichnen. Wie moralisch integer ihre Motive auch sein mögen, so sind sie doch nicht *individuell*, sondern stellen allgemeine, schablonenhaft vorgegebene Regeln oder Vorschriften für das Handeln des einzelnen dar. Dennoch sind die meisten Moralphilosophen nicht über solche Handlungen hinausgegangen. Wenn auch diese ihnen als menschliche Handlung von höchster Wertigkeit galten, sind sie doch im Grunde zu einem wahren Begriff von Individualität und Freiheit nicht vorgedrungen. Sie haben, im Gegenteil, häufig jene schablonenhaften Handlungen als «frei» und wertvollst für das Individuum aufgefaßt. So galt bei Thomas von Aquin die «vollkommene Unterwerfung» des Individuums unter eine allgemeine Norm als höchste moralische Handlung. Wie sehr diese Norm auch der «höchste Wert» und in einem «göttlichen Gesetz» verankert sein mag, als Handlungsmotiv ist sie doch nicht der *Individualität* entsprungen – anders als wenn das Individuum durch seine eigene Vernunftaktivität Einsicht in eine solche Norm gewinnt.

Einem Verständnis von Individualität und Freiheit in Verbindung mit einer *allgemeinen* Vernunft- und Denkaktivität sind wir übrigens schon bei Hegel begegnet. «Im Denken *bin* ich *frei*», hebt er hervor, «weil ich nicht in etwas anderem bin, sondern bei mir selbst bleibe».[12] Auch wir behaupten (entsprechend unseren Ausführungen über das Ich und das Denken), daß wir gerade beim Denken «bei uns selbst sind», glauben aber nicht, daß sich die freie Individualität des Menschen in der Tätigkeit des Denkens und Erkennens *als solcher vollendet.* Noch weniger wollen wir den bloßen Umstand, daß «meine Bewegung in Begriffen eine Bewegung in mir selber darstellt», als Freiheit verstanden wissen, denn für die Frage nach der Freiheit ist entscheidend, ob es sich um *allgemeine* Begriffe handelt oder um individuelle Begriffe meiner Handlungssituationen. Denken und Erkennen sind zwar eine notwendige, nicht aber auch hinreichende Bedingung für Freiheit, denn sie bewegen sich zumeist in allgemeinen, den Individuen vorgegeben Begriffen und Gesetzen. Nur dann, wenn das Subjekt die Begriffe für seine eigene Handlungssituationen erkennt (seine individuellen Begriffe schafft), können wir von menschlicher Individualität und Freiheit im vollen Sinne sprechen. Zu einem derartigen Freiheitsbegriff dringt die idealistische Tradition nicht vor, gleichwohl sie mit ihrer Verbindung von Individualität und Rationalität den richtigen Weg eingeschlagen hat. Es ist diesem Mangel zuzuschreiben, daß die idealistischen Philosophen dem Irrtum erlagen, mit ihrem Erkenntnisbegriff (als Hervorbringung allgemeiner Begriffe) einen wahrhaften Begriff von Freiheit begründet zu haben – ein Fehlschluß, der bei Hegel besonders deutlich wird.

Wir wollen den letzten Gedankengang präzisieren. *Jede* Erkenntnistätigkeit ist in dem Maße Entfaltung unserer Individualität, wie wir *selber* den Begriff, der uns mit dem Objekt verbindet, bilden oder schaffen. In diesem Sinne können wir sagen, daß der Akt der Erkenntnis grundsätzlich ein Akt der Befreiung ist: Das Erscheinen des Objekts in der Welt beruht auf *unserer*

Schöpfung. Allerdings schaffen wir mit der Erkenntnis nicht auch die *Gesetze*, nach denen die Wirklichkeit längst auch ohne unsere Erkenntnistätigkeit organisiert ist. Dies ist anders, wenn wir uns einen Begriff von unserer eigenen Handlungssituation schaffen; hier begründet der Begriff zugleich ein *Gesetz für die Wirklichkeit*, d. h. für unsere Handlungssituation. Nur in diesem Fall stellt unsere Begriffsbildung eine totale Neuschöpfung dar, und nur in diesem Fall können wir folglich von absoluter Freiheit sprechen!

Nun hat man die Entdeckungen oder Innovationen der Wissenschaft (vor allem innerhalb der Naturwissenschaften) gerne als befreiende Handlungen gerühmt, obwohl diese sich bekanntlich nach «allgemeinen und vorgegebenen Gesetzen» richten. Mit diesem Prädikat wurden vor allem jene Forschungsergebnisse ausgezeichnet, die von epochemachender Bedeutung waren, Pionierleistungen der Erkenntnis und Kulturentwicklung. Das steht indes nicht im Widerspruch zu unseren Überlegungen: Derartige, schöpferische Erkenntnisleistungen gehen einher mit einer mehr oder weniger klaren Erkenntnis des Individuums von seiner eigenen Handlungssituation. Der Mensch steht in einer jeweils einzigartigen Situation, auf die er selber eine ebenso einzigartige Antwort findet. Wie sehr diese Erkenntnisse auch immer einer «Einsicht in allgemeine Gesetze, die für das Individuum vorgegeben sind», gleichkommen mögen, sie entspringen doch immer der Intuition des Individuums von seiner Handlungssituation. Dies trifft in hohem Maße für die individuellen Neuschöpfungen im Bereich der Wissenschaften, der Künste und im sozialen Bereich zu. Konsequenterweise müssen wir doch alle Erkenntnisse oder Forschungsergebnisse, die nur eine Entdeckung gegebener Gesetze darstellen, als weniger freiheitlich einstufen – entsprechend unserer Wertung der Einsicht in vorgegebene allgemeine moralische Regeln oder Normen.

Der moralische Inhalt der allgemeinen ethischen Normen selbst wird durch die individuelle, freie Handlung natürlich keinesfalls aufgehoben. Diese Normen, die sich beispielsweise am «Gemeinwohl», am Ideal einer «gerechten Gesellschaft» orientieren oder die ethisch-religiöse Botschaft der «Nächstenliebe» vertreten, behalten an sich ihre volle Gültigkeit. Doch ihre Geltung erlangen sie durch die freie Handlung der Individuen in jedem Einzelfall erneut, und nicht durch von außen kommende Handlungsvorschriften. Zwar wird der einzelne weiterhin z. B. aus «Gerechtigkeit» oder «Nächstenliebe» handeln – solange er dies aber aus der Erkenntnis seiner eigenen konkreten Handlungssituation heraus tut, werden sich alle etwaigen Normen dem Begriff dieser Situation unterordnen müssen. Welcher Norm Gültigkeit zukommt, wird gänzlich bedingt sein durch jene Erkenntnis, denn die jeweilige

Norm wird in den individuellen Handlungsbegriff (die Intention, das Motiv) eingehen, von diesem integriert werden. In seiner *Philosophie der Freiheit* hat Rudolf Steiner dieses Verhältnis folgendermaßen gekennzeichnet: «Wenn aber alle anderen Bestimmungsgründe erst an zweite Stelle treten, dann kommt in erster Linie die begriffliche Intuition selbst in Betracht ... Die Handlung ist ... eine schlechthin durch ihren idealen Gehalt bestimmte».[13]

Wir verstehen unter Freiheit also die Handlung des einzelnen aus dem Begriff der konkreten Handlungssituation heraus, der allen von außen kommenden Normen übergeordnet ist. In diesem Fall handelt das Individuum nicht, weil es sich äußeren Geboten unterwirft (aus «Gerechtigkeit», «Nächstenliebe» usw.), sondern weil die moralisch gute Handlung aus dem Begriff der Handlungssituation entspringt. Das Gute entspringt nicht dem Gehorsam des Individuums gegenüber Normen, sondern der inneren Verbindung des Individuums mit der Handlung durch seine Erkenntnis oder, mit den Worten Steiners, weil das Individuum aus «Liebe zur Tat» handelt.[14]

In diesem Sinne bedeutet Freiheit nicht, daß die Handlungen des Menschen vom «höchsten Wert» motiviert sind (was immer man darunter verstehen mag), vielmehr ist dieser Wert selbst eine Resultante eben der freien Handlung! Dieses Verständnis von Freiheit hat seine historische Parallele in der Freiheitsidee des Augustinus, ein Verständnis, für das sie auch eine tiefere Begründung liefert. Augustinus' Lehre von der Willensfreiheit bedeutet ja keineswegs eine Aufhebung des «Guten» (des höchsten Wertes), sondern sie ordnet das Gute der Freiheit nur unter. Bereits der Bibel ist im übrigen zu entnehmen, daß es der christlichen Lehre nicht darum geht, «das Gesetz aufzuheben», sondern darum, es «zu erfüllen», d. h. es in der einzelnen menschlichen Seele zu realisieren. Dies ist jedoch nur möglich, wenn «das Gesetz» dem Menschen nicht von außen aufgezwungen wird, sondern seiner Erkenntnis entspringt.

Diese Auffassung steht der Ethik Kants diametral entgegen. Besteht doch für Kant das höchste ethische Ziel des Menschen erklärtermaßen darin, sich einem allgemeinen Gesetz, dem «kategorischen Imperativ» zu unterwerfen, nach dem er so zu handeln hat, daß die Norm seines Handelns für *alle* Menschen Gültigkeit beanspruchen kann. Das aber impliziert: Er handelt nach Schablonen, alle wirkliche Individualität und Freiheit ist eliminiert. Folgerichtig ist nicht Freiheit, sondern «Pflicht» das Ideal der moralischen Handlung. Darüber hinaus wird die Kategorie der Freiheit auch noch in die Welt der «Dinge an sich» verlegt, indem sie, als prinzipiell außerhalb der menschlichen Erkenntnis liegend, zu einem bloßen Postulat erklärt wird. Kant sieht keinen Zusammenhang zwischen Freiheit und Erkenntnis – eine von Thomas von Aquin über Spinoza bis Hegel selbstverständliche Einsicht –, sondern errichtet zwischen ihnen eine unüberbrückbare Kluft.

Man könnte einwenden, daß auch Kant in seiner Ethik von dem Individuum als seinem «eigenen Gesetzgeber» spricht, und zwar vermöge seiner «Vernunft»; das «Moralgesetz» (als oberstes Gebot, als «kategorischer Imperativ») wird selbst als «Vernunftsgesetz» («ein Faktum der Vernunft») begriffen. Doch zum einen handelt es sich um ein allgemeines und dem Individuum vorgegebenes Gesetz (bezeichnenderweise nennt Kant es «apriorisch»), so daß hier die Kritik greift, die wir bereits zu Thomas von Aquin und Hegel vorgebracht haben. Zum anderen ist «Vernunft» bei Kant ein bloß formaler, inhaltsleerer Begriff; sie vermittelt nicht (wie bei Thomas und Hegel) Einsicht in die Wirklichkeit – ganz im Gegensatz zu unserer Idee des «Begriffs von der Handlungssituation». Aufgrund seines Erkenntnisskeptizismus kann Kant jegliche «Empirie» in seiner Ethik nicht akzeptieren.

Insofern Kant ein absolutes allgemeines «Moralgesetz» aufstellt und ihm die individuelle Erkenntnis unterordnet, wird man zu dem Schluß genötigt, daß Kants Ethik keineswegs die «Autonomie» des einzelnen würdigt, sondern eher eine Art Despotie gegenüber dem einzelnen und seiner Handlungssituation in sich birgt. Es ist nicht zuletzt dem direkten und vor allem dem indirekten Einfluß Kants (u. a. auf die Theologie) zuzuschreiben, daß das Freiheitsproblem einer Lösung bis in die heutige Zeit harrt. In diesem Sinne stellt Kants Denken ein philosophisches Pendant zu jenem Rationalitätsverständnis dar, das sich später z. B. mit Comte und Marx durchsetzt und das Freiheit und Individualität ganz aus der *Erkenntnis* des Menschen verbannt. Im Unterschied zu Kant wird allerdings die Individualität hier vollkommen *äußeren* (physischen oder sozialen) allgemeinen Gesetzen unterworfen aufgefaßt.

Wir werden in den folgenden Kapiteln auf die letztgenannten Auffassungen zurückkommen und auf die Kritik eingehen, die in der Gegenwart daran geübt worden ist. Durch eine Weiterführung dieser Kritik werden wir zu einer weit tieferen Begründung der Wirklichkeit von Individualität (und damit Freiheit) gelangen, als uns dies bisher möglich war.

5

DIE WIRKLICHKEIT DER INDIVIDUALITÄT

Unsere bisherigen Überlegungen zum Verhältnis von Individualität und Erkenntnis werfen insbesondere zwei Fragen auf; beide zielen auf die *fundamentale* Bedeutung, die nach unserer Ansicht dem Denken und Erkennen für die Realität von Individualität und Freiheit zukommt. Die eine, ethisch und psychologisch motivierte Frage drängt sich unmittelbar auf: Wird die Bedeutung des Gefühls- und Willenslebens für die Frage von Individualität und Freiheit nicht zu unrecht unterschätzt? Die zweite Frage ist nicht minder berechtigt: Impliziert nicht die Anbindung menschlicher Individualität an die Bewußtseinsakte Denken und Erkennen eine inakzeptable Beschränkung dieser Individualität? Beide Fragen wollen wir im folgenden näher erörtern.

Mit der Erwähnung der sogenannten willens- und gefühlsphilosophischen Positionen haben wir die erste Frage im vorhergehenden Kapitel bereits angeschnitten; sind dies doch Positionen, die als Reaktionen gegen einen abstrakten, farblosen, distanzierten Intellektualismus auftraten. Wir haben diesen Positionen das wohl unstrittige Faktum entgegengehalten, daß Denken und Erkenntnis, die scheinbar abstraktesten Gedanken und Ideen, für die Entwicklung unserer Kultur – auf dem Weg über die neuzeitliche Wissenschaft – ausschlaggebende Bedeutung gehabt haben. «Abstraktes» Denken hat insofern auch unserem Gefühls- und Willensleben die *Richtung* vorgegeben; es kann kaum bezweifelt werden, daß Fühlen und Handeln des modernen Menschen (ob bewußt oder unbewußt) von wissenschaftlichen *Erkenntnissen* geprägt sind.

Dies weist erneut auf ein wesentliches Charakteristikum menschlicher Gefühls- und Willensimpulse hin: daß sie ihre Richtung durch Vorstellungen (und damit *Begriffe*) der Objekte erhalten, auf die sie sich richten. Von daher ist der Mensch häufig als intentionales Wesen beschrieben worden. In dieser Wesensbestimmung kommt zum Ausdruck, daß die Handlungen des Menschen motiviert sind von begrifflichen Vorstellungen des angestrebten Handlungszieles – im Unterschied zu Tieren, deren Verhalten biologisch situationsgebunden ist. Selbst dann, wenn menschliches Handeln als ein unmittelbares Ausleben von Trieben und Begierden in Erscheinung tritt und insofern als «tierisch» zu bezeichnen ist, scheint doch dieses spezifisch Menschliche durch. Es ist nicht die Lust selbst, sondern die *Vorstellung* der Lusterzielung, die in diesen Fällen direktes Motiv oder Intention unseres Handelns ist. Dies ist doch zweifellos in weit höherem Maße für Handlungen gültig, die auf tieferen Gefühlen basieren.

Es ist somit das Denken, dem, *mehr oder weniger* reflektiert, die Motive unserer Handlungen entspringen. – In diesem, an sich bekannten Tatbestand liegt jedoch noch mehr: In menschliches Handeln sind zwei elementare Faktoren involviert, und beide müssen beim Verstehen dieses Handelns berücksichtigt werden – das vorgestellte oder gedankliche Motiv auf der einen, der auslösende Handlungsimpuls auf der anderen Seite. Letztgenanntes können Triebe und Begierden sein, aber auch tiefste Gefühls- und Willensimpulse. In der moralphilosophischen Literatur ist dieser Faktor als «Triebfeder», «Disposition» oder «charakterologische Anlage» bezeichnet worden. Bereits innerhalb der aristotelisch-thomistischen Tradition wird zwischen einer «Triebfeder» und dem Motiv der Handlung, verstanden als das vorgestellte Ziel, unterschieden. Auch dort wird ausdrücklich betont, daß ersteres mit «Trieb» und «Streben», das andere hingegen mit Erkenntnis zu tun habe. Thomas unterscheidet zwischen dem Willen als dem «bewegenden Prinzip» und dem Ziel als dem richtungsweisenden, auf der Einsicht der Vernunft beruhenden Moment des Handelns.

Menschliche Handlungen stehen im Spannungsfeld von Triebfeder und Motiv; verschiedene Handlungstypen stellen je spezifische Kombinationen dieser beiden Faktoren dar. Wichtig ist in diesem Zusammenhang, daß zwischen dem Ausmaß an bewußtem Gedankeninhalt der Motive und der *Entwicklung* der charakterologischen Anlage ein enger Zusammenhang besteht. Während uns die Motive unserer reinen Triebhandlungen als Vorstellung oder Gedanke kaum bewußt sind, sind tiefere Gefühls- und Willensimpulse eng mit gedanklicher Reflexion verbunden.[1]

Diese Überlegungen sind geeignet, die Frage nach der «Abstraktheit» des Denkens zu beleuchten. In *niedrigeren* Entwicklungsstadien unserer charakterologischen Anlage werden unsere Gedanken, da sich nicht deutlich artikulierend, in ihrer Bedeutung für unsere Handlungen unterschätzt. Sie gelten als abstrakt, nicht engagierend – und sind es in gewisser Weise auch. Das Triebleben und die «natürlichen» Instinkte werden als «starke» Leidenschaften gepriesen, der Annahme folgend, daß sie «den Realitäten des Lebens» weitaus näher stehen als die farblosen Gedanken und Begriffe. Nehmen wir unsere Gedankenwelt aber ernst, durch Vertiefung und bewußte Reflexion, dann nimmt es sich ganz anders aus. Die tiefsten Gefühle und Willenshandlungen zeigen sich als im *Denken* verankert. Oder anders ausgedrückt: Die charakterologische Anlage konvergiert auf der höchsten Stufe ihrer Entwicklung mit dem rein begrifflichen Handlungsmotiv. Thomas zum Beispiel sieht schon in dieser Triebfeder eine Ausrichtung auf Erkenntnis angelegt; er bezeichnet sie, insoweit sie Wille ist und nicht etwas bloß «Sinnliches» oder «Natürliches», als «Fähigkeit des Strebens». Der Wille ist am Anfang ein «appetitus rationalis», der im Zuge seiner Entwicklung zu höheren Stufen immer erkenntnisgerichteter und «vernunftsgesteuerter» wird («voluntas»).[2]

Wenn die Triebfeder aber gänzlich auf Erkenntnis gerichtet und das Motiv der einzelnen, konkreten Handlung damit zu einem rein begrifflichen wird, dann genau können wir von jenem «Begriff der Handlungssituation» sprechen, in dem wir die individuelle Freiheit des Menschen begründet sehen. Unsere Verbindung von Individualität und Freiheit mit Denken und Erkenntnis hat mit einem «abstrakten Intellektualismus» nichts gemein. Ganz im Gegenteil: Eine nähere Betrachtung menschlichen Handlungslebens zeigt Individualität und Freiheit als untrennbar verknüpft mit der höchsten Entwicklung auch des übrigen Seelenlebens, d. h. daß sie mit einem tieferen Gefühls- und Willensleben einhergehen.

Dies folgt bereits aus dem Zusammenhang zwischen Individualität und Erkenntnis, den wir im Vorhergehenden betont haben. Denken und Erkenntnis treten als die genuine Sphäre des Ich in der Seele in Erscheinung; das Denken ist mit anderen Worten die Bewußtseinsaktivität, durch die wir auf das intimste und innerlichste dasind. Allerdings wird dies durch den abstrakten Charakter des Denkens im Alltagsleben wie im Bereich der Wissenschaften verschleiert. Aus diesem Grunde sah man sich oft versucht, die «Innerlichkeit» oder Selbstidentität im Irrationalen, in Gefühlsmystik und reiner Glaubensreligiosität oder in verschiedenen Formen philosophischer Spekulation einzubinden. Übersehen wird dabei, daß dies gerade von dem entfernt, was im eigentlichen Sinn Innerlichkeit oder Identität des Menschen ist.

Dabei hat die Auffassung eines integrierten Seelen- und Bewußtseinslebens, basierend auf *Denken* und *Erkenntnis*, eine in der Geschichte weit zurückreichende Tradition. In der Philosophie der griechischen Antike, vor allem bei Sokrates und Platon, gilt der Zusammenhang zwischen Denken und Erkenntnis einerseits und hehren Gefühlen und gutem Willen andererseits als selbstverständlich; das moralisch Richtige – die Tugend – folgt aus der Einsicht. Ein derartiger Zusammenhang kann freilich nur gesehen werden, wenn Denken und Erkenntnis nicht als abstrakt und äußerlich, sondern als in das Wesen der Dinge eindringend begriffen werden. Dieses Verständnis von Denken und Erkenntnis ging mit der Entwicklung des Denkens, insbesondere mit dem Aufkommen des neuzeitlichen Erkenntnisskeptizismus oder Nominalismus, jedoch verloren; hierauf werden wir später zurückkommen.

Wir wollen uns nun der zweiten Frage zuwenden, der Frage nach der Begrenzung menschlicher Individualität, die auf den ersten Blick eine Konsequenz unserer so dezidierten Verknüpfung der Individualität mit Denken und Erkenntnis als Aktivitäten des Bewußtseins zu sein scheint. Dieser Frage kann die Berechtigung nicht abgesprochen werden, auch wenn wir inzwischen den engen Zusammenhang von Denken und Erkenntnis auf der einen und der Entwicklung des Gefühls- und Willenslebens auf der anderen Seite dargelegt haben. Unmittelbar scheint unsere Position sogar von dem klassischen Einwand gegen das Cartesische *Ich denke, also bin ich* betroffen zu sein: Im Schlaf denken wir nicht – existieren wir also im Schlaf nicht als Individualität? Diesem Einwand kann jedoch entgegnet werden, daß das Denken nicht nur als manifeste Gedankenaktivität zu verstehen ist, sondern als das grundsätzliche, virtuelle *Vermögen* solch denkender Tätigkeit. In gleicher Weise muß diese Latenz für die Individualität ihre Gültigkeit besitzen, denn sie ist angelegt und manifestiert sich in Denken und Erkennen!

Unsere Entgegnung wirft offensichtlich neue Fragen auf: Wie läßt sich das Denken als Vermögen *erklären* und die Existenz von Individualität *verstehen*, wenn sich diese *nicht* in Denken und Erkennen manifestieren?

Zur Beantwortung dieser Frage liegt es nahe, auf die Bestimmung von Denken und Erkennen als manifestem Ausdruck der menschlichen Individualität zu rekurrieren. Es geht also zunächst um die Verortung von Denken und Erkennen im Dasein; es ist zu prüfen, ob hiermit nicht Licht auf die Frage nach der Wirklichkeit von *Individualität* geworfen werden kann. Im vorangegangen Kapitel haben wir betont, daß das Denken und damit auch die Erkenntnis nichts jenseits ihrer selbst Liegendes zu ihrer Erklärung bedürfen, insofern jegliche Erklärung gerade durch die vom Denken gebildeten Begriffe geschieht. Diese Begriffe sind die *letzte Basis* allen Erklärens. Es ist daher ohne Sinn, diese ihrerseits erklären zu wollen.

Diese «idealistische» erkenntnistheoretische Auffassung gilt es in ihrer ganzen Tragweite zu verstehen. Sie bedeutet, daß das Denken nicht als Produkt (Wirkung) beispielsweise gehirnphysiologischer Prozesse begriffen werden kann – eine Auffassung, die innerhalb der materialistischen Tradition von

Philosophie und Wissenschaft noch immer recht verbreitet ist. Diese erkenntnistheoretische Position weckt Erinnerungen an Münchhausen, der meinte, sich selbst an den Haaren hinaufziehen zu können. Hirnprozesse und ähnliches sind nicht Ursache des Denkens; das Verhältnis ist vielmehr umzukehren: Das Gehirn und seine materiellen Prozesse stellen eine Funktion des menschlichen Denkens dar. Dies gilt gleichermaßen für das Denken als Vermögen wie für die manifeste Denkaktivität. Schließlich existiert auch das Gehirn als Organ weiter, wenn die Aktivität des Denkens ruht. Daß das Denkvermögen dem Gehirn vorgängig ist, ist die *ontologische Konsequenz* des Status, den wir erkenntnistheoretisch dem Denken als Bewußtseinsaktivität zuschreiben müssen.

Die Auffassung, daß die Aktivität des Denkens den körperlichen Prozessen vorgängig, ja räumlichen und zeitlichen Prozessen überhaupt enthoben ist, ist keineswegs neu. Zur Unterstützung lassen sich fundierte Anschauungen bis hin zur klassischen griechischen Philosophie zitieren. Aristoteles stellt in seiner Schrift *Von der Seele* fest, daß «das wirkende Denkvermögen» oder «der höhere Gedankengeist» seinem «Wesen» nach «unbeeinflußbar» durch sinnliche Prozesse ist. «Für den höheren Gedankengeist», sagt er, «gilt nicht, daß er bald denkt, bald nicht denkt».[3] Das Denkvermögen transzendiert mithin seine aktuellen Manifestationen und ist überhaupt auf Prozesse in Raum und Zeit nicht reduzierbar.

Die Denktätigkeit wird zwar «beeinflußt» von zum Beispiel gehirnphysiologischen Störungen; wie der Philosoph Henri Bergson aber bereits um die Jahrhundertwende nachwies, sind solche Störungen so zu verstehen, als wenn ein Violinist einen Ton aufgrund einer ungestimmten Saite nicht einwandfrei zum Klingen bringen kann. Es folgt schon aus dem Wesen des Denkens, sich auf das *Objektive* zu richten und das wirklich Seiende vermittels seiner Begriffe zu erfassen, daß das Verhältnis zwischen gedanklichen und körperlichen Prozessen als funktional verstanden werden muß. Die Form des Organs ist nun einmal von dem Inhalt der Funktionen bestimmt, und nicht umgekehrt; so ist der menschliche Organismus auf das Denken hin organisiert.

Es würde den Rahmen der Studie sprengen, auf alle Fragen einzugehen, die sich in diesem Zusammenhang aus anthropologischer Sicht stellen. Wir wollen lediglich auf die bedeutsamen Forschungsergebnisse hinweisen, die auf diesem Gebiet zum Beispiel von dem Schweizer Anthropologen Adolf Portmann erzielt wurden. Seine Arbeiten zur Ontogenese des Menschen zeigen u. a., wie das menschliche Gehirn schon frühzeitig in der embryonalen Entwicklung auf eine Tätigkeit hin organisiert ist, die erst im ersten Lebensjahr mit beginnender Denkaktivität und der Bildung allgemeiner Begriffe einsetzt. Die Gedankenaktivität ist mitnichten eine Wirkung körperlicher Prozesse; diese erhalten ganz im Gegenteil ihre Bestimmung von der spezifisch menschlichen Daseinsform, in der das Denken einen zentralen Platz einnimmt. «Diese Folge von Ursachen und Wirkungen», unterstreicht Portmann, sei «zu einem uns bekannten Ziele hin geordnet». Das menschliche Denkvermögen, das erst später zu voller Entfaltung kommen kann, wirkt mit anderen Worten organisierend auf ihr körperliches Instrument. «Die Ontogenese», sagt Portmann, sei «planmäßig geordnetes Werden einer vollen (der spezifisch menschlichen; H.H.) Daseinsform.»[4]

Das Denken ist also nicht nur erkenntnistheoretisch irreduzibel, sondern hat auch ontologisch einen gegenüber den kausal zu verstehenden physiologischen Prozessen primären Status; eine Feststellung, die durch anthropologische Untersuchungen gestützt wird.

Diese Auffassung steht allerdings jedem materialistischen Wirklichkeitsverständnis diametral entgegen. Dort erscheinen nicht die durch die Vermittlung von Denken und Erkenntnis erklärenden Begriffe als Grundlage des Wirklichkeitsverständnisses, sondern etwas, was wir sozusagen «anfassen und befühlen» können. Trotz aller materialistischen Voreingenommenheiten müßte es jedoch möglich sein, die im Verhältnis zu den materiellen Prozessen organisierende Bedeutung des Denkvermögens einzusehen. Eine einfache Reflexion zeigt bereits, daß wir die realphysischen Stadien jedes organischen Wachstums- oder Entwicklungsprozesses von einem «Plan» her verstehen, welcher noch nicht zur Entfaltung gekommen ist. – Warum sollte das Verhältnis zwischen einem Bewußtseinsphänomen wie dem Denken und den organischen Phänomenen nicht in gleicher Weise gedacht werden können?

Im Rahmen einer nominalistischen Erkenntnistheorie findet eine solche Auffassung selbstverständlich keinen Platz; bekanntlich mißt sie dem Begriff oder der ‹Form› keinen reellen Status bei, sondern faßt die Wirklichkeit als erschöpft durch bloße raum-zeitliche Sinneseindrücke auf. Diese Eindrücke repräsentieren jedoch nur die «halbe» Wirklichkeit, die erst durch die die Sinneseindrücke transzendierenden Begriffe Bestimmung und Zusammenhang erfährt, erst durch die *Begriffe* als das, was sie *ist*, hervortritt. Allein ein «Hier» und «Jetzt» anzunehmen heißt, das Sinnliche zu transzendieren, wie es Hegel in seiner *Phänomenologie* vorgeführt hat. Der «sinnlichen Gewißheit» wohnt ein Widerspruch inne, und sie «gibt in der Tat sich selbst als die abstrakteste und ärmste *Wahrheit* aus»; denn der «Reichtum» der Phänomene tritt erst durch ihre Bestimmung und ihren Zusammenhang hervor, den nur die *Erkenntnis* aufdeckt.[5] Was somit eigentlich erst als Wahrheit und Wirklichkeit dessen, was wir sinnlich wahrnehmen, bezeichnet werden kann, ist das, was wir *denken*, wenn wir sinnlich wahrnehmen – die Begriffe.

Diese Überschreitung der sinnlichen Wahrnehmung gilt sowohl für *Zeit* wie für *Raum*. Der einen *Prozeß* bestimmenden Form den Wirklichkeitsstatus abzuerkennen ist daher in gleicher Weise unhaltbar, wie zum Beispiel einem Baum als Ganzheit deshalb jegliche Realität abzusprechen, weil wir nie mehr als einen kleinen Teil von ihm *wahrnehmen*. Das Wesen eines jeden Dinges liegt in gleicher Weise in seinen «möglichen» Eigenschaften (die in seinem *Begriff* eingeschlossen sind) wie in dem, was wir aufgrund der aktuellen sinnlichen Wahrnehmungen erkennen. Es war übrigens Aristoteles, der diese erkenntnistheoretische Einsicht formulierte – eine Einsicht, die in die Tradition des Begriffsrealismus mündete. Auch unsere Auffassung von Erkenntnistätigkeit oder Denkvermögen als einer formenden oder (wie wir es genannt haben) die physiologischen Phänomene organisierenden Kraft wurzelt in dieser Einsicht.[6]

Das Verhältnis zwischen ‹Form› und ‹Stoff› (oder in verwandten philosophischen Termini: ‹Geist› und ‹Materie› oder ‹Seele› und ‹Leib›) ist in unseren Augen im wesentlichen ein Verhältnis zwischen ‹Wesen› und ‹Erscheinung› und nicht zum Beispiel ein «Parallelitätsverhältnis», wie von Spinoza und auch später in verschiedenen Varianten behauptet. In unserer erkenntnistheoretischen Betrachtung handelt es sich erstens nicht um irgendeine Form von «Identität» oder «Parallelität» (Gleichzeitigkeit), sondern um einen sich in der Zeit erstreckenden Prozeß. Und zweitens wollen wir «dem Stoff» oder «der Materie» keinerlei selbständige Existenz oder Wirklichkeitsstatus beimessen (vgl. das oben zu «Beobachtungsobjekt» oder «Wahrnehmung» Gesagte).

Wenn aber dem Denken und der Erkenntnis ontologische Realität zukommt, dann hat dies nicht zuletzt für die Realität von *Individualität* radikale Konsequenzen. Unser ontologisches Verständnis vom Denken erhellt die Frage in hohem Maße, die Ausgangspunkt unserer Reflexionen über das Denken und das Denkvermögen war: die Frage nach der Wirklichkeit der Individualität. Denn diese ist, wie gezeigt, primär mit Denken und Erkennen verbunden.

Zur Beleuchtung dieser Frage nach der Wirklichkeit von Individualität wollen wir zunächst kritisch an zeitgenössische Auffassungen anknüpfen.

Hier rufen wir zunächst die Strömungen innerhalb der heutigen Sozialphilosophie und Wissenschaftstheorie in Erinnerung, die wir am Ende unserer historischen Perspektive angesprochen haben. Wie erwähnt, ist vor allem seit Ende des zweiten Weltkrieges heftige Kritik an Tendenzen der Sozial- und Humanwissenschaft des 19. Jahrhunderts geübt worden, die – in der Tradition von Comte und Marx – Mensch und Gesellschaft nach dem Muster kausalerklärender Naturwissenschaft behandelten. Diese Kritik trat sowohl in Gestalt einer Positivismus- wie auch als Marxismuskritik auf und nicht zuletzt als marxismusimmanente Kritik seitens der Frankfurter Schule, die für ein Verständnis von Mensch und Gesellschaft eine *spezifische*, d. h. eine dem Menschen als erkennendem und handelndem (also bewußtem) Wesen adäquate, *Methode* einfordert. Nach dieser Philosophie ist dem Menschen zu eigen, sich zu *Sinn* und *Gründen* zu verhalten (auch im individuellen und im gemeinschaftlichen Handeln) und nicht in einen Ursachenzusammenhang eingebunden zu sein. Man hat betont, daß es das spezifisch-menschliche «Verhalten» zu *deuten* und nicht, wie bei Naturphänonemen, kausal zu «erklären» gilt. Dieses Verständnis vom Menschen und seinem Handeln muß aufgefaßt werden als nicht weiter rückführbar, d. h.: Wenn man eine Handlung durch ihre Gründe verstanden hat, so ist sie als endgültig erklärt aufzufassen. Es ist sinnlos, weiter zu fragen, z. B. nach physischen oder biologischen Ursachen von «Verhalten»; dieses ist als solches durch die *Gründe* des Handelnden erklärt.

Insoweit repräsentiert das phänomenologische, hermeneutische und teilweise neomarxistisch orientierte Menschen- und Gesellschaftsverständnis einen entscheidenden Fortschritt im heutigen Denken. Es tritt in deutliche Distanz zur früheren, lediglich kausal erklärenden Wissenschaft vom Menschen, die für das Spezifische des menschlichen Bewußtseins keinen Blick hatte, ob sie nun antrat, die Bewußtseinsphänomene durch physische, biologische oder rein psychologische Ursachen erklären zu wollen. Doch im Grunde bedeutet dies nur eine Renaissance der Denktradition von Thomas bis Hegel, die in einem materialistischen und positivistischen Zeitalter in Vergessen geraten war. In dieser Tradition wurde der Mensch als ein erkennendes oder «sinntragendes» Wesen verstanden, das weniger aufgrund von Ursachen als vielmehr aus Einsicht handelt. Als solches galt der Mensch als etwas «in sich selbst Ruhendes». Zahlreiche Vertreter der erwähnten zeitgenössischen Richtungen hatten denn auch direkt oder indirekt an diese Tradition, insbesondere an Hegel, angeknüpft. Nichtsdestoweniger gibt es wesentliche Unterschiede zu den klassischen Vorgängern.

So findet sich in den modernen Richtungen keine so eindeutige Verankerung in der *Rationalität* wie in der klassischen Philosophie, zum Beispiel bei Thomas, Hegel oder auch Aristoteles. Dies kommt unter anderem darin zum

Ausdruck, daß der Mensch nicht mehr als *denkendes* und *erkennendes* Wesen, sondern als «intentional» handelndes Wesen begriffen wird. Und das «Intentionale» wird verstanden als ein Handeln, das von einem vorgestellten Ziel und nicht primär von *Begriffen* ausgeht; nur letzteres entspricht jedoch einer Handlung, die sich von Rationalität (in der von uns verwendeten Bedeutung des Wortes) bestimmt. Selbstredend wird die intentionale Handlung immer auch Resultat einer begrifflichen Bestimmung sein; dieser begriffsmäßige Einschlag in einem Motiv kann jedoch höchst unterschiedlich in Art und Grad sein. Gerade dies ist für das Verständnis menschlicher Handlungen ganz entscheidend, insofern wir je nach Art und Grad dieses Einschlages von *Individualität* und *Freiheit* sprechen können. Wir wollen dies in Anlehnung an den Begriff der ‹Intentionalität› näher betrachten.

Wir handeln zum Beispiel unbestreitbar «intentional», wenn wir von Trieben und Begierden motiviert handeln – wir richten uns auf ein vorgestelltes Ziel und handeln ausgehend von diesem Ziel, das wir zu realisieren suchen. Wir werden trotzdem zögern, eine solche Handlung als spezifisch menschlich zu charakterisieren, weil Kriterium dieses Prädikates vor allem der *begriffliche* Charakter der Intention ist. In Anlehnung an unsere obige Terminologie ist jene Handlung als idealtypisch menschliche zu bezeichnen, bei der sowohl Triebfeder als auch charakterologische Anlage als Motiv von *Erkenntnis* geprägt ist – und dies genau ist bei unseren triebbestimmten Handlungen nicht der Fall. Zwischen einer auf Erkenntnis beruhenden Handlung und einer triebbestimmten Handlung besteht insofern ein weit entscheidenderer Unterschied als zwischen jener letzteren und tierischem Verhalten, welches überhaupt nicht als «intentional» in der hier benutzten Bedeutung des Wortes bezeichnet werden kann. Und am allerwenigsten haben unsere triebbestimmten Handlungen mit Individualität und Freiheit zu tun.

Aus dem gleichen Grund können wir Individualität und Freiheit auch nicht in der reinen *Willens*handlung verankern, einer Handlung, die bestimmt ist von einem reinen Beschluß. Es ist sogar diskutierenswert, ob eine solche Handlung überhaupt typischerweise als «intentional» zu bezeichnen ist, selbst wenn sie von allen Vertretern voluntaristischer Philosophien (von Augustinus bis Fichte) als solche aufgefaßt wurde. Die reine Willenshandlung ist zwar deutlich auf ein bestimmtes Ziel ausgerichtet, aber sie ist nicht klar bestimmt und durchdrungen von einem *Grund* oder einer Idee, d. h. von Erkenntnis. Im ursprünglichen Verständnis von Intentionalität, wie es uns in Thomas' Intentionalitätsbegriff begegnet, ist die fundamentale Verbindung von Intentionalität mit Rationalität noch gegenwärtig – übrigens im Unterschied zu jenem Begriff von Intentionalität, der in heutiger Zeit vor allem durch Edmund Husserl zu Geltung kam und auf das Bewußtsein generell abstellt. Bei Thomas von Aquin hingegen ist ‹Intentionalität› nicht minder rational als der verwandte Begriff von ‹Finalität› oder ‹Zielgerichtetheit› bei Aristoteles, dessen Philosophie um Vorstellungen von *Begriff* (Idee) bzw. ‹Form› kreist.

Im Hinblick auf Individualität und Freiheit müssen wir einen zweiten Unterschied zur Intentionalität hervorheben. Wir müssen die begrifflichen Gründe *untereinander* danach differenzieren, ob sie «allgemein» und «gegeben» sind oder nicht. Wenn der Mensch beispielsweise mathematisch denkt und aus dieser mathematischen Einsicht heraus handelt, so handelt er unbestreitbar aus dem rein Begrifflichen heraus und damit kraft rationaler Gründe – aber deshalb handelt der Mensch noch nicht individuell und frei. Letzteres ist davon bedingt, ob die gewonnene Einsicht in den Begriff seiner individuellen Handlungssituation eingeht.

Husserl u.a. haben freilich darin recht, daß jede spezifisch menschliche Handlung intentional, sinntragend ist, aber sie ist, wie gezeigt, deshalb noch nicht individuell und frei. Daß sie es ist, meint übrigens der analytisch-philosophische Handlungstheoretiker Donald Davidson; ihm zufolge ist Intentionalität nicht nur eine notwendige, sondern zugleich hinreichende Bedingung für freie Handlung. Wir dagegen behaupten, daß der Begriff einer freien, individuellen Handlung scharf von anderen Begriffen intentionaler Handlungen abgegrenzt werden muß; in zweierlei Hinsicht: einerseits von einem Begriff von Intentionalität, der nicht zwischen dem Grad an *Begriffs*inhalt der Intentionen (der Gründe) differenziert, andererseits von einem Begriff von Gründen (oder begrifflichen Motiven), der nicht zwischen *allgemeinen* und *individuellen* Gründen oder begrifflichen Motiven differenziert.

Für die oben besprochenen Richtungen der heutigen Auffassungen vom Menschen ist charakteristisch, daß sie an diesen beiden Mängeln leiden. Deshalb ist ihr Begriff vom Menschen als einem intentionalen Wesen oftmals eher verschleiernd denn enthüllend, was *Individualität* und *Freiheit* betrifft. Die inzwischen recht verbreitete methodologische Unterscheidung zwischen Sinn-«Verstehen» und Kausal-«Erklärung» erweist sich in dieser Hinsicht als unzureichend.

Verstärkt wird dieser Mangel im übrigen durch den Umstand, daß die verstehende, sinninterpretierende Methode nicht nur auf menschliche Phänomene zugeschnitten ist, sondern im Grunde auch der Natur gemäß ist. Die hermeneutische Methode des Verstehens ist daher zum Beispiel in der Morphologie nicht weniger zu Hause als in Humanwissenschaften wie der

Geschichte oder Soziologie. Die neuzeitliche Kausalerklärung von Naturphänomenen durch raum-zeitiche Ursachenreihen repräsentiert eine drastische Einschränkung des in der aristotelischen Tradition selbstverständlichen «Wesensverständnisses» von Naturphänomenen. Es mehren sich die Anzeichen, daß letztere Verständnisweise für die Naturerkenntnis wiederentdeckt wird. Dies ist jedoch ein Problemkreis, der außerhalb unserer Studie liegt.[7]

Die mangelnde Differenzierung von Intentionen im Hinblick auf deren Art und Grad von Erkenntnisinhalt zeitigt also eine besonders negative Konsequenz für das Verstehen und die Begründung von Individualität und Freiheit. Ein intentionales Verständnis menschlichen Handelns, welches nicht zu einem Verständnis des Menschen als einem *erkennenden* Wesen vordringt, wird keinerlei Einsicht in Individualität und Freiheit gewinnen können. Es tendiert – ungeachtet aller Betonung des intentionalen Charakters des Bewußtseins – dazu, den Menschen zu «allgemein», schablonenhaft und kollektiv aufzufassen – historisch ebenso wie gesellschaftlich. Zahlreiche Indikatoren belegen dies zum Beispiel für die heutige Hermeneutik und hermeneutisch orientierte Sozialphilosophie, auch wenn sich diese selbst als «existentiell» darstellen. Individualität ist hier von einer Anerkennung ihrer fundamentalen Bedeutung für das menschliche Dasein weit entfernt; sie geht vielmehr in historischen und sozialen *Allgemeinstrukturen* auf, ist determiniert von gemeinsamer «Tradition» und von gemeinsamem «Sinn» oder kollektiven «Interessen» – erinnert sei hier an die Hermeneutiker Hans-Georg Gadamer und Charles Taylor sowie den Neomarxisten Jürgen Habermas. Bei Gadamer zum Beispiel ist sogar die Rede von einer «Rehabilitierung von Autorität», die er an *gemeinsame* historische und gesellschaftliche Tradition knüpft, während er gleichzeitig gegen das antidogmatische Rationalitäts- und Freiheitsverständnis des Aufklärungsdenkens polemisiert.[8]

Was wir oben als kollektivistischen Zug der Hermeneutik und verwandter Positionen charakterisiert haben, beruht offenbar auf einer Form von genealogischem Reduktionismus. Es wird dort argumentiert, daß das Individuum, weil es hineingeboren werde in eine gemeinsame historische Situation oder sozialen Zusammenhang (zum Beispiel eine Sprachgemeinschaft), von allgemeinen historischen oder sozialen Strukturen bestimmt sei. Eine solche Auffassung von Erkenntnis und Existenz des einzelnen geht jedoch analog zu der biologischen Reduktion des Individuums auf Erbfaktoren in die Irre (vgl. auch das folgende Kapitel): Indem etwas zuerst in der Zeit ist, ist es deshalb noch nicht für den Inhalt bestimmend.

Mit dem hier Gesagten wollen wir nicht die Bedeutung der historischen und gesellschaftlichen Faktoren für das Verstehen des Menschen zurückweisen, die durch die philosophische Hermeneutik hervorgehoben wurde, zumal deren Bedeutung innerhalb einer positivistischen Denktradition unterschätzt wurde. Hingegen stellen wir uns kritisch gegen die Totalisierung dieser Faktoren durch die Hermeneutik; diese verhindert ein Verstehen des Menschen als erkennendes wie auch individuelles Wesen. Menschliche Erkenntnis *per se* als determiniert von der «Situiertheit» des Erkenntnissubjektes in Zeit und Raum (historisch, sozial usw.) anzusehen, beruht auf einem erkenntnistheoretischen Fehlschluß – analog dem des Philosophen George Berkeley, der seinerzeit von den subjektiven Aspekten des Wahrnehmens auf die totale Subjektivität des Wahrgenommenen schloß (*esse est percipi*). Es ist falsch, diese beiden Aspekte zu vermischen: daß wir ein Objekt wahrnehmen und daß wir ein wahrnehmendes Subjekt mit dessen subjektiver Situiertheit wahrnehmen. Die Wahrnehmung von Fenstern in einer Hauswand als klein und quadratisch repräsentiert beispielsweise objektive Erkenntnis, wiewohl es subjektiv bedingt ist, daß wir gerade diese Fenster wahrnehmen.

Die subjektivistische Wendung des Erkenntnis- und Wirklichkeitsverständnisses, für die Gadamer ein ausgeprägter Exponent ist, ist übrigens eine verbreitete Tendenz des heutigen Denkens. Eine ihrer Hauptimpulse, die auch der subjektivistischen Hermeneutik förderlich war, ist die Entwicklung der Phänomenologie zur «Lebenswelt»-Philosophie des späteren Husserl, die bezeichnenderweise die Erkenntnis des Menschen als von dessen Alltagserleben abgeleitet sieht.

Unserem erkenntnistheoretischen Ansatz entsprechend, müssen wir uns auch von einer solchen Auffassung distanzieren; wir werden sie in Kapitel 18 noch einmal eingehend kritisieren. An dieser Stelle soll nur angedeutet werden, daß wir den besprochenen subjektivistischen Positionen Inkonsistenz vorwerfen, da sie in ihrer *eigenen* Begründung und Methode den «Objektivismus», den sie ablehnen, selbst nicht vermeiden können. Einer solchen rückbezüglichen Inkonsistenz verfällt im übrigen implizit jede subjektivistische oder relativistische Auffassung von menschlicher Erkenntnis, ob sie nun die Erkenntnis als rein historisch, sozial oder biologisch bedingt ansehen will: Ein solcher Standpunkt ist selbst als derart bedingt aufzufassen und kann daher einen Anspruch auf Wahrheit nicht geltend machen.

Für die Erörterung der Frage menschlicher Individualität gilt es festzuhalten, daß der besprochene Subjektivismus (oder Intersubjektivismus) den Anschluß an die von uns beschriebene fundamentale Rationalitätsentwicklung von Thomas bis Hegel verfehlt. Damit geht er notwendig des Verständnisses von Individualität und Freiheit verlustig, welches, wie gezeigt, gerade mit dieser Entwicklung verbunden ist!

Zu dem hier Gesagten steht keinesfalls im Widerspruch, daß innerhalb moderner Sozialphilosophie häufig von «Individualismus» und «Befreiung», von «Individuum» und «Freiheit» die Rede ist. Denn bei näherer Betrachtung entpuppt sich diese Individualität und Freiheit als nur scheinbare. Als typisches Beispiel kann hierfür übrigens – mutatis mutandis – jenes Verständnis von intentionaler Handlung angeführt werden, das die sog. «Spieltheorie» entwickelt hat, eine Theorie, die auch als «methodologischer Individualismus» charakterisiert worden ist. Deren «Individualismus» besteht einzig darin, daß ihr Verständnis von menschlichem Handeln und gemeinschaftlichem Handeln auf dem einzelnen Individuum als dem «Akteur» basiert. Ob die Intentionen oder Motive dieser «Akteure» allgemeiner oder individueller Art sind, ob diese aus Erkenntnis hervorgehen oder nicht, fällt aus der Betrachtung heraus. Dieses Rationalitätsverständnis erschöpft sich somit mit der Frage nach der rein logischen Vereinbarkeit verschiedener «Ziele» und danach, wann ein rationales Verhältnis zwischen den vorgestellten Zielen und den einzusetzenden Mitteln vorliegt. Der Begriff von Rationalität wird in dieser Theorie auf eine «Zweckrationalität» (und reine formale Rationalität) reduziert, bei der der Mensch zwar als (intentional handelndes) Subjekt und nicht nur als Objekt verstanden wird; sie stellt trotzdem einen Rückschritt im Rationalitätsverständnis dar – auch im Vergleich mit der Hermeneutik und der neomarxistischen Frankfurter Schule. Analoges gilt für das Verständnis von menschlicher Individualität und Freiheit.

Trotz des relativen Fortschrittes im Denken über menschliches Bewußtsein innerhalb verschiedener Richtungen der heutigen Sozialphilosophie und Wissenschaftstheorie ist deren Begriff von Rationalität als auch – teilweise dadurch bedingt – von Individualität mit großen Mängeln behaftet. In dieser Hinsicht stehen sie hinter den Einsichten der Denktradition von Thomas bis Hegel zurück und sind damit von einer *ontologischen* Begründung der Individualität noch weiter entfernt, zu der auch jene Tradition (mit einer gewissen Ausnahme von Thomas von Aquin) nicht vordrang. Im günstigsten Fall bleibt man bei einem rein «*methodologischen* Individualismus» stehen, also bei einem lediglich formalen «Modell» des individuellen Handelns. Denn in dem Maße, wie die Frage nach der Wirklichkeit der Individualität ontologisch gestellt wird, landet man bei verschiedenen Varianten materialistischer Evolutionslehre und sogar in der darwinistischen Selektionstheorie – so zum Beispiel, wenn bei Habermas die «erkenntnisleitenden Interessen» einer rein «gattungsgeschichtlichen» Genese entspringen. Hier gibt es weder einen genuinen Begriff von Individualität noch eine tiefere ontologische Begründung dieses Begriffes.[9]

Wenn dieses Denken nicht zu einem erkenntnistheoretischen und moralphilosophischen Verständnis des Menschen als erkennendem, individuell und frei handelndem Wesen vordringt, so vermag es erst recht nicht, diesem Verständnis ein ontologisches Fundament zu geben. Woran es ihm mangelt, ist eine *Anthropologie*, die den Menschen als erkennendes Wesen und damit auch als Individualität begreift, wie wir es oben unter Verweis auf Adolf Portmann angedeutet haben. Wir werden diesen Gedankengang nun wieder aufgreifen.

6

INDIVIDUALITÄT UND LEIBLICHKEIT

Aus der Irreduzibilität des Erkenntnisprozesses folgt also, daß das Denkvermögen gegenüber dem Stofflichen (dem Gehirn und dessen Prozessen) als primär und organisierend aufzufassen ist; anthropologische Betrachtungen stützen diese Behauptung. Da die Individualität des Menschen eng mit Denken und Erkenntnis verbunden ist – sie manifestiert sich im Denken –, muß der oben behauptete Primärstatus des Denkvermögens analog für die *Individualität* gelten. Wie das Denken ist die Individualität irreduzibel, etwas, das «in sich ruht», und sowenig wie das Denken ist sie auf ihre manifesten Äußerungsformen zu begrenzen. Wie das Denken ist sie als «Vermögen» zu verstehen, der Hinweis auf den Schlafzustand als Einwand gegen das «Ich denke, also bin ich» daher wie für das Denken auch für die Individualität zurückzuweisen!

Mit dieser Ausweitung des Wirklichkeitsstatus der Individualität müssen wir auch die Individualität als «organisierend» gegenüber ihrem leiblichen Ausdruck ansehen; dies allerdings auf *individuelle* Weise und insofern von Denken und Sprechfähigkeit, als allgemein menschliches Vermögen, verschieden. Auch dies folgt aus den bisherigen anthropologischen Reflexionen. Wenn wir mit Portmann die Ontogenese des Menschen als «die planmäßige Realisierung der ganzen (der spezifisch menschlichen) Daseinsform» begreifen, so muß dies notwendig die Individualität des Menschen einschließen; um so mehr, als diese Individualität das spezifischste und vollständigste Charakteristikum der menschlichen «Daseinsform» ist.

Dieser Schritt – von einer erkenntnistheoretischen Behauptung der Irreduzibilität und Autonomie der Individualität (des individuellen Bewußtseins) zur Akzeptanz ihrer ontologischen Primärstellung im Verhältnis zur materiellen Existenz – dürfte aus Sicht der Gegenwartsphilosophie zwar weit radikaler sein, als nur dem Denken und der Erkenntnis einen solchen ontologischen Status zuzuschreiben. Sogar mit Blick auf die idealistische Philosophie (insbesondere der Hegelschen) mutet dieser Gedanke revolutionär an, da dort die Individualität auch erkenntnistheoretisch keine herausragende Stellung einnimmt; verankert doch Hegel die Autonomie des Bewußtseins in den (allgemeinen!) Begriffen und nicht im Denken, das diese Begriffe – als eine Aktivität des Ich – hervorbringt. Auf diese Weise dringt Hegel weder zur menschlichen Individualität noch (in der Folge) zu einem Begriff individueller Freiheit vor.

In der *Gegenwarts*philosophie begnügt man sich dagegen entweder mit einer rein methodologischen Akzeptanz individueller Autonomie (als intentional funktionierendes Bewußtsein), oder man ist bemüht, wie in der Existenzphilosophie, dem Individuum nur psychologisch eine ontologische Autonomie zuzusprechen. Wenn man, wie Kierkegaard, die Bedeutung des einzelnen als eine Grundkategorie im Dasein betont oder, wie Martin Heidegger, die «eigentliche» Existenz über die «uneigentliche» («das Man») hebt, so kann dies nur in einer begrenzten, rein ethisch-psychologischen und im Grunde subjektivistischen Perspektive als ein ontologisches Verständnis von Subjektivität gedeutet werden. Dies dürfte unabhängig davon gültig sein, daß diese Philosophie, wie bei Heidegger, sich selbst als «Fundamentalontologie» versteht. Man erlangt keine *objektive* Erkenntnis der Stellung der Individualität im Dasein und muß deshalb auch eine Antwort auf die tiefschürfenderen ontologischen Fragen nach Existenz und Sinn menschlicher Individualität schuldig bleiben.

Auch von den Strömungen der Gegenwartsphilosophie, die das menschliche Bewußtsein in einer eher objektivistischen Perspektive zu betrachten suchen, sind auf derartige Fragen keine zufriedenstellenden Antworten zu erwarten. Anstatt von der erkenntnistheoretischen Autonomie des Bewußtseins und der Individualität auszugehen (die man rein methodologisch einzuführen pflegt) und auf diese Weise ihren ontologischen Status als irreduzibel (oder prä-materiell) zu begründen, betrachtet man die Existenz des Bewußtseins aus einem reduktionistischen, d. h. materialistischen Blickwinkel. Die Bewußtseinsphänomene hat man zwar als etwas eigen-artiges bestimmt, das nur «hermeneutisch» oder «intentional» verstanden werden könne – insofern also als etwas «immaterielles». Geht es jedoch um eine nähere Bestimmung des Status dieses intentionalen Bewußtseins selbst, so hat man dieses mehr oder weniger auf materielle oder stoffliche Faktoren zurückzuführen versucht. Zahlreich sind die Varianten solcher Bemühungen: Sie reichen vom neurophysiologischen Strukturreduktionismus bis zu entwicklungstheoretischen Kausalerklärungen. Die erstgenannte Variante ist allein deshalb problematisch, weil sie sich der Kritik des Reduktionismus aussetzt und fraglich ist, ob sie überhaupt von einer ontologischen Prätention getragen ist. Man hat sich aus diesem Grunde eher den entwicklungstheoretischen Erklärungsversuchen zugewandt. In diesen Theorien wird das menschliche Bewußtsein in der Regel zwar als «Fähigkeit», nicht jedoch als die leiblichen Organe organisierend begriffen. Man hat im Gegenteil versucht, diese «Fähigkeit» an biologische Entwicklungsprozesse, vorzugsweise an «natürliche Auslese», rückzubinden. Wenn auch an keiner anderen Stelle mit vergleichbarer Vehemenz unterstrichen wird, daß das menschliche Bewußtsein als solches nur «intentional» oder «hermeneutisch» verstanden werden kann, so hat man das Bewußtsein in seiner *Entstehung* dennoch kausal, durch materielle Faktoren einer fernen Vergangenheit erklären wollen.[1]

Nichts könnte wohl anschaulicher von dem unzureichenden Verständnis von menschlichem Bewußtsein, Erkenntnis und Individualität zeugen als die beschriebenen Tendenzen. Dieses Gegenwartsdenken hätte aber zu solchen theoretischen Erklärungen sicher nicht gegriffen, wenn es der innerhalb der idealistischen Tradition gewonnenen Einsichten von Autonomie und zentraler Stellung des Denkens und der Erkenntnis im Dasein eingedenk gewesen wäre – auch dann nicht, wenn man den von den materialistisch geprägten Naturwissenschaften ausgehenden Druck berücksichtigt. Es hätte vielmehr zu einem *ontologischen* Verständnis von Denken und Individualität als etwas «in sich Ruhendem» vordringen und auf diese Weise das Verhältnis der Individualität zur leiblichen Existenz und deren Phänomenen klären können.

Denn der philosophische Idealismus (z. B. Hegels) ist ungeachtet aller Unzulänglichkeit die wesentliche Voraussetzung für eine ontologische Begründung menschlicher Individualität. Demgegenüber stellen die erwähnten Strömungen der Gegenwartsphilosophie einen Rückfall in den Materialismus dar. Sie repräsentieren eine erkenntnistheoretische Tendenz, das reine Wahrnehmungsmoment im Erkenntnisprozeß für die ganze Wirklichkeit zu halten. Tatsächlich erhält nämlich das Wahrgenommene seinen ontologischen Status oder seine Wirklichkeit erst durch den Begriff, den das Denken erzeugt. Man bleibt, hegelisch gesprochen, im «Sinnesschein» befangen und begreift das menschliche Bewußtsein, ontogenetisch wie phylogenetisch, als eine bloße Sequenz seiner Ausdrücke in Raum und Zeit. Erkenntnis erschöpft sich im sinnlich Gegebenen, das in einer mechanistisch verstanden Ursache-Wirkung-Kette aufeinander folgt. Zu dem bestimmenden Begriff – der «Form» (aristotelisch gesprochen) oder dem «Plan» (wie Portmann es nennt, wenn er von «der ganzen menschlichen Daseinsform» spricht) –, also zu dem, was die Reihenfolge dieser Ursachen und Wirkungen bestimmt, dringt man nicht vor.

Dieser Mangel einer jeglichen empiristisch oder materialistisch geprägten Erkenntnistheorie verhindert notwendigerweise, daß das Denkvermögen oder die Individualität gegenüber der materiellen oder leiblichen Existenz als bestimmend und organisierend verstanden werden kann.

Hierdurch geraten Individualität und begriffliches Denken in ontologischer Sicht zu Abstraktionen, bar jeglicher realen Existenz. Unter diesem Aspekt haben wir es also mit Varianten des *Nominalismus* zu tun, der sich bekanntermaßen dadurch auszeichnet, solchen Entitäten jede ontologische Wirklichkeit abzuerkennen und ausschließlich dem unmittelbar sinnlich Erfaßbaren einen solchen Status zuzubilligen. Weder das Denken noch die Individualität sind in der Erfahrung als etwas real Existierendes gegeben.

Diese philosophische Position beinhaltet neben einem erkenntnistheoretischen und ontologischen nicht zuletzt auch einen *ethischen* Aspekt. Indem der Individualität der primäre Status über materielle Phänomene aberkannt und der Primat der Erkenntnis über das rein Sinnliche geleugnet wird, wird in ethischer Hinsicht Wert und Wertigkeit der Menschenseele reduziert. Die Behauptung einer unantastbaren und würdigen Persönlichkeit ist ohne jede Grundlage, jene Behauptung, welche allein der menschlichen Moral, der Freiheitsidee und dem Ideal von Gleichwertigkeit Sinn geben kann.

Das Verständnis vom Menschen als dem jeweils gegebenen «Individuum» oder «Akteur» kann weit entfernt sein von Vorstellungen von Individualität und Freiheit. Würde und Unantastbarkeit genießt der Mensch nur als wirkliche Individualität, d. h. erst, wenn er als ein «höheres Ich» verstanden wird; als ein Ich, das das Materielle in Raum und Zeit transzendiert und organisiert. Von dem bloß Leiblichen, dem «niederen Ich», läßt sich weder Respekt für den Wert des Menschen noch Nächstenliebe ableiten. In einer Wirklichkeitsauffassung, die im menschlichen Individuum nichts anderes als ein biologisches Zufallsprodukt zwischen Urnebel und Wärmetod sieht oder es gar als ein unverständliches Ergebnis materieller Prozesse deutet, liegt keinerlei moralischer Impetus.

Zwischen dem ontologischen Status, den wir dem Individuum einräumen, und seinem ethischen Wert besteht also ein paralleler, enger Zusammenhang. So wie es unmöglich ist, Bewußtsein und Individualität aus Materie abzuleiten, ist es ethisch gesehen unmöglich, Mitmenschlichkeit aus Respektlosigkeit, Liebe aus Haß abzuleiten. Schon Thomas von Aquin wies in charakteristischer Weise darauf hin, daß es selbst außerhalb Gottes Fähigkeit liege, Materie zum Denken zu bringen. Bewußtsein und Leiblichkeit, Geist und Materie sind in *dieser* Hinsicht polare Gegensätze im Dasein und als solche in allen Kulturen, nur nicht in unserer gegenwärtigen materialistischen, erkannt worden. Schon zwischen dem Lebensprozeß und den rein physisch-chemischen, anorganischen Leibeskräften besteht eine derartig grundlegende Daseinspolarität. Der menschliche Geist steht zur Leiblichkeit in keinem geringeren Spannungsverhältnis als das Leben zum Tod. Und noch eine weitere Parallele: Wie die Lebensprozesse die anorganische Materie im lebenden Organismus organisieren, muß der menschliche Geist als organisierend und formend im Verhältnis zur Leiblichkeit verstanden werden.

Charakteristisch für alle materialistische (mechanistische) Wirklichkeitsauffassung ist, diese *qualitativen Niveauunterschiede* des Daseins zu mißachten und zu verschleiern. Dies betrifft nicht nur den grundlegenden Unterschied zwischen Bewußtsein und Materie oder zwischen Leben und Tod, sondern z. B. auch zwischen den sinnlichen Phänomenen. So hob Goethe in seiner Kritik an Descartes' mechanistischer Erklärung der Naturphänomene hervor: «Er (Descartes; H.H.) bedient sich, um das Unfaßliche, ja das Unbegreifliche zu erklären, der krudesten, sinnlichen Gleichnisse. So sind seine verschiedenen Materien, seine Wirbel, seine Schrauben, Haken und Zacken, niederziehend für den Geist ...» Und wenn Goethe darauf hinweist, daß «wenn dergleichen Vorstellungsarten (wie die Descartes'; H.H.) mit Beifall aufgenommen wurden, so zeigt sich daran, daß eben das Roheste, Ungeschickteste das der Menge Gemäßeste bleibt», so benennt er damit zweifellos eine wesentliche *Ursache* aller reduktionistischen Niveau- und Qualitätsnivellierung in Philosophie und Wissenschaft.[2]

Dies ist geeignet, unsere Sichtweise zu unterstreichen, daß die erkenntnistheoretische und ontologische Betonung des Sinnlichen in Materialismus und Nominalismus mit einer ethisch-psychologischen Betonung des Sinnlichen einhergeht. Das höhere, an *Erkenntnis* gebundene Gefühls- und Willensleben tritt hinter dem unreflektierten Sinnesleben, dem unmittelbaren Aus- und Erleben der körperlichen Triebimpulse zurück. Dies läßt sich auch empirisch-historisch nachzeichnen. So scheint der philosophische Nominalismus in Spätmittelalter und Renaissance mit einem Sensualismus in Lebensführung und z. B. Literatur einherzugehen; mit bleibenden Konsequenzen für die nachfolgende Zeit. Beide sind Ausdruck einer einseitigen Sinnesorientierung, in Erkenntnis und Wirklichkeitsauffassung ebenso wie in Lebensführung und Ethik.[3]

Aus dem über den Zusammenhang zwischen Erkenntnis, Ontologie und Ethik Gesagten folgt im übrigen, daß es hier nicht nur um einen individualethischen, sondern (nicht zuletzt) auch um einen sozialethischen Aspekt des

Wirklichkeitsverständnisses von Individualität geht. In der Vernachlässigung der nicht-materiellen Realität der Individualität meinen wir die hauptsächliche Erklärung dafür gefunden zu haben, daß im sozialphilosophischen Denken unserer Zeit *kollektive* Strukturen dem Individuellen übergeordnet sind. Kollektive, also historisch und gesellschaftlich bedingte Strukturen werden als *realer* angesehen denn der *einzelne* Mensch. Für die soziale Praxis bleibt dies freilich nicht folgenlos: Eine ausgeprägt materialistische Ontologie hat zwangsläufig mitmenschliche Gleichgültigkeit und Zynismus in der sozialen Lebenswelt im Gefolge. Auf aktuelle Beispiele, die dies belegen können, werden wir in Teil II unserer Studie eingehen. Festzuhalten bleibt, daß eine mehr oder weniger materialistisch orientierte Wissenschaft, die auf verschiedene Weise menschliches Bewußtsein und Individualität auf leibliche, materielle Prozesse zu reduzieren sucht, ganz offenbar Menschenfeindlichkeit im sozialen Leben zur Folge hat.

Aus dieser Perspektive ist auch die Unzulänglichkeit des traditionellen Humanismus einer Beurteilung zuzuführen. Ihm fehlt, wie bereits erläutert, eine nähere erkenntnistheoretische Begründung von Menschenwürde, Individualität und Freiheit, weshalb er einer materialistisch orientierten Wissenschaft nicht mehr als vage Ideale ohne Begriffsinhalt entgegenzusetzen vermag. Als Konsequenz dieser erkenntnistheoretischen Kapitulation vor dem Materialismus hat der traditionelle Humanismus auch keine Antwort auf die sozialen Konflikte unserer Zeit parat.

Wie bereits dargelegt, ist in historischer Perspektive ein klarer Zusammenhang zwischen Individualität, Freiheit, Erkenntnis (Rationalität) und Sozialität auszumachen. Wir haben schon darauf hingewiesen, daß die ausschließlich glaubensreligiöse Verankerung von Menschenwürde und Individualität – wie in der ursprünglich Augustinischen Tradition – sich als immer unzureichender erwies, ihre Legitimität schließlich verlor und daß der spätere Humanismus nicht in der Lage war, den beschriebenen Mangel zu kompensieren.

Diesem Humanismus in seinen verschiedenen Schattierungen setzen wir ein Verständnis der Ideale von Individualität, Freiheit und Mitmenschlichkeit entgegen, das diesen Idealen eine *erkenntnistheoretische Begründung* und ein *ontologisches Fundament* gibt. Einzig die Annahme einer über- oder prämateriellen Existenz der Individualität vermag diesen Idealen Sinn und ethische Kraft zu geben. Wir betonen ausdrücklich, daß wir dies nicht als bloßes Glaubensdogma oder metaphysisches Postulat verstanden wissen wollen, sondern als Wirklichkeit menschlicher *Erkenntnis*, beruhend auf Erfahrungen, die wir mit dem Denken, dem Erkenntnisprozeß und in anthropologischen Reflexionen machen können. Diesen Erfahrungen und anthropologischen Reflexionen zufolge ist der menschlichen Individualität eine Existenz zuzusprechen, die dem Leiblichen und Biologischen zwischen Geburt und Tod übergordnet ist und auf die es organisierend wirkt.

Ein derartiges Verständnis von der einzelnen menschlichen Seele ist in der Geschichte des philosophischen Denkens nicht neu. Schon in der Frühzeit europäischen Denkens begegnet uns dieser Gedanke mit großer Überzeugungskraft in Gestalt des mächtigen Gedankengebäudes eines Platon; die Prä- und Post-Existenz des Individuums im Verhältnis zum Physischen geht hier als grundlegendes, nahezu selbstverständliches Element ein. Beispielhaft läßt sich dies in dem Dialog *Phaidon*, der Schilderung des Todes von Sokrates, verfolgen. Das Nicht-Leibliche, Über-Materielle der menschlichen Existenz ist für Platon (Sokrates) auf das engste mit dem Menschen als einem *denkenden* Wesen verbunden. Der Weg zu einer Existenz reinen Denkens führt über die Überwindung der Sinnesabhängigkeit. Der Mensch erhält dann Zugang zur wahren Wirklichkeit, wenn er sich von der leibgebundenen Erfahrung befreit und sich «nur des reinen Denkens bedient». Während der *erkennende* Teil der Seele das Zeitlose und Unvergängliche ist, behindert das Leibliche die Erkenntnis auf vielerlei Weise, durch «Lüste und Begierden, Furcht und vielerlei Schattenbilder».

Als einer erkennenden Seele, die sich durch «wirkendes Denkvermögen» auszeichnet, gesteht auch Aristoteles der Menschenseele eine «unsterbliche und ewige» Existenz zu. Thomas von Aquin greift diesen Gedanken auf und bringt ihn mit christlicher Tradition in Verbindung; er begründet diese Unsterblichkeit damit, daß das Denkvermögen in einer über-materiellen, individuellen «Form» ihr ontologisches Gegenstück habe. Wir treffen hier auf ein für die europäische Philosophie grundlegendes Verständnis von dem Zusammenhang zwischen dem Menschen als rationalem Wesen und seiner nichtmateriellen oder übermateriellen Existenz.[4]

Doch zurück zu Platons Dialog. Vor dem beschriebenen Hintergrund richtet er gleichsam selbstverständlich die Aufmerksamkeit auf die Prä- wie Post-Existenz des Menschen, wie auch auf die «Seelenwanderung», das Zurückkehren der Seele in neue körperliche Existenzen. «Seit undenklichen Zeiten hat sich die Vorstellung geltend gemacht ..., daß wenn die Seelen von der Erde in das Jenseitige kommen, sie sich zurückwenden und aufs neue geboren werden».[5] Für Platon und Sokrates war diese Lehre in doppelter Hinsicht eine Selbstverständlichkeit. Sie folgte zum einen aus philosophischen Reflexionen über das Wesen des Menschen als einem Erkennenden, in

Abhebung seiner körperlichen Existenz. Zum zweiten waren diese griechischen Denker noch eng mit der alten Mysterienweisheit vertraut, in der die Lehre der «Seelenwanderung», oder besser: Wiederverkörperung, eine grundlegende Wahrheit war. Ja, in wesentlichen Zügen ist das Denken eines Platon und Sokrates als ein Versuch zu werten, die Mysterienweisheit in Gedanken und Begriffen auszudrücken. Bei Sokrates war dies sogar der Grund seiner Verurteilung zum Tod: Er war des Raubes von Mysteriengeheimnissen angeklagt, da er sie in Gedanken ausgedrückt und damit allen zugänglich gemacht habe. So wie die sokratischen Gespräche durch ihren Appell an das eigenständige Denken des einzelnen zur Entstehung der Individualität beitrugen, wurde sein Tod zum Opfer für die Emanzipation des Individuums gegenüber einer überlieferten Autorität, indem durch das Denken der (allgemeine) Zugang zur Weisheit eröffnet wurde.

Doch diese Weisheit, auch in ihrem gedanklichen Ausdruck bei Platon, wie zahlreiche andere Einsichten der klassischen Kultur ist durch ein materialistisches Denken in Vergessenheit geraten. Diese Tatsache allein kann allerdings nicht als Argument gegen deren Wahrheit herangezogen werden, und mannigfaltige Anzeichen deuten auf eine Rehabilitierung dieser Einsicht, auf einen Aufbruch vom materialistischen Denken im Übergang zum dritten Jahrtausend, hin. Ein *anderer* Grund für die Renaissance dieser Denktradition ist unseres Erachtens in östlichen Kulturimpulsen zu suchen, die aber, trotz all ihrer überlieferten Weisheit, die Individualitäts-, Freiheits- und Rationalitätsentwicklung nicht durchlaufen haben und sich insofern grundlegend von europäischem Denken und Kultur unterscheiden. Denn nur vor dem Hintergrund europäischer Denk- und Kulturentwicklung können wir Bedeutung und Status menschlicher Individualität angemessen verstehen und legitim begründen – vor allem, wenn es um die Fragen von Freiheit und Sozialität geht.

In den östlichen Traditionen ist die Lehre von der nicht-materiellen oder übersinnlichen Prä- und Post-Existenz des menschlichen Geistes sowie der Gedanke der Wiederverkörperung oder Reinkarnation also nach wie vor lebendig. Sie ist jedoch verbunden mit einer *negativen* Bewertung der Individuation in der körperlichen Inkarnation. Weil die Inkarnation als wiederholte Existenz irdischen Lebens verstanden wird, ist es Ziel, «befreit zu werden» von dem «Kreislauf», den die «Individuation» mit sich bringt. Die Entwicklung des einzelnen Menschen zur Individualität und Persönlichkeit gilt nicht als Ideal, sondern als ein Übel – ein direkter Gegensatz zur europäischen oder westlichen Kulturentwicklung. Im Lichte der westlichen Kultur muß das

Prinzip eines wiederholten Erdenlebens oder einer Reinkarnation als höchstes Gut angesehen werden, insofern es die Individualitätsentwicklung und Reifung des Menschen zur Freiheit fördert.

Das christlich-europäische Verständnis von Reinkarnation befindet sich somit in Fundamentalgegensatz zu dem der östlichen Tradition.[6] In den östlichen, tendenziell auch in den mythischen Kulturen ist die beständige Reinkarnation als ein statisches oder zyklisches Verhältnis, als eine Art ewiges «Lebensrad» verstanden worden. Im Lichte der christlichen Individualitäts- oder Persönlichkeitsidee wird sie hingegen als dynamisch und «linear», als *notwendige Voraussetzung* für die *Entwicklung* der Individualität aufgefaßt. Dadurch gibt es auch Sinn, daß der einzelne Mensch häufig, z. B. als Folge eines frühen Todes oder ernsthafter Behinderungen, geringe Möglichkeiten zur Persönlichkeitsentwicklung in seinem irdischen Leben hat. Die Idee von menschlicher Persönlichkeit, deren Läuterung und Veredelung *erfordert* geradezu das Prinzip wiederholter Erdenleben, wie es z. B. der Humanist G. E. Lessing in seiner Schrift *Die Erziehung des Menschengeschlechts* überzeugend darlegte.

Dies ist nun die Perspektive, aus der wir *heute* die frühere Lehre von der Reïnkarnation des menschlichen Geistes sehen müssen, nämlich als vertiefende Erkenntnis der *Wirklichkeit von Individualität.* Für das Verständnis der Manifestation von Individualität in der körperlichen Existenz wird die Idee vom wiederholten Erdenleben des Menschen zum grundlegenden, ontologischen Verankerungspunkt – mit all den Perspektiven, die dies für die ethischen und sozialen Fragen bezüglich Individualität und Freiheit eröffnet. Wie ist dies nun aber konkreter zu verstehen?

Die Frage nach der Wirklichkeit eines Phänomens umschließt auch die Frage nach dessen *Genese* – bei einem «Prozeßdenker» wie Aristoteles oder auch Hegel kommt letztere geradezu der Frage nach dem *Wesen* der Dinge gleich. Die Antwort auf die Frage der Genese bedeutet immer die tiefere Erkenntnis eines Phänomens, sein Sinn und Zusammenhang. Die Mythen vom Ursprung des *Menschen* haben in allen Kulturen eine zentrale Rolle gespielt, in unserer eigenen insbesondere in Gestalt der biblischen Schöpfungsgeschichte. Mit dem Christentum trat der Gedanke der Zielgerichtetheit menschlicher *Entwicklung* in den Vordergrund; doch erst mit der Neuzeit erlangte er auch für die philosophische und wissenschaftliche Erkenntnis des Menschen Bedeutung, wenngleich er in sehr unterschiedlichen Ausprägungen, wie der hegelianischen und der darwinistischen, auftrat.

Vor diesem Hintergrund ist auch die Frage nach menschlicher *Individua-*

lität zu erörtern. Basisüberlegung ist dabei, daß jedes wahre Verständnis von Entwicklung den Ursprung eines Phänomens in etwas zu suchen hat, was mit dem Phänomen *verwandt* ist. Dieser Gedanke ist allen, höchst unterschiedlichen, Interpretationen des Verwandtschaftsbegriffs im idealistischen (z.B. Schelling und Goethe) und materialistischen (Darwin und Haeckel) Evolutionsdenken gemein. Es ist schlechthin unmöglich, Entwicklung anders zu verstehen. Konsequenterweise haben wir die Genese der (an sich irreduziblen) Individualität in etwas Verwandtem zu suchen, mithin in etwas *Individuellem* und nicht in etwas Allgemeinem, z. B. dem Gattungsmäßigen. In Anlehnung an das oben Gesagte bedeutet dies, daß wir die tiefere Realität einer Individualität in deren früherer individueller Existenz suchen müssen, also in deren prä-materieller Existenz und früheren leiblichen Inkarnationen. Denn *weder* das rein biologische Erbe *noch* die äußeren Umwelteinwirkungen tragen *individuelle Züge,* sondern stellen nur Varianten eines Allgemeinen dar. Hierin liegt ein wesentlicher Unterschied der menschlichen zur tierischen Entwicklung. Während tierische Entwicklung erschöpfend aus dem Allgemeinen, Gattungsmäßigen und dessen Umweltvariationen abgeleitet und erschlossen werden kann, muß die einzelne, einzigartige menschliche Individualität sozusagen als *eigene Art* aufgefaßt werden. Die Phylogenese *dieser* «Art» ist also das wiederholte Erdenleben.[7]

Es ist offenkundig, daß mit diesen Überlegungen auch die Frage der menschlichen Entwicklungsgeschichte (Evolution) berührt wird. Auch diese Frage noch zu erörtern würde den Rahmen unserer Darstellung sprengen; wir wollen deshalb lediglich einen methodologischen und ontologischen Aspekt dieser Entwicklung – der Phylogenese – andeuten, und zwar in Verlängerung dessen, was bereits über die menschliche Ontogenese gesagt wurde: So wie «die ganze menschliche Daseinsform» (Portmann) der Schlüssel zum Verständnis und bestimmend für die Ontogenese ist, so ist der Mensch qua Art – als Höhepunkt der Evolution – der Schlüssel zum Verständnis und das bestimmende Prinzip dieser Evolution. Eine solch idealistische Entwicklungslehre (die von Naturforschern wie Goethe und Henrich Steffens vertreten wurde) weist dem Menschen einen der traditionellen darwinistischen Entwicklungslehre genau konträren Status zu: Der Mensch ist mitnichten Endprodukt der tierischen Entwicklungsformen, sondern im Gegenteil ihre Ausgangsform und zugleich Ziel der ganzen Entwicklung.

Auf die darwinistische Entwicklungstheorie werden wir im übrigen an anderer Stelle noch näher eingehen. Zunächst jedoch zurück zu dem Gedanken, wonach der einzelne Mensch als je «eigene Art» aufzufassen ist: Worin ist eine derartige Erkenntnis menschlicher Individualität überhaupt begründet? Wir wollen noch einmal unterstreichen, was wir zur Erkenntnis eines *jeden* Prozesses, jeglicher Entwicklung gesagt haben: Der Schlüssel zum Verständnis der Entwicklung liegt in *späteren* Stadien, diese sind Manifestation einer «Form» oder eines «Planes». So ist die menschliche Ontogenese in ihrer leiblichen Existenz zwischen Geburt und Tode eine sukzessive Realisierung «eines Planes, den wir kennen» und der «die ganze Daseinsform» (Portmann) ist. In gleicher Weise muß die Individualität aufgrund ihrer aktuellen Manifestationen, die durch die *Biographie* des einzelnen Menschen bekannt sind, erfaßt werden. Über eine biographische Erkenntnisweise, die sich auf die Suche nach dem *Spezifisch-Individuellen* begibt, könnten wir dem tieferen Wesen des Menschen auf die Spur kommen – seiner ewigen Individualität.

Es ist zu beachten, daß sich die Betrachtung der Entwicklung menschlicher Individualität prinzipiell von der anderer Entwicklungsprozesse zu unterscheiden hat. Die Entwicklung einer Individualität vollzieht sich als «Form-Veränderung» oder Metamorphose, bei der sich der «Plan» ständig durch individuelle *Neuschöpfung* verändert. *Hierin* liegt das freie Wesen des Menschen! Das Individuelle erhält damit eine Doppelbedeutung. Es ist einerseits individuelles «Schicksal», das sich mit einer gewissen Zwangsläufigkeit aus früheren Lebensläufen ergibt; andererseits das sich zu diesem Schicksal *freie Verhalten* des einzelnen. Hierin liegt der freie Wille des Menschen: in dem (freien) Verhalten des einzelnen zu seinen Möglichkeiten – dies allerdings innerhalb des Spielraumes, den ihm seine angeborenen «Intentionen», seine Erbanlagen und seine Umwelt vorgeben. In dem Maße, wie der Mensch aus der Erkenntnis seiner eigenen Handlungssituation heraus handelt, realisiert er diese individuellen Möglichkeiten und *formt* sein Schicksal.

In diesem Licht ist das heute vorherrschende, naturalistische Menschenbild zu beurteilen, dem die Tendenz innewohnt, das menschliche Wesen in *biologischem* Erbe und *äußerer* Umwelt erschöpft zu sehen. Es ist blind für den Menschen als Individualität und freies Wesen. Es sucht ihn zu erklären, als wäre er nichts als ein Tier. Nicht verwunderlich, da man die Frage nach dem menschlichen Wesen ohne Verständnis für die Irreduzibilität der Individualität und deren prä- und post-materielle Existenz gestellt hat. Von einer materialistischen Erkenntnistheorie ausgehend hat man eine wissenschaftliche Erklärung des Ursprungs des Menschen gesucht; eine Erklärung, die ausschließlich auf rein *materielle* Prozesse rekurriert und als rein materiell interpretierte Ursache-Wirkung-Kette oder Abfolge von Phänomenen daherkommt. Die traditionelle Entwicklungstheorie des vorigen Jahrhunderts ist ebenso von dieser Sichtweise durchzogen wie ihre moderne, sogenannte «neodarwinistische» Variante. Diese ist wert, näher betrachtet zu werden.

Hier sollen nicht die erkenntnistheoretischen Voraussetzungen dieser Entwicklungstheorie, ihre materialistischen und nominalistischen Prämissen, diskutiert werden. Daß die mechanistische Perspektive, mit der sie organische Entwicklungsprozesse, phylogenetisch wie ontogenetisch, in den Blick nimmt, in letzter Instanz diesen erkenntnistheoretischen Standpunkten zuzuschreiben ist, haben wir bereits erörtert. Wir wollen uns jetzt *spezielleren*, teils wissenschaftstheoretischen, teils biologischen und anthropologischen Aspekten der traditionellen Entwicklungstheorie zuwenden; Aspekte, die vor allem die neodarwinistische Theorie vom Platz des Erbstoffes (Gene und Mutationen) in der Entwicklung der Organismen, inklusive des Menschen, betreffen.

Es ist der Versuch angestrengt worden, Ursprung und Formveränderungen des Menschen als primär durch («zufällige») Änderungen in mikroskopischen oder submikroskopischen (molekularen) Strukturen der Erbsubstanz bestimmt zu erklären. Man ist soweit gegangen zu behaupten, daß alle manifesten Eigenschaften oder Formen in diesen Strukturen «eincodiert» seien, was konsequenterweise auch für die menschliche Individualität Gültigkeit haben müßte – soweit man an der Frage nach Individualität überhaupt interessiert ist. Mit Genen und Mutationen meint man einen Verständnisschlüssel zum Wesen des Menschen und seine entwicklungstheoretische Kausalerklärung entdeckt zu haben. Ganz abgesehen davon, daß sich diese Auffassung der Kritik, die wir gegen mechanistische Erklärungen des Entwicklungsprozesses grundsätzlich gerichtet haben, ausgesetzt sieht, wird sie ihrem Anspurch, einen solchen Verständnisschlüssel in Händen zu haben, auch in keinster Weise gerecht. Ganz im Gegenteil. Wir verstehen und bestimmen die Molekularstrukturen der Erbsubstanz von den manifesten Formen oder Eigenschaften auf dem Makroniveau und deren gesetzmäßigen Zusammenhängen her! Etwas anderes zu behaupten ist ähnlich absurd, wie eine Symphonie von Beethoven von den Rillen auf der Schallplatte her verstehen und herleiten zu wollen.

Diese Auffassung ist im Grunde nur eine Variante des in der Wissenschaftstheorie häufig als «Reduktionismus» bezeichneten Standpunktes, und deshalb greift hier die prinzipielle Kritik an reduktionistischen Theorien. Es gilt in moderner Wissenschaftstheorie weithin als unbestritten, daß eine gewisse wissenschaftliche «Erklärung» direkt observierbarer durch molekulare Phänomene vorliegt, daß dies aber überhaupt nichts darüber aussagt, ob letztere im Verhältnis zu ersteren kausal primär oder «wirklicher» sind. Nehmen wir beispielsweise die sogenannte kinetische Gastheorie: Es ist sinnlos zu behaupten, daß Veränderungen von observierbaren Eigenschaften (Volumen, Temperatur etc.) Wirkungen molekularer Bewegungen oder weniger wirklich als diese seien – auch wenn man in zahlreichen wissenschaftlichen Veröffentlichungen immer noch einen derartigen Sprachgebrauch antrifft. Analog ist die Behauptung zu verwerfen, organische Formen und Eigenschaften seien bloße Wirkungen von Molekularstrukturen der Erbsubstanz und letzteren ein primärer Wirklichkeitsstatus zuzuschreiben.[8]

Darüber hinaus impliziert eine reduktionistische Betrachtung der organischen Formen (wie im Grunde der ganzen menschlichen Daseinsform) eine *Aufsplittung* der einheitlichen Struktur und des Zusammenhanges dieser Formen (z. B. des Verhaltens). Indem die Gene in der Tradition des Mendelismus als stoffliche «Grundlage» für *Einzel*eigenschaften begriffen werden, wird die Ganzheitlichkeit des Organismus ebenso mißachtet wie die Integriertheit menschlicher Daseinsform und Individualität.

Dabei sind die organischen und psychischen Eigenschaften, sowohl innerhalb ihrer jeweiligen Bereiche als auch in ihrem Verhältnis zueinander, als Teile holistischer Strukturen zu sehen und dürfen nicht, wie im genetischen Reduktionismus, zu isolierten Einzeleigenschaften atomisiert werden. Ja, die Schlüsselbegriffe neodarwinistisch orientierter Genetik – ‹Gene› und ihre ‹Merkmale› – sind «unbiologische Abstraktionen, mit deren Hilfe wir uns aus dem Lebenszusammenhang hinausargumentieren», weil sie dessen organische *Ganzheit* mißachten.[9]

Soviel zum genetischen Reduktionismus. Auch der zweite Grundpfeiler der neodarwinistischen Theorie, die ausschließlich *selektionistische* Erklärung von organischer Formentwicklung, ist auf Sand gebaut. Ganz abgesehen davon, daß diese Erklärung die von uns kritisierte mechanistische Auffassung von Entwicklungsprozessen impliziert, *verschließt* sich der überwiegende Teil der organischen Formen einer utilitaristischen, auf eine «Funktion» im Lebenskampf abstellenden Erklärung, da sie «selektionsneutral» sind. Es sind dies gerade die Formen, die Adolf Portmann als die «eigentlichen» Formen der Organismen charakterisiert, insofern sie, da den «funktionellen» Eigenschaften *übergeordnet*, in besonderem Maße die *Eigenart* dieser Organismen manifestieren.[10]

Aber nicht nur das. Die den *Menschen* auszeichnenden Wesensmerkmale – seine Offenheit gegenüber Erfahrung, sein Denkvermögen, Sprache und soziales Verhalten – sind nicht erblich bedingt (angeboren), sondern werden in einer sozialen Umwelt gebildet, in der die Erbfaktoren nur rudimentär einwirken (vgl. Portmann).[11] Einer Kritik der neodarwinistischen Theorie, die auf deren Konsequenzen für das Verständnis von menschlicher Individualität und *Freiheit* abstellt, wird hiermit das wohl entscheidenste Argument geliefert. Denn diese Konsequenzen lassen sich in Anlehnung an Portmann wie folgt beschreiben:

»Immer mehr erscheint dieses einst als so frei und selbständig geachtete Geistesleben als das Erzeugnis ungekannter Mächte, ... gelenkt von den Zügeln der Erbfaktoren ... Kein Wunder, wenn sich im Gefolge solcher Ansichten der Blick mehr und mehr abwendet von der *Eigenart des einzelnen*, wenn Merkmale bevorzugt werden, die größeren Menschengruppen gemeinsam sind, Eigenschaften, durch die der einzelne sich ausweist als das *Glied einer Gruppe.*»[12]

Damit ist die Sache in ihrem Kern getroffen. Die unzulängliche Erkenntnis der tieferen Wirklichkeit von Individualität und die damit zusammenhängende Suche nach dem Ursprung des menschlichen Geistes im Stofflichen (ontogenetisch wie phylogenetisch) führt zu einer *Lebenseinstellung* und *sozialen Praxis*, die diese Individualität und damit auch die Bedeutung individueller Freiheit geringschätzen! So trägt eine materialistische Entwicklungs- und Vererbungstheorie zu individualitätsfeindlichen und repressiven Gesellschaftsordnungen bei, indem sie hierfür das mentale Klima schafft und ihre praktische Umsetzung vorbereiten hilft.

Dies entbehrt nicht einer gewissen inneren Logik und historischen Konsequenz. Wie gezeigt, wurde die historische Herausbildung von Individualität durch die christliche Scholastik systematisch mit Rationalität verwoben. Rationalität hat im Denkstil der Neuzeit jedoch eine naturalistische Wendung erfahren, die eine tiefere Erkenntnis der Stellung von Individualität im Dasein vereitelte. Dies mußte notwendig die Autonomie menschlicher Individualität untergraben, ihren Eigenwert und ihre Unantastbarkeit in Frage stellen und damit auch individuelle Freiheit aushöhlen. Das materialistische Wirklichkeitsbild, das die Individualität auf Leiblichkeit reduziert, entthront die einzelne Menschenseele und bringt eine repressive soziale Praxis hervor. Die Konsequenzen eines materialistischen Reduktionismus werden offenbar in kulturellen Auflösungstendenzen, Unterdrückung (geistiger, seelischer und physischer Art), Macht- und Gewaltanwendung der Gegenwart.

Angesichts dieser Entwicklung haben wir menschliche Individualität als fundamentale *Realität im Dasein* zu verankern gesucht, sie also als eine Realität zu begründen versucht, die auf nichts anderes – nicht auf Erbe, Umwelt oder bloße physisch-biologische Entwicklung – reduziert werden kann.

Einem solchen Reduktionismus haben wir die prä- und post-materielle Existenz der Individualität entgegengestellt, die wir in dem Prinzip der Reinkarnation verankert haben, welches *auch* die zeitbedingten historischen und gesellschaftlichen Strukturen transzendiert, in denen viele Gegenwartsdenker die Individualität aufgehen lassen wollen. Des weiteren haben wir menschliche, individuelle Freiheit in einer Weise zu begründen versucht, die den Idealen der Neuzeit von Persönlichkeit und deren Integrität einen *realen* Inhalt zu geben vermag. Damit haben wir zugleich die Basis hergestellt, die für Verständnis und Sicherung der fundamentalen Stellung dieser Freiheit in *sozialer und politischer Praxis* vonnöten ist.

7
INDIVIDUELLE FREIHEIT UND ALLGEMEINE RATIONALITÄT

Eine Frage von prinzipieller Bedeutung bleibt noch zu erörtern. Bisher richtete sich die Aufmerksamkeit auf die Individualität als das «Ich» der Erkenntnis und als eine das Materielle transzendierende Entität. Insofern die Frage nach *individueller* Freiheit der dabei organisierende Aspekt war, trat notwendig der *einzelne* Mensch, das Individuum als solches in den Vordergrund. Wie aber, so stellt sich nun die Frage, kann das Verhältnis *zwischen* den Individuen erfaßt werden? Die nun zu diskutierende, wesentliche Frage ist also die nach dem sozialen Aspekt von Individualität und Freiheit, nach dem Verhältnis von Individualität und Freiheit einerseits, *Sozialität* andererseits.

In unserer historischen Perspektive wurde diese Frage bereits insofern angeschnitten, als wir die Behauptung aufstellten, daß sich in der Neuzeit just diese Frage zu einem drängenden Problem auswuchs und heute den wohl brennendsten Konfliktherd überhaupt darstellt. Wir haben darauf hingewiesen, daß das Soziale der Individualität gegenüber notwendig einen zwanghaften Charakter annimmt, es sei denn, es ließe sich in *diesem selbst* etwas auffinden, was gleichermaßen Sozialität wie individuelle Freiheit begründen könnte. Wir deuteten eine mögliche Begründung schon an: Allen Menschen ist gemeinsam, eben eine Individualität zu sein. Hiervon ausgehend, meinten wir, müsse es prinzipiell wie auch in der Praxis möglich sein, Individualität und Sozialität als sich gegenseitig bedingend und nicht als polaren Gegensatz aufzufassen. Und wir hatten festgestellt, daß die christliche Individualitätsidee historisch gesehen mit dem Brüderlichkeitsgedanken Hand in Hand gegangen zu sein scheint.

Jetzt gilt es, dieses Problem in Kenntnis des über Individualität und Freiheit Gesagten zu beleuchten. Wir haben individuelle Freiheit mit einem Handeln verbunden, das von der Erkenntnis des einzelnen von seiner konkreten Handlungssituation ausgeht, mit einem Handeln also, bei dem der Begriff der Handlungssituation zum Motiv der Handlung wird. Unmittelbar scheint hierdurch aber das Problem der Vereinbarkeit von individueller Freiheit und Sozialität eher verstärkt als einer Lösung nähergebracht zu werden. Wenn nämlich die individuelle freie Handlung darauf beruht, daß der einzelne selbst den Begriff (oder das Motiv) seiner Handlungssituation hervorbringt, dann ist dies, wie wir ausdrücklich unterstrichen haben, als ein *Nicht-Allgemeines*, insofern Nicht-Gemeinsames zu verstehen.

Das Problem der Vereinbarkeit von Freiheit und Individualität einerseits, Sozialität andererseits wird hingegen nur scheinbar verstärkt. In der Verbindung von Freiheit und Individualität mit *Erkenntnis* oder Rationalität liegt jedoch *auch* ein *Allgemeines*; wir könnten es auch etwas Intersubjektives nennen. Ist es auch unsere Individualität (oder unser Ich), die sich auf das eigentlichste im Denken und in der Erkenntnis entfaltet, so leben wir doch zugleich vermittels der durch das Denken gebildeten *Begriffe* in der objektiven, also allen denkenden und erkennenden Individuen *gemeinsamen* Welt. Zwar kann kein anderer Mensch mir das Motiv für meine eigene freie (!) Handlung vorgeben, da dieses auf *meiner* Erkenntnis beruht. Insofern dieses Motiv jedoch Begriff der Handlungssituation ist, hat ein jedes erkennendes Individuum prinzipiell durch seine Erkenntnis Zugang zu ihm. Insoweit sind alle Menschen füreinander im Prinzip «durchsichtig», und ein solches gegenseitiges *Verstehen* zwischen (freien) Menschen ist denn auch eine Grundbedingung jeder wirklichen Sozialität!

Ein Einwand mag in diesem Zusammenhang erhoben werden: Wie können die individuellen Begriffe je spezifischer Handlungssituationen unterschiedlicher Individuen allgemein zugänglich sein, soll es sich hier doch um Begriffe individueller Natur handeln? Dem kann durch Hinweis darauf begegnet werden, daß die gedanklichen (ideellen) Elemente, die jeden Begriff einer Handlungssituation konstituieren, der gleichen ideellen Welt entstammen, zu der *alle* Menschen, vermittelt durch ihr Denken, Zugang haben. Diese ideelle Welt ist ihrem Wesen entsprechend einheitlich und zusammenhängend, was idealistische und rationalistische Denker, von Platon bis Hegel, überzeugend dargelegt haben. Selbst wenn der individuelle Begriff der Handlungssituation vom einzelnen geschaffen werden muß, so wird er aus Elementen gebildet, die aus einer allen Menschen gemeinsamen Quelle stammen. Die einzelnen, freien Individuen leben nicht in voneinander abgetrennten «Welten». Die Elemente, die ihr Handeln bestimmen, sind für alle gleich. Hat also ein Individuum seine Handlungssituation auf den Begriff gebracht, so ist dies allgemein nachvollziehbar. Wie unterschiedlich die Handlungssituationen der verschiedenen Individuen auch sein mögen, in der gemeinsamen Erkenntnis begegnen sie sich.[1] Dies ist im Grunde nichts anderes, als wenn z. B. Naturforscher in der

Erkenntnis eines Naturphänomens übereinstimmen. Der Unterschied liegt lediglich darin, daß letzteres ein allgemeines und notwendiges Phänomen ist, während die freie Handlung ein durch und durch individuell und frei erzeugtes Objekt der Erkenntnis darstellt.

Diese Verbindung von individueller Freiheit und allgemeiner Rationalität hat fundamentale Konsequenzen für die Frage menschlicher Sozialität; bedeutet sie doch nichts Geringeres, als daß ethische Konflikte zwischen *freien* Menschen undenkbar sind! So wie wir menschliche Freiheit zu begründen versucht haben – als Handlung aus der *Erkenntnis* der Handlungssituation heraus – ist diese Freiheit nichts weniger als eine Quelle von Konflikten zwischen den Individuen. Sie bildet im Gegenteil die *Grundlage* für menschliche *Sozialität*. Ethische Konflikte und sozialer Streit sind vielmehr Resultanten eines Handlungstypus, der *nicht* auf Erkenntnis beruht, sondern auf blinden Trieben und Instinkten oder auf allgemeinen ethischen Normen, über die in Theorie wie in Praxis tiefe Uneinigkeit herrscht. In diesen Fällen läßt sich «Sozialität» freilich nur durch eine äußere Ordnung erzwingen. Im Falle von Handlungen, die auf Erkenntnis basieren, sind es dagegen die einzelnen, freien Individuen, die der Sozialität eine hinreichende Grundlage geben!

In diesem Zusammenhang liegt es nahe, danach zu fragen, ob der Mensch überhaupt je dieses erkennende und rationale Wesen, wie wir es in unserem Verständnis einer freien Handlung voraussetzen, sein kann. Es gibt in der modernen Sozialphilosophie Richtungen, die den Menschen diese Fähigkeit zu vollständiger Handlungsrationalität absprechen, mit der Konsequenz, daß Menschen somit auch nicht in der Lage sind, ein vollständiges *Verständnis* füreinander zu entwickeln. Argumentiert wird, daß der einzelne in der Praxis immer nur über eine begrenzte Erkenntnis verfüge, so daß man insofern von einem vollständigen Begriff einer Handlungssituation nicht sprechen könne, da dieser ja eine allumfassende Erkenntnis beim Individuum voraussetze. Dieses Argument erliegt jedoch einem Mißverständnis über Art und Weise der Begriffsbildung; Begriffe werden hier in nominalistischer Manier als etwas Willkürliches, nicht klar Abgegrenztes verstanden. Unserer Auffassung zufolge werden Begriffe jedoch in bezug auf ein bestimmtes und abgegrenztes Beobachtungsobjekt gebildet, womit der Begriff einer Handlungssituation wie jeder andere Begriff hinreichend bestimmt und qualitativ abgegrenzt ist. Der Begriff ist keineswegs etwas «Unendliches», im übrigen auch nicht die Rationalität im gegenseitigen menschlichen Verständnis.

Durch die freie Handlung, deren Motiv dem Begriff der Handlungssituation identisch ist, fließt also kein irrationales Element ein. Die Handlung ist in keinster Weise «dezisionistisch», einer nicht-begriffsbasierten Entscheidung entsprungen. Die freie Handlung verschließt sich in keinem Moment der Erkenntnis des Handelnden selbst oder der anderer Individuen. Unsere Auffassung divergiert von weiten Teilen zeitgenössischen Denkens in Sozialphilosophie und Gesellschaftswissenschaften, in denen ein prinzipieller Dezisionismus vertreten wird; angefangen bei Max Weber und seiner Trennung zwischen «Sache» und «Bewertung» bis zu Karl Poppers sogenanntem «Kritischen Rationalismus», in dem das «Rationale» in letzter Instanz auf einer «Wahl» beruht, die irrationaler Provenienz ist. Von unserem Standpunkt aus gesehen bleibt einem solchen Dezisionismus ein adäquates Verständnis des Verhältnisses von Individualität und Sozialität verschlossen, weil er eine prinzipielle Dichotomie zwischen (individueller) Entscheidung / Handlung und (allgemeiner) Erkenntnis errichtet.[2]

Offenkundig hat dieser Dezisionismus seinen philosophischen und historischen Ursprung in der auf den Philosophen David Hume zurückgehenden, grundsätzlichen Trennung zwischen dem, was «ist», und dem, was «sein soll», zwischen Erkenntnis und Moral oder, wie wir es auch ausdrücken können, zwischen dem Wahren und dem Guten. Fühlt man sich dieser Auffassung verpflichtet, dann kann menschliche Freiheit in der Tat nicht anders denn als irrationale Entscheidung oder «Bewertung», als auf bloßer «Wahl» beruhend erfaßt werden. Unsere Überzeugung hingegen ist, daß Freiheit aus der *Erkenntnis* entspringt und daß dies für Sozialität in analoger Weise gilt: So wie die Erkenntnis Bedingung der Freiheit ist, ist sie dies auch für die Sozialität, da das gegenseitige Verständnis zwischen Menschen eine *allgemeine Rationalität* zur Voraussetzung hat. Nur auf diesem Wege kann Individualität mit Sozialität vermittelt werden.

Es ist erneut hervorzuheben, daß Freiheit mehr zur Bedingung hat als Erkenntnis im allgemeinen; sie setzt im besonderen die Erkenntnis der Handlungssituation durch den einzelnen voraus. Dennoch ist die Bedeutung der Erkenntnis im allgemeinen für die Erkenntnis einer Handlungssituation nicht zu unterschätzen. Die Bildung des Begriffes der Handlungssituation beruht nämlich nicht nur auf Selbsterkenntnis im engeren Sinne, sondern auch auf einer gewissen Erkenntnis der Umwelt, in der die Handlung realisiert werden soll; ohne eine solche Erkenntnis ist die Bildung eines adäquaten Begriffes unserer Handlungssituation nicht möglich. Auch die Erkenntnis der «Welt» repräsentiert, wie bereits gesagt, eine Entfaltung unserer Individualität, bedeutet insoweit auch Freiheit.

Bemerkenswerterweise wird aber *heutzutage* Erkenntnis im allgemeinen keineswegs selbstverständlich als Entfaltung von Individualität und Freiheit begriffen oder erfahren. Wie in vorhergehenden Kapiteln dargelegt, hat man sich von dem Erlebnis des Zusammenhangs zwischen Erkenntnis und Ich-Bewußtsein auf verschiedene Weise entfernt, und dies obwohl das Erleben dieses Zusammenhanges die Geburtsstunde der ganzen neuzeitlichen Philosophie und Wissenschaft bedeutete. Zum einen wird *Freiheit* nicht länger fraglos an Erkenntnis angebunden (wie z. B. in der Existenzphilosophie). Zum anderen wird *Erkenntnis* häufig von Freiheit und Ethik überhaupt isoliert, wie wir es von den verschiedenen Varianten «wertneutraler» Wissenschaft her kennen. In der neuzeitlichen Wissenschaft beruhen denn auch Freiheits- und Erkenntnisenthusiasmus eher auf unreflektiertem Erleben denn auf Begründung und profunder Verankerung in der Wirklichkeit. Durch ihren Materialismus und Nominalismus ist die vorherrschende Erkenntnisart den gegen Erkenntnis und Freiheit gerichteten Kräften jedoch eher förderlich. Wir haben uns in diesem Zusammenhang insbesondere mit der materialistischen Prägung der Wissenschaft beschäftigt, die in ihrer Konsequenz Erkenntnis korrumpiert und menschlicher Individualität eine reale Existenz abspricht (vgl. z. B. den Darwinismus). Wir wollen fortfahren, die Frage nach individueller Freiheit und Rationalität in historischer Perspektive zu beleuchten und wenden uns in dieser Absicht nun dem philosophischen *Nominalismus* als Ausdruck von Usurpation und Auflösung menschlicher Rationalität zu.

Die nominalistische Deutung von Denken und Erkenntnis ist das wohl vorherrschendste und dominanteste Charakteristikum der heutigen westlichen Kultur, in Philosophie und Wissenschaft ebenso wie in Kunst, Literatur, Religion und sozialem Leben. Und obschon Denken und Erkenntnis ohne Frage die Ausrichtung der Kultur bestimmen – in weit größerem Ausmaß, als wir uns üblicherweise bewußtmachen –, werden Denken und Erkenntnis als äußerst abstrakt, als nicht wirklich existent angesehen.

Eine paradigmatische Darstellung der nominalistischen Erkenntnistheorie unseres Jahrhunderts gab Moritz Schlick, der Begründer des sogenannten «Wiener Kreises». Nach Schlick haben die Begriffe keine «Existenz», sondern nur eine «Bedeutung», die durch implizite oder explizite (Nominal-!) «Definitionen» angegeben wird. Sie sind nichts «Reelles», sondern «bloße Fiktionen», haben nur eine «Funktion» als «Bezeichnungen» für «Realitäten».[3] Hier erliegt der Nominalismus einer Fehlannahme, denn es existieren, wie gezeigt, keine «Realitäten» ohne Begriffselemente! Erst durch die Begriffe, die unser Denken bildet, können wir etwas als wirklich oder existent konstatieren. So liegt, wie bereits dargelegt, schon darin eine *begriffliche* Bestimmung, etwas als «hier» und «jetzt» festzustellen. Und warum auch sollte den Begriffen keine ontologische Existenz, kein Sein zukommen? Denn es sind doch gerade die Begriffe, die auf die Frage nach dem, was *ist*, antworten.

Daß nach nominalistischer Auffassung die Begriffe und Ideen «bloße Fiktionen» oder Abstraktionen sind, hat allerdings weitreichende Konsequenzen: So werden Begriffe und Ideen als etwas im Prinzip Willkürliches und Subjektives verstanden; sie haben relativ zu den Sinneseindrücken eine sekundäre Stellung und im Verhältnis zu Gefühlen und Wahrnehmungen verschiedenster Art einen geringeren Realitätsgehalt. – Wir berühren hier einen entscheidenden Punkt: Das abstrakte Denken, durch die nominalistische Erkenntnistheorie in ein System gebracht, beansprucht heute in *allen* Lebensbereichen Geltung. Abstraktes Denken wird mit Denken schlechthin identifiziert, mindestens aber als heute gültige «Wissenschaftlichkeit» aufgefaßt.

Dieser Denkstil wird denn auch von vielen, die ihn ablehnen, als «Rationalismus» bezeichnet. Diese Charakterisierung birgt jedoch ein gefährliches Mißverständnis, das zur Verwirrung der heutigen Kulturdebatte beiträgt. Denn wenn das oben beschriebene abstrakte Verhältnis zum Denken etwas auf *keinen* Fall ist, dann *rationalistisch* im eigentlichen Wortsinne. Jeder eigentliche Rationalismus in der europäischen Denkgeschichte, von Platon über Thomas von Aquin, Descartes und Spinoza bis Hegel, hat das Denken und dessen Begriffe gerade nicht als abstrakt und irreal aufgefaßt. Vielmehr hat er dem Denken und seinen Begriffen eine fundamentale Welt- und Lebensrealität zugesprochen und diese mit Innigkeit und Ehrfurcht selbst erfahren. Demgegenüber kann die oben erwähnte «Wissenschaftlichkeit» (in anderen Kontexten häufig «Positivismus» genannt), zu Recht als abstrakter «Intellektualismus» oder auch «Sophistik» (um den Unterschied zu einem wahren Rationalismus z. B. eines Sokrates und Platon deutlich zu markieren) charakterisiert werden. Diese Differenzierung erscheint uns bedeutungsvoll, denn ihr Fehlen erschwert das Verständnis unseres Rationalitätsbegriffes. Eine mangelnde begriffliche Trennschärfe führt letztlich dazu, kein klares Verständnis von menschlicher Freiheit, Individualität und Sozialität gewinnen zu können, denn diese sind an Rationalität, an Denken und Erkenntnis geknüpft.

Wir haben darauf hingewiesen, daß die nominalistische Auffassung vom Denken auf einer unzureichenden Erkenntnistheorie aufbaut. In der heutigen Zeit kommt noch ein Denkstil in den *Wissenschaften* hinzu, der selbst seinen (historischen) Ursprung in einer nominalistischen Philosophie hat. Der Nominalismus leidet unter einem mangelhaften Verständnis des Verhältnisses von Beobachtungsobjekt (oder Wahrnehmung) und Begriff. Und der moderne wissenschaftliche Denkstil entspringt vor allem einer verengten Auffassung davon, was «wissenschaftliche Erklärung» ist und sein sollte.[4]

Warum aber wird eine solche nominalistische Erkenntnisauffassung heutzutage wie selbstverständlich angenommen, egal ob man ihr gegenüber positiv eingestellt ist oder sie als «Rationalismus» zurückweist? Der Grund ist offenbar, daß wir keinerlei *Erfahrung* mit einem realitätsreicheren Denken haben, denn *faktisch* werden die Begriffe nur als etwas Abstraktes und «Schattenhaftes» in unserer subjektiven Vorstellung erlebt.[5] Sie erhalten so keinerlei objektive Realität für uns, geschweige denn, daß sie als etwas Absolutes und Unvergängliches aufgefaßt werden, wie in der Vergangenheit. Die theoretische Unzulänglichkeit von Versuchen, *früheres* philosophisches und wissenschaftliches Denken zu verstehen, ist im übrigen auch diesem Umstand zuzuschreiben. Denn nicht nur unsere Gegenwartsphilosophie ist in ihren vielen verschiedenen Varianten nahezu ausnahmslos von einem nominalistischen Denken geprägt, dieser Nominalismus hat gleichermaßen unser Verständnis der Denker früherer Zeiten behindert.

Auf diese Weise haben wir heute eine Platon-Interpretation, die diesen Denker, der die *zeitlosen Ideen* «schaute», zu einer Art Erkenntnisskeptiker oder Nominalist «auf einer höheren Ebene» macht – man hat seine Ideenlehre nicht ernst genommen. Und Aristoteles, für den die Idee (die Form) nicht weniger als *das Wesen der Dinge* war, wird uns heute als naturalistischer und konzeptualistischer Philosoph präsentiert, er wird, mit anderen Worten, dahingehend ausgelegt, daß Gedanken keine reale Existenz außerhalb der menschlichen Vorstellungswelt hätten. Des weiteren haben wir es mit Thomas von Aquin-Interpretationen zu tun, die seine Verinnerlichung des Denkens und seinen grundlegenden christlichen *Rationalismus* gänzlich übersehen, ihn gar zum Vorläufer des heutigen wissenschaftsphilosophischen Skeptizismus («hypothetisch-deduktive Methode») machen wollen. Und schließlich stehen wir vor einer Interpretation Hegels, die seinen fundamentalen *Idealismus* und seine *Identitäts*philosophie (Einheit von Denken und Sein) unbeachtet läßt und sich lediglich mit seiner dialektischen Methode und Gesellschaftssicht beschäftigt, vorzugsweise aus Marxscher Perspektive.

Wir haben diese nominalistische Auslegung des Denkens früherer Zeiten so deutlich herausgestellt, weil die erwähnten Denker unsere Frage nach dem Verhältnis zwischen Erkenntnis und Rationalität auf der einen und Individualität und Freiheit auf der anderen Seite in besonderem Maße erhellen. Eine fruchtbare Beantwortung unserer Frage ist ohne eine Überwindung des *Nominalismus* in Philosophie und Wissenschaft nicht möglich, was dessen mangelhaftes Verständnis der führenden Gestalten der Denkgeschichte mit einschließen muß.

Zwei klassische Philosophen, David Hume und Immanuel Kant, haben das heutige Denken zweifellos am meisten geprägt. Beide stehen, wenn auch in unterschiedlicher Weise, für eine nominalistische Sicht des menschlichen Denkens und dessen Begriffe. Bei Hume ist dies offenkundig; sein empiristisches Verständnis der Begriffe als bloße Abstraktionen von unmittelbaren «Eindrücken» muß dem Denken und der menschlichen Individualität konsequent eine reelle Existenz aberkennen. «Die Idee von einem Ich (Selbst)», behauptet Hume, «kann ... nicht von einer dieser oder von anderen Eindrücken abgeleitet sein, und daraus folgt, daß es eine solche Idee (von einem Ich; H. H.) nicht gibt». Und weiter: «Ich kann zu keinem Zeitpunkt *mich selbst* ohne eine Empfindung (perception) erfassen», und solange eine solche Empfindung fehlt, «solange erfasse ich *mich selbst* nicht und existiere deshalb in Wahrheit nicht» – das Ich ist also «nichts anderes als ein Bündel oder eine Sammlung verschiedener Empfindungen».[6]

Bei Kant sind zwar die Begriffe nicht von «Eindrücken» abgeleitet, gleichwohl haben auch sie keine objektive Realität, insofern die Erkenntnis keinen Zugang hat zu dem, was außerhalb des subjektiven menschlichen Bewußtseins liegt. Das Ich oder das Subjekt ist bei Kant zwar nicht an Empfindungen (oder Vorstellungen) geknüpft wie bei Hume, doch wird sein Wesen prinzipiell jenseits jeglicher Erfahrung oder Erkenntnis verlegt. Das, was erkannt wird, ist nur eine *Vorstellung* von einem «Ich denke», welches alle anderen Vorstellungen begleiten und verbinden soll (eine «synthetische Einheit der Apperzeption»): «So kann ich mein Dasein, als eines selbsttätigen Wesens, nicht bestimmen ..., mein Dasein bleibt immer nur sinnlich, d.i. als das Dasein einer Erscheinung, bestimmbar.» «Ich habe also demnach keine *Erkenntnis* von mir *wie ich bin*, sondern bloß wie ich mir selbst erscheine.»[7]

Diese Auffassung des menschlichen Ich oder der Individualität folgt notwendig aus der kantischen Erkenntnistheorie. Ein Kant-Kommentator drückt diesen Zusammenhang so aus: Daß Kant verneint, «daß unser denkendes *Ich* für uns faßbar ist», beruht auf seiner erkenntnistheoretischen «Unterscheidung zwischen Sicherheit der Form und Unsicherheit des Inhaltes» – also einer typisch erkenntnisskeptischen und nominalistischen Position. Denn wir können unser Ich nicht als wirklich existent auffassen, wenn das Denken und Erkennen, worin das Ich sich in erster Linie manifestiert, nur als etwas «für uns» aufgefaßt werden soll, d.h. als nicht real Existierendes.

Kants fundamentale Unterscheidung zwischen «Form» und «Inhalt» hat fatale Folgen für weite Züge des späteren Denkens bis hin zur Gegenwart gezeitigt. Eine solche Konsequenz ist z.B. die scharfe Trennung des Neukantianismus zwischen dem, «was ist», und dem, was «Bedeutung» oder «Gültigkeit» hat. Eine andere Konsequenz ist die gerade angesprochene Abtrennung eines sogenannten «empirischen» von einem «formalen» Ich, die der nachfolgenden Ich-Philosophie von Anfang an eine schiefe Ausgangsbasis gegeben hat.

Hinzu kommt, daß Kants «formales» Ich (das er «das transzendentale Ich» nennt) als ein *allgemeines* Ich verstanden werden muß und damit fundamental von unserem Begriff von Ich und Individualität abweicht. Wir haben das Ich nicht daraus abgeleitet, wie unsere Vorstellungen zu einer Einheit verknüpft werden (was offensichtlich von allgemeinem Charakter ist), wir haben vielmehr die Aufmerksamkeit auf die individuelle denkende und erkennende Tätigkeit gerichtet. Die Verallgemeinerung des menschlichen Ich bei Kant hatte auch für den nachfolgenden deutschen Idealismus Konsequenzen, mit den erwähnten verhängnisvollen Ausprägungen bei Hegel.

Demgegenüber ist nun Kants «empirisches» Ich eine Art individuelles Ich, nämlich etwas, das «in Raum und Zeit» ist. Aber auch in diesem Punkt sind wir anderer Auffassung als Kant. Für uns ist das am individuellen Menschen-Ich Wesentliche, daß es gerade *nicht* «in Raum und Zeit ist», was wir erkenntnistheoretisch zu begründen versucht haben. Doch auch wenn es gilt, das faktisch erfahrbare Ich als etwas in Raum und Zeit Existierendes, d.h. als ein bloß «endliches» Wesen zu plazieren, ist die spätere Philosophie von Kant überschattet. Dies gilt z.B. für die Existenzphilosophie bei Heidegger und Sartre und selbst für den Vater der Phänomenologie, Husserl, der das «reale» Ich an den «Körper» knüpft.

Dies soll zur Erörterung des Verhältnisses zwischen Erkenntnis und Individualität bei Kant und Hume genügen. Was den Begriff der Freiheit betrifft, so können wir bei Hume in keinster Weise von irgendeiner Form von *innerer* Freiheit, einer Freiheit also, die mit der Individualität des Menschen verbunden ist, sprechen. Bei Kant wird diese Freiheit auf gleiche Weise wie das wirkliche Ich oder die Individualität prinzipiell jenseits der Erfahrung und Erkenntnis verlegt. Und mehr noch: Wie gezeigt, sind nicht nur Individualität und Freiheit, sondern auch die menschliche *Sozialität* eng mit der Erkenntnis verbunden, nämlich als allgemeine Rationalität! Eine fruchtbare Antwort auf die Frage nach menschlicher Sozialität setzt deshalb, ebenso wie die Frage nach Individualität und Freiheit, eine Überwindung der nominalistischen oder erkenntnisskeptischen Position voraus.

Wir messen also der Erkenntnis des Menschen und damit gleichermaßen seiner Sozialität (welche bedingt ist durch ein gegenseitiges *Verständnis* zwischen den Menschen) einen *realen* und *objektiven* Status bei. Daß sich der Mensch vermittels seiner Erkenntnis zu einer objektiven Wirklichkeit verhält, gibt unseres Erachtens sowohl der Freiheit wie der Sozialität die Grundlage. Unmittelbar scheint dies im Widerspruch zu stehen mit der historischen Tatsache, daß eine subjektivistische Erkenntnisauffassung wie der Nominalismus zu seiner Zeit (im Spätmittelalter) einen gewissen befreienden Impuls darstellte. Dies trifft jedoch nur insofern zu, als die scholastische Moralphilosophie nie über die Einsicht in *allgemeine* Gesetze als Handlungsmotive hinauskam und die damalige Zeit ansonsten von vielen tradierten äußeren Bindungen geprägt war, die längst ihre Daseinsberechtigung verloren hatten. Der Nominalismus, indem er eine objektive Einsicht zurückwies, vermochte das Individuum von allgemein-bindenden Gesetzen und Normen zu befreien. Allerdings ersetzte er die «Erkenntnis als bloße Einsicht in allgemeine Gesetze» lediglich durch Glaubensautorität, wodurch der Mensch noch mehr von der Freiheit, die Erkenntnis voraussetzt, entfernt wurde. Den Nominalismus als eine «Befreiung» gegenüber dem früheren Begriffsrealismus aufzufassen, bedeutet deshalb, «das Kind mit dem Bade auszuschütten». Denn letztlich ist er der historische Ursprung aller späteren Formen von Dezisionismus und Irrationalismus, die wie gezeigt Freiheit wie Sozialität verunmöglichten.

Das anti-freiheitliche (oder *dogmatische*) Moment liegt hier in dem Versuch, die «freie» Handlung *außerhalb* der Erkenntnis zu verankern, obwohl doch Denken und Erkennen die eigentlichen Bereiche unserer Ich-Aktivität sind. J. G. Fichte definierte das «Dogmatische» zutreffend als das, was nicht vom Ich hervorgebracht oder geschaffen wird – von diesem Verdikt ist die Erkenntnis gerade nicht betroffen. Andererseits hatte Fichte keine hinreichende Vorstellung von dem Zusammenhang zwischen Erkenntnis und Ich und hat aus diesem Grund die «freie» Handlung ausschließlich darin gesehen, daß «sich das Ich selbst setzt», also in einem reinen *Willens*akt («Tathandlung») und nicht in einem Erkenntnisakt.[8] Bei ihm wird auch deutlich, daß durch die Verlagerung des Ich und der Freiheit jenseits der Erkenntnis der Zugang zur übrigen Welt und damit auch zu anderen Individualitäten unüberbrückbar versperrt wird. All dies wird nur etwas für das einzelne Ich, ein «Nicht-Ich», zu dem es nur durch einen Willensakt Zugang hat. Wie Kant verlagert somit auch Fichte das Ich und die Freiheit außerhalb der Erkenntnis, und selbst wenn er ganz richtig jegliches «Ding an sich»

(Prototyp einer *dogmatischen* Position) zurückweist, so ist die Konsequenz seines Standpunktes dennoch eine «dezisionistische» Position.

Fichtes Isolierung des Ich von der übrigen Welt kommt klar zum Ausdruck, wenn er z.B. erklärt: « Intelligenz und Ding sind also geradezu entgegengesetzt: sie liegen in zwei Welten, zwischen denen es *keine Brücke gibt.*» Wir dagegen haben zu zeigen versucht, daß es eine solche Brücke gibt, indem Denken und Erkennen eine *Ich*-Aktivität sind. Denn das «Fremde» an dem Ding wird dadurch aufgehoben, daß unsere Erkenntnis es zu einem Teil von *uns selbst* macht. «*Das Ich setzt das Erkennen*», charakterisiert deshalb Rudolf Steiner dieses Verhältnis in seiner kritischen Besprechung von Fichtes *Wissenschaftslehre.* Nach Steiner bekommt die Ich-Aktivität nur durch Erkenntnis einen wirklichen Inhalt, während diese Aktivität bei Fichte, der sie nur als «das ‹Sein-Setzen› des Ich» sieht, als «graue, leere Tätigkeit» erscheint.[9]

Wir wollen nun eine beachtenswerte Zwischenposition zwischen der oben als irrational und dezisionistisch charakterisierten Position und unserer eigenen Auffassung von individueller Freiheit und allgemeiner Rationalität erörtern und wenden uns dem Gegenwartsphilosophen Jürgen Habermas und seiner Auffassung von Rationalität, Sozialität und Emanzipation zu. Habermas weist Dezisionismus und Irrationalität, wie sie bei Weber und Popper zu finden sind, zurück. Für ihn ist der Mensch grundsätzlich ein rationales Wesen: Seine Handlungen sind an Rationalität als grundlegendem Ziel orientiert – und Sozialität ist auf vernunftbasierten Konsens gerichtet. Andererseits ist Habermas ein erklärter Nominalist, wenn auch nicht im traditionell individuell-subjektiven Sinne: Die Menschen können zu einem vollständigen gegenseitigen Verständnis gelangen, aber sie verhalten sich nicht etwas ontologisch *Objektivem* gegenüber, nicht einmal in der Naturerkenntnis.

Welche Implikationen hat dieses Rationalitätsverständnis? Einerseits läßt Habermas die Menschen sich in der Erkenntnis vereinen, andererseits stellt diese Vereinigung keine Begegnung in einer objektiven Wirklichkeit dar. Menschliche Erkenntnis erschöpft sich in einem *intersubjektiven* «Konsensus», einer «Einigkeit», die auf einem Verständnis der *Meinungen* der jeweils anderen beruht. Selbst in den Naturwissenschaften ist Erkenntnis prinzipiell intersubjektiv, d.h. durch einen «Dialog» zwischen Individuen in einer «Forschergemeinschaft» bestimmt: Erkenntnis ist eine Art kollektiver Prozeß, nicht jedoch individueller Natur.[10] Wir werden später sehen, daß Habermas' Erkenntnistheorie generell nach dem Muster *politischer Diskussion* gestrickt ist, bei der «die Wahrheit» in gewissem Sinne der intersubjektive Konsens ist. Welche Konsequenzen dies für unsere Auffassung vom Verhältnis zwischen Individuum und Gesellschaft hat, werden wir in dem Kapitel «Die Sphären von Freiheit und Gleichheit» aufgreifen.

Die für Habermas' philosophische Position charakteristische Wendung vom «Objektivismus» zum «*Intersubjektivismus*» erfreut sich im gegenwärtigen nominalistischen Denken breiter Zustimmung. Dies liegt in der Natur der Sache: Findet man keine Wahrheit im Verhältnis zwischen Subjekt und Objekt, so sucht man diese im rein Intersubjektiven. Habermas' Philosophie läßt sich insoweit als Verlängerung des heutigen Erkenntnisskeptizismus auslegen, so wie dieser z.B. von Karl Popper in der Wissenschaftsphilosophie vertreten wurde. Habermas' «Kritische Theorie» (wir werden hierauf noch näher eingehen) stellt in dieser Sicht im Grunde lediglich eine konsequente Weiterführung von Poppers sogenanntem «kritischen Rationalismus» dar. Für Popper geht die wissenschaftliche «Wahrheit» (die immer rein hypothetisch bleibt) aus einem intersubjektiven Prozedere nach bestimmten (und zwar sehr engen) methodischen Regeln hervor («Falsifikationsprinzip»). Für Habermas ist Wahrheit in gleicher Weise nur ein Produkt des intersubjektiven «Diskurses» in der Forschergemeinschaft oder der Öffentlichkeit. Keiner von beiden akzeptiert Wahrheit in irgendeiner Form im Verhältnis zu einer *objektiven* Wirklichkeit.

Habermas' Position repräsentiert als Schritt über den traditionellen Nominalismus und dessen Dezisionismus und Irrationalismus hinaus trotzdem einen gewissen Fortschritt. Wenn er auch auf jede objektive Wirklichkeitserkenntnis verzichtet, versucht er doch, die historische Entwicklung zur Freiheit und die Sozialität von der *Rationalität* ausgehend zu verstehen. Seine *historischen* und *sozialphilosophischen* Überlegungen können daher an vielen Stellen in unseren Gedankengang integriert werden und diesen vertiefen. Zunächst wollen wir uns mit seiner Auffassung vom Zusammenhang zwischen Freiheit («Emanzipation») und Rationalität («Vernünftigkeit») in der Geistesentwicklung der neueren Zeit beschäftigen, so wie sie u.a. in seinem wichtigen Essay mit dem bezeichnenden Titel *Dogmatismus, Vernunft und Entscheidung* zum Ausdruck kommt.[11]

8
FREIHEIT UND DOGMATISMUS

Jürgen Habermas ist zweifellos der Gegenwartsphilosoph mit dem schärfsten Blick für den Zusammenhang zwischen Freiheit (Emanzipation), Sozialität und Rationalität in der europäischen Geistesgeschichte und neueren Gesellschaftsentwicklung. Ungeachtet der im letzten Kapitel angedeuteten Einschränkungen kann man sagen, daß er die im einleitenden historischen Teil skizzierte Denkentwicklung weiterführt. Zwei Dinge sieht er sehr klar: Zum einen, daß das Grundthema, das sich durch die ganze europäische Geschichte hindurchzieht, der Konflikt zwischen Freiheit und Erkenntnis einerseits und Dogmatismen verschiedenster Ausprägungen andererseits ist. Zum anderen, daß die Wendung des Rationalitätsverständnisses in den letzten Jahrhunderten eher dem Verfall der Freiheit und sozialer Unterdrückung Vorschub geleistet als zu Befreiung und gegenseitigem Verständnis, d.h. wahrer Sozialität, beigetragen hat.

Es gibt jedoch auch deutliche und bedeutsame Unterschiede zwischen Habermas' Auffassung und der unsrigen. Diese Unterschiede sind vor allem auf die je verschiedene Perspektive zurückzuführen, aus der die historische Entwicklung in den Blick genommen wird. So nehmen wir die *Individualität* zum Ausgangspunkt der Betrachtung, mit den für sie zentralen Begriffen der Freiheit und der Erkenntnis, wohingegen der Sozialphilosoph Habermas, beeinflußt u.a. von Marx, die gleiche Entwicklung vorzugsweise aus gesellschaftlicher Perspektive sieht. Während wir die Ursache der Wendung des Rationalitätsverständnisses im Aufkommen eines mechanischen Materialismus im Bereich der Wissenschaft und eines nominalistischen Denkens im Bereich der Philosophie sehen, liegt für Habermas die Ursache darin, daß der menschlichen Erkenntnis mehr und mehr ein «technisches Interesse» zugrunde liegt, welches seinerseits als von der Gesellschaftsentwicklung bestimmt anzusehen ist. Wir wollen diesen Aspekt zwar nicht unterbewerten, sehen in ihm aber lediglich einen Aspekt der Entwicklung, die weit tiefer in der Geschichte wurzelt. Denn der Dominanz des «technischen Erkenntnisinteresses» wurde nicht erst durch die Gesellschaftsentwicklung des 18. Jahrhunderts, sondern bereits durch das philosophische und wissenschaftliche Denken im 14. Jahrhundert der Boden bereitet.[1]

Auch können wir Habermas nicht folgen, wenn er in dem erwähnten Essay davon ausgeht, daß der Kampf von Erkenntnis und Freiheit gegen Dogmatismus erst mit der Renaissance und dem Emporkommen der neuzeitlichen Naturwissenschaft beginnt. Dieser Kampf beginnt vielmehr bereits mit Sokrates und seiner Betonung des eigenen Erkennens des einzelnen Menschen als der entscheidenden Wahrheitsinstanz, und er erreicht weitere Höhepunkte im scholastischen Denken bei Thomas von Aquin, im späteren Rationalismus und in dem deutschen Idealismus. Auf der äußeren, sozialen Ebene beginnt dieser Kampf ernsthaft allerdings erst in der neueren Zeit, insbesondere im 18. Jahrhundert: mit dem Aufbegehren gegen überlieferte Institutionen, gegen Fürsten- und Adelsmacht, gegen Kirche und Priesterschaft, die mit ihrem Festhalten an Glaubensdogmen und Insistieren auf Glaubensautorität geradezu als Inbegriff des Dogmatismus gesehen wurden.

Insoweit ist es berechtigt, wenn Habermas, vor allem in Anbetracht seiner gesellschaftlichen Perspektive, seine Darstellung des Kampfes von Erkenntnis und Vernunft gegen den Dogmatismus mit den französischen Enzyklopädisten und deren Ablehnung äußeren, institutionellen Zwanges wie aller Formen von «Vorurteilen» beginnt. Die *rationale* soziale Praxis, so Habermas, wurde nun als Befreiung von einem von außen kommenden Zwang aufgefaßt; auf eine solche Befreiung zielende Gedanken wurden als «Aufklärung» verstanden. Diese Sicht des Zusammenhanges von «Theorie und Praxis», von Einsicht (Erkenntnis) und äußerer (sozialer) Befreiung, sollte das Denken über Gesellschaft der folgenden Jahrhunderte in unterschiedlichster Art und Weise prägen – von Hegel und Comte über Marx bis zur Gegenwart. Hierbei ist einsichtig, daß die «mit dem Dogmatismus streitende Vernunft ... das Moment der Entscheidung nicht außer sich» lassen kann, ob es sich nun um äußere Machtsprache (institutionell) oder um undurchschaute Dogmen oder Vorurteile handelt.[2]

Diese Einsicht, nun als befreiende «Aufklärung» verstanden, birgt jedoch ein sowohl innere wie äußere Freiheit verneinendes Element. Denn von den Aufklärungsdenkern des 18. Jahrhunderts über einen Comte des 19. Jahrhunderts bis zu dem heutigen herrschenden wissenschaftlichen Positivismus ist dieses Denken geprägt von einem mechanistischen und materialistischen Verständnis – oder, um es mit Habermas' Worten auszudrücken, von einem rein «technischen Erkenntnisinteresse». Damit ist es eine «Einsicht», die ein Verständnis des Menschen ausschließt – mit Habermas' Worten: Es handelt sich um eine «technologisch beschränkte Rationalität», die menschliches «Handeln» mit technischem «Verfügen» über Dinge verwechselt.[3] Wir haben bereits gezeigt, auf welche Weise dieses Rationalitätsverständnis (das Rationalität mit jener vorherrschenden, materialistischen «Wissenschaftlichkeit» identifiziert) die Freieit – die menschliche Individualität verleugnend – untergräbt. In dieser Hinsicht ist es selbst dogmatisch und nicht emanzipatorisch. In Teil II unserer Studie werden wir den gesellschaftlichen Aspekt dieses Rationalitätsverständnisses aufgreifen, unter dem es sich als nicht minder *dogmatisch* und damit freiheitsverneinend erweist. Weit davon entfernt, die Individuen von äußerem Zwang zu befreien, macht es diese vielmehr einer «sozialtechnischen Steuerung» untertan, um noch einmal Habermas' Diktion zu verwenden.

Beachtung gebührt in diesem Zusammenhang, daß diese Pervertierung von Freiheit und Erkenntnis *im Namen* und *kraft* des Freiheits- und Erkenntnisstrebens geschieht, des Grundimpulses der ganzen europäischen Geistesentwicklung. Die jahrhundertelange Emanzipation von allen Spielarten von Dogmatismus wird kanalisiert in die Form positivistischer (mechanistischer) «Wissenschaftlichkeit» und einer dazugehörigen Form sozialer Praxis, die der Intention dieser Emanzipation kraftvoll entgegenwirkt.

Die Entwicklung des Aufklärungsdenkens seit dem 18. Jahrhundert nahm jedoch auch eine andere Richtung (im deutschen Idealismus) – und zwar gegen eine Selbstbesinnung auf diese Emanzipation. Der bekämpfte Dogmatismus wird hier nicht länger als nur äußerer Zwang, Autorität und «Vorurteil» verstanden, vielmehr wird, in «strengerer» Auslegung als früher, der Dogmatismus mit der Vorstellung identifiziert, daß das menschliche Bewußtsein *überhaupt* von äußeren Dingen bestimmt, d.h. ein «Naturprodukt» sei! Das Prinzip des Dogmatismus wird, wie z.B. Fichte betont, gerade als der «Glaube an ihr eigenes … nur durch die Objekte getragenes Selbst» verstanden.[4] Die Richtung, die der Anti-Dogmatismus hier nimmt, ist also dem Positivismus genau entgegengesetzt. Damit entwickelt sich eine Gegenströmung zur Entwicklung von den französischen Enzyklopädisten bis zum Positivismus des 19. und 20. Jahrhunderts. Denn im deutschen Idealismus wird die Befreiung vom Dogmatismus als Befreiung von der «Verdinglichung» des Bewußtseins verstanden.

Obwohl also der deutsche Idealismus zu einem adäquaten Verständnis des Dogmatismus und dessen Überwindung vordringt, das offenbar in Einklang mit den Intentionen der europäischen Freiheits- und Erkenntnisentwicklung steht, glückt ihm eine hinreichende Begründung der Autonomie des Selbstbewußtseins nicht. Wie gezeigt, geht bei Hegel das Selbst oder die Individualität im Weltgeist und den allgemeinen Begriffen auf. Fichte dagegen behauptet zwar die Selbständigkeit des Ich, isoliert es aber von der Erkenntnis, so daß der Inhalt der Welt verlorengeht. Wenn auch Fichte – in positivem Gegensatz zu allem traditionellen Irrationalismus – von der menschlichen Erkenntnis und ihren Urteilen ausgeht, so endet er doch darin, das Ich (die Individualität) an eine reine Willensentscheidung zu knüpfen. Damit mündet seine Position schließlich und letztendlich doch in Dezisionismus und Irrationalität und damit einer Form von Dogmatismus.

Auch in diesem Punkt können wir Habermas nicht folgen, wenn er die Erkenntnis einem «Interesse» unterordnet und dabei an Fichte anknüpft, bei dem er eine Art Weiterführung der Kantischen Primärstellung der «praktischen Vernunft» (Wille und Moral) gegenüber der «theoretischen Vernunft» (Erkenntnis) sieht. So heißt es in Fichtes *Wissenschaftslehre*, daß «kein Entscheidungsgrund aus der Vernunft möglich» ist und daß der «absolut erste Akt ... daher durch Willkür, und da der Entschluß der Willkür doch einen Grund haben soll, durch *Neigung* und *Interesse* bestimmt (wird)».[5]

Damit scheint klar, daß sich Habermas letztlich doch jenem Dezisionismus öffnet, den er ansonsten kritisiert und zurückweist. Dies kommt u. a. darin zum Ausdruck, daß er dieses Interesse als «erkenntnis*leitend*» charakterisiert, was nichts anderes indiziert, als daß die Erkenntnis von etwas anderem, *außerhalb* ihrer Liegendem, bestimmt wird. Trotz aller Akzentuierung von Rationalität scheint Habermas in letzter Instanz doch kein Vertrauen in die menschliche Erkenntnisfähigkeit zu haben, und zwar auch im Bezug auf die Erkenntnis im Sozialen. In welchem Grade dies auf seinen Nominalismus oder auf Beeinflussung durch Marx' «Praxis»-Denken zurückzuführen ist, sei dahingestellt. Fest steht jedoch, daß Habermas hierdurch einem Element von Irrationalität die Tür öffnet, weshalb sich seine Erkenntnistheorie schlecht mit seiner sozialphilosophischen Intention der Befreiung von jeglichem Dogmatismus zusammenfügt.

Im Gegensatz zu Habermas' (und Fichtes) Position behaupten wir, daß das Ich oder das Entscheidungen treffende Bewußtsein *in der Erkenntnis* bzw. dem Erkenntnisprozeß hervortritt. Wenn wir hier von einem Willen sprechen, so ist dies ein Wille, der der Erkenntnis *immanent* ist und der nichts anderes als der Wille zur Wahrheit ist! Es ist also kein von der Erkenntnis (Wahrheit) abgetrennter Wille wie bei Kant und ebenfalls kein Wille, der die Erkenntnis zu einem bloßen Instrument für das «handelnde» Ich (wie bei Fichte) bzw. eines praktischen «Interesses» (Habermas) macht. Unseres Erachtens liegt auch kein Grund vor, die Erkenntnis auf die *Begründung* von Moral (Kant), Ich (Fichte) oder Emanzipation (Habermas) zu reduzieren. Wir haben im Gegenteil mit Hilfe unserer Untersuchungen der menschlichen Erkenntnis gezeigt, daß sich Individualität, Freiheit und freies Handeln (also die Basis aller Moral) im Akt des *Denkens* und *Erkennens* herausbilden. Die höchste Manifestation menschlicher Erkenntnis, die individuelle Erkenntnis der eigenen Handlungssituation, und das Handeln aus solcher Erkenntnis heraus ist also das einzige, was mit Recht Freiheit genannt werden kann.

Dies bedeutet auch, daß unser Standpunkt *jegliches* dezisionistische oder irrationale Element (d.h. Dogmatismus) vermeidet; und dies ohne, wie bei Hegel, menschliche Individualität in dem Weltgeist und den *Begriffen* des Denkens aufgehen zu lassen. An dieser Position Hegels ist zu kritisieren, daß er sich in dem rein objektiven Moment der Erkenntnis (repräsentiert durch die Begriffe) verliert, die Denktätigkeit des einzelnen Subjektes hingegen übersieht, obwohl sie es ist, die die Begriffe erst hervorbringt. Sein Standpunkt ist eher, daß «*es* (der Weltgeist) in mir denkt», als daß das «*Ich* (die Individualität) denkt». Ein solches denkendes allgemeines Subjekt ist nach unserer Auffassung nichts anderes als eine Abstraktion des individuellen Ich, das wir in unserem eigenen Denken und Erkennen erfahren.

Unser Verständnis von Freiheit, Individualität und Erkenntnis läßt also den Intentionen des deutschen Idealismus Gerechtigkeit widerfahren, ohne sich gleichzeitig in seinen Einseitigkeiten zu verstricken. Die von uns beschriebene Erkenntnistheorie scheint einen goldenen Mittelweg zwischen Fichtes Ich-Betonung ohne Erkenntnis und Hegels Auffassung von Erkenntnis als einer allgemeinen Begriffsentwicklung, in der das Ich (die Individualität) verlorengeht, zu bilden.[6]

Auch Habermas bleibt nicht bei dem deutschen Idealismus (in casu Fichtes Willens- und Handlungsphilosophie) stehen. So wie Fichte den Dogmatismus «strenger» als die Aufklärungsphilosophie verstand, so meint Habermas, daß Marx ihn strenger als Fichte faßte, indem er in den Begriff von der ‹Herrschaft der Dinge› die den Menschen umgebende gesellschaftliche «Praxis» inkorporierte. Dogmatismus wird hier nicht idealistisch als etwas vom Bewußtsein Undurchdrungenes und Undurchschautes aufgefaßt, das durch den Willen (Fichte) oder die Erkenntnis (Hegel) überwunden werden kann. Das «verdinglichte Bewußtsein» wird hier verstanden als durch konkrete gesellschaftliche Bindungen bestimmt, die nur durch eine «ideologiekritische» *Praxis* überwunden werden können.[7]

Freilich darf die Bedeutung des gesellschaftlichen Aspektes bei der Befreiung von Dogmatismus nicht unterbewertet werden – er bildet auch unser Hauptthema im Teil II unserer Studie. Wir geben jedoch zu bedenken, daß, wenn dieser Aspekt ein *Total*projekt für die Überwindung von Dogmatismus begründen soll (wie bei Habermas), andere wesentliche Aspekte dieser Überwindung übersehen werden, die mit dem Menschen als erkennendem und moralischem, d.h. überhaupt *individuellen* Wesen in Zusammenhang stehen. So ist eine Konsequenz dieser (historisch) materialistischen Wendung der Intentionen des deutschen Idealismus, daß *jedwedes* Verständnis vom Menschen und *alles* Emanzipationsstreben eine *gesellschaftliche*, ja politische Ausrichtung erhielt – wenngleich dies bei dem «Neomarxisten» Habermas weniger ausgeprägt ist als in traditionellem marxistischem Denken.

Wir haben es also hier mit einem sehr einseitigen Verständnis von Dogmatismus und dessen Überwindung zu tun. Damit kann es aber keineswegs als eine «strengere» Position als die des deutschen Idealismus charakterisiert werden. Die Bewußtmachung des gesellschaftlichen Aspektes des Dogmatismus geschieht vielmehr unter Preisgabe der Fortschritte im Verständnis von Freiheit und Erkenntnis, die der deutsche Idealismus trotz aller Mängel erreicht hatte. In dieser Hinsicht repräsentiert die marxistische Wendung des deutschen Idealismus einen Rückschritt nach einem vorläufigen Höhepunkt. Vor diesem Hintergrund ist es wohl auch kein Zufall, daß dieser Versuch der Überwindung des Dogmatismus eher zu seiner Erstarkung gereichte und sogar einen institutionellen Dogmatismus hervorgebracht hat, der einem Vergleich mit der alten Feudalgesellschaft durchaus standhielt. Die Ursache hierfür liegt unserer Meinung nach in der beschriebenen Wendung des Idealismus. Wir wollen uns mit dieser Problematik, wie sie von Habermas explizit gemacht wurde, noch näher befassen.

Ausgehend von einem an und für sich richtigen Verständnis der europäischen Geistesgeschichte, bezieht Habermas in einer Erörterung der Hegelschen Position seine erkenntnistheoretische Basis.[8] Eine Standpunktbestimmung in Auseinandersetzung mit Hegel ist implizites und explizites Thema des philosophischen Denkens der letzten 150 Jahre gewesen – von Kierkegaard und Marx über den Positivismus des 19. Jahrhunderts bis zu den heutigen Varianten dieser Positionen. Nun kann von keiner dieser Denkrichtungen behauptet werden, sie habe die Entwicklung unter Beibehaltung des *Berechtigten* im Hegelianismus weitergeführt. Die verschiedenen Denkrichtungen erschöpfen sich alle mehr oder weniger in Reaktionen *gegen* Hegel, und Habermas stellt in dieser Hinsicht keine Ausnahme dar.

Wie andere Kritiker setzt auch Habermas an einem Schwachpunkt der

Hegelschen Philosophie an. Während z.B. Kierkegaard die Hegelsche Geringschätzung menschlicher Individualität anficht, sieht Habermas Hegels schwachen Punkt in der totalen Zurückweisung der Erkenntnistheorie oder «Erkenntniskritik» als philosophischer Grunddisziplin. Dies ist in Habermas' (und unserem) Zusammenhang ein besonders wichtiger Punkt, insofern die Erkenntnistheorie (als Selbsterkenntnis der Erkenntnis) entscheidend der Überwindung von Dogmatismus dient. Nicht zufällig ist die Erkenntnistheorie als Grunddisziplin der Philosophie von den Begründern des neuzeitlichen Denkens, Descartes und Locke, etabliert worden. Als Selbsterkenntnis der Philosophie (und der Wissenschaft!) und als *kritische Haltung* der Erkenntnis *sich selbst gegenüber* wurde die Erkenntnistheorie als genuiner Ausdruck von Anti-Dogmatismus gesehen. Durch sie sollte alles Unkritische, jegliche unreflektierte Naivität, jedes «Vorurteil» hinterfragt und überwunden werden.

Hegel sieht dies allerdings anders. Für ihn ist die Erkenntnistheorie oder Erkenntniskritik, wie sie mit der neuzeitlichen Philosophie von Descartes bis Kant intendiert ist, ein schlechterdings undurchführbares Vorhaben. Sein Argument dabei: Der Versuch, die Erkenntnis selbst zu erkennen oder diesbezügliche grundlegende Fragen zu stellen, kann wiederum nur vermittels eben dieser Erkenntnis geschehen, so daß man daher notwendig in einem Zirkel denkt. Das einzige, was Philosophie Hegel zufolge leisten kann, ist, die Erkenntnistätigkeit zu akzeptieren (wenn man nicht in einem unbegründeten Skeptizismus enden will) und sie zu beschreiben, wie es Hegel selbst in seinen phänomenologischen Betrachtungen der dialektischen Entwicklung der Begriffe versucht.

Hegels Argumentation klingt bestechend, und auch Habermas meint, sie sei «schlüssig». Als totale Zurückweisung der Erkenntnistheorie kann diese Beweisführung jedoch nicht akzeptiert werden, denn die Erkenntnistheorie ist nur dann und nur insoweit von der Kritik betroffen, als sie Fundamentalphilosophie in dem Sinne zu sein intendiert, daß sie den Zugang zu den Grundelementen der Wirklichkeit eröffnen, d.h. «Ursprungsphilosophie» sein will. Im Unterschied zu Hegel hält Habermas daher an der Erkenntnistheorie fest. Er versteht jedoch die Intention der Erkenntniskritik als fortlaufende Dogmatismus-Kritik, welche er wiederum (in Weiterführung von Fichte und Anknüpfung an Marx) als praktische «Ideologie-Kritik» versteht. Für Habermas ist es keine Alternative, bei Hegel stehenzubleiben, weil dieser den Geltungsanspruch seiner Behauptung einer Identität von Denken und Sein und den damit verbundenen Zugang des Menschen zum «absoluten Wissen» nicht eingelöst habe.[9]

Im Zuge dieser Argumentation wird Erkenntnistheorie Schritt für Schritt zur «kritischen Sozialwissenschaft» oder «Kritischen Theorie», dem Projekt der neomarxistischen Frankfurter Schule (begründet ursprünglich von Max Horkheimer und Theodor W. Adorno, später jedoch vor allem mit Habermas als exponiertestem Vertreter in Verbindung gebracht). Nimmt man seinen Ausgangspunkt im deutschen Idealismus bei Hegel und Fichte und akzeptiert gleichzeitig Habermas' Kritik an Hegel, kommt man zwangsläufig zu der gleichen Konsequenz. Bei einer Erörterung der Frage nach Freiheit und Dogmatismus ist es denn auch wohlbegründet, an den deutschen Idealismus anzuknüpfen (vgl. die bisherigen Erörterungen); der springende Punkt ist, ob man Habermas' Kritik folgen will. Auch wenn Habermas darin Recht hat, daß die Erkenntnistheorie nicht, wie bei Hegel, abgelehnt werden darf, folgt hieraus nicht, daß der von ihm aufgezeigte Ausweg aus Hegels scheinbarem «Zirkel» oder «Widerspruch» der einzig mögliche ist. Und hat Hegel eine Identität von Denken und Sein und den Zugang der Erkenntnis zu «absolutem Wissen» auch nicht bewiesen, so bedeutet dies noch nicht, daß eine solche Identität nicht bewiesen werden *kann*.

Allerdings hat Erkenntnistheorie, da sie die Tätigkeit des Erkennens oder Denkens zum Gegenstand hat, in der Tat sich selbst zum Objekt – insofern scheint ein Widerspruch oder Zirkel unvermeidbar. Wir müssen uns jedoch vor Augen halten, daß wir es hier mit einer Tätigkeit zu tun haben, die *aus und durch sich selbst begründet werden kann*, wie wir in unseren erkenntnistheoretischen Betrachtungen zu zeigen versucht haben.

Daß wir den angesprochenen «Zirkel» vermeiden und insoweit die «Selbstbegründung» der Erkenntnistheorie (oder auch die Autonomie des erkennenden Bewußtseins) behaupten, beruht letztlich darauf, daß unser Verständnis von Rationalität einer grundlegenden *Erfahrung* im Denkakt entspringt und nicht einem (logischen) Schluß oder einer «Begründungskette». Letzteres würde nämlich einen Zirkelschluß implizieren, wie es von Denkern wie Fichte, Hegel und den heutigen analytischen Philosophen nachgewiesen wurde. Moderne «Transzendentalphilosophen», wie Karl-Otto Apel, haben zu Recht auf die Möglichkeit der Selbstbegründung der Erkenntnis («Letztbegründung») hingewiesen, sie aber einseitig in den «Bedingungen der Möglichkeit» für intersubjektive «Argumentation» und sprachliche Kommunikation («Transzendentalpragmatik») gesucht. Die Erkenntnis oder Rationalität, der sie so eine Begründung liefern, ist nicht eine objektive, sondern lediglich eine intersubjektive.

Für uns hingegen liegt die Selbstbegründung von Erkenntnis oder Rationalität nicht im Sprechakt, sondern im *Erkenntnisakt*. In der denkenden Betrachtung des Denkens als Tätigkeit haben wir Fundament und Selbstreferenz für eine wirklich objektive, und nicht nur intersubjektive, Erkenntnis gefunden. Für uns, die wir menschliche Individualität als intim mit dem Denken verbunden sehen, ist die Selbstbegründung (Autonomie) von Rationalität zudem eine *raison d'être* menschlicher Existenz – oder wie wir es oben ausgedrückt haben: «Das Denken ruht in sich selbst». Der Selbstbegründung der Erkenntnis gegenüber zu resignieren, bedeutet somit nichts Geringeres, als diese menschliche Existenz aufzugeben!

Wir meinen, jenes Fundament gefunden zu haben, das die Erkenntnistheorie als philosophische Fundamentaldisziplin oder «Ursprungsphilosophie» intendiert, wenn auch nicht auf zufriedenstellende Weise klar herausgearbeitet hat (was sich u.a. darin zeigt, daß sie der Hegelschen Kritik nichts entgegenzusetzen hatte). Daß der Idealist Hegel keinen Zugang zu einem «Denken über das Denken» fand, dürfte darauf zurückzuführen sein, daß er (wie mehrfach angesprochen) von den Begriffen ausgeht (die erst durch das Denken gebildet werden) und nicht von dem Denken als *Tätigkeit*, wie wir es in unseren erkenntnistheoretischen Betrachtungen getan haben. Nur durch die Betrachtung des Denkens als Tätigkeit und des Erkenntnisprozesses selbst dürfte eine Identität zwischen Denken und Sein sowie ein Zugang der Erkenntnis zu absolutem oder objektivem Wissen, wie es Habermas bei Hegel vermißt, begründet werden können. Vor allem aber können nur solche erkenntnistheoretischen Betrachtungen (die Denken und Erkenntnis als Tätigkeit erfassen) *Individualität* und *Freiheit* begründen, was wir bei Hegel ebenfalls vermissen. Wie verhält es sich nun aber bei näherer Betrachtung mit Individualität und Freiheit von Habermas' «erkenntniskritischem» Standpunkt aus gesehen?

Wir erwähnten bereits, daß Habermas, indem er die Dogmatismusproblematik von der Frage nach Bewußtsein und Erkenntnis des einzelnen (wie z.B. bei Fichte) zur Frage nach der Befreiung von institutionellem Zwang wendet, die menschliche Individualität aus den Augen verliert. Befreiung oder «Emanzipation» bezieht sich (in der Tradition von Marx) auf die «Gattung» oder «Gesellschaft», nicht aber auf das Individuum oder die Individualität.[10] Charakteristisch ist in diesem Zusammenhang, daß das «Medium» dieser Befreiung nicht Denken oder Erkenntnis, sondern vorzugsweise die *Sprache* ist. Als Sprechender oder Kommunizierender ist der Mensch in erster Linie ein «Wir» – als Denkender und Erkennender ist er (wie gezeigt) fundamental ein *Ich*. Indem Habermas (wie viele andere Denker der Gegenwart, von Ludwig

Wittgenstein bis Apel) die Sprache anstelle des Denkens als die den Menschen auszeichnende grundlegende Fähigkeit und Tätigkeit herausstellt, betont er das *Kollektive* auf Kosten des Individuellen – ein Thema, das wir in dem Kapitel «Die Sphären von Freiheit und Gleichheit» aufgreifen werden.

Bemerkenswert ist, daß Habermas' Rezeption der sprachphilosophischen Wendung des philosophischen Denkens der letzten Jahrzehnte eher auf einem «Mit-dem-Strom-Schwimmen» zu beruhen scheint, als daß er selbst eine solche Position zu begründen sucht. «Heute ist an die Stelle der traditionellen Bewußtseinsproblematik die Sprachproblematik getreten: Die transzendentale Kritik der Sprache löst die des Bewußtseins ab.»[11] Es geht also mit anderen Worten darum, einen faktischen Trend im Gegenwartsdenken zu konstatieren, nicht darum, ein Primat der Sprachphilosophie vor der traditionellen Bewußtseinsphilosophie zu begründen. Ein derartiger Begründungsanspruch ließe sich in einer richtig verstandenen Erkenntnistheorie auch nicht einlösen.

Diese Wendung zur Sprachphilosophie trägt ebenfalls typisch nominalistische Züge. Da man das Denken und seine Begriffe als etwas rein Abstraktes erlebt, wird die Sprache in Rede und Schrift zum Basalen. Diese Aufwertung der Sprachphilosophie zur philosophischen Fundamentaldisziplin (bei entsprechender Zurückdrängung von Erkenntnistheorie oder «Bewußtseinsphilosophie») ist aber natürlich auch explizit begründet worden: Hierdurch werde, so meinte man, der vermeintliche «Solipsismus» traditioneller Erkenntnistheorie (und ihre Voraussetzung eines Subjektes und eines Objektes der Erkenntnis) eliminiert. Ebensowenig wie die Erkenntnistheorie notwendigerweise auf einer «Zirkel»-Argumentation beruht, beinhaltet sie prinzipiell irgendeine Form von «Solipsismus». Das menschliche Ich oder Subjekt manifestiert sich zwar im Denken und Erkennen, gleichzeitig ist aber das Denken durch die *Begriffe*, die es bildet, eins mit der *objektiven* Seite des Daseins. Dieser Doppelcharakter der menschlichen Erkenntnis, sowohl «subjektiv» wie «objektiv», individuell und allgemein zu sein, wird übersehen, wenn man der Erkenntnistheorie einen prinzipiellen Solipsismus unterstellt.

An sich ist die Behauptung Wittgensteins und anderer, daß wir bereits mit unserer Teilhabe an der Sprache den Solipsismus überschreiten, zutreffend. Dies gilt aber, wie gezeigt, auch für unsere Teilhabe am *Denken* und dessen Begriffen. Hier haben wir es sogar in noch größerem Maße mit etwas Nicht-Subjektivem zu tun, weil wir mit dem Denken und den Begriffen auch jene subjektive Begrenzung überschreiten, die (jedenfalls Wittgenstein zufolge) mit dem Sprachgebrauch immer und notwendig verbunden ist. Denn, wie

Wittgenstein es sieht, ist unsere Sprache (als «Sprachspiel») unter anderem von historisch-begrenzten «Lebensformen» bedingt.

Aber nicht nur das. In Wittgensteins fundamentaler Sprachspielperspektive verschwindet nicht nur das objektive Denken des Menschen, sondern mit diesem auch seine Individualität, Subjektivität oder sein Ich. Hier ist nichts «Privates». «Und darum kann man nicht der (Sprachgebrauchs-; H.H.) Regel ‹privatim› folgen», argumentiert Wittgenstein in seinen *Philosophischen Untersuchungen.*[12] Indem er menschliches Denken als «der Regel folgen» beschreibt, berücksichtigt Wittgenstein ausschließlich dessen *allgemeinen* Aspekt, da das Individuelle oder «Private» gerade in der denkenden Aktivität liegt, wie wir zu zeigen versucht haben. Insofern Wittgensteins Objekt nicht einmal mehr das Denken als solches, sondern dessen Manifestation in der Sprache ist, argumentiert er aber insoweit konsequent, denn in der Sprache befinden wir uns vollständig im Allgemeinen (Intersubjektiven).

Ähnlich wird auch Habermas, auf der Sprachphilosophie basierend, zu einer Geringschätzung des Menschen als autonomes Ich verleitet, wenn er ihn als solches nicht gar ignoriert. So äußert er, «daß sich die Identität von *sprach-* und handlungsfähigen Subjekten nur auf der Ebene der Intersubjektivität im Verhältnis zu anderen Subjekten bilden kann». Und weiter: «In dem durch *Sprechakte* erzeugten Verhältnis der Intersubjektivität behaupten die einzelnen ihre absolute Verschiedenheit und Individualität gegeneinander nur in dem Maße, als sie zugleich als Angehörige einer besonderen Kommunikationsgemeinschaft ihre Identität wechselseitig anerkennen».[13] Zwar wird hier von «absolutem» individuellem «Unterschied» und von einer Art «Ich-Identität» gesprochen, so wie sie jedoch beschrieben wird, ist sie eher eine Karikatur ihrer selbst, nämlich die Unselbständigkeit des Individuums (im Verhältnis zur «Kommunikationsgemeinschaft»), mit anderen Worten eine Form von Konformismus.

Es ist zudem interessant, daß Habermas bei seinem Verständnis von menschlicher Individualität an Hegels Auffassung von Individuum und Gesellschaft anknüpft. So wie Hegels dialektische Reflexion keinen Platz läßt für ein absolut *menschliches* Subjekt oder Ich, weist auch Habermas jegliches (wie er es nennt) «fertige» Subjekt zurück. So wie die menschliche Individualität bei Hegel zu einem Moment in dem dialektischen Prozeß verkümmert, wird das Erkenntnissubjekt in Habermas' «Erkenntniskritik» zu nicht mehr als einem Produkt des dialektisch funktionierenden, sozialen «Bildungsprozesses».[14]

Dieses Subjekt oder das menschliche Ich ist aber (wie gezeigt) eine *fundamentale* Realität im Erkenntnisprozeß, in dem das Subjekt die Erkenntnis als

Phänomen (in *allen* Phasen ihrer Entwicklung) konstituiert und deshalb nicht erst als Produkt eines «Bildungsprozesses» auftritt. Es ist offenbar auf ein mangelhaftes Verständnis hiervon zurückzuführen, daß Habermas ebensowenig wie Hegel die Frage nach dem *ontologischen* Status menschlicher Individualität und damit ihrer nicht-leiblichen Existenz aufwirft. Ohne eine ontologische Verankerung der Individualität erhält individuelle *Freiheit* aber keine *reale* Basis, sondern wird einem allgemeinen «Weltgeist» (Hegel) oder gesellschaftlichen, historisch bestimmten Strukturen (Habermas u.a.) untergeordnet. Die Befreiung vom *Dogmatismus* wird damit weitgehend irreal.

Daß eine ontologische Begründung der Individualität von der menschlichen *Erkenntnis* ausgehen muß, haben wir bereits betont – es scheint auch eine Forderung zu sein, die die historische Entwicklung an uns stellt. Die Frage nach Individualität und Freiheit ist also in der heutigen Zeit unauflösbar mit der Frage nach *Rationalität* verbunden. Jegliche metaphysische Spekulation und bloße Glaubenspostulate, die als solche gerade nicht auf Erkenntnis beruhen, müssen deshalb zurückgewiesen werden. Es führt kein anderer Weg zu einer sicheren Begründung von Individualität und Freiheit des Menschen als über das Denken und die Erkenntnis.

Die fundamentale Basis unseres Verständnisses des Daseins (einschließlich unserer eigenen Individualität und Freiheit) liegt bei näherer Betrachtung also in dem erkenntnistheoretischen Verhältnis zwischen dem Denken einerseits und den (im weitesten Sinne) wahrgenommenen Phänomenen andererseits. In seiner *Philosophie der Freiheit* drückt Rudolf Steiner dies folgendermaßen aus: «Die Philosophen sind von verschiedenen Urgegensätzen ausgegangen: Idee und Wirklichkeit, Subjekt und Objekt, Erscheinung und Ding an sich, Ich und Nicht-Ich, Idee und Wille, Begriff und Materie, Kraft und Stoff, Bewußtes und Unbewußtes. Es läßt sich aber leicht zeigen, daß allen diesen Gegensätzen der von *Beobachtung* und *Denken*, als der für den Menschen wichtigste, vorangehen muß.»[15]

Nur mit dem Ausgangspunkt in Denken und Beobachtung (d.h. Erkenntnis) vermeiden wir jeglichen *Dogmatismus*, d.h. etwas, was wir selbst im Prinzip nicht *durchschauen* oder durchdringen, sondern was uns aufgezwungen wird. In der Erkenntnis sind wir «bei uns selbst», und es gibt nichts, was prinzipiell der Erkenntnis des Menschen Grenzen setzt. Was wir zu erkennen suchen, liegt uns als Beobachtung vor (was wir nicht beobachten, können wir nicht erkennend erfragen), und die unseren Beobachtungsobjekten entsprechenden Begriffe sind vermittels unseres Denkens zugänglich. Nichts an dem Ding, in unserer faktischen Beobachtung oder im Denken begrenzt die Erkenntnis – der «Gegensatz» zwischen Beobachtung und Denken ist nur ein relativer, es obliegt dem Menschen selbst, ihn jederzeit zu überwinden.[16]

Nur aus solcher Perspektive heraus können wir deshalb von einem *absoluten Anti-Dogmatismus* sprechen, d.h. von einer emanzipatorischen Überwindung von allem Undurchschauten, Postulierten, Autoritären und Aufgezwungenen. In unserer Auffassung von menschlicher Erkenntnis, Individualität und Freiheit gibt es überhaupt *keinen prinzipiellen* Dogmatismus, sondern nur einen faktischen, von dem sich der Mensch zu jeder Zeit durch seine Erkenntnispraxis befreien kann.

9
DIE WIRKLICHKEIT DER FREIHEIT

Zum Abschluß dieses ersten Teiles unserer Studie wollen wir den bisherigen Gedankengang zusammenfassend kommentieren und ihn in die historische Perspektive einordnen, die wir in der Einleitung entwickelt haben. Ausgangspunkt unserer Erörterung des Themas «Freiheit und Erkenntnis» war das Problem, vor das wir uns durch die historische Entwicklung gestellt sehen: Einerseits wurden Freiheit und Individualität unlösbar mit Erkenntnis oder Rationalität verbunden, während diese Rationalität andererseits als ausschließlich allgemein und für das Individuum gegeben gedacht wurde, womit Individualität und Freiheit zugleich verneint werden. Dieses Dilemma wird mit dem naturalistischen Rationalitätsverständnis, das für das philosophische und wissenschaftliche Denken der Neuzeit zunehmend richtungsweisend wurde, besonders drängend. Die Frage, die am Anfang dieses ersten Teiles unserer Studie stand, war deshalb: Wie kann man Rationalität denken, so daß diese Individualität und Freiheit vollständig *begründet*, statt sie zu untergraben?

Eine Antwort auf diese Frage haben wir durch eine erkenntnistheoretische Analyse zu geben versucht, die zeigt, daß der Mensch, als Individualität oder Ich, im Akt des *Denkens* und *Erkennens* in besonderem Maße bei sich ist. Hier muß der Mensch im allereigentlichsten Sinne *selbst* zugegen sein, damit etwas hervortreten und Wirklichkeit werden kann. Diese enge Verknüpfung von menschlicher Individualität – und damit auch Freiheit – mit Denken und Erkennen wurde damit für uns zu einem grundlegenden Ausgangspunkt. Dies unterscheidet uns prinzipiell von allen Formen von Gefühls- oder Willensphilosophie, ja von jeglicher Position, die «praktische» und «theoretische» Vernunft trennt. Dies gilt folglich auch für unser Verhältnis zur heutigen Existenzphilosophie, die Freiheit und Individualität jenseits der Erkenntnis verortet. Unserer Standortbestimmung in Abgrenzung zur Existenzphilosophie soll jedoch ein kritischer Gesichtspunkt hinzugefügt werden, und zwar im Lichte dessen, was wir oben zu Individualität, Intersubjektivität und Objektivität gesagt haben.

Innerhalb von modernem, existenzphilosophisch orientiertem Denken ist häufig die Behauptung aufgestellt worden, Individualität und Freiheit könnten nicht «Objekt» der Erkenntnis sein – sie seien ihrem Wesen gemäß nicht «objektivierungsfähig». Eine solche Auffassung hat z.B. der norwegische Philosoph Hans Skjervheim verfochten, u.a. in Anlehnung an den Existenzphilosophen Karl Jaspers. Dem Menschen sei es prinzipiell verwehrt, «*sich selbst objektivieren*» zu können, indem mein «Konstatieren» meiner selbst als Subjekt, das «ich in der Reflexion greife, ein anderes ist als das, in dem ich im Augenblick lebe».[1]

Zwar ist das Ich (wie gezeigt) grundlegend eine Erfahrung und kein Begriff; dies bedeutet aber nicht, daß es nicht begriffen, gedacht und erkannt werden kann. Wenn Skjervheim darauf hinweist, daß wir unser Ich im Jetzt nicht erkennen, so beweist dies keineswegs, daß es nicht Objekt unserer Erkenntnis («Reflexion») sein kann, sondern zeigt vielmehr, daß wir es als etwas *erkennen*, das *in* dem aktuellen Denken und Erkennen lebt. Dies können wir objektiv feststellen («im zweiten Durchgang», wie Skjervheim sagt), da die Tatsache, daß etwas (hier unser Ich und unser Denken) zum Erkenntnisgegenstand gemacht wird, überhaupt nichts an dessen *Wesen* ändert.

Das Mißverstehen dieses grundlegenden erkenntnistheoretischen Zusammenhanges hat in weiten Teilen der Gegenwartsphilosophie die unglücklichsten Folgen gezeitigt, indem man jeglichen «Objektivismus» in der Erkenntnis vom *Menschen* zurückgewiesen hat. Objektivismus ist gar mit Naturalismus oder Positivismus identifiziert worden. Daß etwas überhaupt Erkenntnis*objekt* ist, wurde als gleichbedeutend damit aufgefaßt, daß dieses Etwas methodisch Gegenstand von «Experimenten» sein und in sozialer Praxis der «Kontrolle» unterworfen werden können soll, d.h. man hat es (als Objekt der Erkenntnis) den *Natur*wissenschaften vorbehalten.

Daher ist nur folgerichtig, wenn Hans Skjervheim, der ganz dezidiert jeglichen Objektivismus im Studium des Menschen abweist, den «Objektivismus» mit «Naturalismus» identifiziert, indem er einfach die Begriffe gegenseitig definiert: «Naturalismus», heißt es dort, «muß hier als Objektivismus verstanden werden». Damit wird es auch konsequent, daß nur «die Erkenntnistheorie der *Natur*wissenschaft sich mit der Subjekt-*Objekt*-Relation beschäftigt».[2]

Letzteres ist jedoch falsch. Denn (wie unsere ganze bisherige erkenntnistheoretische Erörterung zeigt) auch Phänomene der Human- und Gesellschaftswissenschaften: ‹Ich› (Individualität), ‹der andere› (der Mitmensch), ‹Sinn› usw., sind *objektive* Phänomene, die als solche dem Subjekt der Erkenntnis gleichermaßen als *Objekte* erscheinen. Daß diese objektiv erkannten Phänomene allerdings an den Menschen als *Subjekt* gebunden sind (was der Positivismus übersieht, Skjervheim und andere jedoch betonen), ist ein anderer Aspekt. Deshalb bedeutet wirkliche objektive Erkenntnis des Menschen auch nicht, daß man «in der Praxis den anderen hintergeht», wie Skjervheim es ausdrückt.[3] Objektive Erkenntnis der Individualität des Mitmenschen impliziert nicht als «notwendige Konsequenz» Manipulation, sondern *begründet* (wie wir in vielen Zusammenhängen deutlich gemacht haben) die Anerkennung der Individualität und den Respekt vor ihr.

Auf der anderen Seite wird eine solche Begründung durch den Subjektivismus oder Intersubjektivismus (als der Negation des Objektivismus) nicht gegeben, wie wir in unserer Habermas-Kritik, die insoweit auch auf Skjervheim zutrifft, gezeigt haben. Diese Kritik gilt übrigens unabhängig davon, daß wir Habermas' (und Skjervheims) Kritik der ebenso einseitigen Subjekt-*Ignorierung* in vielen objektivistischen Positionen der Gegenwart (positivistische Soziologie und Psychologie) teilen.

Nach dieser Erörterung von «Objektivismus» versus «Subjektivismus» wollen wir den Faden unseres Rückblicks auf den ersten Teil dieser Studie wieder aufnehmen. Wir verlagerten zunächst Individualität und Freiheit des Menschen in den Bereich des (wohlgemerkt: objektiven) Denkens und Erkennens. Unser nächster Schritt bestand darin zu zeigen, daß die denkende und erkennende Tätigkeit des Menschen sich nicht in der Bildung *allgemeiner* Begriffe und der Erkenntnis *gegebener* Gesetze erschöpft – so wie es, wenn auch auf je spezifische Weise, von Thomas von Aquin über Hegel bis zur naturalistischen Human- und Gesellschaftswissenschaft im 19. und 20. Jahrhundert verstanden wurde. Als ein denkendes und handelndes Individuum ist der Mensch nicht an allgemeine Gesetze und Normen gebunden, welche (von der Natur kommend oder als ethische Schablone) von außen vorgegeben sind – den Menschen zeichnet aus, selbst den Begriff für seine eigene Handlungssituation bilden und hervorbringen zu können. Ist die Handlung des Menschen motiviert von diesem Begriff, dann handelt er von etwas in jeglicher Hinsicht *Individuellem* ausgehend und handelt damit frei!

Unser erkenntnistheoretischer Standpunkt wahrt das historisch gewachsene Verständnis des Zusammenhangs zwischen Rationalität und Individualität, zwischen Erkenntnis und menschlichem Ich. Gleichzeitig versuchen wir jedoch, den Mangel zu überwinden, der dieser Tradition noch anhaftet, nämlich die letztinstanzliche Verankerung der individuellen Handlung in allgemein gegebenen Normen (Thomas) oder im absoluten (allgemeinen)

Geist (Hegel). Es erscheint aber sinnvoll, noch etwas näher sowohl auf die positiven Aspekte wie Mängel im Hegelschen Verständnis von Individualität einzugehen, und zwar dies unter Verweis auf den hervorragenden norwegischen Hegelianer Marcus Monrad, insbesondere auf seinen Essay mit dem bezeichnenden Titel *Idee und Persönlichkeit*.

Auf der einen Seite wird hier in sehr überzeugender Weise (u.a. in einer Polemik gegen den späteren Schelling) behauptet, daß Persönlichkeit und Freiheit nicht in etwas «Willkürlichem» verankert werden können und daß nur die «Vernunft wirklich frei» sei; denn nur sie «ist ihr eigenes Gesetz, enthält und erzeugt, begründet in sich und entwickelt aus sich ihre Bestimmung.» Auf der anderen Seite meint Monrad, daß diese Vernunft (verstanden als die ‹absolute Idee›) einen ausschließlich «allgemeinen Inhalt» habe, der die menschliche Individualität (deshalb) untergeordnet sei – dies wird gar auf das Verhältnis zur Gesellschaft übertragen, die als eine «höhere (!; H.H.) Persönlichkeit» verstanden wird.[4] Es fehlt hier ganz offensichtlich ein Verständnis von Rationalität, das *zugleich* menschliche Individualität (Persönlichkeit) und Freiheit wahren kann.

Vor dem Hintergrund des Gesagten sollte klargeworden sein, daß der Schritt, den *wir* gehen, sowohl ein Schritt *mit* Hegel als auch *über* Hegel (und das ganze von uns als «Tradition von Thomas bis Hegel» bezeichnete Denken) *hinaus* ist. Was bedeutet indessen «über Hegel hinaus» konkret? Die Verdienste dieses epochemachenden Denkers sollen nicht bestritten werden. Dennoch wirft er auch Schatten auf unser Gegenwartsdenken. Es ist häufig gesagt worden, Hegel dringe (bei aller Einsicht in menschliches Denken) weder zu einer Erkenntnis des Menschen als Individuum vor noch zu einer Erkenntnis der Natur. Auf den zweiten Aspekt wollen wir kurz eingehen, da er den bereits erörterten ersten zusätzlich erhellt. Der Vorwurf an Hegel, weder die Realität der Individualität zu sehen, noch zu einem wirklichen Verständnis der Natur zu gelangen (was ihm z.B. die zeitgenössischen Naturwissenschaftler entgegengehalten haben), hat unseres Erachtens in beiden Fällen seinen Grund darin, daß er seine Basis in den reinen Begriffen sucht und nicht in dem Menschen als denkendem (und handelndem) Subjekt in einer *realen* Welt; sein Ansatzpunkt ist eben nicht (wie gezeigt) die Erkenntnistheorie, die gerade dieses reale Verhältnis thematisiert. Vom Standpunkt unserer Erkenntnistheorie aus kritisieren wir an Hegel, daß er das *Beobachtungs*element im Erkenntnisprozeß unterschätzt. Dies gilt im gleichen Maße für die Erkenntnis des Menschen von seiner eigenen konkreten Handlungssituation (in der er sich als freies Wesen *realisiert*) wie in bezug auf die

Natur – und steht insofern in engstem Zusammenhang mit der Frage nach der Wirklichkeit der Freiheit!

Was wir hier als den Mangel in Hegels Philosophie bezeichnet haben, nämlich das Beobachtungselement im Erkenntnisprozeß unterbewertet zu haben, erklärt auch die Reaktionen, die er auslöste. Viele, die den Hegelianismus rein gedanklich als zutiefst befriedigend empfanden, vermöge der seiner Rationalität inhärenten Notwendigkeit, fühlten zugleich etwas Mangelhaftes und Unzureichendes an ihm. Er «stimmt» gleichsam nicht vollständig mit der Wirklichkeit überein, nicht nur bezüglich des menschlichen Individuums, sondern auch was die Geschichte und (wie erwähnt) die Natur angeht. So behauptet Kierkegaard unseres Erachtens weitgehend zu Recht, daß Hegels Philosophie im Grunde keine Ethik beinhaltet, weil sie dem einzelnen Menschen wenig Raum läßt noch Wert beimißt.

Diese Mängel beruhen jedoch nicht darauf (wie die Reaktion gegen Hegel es gern sehen wollte), daß die Wirklichkeit nicht rational ist *(das* hat er unserer Ansicht nach bewiesen), sondern darauf, daß sich Rationalität nicht in der reinen Logik erschöpft, sei diese auch eine «höhere» oder dialektische. Für den rationalen Zugang zur Vielfalt der Wirklichkeit ist gerade das *Beobachtungs*element ein notwendiger Ausgangspunkt. Wir meinen deshalb, daß Hegel darin fehlging, dieses Element zu unterschätzen (was im übrigen auch Tendenz eines jeden Rationalismus ist); der Fehler des Empirismus (und auf seine Weise auch der Fehler Kants) besteht hingegen darin, es zu *hypostasieren* oder zu *verabsolutieren.*[5]

Die Hervorhebung des Beobachtungselementes in der Erkenntnis bedeutet nun keineswegs, daß die Welt nicht in der menschlichen Erkenntnis «aufgehe»; auch Individualität und Freiheit verankerten wir ja in der Rationalität. In einem Zeitalter des Anti-Idealismus, in dem das Denken als höchst abstrakt erfahren wird, kann dies «wirklichkeitsfern» und deshalb allzu «rationalistisch» wirken. Diesen Einwand haben wir bereits in verschiedenen Zusammenhängen erörtert und dagegengehalten, daß es bei unserem Verständnis von menschlichem Denken darum geht, dieses als eine mit unserem eigenen *Ich* verbundene Tätigkeit zu *erfahren.* Als derart innerlich erfahrene Tätigkeit erweist sich das Denken auch als mit den tieferen Willensimpulsen und Gefühlen verbunden. Daß wir Wille und Gefühl am originärsten im Denken und Erkennen (besonders in unserer freien Erkenntnishandlung) finden, ist nur natürlich. Schließlich liegt der Erkenntnis implizit der Wille zur Wahrheit zugrunde und damit zugleich das edelste aller menschlichen Gefühle: die Hingabe an das *Objekt*, auf das wir die Aufmerksamkeit richten – das Gefühl, das wir Liebe nennen. Das Denken, schreibt Steiner in diesem Zusammenhang, ist eine «warm in die Welterscheinungen untertauchende Wirklichkeit». «Dieses Untertauchen geschieht mit einer in der Denkbetätigung selbst dahinfließenden Kraft, welche Kraft der Liebe in geistiger Art ist.»[6] Bezüglich der freien Handlung aus Erkenntnis betont er: «Nur wenn ich meiner Liebe zu dem Objekte folge, dann bin ich es selbst, der handelt» – in diesem Fall gilt, daß «nicht das allgemein übliche, die allgemeine Sitte, eine allgemein-menschliche Maxime, eine sittliche Norm ... mich in unmittelbarer Form (leitet), sondern meine Liebe zur Tat.»[7] Im Denken und der von ihr ausgehenden Erkenntnis und Handlung stoßen wir also auf das tiefste Gefühl und den tiefsten Willen, während die «Willens-» und «Gefühlsphilosophie», die diese außerhalb des Denkens sucht, weder zu ihnen noch zu Individualität und Freiheit vordringt.

Ein weiterer Einwand gegen unsere Verankerung menschlicher Individualität in Denken und Erkenntnis läuft darauf hinaus, daß wir hierdurch die Reichweite dieser Individualität einzuschränken scheinen, denn menschliches Denken stellt sich keineswegs als eine kontinuierliche oder permanente Aktivität dar. In den Kapiteln «Die Wirklichkeit der Individualität» und «Individualität und Leiblichkeit» haben wir diesen Einwand zu entkräften versucht, und dies wohlgemerkt nicht mit metaphysischen Annahmen oder Hypothesen. Auch hier gingen wir von der Erfahrung mit Denken und Erkennen aus, die die Basis unserer Begründung der Freiheit bildet, d.h. von der Erfahrung des Denkens als eine «in sich selbst ruhende» Tätigkeit, die auf nichts anderes zurückgeführt werden kann. Von dieser Erfahrung der Denkaktivität ausgehend und unterstützt durch anthropologische Betrachtungen (v.a. Adolf Portmanns), versuchten wir, das Denken als grundlegendes *Vermögen* des Menschen zu begründen, welches im Verhältnis zur körperlichen oder materiellen Organisation als *primär* verstanden werden muß. *Analog* hierzu suchten wir eine entsprechende Begründung menschlicher *Individualität* bzw. des Ich, das sich in Denken und Erkennen manifestiert. Dies bereitete einer *ontologischen* Verankerung dieser Individualität in einer Prä- und Postexistenz den Weg. Schließlich ermöglichte dies (in Anknüpfung an Geistestraditionen von u.a. Sokrates und Platon) die Annahme einer wiederholten körperlichen Existenz (Reinkarnation).

Auch wenn unseren Überlegungen ein streng erkenntnistheoretischer Ausgangspunkt zugrunde liegt, so überschreiten wir in der weiteren Entfaltung dieser Gedanken doch den Bereich der Erkenntnistheorie und bewegen uns in Richtung einer Ontologie. Wir erachten dieses Vorgehen gleichwohl als wichtig und notwendig, insofern wir damit den Einwand, wir «engten» die Individualität durch deren Anknüpfung an Denken und Erkenntnis «ein», entkräften wollen. Noch ein zweiter wichtiger Grund läßt sich für unsere ontologischen Betrachtungen von Denken und Individualität des Menschen anführen: die Notwendigkeit, gewissen Richtungen des Gegenwartsdenkens entgegenzutreten, die *tatsächlich* eine Einengung menschlicher Individualität bedeuten. Wir denken hier vor allem an jene Auffassung vom menschlichen Bewußtsein, das in weiten Teilen der heutigen Philosophie verbreitet ist, und des weiteren an das naturalistische Menschenverständnis, das sich von einer materialistisch geprägten Naturwissenschaft herleitet, insbesondere was Ursprung und Entwicklung des Menschen angeht. Verschiedene Strömungen der Gegenwartsphilosophie, die sich als Varianten eines hermeneutischen und intentionalistischen Bewußtseinsverständnisses darstellen, bedeuten durch die Anerkennung der Irreduzibilität des menschlichen Bewußtseins in methodologischer Hinsicht einen entscheidenden Fortschritt im human- und gesellschaftswissenschaftlichen Denken. Für eine Erkenntnis vom Menschen weist sie die naturalistische, mechanistische und positivistische («technologische») Rationalitätsauffassung zurück, die unser Denken von der Mitte des letzten Jahrhunderts an geprägt hat: Menschliches Bewußtsein und Handeln kann schlechterdings nicht mit Hilfe von Methoden verstanden werden, die den Naturwissenschaften entlehnt sind. Wir meinten jedoch auch an diesem Verständnis des Menschen als sinntragendem und intentionalem Wesen einen Mangel feststellen zu müssen, der Konsequenzen für die Begründung von menschlicher Autonomie und Freiheit hat: die fehlende, besondere Betonung der Intentionen oder Gründe, die aus der Erkenntnis hervorgegangen sind.

Wir wandten gegen die erwähnte Gegenwartsphilosophie außerdem ein, daß sie gegenüber dem Naturalismus und Positivismus bei einer rein methodologischen Position verharrt – zu einer ontologischen Verankerung von Bewußtsein und Individualität gelangt man nicht. Ja, in dem Ausmaß, in dem überhaupt ein ontologisches Verständnis vom Menschen und dessen Bewußtsein angestrebt wird, bewegt man sich in den gleichen Bahnen wie die materialistisch orientierte Naturwissenschaft, z. B. durch das Postulat eines «gattungshistorischen» Ursprungs des Menschenbewußtseins. Wie gezeigt, wirkt dieser Mangel einer tieferen ontologischen Verankerung von menschlichem Bewußtsein und Individualität auf die Erkenntnishaltung gegenüber diesem Bewußtsein und dieser Individualität zurück. Als Ausdruck dafür ist u.a. die Tendenz zu werten, Individualität aus rein gesellschaftlichen und historischen, allgemeinen Strukturen ableiten zu wollen (was wir in phänomenologischen, hermeneutischen und neomarxistischen Denkströmungen aufgezeigt haben). Dies läßt individueller *Freiheit* keinen Platz.

Um menschliche Individualität und Freiheit wahren zu können, ist deshalb ein radikaler *ontologischer* Bruch mit einem naturalistischen Menschenbild notwendig. Es ist mit anderen Worten eine kritische Erörterung dieser Auffassung erforderlich, und zwar besonders hinsichtlich der Frage nach Ursprung und Entwicklung des Menschen. Im Kapitel «Individualität und Leiblichkeit» haben wir hierzu mit einigen Gesichtspunkten beigetragen und versucht, menschlichem Bewußtsein und Individualität eine tiefere ontologische Begründung zu geben.

Die Frage nach dem ontologischen Status der Individualität steht überhaupt in intimem Zusammenhang mit dem *moralischen* Leben (und hat weitreichende Konsequenzen hierfür), da sie grundlegend mit Wert und Würde des Menschen verbunden ist. Den ethischen (inklusive dem sozialethischen) Aspekt dieser Frage haben wir in dem erwähnten Kapitel bereits mehrfach berührt; wir werden auf das Thema jedoch in den folgenden Teilen unserer Studie, insbesondere im Kapitel «Die innere und äußere Existenz der Individualität» zurückkommen.

Vor dem Hintergrund des innigen Zusammenhanges zwischen Ethik und der *ontologischen* Perspektive menschlicher Individualität und menschlichen Bewußtseins lassen sich die fatalen Folgen des Fehlens dieser Perspektive (Menschenverständnis und Weltanschauung) in der gegenwärtigen, humanwissenschaftlich orientierten Philosophie erahnen. Ein charakteristisches Beispiel hierfür ist die sogenannte «Positivismuskritik», die die gegenwärtige kontinentaleuropäische Philosophie (und seit dem Ende der 50er Jahre auch die philosophische Debatte in anderen Ländern) stark geprägt hat. Nicht nur, daß man sich fast ausschließlich mit Methodenfragen beschäftigte; die Diskussion wurde zudem auf die Humanwissenschaften beschränkt, und demgemäß wurden jene Probleme (systematisch) ausgeblendet, die diese positivistische Position in den *Natur*wissenschaften in nicht geringerem Maße aufwirft. Es ist einem unvollständigen Erfassen und Durchdringen dieser Problematik zuzuschreiben, daß man die Naturwissenschaften sogar willig dem Positivismus preisgegeben hat, indem man *diese* als reine «Kontrollwissenschaften» ansah, die auf «hypothetisch-deduktiver Methode», Experiment, Quantifizierung und reiner Kausalbetrachtung in Raum und Zeit basieren sollten.[8]

Um unsere ontologische Begründung menschlicher Individualität noch klarer zu konturieren, wollen wir unsere Auffassung von der Existenzphilosophie in der Tradition Kierkegaards abgrenzen. Kierkegaard ist, wie gezeigt, eine solche ontologische Begründung kein relevantes Anliegen, und ein moderner Existenzphilosoph wie Sartre geht sogar so weit zu behaupten, daß jegliche Annahme eines «substantiellen» Ich die menschliche Freiheit, die in der «Spontaneität» liege, untergräbt. Vor diesem Hintergrund polemisiert er im übrigen vehement gegen Husserls ‹transzendentales Ego›[9], wobei übrigens zu fragen wäre, ob Husserl eine ontologische Begründung dieses Ego (das sogar individuell sein soll) überhaupt gibt, selbst wenn er es als «unsterblich» beschreibt. Sein transzendentales Ego kann eher als ein rein formales verstanden werden (à la Kants Begriff des Ich); auch ist Husserl kein Metaphysiker.

Sartres Einwand ist gleichwohl nicht uninteressant, denn die Freiheit kann nicht aus etwas bereits substantiell Existierendem *abgeleitet* werden, sondern muß als etwas Schöpferisches oder «Spontanes» verstanden werden, was wir in unserer Darstellung vom Begriff der Handlungssituation zu zeigen versucht haben. Wird dieser Freiheit jedoch keine Basis in einer real existierenden Individualität gegeben, dann bleibt diese Freiheit bezüglich des übrigen Daseins und der eigenen Existenz des Menschen im luftleeren Raum; hierauf ist unsere Kritik an Sartre gerichtet. Unsere Position, in Sartres Terminologie formuliert, würde lauten: Unser Ich oder unser Bewußtsein hat eine Existenz oder ein Sein sowohl «an-sich» (als Individualität) wie «für-sich» (als frei handelndes Wesen); dies entspricht den beiden Aspekten unserer Existenz. Sartres Einwand gegen ein transzendentales Ego, man nehme das (gleichzeitig) Unmögliche («An-und-für-sich-Sein») an, trifft *uns* somit nicht.

Im übrigen unterscheiden wir uns sowohl von Sartre als auch von Husserl dadurch fundamental, daß wir bei der Frage nach dem Ich (Ego, Individualität) den Ausgangspunkt nicht in dem Bewußtsein (bzw. der phänomenologischen Perspektive auf es) und dessen Auf-ein-Objekt-gerichtet-Sein nehmen, sondern im Denken und dessen Begriffsbildung. Wie wir sowohl systematisch wie historisch zeigten, liegen Individualität (und Freiheit) des Menschen in seiner denkenden und erkennenden Tätigkeit und nicht im Bewußtsein als solchem. Wir sehen deshalb auch nicht in der «Einheit» des Bewußtseins den Beweis für ein «Ich» (wie es Husserl mit Kant sieht, Sartre jedoch kritisiert) – und dies mit voller Berechtigung: Denn was kann nicht alles für die Einheit des Bewußtseins bürgen, wenn wir bedenken, daß man selbst in den organischen Wissenschaften dem «Individuum» die Eigenschaft «Zentrizität» beimißt.[10]

In Fortführung unserer Stellungnahme zu Sartre und Husserl scheint es angebracht, auch unsere Divergenz zu einem Repräsentanten der heutigen «Persönlichkeitsphilosophie», dem phänomenologisch orientierten Max

Scheler, anzudeuten. Individualität ist für uns sehr viel mehr als das, was Scheler unter «Person» oder «Träger von sittlichen Werten» versteht, nämlich eine reale Entität, die zwar einschließt, was wir gewöhnlich mit «Persönlichkeit» bezeichnen, es aber auch transzendiert. Hinzu kommt, daß Scheler (wie die späteren Existenzphilosophen) die höchste Manifestation der Individualität nicht im Denken und Erkennen sieht, sondern diese in das Gefühlsleben verlegt.

Wir wollen nun den roten Faden unserer Darstellung wieder aufnehmen. Wir sind bis zu den Kapiteln «Individuelle Freiheit und allgemeine Rationalität» und «Freiheit und Dogmatismus» vorgedrungen, wo wir Fragen aufgriffen, die direkt zum Thema von Teil II, «Freiheit und Gesellschaft», überleiten. Wir werden diesen Fragenkomplex vor dem Hintergrund dessen erörtern, was wir bisher bezüglich Individualität, Freiheit und Erkenntnis herausgearbeitet haben und fragen, wie sich unsere starke Betonung von Individualität und individueller Freiheit mit dem Sozialen, der *Sozialität*, vereinbaren läßt. Dies ist deshalb möglich, so lautet unsere Antwort, weil wir Individualität und Freiheit in der *Erkenntnis* (Rationalität) verankern, die *zugleich* etwas *Allgemeines* ist. Bei allen Individuen hat der individuelle Begriff als Motiv der freien Handlung einen gemeinsamen Ursprung: die allgemein zugängliche Ideenwelt. Das Individuelle und das Allgemeine begegnen sich hier wie nirgendwo sonst im menschlichen Dasein auf sehr innige Weise. Deshalb können Individualität und Freiheit nur aufgrund ihrer Verankerung in der Erkenntnis mit Sozialität in Einklang gebracht werden. Dies ist denn auch ein Grund dafür, jede prinzipielle Trennung von Handlung (ethisches Motiv) und Erkenntnis (Rationalität) zurückweisen zu müssen. Wir lehnen also jede Form von *Dezisionismus* (von Hume über Weber bis Popper) ab.

Im Kapitel «Individuelle Freiheit und allgemeine Rationalität» erörterten wir den philosophischen *Nominalismus* vor dem Hintergrund, daß die Begriffe für uns nicht nur einen subjektiven «Sinn», sondern eine objektive Existenz haben. Diese erkenntnistheoretische Position ist von entscheidender Bedeutung für das Verständnis menschlicher Individualität und Freiheit. Dies führte uns zu einer Kritik der Auffassungen Humes und Kants, die beide bei allen Unterschieden die Erkenntnis auf nominalistische Weise subjektivieren und daher Individualität und Freiheit keine reale Existenz beimessen können.

Ausschließlich durch eine Verbindung von Individualität und Freiheit mit Denken und Erkenntnis läßt sich denn auch die fundamentale Intention der historischen Entwicklung erfüllen: die Befreiung von jeglichem *Dogmatismus.* Strenggenommen haben wir auch z.B. Fichtes Willensphilosophie und Jürgen Habermas' Handlungsphilosophie einem solchen Dogmatismus zurechnen müssen, obwohl diese gerade die Überwindung des Dogmatismus anstreben. Der Grund: In letzter Instanz verlagern beide Freiheit und Befreiung außerhalb der Erkenntnis. Der letzte Teil unseres Kapitels «Freiheit und Dogmatismus» war im übrigen einer eingehenden Erörterung der Habermasschen Position gewidmet, und wir kritisierten in diesem Zusammenhang die Wendung vom erkenntnistheoretischen Objektivismus zum Intersubjektivismus und zur Sprachphilosophie, eine Wendung, die ihre Impulse u. a. von dem späteren Wittgenstein bezog.

Zur Frage des Verhältnisses von Freiheit und Rationalität in der Gegenwartsphilosophie soll auch der britische Moralphilosoph R. M. Hare nicht unerwähnt bleiben, der die beiden Begriffe in seiner Schrift *Freiheit und Vernunft* (sic!) in eine enge Verbindung zu bringen versucht. Gleichwohl steht er unserer Position fern: Zwar meint er, daß wir als moderne Menschen «frei sind» von *vorgegebenen* Normen, und er behauptet, daß die freie Handlung über diesen (insoweit bereits existentialistischen) Standpunkt hinaus fundamental die Tätigkeit der Vernunft erfordere; diese Tätigkeit bezieht sich für Hare aber nur auf *allgemeine* und allgemeingültige «Regeln» oder «Vorschriften» und nicht auf den individuellen Begriff des einzelnen von seiner eigenen Handlungssituation. In der Konsequenz muß auch Hare eine «Spannung» zwischen Freiheit und Vernunft annehmen, während wir sie in innigster Beziehung sehen.

Ein antagonistisches Verhältnis zwischen Freiheit und Erkenntnis anzunehmen heißt, einen eindeutig dogmatischen Standpunkt zu beziehen: Es ist bereits dogmatisch, etwas als prinzipiell nicht *durchschaubar* für den einzelnen, seine Erkenntnis oder Wahrheitssuche anzunehmen, weil dies der Negation von Freiheit und Individualität, insofern sie sich in dieser Wahrheitssuche entfalten, gleichkommt. Dieser Dogmatismus kann in den verschiedensten Spielarten auftreten, sowohl als ein «innerer» wie als «äußerer» Dogmatismus (z.B. in Theologie oder Politik). Auf die Politik werden wir in Teil II zurückkommen; zur Gegenwartstheologie sei hier nur soviel bemerkt, daß sie in weiten Zügen die menschliche Erkenntnis von den tieferen Lebensfragen zurückweist: Auf diese Fragen mit Hilfe der Erkenntnis Antwort zu suchen, wird als verwerfliche «Selbsterlösung» oder «Menschenverehrung» aufgefaßt. Die Folgen dieser Zurückweisung der Suche nach Erkenntnis, nach eigener Einsicht und Überzeugung in religiösen Fragen, sind die «Hörigkeit» und Unterwerfung des Individuums, also Unfreiheit.[11] Abgesehen davon, daß man hiermit die Entwicklung vom Alten zum Neuen Testament nicht nachvollzieht (vgl. unsere Einleitung zur historischen Entwicklung der

Freiheit), ist sie Indiz dafür, daß auch die Theologie von dem abstrakten Intellektualismus und Nominalismus der Gegenwart geprägt ist. Denken und Erkenntnis gelten als wirklichkeitsfern und bloß subjektiv, werden als vom Willen und vom Gefühl, von Moral und Handlungsleben abgetrennt verstanden.

Dogmatismus, Unterwerfung und Unterdrückung (oder kurz gesagt: *Repression*) nimmt also viele Formen an, sie kann als «innere» wie «äußere» Repression in Erscheinung treten, und zwar in der Regel weit weniger explizit als die hier angesprochene. Dies gilt nicht zuletzt im *sozialen* Bereich, auf den wir nun eingehen wollen.

TEIL II:
FREIHEIT UND GESELLSCHAFT

10

INDIVIDUALITÄT, SOZIALITÄT UND REPRESSION

Bei unserem Nachvollzug der historischen Entwicklung der Freiheit haben wir einen engen Zusammenhang zwischen Freiheit, Individualität und Rationalität einerseits und *Sozialität* andererseits herausgearbeitet und gesehen, daß sich dieser Zusammenhang im Laufe der Neuzeit immer deutlicher herauskristallisiert. Der Idee von Individualität und Freiheit, die sich im Mittelalter (von Augustinus bis Thomas von Aquin) auf der inneren Ebene entwickelte, folgt nun das Bestreben, sie auf der äußeren, der sozialen Ebene zu verwirklichen (zu institutionalisieren). Auch dieser Entwicklungsprozeß vollzieht sich mehr und mehr innerhalb der Sphäre der *Rationalität* oder Erkenntnis.

Der beschriebene Zusammenhang leuchtet unmittelbar ein: Der Mensch ist nicht nur in dem Sinne Individualität, daß er als einzelnes Individuum einem Gott oder der Natur gegenübersteht, sondern als Individualität verhält er sich auch anderen Individualitäten gegenüber. Der Mensch tritt, mit anderen Worten, in einen sozialen Zusammenhang ein. In diesem Sinne knüpften wir auch bei der eingehenden Erörterung der individuellen Freiheit diese an die *Handlung* oder «Handlungssituationen» des einzelnen, in denen der Mensch ja besonders intensiv mit seinen Mitmenschen in Berührung kommt.

Andererseits haben wir diese Freiheitshandlung in der Erkenntnis des *einzelnen* verankert, und es könnte dadurch der Eindruck entstehen, daß wir auf diese Weise den Antagonismus zwischen Freiheit und Sozialität, zwischen Individuum und Gesellschaft, wie er in der Neuzeit so eklatant hervortritt, weiter verschärfen. Doch die Verankerung von Individualität und Freiheit in der Erkenntnis beinhaltet vielmehr die Auflösung dieses Dilemmas, indem *Erkenntnis* oder Rationalität zugleich das am meisten *Allgemein*-Menschliche sind; es ist dies der Bereich, in dem die Unterschiedlichkeit der Individuen aufgehoben ist, in dem sie sich zusammenschließen. So wie die Erkenntnis (Wahrheit) das einzelne Individuum befreit, so vereint sie zugleich die einzelnen Individuen.

Bis hierhin haben wir uns allerdings lediglich mit – wenn auch grundlegenden – erkenntnistheoretischen und ethischen Gesichtspunkten beschäftigt. Immer noch unbeantwortet blieb die Frage nach einer möglichen Realisierung von Freiheit und Vereinigung, Individualität und Sozialität in gesellschaftlicher *Praxis* – und gerade darauf kommt es an, wenn wir die «äußere» Freiheit meinen. Dieser Frage wollen wir uns deshalb in diesem Teil II zuwenden.

Ganz im Sinne unserer fundamentalen Betonung menschlicher Individualität und ihrer Freiheit können wir selbstverständlich keine Form von Sozialität akzeptieren, die sich unvermittelt neben diese Individualität und Freiheit stellt. Für uns muß sich die Sozialität aus Individualität und Freiheit *ergeben*; aus diesem Grunde haben wir all jene Auffassungen über das Verhältnis zwischen Individuum und Gesellschaft zurückgewiesen, die diese in einem unvermittelten Nebeneinander beläßt. Denn unweigerlich führt dies zu einem Antagonismus, der seinen Ausdruck darin findet, daß entweder die individuelle Freiheit äußerem Zwang unterworfen wird (kollektivistische Gesellschaftsordnungen) oder daß die Sozialität nicht zu ihrem Recht kommt (verschiedene Varianten des Liberalismus). Diese beiden alternativen «Lösungen», die die Gesellschaftsentwicklung der letzten 150 Jahre hervorgebracht hat, haben wir bereits in dem einleitenden, historischen Kapitel «Freiheit und Sozialität» angedeutet.

Wenn wir davon ausgehen, daß sich die menschliche Individualität ganz eigentlich in der Tätigkeit des Denkens und Erkennens entfaltet, so stellt sich die Frage, welcher Weg von diesem Ausgangspunkt zu Individualität und Freiheit im «äußeren», d. h. im sozialen, gesellschaftlichen Zusammenhang, führt. Erinnern wollen wir in diesem Kontext daran, daß sich unserer Erfahrung das individuelle Moment in Denken und Erkennen dadurch kundtut, daß die Erkenntnis das zunächst Nicht-Erkannte, Nicht-Verstandene, uns mithin als etwas *Fremdes* Gegenübertretende, *aufhebt.* Indem die Begriffe, die wir *selbst* als denkende Subjekte bilden, uns mit den Objekten verbinden (vermitteln), korrekter müßte es heißen: die Objekte mit uns verbinden, hebt sie das unmittelbar Fremde auf. Das Denken und die Erkenntnis überwinden die *Entfremdung*, die darin liegt, daß wir uns etwas (noch) Unverstandenem, Undurchschautem, d.h. etwas nur von außen Kommendem, gegenüber verhalten.

Das Festschreiben des Zustandes der Entfremdung haben wir als *Dogmatismus* charakterisiert – Erkenntnis bedeutet somit Emanzipation von Dogmatismus. Und weil die Individualität, unser Ich, so eng mit der Erkenntnis verbunden ist, bedeutet sie zugleich eine Befreiung von dem, was wir als Unterwerfung, Unterdrückung oder *Repression* (in einer weiten Bedeutung des Wortes) bezeichnen können. Das erste, was wir bezüglich der gesellschaftlichen Freiheit des Menschen festhalten wollen, ist also, daß wir *die Befreiung der Individualität von sozialer Repression als Fortführung der erkenntnismäßigen Überwindung des Dogmatismus* ansehen; wir behaupten sogar, daß es sich hierbei um zwei Seiten des gleichen Phänomens handelt. Ausgehend von den Begriffen ‹Entfremdung›, ‹Dogmatismus› und ‹Repression› wollen wir unsere Überlegungen im weiteren Verlauf von der individuellen auf die soziale Ebene verlagern, mit anderen Worten von der Freiheit in der Willenshandlung des einzelnen (oder: von der Freiheit, wie sie in der Willenshandlung des einzelnen liegt) zur Frage der äußeren oder *gesellschaftlichen* Freiheit übergehen. Wir können auch sagen (um die Anbindung an unsere Erörterungen in Teil I herauszustreichen), daß dieser Schritt eine Analogie zu der Wende aufweist, die Habermas dem «Kampf der Vernunft gegen den Dogmatismus» in Richtung eines im Marxschen Sinne «strengeren» Verständnisses des Dogmatismusbegriffes, der auch die gesellschaftliche Praxis des Menschen einbezieht, gibt (siehe Kapitel «Freiheit und Dogmatismus»). Wir unterscheiden uns jedoch von Habermas und insbesondere von Marx, indem wir diese «Praxis» im Lichte menschlicher Individualität und individueller Erkenntnis sehen.

Mit diesem Schritt in den gesellschaftlichen Bereich erhalten einige Aspekte von Dogmatismus und Entfremdung, die wir bislang nicht oder nur ansatzweise erörtert haben, besonderes Gewicht. Gewiß, eine absolute Trennung zwischen «Innerem» und «Äußerem» ist unmöglich, gerade weil wir den Menschen als Einheit ansehen, d.h. als ein integriert erkennendes und handelndes und damit auch als ein soziales Wesen. Selbst ein scheinbar rein «innerer» Aspekt wie die Unterwerfung des einzelnen unter «seine eigenen» Triebe hat *gesellschaftliche* Seiten, nicht nur was die Konsequenzen derartiger Handlungen betrifft, sondern nicht zuletzt deren Impulse und Bedingungen; hiermit sind Einwirkungen aus der sozialen Umwelt im weitesten Sinne angesprochen: in Form von expliziten Meinungen und Äußerungen wie von allgemeinen Haltungen und institutionellen Ordnungen, die meistens eher verhüllt als offenkundig Wirkung entfalten.

Zusammen mit den gattungsbedingten «inneren» Triebstrukturen können diese äußeren sozialen Verhältnisse einen Faktor von ausgesprochen individualitätsunterdrückender Kraft darstellen. Dieser repressive Faktor übt auf das individuelle Bewußtsein um so stärkere Macht aus, als er zumeist im Verborgenen wirkt und oft genug nicht einmal theoretisch als Zwang aufgefaßt wird. Hie und da vermag dieser Zwang sogar den Anschein von Freiheit zu verbreiten – wenn man beispielsweise von der Freiheit des Individuums spricht, im Grunde aber nur dessen *egoistische* Selbstentfaltung meint. Als ein typisches Beispiel hierfür steht die sogenannte «sexuelle Befreiung», die ihre Motivation eher aus der Befriedigung eines rein *gattungs*bedingten Triebes bezieht und daher im Hinblick auf die menschliche Individualität eher eine Form von Repression darstellt. Der Sozialphilosoph Herbert Marcuse hat diese «Befreiung» denn auch als «repressive Entsublimierung», d.h. eine *unterdrückende* «Freiheit» bezeichnet, weil sie die (wahre) Befreiung des einzelnen von gesellschaftlicher Repression konterkariert. Es gehe hier, so Marcuse, um eine «institutionalisierte Entsublimierung» oder «kontrollierte Entsublimierung», wobei die Gesellschaft (willkürlich und unwillkürlich) die «Triebsphäre» (wie sonst die Politik) dazu benutzt, Opposition «abzubauen», indem die «Entsublimierung» in einem «Absterben der geistigen Organe, die Widersprüche und Alternativen zu erfassen ...» resultiert.[1]

Wir haben es hier also mit einer *äußeren*, gesellschaftlichen Unterdrückung menschlicher Individualität (und Sozialität) zu tun, die auf *innerer* Ohnmacht (auf dem Egoismus und der Sinnlichkeit des einzelnen) basiert. In Anlehnung an Michel Foucault können wir dann behaupten, daß die Repression «auf der Innenseite» des Individuums ihr Gegenüber bzw. ihre Entsprechung hat. (Die totale Verneinung von individueller Freiheit und Autonomie in Foucaults Machtanalyse weisen wir allerdings scharf zurück.)

In der «fortgeschrittenen Industriegesellschaft» (Marcuse), überhaupt in unserer modernen Zivilisation, gibt es viele solcher Formen von gesellschaftlicher Repression, die das individuelle Bewußtsein in einem Zustand der Entfremdung festhalten. Der massive Konformitätsdruck, dem das einzelne Individuum in unserer modernen Zivilisation ausgesetzt ist, ist nur zu bekannt und auch Gegenstand verschiedener Gesellschaftsanalysen. Gleichwohl scheinen wir geneigt, die Auswirkungen dieses Druckes und die Dimensionen der durch ihn hervorgebrachten Massenmentalität zu unterschätzen – als Beispiele seien hier nur der Diva- und Divus-Kult der Reklame und der Massenmedien, das Getue um Kino- und Fernseh-«Stars» sowie die tägliche Medien-Injektion von Einstellungsstandards und oberflächlichen Meinungen genannt. Die Menschen werden mehr oder weniger in stereotype «Typen» und «Rollen» hineingepreßt; solche individualitätsverneinenden sozialen Strukturen, die unser Bewußtsein beeinflussen, sogar prägen, sind allgegenwärtig.

Nicht zuletzt die moderne Psychologie hat mit der von Sigmund Freud eingeleiteten Betonung des Unbewußten dazu beigetragen, viele der versteckten Beeinflussungen und repressiv wirkenden Kräfte aufzudecken, von denen hier die Rede ist. Die Einseitigkeit von Freuds ursprünglichem Projekt, die seinem egozentrierten Standpunkt zuzuschreiben ist, wurde korrigiert von einzelnen seiner Nachfolger, wie beispielsweise Erich Fromm, der den Zusammenhang zwischen der mangelnden inneren Freiheit des einzelnen und der Existenz bestimmter *sozialer* Strukturen hervorhob. Fromm hat u.a. jene Entfremdung klar nachgewiesen, die aus den *Standardisierungs*tendenzen in der modernen Gesellschaft erwächst. «Das Risiko der Vergangenheit bestand darin, daß Menschen zu Sklaven wurden, das Risiko der Zukunft besteht darin, daß Menschen zu Robotern werden».[2] Woran es Freud wie den meisten Gegenwartspsychologen jedoch mangelt, ist ein Verständnis des Zusammenhangs zwischen der menschlichen Entfremdung in unserer modernen Kultur und dem dieser Kultur zugrundeliegenden *Menschen-* und *Weltbild.* Wir haben dies bereits in Teil I hervorgehoben und werden im abschließenden Teil der Studie noch einmal darauf eingehen.

Als Folge dieses Mangels litt das psychoanalytische Verständnis von Repression und Befreiung durchgängig unter dem naturalistischen Menschenbild ihres Begründers und dem fast völligen Fehlen eines wirklichen Begriffes von der *Individualität* des Menschen, wodurch die Psychoanalyse im Kampf um sowohl individuelle wie soziale Emanzipation zu einem zweischneidigen Schwert wurde. Freuds Psychoanalyse, die antrat, den Menschen von einem abstrakten «moralischen» «Über-Ich» zu befreien, hat ihn zu einem Sklaven seines Trieblebens gemacht und konnte als eine «Ideologie» und «Rationalisierung» von diesen Trieben in den Dienst genommen werden. Man ist beinahe geneigt zu sagen, daß das «Kind», das menschliche Ich, mit dem «Bade», dem Über-Ich, ausgeschüttet wurde.

Nun hat sich dies bei einem Teil der Schüler Freuds geändert. Erich Fromm z. B. nimmt sowohl ein transzendentales menschliches Ich-Bewußtsein als auch eine Eigenständigkeit des Menschen als Kulturwesen an, die sich nicht aus dessen Triebstruktur (grundsätzlich nicht in biologischen Kategorien) verstehen lassen. Besonders fundamental ist bei Fromm die dem Triebhaften gegenüber primäre Stellung der universellen, mitmenschlichen Liebe. Er kritisiert in diesem Zusammenhang sowohl Freuds Sexualtheorie wie die heutige Betonung rein erotischer Liebe, die er u.a. als einen «Egoismus für zwei» charakterisiert, der mit «Zärtlichkeit und Intimität» verwechselt werde.[3]

Ungeachtet der hier an Freud geübten Kritik soll jedoch seine beachtliche *methodologische* Leistung die ihr gebührende Anerkennung finden. Zum einen betrachtete Freud die seelischen Phänomene als *seelische* und nicht als von hirnphysiologischen Prozessen abgeleitet. Zum zweiten war er bemüht, den *Sinn* dieser Phänomene zu verstehen und nicht nur deren Ursachen in

Raum und Zeit aufzudecken (man denke z.B. an seine «Traumdeutung»). Und drittens führte er das *Unbewußte* (Unterbewußte) in die neuzeitliche Psychologie ein. All dies sind grundlegende Gesichtspunkte auch für unsere eigene Analyse und Erörterung in diesem Kapitel, die in ihrer Bedeutung nicht verkannt werden sollen.

Soviel an dieser Stelle zum Beitrag der Psychoanalyse zur Erkenntnis der repressiven Kräfte in der modernen Gesellschaft – ein Beitrag, der, wie gesehen, positive, aber auch nicht unerhebliche negative Seiten hat.

Eine spezielle soziale Struktur unserer Zivilisation mit stark repressiven Zügen ist die *technifizierte* Umwelt. Unter ihrem Einfluß bilden wir uns z. B. Vorstellungen von anderen Wirklichkeitsbereichen, als seien diese technischer Natur, d.h. als bestünden sie aus Objekten, die gezählt, gemessen, gewogen und durch Ursache-Wirkungs-Kette adäquat verstanden werden könnten. Nicht nur disqualifiziert und entseelt dies die Natur, sondern es entthront auch den Menschen, der als ein «Ding» aufgefaßt und also «verdinglicht» wird – mit den entsprechenden repressiven sozialen Konsequenzen. In technischen Kategorien geht der Mensch nicht auf, nicht als lebendes Wesen und schon gar nicht als Individualität. Die ausgeprägt technifizierte Umwelt wirkt veräußerlichend und damit repressiv, sozial ebenso wie individuell. Daß und wie sich dies nicht zuletzt an der Entwicklung der EDV-Technologie der letzten Jahre veranschaulichen und konkretisieren läßt, werden wir im abschließenden Teil unserer Studie genauer darstellen.

Die Analyse Karl Marx' zeugt von seinem Scharfblick für derartige Unterdrückungsmechanismen im Verhältnis des Menschen zu Arbeit, Produktion und Markt im ökonomischen Bereich; er zeigt, daß bestimmte «Produktionsverhältnisse» den Menschen «verdinglichen». Hierin ist die Marxsche Gesellschaftskritik berechtigt, hierdurch erklärt sich auch die Kraft, die der Marxismus als ethischer Appell ein ganzes Jahrhundert hindurch entfalten konnte: Er lehnt sich gegen undurchschaute Repression im ökonomischen Bereich auf (und macht sie damit durchsichtig). So legt Marx in seiner *Kritik der politischen Ökonomie* mit starkem moralischen Impetus dar, daß der Mensch unter der Sklaverei des «Waren-» und «Geldfetischismus» zu einem Objekt, einem Ding wird, indem er als arbeitendes Wesen zu einer Ware auf einem Markt gemacht wird.

Unseres Erachtens ist Marx' Verständnis dieses Warencharakters von Arbeit jedoch zu eng und einseitig. So erblickt er ausschließlich in dem Recht auf Privateigentum an Produktionsmitteln und der *damit* verbundenen «Ausbeutung» repressive Strukturen, wobei die hieraus resultierende Repression durch die zwischenzeitliche ökonomische und soziale Entwicklung, die die Abhängigkeit des «Lohnarbeiters» von dem Kapitalbesitzer reduziert hat, zu einem guten Teil abgefedert worden ist. Des weiteren sah Marx nicht den tieferen historischen, ethischen und psychologischen Zusammenhang zwischen einem materialistischen Egoismus und der privatkapitalistischen Produktionsweise, sondern träumte selbst den äußerst bürgerlichen Traum eines materiellen Schlaraffenlandes, das zur Lösung aller Probleme führen sollte. Und schließlich, auch hierin offensichtlich dem Einfluß seiner materialistisch geprägten Zeit unterliegend, generalisiert Marx die Beeinflussung des menschlichen Bewußtseins durch «Produktionsverhältnisse» zur These von dessen *totaler* Determiniertheit durch solche Verhältnisse. Für die Frage der Befreiung von Repression bedeutet die Berücksichtigung dieser Form und Quelle von Beeinflussung zwar eine wichtige Perspektiverweiterung, sie erfährt jedoch eine beachtliche Beschränkung, wenn man sie darauf reduziert. Wird doch damit die menschliche Individualität und *deren erkennende Beziehung* zu den repressiven Kräften, zu Entfremdung und Verdinglichung, unterschätzt.

Wir können deshalb Marx in seiner Auffassung von dem Verhältnis zwischen Individuum und Gesellschaft nur insoweit folgen, als er auf die repressiven Strukturen in dem kapitalistischen ökonomischen System hinweist, wie z.B. in dem *Kommunistischen Manifest:* «Die Bourgeoisie ... hat die persönliche Würde in den Tauschwert aufgelöst und an die Stelle der zahllosen verbrieften und wohlerworbenen Freiheiten die eine gewissenlose Handelsfreiheit gesetzt.» Wir distanzieren uns jedoch von Marx dann, wenn er das menschliche Individuum durch ökonomisch-materielle Strukturen *total* erklären will und an gleicher Stelle erklärt, daß sich «die geistige Produktion ... *mit* der materiellen umgestaltet»[4] – hierin liegt unbestreitbar eine Auflösung der «persönlichen Würde», der Autonomie des Individuums.

In der neomarxistischen Analyse der gesellschaftlichen Repression, z.B. durch Herbert Marcuse, wird die Befreiung in nicht unwesentlichem Maße von dem Bewußtsein des *einzelnen* aus erhofft. Damit erhält die gesellschaftliche Befreiung einen individual-ethischen Aspekt, der Marx und dem traditionellen Marxismus fremd zu sein scheint. Charakteristisch ist hier Marcuses Hervorhebung, daß die «Revolution des 20. oder 21. Jahrhunderts ... nicht primär aus der Not geboren ist, sondern ... aus der allgemeinen Entmenschung, der Dehumanisierung, des Ekels an der Verschwendung und des Überflusses der sogenannten Konsumgesellschaft, des Ekels an der Brutalität und Ignoranz der Menschen».[5] Die gesellschaftliche Befreiung wird hier nicht in erster Linie durch Veränderung allgemeiner, gar rein materieller Faktoren

(«Produktionsverhältnisse» und «Produktivkräfte») erwartet, sondern soll der Besinnung des einzelnen auf die Würde des Menschen entspringen.

Nun bezieht sich Marcuse allerdings auf eine Gesellschaft, die sich erheblich von der des 19. Jahrhunderts unterscheidet: die «fortgeschrittene Industriegesellschaft», in der *Technologie* zu einem übergeordneten Ziel und zur bestimmenden Denkweise geworden ist, wodurch sie einen inhumanen und individualitätsfeindlichen Charakter erhalten hat. Deshalb konzentriert sich seine Kritik auf Verhältnisse, die für Marx noch kein Problem darstellten: Gleichschaltung, Nivellierung und Standardisierung durch die technologisch erzeugte «Massenkultur». Deshalb sieht er die gesellschaftliche Unterdrückung des einzelnen nicht nur in dem Warencharakter seiner Arbeit, sondern gleichermaßen in der allgemeinen Technologisierung der Lebensform des modernen Menschen. Die Entfremdung, Verdinglichung und Unterdrückung des Individuellen liegt in eben dieser techno-ökonomischen Zivilisationsform, sei es, daß Gleichschaltung und Unterdrückung in «terroristischer» Form (Marcuse) wie in den kommunistischen Gesellschaften stalinistischer Prägung auftreten, sei es, daß sie in indirekterer, sublimerer Form in den kommerzialisierten, privatkapitalistischen Gesellschaften vorzufinden sind. Beide Gesellschaften sind Ausdruck einer Kultur, die geprägt ist von Äußerlichkeit, von einer «Abkehr von der Innerlichkeit», wie Marcuse es charakterisiert. Man wendet sich ab von der «Verinnerlichung», die doch Lebensbedingung der menschlichen Individualität ist![6]

Dies zu Herbert Marcuse, dessen Auffassungen wir in diesem Zusammenhang teilen; einige Hinzufügungen erscheinen jedoch erforderlich. Nicht wenige teilen unsere Auffassung von dem repressiven Charakter der «*westlichen*» Variante der «fortgeschrittenen Industriegesellschaft» nicht. Teils ist man geneigt, die Bedeutung ihrer repressiven Wirkung zu unterschätzen, indem man ihre Funktionsweise nicht durchschaut; teils streitet man ihre Existenz überhaupt ab und behauptet, die von uns als «kommerzialisiert» charakterisierte Gesellschaft sei eher Ausdruck für «Individualismus» und «Freiheit» als für Repression des Individuellen. Wenngleich wir diese Argumente in gewissem Umfang bereits durch unsere Ausführungen zu Entfremdung und Verdinglichung des menschlichen Bewußtseins kommentiert haben, ist eine Vertiefung unserer Argumentation sicherlich angebracht. Beginnen wollen wir mit der letztgenannten Position.

Unmittelbar erscheint die «kommerzialisierte» Gesellschaft mit ihrer «freien Konkurrenz» und «freiem Markt» als Inbegriff einer Freiheit und Individualität gewährleistenden Gesellschaft, indem dem einzelnen «freie Hand» gelassen und «freie Wahl» ermöglicht werden. In gewisser Weise ist das einzelne Individuum mit seiner Initiative und seinen «Präferenzen» in der Tat Ausgangspunkt und Basis dieser Gesellschaft. Aber – geht es hier um den einzelnen Menschen als *Individualität* und um *individuelle Freiheit* in dem von uns gemeinten Sinne? Oder handelt es sich nicht vielmehr um ein solches Verständnis, wie wir es im Zusammenhang u. a. mit der Erörterung der Spieltheorie in früheren Kapiteln angesprochen hatten? Auch hier war das einzelne Individuum als «Akteur» mit seiner «Wahl» und seinen «Präferenzen» Ausgangs- und Fluchtpunkt der Betrachtungen. Dies allein bietet jedoch, wie gezeigt, keine Gewähr, daß es sich hier tatsächlich um Individualität und individuelle Freiheit handelt. Um *dies* entscheiden zu können, ist zu klären, ob die Motive der «Akteure» der *Erkenntnis* des einzelnen entspringen oder z.B. lediglich den gattungsbestimmten (allgemeinen) Trieben und Begierden entstammen. Es kann kaum bezweifelt werden, daß die «Präferenzen» und Handlungen, die in der modernen kommerzialisierten Konkurrenz- und Konsumgesellschaft in Erscheinung treten, eher Beispiele für letzteres als für ersteres sind.

In und durch diese Gesellschaft erhalten weniger Individualität und Freiheit Ausdruck und Förderung, sondern vielmehr deren Karikatur und Gegenpol: der gattungsbedingte *Egoismus*, der gegenüber der Individualität und Freiheit gerade repressiv wirkt. Diese Gesellschaft als eine «freiheitliche Gesellschaft» zu verstehen, bedeutet, einer *Verwechslung* von Individualität und Egoismus zu erliegen, indem das Ausleben des Egoismus identifiziert wird mit freier Willenshandlung des Menschen. Wir haben es mit einer ideologischen Scheinfreiheit zu tun, denn der Preis, der für die Entfaltung dieses Egoismus zu zahlen ist, ist die *Unterwerfung des Individuums* unter die sogenannten «ökonomischen Gesetze»: den Konkurrenzmechanismus und die Marktlogik.

Was die sogenannte «freie Konkurrenz» in der kommerzialisierten Gesellschaft angeht, erklärt bereits Marx zu Recht: «Nicht die Individuen sind frei gesetzt in der freien Konkurrenz; sondern das Kapital ist frei gesetzt.» Und weiter: «Diese Art individueller Freiheit ist daher zugleich die völligste Aufhebung aller individuellen Freiheit und die völlige Unterjochung der Individualität unter gesellschaftliche Bedingungen, die die Form von sachlichen Mächten, ja von übermächtigen Sachen – von den sich beziehenden Individuen selbst unabhängigen Sachen – annehmen.»[7]

Wenn man diese Gesellschaft nichtsdestoweniger beharrlich als (institutionalisierten) Ausdruck menschlicher Freiheit kennzeichnet, so provoziert dies die Frage, warum sich diese Einschätzung (aller Anfechtungen zum

Trotz) so erfolgreich behauptet, ja bei den meisten sogar den Status einer unbestreitbaren Offenkundigkeit genießt. Offenbar verleitet der «individuelle» *Ausgangspunkt* zu dem Glauben, es mit Individualität zu tun zu haben. Wie angedeutet, weist die Auffassung von der kommerzialisierten Gesellschaft als einer «freien Gesellschaft» große Ähnlichkeit mit dem spieltheoretischen Verständnis menschlichen Handelns auf, wo der Eindruck eines «Individualismus» allein dadurch nahegelegt wird, daß die Theorie im *einzelnen* «Akteur» ihren Ausgang nimmt.

Es ist an dieser Stelle angebracht, noch einmal die fundamentale Bedeutung zu unterstreichen, die die Frage nach dem Wesen menschlicher Individualität und dem damit zusammenhängenden Gegensatz zwischen Individualismus und Egoismus für das Menschenbild hat. So hat der die kommerzialisierte Gesellschaft tragende ökonomische Liberalismus – ebenso wie einzelne Spieltheoretiker – eine ideologische Rechtfertigung (bzw. ontologische Verankerung) mit Hilfe der Vorstellungen der Selektionstheorie von «natürlicher Auslese» *(survival of the fittest)* im «Daseinskampf» gesucht!

Es ist offensichtlich, daß sich der Nachdruck, mit dem der ökonomische Liberalismus die «Konkurrenz» als Gesellschaftsprinzip par excellence herausstellt, aus derartigen Vorstellungen (bewußt oder unbewußt) erklärt. Auch historisch besteht nach Auffassung vieler ein unbestreitbarer Zusammenhang zwischen der Idee des ökonomischen Konkurrenzkampfes und dem Darwinismus – ja, beide sind im Grunde nur zwei Erscheinungsformen eines Phänomens. «Der springende Punkt bleibt, daß der Darwinismus ideologisch unabwendbar mit dem manchesterlichen Liberalismus der gleichen Zeit ... zusammenhängt», schreibt beispielsweise Hedwig Conrad-Martius.[8] Der Darwinismus allgemein – und nicht nur der sogenannte Sozialdarwinismus –, ist mit seiner Auffassung, organisches Leben und Entwicklung seien vollständig von «Kampf» und «Konkurrenz» zwischen den Individuen bestimmt, die wissenschaftstheoretische Folie, auf der der Manchesterliberalismus entstanden ist und auf der er zu sehen ist.

Aus sozialphilosophischer Perspektive beinhaltet dieser «Individualismus» ökonomisch-liberalistischer oder spieltheoretischer Ausprägung ein *unvermitteltes* Verhältnis zwischen Individualität und *Sozialität* und damit eine Sozialität, die im Gegenzug unweigerlich eine Kränkung des Individuellen bedeutet. Schließlich muß in der auf Konkurrenz beruhenden Konsumgesellschaft, in der die Individuen als bloße Egoisten handeln (und oft nicht anders denn als solche handeln können), jegliche soziale Ordnung – als zwingende Gesetze und Regeln, die den übelsten Auswüchsen des Egoismus

Schranken setzen sollen – den einzelnen *von außen* oktroyiert werden. Dies ergibt sich aus der Natur der Sache, denn eine gegenseitige Anerkennung ist bei rein egoistisch handelnden Individuen einzig auf «strategischer» Basis denkbar, bei der die Individuen als *Mittel* füreinander zur eigenen «Nutzenmaximierung» erscheinen. Auch in dieser Hinsicht steht also der Egoismus in schärfster Opposition zur Individidualität, die ja gerade eine Anerkennung der *anderen* Individuen als *Individualitäten* impliziert. Die moderne Konkurrenz- und Konsumgesellschaft wirkt somit nicht nur repressiv auf Individualität und individuelle Willenshandlung, sondern gleichermaßen repressiv auf die Sozialität, also menschliche Gemeinschaft und menschliches Zusammenwirken. Denn nicht nur der einzelne wird zum «Ding», indem er den «ökonomischen Gesetzen» unterworfen wird, die Kommerzialisierung macht die Individuen gleichermaßen zum Ding *füreinander* – sie verdinglicht die zwischenmenschlichen Beziehungen.

Die hier berührten Fragen werden in einem späteren Kapitel («Die Sphäre der Brüderlichkeit») aufgegriffen und einer eingehenderen Erörterung zugeführt werden; wir wollen dann auch versuchen, soziale Ordnungen zu begründen, die, über die kommerzialisierte Gesellschaft hinaus, auf eine Gesellschaft weisen, die nicht auf Egoismus, sondern auf wirklicher Individualität aufbaut. Hier wollen wir lediglich einige Bemerkungen vorausschikken, um möglichen Mißverständnissen vorzubeugen. Die obigen kritischen Bemerkungen zur kommerzialisierten Konkurrenz- und Konsumgesellschaft richten sich nicht gegen die Prinzipien eines «freien Marktes» oder «freier Konsumwahl» als Strukturelemente einer Organisation des ökonomischen Bereichs. Unsere Kritik bezieht sich vielmehr auf die Tendenz, solche Prinzipien zu *totalisieren* und sie zum Richtungsweiser der «Gesellschaftssteuerung» werden zu lassen, wie es im Falle der Kommerzialisierung geschieht. Denn hier wird alles zur Ware oder zum «Ding» und somit auch manches, was nicht legitimerweise Ware sein kann (z.B. die menschliche Arbeit!), worauf wir in dem erwähnten Kapitel detailliert eingehen werden.

Wir haben gezeigt, daß der menschliche Egoismus und nicht die Freiheit Triebkraft der Kommerzialisierung der Gesellschaft ist und diese Kommerzialisierung deshalb abgelehnt werden muß. Dies bedeutet natürlich nicht, daß wir die *Wahl*freiheit ablehnen, die qua der Möglichkeit, das «Gute» zu wählen, ein augenfälliger Aspekt auch der Wahl am Markt ist. Es bedeutet jedoch die Zurückweisung der *einseitigen* Betonung *dieser* Freiheit im Gesellschaftsganzen (eine Einseitigkeit, die für liberalistische Auffassungen charakteristisch ist). Denn die *tiefere* menschliche Freiheit und Individualität verliert man hierdurch aus den Augen, mit der Folge, daß die Gesellschaftsordnung mehr auf die Entfaltung des Egoismus als auf die Realisierung wirklicher Freiheit, wie z.B. auf die Entfaltung der verschiedenen Fähigkeiten jedes einzelnen, orientiert, angelegt und organisiert wird. In unserer früheren Erörterung der Wahlfreiheit als Willensfreiheit (mit Bezugnahme u.a. auf Augustinus und Thomas von Aquin) haben wir bereits gezeigt, daß selbst die rein ethische Wahlfreiheit, um die es hier geht, eigentlich nur ein (möglicher) Ausgangspunkt für die tiefere, auf Erkenntnis gründende Freiheit ist.

Die einseitige Akzentuierung der Wahlmöglichkeit auf dem Markt und die damit einhergehende Diskriminierung der tieferen und eigentlichen Freiheit des Menschen wirkt sich auf das Gesellschaftsverständnis verschleiernd aus. Sogar die Wahlfreiheit selbst wird illusorisch, wenn sich das Individuum bei aller «freier Wahl» den ökonomischen Gesetzen *unterwirft*! Und schließlich führt dies mit sich, daß man zwar jegliche «Freiheit» für egoistische Neigungen, für die ungehemmte Entfaltung des Trieblebens «des einzelnen» eifrig verteidigt (vgl. z.B. die sogenannte «Pornographie-Debatte»), andererseits die gröbsten Eingriffe in wirkliche, geistige Freiheit oft völlig übersieht (wie beispielsweise im Falle verwaltungsmäßiger «Steuerung» von Schule und Universität). Unsere eingehende philosophische Erörterung des Freiheitsproblems, mit der Differenzierung zwischen Freiheit als Wahl und Freiheit als Erkenntnis, vermag also in hohem Maße zur Erhellung der Frage beizutragen, mit welcher Berechtigung bzw. in welchem Maße unsere moderne «westliche» Gesellschaft als eine «Freiheitsgesellschaft» charakterisiert werden kann.[9]

Die Antwort auf diese Frage (sie wird uns im übrigen noch unter anderen Gesichtspunkten beschäftigen) ist, daß die so oft bemühte «Freiheit» eher eine scheinbare als eine reelle ist. Deshalb wirkt die Berufung auf sie verschleiernd oder als *Ideologie* in marxistischem Sinne, wenn auch mit dem wesentlichen Unterschied, daß *unsere* «Ideologiekritik» die menschliche Individualität zum Ausgangspunkt nimmt und nicht «die Gesellschaft» oder «die Klasse».

Wir wollen uns nun dem zweiten erwähnten Standpunkt zuwenden, der zwar den repressiven Charakter der Konkurrenz- und Konsumgesellschaft nicht übersieht, dessen Bedeutung aber unterschätzt. Man wird aus dieser Sicht die von uns (und u.a. Marcuse) geübte Kritik als übertrieben einschätzen. Ist es nicht denkbar, wird man einwenden, daß der einzelne seine Individualität trotz aller gesellschaftlichen Repression bewahren kann? In dieser Formulierung hat der Einwand durchaus seine Berechtigung, insbesondere gegenüber der marxistischen Tendenz, *alles* Gewicht auf die gesellschaftliche Umwelt zu legen, wenn es um Bewußtsein, Erkenntnis und

Willen des einzelnen geht. Wir selbst betonen ja immer wieder, daß wir es stets mit einer *Individualität*, einem menschlichen Ich, zu tun haben, das den Dogmatismus und die Entfremdung *überwinden* und sich von Repression befreien kann. In diesem Zusammenhang haben wir uns ausdrücklich von dem marxistischen Verständnis des Verhältnisses zwischen Individuum und Gesellschaft distanziert. (Diesen Gesichtspunkt vertiefen wir im übrigen, wenn wir das Problem der «Veränderung» in dem abschließenden Kapitel «Individuelle Wandlung und gesellschaftliche Veränderung» erörtern.)

Es darf jedoch nicht vergessen werden, daß es große Kraft und beträchtlichen Mut erfordert, das *eigentlich* Individuelle in einer wie oben beschriebenen Gesellschaft geltend zu machen und zu wahren. Dies gilt nicht nur für die «terroristischen» Varianten der modernen Gesellschaft, um wiederum mit Marcuse zu sprechen, sondern nicht minder für die «westlichen» Gesellschaften, was auf zwei Gründe zurückzuführen ist: In keiner früheren Zivilisation war der einzelne Mensch in einem derartigen Umfang in die *gesellschaftlichen* Zusammenhänge integriert und außerstande, sich den von ihnen ausgehenden Beeinflussungen zu entziehen. Zum anderen ist kaum eine frühere Kultur derart von *inhumanen* Vorstellungen und Lebensformen durchzogen gewesen wie unsere materialistische. Allerdings sind diese eher versteckt, als daß sie sich an der Oberfläche zeigen, weshalb es auch um so schwieriger ist, sie zu durchschauen und ihnen zu widerstehen! Wir wollen hier nur erinnern an die an anderer Stelle erörterte reduktionistische Auffassung vom Menschen und die oben beschriebene Auslieferung des Menschen an seine Verdinglichung durch die ökonomischen Kräfte.

In einer von dieser Kultur geprägten Gesellschaft die menschliche Individualität verteidigen zu wollen, erfordert deshalb nichts weniger als einen radikalen Bruch mit dieser Kultur. Denn die individualitätszerstörenden und freiheitsnegierenden Kräfte, die Nivellierung und Standardisierung, sind in dieser Kultur tief verankert. Daher ist auch die Wahrscheinlichkeit hoch, daß die Reaktion gegen diese massive Repression aus der Bahn gerät, und ohne Zweifel muß der Aufruhr und die Rebellion, die wir heutzutage erleben, zu einem großen Teil in diesem Licht gesehen werden: Man erlebt die Repression, größtenteils jedoch unbewußt, und reagiert daher blind. In vielen Fällen führt diese Reaktion sogar zu einem kapitulierenden Sich-Verabschieden aus dem sozialen Zusammenhang, wie in der Hippie-Bewegung und wohl auch dem internationalen Phänomen von Jugendkrawallen und «Rote Armee-Fraktion». Eine andere Reaktion ist die Flucht vor dem Leben überhaupt: von der Jagd auf bewußtseinsbetäubende Stimulanzien z.B. in der sinnentleerten Spannung des Wettkampfsports oder der dumpfen Rhythmik der Popmusik bis hin zu Sexualismus, Alkoholismus und Narkomanie. Ganz zu schweigen davon, daß die beschriebene Entfremdung und Unterdrückung von Individualität und Sozialität die Häufigkeit psychischer Leiden erhöht und der Kriminalität Vorschub leistet.

Selbstredend haben diese verschiedenen Phänomene auch eine «individuelle» oder «subjektive» Seite und können nicht nur als Reaktion auf eine entfremdende materialistische Kultur und deren repressive Gesellschaftsform gesehen werden. Nur, dieser subjektive Aspekt wird oft einseitig herausgestellt, das Allgemein-Kulturelle und Gesellschaftliche hingegen ignoriert. Diese Eingleisigkeit ist beispielsweise im heutigen Humanismus und heutiger religiös-orientierter Ethik weit verbreitet – alle Aufmerksamkeit ist gerichtet auf das psychologisch Persönliche, und die Rede ist ausschließlich von «Sünde» oder «Schuld» des einzelnen, während man sich einer Auseinandersetzung mit dem Materialismus, der Amoral und der Menschenfeindlichkeit in *Weltanschauung* und *Gesellschaftsstrukturen* der Gegenwart entzieht. Dies sollte uns ein weiterer Grund sein, die Aufmerksamkeit auf die «objektive» Seite der beschriebenen Gegenwartsphänomene zu richten, wobei wir zugleich die «objektivistische» Einseitigkeit zu vermeiden suchen: *alles* z.B. aus «Gesellschaftsverhältnissen» erklären zu wollen, so wie in bestimmten sozialpsychologischen Positionen wie auch im Marxismus.

In der nun folgenden Erörterung dieses eher objektiven Aspektes der heutigen Entfremdung und Repression soll es allerdings weniger um deren gedanklichen Hintergrund gehen. Wir richten also die Aufmerksamkeit nicht darauf, daß dem einzelnen durch eine konformistische Schule, Wissenschaft und vieles mehr ein materialistisches, individualitäts- und freiheitsnegierendes Menschen- und Weltbild indoktriniert wird. In Teil I haben wir ja bereits angesprochen, wie vielschichtig und einschneidend diese Beeinflussung des Bewußtseins des einzelnen ist.

Worauf es uns jetzt also ankommt, ist die konkrete Einwirkung auf den einzelnen und die damit zusammenhängende Repression, die aus *sozialen Haltungen und gesellschaftlichen Strukturen und Institutionen* erwächst. Es dreht sich also um eine Einwirkung und Repression, die eher psychologischer Art ist. (Die Frage von sozialer oder politischer Repression durch den *expliziten* Meinungsbildungsprozeß wollen wir im nächsten Kapitel behandeln.) Obgleich hier im wesentlichen von psychologischer Einwirkung und Mentalitätsbildung die Rede ist, haben wir es gleichwohl mit Elementen von «Meinungen» oder Gedanken zu tun. Die sozialen Haltungen, Strukturen und

Institutionen sind unbestreitbar Ausdruck bestimmter Meinungen oder Gedanken, was den Beeinflußten oft *nicht bewußt* ist und häufig nicht einmal von denen bewußt intendiert ist, die diese Haltungen und Strukturen exponieren und die Institutionen repräsentieren. Bei jeder Form von Manipulation innerhalb der menschlichen Gesellschaft geht es ganz allgemein und im wesentlichen um eine Sphäre von *Meinungen* und *Gedanken*, nicht so sehr um Kausalrelationen, wie wir sie typischerweise von den Naturwissenschaften kennen.

Auch außerhalb *bewußten* menschlichen Denkens und Handelns sprechen wir also von «Meinung» oder «Gedanke», und mit «Manipulation» durch solche Meinungen und Gedanken meinen wir etwas anderes als eine gewöhnliche Kausalrelation. Wir *verhalten* uns nämlich als vorstellende Subjekte zu solchen Meinungen und Gedanken – wir sind nicht nur ihr passives Produkt, wie in einer äußerlichen Verbindung. Dies ist eher analog zu einer hermeneutischen Subjekt-Objekt-Relation denn als ein Ursache-Wirkungsverhältnis in traditionellem Sinne zu verstehen. Ein solches mehr oder weniger unbewußtes Sinnverhältnis wird z. B. in Marx' und Freuds Analysen offenbar vorausgesetzt, obwohl es in deren mechanistisch-kausalem Verständnis von menschlichem Bewußtsein und Erkenntnis keine Begründung erfährt. Innerhalb dieser Auffassung ist kein Platz für in diesem Sinne unbewußte Meinung oder Intention.[10]

Einige Beispiele sollen nun die Art von «Manipulation» illustrieren, von der hier die Rede ist. Diese Einflüsse können uns schwerlich fremd erscheinen, werden wir doch täglich mit ihnen konfrontiert. Liegt z.B. der täglichen Anpassung der Massenmedien an unsere unmittelbarsten und oberflächlichsten Reaktionen, an «das, was sich verkauft» nicht implizit ein «Gedanke» zugrunde? Kommt denn in den knappen, auf unsere einfachsten Emotionen ausgerichteten Überschriften oder auch in der passivierenden Wirkung der Fernsehbilder nicht ein bestimmter Gedanke zum Ausdruck? Ist es nicht *der Gedanke*, daß der Mensch *keine* Individualität ist – denn die Existenzbedingung einer *Individualität* ist Reflexion und nicht Kritiklosigkeit, Vertiefung und nicht Oberflächlichkeit, Verinnerlichung und nicht Äußerlichkeit –, der sich hier letztlich manifestiert? Neben diesen vielleicht etwas raffinierten Beispielen für die individualitätsnegierende Massenkultur der modernen Gesellschaft können andere, offensichtlichere Beispiele genannt werden: der Konformitätsdruck, der von der Werbung ausgeht, die Vermassung und Egalisierung, die wir in weiten Teilen des Sports vorfinden und vieles mehr.

Ein weiteres, etwas anders gelagertes Beispiel zeigt, welche Gedanken implizit in den Strukturen, Haltungen und Institutionen, ja selbst im Sprachgebrauch unserer gesellschaftlichen Umwelt verborgen liegen. Ist es nicht ein *Gedanke,* der uns in verschiedenen Erscheinungsformen durch das *Konkurrenz- und Belohnungssystem* der «fortgeschrittenen Industriegesellschaft», durch dessen Konsummaterialismus und -zwang aufgedrängt wird? Und ist dies nicht der Gedanke, daß ein jeder sich selbst genug sei und daß Ziel und Sinn menschlichen Lebens sich darin erschöpfe, möglichst viel von den materiellen Gütern der Welt zusammenzuraffen? Es ist, mit anderen Worten, der Gedanke, daß die egoistische Selbstbehauptung die Basis des gesellschaftlichen Lebens sei, ein Gedanke, der gleichermaßen sozialitätsnegierend wie individualitätsunterdrückend wirkt.

Dieser «Gedanke» hat die heftigsten Gegenreaktionen und viele soziale Befreiungsbewegungen der Gegenwart ausgelöst, wenn diese (typischerweise) auch eher instinktiv als sich ihrer Richtung klar bewußt gewesen sind. Er bedeutet nicht weniger als die *Unterwerfung* des Menschen unter das Materielle, d.h. daß der Mensch als das negiert oder von dem entfremdet wird, was er eigentlich ist: ein Geisteswesen, eine Individualität. Er wird zum Sklaven der Dinge (und wird selber zu einem Ding gemacht, verdinglicht), und eben dies ist offenbar die fundamentale Ursache des Aufbegehrens gegen das herrschende ökonomische und politische System, wie es in den letzten hundert Jahren immer wieder zu beobachten war.

Als eine solche Reaktion gegen die Verdinglichung von Mensch und sozialem Leben muß letztlich auch die Arbeiterbewegung und der enorme ethische Appell, der ihrem Gerechtigkeitsanspruch und Kampf gegen Diskriminierung innewohnt, verstanden werden. Es ist deshalb von Grund auf verfehlt, dieser Bewegung den Einwand entgegenzuhalten, sie entspringe lediglich materieller Mißgunst und Neid. Es steht auf einem anderen Blatt, daß Geiz und Materialismus den ursprünglich emanzipatorischen Impuls nach und nach ausgezehrt haben – die Entwicklung von Rosa Luxemburg bis zur heutigen Sozialdemokratie spricht hier eine deutliche Sprache. Zu dieser Entwicklung mag vor allem die materialistische Grundauffassung im Marxismus beigetragen haben, die dort, wo sie sich in gesellschaftlicher Praxis manifestiert hat, eher die Verdinglichung des Menschen als seine Emanzipation gefördert hat. Denn wenn auch diese Verdinglichung in den nichtmarxistischen Gesellschaften massiv und erdrückend ist, ist sie es in den (realexistierenden) marxistischen Gesellschaften nicht minder. Man kann im übrigen bereits die einseitige Hervorhebung des rein *Materiellen* in diesen

Gerechtigkeitsansprüchen als eine Tendenz in diese Richtung interpretieren; sie hat die Aufmerksamkeit von der prinzipiellen Frage nach einer *menschenwürdigen Existenz* innerhalb der materiellen Produktion in der Weise verschoben, daß sie sich nur noch auf das egoistische Interesse bezieht, *seinen* «Teil des Kuchens» zu ergattern. Bei den heutigen «Lohnkämpfen» in den fortgeschrittenen Industrieländern ist dies offenkundig.

Wir haben behauptet, daß die sozialen Strukturen, Haltungen und Institutionen Manifestationen von «Gedanken» und «Meinungen» sind, die auf das Bewußtsein der einzelnen einwirken, und zwar in der Regel ohne daß dies dem einzelnen bewußt ist. Nun legen wir hiermit kein neues sozialphilosophisches Gedankenmodell vor, vielmehr lag dieser Denkansatz zahlreichen gesellschaftswissenschaftlichen Analysen zugrunde – von Marx und Émile Durkheim bis zu Weber und der Frankfurter Schule. Dem scheint auch zu entsprechen, was der norwegische Soziologe Dag Østerberg mit seinem Begriff der «materiellen Struktur» oder des «Sozio-Materiellen» zu fassen und auszudrücken sucht. Auch für Østerberg geht es um äußere oder gesellschaftliche Träger von Meinung oder «Zeichen»/«Symbolen», die repressiv, ja oft als «Lähmung» der individuellen Handlungen und des sozialen Lebens wirken. Beispiele für solche Strukturen sind u.a. die Massenmedien, die Werbung und der Sport – Phänomene also, auf die auch wir bereits eingegangen sind. Als weitere Beispiele werden das Militärwesen, Stadtstrukturen und der Automobilismus (im übrigen ein typisches Beispiel für das, was wir als standardisierende technifizierte Umwelt beschrieben haben) erwähnt.

Ein besonders wichtiger Teil dieses «Sozio-Materiellen» sind für Østerberg (und uns) die Strukturen des *ökonomischen* Lebens, wie Markt und Geld (wobei *wir* außerdem die Bedeutung der «Konkurrenz» speziell hervorgehoben haben). Østerberg charakterisiert den Markt als eine Struktur, in der jeder versucht, «jeden anderen zu unter- bzw. überbieten, so daß jeder gegenüber der bloßen Existenz des anderen Ohnmacht erlebt ... Innerhalb des Marktes herrscht niemand, und doch werden alle tyrannisiert.» Außerdem betont er, daß Geld «auf eine unmenschliche Weise unterdrückt, weil die Unterdrückung überall und nirgends und bei den Unterdrückern häufig nicht identifizierbar ist ..., eine zweideutige, maskenhafte, unsichtbare Unterdrückung». Damit wird der grundlegende Charakter dieser Gesellschaftsstrukturen berührt, die zu beleuchten uns ein Hauptanliegen ist: daß sie mehr oder weniger unbewußt Wirkung entfalten und «oft ... Konformismus hervorrufen und somit ... als Herrschaft der Normen auftreten».[11]

Wir können andererseits Østerberg nicht mehr zustimmen, wenn er, beeinflußt vom historischen Materialismus, diese Strukturen als übermäßig «materiell» bedingt, als an die «Produktion» geknüpft versteht. Denn sie sind zwar «äußerlich» oder gesellschaftlich, das Wesentliche an ihnen ist jedoch, daß sie Träger von *Meinungen* oder *Gedanken* sind; oft sind diese «Träger» denn auch überhaupt keine «Dinge», sondern *Haltungen*, was nicht zuletzt Østerbergs eigene Beispiele zeigen. Unsere Abgrenzung zu Østerberg ist keineswegs nur terminologischer Art und deshalb mitnichten eine Marginalie. Denn sein Verständnis des Begriffes ‹materiell› scheint Østerberg dazu zu verleiten, den Fokus auf die Veränderung der gesellschaftlichen *materiellen Produktion* («Produktionsverhältnisse») zu legen und dementsprechend die Bedeutung des *individuellen Bewußtseins* für die Befreiung von den repressiven Sozialstrukturen unterzubewerten. (Auf diesen typisch marxistischen Zug werden wir in einem späteren Kapitel «Individuelle Wandlung und gesellschaftliche Veränderung» noch näher eingehen.)

Wir haben betont, daß soziale Strukturen, Institutionen etc. Träger von Meinungen und Gedanken sind, die uns unbewußt und repressiv beeinflussen, und gezeigt, daß andere, wie z.B. der norwegische Soziologe Dag Østerberg, diese Auffassung teilen. Wir wollen unseren Standpunkt noch einer weiteren Erörterung unterziehen. Denn wenn wir auch meinen, den Nachweis erbracht zu haben, daß man legitimerweise von einer mehr oder weniger unbewußten (in casu repressiv wirkenden) Gedanken- und Meinungsbeeinflussung sprechen kann, so steht eine nähere erkenntnistheoretische und psychologische Erklärung noch aus, *wie* dies vor sich gehen kann.

Eine Antwort auf diese Frage scheint uns die von vielen Philosophen vertretene erkenntnistheoretische Einsicht zu geben, daß der Mensch sich auf *zwei wesensverschiedene* Weisen zu *Gedanken* verhält, zum einen in der Weise der *Vorstellung*, zum anderen in der des *Begriffs*. Lediglich bei letzterem ist ein aktives Mitdenken und damit ein klares Bewußtsein dessen, worauf sich die Gedanken beziehen, gegeben. Gedanken und Denken in *diesem* Sinne waren gemeint, wenn wir in unserer Studie von «Rationalität» gesprochen haben, insbesondere dann, wenn wir betont haben, daß das menschliche Ich oder die Individualität in besonderem Maße an das Denken geknüpft scheint. Mit unseren *Vorstellungen* verhält es sich nämlich anders: Sie können in unserem Bewußtsein auftreten, ohne daß wir selbst sie aktiv hervorbringen. Obschon auch die Vorstellungen einen *Gedanken*inhalt haben, insoweit also Träger von Begriffen sind, nehmen sie durch ihren «bildhaften» Charakter eine Zwischenstellung zwischen den durch eigenes Denken gebildeten Begriffen und den mehr oder minder passiv von außen entgegengenommenen Sinneseindrücken ein. Damit sind wir beim Kern der Sache: Gerade weil unseren Vorstellungen ein derart passiver Charakter eignet, können sie Gedanken und Meinungen in einer Weise vermitteln, daß weder der sie Vermittelnde noch der, dem sie vermittelt werden, sich dieser Gedanken oder Meinungen klar bewußt sein muß. Nichtsdestoweniger tragen solche Gedanken oder Meinungen dazu bei, unser Bewußtsein zu formen und damit unsere Haltungen und Handlungen zu bestimmen.

Nicht selten wirken Gedanken, wie sie sich in gesellschaftlichen Haltungen, Strukturen und Institutionen verkörpern, auf eben diese Weise, und zwar so weit und so lange, wie der einzelne nur in seiner *Vorstellungs*welt lebt und deren psychologisch bedingten Assoziationsgesetzen folgt. (Hier können wir also zu Recht von «Assoziationen» im Sinne von Empiristen wie Hume und Stuart Mill sprechen, nicht aber bei der Bildung von *Begriffen*, deren Zusammenhang auf *Denk*gesetzen beruhen.) Sobald sich der einzelne aber den Vorstellungen aktiv *denkend* gegenüberstellt, wird er sich auch ihres Gedankeninhaltes *bewußt*, kann diese durchschauen und sich ihnen gegenüber als *Individualität* verhalten. In diesem Akt der Bewußtmachung *befreit* sich das Individuum von einer *Repression*, die darin besteht, daß der Mensch von undurchschauten Vorstellungen, die auf ihn von außen – vorzugsweise aus der sozialen Umwelt – einströmen, beeinflußt und bestimmt wird.

Die obige Darstellung der verschiedenartigen repressiven Einwirkungen auf die einzelnen Individuen in der modernen, kommerzialisierten Gesellschaft sowie der Kultur, die diese Gesellschaft hervorgebracht hat, ging von der Frage nach der Bedeutung oder dem Ausmaß dieser Einwirkung aus – wir behaupteten, daß sie deshalb oft *unterschätzt* wird, weil ihre Funktionsweise undurchschaut bleibt. Wir haben einige Beispiele angeführt, die zeigen sollten, daß diese Einwirkung (oder Manipulation) in der Tat eine massive Repression darstellt, oder, wie wir es mit Marx charakterisierten, daß es sich um «sachliche Mächte», oft gar um «übermächtige Sachen» handelt. Wir haben versucht zu zeigen, *worauf* es beruht, daß diese Repression nicht durchschaut und deshalb unterschätzt wird: Sie wirkt mehr oder weniger unbewußt durch die Vorstellungswelt hindurch und löst hierüber den menschlichen *Egoismus* aus. Soweit zu *dieser* Art von Repression in unserer modernen Gesellschaft, ein Thema, das uns auch in den folgenden Kapiteln weiter beschäftigen wird.

Repression, so wie wir sie charakterisieren, beruht in der modernen Konkurrenz- und Konsumgesellschaft also auf einer im wesentlichen unbewußten Stimulierung des Egoismus. Dies eröffnet eine *individualethische* und *psychologische* Perspektive auf jenen Grundzug, von dem die «spätkapitalistische» Gesellschaft, Neomarxisten wie Herbert Marcuse und Jürgen Habermas zufolge, gezeichnet ist, nämlich daß Technik und Wissenschaft zur Ideologie werden. Dies meint, daß in dieser Gesellschaft die herrschenden (in erster Linie ökonomischen) Strukturen und Institutionen durch bloßen Verweis auf die vorhandene technisch-wissenschaftliche «Produktivkraft» «legitimiert» werden, eine Legitimation, die zur Verschleierung der tatsächlichen gesellschaftlichen Repression geeignet ist.

Die repressiven Strukturen und Institutionen werden also nicht länger mit Hilfe der einen oder anderen ideellen Apologie (wie in der frühen bürgerlichen Gesellschaft) aufrechterhalten, sondern durch eine *Stimulierung der materiellen Begierde des einzelnen.* «Die industriell fortgeschrittenen Gesellschaften scheinen sich dem Modell einer eher durch externe Reize gesteuerten als durch Normen geleiteten Verhaltenskontrolle anzunähern», schreibt Habermas in *Technik und Wissenschaft als ‹Ideologie›*. Weiterhin betont er, daß «die indirekte Lenkung durch gesetzte Stimuli ..., vor allem in Bereichen scheinbar subjektiver Freiheit (Wahl-, Konsum-, Freizeitverhalten), zugenommen (hat)».[12]

Diese Überlegungen fügen sich bruchlos in das von uns gezeichnete Bild. Denn es ist die Stimulierung des menschlichen *Egoismus* durch die Konkurrenz- und Konsumgesellschaft selbst, die dazu beiträgt, deren Strukturen und Institutionen durch Verschleierung ihres wahren Charakters aufrechtzuerhalten. Dieser Standpunkt erfordert andererseits eine Uminterpretation und Revision von Marx' ursprünglichen Begriffen der ‹Ideologie› und des ‹Klassenkampfes›, was Habermas auch intendiert. Denn die «Ideologiekritik» muß notwendig ihre Richtung ändern, wenn sich der Kapitalismus durch einen dem Zwang der Verhältnisse entsprungen Staatsinterventionismus von einem «liberalen» zu einem «gesteuerten» entwickelt hat. Ein solcher Kapitalismus kann sich nicht länger auf «Freiheit» berufen, sondern muß desto mehr auf die bloße Produktion von materiellen Gütern, auf «Produktivität» und «materielles Wachstum» verweisen.

Wir haben bereits an mehreren Stellen den engen Zusammenhang zwischen Individualität, so wie wir sie verstehen, und Sozialität betont; dieses Thema soll nun vertieft werden. Der enge Zusammenhang zwischen ihnen erweist sich nicht zuletzt darin, daß sowohl Individualität als auch Sozialität von der *gleichen gesellschaftlichen Repression* betroffen sind. Die Stimulierung der gattungsmäßigen Triebe und die Verdinglichung der sozialen Beziehungen sind, wie gezeigt, zwei Seiten des gleichen Phänomens. In unserer Sicht bedeutet eine Negierung der Individualität zugleich und notwendig eine

Negierung der Sozialität, die sich in unserer Argumentation als aus der Individualität abgeleitet gezeigt hat. Daraus folgt aber auch *umgekehrt*, daß eine Mißachtung oder Unterdrückung der Sozialität zugleich die Individualität in ihren wesentlichen Aspekten negiert und unterdrückt!

Wir wollen in diesem Zusammenhang erneut unterstreichen, daß im Wesen der Individualität (im Gegensatz zu dem des Egoismus) eine Anerkennung *anderer* Menschen als Individualitäten begründet liegt. Daraus folgt *zugleich* ein grundlegendes Prinzip für das soziale Leben: Alle Menschen sind sich darin *gleich*, oder besser: *gleichwertig*, eine Individualität zu sein. Wie dieses *Gleichheitsprinzip* der Idee von Individualität und individueller Freiheit entspringt (historisch wie systematisch), wollen wir im nächsten Kapitel darlegen. Aus diesen Überlegungen wird im übrigen des weiteren hervorgehen, daß es aufgrund eines solchen Gleichheitsverhältnisses zwischen den Individuen eine (unzulässige) Abstraktion bedeutet, die Individualität derart isoliert von der Sozialität zu betrachten, daß es so scheint, als habe letztere nichts mit ersterer zu tun. Ganz allgemein läßt sich formulieren: Es ist eine notwendige Konsequenz des Gleichheitsprinzipes, daß man sich die eigene Individualität abspricht, wenn man «den anderen» nicht als Gleichen anerkennt. Solange der Mensch in einem sozialen Zusammenhang steht (und dies ist in hohem Maße und in vielerlei Erscheinungsformen der Fall), betrifft ihn das Geschick «der anderen» in gleicher Weise wie das im engeren Sinne «Eigene». Der soziale Zusammenhang betrifft den Menschen aber nicht deshalb, weil er sein «Produkt» ist (dies ist die marxistische Fehlannahme), sondern weil er ganz im Gegenteil in diesem Zusammenhang steht und in ihn als erkennende und handelnde Individualität eingreifen kann.

Aus diesem Grund hängen auch die Befreiung des *Individuums* von Repression und das, was wir nun als *Befreiung der Sozialität* bezeichnen wollen, eng zusammen; dies wird unser Hauptthema in den folgenden Kapiteln sein.

II

DIE BEFREIUNG DER SOZIALITÄT UND DEREN BEDROHUNG

In einem früheren Kapitel («Freiheit und Sozialität») haben wir bereits in kurzen Zügen den allgemeinen Emanzipationssprozeß auf der eher «äußeren, sozialen Ebene» beschrieben, der ernsthaft erst in der neueren Zeit Formen annimmt. Wir haben in diesem Zusammenhang insbesondere *zwei* Züge dieses Emanzipationsprozesses hervorgehoben: Diese Befreiung richtet sich «gegen verschiedene Formen (der Ausübung) von Herrschaft», und er tritt «phasenverschoben» auf. Seinen Anfang nahm der Prozeß in einer sukzessiven Befreiung von der *geistigen* Herrschaft der Kirche und des Klerus durch Dichtung, Philosophie, Religion (Reformation!) und Wissenschaft, während er sich erst in späteren Phasen auf das *ökonomische* und *politische* Leben ausdehnte und sich in Widerstand und Aufbegehren gegen die Herrschaft des Adels und Fürstens äußerte. Die Befreiung verläuft also von dem eher «inneren» Bereich zu eher «äußeren» Bereichen: Wir hatten gezeigt, daß der Grund für diese Reihenfolge in der Natur des Phänomens selbst liegt, insofern z.B. die «Herausbildung einer gewissen institutionalisierten Glaubens- und Gedankenfreiheit» eine «notwendige Voraussetzung für die politische Befreiung» ist. Das Aufkommen einer gegen Adels- und Fürstenmacht gerichteten «politischen Öffentlichkeit», die die Basis für das bildet, was wir unter Demokratie verstehen, hat die geistige und kulturelle Freiheit der Individuen zur *Voraussetzung*.

In dieser Perspektive wollen wir die «Befreiung der Sozialität», wie wir es genannt haben, erörtern, und zwar zunächst deren Befreiung im *politischen* Bereich. Diese Befreiung hängt eng zusammen mit dem oben beschriebenen Verhältnis zwischen dem einzelnen als Individualität und der Gleichheit aller Menschen als Individualitäten. Es ist dieses Verhältnis, das die einzelnen Individuen (systematisch wie historisch) zu gleichwertigen Gesellschaftsmitgliedern macht und damit die politische *Demokratie* konstituiert. Die Individuen können jedoch nur dann als Individualitäten in dem sozialen (politischen) Zusammenhang wirken, wenn ihre *individuelle Freiheit* gesellschaftlich oder institutionell gewährleistet ist. Sie müssen das Recht und die

Möglichkeit haben, sich ihre *eigenen* Auffassungen zu bilden und ihre *eigenen* Meinungen auch im politischen Bereich zu äußern, wenn das, was wir unter Demokratie verstehen, überhaupt einen Sinn haben soll.

Betrachten wir das Verhältnis zwischen dem einzelnen als Individualität und der Gleichwertigkeit der Individuen genauer; wir könnten auch sagen, das Verhältnis zwischen Geistesfreiheit (kultureller Freiheit) und politischer Demokratie. Wir nehmen hierbei Bezug auf Jürgen Habermas' *Strukturwandel der Öffentlichkeit*, eine Darstellung der historischen Entwicklung der «politischen Öffentlichkeit» (Demokratie). Aus ihr geht klar hervor, daß es sich bei dieser Genesis tatsächlich um das handelt, was wir als eine «Befreiung der Sozialität» charakterisiert haben.[1]

Bereits vor dem 17. Jahrhundert, mit dem wir mit Habermas unsere Betrachtung beginnen, gab es Ansätze zu einer «politischen Öffentlichkeit» im demokratischen Sinne. Man denke nur an das klassische Athen. Dessen Demokratie jedoch war mit ihren Einschränkungen eine Art «Frühgeburt», gemessen an der europäischen Individualitäts- und Freiheitsentwicklung. Da ist die schweizerische «Eidgenossenschaft», die bereits im Spätmittelalter und in der Renaissance aus dieser Entwicklung erwuchs, bemerkenswerter, wenngleich ihr historisch wenig Beachtung geschenkt wurde. «Die schweizerische Demokratie», schreibt der Schweizer Kulturhistoriker C. Englert-Faye, diente «als europäisches Ideal», und er charakterisiert diese Gesellschaftsbildung u.a. folgendermaßen: «Zum erstenmal in der Weltgeschichte sind in diesen Gemeinschaftsbildungen Menschen zusammengetreten aus dem freien Willen der einzelnen Individualität, die *gleichberechtigt als Mensch neben dem Menschen* stand ...»[2]

Im damaligen Europa, umgeben von Kaiser und Papst, Fürstenmacht und Adelsstand, mußte diese Staatsbildung als freiheitliche «Insel» wirken. In ihr war die Demokratie bereits weiter entwickelt als in den bürgerlichen Gesellschaften des 18. und 19. Jahrhunderts, denn die Teilnahme an den öffentlichen Angelegenheiten war nicht nur unabhängig von Blutsverwandtschaft und Stand, sondern auch vom Eigentum – einer Quelle der Beschränkung von Demokratie, die wir in der bürgerlichen Gesellschaft bis ins 20. Jahrhundert hinein finden. Zweifellos kann die Bedeutung dieses «Freistaates» als Exempel für die europäische Entwicklung nicht hoch genug eingeschätzt werden – die schweizerischen «Rebellen» und «Ketzer» (Englert-Faye), die die Funktionen, welche als Vorrecht des Kaisers und des «Reiches» galten, in die Hände des einzelnen Mannes (jedoch nicht der Frau!) gelegt hatten, waren lange Zeit der Schrecken der Feudalmächte.

Im Heranwachsen der «bürgerlichen Öffentlichkeit» im England des ausgehenden 17. Jahrhunderts finden wir allerdings ein typisches Beispiel für das historische Muster, das uns den Zusammenhang der Befreiung der Sozialität mit der europäischen *Rationalitäts*entwicklung näher verdeutlichen kann. Die bürgerliche Öffentlichkeit kann auf eine lange Entwicklung der Gedanken- und Meinungsfreiheit zurückblicken; sie erstreckt sich im Laufe der Zeit auch auf gesellschaftliche und politische Themen, die offen in «Clubs», «Caféhäusern» u.ä. diskutiert werden, was sich im übrigen auch in periodischen Publikationen (Ursprung der politischen Presse) sukzessiv niederschlägt. Aus der Diskussion und dem Mitdenken in politischen Fragen erwächst allmählich der Anspruch, auch an den politischen *Entscheidungen*, bis dato die Domäne von Fürst und Adel, teilzuhaben. In England wird dieser Forderung schrittweise durch neue politische Organe entsprochen, die auf der Mitbestimmung der einzelnen (jedoch bei weitem noch nicht aller) Bürger beruhen; in Frankreich vollzieht sich dies, wie wir wissen, durch eine blutige Revolution.

Was uns hier interessiert, ist die *Art* der Gesellschaftssphäre, die sich aufgrund dieser Entwicklung zwischen Bürger und politische Obrigkeit schiebt und die wir mit Habermas als «politische Öffentlichkeit» bezeichnen wollen. Diese politische Öffentlichkeit entsteht zunächst in Opposition zu den herrschenden Mächten, Fürst und Adel, und was wir als demokratische Institutionen (z.B. Parlament) verstehen, hat in dieser Öffentlichkeit seine Basis und Legitimation – diese «Öffentlichkeit» manifestiert mit anderen Worten das, was gerne als «Volkssouveränität» bezeichnet wird. Habermas charakterisiert sie als «ein Forum» oder den Bereich der «zum Publikum versammelten Privatleute», ein «Publikum», das wohlgemerkt aus «*räsonierenden* Privatleuten» besteht und ein *«kritisches»* ist.[3] Mit dieser kurzen Charakterisierung sind bereits die wichtigsten Elemente für ein Verständnis der Eigenart der politischen Öffentlichkeit im Blick auf ihre *Grundlage* und *Funktion* angeführt.

Es geht in diesem «Forum» um eine Diskussion, den Austausch von Meinungen (in Gespräch oder Schrift) zwischen einzelnen («Privatleuten»), die sich selbst ihre Meinungen bilden («räsonieren») und andere von diesen zu überzeugen suchen (durch Diskussion oder, wie Habermas sagt, «Diskurs»). Habermas spricht sogar von einem «Streit der Argumente» in dieser Öffentlichkeit und meint, daß die «öffentliche Meinung», die die politischen Organe und Entscheidungen konstituiert, als Resultat aus diesem «Streit der Argumente» (z.B. durch politische Wahl) hervorgeht. Die beschriebene politische Öffentlichkeit basiert also fundamental auf *Räsonnement* zwischen den an ihr Teilnehmenden, mit anderen Worten: auf allgemeiner Vernunft oder *Rationalität*. Würde dies nicht vorausgesetzt, gäbe es keinen Sinn, von *Diskussion* oder *Argumentation* zu sprechen. Ein Meinungsaustausch, der mit dem Ziel der *Überzeugung* geführt wird, bedingt, daß die an ihm Teilnehmenden im Prinzip an etwas Gemeinsamem, Rationalem teilhaben, in dem sie sich treffen und durch das sie geeint werden können; ein solcher Meinungsaustausch bedingt mit anderen Worten, daß die Teilnehmer Vernunftswesen sind und sich gegenseitig als solche anerkennen!

Die *allgemeine Rationalität* erweist sich somit als Grundbedingung für eine politische Öffentlichkeit (Demokratie), wobei diese allgemeine Rationalität nicht, wie wir in einem früheren Kapitel bereits gezeigt haben, mit individueller Freiheit im Widerspruch steht! Wir begründen diese Rationalität zwar anders als Habermas (vgl. das nächste Kapitel), gehen jedoch mit ihm einig, daß als wesentliches Kriterium für jeden demokratischen Entscheidungsprozeß gelten muß, daß dieser auf *rationale* Einigung («Konsensus») hinzielt. Denn: In dem Moment, in dem Rationalität und Konsensus aufgegeben werden, ist die politisch fungierende Öffentlichkeit ihrer Funktionsfähigkeit beraubt, die Individuen können nicht länger andere *überzeugen* oder selbst *überzeugt* werden – die Folge ist ein Rückfall in *irrationale Überredung*, Agitation und Propaganda, die sich jeglichen Vernunftsargumenten entziehen. Dies würde zugleich bedeuten, daß die politische Öffentlichkeit zu einem «Tauziehen» zwischen «Interessen» verfällt, vom Streit der *Argumente* zum *Macht*kampf zwischen Individuen oder Gruppen von Individuen verkommt; die Demokratie (wenn in Bezeichnung und Form auch aufrechterhalten) degeneriert zur Scheindemokratie.

Aus diesem Grund wendet sich Habermas, wie erwähnt, so scharf gegen den «Dezisionismus», wie er u.a. von Max Weber theoretisch verfochten wurde, also gegen irrationale Meinungsbildung oder Entscheidung im politischen Bereich. Das dezisionistische Politikverständnis beinhaltet nämlich, daß gesellschaftliche Ziele und Meinungen in letzter Instanz nicht *diskutiert* und *argumentativ* erörtert werden können, ja strenggenommen noch nicht einmal *kommunikativ* erfaßbar sind, denn sinnvolle menschliche Kommunikation erfordert gegenseitiges *Verständnis* zwischen den Partnern im «Dialog». Ziel und Sinn werden im Dezisionismus zu etwas, was die einzelnen nur «wählen», degenerieren zu einer Ansammlung von «Werten», die nicht diskutiert werden können, so wie man häufig gänzlich unreflektiert behauptet, man könne über «Geschmack nicht streiten».

Wird dem Prinzip gegenseitigen Verstehens oder allgemeiner Rationalität im politischen Entscheidungsprozeß eine Absage erteilt, dann treten zwangsläufig Beeinflussung, Manipulation und offener Machtkampf zwischen «Interessengruppen» an dessen Stelle. Genau dies ist Habermas zufolge der politischen Öffentlichkeit in der «spätkapitalistischen» Gesellschaft widerfahren – sie hat eine folgenschwere «Strukturveränderung» durchlaufen und sich dabei von der *Idee* entfernt, aus der sie in der bürgerlichen Gesellschaft des 18. Jahrhunderts einst erwuchs (wobei sie auch zu dieser Zeit bei weitem nicht vollständig realisiert war). Aus unserer Sicht wollen wir besonders unterstreichen, daß der Entscheidung und Handlung von Rationalität abtrennende Dezisionismus nicht nur Individualität und Freiheit, sondern gleichermaßen die Sozialität negiert. Die Trennung von Sozialität und Rationalität führt unweigerlich zu einer Variante des Hobbesschen Modells einer Gesellschaftsordnung zurück, in der das «Soziale» dem einzelnen *aufgezwungen* werden muß. Sie bedeutet einen Rückfall auf eine Position, von der man eigentlich sollte annehmen können, daß sie bereits mit der Entwicklung des politischen Denkens bei Kant und Hegel überwunden sein müßte. So schreibt Kant in *Zum Ewigen Frieden:* «Es muß in jedem gemeinen Wesen ... ein Geist der Freiheit sein, da jeder in dem, was allgemeine Menschenpflicht betrifft, *durch Vernunft überzeugt* zu sein verlangt.» Und Hegel fordert in seiner *Philosophie des Rechts:* «Was jetzt gelten soll, gilt nicht mehr durch Gewalt, wenig durch Gewohnheit und Sitte, wohl aber durch Einsicht und Gründe», und wenig später: «Das Prinzip der modernen Welt fordert, daß, was jeder anerkennen soll, sich ihm als ein Berechtigtes zeige.» Hiermit ist eine wesentliche Charakterisierung der Befreiung der Sozialität als politischer Öffentlichkeit gegeben.[4]

Neben ihrem fundamentalen Basieren auf Vernunft (Rationalität) weist Habermas auf ein anderes wesentliches Merkmal der politischen Öffentlichkeit hin: Sie ist «*kritisch*». Beides hängt eng zusammen, denn «Vernünftigsein» erhält hier die Bedeutung, eine kritische Haltung dem Undurchschauten, dem «Dogmatischen» gegenüber einzunehmen. Das immanent kritische Moment der politischen Öffentlichkeit wird nicht zuletzt durch ihre historische Entwicklung belegt; so tritt sie ursprünglich als Kritik an den *herrschenden Mächten* in Erscheinung. Erst wenn die Bürger beginnen, sich den politischen Mächten gegenüber kritisch zu verhalten, kann überhaupt von einer politischen Öffentlichkeit in unserem Sinne gesprochen werden. Interessant ist im übrigen, daß die Entwicklung dieser kritischen Öffentlichkeit mit der Entwicklung des philosophischen Denkens zur «Erkenntniskritik» (oder Erkenntnistheorie) von Descartes und John Locke bis zu den französischen

Aufklärungsphilosophen weitgehend parallel und deutlich verknüpft verlief. Wir erinnern in diesem Zusammenhang an unsere Überlegungen zum Dogmatismus (Kapitel «Freiheit und Dogmatismus»).

Das Vorhandensein eines «*kritischen* Publikums», als Bedingung für die Existenz einer politischen Öffentlichkeit, grenzt diese von jeder anderen Form von «Öffentlichkeit» ab. Denn Öffentlichkeit in einem allgemeinen, unspezifizierten und unqualifizierten Wortsinn hat selbst in der Feudalgesellschaft existiert und existiert auch weiterhin. Auch diese Form von Öffentlichkeit hatte *ihre* politische Funktion; wenn der Fürst «vor sein Volk» trat, um dessen Huldigungen entgegenzunehmen, stellt dies ja ebenfalls eine Form von Öffentlichkeit im politischen Bereich dar. Diese war jedoch *nicht* kritisch, sie erschöpfte sich in unreflektierten Beifallsbekundungen für die herrschenden politischen Mächte – sie war «akklamativ», wie Habermas es nennt. In den *heutigen* Gesellschaften, mit Ausnahme von reinen totalitären Regimen, finden wir eine derartige akklamative Öffentlichkeit höchst selten – aber ist dies allein schon Gewähr dafür, daß wir es mit einer wirklich politischen, d.h. kritischen Öffentlichkeit zu tun haben?

Andeutungsweise haben wir diese Frage bereits im Zusammenhang mit unserer kritischen Stellungnahme zum «Dezisionismus» beantwortet. Denn der heute weitverbreiteten, dezisionistischen Geringschätzung der Bedeutung von Rationalität für die Bildung politischer Zielsetzungen, Meinungen und Entscheidungen wohnt bereits eine gewisse Lähmung der Kritikfähigkeit und Passivierung der Öffentlichkeit inne. Anstatt die Öffentlichkeit zu Kritik, Diskussion und Argumentation anzuregen, fördert eine dezisionistische Auffassung der politischen Entscheidung eine «naive» Einstellung zur politischen Meinungsbildung; die Öffentlichkeit wird «*entpolitisiert*». Es ist ein Charakteristikum des heutigen politischen Lebens, daß nicht unterschieden wird zwischen Meinungen, die durch kritische Reflexion und «Streit der Argumente um eine Sache» (Habermas) gebildet wurden, und bloßen Meinungen, die mehr oder weniger unmittelbar, unreflektiert und unbegründet aufkommen. Die sogenannten Meinungsumfragen illustrieren dies vorzüglich.

Das politische Leben in unserer «fortgeschrittenen Industriegesellschaft» hat zudem eine Struktur hervorgebracht, die aus sich heraus Diskussion und Argumentation in der politischen Meinungsbildung hemmt, Beeinflussung, Agitation und Manipulation politischer Meinungen hingegen fördert. Hier soll zwar nicht behauptet werden, daß den Bürgern ihre politische Mitbestimmung entzogen würde (in gewissem Umfang trifft allerdings auch dies zu), aber die (z.B. durch den politischen Akt der Wahl) getroffenen Entscheidungen gehen nicht aus einer kritischen Diskussion und einem «Streit der Argumente in der Öffentlichkeit» hervor. Eher sind sie Resultat verschiedenster Beeinflussungen, also von außen und von «oben» hervorgebracht. Dieses allzu bekannte Phänomen ist eines der Hauptthemen in Habermas' *Strukturwandel der Öffentlichkeit.* Er hebt in diesem Zusammenhang besonders die Entwicklung der großen ökonomischen «Interessenorganisationen» und der mächtigen «Parteiapparate» hervor, die die Öffentlichkeit mehr «organisieren» denn als Organ für diese wirken.

Dieser in politischer Theorie wohlbekannte, in politischer Praxis aber gerne übersehene Aspekt des «Zerfalls der bürgerlichen (oder politischen) Öffentlichkeit» beruht also darauf, daß die «Steuerung» ohne, wie es Habermas ausdrückt, «Vermittlung der politisch räsonierenden Privatleute» geschieht. «Das Publikum», schreibt er, «wird von dieser Aufgabe durch andere Institutionen weitgehend entlastet: einerseits durch Verbände, in denen sich die kollektivorganisierten Privatinteressen unmittelbar politische Gestalt zu geben suchen; andererseits durch Parteien, die sich, mit Organen der öffentlichen Gewalt zusammengewachsen, gleichsam *über* der Öffentlichkeit etablieren, deren Instrumente sie einst waren.»[5]

Wir haben es also zwar nicht mit einer «akklamativen» Öffentlichkeit zu tun, wie wir sie aus der Feudalgesellschaft kennen, aber gleichwohl mit einer Öffentlichkeit, die von oben «gesteuert» wird. In der Realität läuft dies im Grunde auf das gleiche hinaus, weshalb Habermas die beschriebene Entwicklung als nicht weniger denn eine «*Refeudalisierung*» des politischen Lebens charakterisiert. Die in der Öffentlichkeit gebildete politische Meinung entspringt nicht Reflexion und Kritik, sondern wird «plebiszitär», weil «von oben herab», hervorgebracht. Diese öffentliche politische Meinung kann somit nicht als Volksmeinung in demokratischem Sinne qualifiziert werden, sondern ist nicht mehr als eine Meinung in oder beim Volk, von der politischen Theorie gerne als «Massenmeinung» bezeichnet. Erstere ist jedoch die *einzige*, die die Charakterisierung «öffentliche Meinung» im demokratisch-politischen Sinne verdient, da nur sie kraft eines «Streits der Argumente um eine Sache» aus der politischen Öffentlichkeit hervorgegangen ist, während letztere lediglich eine politisch unqualifizierte «Meinung in der Öffentlichkeit» darstellt. Als derart unkritische Meinung kann sie nicht anders denn als «naiv» oder «plebiszitär» charakterisiert werden, ob sie nun «akklamativ» (wie in der Feudalgesellschaft und den heutigen Diktaturen) oder «manipulativ» (wie in den heutigen sogenannten Demokratien) hervorgebracht wird. Habermas bezeichnet sie denn auch schlicht als eine «*nicht*-öffentliche Meinung».[6]

Im Zusammenhang mit dem oben zu Rationalität und Kritik Gesagten erscheint es sinnvoll, auch den *allgemeinen* und *offenen* Charakter der politischen Öffentlichkeit und des demokratischen Entscheidungsprozesses zu unterstreichen. Daß die politische Öffentlichkeit absolut allgemein sein muß, geht im übrigen aus ihrem Grundprinzip von der *Gleichwertigkeit* der Individuen hervor; es war ein fundamentaler Mangel der bürgerlichen Gesellschaft, daß sie über lange Zeit nicht einmal das *allgemeine* Stimmrecht realisiert hatte. Heute ist *dieses* akzeptiert, was jedoch keineswegs bedeutet, daß nicht weiterhin politische Diskriminierung stattfindet, wenn auch in teilweise neuen und weniger durchschaubaren Formen, was wir im nächsten Kapitel aufgreifen wollen. Politische *Diskriminierung* ist eine ernstzunehmende Bedrohung jeglicher Demokratie, weil sie mit dem Demokratie konstituierenden Prinzip der Gleichheit bricht. An dieser Stelle wird übrigens besonders deutlich, daß die Sozialität als Gleichheit oder Gleichwertigkeit in höchstem Maße mit Individualität zusammenhängt, indem der Verstoß gegen die Gleichheit im politischen Bereich zugleich die Individuen als Individualitäten herabsetzt. Wie gezeigt, fand ja das politische Gleichheitsprinzip seine Begründung gerade in den einzelnen Individuen als Individualitäten.

Ein weiteres wichtiges Kriterium für eine funktionierende politische Öffentlichkeit und für den demokratischen Entscheidungsprozeß ist *Offenheit.* Geschlossene politische Prozesse, die die Öffentlichkeit ganz oder teilweise vom Mitdenken und Mitwirken ausschließen, stellen eine Form von Diskriminierung dar, abgesehen davon, daß sie der Manipulation Tür und Tor öffnen. Die politischen Entscheidungen werden «über die Köpfe hinweg» getroffen, weil sie verdeckt, «hinter dem Rücken» der Bürger zustande kommen. Derartige Geheimniskrämerei widerspricht generell dem Prinzip von politischer Öffentlichkeit, d.h. dem Prinzip der Demokratie. Wenn überhaupt, kann sie im militärischen Bereich akzeptiert werden, der seiner Natur entsprechend nicht demokratisch organisiert ist. Eine Verletzung der Transparenz politischer Entscheidung, Verwaltung und Jurisprudenz ist gleichbedeutend damit, dem Gegenpol der Demokratie – dem Polizei- und vormundschaftlichen Staat – Konzessionen zu machen. In den heutigen sogenannten demokratischen Gesellschaften sind derartige Bedrohungen von Individualität und Sozialität deutlich auszumachen; man denke nur an die fortschreitende und sich ausweitende Ausübung von unberechtigter Kontrolle und «Überwachung». Solche Tendenzen wirken auf unser politisches

Bewußtsein wie ein Virus, das auf lange Sicht unsere Immunität gegen die Diktatur zu schwächen droht.

Die große Bedeutung, die die «Expertise» innerhalb der Bürokratie der heutigen Gesellschaft charakteristischerweise erhalten hat, bedroht diese Offenheit noch weitaus mehr. Dies gilt insbesondere für die bürokratischen Strukturen der hochspezialisierten Bereiche von Technik und Ökonomie, die mit ihren internen Entscheidungen oft als «Staat im Staat» wirken, nicht nur der Allgemeinheit gegenüber, sondern auch im Verhältnis zu den legislativen und exekutiven politischen Organen. Die ‹Expertokratie› oder ‹Expertenmacht› (vielbenutzte Begriffe innerhalb der politischen Debatte der letzten Jahre) entwickelt sich offensichtlich mehr und mehr zu einer Gegenmacht gegen die politische Öffentlichkeit und deren Funktion. Zum einen nimmt sie der politischen Öffentlichkeit und ihren Repräsentanten die Aufgabe der *Ziel*setzung aus den Händen, zum anderen leistet sie durch ihre «Mittel-Orientierung» der Vernachlässigung dieser eigentlichen politischen Aufgabe Vorschub. Politik wird mit den Worten Habermas' eine «*verwissenschaftlichte Politik*», bei der die gesamte Gesellschaftsentwicklung rein technisch-ökonomischen Kräften und deren «Gesetzen» untergeordnet und durch diese in ihrer Richtung bestimmt wird, mit all den daraus folgenden repressiven Konsequenzen für Sozialität und Individualität.

Den Ausdruck «verwissenschaftlichte Politik» verwendet Habermas in seinem Werk *Technik und Wissenschaft als ‹Ideologie›* als Bezeichnung einer Tendenz der modernen Gesellschaft, die rein «dezisionistische Bestimmung des Verhältnisses von Fachwissen und politischer Praxis» (wie wir es besonders von Max Weber kennen) «zugunsten eines *technokratischen Modells* preis(zu)geben».[7] Beide Standpunkte negieren die politisch legitime Meinungsbildung (die Demokratie): die erste, insofern sie die Rationalität in dieser Meinungsbildung geringschätzt, die zweite, indem sie diese Rationalität als bloß «wissenschaftlich» und damit unabhängig von Diskussion und Entscheidung in der Öffentlichkeit versteht. Die Konsequenz des zweiten Standpunktes ist die prinzipielle Steuerung der Gesellschaft nach rein technischen und ökonomischen «Gesetzen».

Hiermit wird ein Aspekt des «Zerfalls der politischen Öffentlichkeit» berührt, der mit der im vorangegangenen Kapitel charakterisierten Kommerzialisierung in einem engeren, inneren Zusammenhang steht. Dieser Aspekt, den Habermas als «sozialen Strukturwandel» (im Unterschied zu dem oben beschriebenen politischen Strukturwandel) beschreibt, bezieht sich auf die *Zerstörung der Distanz* zwischen dem öffentlichen und privaten Bereich, die für das einwandfreie Funktionieren der politischen Öffentlichkeit erforderlich ist. Die Foren der Öffentlichkeit (beispielsweise die Presse) verlieren einerseits ihre Rolle als Organ für den politischen Diskurs, weil sie den Gesetzen des Marktes (der Logik des Tausches) unterworfen werden (wie es bei der Presse der Fall ist). Andererseits wird die Privatsphäre durch die moderne Massenkultur auf eine «Scheinprivatheit» (Habermas) reduziert. An die Stelle «kritisch räsonierender Privatleute» treten zunehmend passive, rezeptive Konsumenten; ein Prozeß, der die politische Sozialität deshalb in besonderem Maße bedroht, weil er zumeist unterhalb der Schwelle bewußter Aufmerksamkeit verbleibt.

Wir haben nun in kurzen Zügen das Heranwachsen der politischen (demokratischen) Öffentlichkeit in der europäischen Gesellschaftsentwicklung beschrieben und eine Reihe von Faktoren in der «fortgeschrittenen Industriegesellschaft» angeführt, die eine Bedrohung der Funktionen dieser Öffentlichkeit darstellen. Diese Faktoren zeichnen sich typischerweise dadurch aus, daß sie sich gegen die grundlegendsten Prinzipien dieser Öffentlichkeit richten: gegen die allgemeine Rationalität als Bedingung ihrer Möglichkeit, gegen die Möglichkeit eines rationalen «Konsensus» durch politischen Meinungsaustausch sowie gegen die Prinzipien der Kritik und einer offenen und allgemein zugänglichen Diskussion als Basis politischer Meinungsbildung und Entscheidung. Wir haben weiterhin gezeigt, daß diese Gefährdung der politischen Öffentlichkeit (Demokratie) zugleich die menschliche *Individualität* bedroht, weil diese Öffentlichkeit als Sozialität gerade eine Form der Entfaltung der Individualität darstellt. Unbeantwortet blieb jedoch die Frage, wie sich das Verhältnis von Individualität (und damit insbesondere Freiheit) und Sozialität als politischer Öffentlichkeit (also Demokratie oder auch Gleichwertigkeit der Individuen) ganz *konkret* und *institutionell* denken läßt. Erst die Beantwortung dieser Frage eröffnet uns ein tieferes Verständnis der Faktoren, die sowohl Sozialität als auch Individualität und individuelle Freiheit in unserer heutigen Gesellschaft *bedrohen.*

12

DIE SPHÄREN VON FREIHEIT UND GLEICHHEIT

Freiheit und Gleichheit werden gerne, in der Theorie wie in der Praxis, als unvereinbare Gegensätze begriffen. Wünscht man individuelle Freiheit, d.h. die freie Entfaltung des einzelnen Menschen, sei, so heißt es, die Existenz von Gleichheit zwischen den Individuen ausgeschlossen. Geht man umgekehrt von einer Gleichheit der Individuen aus, meint man, dies schließe die Freiheit des einzelnen aus oder schränke sie zumindest stark ein. Das Verhältnis zwischen Individuum und Gesellschaft erscheint so als Dilemma ohne wirkliche Lösungsmöglichkeit: entweder freie Hand für das Individuum auf Kosten sozialer Gleichheit (tendenziell ist dies die Position des Liberalismus) oder Gleichheit als übergeordnetes Prinzip auf Kosten der Freiheit (tendenziell im traditionellen Sozialismus). Andere versuchen, den einen oder anderen *modus vivendi* zu finden, der sowohl Freiheit als auch Gleichheit Platz gewährt, dies aber wegen der mehr oder weniger *willkürlichen Grenzziehung* um den Preis eines kontinuierlichen «kalten Krieges» zwischen den beiden Prinzipien. Wir können diesen Versuch in den heutigen «politischen Demokratien» beobachten, vor deren Hintergrund unsere Erörterungen im wesentlichen zu sehen sind.

Von uns wird das beschriebene Dilemma anders (auf-)gelöst; das Problem ist schon im Ausgangspunkt falsch gestellt. Wir haben zu zeigen versucht, daß es keinen *prinzipiellen* Gegensatz zwischen individueller Freiheit und sozialer Gleichheit gibt. *Beide* wurzeln ja in der menschlichen *Individualität.* Die individuelle *Freiheit* stellte historisch wie systematisch die Bedingung der Möglichkeit einer politischen Öffentlichkeit dar, in der *gleichwertige* Individuen zu freiem Meinungsaustausch und freier Entscheidung zusammenkommen. Wir hatten ebenfalls angedeutet, daß die Bedrohungen der politischen Gleichheit zugleich Bedrohungen des Individuums als Individualität sind. Insoweit sind Freiheit und Gleichheit zwei Seiten derselben Sache.

Daß politische (demokratische) Gleichheit individuelle Freiheit zur Voraussetzung hat, geht im übrigen sowohl aus der historischen Entwicklung wie dem späteren «Strukturwandel» der politischen Öffentlichkeit hervor. In deren Genese bildet die individuelle Freiheit (Gedankenfreiheit, Recht auf freie Meinungsäußerung u.a.) Ausgangspunkt und Grundlage politischer Gleichheit und damit der gesellschaftlichen Mitbestimmung durch den einzelnen. Die Entwicklung menschlicher Individualität *erfordert* die *politische Gleichheit* sogar, und dies in nicht geringerem Maße als die geistige Freiheit. Wie gezeigt, führen Strukturwandel und Zerfall der Öffentlichkeit denn auch zur Zerstörung der Integrität der Individuen bzw. der «Privatsphäre» (Habermas). Was hier (z.B. durch Expertokratie und Kommerzialisierung) geschieht, kann mit Habermas als «Verschränkung der öffentlichen Sphäre mit dem privaten Bereich» bezeichnet werden, was sogar zur «heimlichen Aushöhlung der familiären Intimsphäre» führt: Das Ergebnis ist eine «Scheinprivatheit». Dies erweist sich für die politische Öffentlichkeit als fatal, weil «zwischen Öffentlichkeit und Privatheit stets eine Wechselbeziehung besteht»: «Ohne schützende und stützende Privatsphäre», schreibt Habermas, «gerät das Individuum in den Sog der Öffentlichkeit, die *selbst* jedoch gerade durch diesen Vorgang denaturiert wird.»[1]

Dieser Zusammenhang zwischen Privatsphäre und politischer Öffentlichkeit, zwischen Freiheit und Gleichheit, ist wohlgemerkt nicht nur ein historischer Entwicklungszusammenhang, sondern gleichermaßen ein grundlegend *systematischer* – hieraus ergibt sich eine wichtige Konklusion: Es handelt sich bei dem «Privatbereich» (individueller Bereich oder individuelle Freiheit) und der politischen Gleichheit um *verschiedene gesellschaftliche Bereiche.*

Dieser Gedanke, den Rudolf Steiner in seiner sozialen «Dreigliederungslehre» (wir werden darauf noch zurückkommen) nachdrücklich formuliert, wird als roter Faden unsere weiteren Darlegungen durchziehen. Er impliziert, daß Freiheit und Gleichheit keineswegs in Konflikt miteinander geraten müssen; sie existieren schlicht *neben*einander. Eine solch harmonische Beziehung setzt jedoch Einsicht in die Spezifika und Eigenschaften dieser Gesellschaftsbereiche und den zwischen ihnen bestehenden Zusammenhang voraus. Wir wollen dies in der Weise herausarbeiten, daß wir den einen Bereich durch den jeweils anderen zu erhellen versuchen. Unsere übergeordnete Perspektive, unser Grundthema, bleibt dabei weiterhin die Freiheit, die hier in ihren gesellschaftlichen Relationen betrachtet wird.

Was wir «Freiheitssphäre» nennen wollen, ist der Gesellschaftsbereich, der direkt mit der *einzelnen* Individualität zu tun hat, d.h. dem *ausgeprägt Individuellen* am Individuum: Gedanke, Glaube, Überzeugungen und Meinungen des einzelnen. Allerdings umfaßt diese Sphäre, wie wir später sehen werden, auch die übrigen individuellen Eigenschaften und Fähigkeiten. Eine zentrale Stellung nehmen in diesem Zusammenhang die «Gedanken» ein, denn das Denken des einzelnen ist, wie gesehen, der eigentliche Bereich der Entfaltung des menschlichen Ich; von daher ist die Gedankenfreiheit die erste und grundlegendste Freiheit, die in der historischen Entwicklung erkämpft wurde. Wir könnten die «Freiheitssphäre» überhaupt als «die individuelle Sphäre» charakterisieren, um deutlich zu machen, daß sie die Eigenschaften und Fähigkeiten umfaßt, die mit dem *einzelnen* Menschen als Individualität verbunden sind.

Was umfaßt diese Sphäre nun in der konkreten gesellschaftlichen Wirklichkeit? Um mit einem Wort zu antworten: das menschliche *Geistesleben* im weitesten Sinne. Um es zu spezifizieren: Wissenschaft, Kunst, Religion, Literatur, Erziehung, Unterricht und vieles mehr, das alles auf individuellen Gedanken, Ideen, Überzeugungen, Begabungen und generell individuellen Fähigkeiten aufbaut und aufbauen muß. In diesen Bereichen *muß Freiheit herrschen*, was am besten einsichtig wird, wenn wir ihr das Gleichheitsprinzip entgegensetzen. Kaum jemand wird Gleichheit als Prinzip akzeptieren wollen, wenn es um Gedanken, Glauben, Überzeugung etc., um Forschung, Kunst, Religion, Literatur usw. geht. Häufig erregt es bereits unmittelbar Widerwillen, wenn solche Bereiche *politisch* «gesteuert» werden; im politischen Bereich ist ja die Gleichheit zwischen den Menschen das Grundprinzip. Wir empfinden es als unzulässigen Übergriff, wenn politische Behörden z.B. beschließen und bestimmen, nach welchen Ideen geforscht werden oder was ein Verfasser schreiben (oder nicht schreiben) soll. Dabei macht es in diesem Zusammenhang keinen Unterschied, ob solche Beschlüsse oder Bestimmungen auf politischen Einigungsprozessen und «Mehrheitsbeschlüssen» oder auf diktatorischer Macht beruhen. Entscheidend ist dagegen, daß wir die Gültigkeit *politischer* Entscheidung, die auf dem *Gleichheits*prinzip basiert, für die Bereiche des Geisteslebens nicht akzeptieren!

Allerdings beruht diese Reaktion oft nur auf einem Gefühl, also nicht auf einer klaren *Erkenntnis* des prinzipiellen Unterschiedes zwischen den Sphären des politischen und des Geisteslebens. Deshalb fällt die Reaktion keineswegs immer und überall so aus, wie es von derartiger Erkenntnis aus berechtigt sein sollte. Die vielfältigen Übergriffe und Konflikte in der «demokratischen Gesellschaft» wurzeln denn auch in dieser ungenügenden Erkenntnis des Unterschiedes zwischen den Bereichen von Freiheit und Gleichheit. Dies sei hier nur kurz durch die Tatsache illustriert, daß man es dem *politischen* Bereich («demokratisch gewählte Organe») beispielsweise überläßt, Fragen der Schulbildung zu entscheiden oder (ein u. a. in Norwegen sehr umstrittenes Thema) die Spracherziehung zu regeln, wobei diese Regeln zwar nicht vorschreiben, wie der einzelne denken, zumindest aber, wie er schreiben und sprechen soll.[2]

Grundsätzlicher gesehen manifestiert sich dieses Problem in der recht häufig anzutreffenden Auffassung, wenn nur alles «demokratisiert» würde, wäre alles in bester Ordnung. Übersehen wird hierbei, daß *der* Bereich, der auf individuellem Denken, Sprechen, Überzeugung und Fähigkeiten beruht, *nicht* der «Steuerung» eines Bereiches anheimgestellt werden kann, dessen Grundprinzip das der *Gleichheit* ist («jeder Mensch eine Stimme»). Man übersieht dann sogar, daß die bloße Existenz eines Gleichheitsbereiches (Demokratie) *an sich* die *selbständige* Existenz eines individuellen Bereiches voraussetzt. Dieser politische Bereich – die politische Öffentlichkeit – konstituierte sich, wie gezeigt, sowohl systematisch als auch historisch auf der Basis eines solchen individuellen Bereiches, mit dem Grundprinzip individueller Freiheit.

Für das Verständnis von menschlicher Sozialität ist es von entscheidender Bedeutung, daß eine funktionierende Gesellschaftsordnung generell eines *selbständigen und unabhängigen Geisteslebens* (selbständig im Verhältnis zum politischen Leben) bzw. überhaupt eines *individuellen* Bereiches bedarf. Dies wird oft unterschätzt, wenn nicht gar übersehen, was zu den größten Problemen und bittersten Konflikten im Sozialen führt (und führen muß), insofern es eine tiefe Kränkung menschlicher Individualität beinhaltet. Wir haben oben u.a. die politischen Vorgaben zur Spracherziehung zur Illustration herangezogen, die Beispiele sind aber Legion.[3] Das Eintreten für das, was wir «Menschenrechte» nennen, ist hier einzuordnen, da diese Rechte (mit den klassischen Geistesfreiheiten als Vorbild) in vielerlei Hinsicht als Wahrung der *Selbständigkeit des individuellen Bereichs* angesehen werden können. Sie können insoweit auch als Abgrenzung dieses Bereichs gegen jede politische Einflußnahme betrachtet werden. Nicht zuletzt in dieser Perspektive dürfte deutlich werden, daß die *Totalisierung* der Demokratie gleichbedeutend ist mit ihrer *«Totalitarisierung»*, sie also totalitaristische Regierungsformen annimmt.

Von der Verabsolutierung zur Abschaffung der Demokratie ist es also lediglich ein kleiner, nahezu bloß formeller Schritt. Denn die Verabsolutierung negiert die grundlegende Voraussetzung der Demokratie: die *autonome* individuelle Sphäre («Privatsphäre»). Die Tendenz der Schwächung oder Abschaffung der Demokratie durch deren Verabsolutierung wird übrigens dadurch noch verstärkt, daß es sich zumeist um eine parlamentarische Form der Demokratie handelt, die als solche bereits eine Anzahl von gravierenden Schwächen aufweist. So können die Repräsentanten in Konflikt mit den

Repräsentierten geraten, besonders bei neu auftretenden wichtigen Fragen, zu denen Stellung zu nehmen die Repräsentanten nicht gewählt sind. Diesen «Parlamentsabsolutismus» (Habermas) – oder auch «die parlamentarische Alleinherrschaft» – finden wir heutzutage tendenziell in den sogenannten «westlichen Demokratien», die damit bereits einen entscheidenden, grundlegenden Schritt in Richtung auf den autoritären Staat getan haben.[4]

Aber auch der individuelle Bereich, das Freiheitsprinzip, kann die Demokratie, oder die Sphäre der Gleichheit, beeinträchtigen. Dies ist dann der Fall, wenn das Prinzip des individuellen Bereiches (des Geisteslebens), also Freiheit für die Einsicht, Überzeugung und Fähigkeiten des einzelnen, zur Richtschnur auch im *politischen* Bereich wird. Das Resultat sind verschiedene Formen von «elitistischer» Steuerung des Politischen; Vergangenheit wie Gegenwart weisen hierfür viele Beispiele auf, von dem Papsttum des Mittelalters bis zur heutigen iranischen Theokratie und der Expertokratie in den Industriegesellschaften. Solche Machtverhältnisse wirken diskriminierend, wodurch übrigens auch die einzelnen Individuen als solche eingeschränkt werden: Sie werden nicht als im politischen Bereich *gleich*wertige betrachtet.

Wir können zusammenfassen: Ebenso wie Übergriffe von der Gleichheitssphäre nicht nur die Freiheit (im Bereich des Geisteslebens) einschränken, sondern auch indirekt die Gleichheitssphäre selbst untergraben, so beeinträchtigen Übergriffe aus dem Bereich des Geisteslebens (der Freiheit) nicht nur die Gleichheitssphäre, sondern mittelbar auch die Freiheitssphäre selbst. Letzteres vollzieht sich, indem der einzelne daran gehindert wird, *seine* politische Überzeugung rechtmäßig geltend zu machen. Der fundamentale Unterschied, zugleich aber innige Zusammenhang zwischen den sozialen Sphären zeigt sich also sowohl im Negativen wie im Positiven.

Wir haben behauptet, daß der Bereich der individuellen Freiheit nicht nur das Geistesleben im üblichen Sinne, Denken und Glauben, fachliche Einsicht, künstlerische Entfaltung und vieles mehr, sondern auch andere, z.B. eher «praktisch» ausgerichtete individuelle Fähigkeiten umfaßt. Dies entspringt der Natur der Sache, denn es wäre künstlich, eine prinzipielle Trennung zwischen menschlicher Einsicht und Überzeugung einerseits und (von Einsicht und Überzeugung ausgehendem) *Handeln* andererseits zu ziehen. In den eher «praktischen» Bereichen des Geisteslebens fällt dies auch eindeutig zusammen. In solchen Fällen, bei schaffender, praktischer Arbeit, wird ein Eingriff in die *Handlungs*freiheit als ähnlich freiheitsbeschränkend erfahren wie ein Eingriff in das Recht auf freie Meinungsäußerung.

Daß sich (formale) individuelle Freiheit konsequenterweise nicht nur in

Gedankenfreiheit und im Recht auf freie Meinungsäußerung, sondern auch in der (materialen) Freiheit zur Ausübung menschlicher Fähigkeiten und im Handeln im weiteren Sinne niederschlagen muß, ist bereits von den klassischen Vorkämpfern für menschliche Freiheit auf der «äußeren», gesellschaftlichen Ebene gesehen worden. So schreibt John Stuart Mill in seiner einflußreichen Schrift *Über Freiheit,* daß «die gleichen Gründe, die zeigen, daß der Gedanke frei sein muß, auch zeigen, daß dem einzelnen gestattet sein muß, seine Gedanken in der Praxis zu realisieren ...».[5] Die Begründung dieser Freiheit, von Wilhelm von Humboldt und Stuart Mill bis zur heutigen Zeit, ist im großen und ganzen drei Begründungssträngen gefolgt. Wir wollen sie charakterisieren als: «Übersichtsargument», «Engagementsargument» und «Persönlichkeitsargument». Auch wenn lediglich das letztere mit unseren eigenen Überlegungen korrespondiert, sollen doch alle drei Argumente vorgestellt werden.

Der Hintergrund des «Übersichtsargumentes» besteht darin, daß das einzelne Individuum so einzigartig und in seiner Einzigartigkeit so vielfältig ist, daß dies von außen, z.B. aus dem Blickwinkel einer politischen Obrigkeit schlechthin «unüberschaubar» ist. Eine «Übersicht» über die einzigartigen und vielfältigen Eigenschaften, Fähigkeiten und Möglichkeiten des einzelnen ist also nur dem Individuum selbst gegeben. Deshalb kann auch nur das einzelne Individuum seine Fähigkeiten praktisch umsetzen und seine Möglichkeiten nutzen, weshalb ihm die Freiheit zu einem solchen Tun eingeräumt werden muß. Die Notwendigkeit von Freiheit wird hier also aus der «Vielfalt von Situationen» des Individuums (Humboldt) begründet, oder, um ein Bild von Mill zu gebrauchen: Allein das Individuum, das die Schuhe benutzen soll, kann wissen, ob sie passen, und deshalb muß es auch die Freiheit haben, sie selber auszusuchen.

Nun ist dies ein verhältnismäßig einfaches Argument für individuelle Freiheit, das leicht Einwände hervorrufen kann. So ist keinesfalls einleuchtend, daß der einzelne seine Handlungen z.B. im ökonomischen Bereich zu «überschauen» vermag, noch nicht einmal, was die Konsequenzen für ihn selbst angeht. Gleichwohl berührt das Argument zweifellos einen Aspekt menschlicher Individualität, dem für die Frage nach der Freiheit wesentliche Bedeutung zukommt. Denn gerade die *Einzigartigkeit* des einzelnen und seiner «Situationen» wird mißachtet, wenn der Mensch beispielsweise mechanistisch, als eine Maschine (Automat) oder lediglich als Exemplar seiner Gattung verstanden wird.[6] Keine dieser Auffassungen sind in der heutigen Zeit ungewöhnlich, man meint z.B. menschliches Denken zu verstehen, wenn man weiß, wie ein Computer funktioniert, oder wenn man unter dem Einfluß einer reduktionistischen Genetik die menschliche Individualität und ihre Eigenschaften aus dem Erbmaterial ableitet.

Den beschriebenen liberalistischen Argumentationen – dies gilt für deren Klassiker ebenso wie für ihre modernen Repräsentanten – fehlt jedoch an diesem Punkt eine tiefere erkenntnistheoretische und ontologische Begründung der menschlichen Individualität und ihrer Eigenart. So ist es beispielsweise für Mill charakteristisch, daß er überhaupt keinen Zusammenhang sieht zwischen dem, was wir als «innere» und «äußere» Freiheit bezeichnet haben, und er seine Argumentation zugunsten der Freiheit durchgehend rein utilitaristisch führt. In *Über Freiheit* verstellt sich Mill bereits im Ausgangspunkt den Blick auf den Zusammenhang zwischen «bürgerlicher, oder sozialer Freiheit» und «der sogenannten Willensfreiheit». Sein Utilitarismus kommt u.a. darin zum Ausdruck, daß er es ablehnt, die Freiheit aus «der abstrakten Idee vom Recht als vom Nutzen unabhängigem Ding» abzuleiten, indem er «Nutzen als letzte Instanz für alle ethischen Fragen betrachtet».[7]

Der andere Argumentationstypus für individuelle Handlungsfreiheit, den wir der Einfachheit halber als «Engagementsargument» bezeichnet haben, nimmt in der liberalistischen Tradition den vorrangigen Platz ein. Hier wird davon ausgegangen, daß nur Handlungen, die dem eigenen Willen und der Initiative des einzelnen entspringen, Kraft und Energie auslösen, wie es Humboldt treffend ausdrückt: «Was nicht von dem Menschen selbst gewählt, worin er auch nur eingeschränkt und geleitet wird, das geht nicht in sein Wesen über, das bleibt ihm ewig fremd, das verrichtet er nicht eigentlich mit menschlicher Kraft, sondern mit mechanischer Fertigkeit.»[8]

Auch dieses Argument zielt zweifellos auf einen wesentlichen Aspekt menschlicher Individualität, doch auch hier suchen wir vergeblich nach einer tieferen moralphilosophischen, geschweige denn erkenntnistheoretischen Begründung menschlicher Freiheit. Ohne eine solche Begründung vermag man aber z. B. nicht dem Einwand zu begegnen, daß sich Menschen schließlich in hohem Maße auch aus völlig anderen denn aus individuellen Impulsen «engagieren» können; erinnert sei hier nur an die nazistische Massensuggestion. Allem Humanismus und psychologischer Einsicht – wie bei Humboldt – zum Trotz bleibt der Liberalismus deshalb allen anti-individualistischen Kräften eine Antwort schuldig. Gegenüber dem heutigen materialistischen und deterministischen Menschenbild, dem die Wissenschaft scheinbar Vorschub leistet, kann menschliche Individualität und Freiheit überhaupt nur durch einen konsequenten Bruch mit diesem Materialismus in wissenschaftlichem und philosophischem Denken bewahrt werden. Davon jedoch weit entfernt, sind Liberalisten von Mill bis F. A. Hayek *selbst* dem Materialismus in verschiedenen Varianten bis zum Positivismus (Empirismus) und Determinismus verfallen. Ein Argument, das den Millschen Gedankengang zur Begründung der Freiheit des einzelnen durchzieht, ist so seine positivistische Auffassung von menschlicher Erkenntnis als immer bloß relativer; dies mündet in die äußerst simplifizierte Überlegung: Wenn es keine sichere Wahrheit gebe, dürfe auch «der Staat» niemandem eine solche aufzwingen.

Dieses positivistisch (empiristisch) verankerte Argument für Freiheit dient auch weiten Teilen des heutigen Liberalismus als Vorbild; wir finden es vor allem bei Karl Popper und seiner Begründung einer freien («offenen») Gesellschaft. (Auf Poppers Gesichtspunkte werden wir im folgenden noch eingehen.) Besonders deutlich zeigt sich aber, daß Hayek in diesem Punkt in Millscher Tradition steht, wie bei ihm auch die Verbindung zwischen Neoliberalismus und Positivismus offensichtlich ist. So weist Hayek, direkt an Empiristen von Locke bis Moritz Schlick anknüpfend, die Frage nach einer «inneren Freiheit» (Willensfreiheit) als «Scheinproblem» zurück. Auch sieht er keinen Widerspruch darin, Freiheit mit einem strikten Determinismus zu verbinden. Freiheit und Verantwortung bedeuten so für ihn nicht, daß eine individuelle Handlung etwas *anderes* ist als «die notwendige Wirkung kausaler Gesetze, von den Umständen vorgegeben» (!), sondern nur, daß die Möglichkeit bestehen soll, die Handlungen unter «Berücksichtigung» ihrer Konsequenzen zu ändern![9]

Liberalisten wie Hayek übersehen dabei jedoch, daß sie durch die Negierung der *inneren* Freiheit des Menschen zugleich der äußeren die Grundlage entziehen. Damit stellen sie sich, um es mit B.F. Skinners Charakterisierung seines «radikalen Behaviorismus» auszudrücken, «jenseits von Freiheit und (menschlicher) Würde». Indem sie in der Theorie den Menschen nicht als autonomes Subjekt anerkennen, öffnen sie der *äußeren Kontrolle* seiner Handlungen, d.h. einer manipulativen sozialen Praxis, Tür und Tor. Dieser Effekt ist im übrigen in dem theoretisch verwandten radikalen Behaviorismus gerade *intendiert*! (Auf die Frage nach dem Verhältnis zwischen innerer und äußerer Freiheit kommen wir in dem Kapitel «Die innere und äußere Existenz der Individualität» ausführlich zurück.)

Die positivistische Tendenz liberalistischen Denkens und besonders dessen Negierung eines Zusammenhangs zwischen «äußerer» und «innerer» Freiheit führt nicht zuletzt dazu, daß dessen Freiheitsverständnis bei bloßer *Wahl*freiheit stehen bleibt. Hier liegt unserer Meinung nach die grundlegende

Schwäche dieses Verständnisses. Freiheit als bloße Wahlfreiheit verstanden impliziert, wie bereits gezeigt, daß eine wesentliche Differenzierung aus dem Blick fällt: zwischen Handlungen, die der menschlichen Individualität entspringen, und solchen, die lediglich auf egoistische Neigungen zurückzuführen sind – wobei nur erstere als eigentlich *freie* Handlungen gewertet werden können. In diesem Mangel einer tieferen Begründung der Freiheit, verankert in einer Erkenntnis der menschlichen Individualität, sehen wir die Ursache für die höchst ambivalente Stellung des Liberalismus in der modernen Gesellschaft. Es wurde bereits angerissen und soll auch noch eingehender erörtert werden, daß der Liberalismus in diesen Gesellschaften in Theorie und Praxis eher als eine «Ideologie» für Egoismus und antisoziale Kräfte denn als Begründung der menschlichen Freiheit zu werten ist.

Liberalistischen Denkern selbst ist denn auch diese soziale Konsequenz ihres Freiheitsbegriffes nicht verborgen geblieben. Die Klassiker des Liberalismus waren deshalb nicht nur darum bemüht, «Grenzen für die Staatstätigkeit» zu ziehen, sondern auch, die «Grenzen» der *Freiheit* zu bestimmen (was im übrigen nur partiell zwei Seiten einer Sache ist!). Besonders deutlich wird dies bei Stuart Mill, verbleibt aber bezeichnenderweise bei einer rein *negativen* Bestimmung dieser Freiheitsschranke: Freiheit reicht so weit, wie sie «anderen nicht schadet». Diese Grenzziehung, die wir bereits von Kant kennen, ist allerdings ausgesprochen unbefriedigend – aus mehreren Gründen. Erstens ist sie äußerst vage, denn zweifelsohne können Äußerungen und Handlungen auf die eine oder andere Weise «anderen schaden», und dennoch kann es zugleich eine offenkundige Freiheitsberaubung darstellen, sie nicht zuzulassen. Auf der anderen Seite sind ebensogut individuelle Äußerungen und Handlungen denkbar, die keine Schädigung anderer Menschen mit sich führen, und doch würden wir sie nicht als freie Handlungen oder Äußerungen charakterisieren wollen. Mills Kriterium erweist sich also sowohl als zu eng wie auch zu weit, als daß es zur Bestimmung des Bereiches der Freiheit geeignet wäre.

Zweitens (und vor allem) enthüllt die erwähnte Grenzziehung einen tiefen *prinzipiellen Antagonismus* im Verständnis des Verhältnisses zwischen individueller Freiheit und Gesellschaft, Individualität und Sozialität. Sie ist im Grunde Ausdruck dafür, daß es sich hierbei um *unvereinbare* Dinge handelt; es gilt die menschliche Freiheit *einzuschränken*, um auf diese Weise dem Sozialen, der Mitmenschlichkeit und Gemeinschaft Platz zu schaffen. Nach dieser Auffassung besteht ein ethisches Gegensatzverhältnis, ja ein Widerspruch zwischen individueller Freiheit einerseits und Sozialität andererseits. Gerade diese antagonistische Auffassung haben wir jedoch in vielen Zusammenhängen als einen Grundirrtum im Freiheitsverständnis der Neuzeit bezeichnet. Wir sehen deshalb eine Hauptaufgabe unserer Studie darin, diese falsche Auffassung zurückzuweisen, indem wir die Grundlage für Freiheit und Sozialität in verschiedenen Gesellschaftssphären zu finden meinen, welche *nicht* miteinander unvereinbar sind, sondern ganz im Gegenteil sich gegenseitig bedingen.

Die dem liberalistischen Freiheitsdenken mangelnde Perspektive auf das *Soziale* ist übrigens selbst dort als Mangel augenfällig, wo dieses Denken in seiner sublimsten Form auftritt. Die Rede ist hier von dem klassischen Humanisten Wilhelm von Humboldt, der die Freiheit besonders aufgrund ihrer Bedeutung für Entwicklung, Reifung und Läuterung der menschlichen *Persönlichkeit* hervorhebt. Doch selbst von seinem «Persönlichkeitsargument» für Freiheit (wie wir es genannt haben) läßt sich keine Brücke zu einem Verständnis des Menschen als eines sozialen Wesens schlagen. Humboldt sieht nicht, daß «der Staat», oder das *politische* Leben, *selbst* eine Form der Entfaltung der *Persönlichkeit* oder Individualität darstellt; nämlich der Entfaltung in einer Gemeinschaft, die auf Gleichwertigkeit mit allen anderen Individualitäten beruht, wie wir es zu begründen suchten. Im Blick auf die menschliche Persönlichkeit beurteilt Humboldt den Staat ausschließlich *negativ*; man könnte sagen, er erachtet ihn zwar als notwendig, aber eben als ein Übel, das es folglich möglichst weitgehend zu begrenzen gilt.

Humboldts grundlegendes Kriterium für die Abgrenzung oder Bestimmung des staatlichen (politischen) Bereiches ist deshalb das «Prinzip der Notwendigkeit» der staatlichen oder politischen Tätigkeit. So beschreibt er in seiner oben zitierten Abhandlung über die *Grenzen der Wirksamkeit des Staates* seinen «Grundsatz» für die Anwendung seiner Theorie auf die Wirklichkeit wie folgt: «So ist es also *das Prinzip der Notwendigkeit*, zu welchem alle in diesem ganzen Aufsatz vorgetragenen Ideen, wie zu ihrem letzten Ziele hinstreben.»[10] Damit wird der Staat bei Humboldt nichts anderes als ein «Nachtwächterstaat», dessen Aufgabe sich in innerer und äußerer Verteidigung (Polizei und Militärwesen) erschöpft.

Vor dem Hintergrund dessen, was oben zur öffentlichen Sphäre und damit in gewissem Umfang auch zur Aufgabe des Staates gesagt wurde, erweist sich dieses «Notwendigkeitsprinzip» nicht nur als sehr enges Kriterium, sondern zudem als äußerst vage. Gleichwohl baut liberalistisches Denken bis heute darauf auf. Für die heutigen Verfechter einer «freien Wirtschaft» bildet dieses Prinzip die offenbar unreflektierte Denkgrundlage; wir werden im weiteren sehen, wie sich dies bei dem Neoliberalisten Popper als ein «Demarkationskriterium» für das Verhältnis zwischen Individuum und Staat niederschlägt.

Eine Konsequenz des unzureichenden liberalistischen Verständnisses von Individualität wie Sozialität ist auch, daß dem Liberalismus die strukturelle *Verbindung* zwischen dem individuellen (Freiheits-) und dem politischen (Gleichheits-) Bereich entgeht. Er übersieht, daß der Bereich der Gleichheit ein *ebenso* fundamentaler Gesellschaftsbereich ist wie der der Freiheit und daß ein *gegenseitiges* Abhängigkeitsverhältnis zwischen ihnen existiert; ein Aspekt, den wir im folgenden vertiefen wollen. Offensichtlich ist dies auch die tiefere Ursache dafür, daß das Verhältnis liberalistischer Denker zur politischen Demokratie häufig ein rein pragmatisches, ja sogar kühles gewesen ist, und nicht selten entdeckt man bei ihnen gewisse Sympathien für elitistischere Regierungsformen.

Die Skepsis, die Vertreter des klassischen Liberalismus, z.B. Alexis de Tocqueville und Mill, einer Regierung durch «die Massen» oder «den Durchschnitt» entgegenbrachten, ist insofern wohlbekannt, als sie die Auffassung vertreten, daß die «repräsentative» Demokratie gewährleisten muß, daß die Regierungsaufgabe durch eine Auswahl «begabter» und «einsichtiger» Individuen wahrgenommen wird. In gewisser Hinsicht sind solche Überlegungen zwar nicht ganz unbegründet, zumal angesichts mangelhafter Aufklärung ihrer Zeit, sie ist aber auch ohne Frage auf eine unzureichende Erkenntnis der Natur politischer Demokratie zurückzuführen: Der in diesem Zusammenhang verwendete Begriff von ‹Rationalität› ist so eng, daß er mit reinem Fachwissen nahezu identisch ist.

Die gleiche elitistische Denkweise und ein ebenso mangelhaftes Verständnis der Eigenart politischer Demokratie ist bei Neoliberalisten wie Hayek anzutreffen, der Demokratie «eher als ein Mittel denn als ein Ziel» auffaßt. Hier drückt sich unmißverständlich eine *Unter*ordnung (und nicht Gleichrangigkeit) der politischen Gleichheitssphäre im Verhältnis zur individuellen Sphäre aus. Andererseits sieht Hayek deutlich (und hier im Gegensatz zu vielen sozialistischen Demokraten), daß die Demokratie «die Existenz einer bedeutsamen Sphäre voraussetzt, die unabhängig von der Kontrolle durch die Mehrheit ist und wo sich die Meinungen der Individuen bilden».[11] Hayek arbeitet jedoch keine Idee von ‹politischer Öffentlichkeit› heraus, in der sich diese Demokratie entfaltet, wie es Habermas historisch nachgewiesen und systematisch begründet hat.

In unserer Erörterung des liberalistischen Gesellschaftsverständnisses haben wir uns bisher auf die Bestimmung und Abgrenzung des sozialen Lebens (der Sozialität) als Bereich der *Politik* («des Staates») oder – wie *wir* es charakterisiert haben – der ‹Gleichheit› konzentriert. Der liberalistische Mangel hinsichtlich einer positiven Bestimmung der menschlichen Sozialität zeigt sich aber noch stärker im Falle einer intensiveren und tiefergehenderen Gemeinschaft zwischen den Individuen, als sie die politische Gleichheitssphäre repräsentiert: im gemeinschaftlichen Handeln (Arbeiten) im Bereich der Ökonomie. Wir werden dies ausführlich erst im nächsten Kapitel erörtern, wollen jedoch vorausschicken, daß gerade in diesem Zusammenhang die liberalistische Verwechslung von individueller Freiheit und Egoismus zu einem Problem kritischen Ausmaßes wird. (Dies hat im übrigen dazu beigetragen, daß der Gegenpol des Liberalismus, der Sozialismus, individuelle Freiheit oder «Individualismus» oft *bekämpft* hat, als ob *dieser* das gleiche wie Egoismus sei – im übrigen eine politische Parallele zur theologischen Bekämpfung der erkennenden Individualität des Menschen, welche auf dem Mißverständnis beruht, diese sei «vermessene Selbstsüchtigkeit».) Durch die Verwechslung des Liberalismus von Freiheit und Egoismus degenerieren denn auch seine Freiheitsargumente zu einer «Ideologie» egoistischer Selbstbehauptung, wie wir es bereits angesprochen haben. Das Gerede des Liberalismus von Initiative, eigener Wahl und Engagement stimuliert nicht primär die Freiheit, sondern antisoziale Kräfte, die in ihrer Konsequenz die *wirkliche Freiheit* dann untergraben. Nicht zuletzt die Kommerzialisierung des Geistes- und Kulturlebens in der modernen Gesellschaft ist hierfür ein konkretes und charakteristisches Beispiel.

Wir wollen uns erneut der Frage nach der Grenzziehung zwischen dem Individuellen und dem Sozialen als *politischem* Bereich zuwenden, welche wir als Sphären der ‹Freiheit› bzw. ‹Gleichheit› näher bestimmt haben. Der individuelle Bereich, in dem die Freiheit das grundlegende Prinzip sein muß, hat seine spezifischen Züge, die die Selbständigkeit dieses Bereiches begründen. Wir hatten jedoch gesehen, daß zwischen diesem Bereich und dem sozialen Bereich, den wir – bisher – als politischen Bereich angesprochen haben, Interdependenzen bestehen. Grundprinzip dieses sozialen (politischen) Bereiches ist die Gleichheit: Es ist die *Gleichwertigkeit* der Menschen als Individuen, die *diesem* Bereich seine Eigenart und Selbständigkeit gibt. Dasselbe Gleichheitsprinzip bestimmt Art und Charakter der *Beziehungen* dieses Bereiches zu den anderen Bereichen der Gesellschaft, von denen wir oben bereits den des Geisteslebens beschrieben haben. Schematisch können die beiden bereits charakterisierten Sphären mit ihren jeweiligen Eigenarten und den zwischen ihnen bestehenden Beziehungen in Anlehnung an Habermas' «Schema sozialer Bereiche» wie folgt dargestellt werden:[12]

Freiheitssphäre: (Habermas: «Privatbereich»)	*Politische Öffentlichkeit:*	*Gleichheitssphäre:* (Habermas: «Sphäre der öffentlichen Gewalt», z.B. «Staat»)
Geistesleben im weiten Sinne: Erziehung, Unterrichtung, Forschung, Literatur, Kunst, Religion – Schule, Universität, Kirche etc.	«Forum» für politische Diskussion («Dialog»), Presse u.v.m.	demokratisch gewählte Organe (z.B. Parlament); ausübende Gewalt (z.B. Regierung)

Zwei Unterschiede von prinzipieller Bedeutung gegenüber Habermas' Schema sind hervorzuheben. Zum einen haben wir den individuellen Bereich bzw. die Freiheitssphäre nicht als «Privatbereich» bezeichnet. Diese Bezeichnung erfaßt wohl etwas Wesentliches dieser Sphäre als eines Lebensbereiches, in dem die Individuen leben und sich ohne «öffentliche Einmischung» entfalten können sollen – so sagt man z.B. von der Religion, sie sei «Privatsache». Andererseits ist die Bezeichnung jedoch irreführend, insofern sie die Sphäre zu sehr einengt, die nach unserem Verständnis auch *Institutionen* auf gesellschaftlicher Ebene umfaßt, weshalb wir die Bezeichnung «Freiheitssphäre» oder «Geistesleben» (im weiten Wortsinn) vorziehen.

Der zweite Unterschied zu Habermas liegt darin, daß wir mit dem Schema nicht nur eine Beschreibung einer bestimmten historischen Gesellschaftsstruktur beabsichtigen, sondern vor allem eine systematische Darstellung des Verhältnisses zwischen den Bereichen des Geisteslebens (der Freiheit) und des politischen Lebens (der Gleichheit). Damit wird eine vorübergehend vorgenommene Vereinfachung unseres Schemas berührt: Aus ihm geht nämlich nicht hervor, daß die Institutionen des Geisteslebens – in dem Maße, in dem die Individuen auch hier als gleichwertig und gleichberechtigt zusammenkommen – *zugleich* teilhaben an der «politischen Sphäre». Dies bedeutet an und für sich keine aufmerksamkeitserheischende Erweiterung der Begriffe, da wir z.B. auch außerhalb des im engen Sinne politischen Lebens ständig von «Demokratie» sprechen. Wir müssen uns jedoch vergegenwärtigen, daß hier in gleichem Maße wie in der Gesellschaft eine prinzipielle Grenze verläuft zwischen dem, was «demokratisch» entscheidbar ist (von der Gleichheit aller ausgehend, z.B. durch Mehrheitsbeschluß), und dem, was dem Bereich der Freiheit des einzelnen zuzurechnen ist.

Die Grenze – und zugleich Verbindung – zwischen den Sphären der Freiheit und der Gleichheit wird offenbar durch den zentralen Platz, den die «politische Öffentlichkeit» einnimmt (zwischen dem einzelnen freien Bürger und den politischen Institutionen). Eine nähere Betrachtung dieses «Zwischenbereiches» kann deshalb geeignet sein, wesentliche Ungereimtheiten unserer Gesellschaft, wie sie *heute* funktioniert, bloßzulegen, da diese gerade auf ein mangelndes Verständnis der Eigenart, des Unterschiedes und des spezifischen Zusammenhanges zwischen den beiden Gesellschaftssphären zurückzuführen sind. Beispielhaft kann dies anhand der *politischen Presse* veranschaulicht werden; sie gehört zu den wichtigsten «Foren» politischer Diskussion und Meinungsbildung in der Öffentlichkeit (und ist nicht umsonst «vierte Macht im Staate» genannt worden).

Als Teil der politischen Öffentlichkeit nimmt diese Presse eine eigentümliche Zwischenstellung zwischen «Geistesleben» und «Politik» ein. Daß sie unter den ersten dieser beiden Bereiche fällt, ist in den traditionellen Demokratien allgemein anerkannt. Von daher ist das Vorhandensein von «Pressefreiheit», d.h. daß jede politische (und andere) Meinung publiziert werden können muß und daß der Presse keine Meinung von außen aufgezwungen werden darf, nicht weniger als eine Selbstverständlichkeit. Aber wie sieht es mit der Gleichheit in dieser *politisch* wirkenden Presse aus? Die Behauptung, daß es hiermit nur sehr mäßig bestellt ist, können wir sicherlich aufstellen, ohne Beispiele aus totalitären Regimen bemühen zu müssen. Geht doch bereits aus der *Struktur* der politischen Presse hervor, daß sie, was die Möglichkeit zur Meinungsäußerung angeht, mitnichten *demokratisch*, d. h. beruhend auf dem Prinzip der Gleichwertigkeit und Gleichberechtigung der Individuen (Bürger), ist. Ihre Struktur ist vielmehr ein Produkt historischer Zufälligkeiten, vor allem hat sie weder mit Demokratie noch Geistesfreiheit zu tun. In vielen Ländern üben die meisten der großen Zeitungen und Zeitschriften deshalb einen enormen *politischen* Einfluß aus, weil sie zu einem gewissen Zeitpunkt den Anzeigenmarkt erobern konnten! Ein treffendes Beispiel für dieses Mißverhältnis zwischen Freiheit und Gleichheit war die intensive Debatte, die in Norwegen um den Beitritt Norwegens zur EG zu Beginn der 70er Jahre geführt wurde. Wenn in dieser Debatte überhaupt eine Gleichwertigkeit oder «Balance» der Möglichkeiten zur Meinungsäußerung oder gar zum «Dialog» vorhanden war, dann war sie nicht der politischen Presse, sondern paradox genug dem (prinzipiell verwerflichen) staatlichen Rundfunkmonopol zu verdanken.

Das Beispiel der politischen Presse steht *generell* für das herrschende Erkenntnisdefizit, das bezüglich des Zusammenhangs und Zusammenspiels der Sphären von Freiheit und Gleichheit, von Geistesleben und Politik besteht. Es scheint, als gäbe es keine Alternative dazu, entweder *alles* auf Freiheit beruhen zu lassen (was diskriminierende Folgen hat) oder *alles* von Gleichheit bestimmen zu lassen (was zur Gleichschaltung führt). Man übersieht, daß es sich hier um ein Verhältnis der *Gegenseitigkeit* handelt, wie es sich in der Forderung «*gleiches Recht* für verschiedene *Meinungen*» ausdrückt: *Individuelle* Freiheit, aber für *alle* in *gleichem* Maße! Das Geistesleben muß Platz für die verschiedenen Meinungen geben, und das politische Leben muß gleiche Möglichkeiten eröffnen, diese zu äußern.[13]

Statt dessen entscheidet man sich heute für den einen oder den anderen Weg, aber beide führen in eine Sackgasse: entweder den staatsinterventionistischen (extrem in den Diktaturen) oder den liberalistischen (eine verbreitete Tendenz in unserer eigenen Gesellschaft). Im letzteren Fall reduziert sich die Frage darauf, ob «die Macht des Staates» wächst (= negativ) oder sich verringert (= positiv). Man erkennt nicht, daß hier bereits das Problem falsch gestellt ist, denn die entscheidende Frage ist vielmehr, in *welchen* Bereich der Staat eingreift, d.h. welcher Bereich dem *politischen* Leben zugeordnet wird. Es gibt ohne Frage Bereiche in unserer Gesellschaft, wo die Politik «zuviel» oder, korrekter gesagt, *illegitim* eingegriffen hat (Schule, Erziehung, Universität, Sprache und vieles mehr). Es steht jedoch ebenso außer Zweifel, daß es Bereiche gibt, wo sie *zuwenig* eingegriffen hat (Ressourcen- und Umweltschutz als Beispiel), wo das rechtlich-politische Leben noch großen ungelösten Aufgaben gegenübersteht.

Was dem liberalistischen Gesellschaftsverständnis fehlt, ist letztlich ein Verständnis dessen, was wir die «*politische* Wahrheit» nennen können (während der traditionelle Sozialismus seinerseits Probleme mit dem Verständnis des «Individuellen» hatte). Denn das politische Leben, die Gleichheitssphäre hat in gewisser Weise ihre *eigene* «Wahrheit», nämlich die Meinung (Entscheidung), die aus der demokratisch fungierenden Diskussion hervorgeht und aus einem «Konsensus» oder zumindest Mehrheitsbeschluß resultiert. Diese spezifische Form von Wahrheit unterscheidet sich also wesentlich von dem, was wir gewöhnlich Wahrheit nennen. Dies zeigt sich besonders deutlich dann, wenn wir es mit Mehrheitsentscheidungen zu tun haben, da wir hier, auch wenn wir selbst die Meinung der Mehrheit nicht vertreten, die Entscheidung akzeptieren oder uns ihr «beugen» – und dies wohlgemerkt mit der größten Selbstverständlichkeit. Es ist offensichtlich, daß hier eine *andere* Geltungsregel gilt, ein *anderes* Wahrheitskriterium als im Bereich des Geisteslebens, wo wir uns außerstande sähen, eine Meinung, die zu unserer eigenen Überzeugung im Widerspruch steht, zu akzeptieren, geschweige denn ihr uns mit der gleichen Selbstverständlichkeit zu «beugen» und dies auch noch als völlig legitim zu empfinden.

Jürgen Habermas hat das, was wir hier «politische Wahrheit» genannt haben, als jene «öffentliche Meinung» beschrieben, die aus der politischen Diskussion hervorgeht, wenn diese ohne Zwang und offen, als ein «herrschaftsfreier Dialog» abläuft. Bis dahin können wir ihm folgen; wir distanzieren uns jedoch von seiner Auffassung, wenn er meint, keine *andere* Wahrheit als *diese* gelten lassen zu können. Laut Habermas soll ja die hier erwähnte «Diskurswahrheit» oder «Konsensuswahrheit» letztlich auch innerhalb der Wissenschaft gelten, was wir bereits in dem Kapitel «Freiheit und Dogmatismus» erörterten. Wir haben diese Auffassung dort als Konsequenz seiner nominalistischen Orientierung betrachtet, die dem Menschen einen Zugang zu *objektiver* Wahrheit abspricht. Nach Habermas soll die Wissenschaft vom Menschen noch nicht einmal auf eine *solche* Wahrheit gerichtet sein.[14]

Erkennt man jedoch keine andere Wahrheit als wirklich an denn die *intersubjektive*, aus einem «kritischen Diskurs» hervorgegangene, kann man auch dem einzelnen Individuum keinen eigenen, d.h. dialogunabhängigen Zugang zur Wahrheit zuerkennen. Damit negiert man eigentlich die fundamentale Grundlage und das Wesen des *Geisteslebens*: die selbständige Erkenntnis, Einsicht und Überzeugung des einzelnen. Für die Sozialphilosophie hat dies die folgenreiche Konsequenz, daß auch das Geistesleben *politisiert wird*, daß es verstanden wird, als ob es rechtlich-politisches Leben sei und dadurch in seiner Eigenart verkannt wird.

Von Habermas' Standpunkt aus kann so die Meinung und Überzeugung des einzelnen letztlich nicht als Erkenntnis einer autonomen Individualität verstanden werden, sondern stellt sich als *selbst* aus einem gesellschaftlichen Prozeß hervorgegangen dar. Denn obwohl er, wie wir bereits unterstrichen haben, die Unabhängigkeit des «Privatbereichs» im Verhältnis zur politischen Sphäre betont, sieht er den «Privatbereich» als basierend auf *inter*subjektivem – und damit typisch politischem – Dialog. Wenn nach seinem Dafürhalten die Individuen nicht unabhängig vom *gesellschaftlichen* «Bildungsprozeß» sind, dann liegt auch hier eine Einseitigkeit vor, wenngleich eine dem Liberalismus entgegengesetzte, bei dem Eigenart und Selbständigkeit des politischen Bereiches im Verhältnis zum Privatbereich unterbewertet wird. Damit überträgt Habermas die Prinzipien des politischen Lebens (tendenziell) auf das *ganze* Gesellschaftsleben: Dialog, Diskurs und Konsensus werden als Grundprinzipien der Gesellschaftsordnung generell angesehen.

Damit setzt er sich jedoch auch einer eher auf *praktische* Aspekte zielenden Kritik aus, denn wenn man die ganze Gesellschaft in dieser intersubjektiven Perspektive sieht, folgt daraus konsequenterweise, daß auch die *Steuerung* der Gesellschaft den Regeln von Diskurs und Konsensus unterworfen werden muß. Dies jedoch kann weder als rational noch als in der Praxis durchführbar angesehen werden – eine Kritik, die in dem Soziologen Niklas Luhmann ihren bekanntesten Exponenten gefunden hat. Verwiesen wird auf die «Komplexitätssteigerung» in der modernen Gesellschaft und auf die faktischen Schwierigkeiten, die damit verbunden sind, allgemeine Einigkeit durch kritische Diskussion zu erreichen. Konsensus kann deshalb nach Luhmann «nur in sehr begrenztem Umfange die Form begründeter Annahme oder Ablehnung von Argumenten haben», insofern ein solches Vorgehen u.a. nahezu unbegrenzte Zeit und «Aufmerksamkeitspotential» voraussetzt. Die «Herrschaftsfreiheit der Diskussion», so Luhmann, könne deshalb «allenfalls okkasionell in kleinen Gruppen realisiert werden», nicht jedoch auf «gesamtgesellschaftlicher Ebene».[15]

Diese Kritik ist auch nach unserer Auffassung insoweit berechtigt, als Habermas den demokratisch-politischen Entscheidungsprozeß *totalisiert.* Wenn die Gesellschaft einheitlich in dieser Weise aufgefaßt wird, wenn, mit anderen Worten, die Prinzipien des politischen Entscheidungsprozesses für *alle* Gesellschaftsbereiche gelten sollen, mündet dies unvermeidlich in «Steuerungs»-Komplikationen (z.B. Bürokratisierung), die dessen Durchführbarkeit im ganzen bedrohen; ganz abgesehen davon, daß eine solche Einheitsauffassung aus prinzipiellen Gründen verworfen werden muß. Die Kritik ist jedoch verfehlt, wenn sie sich, wie bei Luhmann, gegen die beschriebenen Prinzipien auch als Steuerungsform für den eigentlich politischen Bereich richtet. Wie gezeigt, ist diese Form von Steuerung – durch die allgemeine Beteiligung der Bürger in offener und freier, auf Konsensus zielender Diskussion – legitim für die *spezifisch politische* Gesellschafts- oder generell für die «Gleichheitssphäre».

Will man, wie Luhmann, das Prinzip des politischen Diskurses aus rein praktischen Gründen – nicht bewältigbare Komplexität – verwerfen, scheint dies auch auf mangelnder Einsicht darin zu beruhen, daß Inhalt der politischen Diskussion die *grundlegenden Ziele und Richtlinien* für die politische Steuerung und nicht deren fachtechnische Details sind. Bei Luhmann scheint dieses Unverständnis seiner rein systemtheoretischen Annäherungsweise zuzuschreiben zu sein, die offenbar den Blick auf den Unterschied zwischen politischer (normierender) und «technischer» Rationalität verstellt. So muß Luhmann konsequenterweise Habermas' «Konsensustheorie der Wahrheit» auch für den politischen Bereich verwerfen. Dies jedoch bedeutet: Er anerkennt nicht das auf die Vereinigung von Sozialität und Rationalität gerichtete Streben, worin wir (mit Habermas) eine richtungsweisende Intention der gesellschaftlichen Entwicklung der ganzen neueren Zeit ausgemacht haben. Selbst wenn «Sinn» auch für Luhmann eine irreduzible Kategorie darstellt, verbleibt in seiner systemtheoretischen Sicht von der hier beschriebenen Rationalitätsidee nicht mehr als «alteuropäische Würde».[16]

Trotzdem sind wir damit mit Luhmanns Kritik noch nicht am Ende, insoweit sie sich auf die Komplikationen bezieht, die das Prinzip von Diskurs und Konsensus in der politischen Praxis mit sich führt. Denn diese Komplikationen sind dadurch reduziert, wenn auch nicht eliminiert, daß wir – im Unterschied zu Habermas – den Bereich des politischen Diskurses von der restlichen Gesellschaftssphäre abgrenzen. Denn selbst mit einer solchen Begrenzung wird in der Praxis ein allgemeiner Konsensus oft nicht zu erreichen sein, z.B. aufgrund des problematischen, weil knappen Faktors «Zeit».

Wir meinen jedoch, daß dies nicht an dem Prinzip des herrschaftsfreien und rationalen, auf Konsensus gerichteten Dialoges als Grundstruktur des *politischen* Lebens rüttelt. Die rein praktischen Probleme bei der Realisierung dieses Konsensus sind zu überwinden, indem der Dialog in eine *Mehrheitsentscheidung* mündet, die ja nicht minder auf dem demokratischen Prinzip der Gleichheit basiert. Wenngleich diese Lösung die vollkommene politische Wahrheit nicht hervorbringt, so ist doch auch sie in dem Prinzip von intersubjektiver Rationalität verankert, soweit der Beschluß aus einer vorangegangenen offenen und kritischen Diskussion in der Öffentlichkeit hervorgeht.

Auch wir vertreten die Auffassung, daß die Herausbildung einer jeden wahren politischen Entscheidung (politischer Wahrheit) die Grundprinzipien eines rationalen Dialoges als einer Art «regulative Idee» voraussetzt. Wir können uns Habermas anschließen, wenn er z.B. behauptet, daß «wir in jedem Diskurs wechselseitig eine ideale Sprechsituation *unterstellen.*» Und daß dies gleichermaßen für einen «wahren Konsensus» gilt.[17] Denn kraft seiner Rationalität nimmt der einzelne als *Individualität* an den politischen Entscheidungsprozessen teil. Mit einem Zurückweisen dieses Diskurses als Grundprinzip des politischen Bereiches würde nicht nur die Individualität aus diesem Bereich ausgegrenzt, sondern die Demokratie würde zugleich unweigerlich durch elitistische und damit in der «Gleichheitssphäre» illegitime Steuerungsformen ersetzt.

Ein wichtiges Moment der Kritik Habermas' an Luhmann ist denn auch, daß eine Negierung des politischen Diskurses eine «Entpolitisierung» der Öffentlichkeit und technokratische Steuerungsformen mit sich führt. Unter anderem schreibt er über Luhmanns Standpunkt, dies sei eine «Option für den in einer politikfernen und selbstreflexiven Verwaltung verwirklichten Typus der nicht-partizipatorischen umfassenden Systemplanung».[18] Es ist in diesem Zusammenhang bezeichnend, daß das «Medium», in dem sich nach Luhmann das politische Leben entfaltet, ‹Macht› (!) ist und weder ‹Sprache›, d.h. intersubjektive Rationalität (Habermas), noch ‹Gleichheit›. Dies ist nur folgerichtig: Basiert Sozialität als politischer Entscheidungsprozeß nicht fundamental auf Rationalität in Form eines auf Konsensus zielenden Diskurses, dann bleibt in der Tat nur die Möglichkeit einer dezisionistischen Position, wo Machtkampf notwendigerweise den Streit der Argumente ersetzt. Man fällt also in eine Position zurück, die wir von Max Weber kennen, für den Politik schlichtweg «Machtkampf» in verschiedenen Formen ist.

Wir sind nun an einer Stelle angelangt, wo es sinnvoll ist, unsere Differenzen zu Habermas zu präzisieren. Teilen wir auch seine «Konsensustheorie der Wahrheit», wenn es um den *politischen Entscheidungsprozeß* geht, so halten wir sie an sich für eine stark begrenzte Form von Rationalität und sehen in ihr ein enges Verständnis von menschlicher Individualität und damit zugleich ein unzureichendes Verständnis der menschlichen Gesellschaft. Selbstverständlich gibt es «Diskurs» auch in den Bereichen des (individuellen) Geisteslebens, dennoch kann Konsensus hier nicht das übergeordnete und leitende Wahrheitskriterium sein, so wie er es in der Politik ist. Denn im politischen Bereich ist das Ziel eine bestimmte Entscheidung, die gerade Einigkeit erfordert – eventuell auch eine mit Hilfe von Kompromissen errungene Einigkeit –, zumindest aber eine Mehrheitsentscheidung. Im Geistesleben ist die Situation dagegen eine völlig andere. Man könnte vor dem Hintergrund der historischen Erfahrung sogar sagen, daß *dort* Einigkeit gerade kein Kriterium für Wahrheit ist, sondern eher Indiz für ihr Gegenteil.

Wir wollen daher das Konsensuskriterium für Wahrheit innerhalb seiner adäquaten Grenzen sehen und insbesondere Konsensus nicht als den grundlegenden Typus von Wahrheit ansehen. Ein solcher Status kommt nämlich nicht der intersubjektiven, sondern nur der *objektiven* Wahrheit zu; der finnische Philosoph Georg Henrik von Wright behauptet sogar: «Wahrheit durch Konsensus ... sollte vielleicht am besten überhaupt nicht Wahrheit genannt werden. Echte Wahrheit ist atemporal (‹ ewig›). Eine wahre Aussage ist immer und überall wahr.»[19] Wir wollen hinzufügen: Es ist auch *inkonsistent,*

Konsensus als herrschendes Wahrheitskriterium zu behaupten. Denn die Feststellung eines Konsensus (der «Übereinstimmung»! von Meinungen) erfordert offensichtlich ein Kriterium für Wahrheit, das *selbst nicht* auf Konsensus beruht. Mit anderen Worten: Um Intersubjektivität konstatieren zu können, ist Objektivität erforderlich. Das traditionelle Erkenntnisverhältnis, Subjekt-Objekt, ist nicht abzuschütteln und läßt sich nicht durch das «Subjekt-Subjekt»-Verhältnis ersetzen.

Habermas' mangelnde Differenzierung zwischen der politischen Konsensuswahrheit und der individuellen, objektiven Wahrheit des Geisteslebens ist also eine Konsequenz seines Intersubjektivismus; sein Nominalismus führt ihn mithin auch in der Sozialphilosophie auf Abwege. Anstatt die Basis im *Denken* und der *Individualität* zu sehen, faßt er die Grundverhältnisse *sprachlicher Kommunikation* (den «Sprechakt») als konstituierende Basis für Sozialität, ja sogar für die menschliche Individualität auf! Was letzteres angeht, so ist es ein prägnanter Ausdruck der beschriebenen sprachphilosophischen Umdeutung eines «transzendentalen» Begriffes von Individualität, wenn der profilierteste norwegische Vertreter der sprachphilosophischen Wende, Audun Øfsti, behauptet, daß «das transzendentale Ego das ist, was leisten kann: sich zu anderen hinzuwenden».[20] Durch diese sprachphilosophische «Transformation» ist aus Descartes' *Ich denke, also bin ich* schlicht und einfach ein *Ich spreche, also bin ich* geworden!

Zur weiteren Klärung der zentralen Begriffe ‹Individualität›, ‹Sozialität› und ‹Rationalität› wollen wir die sprachphilosophische «Transzendentalphilosophie» vor dem Hintergrund unserer erkenntnistheoretischen und moralphilosophischen Erörterung aus Teil I unserer Studie beleuchten:

Den rein kommunikativen Grundverhältnissen, wie die «dialogkonstituierenden Universalien» und die «kommunikative Kompetenz» bei Habermas, wird also der Status von apriorischen Voraussetzungen sowohl für Individualität als auch für Sozialität und Rationalität zugeschrieben. Diese kommunikativen Verhältnisse *setzen* jedoch ihrerseits bereits menschliches Denken und Individualität *voraus*. Wie wir in dem Kapitel «Individuelle Freiheit und allgemeine Rationalität» zu zeigen versuchten, gründet jede *Sozialität* (inklusive der sprachlichen Kommunikation) darin, daß der Mensch eine *erkennende Individualität* ist und sich die Individuen gegenseitig als solche anerkennen.

Unsere Differenz zu Habermas ist in dieser Frage also fundamental. Wir distanzieren uns von der sprachphilosophischen Wendung der Transzendentalphilosophie, die darauf abzielt, die grundlegenden Prinzipien für Rationalität und Sozialität wie für Moralität aus dem «Sprechakt» als solchem abzuleiten. Für uns ist die Existenz des Menschen weit grundlegender mit seiner Individualität verbunden, und *diese* entfaltet sich primär in der *denkenden* Tätigkeit des Menschen. Transzendentalphilosophisch ausgedrückt, können wir deshalb sagen, daß die Aufgabe darin besteht, die «universellen Bedingungen» für Rationalität, Sozialität und Moralität aus der menschlichen Individualität und deren Erkenntnisakt und nicht aus der zwischenmenschlichen Kommunikation im Sprechakt abzuleiten. Letzteres versucht sowohl Habermas mit seiner «Universalpragmatik» wie Karl-Otto Apel mit seiner «Transzendentalpragmatik» (vgl. unsere «Einleitung», Abschnitt über «Methode»).

Sicherlich liegt auch in der Sprache Rationalität, wenn aber *dieser* Aspekt der Sprache (und nicht beispielsweise dessen «magischer») hervortritt und betont wird, dann hat dies seine Wurzeln in einer allgemeineren und tieferliegenderen Rationalität als sie die rein sprachliche oder kommunikative darstellt. Es ist *diese* Rationalität, die wir in unserer historischen Einleitung als fundamentalen Zug der generellen menschlichen Bewußtseinsentwicklung hervorgehoben haben (vgl. Kapitel «Freiheit und Rationalität»). Gründet Rationalität aber tiefer als Sprache (hierauf stellte unsere bisherige Habermas-Kritik ab), dann muß dies in noch höherem Maße für Individualität und damit ebenfalls für Moralität und Sozialität gelten. Diesem letzteren Aspekt soll folgende Bemerkung hinzugefügt werden: Wir können darin eins gehen, daß auch in der «kommunikativen Vernunft» Moralität und Sozialität angelegt ist (was besonders Apel betont), allerdings typischerweise eine Moralität und Sozialität, die nicht über die *allgemeine* Norm (‹Verpflichtung›, ‹Vertrauen› etc.) hinausreicht. Die eigentlich menschliche Moralität und Sozialität, die mit der *individuellen Freiheit* verknüpft ist – konkretisiert in dem individuellen Begriff der Handlungssituation –, erschließen die rein kommunikativen Verhältnisse nicht.

Wir weisen somit die im Gegenwartsdenken vorherrschende sprachphilosophisch basierte Sozialphilosophie, als deren Repräsentant vor allen anderen Habermas zu nennen ist, in vielerlei Hinsicht zurück. Das entscheidende Argument ist dabei, daß unser Begriff von Rationalität erheblich weiter gefaßt ist als der des Intersubjektivismus. Wir haben jedoch auch gesehen, daß der Begriff von intersubjektiver Rationalität höchst fruchtbar sein kann, wenn es den demokratischen Entscheidungsprozeß zu beleuchten und das zu begründen gilt, was wir die reine «politische Wahrheit» genannt und auf die ‹Gleichheitssphäre› begrenzt haben. Bei Habermas geschieht dies jedoch auf Kosten jeglicher *objektiver* Wahrheit, weshalb ein Verständnis des individuellen Gesellschaftsbereiches (des «Privatbereiches» oder der ‹Freiheitssphäre›) in seiner Eigenart und Autonomie und damit ein Verständnis der Gleichberechtigung dieses Bereiches als eines *eigenen*, grundlegenden Sozialbereiches verunmöglicht wird.

Für ein Verständnis der Eigenart des politischen Lebens oder der Gleichheitssphäre stellt Habermas' Position auf der anderen Seite einen entscheidenden Fortschritt gegenüber der traditionellen Sozialphilosophie, wie dem Liberalismus und dem orthodoxen Marxismus, dar. Zu einer solchen traditionellen Sozialphilosophie gehört z. B. auch das Denken Karl Poppers, das auf diesem Gebiet, wie auch in der Wissenschaftsphilosophie, die noch immer vorherrschende positivistische Denkströmung aus der ersten Hälfte unseres Jahrhunderts repräsentiert. Um das Verhältnis zwischen dem, was wir als Freiheitssphäre und Gleichheitssphäre bezeichnet haben, und überhaupt die Frage nach Individuum und Gesellschaft näher zu beleuchten, wollen wir Poppers Standpunkte analysieren und in dieser Absicht an seinen sozialphilosophischen Essay *Öffentliche Meinung und liberale Prinzipien* anknüpfen.[21]

Poppers Anliegen ist hier eine pauschale Kritik der «öffentlichen Meinung» («public opinion») als politisches Prinzip, indem er sie als eine «Mythe» entlarven will. Die Frage, *wie* diese Meinung *gebildet* wird, stellt er sich jedoch nicht. Wie wir bereits unterstrichen haben, ist gerade dies die *entscheidende* Frage für die Bewertung des politischen Status und der Funktion der öffentlichen Meinung. Wir haben in diesem Sinne ausdrücklich unterschieden zwischen einer unreflektierten, «naiven» oder «plebiszitären» und «manipulativ» hervorgebrachten Meinung einerseits und einer öffentlichen Meinung andererseits, die aus einem «Streit der Argumente um eine Sache» (um Habermas' Ausdrucksweise erneut zu verwenden) hervorgegangen ist. Und, wie gezeigt, *nur* letzterer kommt eine legitime Funktion in der «politischen Öffentlichkeit», d.h. der Demokratie zu. Durch die Unkenntnis dieser fundamentalen Unterscheidung verstellt sich Popper ein Verständnis des Wesens der politischen Sphäre, mit all den fatalen Konsequenzen, die dies für die Auffassung von dem Verhältnis zwischen Individuum und Gesellschaft bei ihm hat.

Es ist in diesem Zusammenhang bezeichnend, daß Popper, wenn er ein Beispiel für die Idee von «öffentlicher Meinung» in politischer Theorie anführen soll, stets auf Jean-Jacques Rousseau und dessen *volonté générale* («Gemeinwille») zurückgreift. Dieser ist ja gerade das exakte Gegenteil von dem, was wir hier als «öffentliche Meinung» bezeichnet haben, nämlich die klassische Legitimierung von manipulativer Gewaltausübung. Wie Habermas betont, ist politische Diskussion für Rousseau offenbar etwas, das die Menschen «bloß irritiert», und nicht Überzeugung, sondern Überredung führt Rousseau zufolge zum «Konsensus».[22]

Nicht nur das. Die – von Popper also pauschal desavouierte – öffentliche Meinung beruht seiner Ansicht nach auf dem (in seinen Augen falschen) «Glauben an eine definitive Wahrheit» («manifest truth»). Diesem Urteil liegt jedoch eine dreifache Fehlannahme zugrunde. Erstens ist der Glaube an eine «definitive Wahrheit» im Prinzip nicht «falsch», sondern im Gegenteil wohlbegründet, wie wir in verschiedenen Zusammenhängen im Rahmen unserer erkenntnistheoretischen Erörterung gezeigt haben. Zweitens ist es absolut möglich, das Prinzip einer (qualifizierten) öffentlichen Meinung engagiert zu vertreten, ohne an eine «definitive Wahrheit» zu glauben, wofür im übrigen Habermas das beste Beispiel ist. Und drittens gibt es keinen psychologischen (geschweige denn logisch notwendigen) Zusammenhang zwischen der Annahme einer «definitiven Wahrheit» und tendenziell totalitären politischen Anschauungen wie die Rousseaus, wie Popper es unterstellt. Das Gegenteil ist der Fall. Was an dieser Auffassung Poppers unwahr ist, sollte im übrigen auch durch die Grenzziehung, die wir oben zwischen einer objektiven Wahrheit und der Überzeugung des einzelnen auf der einen und der *politischen* «Diskurswahrheit» auf der anderen Seite vorgenommen haben, deutlich geworden sein. Absolute Wahrheit und absolute Toleranz sind also miteinander vereinbar – wenn sie für den individuellen Bereich beziehungsweise den Bereich menschlicher Gleichwertigkeit gedacht werden. Popper ist ein gutes Beispiel dafür, wie es in die Irre führt, wenn man Eigenart und Unterschiedlichkeit der Bereiche des Geisteslebens und der Politik nicht berücksichtigt, d.h. nicht trennt zwischen den Sphären der Freiheit und Gleichheit.[23]

Popper neigt als Neoliberalist dazu, die Prinzipien der individuellen oder – hier vielleicht besser – «privaten» Sphäre zu *generalisieren.* So frönt er dem unreflektierten liberalistischen Prinzip, «die staatliche Macht möglichst weitgehend zu begrenzen», ohne die fundamentale Frage zu stellen, *wo* diese Macht prinzipiell gesehen *legitim* und wo sie es *nicht* ist. Diese unreflektierte, tendenziell negative Bewertung der «Macht des Staates» schwächt denn auch in Wahrheit das, was man zu verteidigen vorgibt: das einzelne Individuum. Denn spezifische Aufgabe des politischen Bereiches bzw. des *Staates* ist gerade, das *Recht* des einzelnen zu schützen; «Staatseingriffe» bestehen auch darin, den einzelnen vor den spitzen Ellenbogen des «Nachbarn» in Schutz zu nehmen.

Daß dieser Liberalismus mit einem unzulänglichen Staatsbegriff arbeitet, zeigt sich übrigens darin, daß der politische Staat auch dort nicht adäquat verstanden wird, wo man seine Rolle ansonsten befürwortet. Poppers Neigung, elitistische Steuerungsformen im politischen Bereich gutzuheißen, spricht hier eine deutliche Sprache. Er sieht – wie die klassischen Liberalisten Stuart Mill und besonders Alexis de Tocqueville – «die Gefahren» in einer «unaufgeklärten Allgemeinheit»; nur in weit geringerem Maße erkennt er die viel größeren Bedrohungen, die von unserer «fortgeschrittenen Industriegesellschaft» ausgehen: die elitistische Expertokratie und den halb-öffentlichen Machtapparat, der durch eine «Verwissenschaftlichung» der Politik geschaffen wurde. Noch weniger bemerken Popper und andere Gegenwartsliberalisten die Bedrohung von Freiheit und Demokratie, die in der Zerstörung der individuellen und politischen Sphäre durch die *Kommerzialisierung* liegt – ein Thema, das bereits angesprochen wurde und auf das wir im folgenden zurückkommen werden.

Es sind heute vor allem die von uns angeführten Gefahren, die eine Bedrohung der Freiheit wie der gleichberechtigten Mitbestimmung der Individuen im politischen Bereich darstellen.

13

VON FREIHEIT UND GLEICHHEIT ZUR GEMEINSCHAFT

Im vorigen Kapitel versuchten wir, den engen Zusammenhang zwischen individueller Freiheit und Individualität einerseits und Sozialität andererseits nachzuweisen. Wir konnten herausarbeiten, daß die Sozialität des Menschen eine Manifestation, ein Entfaltungsfeld seiner Individualität darstellt. Denn Sozialität kann nur bestehen, wenn die Individuen gegenseitig ihre Gleichwertigkeit als Individualitäten anerkennen; Sozialität ist nur realisierbar, wenn die Individuen im rechtlich-politischen Bereich als Gleichberechtigte handeln. Wie wir weiterhin feststellten, hängt dies mit der Entwicklung der politischen Öffentlichkeit zusammen: Wir charakterisierten die Entwicklung der politischen Öffentlichkeit als «die Befreiung der Sozialität» – zugleich als wesentlichen Teil der Befreiung des Menschen als Individualität. Mit anderen Worten: Die Befreiung der Individualität wäre unvollständig ohne ihre Entfaltung im politischen (oder im weitesten Sinne rechtlich-politischen) Bereich. Die individuelle Sphäre des Geisteslebens ist für die volle Entfaltung des Menschen als *Individualität* und damit für seine volle Entfaltung als freies Wesen nicht ausreichend.

Kann aber in den beiden gesellschaftlichen (geistigen und politischen) Bereichen die volle Entfaltung der Persönlichkeit gewährleistet werden? Üblichen Vorstellungen über das Verhältnis zwischen Individuum und Gesellschaft zufolge würde die Frage bejaht. Für gewöhnlich meint man, daß sich die menschliche Individualität nur im Geistesleben entfaltet – der Bereich eigentlicher *Sozialität* wird übersehen. Noch verbreiteter ist jedoch die Auffassung, Sozialität sei durch die Entfaltung des Individuums im rechtlich-politischen Bereich (der Sphäre der Gleichheit) gewährleistet; die Sozialität werde also durch *demokratische* Entscheidungsprozesse *vollständig* verwirklicht.

Nun ist das demokratische Entscheidungsprinzip (in der Praxis meist in der Form der Mehrheitsentscheidung) für das politische Leben typisch, und die Frage muß daher gestellt werden, ob man das *gesamte* menschliche *Sozial*leben vom demokratischen Prinzip der Gleichheit (und Mehrheitsentscheidung) aus verstehen bzw. es ihm unterwerfen soll. Wie gezeigt, ist dem *Geistes*leben das demokratische Prinzip fremd; seine Anwendung würde zur Unterdrückung der Individualität führen. Nun aber stellt sich die Frage: Gibt es einen *anderen* Bereich des gesellschaftlichen Lebens, in dem das demokratische Prinzip natürlicherweise fehl am Platze ist?

In unseren historischen Betrachtungen (vgl. Kapitel «Freiheit und Sozialität») wurde die Befreiung der Individualität von den drei Herrschaftstypen, die den drei gesellschaftlichen Bereichen entsprechen, geschildert. Im kulturellen oder Geistesbereich handelte es sich um die Befreiung von kirchlicher Macht mit dem Ziel der Glaubens- und Gedankenfreiheit. Im politischen Bereich ging es vor allem um die Befreiung von der Fürstenmacht, mit dem Ziel einer politisch sich konstituierenden Öffentlichkeit. Im wirtschaftlichen Bereich handelte es sich um die Befreiung von der Leibeigenschaft, vom «Halsrecht» (der uneingeschränkten Gerichtsbarkeit), von der Hörigkeit und anderen Zwangsrechten, repräsentiert durch die Macht des Adels. Bei den ersten beiden Bereichen ist die historische Entwicklung offensichtlich; wie aber sieht es im Bereich der Ökonomie aus? Ist der *wirtschaftliche* Bereich als Teil der beiden anderen Bereiche aufzufassen, oder ist er ein selbständiger Bereich mit besonderen Eigenarten und einem *spezifischen* Prinzip?

Um dies beantworten zu können, müssen wir die geschichtliche Entwicklung weiterverfolgen. Was geschieht mit dem *ökonomischen* Bereich nach seiner Befreiung von den früher herrschenden Mächten und überlieferten Bindungen? Wir finden eine vorläufige Antwort, wenn wir die Entwicklung der bürgerlichen Gesellschaft betrachten, bei der wir auch die historischen Ansätze politischer, demokratischer Öffentlichkeit fanden, wie es Habermas in seinem «Schema sozialer Bereiche»[1] beschreibt. Danach wurde der Wirtschaftsbereich – als «Bereich des Warenverkehrs und der gesellschaftlichen Arbeit» – in dem Maße von früher herrschenden Mächten befreit, wie ihn der «Privatbereich» assimilierte, also in gleicher Weise wie beim Geistesleben. So gesehen weist der Wirtschaftsbereich keine *Eigentümlichkeit* auf, weil er als Teil des «Privatbereichs» voll und ganz den Prinzipien des Geisteslebens folgt: souveräne Entfaltung der Einsichten und Fähigkeiten, Begabungen und Initiativen des Individuums. Auf der anderen Seite wissen wir: Die sozialen Probleme und Konflikte der folgenden Jahrhunderte wurzeln wesentlich in der totalen «Privatisierung» des Wirtschaftslebens in der bürgerlichen Gesellschaft. Wir müssen diese «Privatisierung» deshalb näher betrachten. Auf diesem Weg werden wir die Frage nach der Entfaltung menschlicher Individualität im ökonomischen Bereich beantworten können. Nach und nach werden wir auch eine Antwort auf die Frage finden, ob es sich hier um einen völlig eigenartigen und selbstständigen Bereich menschlicher Sozialität handelt, der sich vom politischen unterscheidet.

Nach dem bis hierhin über Sozialität Gesagten erscheint es bereits als unberechtigt, das Wirtschaftsleben unter dem *individuellen* Aspekt zu definieren. In unserer Gesellschaft ist ökonomische Tätigkeit auf allen Ebenen etwas vom Sozialen Bestimmtes; sie ist noch stärker als der politische Bereich auf Sozialität ausgerichtet. Diese Vorstellung war auch der Impuls der vielen sozialen Bewegungen der letzten Hälfte des 19. Jahrhunderts, in erster Linie der verschiedenen Formen des Sozialismus.

Auf der anderen Seite sollten wir die befreiende Wirkung der «Privatisierung» im Bereich des Wirtschaftslebens nicht unterschätzen (z.B. gegenüber dem absolutistischen Merkantilismus). Selbst dann, wenn es unberechtigt wäre, den ökonomischen Bereich unter das Prinzip des Individuellen völlig unterzuordnen, so ist doch nicht zu leugnen, daß der Bereich der Freiheit entscheidend in das Wirtschaftsleben *hineinwirken* kann (so wie der Freiheitsbereich auch die Voraussetzung *politischer* Öffentlichkeit darstellt)! Vielleicht erklärt sich hieraus die Entwicklung vieler Sozialutopien zu Zwangsregimen und die heutige «Zählebigkeit» des Liberalismus: Diese sozialen Bewegungen haben die Beziehung zwischen individueller Freiheit und dem Wirtschaftsleben außer acht gelassen. Wir wollen uns näher damit, und zwar zunächst mit den klassischen liberalistischen Argumenten für die «Privatisierung» des Wirtschaftslebens, befassen.

Im Zuge der Abschüttelung der Feudalherrschaft im ökonomischen Bereich betrachtete man seinerzeit privates *Eigentumsrecht* als Absicherung der individuellen Freiheit und Entfaltung. Wie die institutionalisierten Rechte im Geistesleben die Denk- und Redefreiheit sichern sollten, sollte das Eigentumsrecht die individuelle Entfaltung auf einer mehr äußeren, materiellen und ökonomischen Ebene sicherstellen. In den liberalen Staatsverfassungen, die Ende des 18. bis Anfang des 19. Jahrhunderts geschaffen wurden, stellte man dementsprechend das private Eigentumsrecht als Garantie individueller Freiheit und Entfaltung gleichberechtigt neben die Gedanken- und Meinungsfreiheit – das Eigentumsrecht wurde sogar als die sicherere und gewichtigere Bastion von Freiheit und Entfaltung angesehen.

Dieser Auffassung lag die an sich berechtigte Betrachtung zugrunde, das Wesen des Menschen sei ebenso unteilbar wie die Freiheit (vgl. das vorige Kapitel). Man könne den Menschen nicht nur als denkendes und sich verbal äußerndes Wesen betrachten und ihm Freiheit als solche zuordnen, ohne ihm *auch* die *Handlungs*freiheit zuzugestehen, seine Gedanken zu realisieren. Deshalb wurde das private Eigentumsrecht als integrierender Bestandteil individueller Freiheit angesehen. So erklärt Hegel das Eigentumsrecht in seiner *Rechtsphilosophie* zur notwendigen Institution für die Realisierung des Individuums und damit seiner *äußeren* Freiheit. Entsprechend führt Hegel aus, die Person müsse «sich eine äußere *Sphäre ihrer Freiheit* geben, um als Idee zu sein», sie müsse durch Erwerb von Eigentum ihrem Ich etwas Äußeres schaffen.[2] Der dänische Philosoph Harald Høffding sieht im Eigentumsrecht nichts Geringeres als «die Verlängerung der Persönlichkeit in die äußere Welt». Sein Landsmann, der Jurist F. Vinding Kruse spricht vom «Kreis des persönlichen Wirkens». «Der einzelne», so führt er aus, «muß einen besonderen Kreis haben, den er völlig sein eigen nennen kann, in dem er frei arbeiten kann, ohne Einmischung oder Befehle von anderen, eine Wirkungsstätte, die nur das private Eigentumsrecht gänzlich sicherstellen kann».[3]

Von solchen Gedanken aus muß man die liberalistische Auffassung verstehen: Das Wirtschaftsleben basiert auf dem privaten Eigentumsrecht und damit zugleich auf dem «privaten Erwerbsleben». Wenn man die individuelle Freiheit als Ausgangspunkt nimmt, scheint diese Auffassung auch logisch zu sein. Aber wie sieht es damit in der Wirklichkeit aus? Wir zweifeln im Gegensatz zu den meisten sozialistischen Kritikern also nicht das grundsätzliche Motiv des Liberalismus an, sondern stellen zunächst die Frage: Hat das private Eigentumsrecht *wirklich* die Funktion, die ihm zugesprochen wird? ‹Eigentumsrecht›, wie es in der liberalistischen Theorie und in der politischen Ideologie gebraucht wird, ist ein höchst schillernder und wenig reflektierter Begriff. Sein Inhalt wird, vereinfacht gesagt, aus dem tatsächlichen Gebrauch dieses Rechtes in der bürgerlichen Gesellschaft abgeleitet! Das Eigentumsrecht in dieser Gesellschaft ist denn auch nicht, wie es behauptet wird, eindeutig in der Idee der Realisierung äußerer Freiheit und der Entfaltung individueller Initiative und Fähigkeiten begründet. Vielmehr ist die Praxis des bürgerlichen Eigentumsrechtes aus der historischen Entwicklung hervorgegangen, die von verschiedenen Impulsen bestimmt war und teilweise der Idee der Individualität und Freiheit sogar entgegenlief.

Beispielsweise dürfte die Begründung des Eigentumsrechtes in der Entfaltung individueller Initiative und eigener Fähigkeiten mit dem *Erbrecht* an den sogenannten «Produktionsmitteln» unvereinbar sein; dieses Erbrecht ist aber unleugbar ein integrierender Bestandteil der bürgerlichen Gesellschaft – in verschiedener Hinsicht ihr raison d'être. Faßt man das Eigentumsrecht so auf, daß es *individuelle* Fähigkeiten und *individuelle* Initiative sichern soll, muß es notwendigerweise an *das* Individuum geknüpft werden, das diese Fähigkeiten und Initiative *tatsächlich hat.* Das bedeutet, daß man es nicht auf andere übertragen kann, die diese Fähigkeiten und Initiative nicht haben – genau das aber beinhaltet das Erbrecht.

Die liberalistische Begründung des Eigentumsrechtes in der individuellen Freiheit und Entfaltung ist von besonderer Bedeutung für die Einordnung der Produktionsmittel. Vor allem mit deren Hilfe entfaltet sich die spezielle Einsicht des Individuums, seine Initiative und schöpferischen Fähigkeiten; insbesondere hier wird das Eigentumsrecht zur «Verlängerung der Persönlichkeit in die äußere Welt» (Høffding). Über die Produktionsmittel (ökonomische wie physische: *Kapital, Werkzeuge, Grund und Boden*) sollen daher nur die Individuen verfügen können, die die erforderlichen Einsichten und Fähigkeiten tatsächlich haben – und zwar *nur so lange*, wie sie sie haben! Danach müssen die Mittel anderen Individuen mit entsprechender Einsicht und Fähigkeiten zur Verfügung stehen. Wollte man *ernst machen* mit der (liberalistischen) Begründung des Eigentumsrechtes in individueller Freiheit und Entfaltung, müßte man radikal mit dem traditionellen Eigentumsrecht der bürgerlichen Gesellschaft brechen. Hinsichtlich der *Produktionsmittel* müßte das Eigentumsrecht zu etwas umgewandelt werden, was man besser als *Nutzungs*recht bezeichnen sollte. Interessant ist in diesem Zusammenhang, daß bei dem (im Vergleich zur liberalistischen Tradition) besser durchdachten Eigentumsbegriff Hegels dieser «Gebrauch» wesentlich ist: «Der Gebrauch (ist) die *reelle* Seite und Wirklichkeit des Eigentums», ohne ihn ist laut Hegel das Eigentum nur «eine leere Herrenschaft».[4]

Daß das Nutzungsrecht an das einzelne Individuum geknüpft ist, impliziert also, daß es nicht durch Erbschaft, *ebensowenig* aber durch Kauf oder Verkauf übertragen werden kann! Einsicht und Fähigkeiten des einzelnen müssen einzig ausschlaggebend sein – gerade diese werden aber weder durch Geldbesitz noch durch Verwandtschaftsbeziehungen bestimmt. Aus der liberalistischen Idee von der individuellen Freiheit im Wirtschaftsleben folgt also die Untauglichkeit sowohl von Blutsverwandtschaft als auch des Geldbeutels als «Steuerungsprinzip». Ebenso impliziert diese Idee einen radikalen Bruch mit dem, was üblicherweise «Privatwirtschaft» genannt wird, in der das Verfügungsrecht über Produktionsmittel nicht nur vererbt wird, sondern grundlegend auf Kauf und Verkauf beruht (vgl. z.B. den Aktienmarkt).

Dennoch ist das hier Vorgetragene nicht so revolutionär, wie es zunächst erscheint. Im Rahmen der bisherigen wirtschaftlichen Praxis setzen sich schrittweise bereits Ordnungsformen mit der skizzierten Tendenz durch. Wir denken beispielsweise daran, daß fachliche Einsicht oder Kompetenz innerhalb der Verwaltung der Unternehmen zunehmend an Einfluß gegenüber den Eigentümern (Aktionären) gewinnt.

Hinsichtlich der Befreiung des Menschen im ökonomischen Bereich ist zunächst also festzustellen: Individuelle Freiheit und Entfaltung wurden durch Verknüpfung mit dem traditionellen Eigentumsrecht verpfuscht (wie oben am Beispiel der Verfügbarkeit der Produktionsmittel beschrieben). Dies hat, wie gesagt, seine historischen Ursachen in der faktischen Gesellschaftsentwicklung, wurde im liberalistischen Denken jedoch auch theoretisch zu begründen versucht. Wie an den Beispielen von Humboldt, Stuart Mill, Høffding u.a. gezeigt, ist die liberalistische Argumentation nämlich nur in dem Maße stichhaltig, als sie der Idee der Freiheit der Persönlichkeit als Entfaltung von Einsichten und Fähigkeiten verbunden bleibt. Liberalistische Denker haben jedoch eine Auffassung vom Eigentumsrecht vertreten, die weit von einer Begründung durch die genannten Freiheitsargumente entfernt ist. Genau hier finden wir den theoretischen Hintergrund jener Vermischung von Individualität (individueller Freiheit) und *Egoismus*, welche wir als Kennzeichen der liberalistischen Denkweise ausgemacht haben. Genauer gesagt handelt es sich um eine ungerechtfertigte Verknüpfung zwischen individueller Entfaltung einerseits und egoistisch motivierter *Aneignung* wirtschaftlicher Güter andererseits. Das geht so weit, daß oft von «Freiheit des Individuums» und «privater Initiative» gesprochen wird, wenn eigentlich die Freiheit zur individuellen Aneignung ökonomischer Güter gemeint ist.

Diese Verknüpfung von individueller Entfaltung im ökonomischen Bereich und der *Aneignung* der dadurch hervorgebrachten Güter hat tiefe Wurzeln und wurde schon lange vor der liberalistischen Tradition als etwas nahezu Selbstverständliches angesehen. In der politischen Theorie hat diese Ansicht ihren klassischen Repräsentanten in John Locke im 17. Jahrhundert. Er sah in jener Verknüpfung sogar die eigentliche Begründung des Eigentumsrechts – für ihn war das Eigentumsrecht ein Recht an den *Produkten* der Tätigkeit des einzelnen oder der *Arbeit* im weitesten Sinne. So heißt es in seiner *Abhandlung über die Staatsmacht:* «Wir müssen feststellen, daß die Arbeit, die der Mensch mit seinem Körper und seinen Händen ausführt, rechtlich zu ihm selbst gehört. Welche Sache er auch immer aus dem Zustand herausführt, den sie von Natur aus hat, er hat dadurch zugleich die Sache mit seiner Arbeit vermischt, d.h. an etwas herangebracht, was mit ihm selber zusammengehört, sie also zu seinem Eigentum gemacht. Die Sache wird dadurch aus dem allgemeinmenschlichen Status herausgebracht, den sie in ihrem natürlichen Zustand hat, indem sie durch seine Arbeit mit etwas verbunden wird, von dem das Recht aller anderen Menschen ausgeschlossen ist.»[5]

Wir bringen dieses ausführlichere Zitat aus diesem Werk, das später oft als «Bibel des Liberalismus» bezeichnet wurde, weil es den Kern liberalistischer Denkweise im *ökonomischen* Bereich trifft und zugleich eine Grundlage der bürgerlichen Gesellschaft bildet, wie sie im England des 17. und 18. Jahrhunderts heranwächst. Der wesentliche Punkt ist also, daß die Arbeit des einzelnen als dessen «Eigentum» betrachtet wird – für Locke hat jeder Mensch sogar «ein Eigentum an seiner eigenen Person». Was der Mensch mit seiner Arbeit *hervorbringt*, muß folglich *gleichermaßen* zu seinem *Eigentum* zählen. Locke versucht außerdem, das private Eigentumsrecht als «elementares Naturrecht» oder grundlegendes Menschenrecht zu begründen, und sieht den Schutz dieses Rechtes sogar als primären Grund jeder Gesellschafts- oder Staatsbildung.

Die Verfügung der Menschen über die wirtschaftlichen Güter wird also nicht in der Entfaltung von Einsicht und Fähigkeiten des einzelnen, d.h. in individueller *Freiheit*, begründet (wie im vorigen Kapitel dargestellt), sondern in der *Aneignung* durch die wirtschaftliche Tätigkeit. Die Arbeit wird ausschließlich im Hinblick auf die *Ausbeute* für das Individuum betrachtet. Für Locke liegt nicht die Individualität des Menschen zugrunde, sondern dessen Egoismus, das Streben nach materiellen Gütern *für sich selbst*. An anderer Stelle haben wir dies bereits als zentralen Aspekt liberalistischen (theoretischen wie praktischen) Gesellschaftsverständnisses bezeichnet. Diese Sonderstellung des privaten Eigentumsrechtes im Bereich der Wirtschaft – gar als Begründung der Gesellschaftsbildung selbst – hat wenig mit der Erkenntnis menschlicher *Individualität* zu tun. Sie ist vielmehr entschiedener Ausdruck für das heranwachsende Selbstgefühl des Bürgers und dessen Identifikation mit einer bloß materiellen Existenz!

Die dringlichsten hierdurch aufgeworfenen Probleme ergeben sich jedoch aus den schicksalsschweren Folgen für die menschliche *Sozialität*. Dabei denken wir zunächst nicht an die sozialökonomischen Probleme, die mit der Verknüpfung von Arbeit und Eigentum (Wirtschaftsgütern) in den auf Arbeitsteilung und Geldwirtschaft aufbauenden Gesellschaften verbunden sind (worauf wir später zurückkommen werden). In erster Linie wollen wir die Aufmerksamkeit auf einen sofort ins Auge fallenden Punkt richten: Die Verknüpfung von Arbeit und Eigentum muß fundamentale Fragen hinsichtlich *Recht* und *Gerechtigkeit* aufwerfen. Denn wenn die Verteilung der «Gemeingüter», wie sie von der Natur zur Verfügung gestellt werden (und für welche, auch nach Locke, ein «Gemeinrecht› gilt), nach der Arbeit des einzelnen erfolgt, d.h. vorzugsweise nach individueller Einsicht und Fähigkeiten, dann *muß* diese Verteilung durchweg *ungleich* erfolgen. Denn die zum Maßstab gemachten Eigenschaften haben nämlich ausdrücklich mit dem Individuellen und Unterschiedlichen der Menschen zu tun.[6] Das gilt auch dann noch, wenn man diejenigen Menschen aus der Betrachtung herausnimmt, die sich aus verschiedenen Gründen (z.B. wegen Körperbehinderung) grundsätzlich nicht an der gesellschaftlich bedeutsamen Arbeit beteiligen können.

Die genannte Verknüpfung von Arbeit und individuellem Eigentumsrecht an den Wirtschaftsgütern wirft also nicht nur Probleme für die freie Entfaltung des einzelnen auf. Sie zeitigt in noch stärkerem Maße Probleme für die menschliche Sozialität – im Hinblick auf die *Gleichwertigkeit* der Individuen in einem wichtigen gesellschaftlichen Bereich: Arbeit und Ökonomie. In Anlehnung an die Darstellung im vorigen Kapitel können wir dies als Verletzung des Bereiches der Gleichheit bezeichnen. Wie gezeigt, bedeutet dies aber auch letztlich eine Verletzung des einzelnen Menschen als *Individualität.*[7]

Die beschriebene Denkweise hat seit den frühesten Stadien der bürgerlichen Gesellschaft in der sozialen Praxis größte Probleme verursacht und theoretische Auseinandersetzungen provoziert. Fast hatte man es als Selbstverständlichkeit, ja als grundlegendes Menschenrecht angesehen, daß die wirtschaftlichen Güter – die ursprünglich *allen* Menschen von der Natur als Gemeineigentum gegeben waren – nach der Arbeit des einzelnen verteilt werden sollten, d.h. unterschiedlich je nach individueller Einsicht und Fähigkeit. Von manchem Reformer und politischen Theoretiker wurde gerade dies aber als Inkarnation der Ungerechtigkeit aufgefaßt, ja als Ursprung aller Unmenschlichkeit! In der politischen Theorie findet sich als ein klassischer Repräsentant dieser Sichtweise Jean-Jacques Rousseau, der die Menschen in seinem Werk *Der Ursprung der Ungleichheit* warnt: «Ihr seid verloren, wenn ihr vergeßt, daß die Früchte allen gehören und die Erde keinem!»[8]

Allerdings löst sich Rousseau nicht ganz von der Verbindung zwischen Eigentum und Arbeit, wie sie Locke in die theoretische Diskussion eingebracht hatte. (Dies gelingt im übrigen nur wenigen – wie wir weiter unten sehen werden, nicht einmal Marx.) Immerhin ist für Rousseau die Verbindung von Arbeit und Eigentum nur in der Situation berechtigt, die er «Naturzustand» nennt: Im «Naturzustand» lebten die Menschen seiner Meinung nach voneinander isoliert und hatten ausreichend Güter zur Verfügung. Dieser natürliche Zustand der ‹Gleichheit› hätte angedauert, wenn bei den Menschen die «Talente gleich gewesen wären»; doch wurde das «rechte Verhältnis» bald zerstört, indem «der Stärkste ... mehr Arbeit (leistete), der

Geschickteste ... mehr Vorteil (zog) aus der seinen, der Erfindungsreichste ... Mittel zur Abkürzung der Arbeit (erfand)». So wurden «die Unterschiede zwischen den Menschen ... fühlbarer und anhaltender in ihren Auswirkungen». Und was waren das für Auswirkungen! «Der verzehrende Ehrgeiz ..., der Eifer, ihr Vermögen zu vermehren – weniger aus echtem Bedürfnis, als um sich über die anderen zu setzen – (gaben) allen Menschen die dunkele Neigung ein, sich gegenseitig Schaden zuzufügen ... kurzum: Konkurrenz und Rivalität ..., Gegensatz der Interessen und der immer versteckte Wunsch, seinen Gewinn auf Kosten des anderen zu erlangen.»[9]

Nach den grundsätzlichen Überlegungen des vorigen Kapitels wäre denn auch nichts anderes zu erwarten gewesen. Wenn ein Prinzip des Geisteslebens: die Entfaltung von Einsicht und Fähigkeiten, auf die Güterverteilung angewandt wird, *muß* dies zu Diskriminierung führen, zur Untergrabung und Auflösung menschlicher *Sozialität*, welche auf der *Gleichwertigkeit* der Menschen beruht. Rousseau hatte aber einen unzureichenden Begriff dieser Gleichheit und von der Verwirklichung dieses Prinzips im sozialen Leben – d.h. bei voller Wahrung der individuellen Freiheit (vgl. unsere obigen Ausführungen). Rousseau läßt sich im Gegenteil dazu hinreißen, das Gleichheitsprinzip zu *totalisieren*; er hält es für die richtige Lösung, daß jedes Mitglied der Gesellschaft «sich selbst ganz und gar und alle seine Rechte der Gemeinschaft übergibt», wie es in seinem *Gesellschaftsvertrag* heißt. «Jeder von uns unterwirft seine Person und seine ganzen Fähigkeiten der höchsten Führung des gemeinen Willens», d.h. dem «Gemeinwillen».[10]

Rousseau sieht also keinen anderen Ausweg aus der fatalen, dem Eigentumsrecht entspringenden, Ungleichheit als die Unterwerfung des einzelnen unter eine allumfassende «Gemeinherrschaft», die *überhaupt* keinen «Einzelwillen» kennt. Er hält die Erhaltung des «Einzelwillens», bei Vermeidung der schädlichen sozialen Wirkungen der aus der Eigentumsbildung entstehenden Ungleichheit, für unmöglich. Dies ist in der Tat nur auf der Basis des *Nutzungs*rechtes und durch eine Trennung von Arbeit und ökonomischer Verteilung möglich (worauf wir im folgenden genauer eingehen werden). Letztlich führte Rousseaus Denken eher zur Festigung des Eigentumsrechtsbegriffes als zu dessen Problematisierung, obgleich er dessen Nachteile so deutlich aufgezeigt hatte. Seine Kritik an der durch das Eigentumsrecht hervorgerufenen Ungleichheit hatte ihre Wirkungen vor allem auf die herrschende *feudale* Privilegiengesellschaft; sie macht ihn zum Inspirator der französischen – bürgerlichen – Revolution, der das private Eigentumsrecht geradezu als politisches Ideal galt! Vor dem Hintergrund der damals bestehenden Gesellschaft und *deren* diskriminierender Wirkung bedeutete ein allgemeines, auf individueller Aneignung qua Arbeit beruhendes Eigentumsrecht zweifellos auch einen gewissen Fortschritt in Richtung auf Freiheit und Gleichheit. Diese relative Befreiung wurde jedoch als absolute mißverstanden; das Eigentumsrecht und generell die wirtschaftlichen Verhältnisse und Einrichtungen, die sich mit der bürgerlichen Gesellschaft entwickelten, wurden als die eigentlich normale und richtige ökonomische Gesellschaftsordnung betrachtet. Man glaubte, es mit einer Art «Naturgesetz» des Wirtschaftslebens zu tun zu haben, wie vor allem von Adam Smith in seinem Werk *Der Wohlstand der Nationen* behauptet worden ist.

In seinem – theoretisch wie praktisch – überaus einflußreichen Werk versuchte Smith denn auch nichts anderes, als zu beschreiben, was *faktisch* vorlag – als Folge der Vergrößerung materiellen Reichtums in Verbindung mit dem Wachstum von Handel und Industrie, insbesondere in seinem eigenen Jahrhundert. Sein übergeordneter Gesichtspunkt ist bloß *utilitaristisch*, und selbst wenn er die grundlegenden Bedingungen für das materielle Wachstum in ‹Freiheit› und ‹Arbeitsteilung› zu finden glaubt, haben wir es nicht mit einem klaren Begriff von Freiheit oder Sozialität zu tun. Es handelt sich im Gegenteil um die diffuse liberalistische Vermischung von individueller Freiheit und Egoismus und um einen entsprechend mangelhaften Sozialitätsbegriff. In Reaktion auf feudale Privilegien und merkantilistische Restriktionen war es zwar berechtigt, Wahl- und Tauschfreiheit auf dem Markt sowie Absprache- und Vertragsfreiheit zu fordern. Aber Smith ging es auch um «Freiheit» zur *Aneignung* von Wirtschaftsgütern durch Arbeit und zur privaten Verfügung über Eigentum überhaupt. Durch diese *Totalisierung* privater Entfaltung im wirtschaftlichen Bereich bringt er klar zum Vorschein, wie der ökonomische Liberalismus sowohl die Sozialität als auch die Individualität verletzen muß.

Unhinterfragt übernimmt Smith Lockes Auffassung vom Verhältnis von Arbeit und Eigentum, nicht aber die Bedenken Lockes, die der damit verbundenen ungleichen Verteilung der Güter galten. Im Gegenteil: Smith betrachtet diese Ungleichheit, bedingt durch die höchst verschiedenen Einsichten und Fähigkeiten des Menschen, geradezu als Grundprinzip der Gesellschaftsordnung und als die Triebkraft der «Reichtums»-fördernden Arbeitsteilung. Ja, die egoistische Aneignung wirtschaftlicher Güter ist aus seiner Sicht der herausragende und sogar *einzige* Impuls für menschliche Entfaltung im ökonomischen Sozialbereich. Dies kommt z.B. zum Ausdruck, wenn er erklärt, wir hätten es «nicht der Menschenliebe (benevolence) des Schlachters, des Brauers oder des Bäckers zu verdanken, wenn wir bei ihnen unser Essen kaufen können, sondern der Tatsache, daß sie an ihr eigenes Interesse denken. Deshalb wenden wir uns nicht an ihre Menschlichkeit, sondern an ihre Eigenliebe (selflove) ...»[11]

Nun ist das eine an sich zutreffende Beschreibung des bürgerlichen Wirtschaftslebens, wie es sich in der Neuzeit tatsächlich entwickelt hat, obwohl in dieser Gesellschaft auch durchaus andere Motive für ökonomisches Wirken vorliegen können als die bloß egoistische Gewinnabsicht, z.B. ein sachliches Interesse an der Qualität der Produkte. (Im übrigen muß man Handelstätigkeit nicht mit der Form gleichsetzen, welche sie in der bürgerlichen Gesellschaft angenommen hat – wenn dies auch besonders bei sozialistischen Theoretikern üblich ist.) Bemerkenswert ist in jedem Fall, daß Smiths Beschreibung noch heute weitgehend zutrifft – das zeigt zum einen, in welchem Ausmaß die gesellschaftliche Praxis *immer noch* von derselben Denkweise geprägt ist, die seinerzeit in Smiths *Politischer Ökonomie* ihren klassischen Ausdruck fand. Dies zeigt weiterhin, in welchem Maße das soziale Leben noch immer unter den ethischen, sozialen wie sozialökonomischen Problemen dieser Denkweise leidet: unter der ungerechten Verteilung wirtschaftlicher Güter, der Konkurrenz und Rivalität statt Zusammenarbeit und Gemeinschaft, dem die Gesellschaft untergrabenden Ehrgeiz, dem eigenen Gewinn auf Kosten anderer usw. (vgl. obiges Rousseau-Zitat).

Welche Folgen hat es denn auch, wenn Adam Smith schreibt: Der Mensch «steht sich am besten, wenn er die Eigenliebe seiner Mitmenschen dazu bringen kann, sich für das zu interessieren, was ihm selbst dient, wenn er ihnen zeigen kann, daß es zu ihrem Vorteil ist, das zu machen, was er von ihnen möchte».[12] Diesen Appell an das *Eigeninteresse* der anderen, dieses ‹andere zum Mittel für das *eigene Interesse* machen›, kann wohl nur als Karikatur von Sozialität gewertet werden. Diese Sichtweise macht die Bahn frei für die falschen Schmeicheleien und die Heuchelei, die ein ökonomisches Handeln, dessen einziges Motiv der *eigene* Gewinn oder Profit ist, prägen *müssen.* Zur Illustration seien hier nur die häßlichen Auswüchse der heutigen Werbung erwähnt.

Allerdings versucht Smith, seiner Auffassung eine ethische und soziale Begründung zu geben und nicht nur eine ökonomisch-materielle (Vermehrung des materiellen «Reichtums»). So sieht er die Begründung der ungleichen Verteilung der Wirtschaftsgüter in einer «Neigung der Armen, Arbeit zu hassen und ihr träges Leben zu genießen»; darin und in der daraus entstehenden «Mißgunst» sieht er sogar die wesentliche Rechtfertigung der Staatsmacht, die das Eigentum (der Reichen) zu beschützen hat.[13] Zudem meint

Smith, die isolierten, egoistischen Handlungen der einzelnen Individuen würden zugleich immer auch einen *sozialen* Wert, nämlich das Beste für die *Gemeinschaft*, mit sich bringen. Wie von einer «unsichtbaren Hand», sozusagen vom Herrgott selbst geführt, werde der Egoismus der einzelnen auf das Soziale zusteuern.

Wie wir gezeigt haben, beruht die Ungleichheit bei der Verteilung der Wirtschaftsgüter aber auf etwas gänzlich anderem als Smith meint, nämlich auf der Entfaltung höchst unterschiedlicher Einsichten und ungleicher Fähigkeiten. Was die «unsichtbare Hand» angeht, handelt es sich wohl um nichts Geringeres als die Perversion menschlicher Sozialität im ökonomischen Bereich, wenn diese als bloße Funktion des Egoismus aufgefaßt wird! Hinzu kommt, daß die spätere Entwicklung ökonomischer Theorie wie Praxis mehr als ausreichend bewiesen hat: Die Summe der ökonomischen Handlungen der einzelnen Individuen ist weit davon entfernt, das «Beste für die Gemeinschaft» zu ergeben. Durch Ignorieren der Totalität des ökonomischen Lebens führen solche Handlungen die Gesellschaft im Gegenteil von einer Krise in die nächste; die zunehmende Bedeutung des sogenannten Sozialliberalismus in der Theorie und des Staatsinterventionismus in der Praxis sind Ausdruck hierfür. Auf der anderen Seite ist man weit von einer Lösung der grundsätzlichen Probleme entfernt, die der Wirtschaftsliberalismus durch seine Verknüpfung von Arbeit und Güterverteilung aufgeworfen hat. Bisher hat man nicht mehr getan, als einzelne Auswüchse des Liberalismus zu beseitigen. Die liberalistische Denkweise liegt noch immer auf der politisch-ökonomischen Theorie und Praxis wie ein Alpdruck und ist eine ständige – wenn auch eher verborgene als offen zutage liegende – Quelle schmerzlicher ökonomischer und sozialer Konflikte der Gegenwart.

Die Probleme lassen sich (wir haben es bereits angedeutet) nur dadurch lösen, daß die Verteilung der Wirtschaftsgüter überhaupt von der Arbeit getrennt wird. Sie muß am *rechtlichen Prinzip der Gleichwertigkeit* oder Gleichheit orientiert werden und darf nicht mit den unterschiedlichen Einsichten und Fähigkeiten der Individuen verbunden werden. In letzter Konsequenz bedeutet das eine Aufhebung dessen, was wir heute unter *Lohnarbeit* verstehen, und eine *Abkehr vom privaten Verdienst* (Profit) im Wirtschaftsleben überhaupt. Auf den ersten Blick mag dies revolutionär und utopisch erscheinen; revolutionär ist es im Prinzip auch – utopisch aber in der Praxis keineswegs. In der tatsächlichen Entwicklung der letzten hundert Jahre ist eine derartige Trennung zwischen Güterverteilung (Bedarfsdeckung) einerseits und Arbeit (wirtschaftlicher Tätigkeit) andererseits *tendenziell* auszumachen. Alles, was wir unter dem Begriff ‹sozialer Ausgleich› zusammenfassen – von der Steuerprogression über die Sozialgesetzgebung bis zu «Subventionen» – geht genau in diese Richtung.

Wir werden im nächsten Kapitel näher besprechen, daß die Trennung der Bedarfsdeckung von der Mitwirkung des einzelnen im Wirtschaftsleben noch einen anderen Hintergrund hat; sie hat *auch* mit einem höheren Verständnis von menschlicher Arbeit zu tun: als etwas, das seinem *Wesen* nach nicht «entlohnt», d.h. wie eine *Ware* auf dem Markt *bezahlt* werden kann.[14]

Die letzte Feststellung ist der Punkt, an dem wir unsere Verortung der Arbeit im Wirtschaftsleben (bei der wir auf die politischen und ökonomischen Klassiker der Neuzeit hinwiesen) bis zu Karl Marx fortführen müssen. Der «Warencharakter der Arbeit» war ja Kernpunkt und Hintergrund seiner «Kritik der politischen Ökonomie», d.h. des ökonomischen Liberalismus, der bürgerlich-kapitalistischen Denkweise und Gesellschaftspraxis. Die tatsächlichen Verhältnisse sind in diesem Wirtschaftssystem so, daß «der Geldbesitzer die Arbeitskraft wie eine Ware auf dem Markt vorfindet», während der Besitzer der Arbeitskraft «statt Waren verkaufen zu können, worin sich seine Arbeit vergegenständlicht hat, vielmehr seine Arbeitskraft selbst, die nur in seiner lebendigen Leiblichkeit existiert, als Ware feilbieten muß».[15] Der Arbeitende verkauft also eigentlich sich selbst oder doch einen wesentlichen Teil seiner selbst.

Unzweifelhaft leistet Marx damit einen grundlegenden Beitrag zum Verständnis der Stellung menschlicher Arbeit im Wirtschaftsleben. Dies ist im Zusammenhang zu sehen mit der bereits dargestellten Entfaltung der menschlichen Individualität (Persönlichkeit) durch Einsicht und Fähigkeiten in der äußeren Welt (hier: im ökonomischen Bereich). Als integrierender Teil der Individualität oder Persönlichkeit kann die *Arbeitskraft* eben *nicht* als Ware auf dem Markt feilgeboten werden, d.h. gekauft und verkauft werden. Andererseits hat Marx' Sicht ihre Grenzen; er trennt die Arbeitskraft (und menschliche Arbeit überhaupt) nicht vom ökonomischen Prozeß *als solchem.* Dies ist nämlich nur möglich, wenn man die *Verteilung* ökonomischer Güter bzw. die Bedarfsdeckung an ein *rechtliches* Prinzip knüpft, d.h. an die *Gleich*wertigkeit oder Gleichheit der Menschen. Marx hingegen versucht, die Arbeit dadurch von ihrem Warencharakter zu befreien, daß er sie gewissermaßen mit dem ökonomischen Prozeß *identifiziert*, d.h. er macht die Arbeit nicht nur zur *Verteilungs*basis, sondern auch zum ökonomisch einzig wertschaffenden Faktor!

Der Grund ist offensichtlich. Weit davon entfernt, daß sich Marx von der

Verknüpfung zwischen Arbeit und *Aneignung* ökonomischer Güter (Eigentum) befreit – eine Verknüpfung, die in der Theorie vor allem von John Locke begründet wurde –, übernimmt er diese von den klassischen Ökonomen (vor allem von David Ricardo) und zieht lediglich die logische Konsequenz daraus. In aller Einfachheit wird übrigens dieselbe Auffassung in folgenden Ausführungen John Lockes vorgebracht: «Wenn wir eine Schätzung des Wertes von Dingen vornehmen, die wir gebrauchen, und dabei berücksichtigen, was in sie eingeht, d.h. was wir der Natur verdanken und was durch Arbeit entsteht, dann werden wir bei den meisten derartigen Dingen feststellen, daß 99 % auf Arbeit zurückgeht.»[16]

Während die klassische Ökonomie mit Adam Smith auch den Grund und Boden ebenso wie das Kapital zu den selbstständigen, wertschaffenden Produktionsfaktoren zählte, gab es für Ricardo (in Übereinstimmung mit Locke) nur einen Produktionsfaktor, nämlich die Arbeit; den Boden schied er durch eine Preistheorie auf der Basis von Grenzkostenbetrachtungen aus; das Kapital konnte er außer acht lassen, nachdem er es auf Arbeit zurückgeführt hatte. Diese Auffassungen sowie Ricardos Theorie über einen gemeinsamen Maßstab qualitativ unterschiedlicher Arbeit nahm Marx zum Ausgangspunkt.

Marx macht nun mit der klassischen Arbeitswerttheorie eigentlich nichts anderes, als daß er sie wörtlich nimmt: Er lehnt jeden *arbeitsunabhängigen* («arbeitsfreien») Verdienst ab, also Profit sowie Zinsen aus Kapital- und Grundbesitz (was man, wie wir sehen werden, auch aus anderer Sicht begründen kann), und er bestreitet also zudem, daß etwas wie die Natur als eigener wertschaffender Faktor in den ökonomischen Prozeß eingehen kann. Letzteres zeigt auch den rein sozialökonomisch problematischen Punkt der in dieser Hinsicht einseitigen Arbeitswerttheorie auf – ebenso einseitig wie die Auffassung der Physiokraten, die *Natur* sei der einzig wertschaffende Faktor.[17]

Darüber hinaus sehen wir keinen Anlaß, auf den sozialökonomischen Aspekt von Marx' Theorie näher einzugehen: Sie gründet auf einer Analyse der ‹Warenform› in der kapitalistischen Gesellschaft und stellt die Begriffe ‹Tauschwert› (‹abstrakte Arbeit›) und ‹Gebrauchswert› (‹konkrete Arbeit›) in den Mittelpunkt. Nach unserer Auffassung ist Marx' Sichtweise hier schon im Ausgangspunkt verfehlt. Erstens meinen wir, daß Arbeit nicht der einzige wertschaffende Faktor im ökonomischen Prozeß ist; zweitens betonen wir, daß die Arbeit (wie jeder Produktionsfaktor) keinen ökonomischen Wert an sich darstellt, auf wieviel Einsatz sie auch immer beruhen mag. Der ökonomische Wert des Arbeitsproduktes entsteht vielmehr erst durch den Bedarf oder die Nachfrage nach ihm auf einem Markt – eine Auffassung, die bereits klassische sozialökonomische Marx-Kritiker wie Böhm-Bawerk vertraten.

Marx ist diesen (bürgerlichen) Ökonomen gegenüber jedoch voll im Recht, wenn er die menschliche Arbeit vom *Marktprinzip* befreien will. Denn die bürgerlichen Ökonomen festigten die traditionelle Verbindung von menschlicher Arbeit und ökonomischem Wert, indem sie die Verteilung der ökonomischen Güter weiterhin mit dem *Markt*wert der Arbeit oder des Arbeitseinsatzes verbanden. Obgleich Marx die Arbeit vom *Markt*preis unabhängig betrachtet, so behält er doch *die Verknüpfung von Arbeit und Verteilung* (durch den Wert des Arbeitsproduktes) bei, wenn auch nicht mehr der Marktpreis als Verteilungsbasis gilt, sondern die angewandte «durchschnittliche Arbeitszeit».

Da sich Marx in bezug auf das Verhältnis zwischen Arbeit und ökonomischer Verteilung auf den Boden der bürgerlichen Tradition stellt, muß er konsequenterweise auch den bürgerlichen, auf Arbeit beruhenden, *Eigentums*begriff übernehmen. Er schreibt sogar ausdrücklich, u.a. im *Kommunistischen Manifest*, man wolle keineswegs das Eigentum, «was also der Lohnarbeiter durch seine Tätigkeit sich aneignet ..., diese persönliche Aneignung der Arbeitsprodukte» abschaffen, man wolle nur den «elenden Charakter dieser Aneignung aufheben», also das Eigentum, das die Lohnarbeit ausbeutet.[18] Folglich kann Marx (im «Kapital») auch betonen, daß «das kapitalistische Privateigentum ... die erste Negation des individuellen, *auf eigne Arbeit gegründeten* Privateigentums (ist)».[19]

Die Begründung des privaten (persönlichen) Eigentumsrechts in der Aneignung durch *Arbeit* stellen wir also in Frage, nicht das Recht als solches. Denn dieses selbst ist, wie wir gesehen haben, in bezug auf die Produktionsmittel – als Nutzungsrecht für einen individuellen «Wirkungskreis» – wohlbegründet, nämlich als «Verlängerung der Persönlichkeit in die äußere Welt». Die *Aneignung* des Eigentums durch Arbeit jedoch (d.h. aufgrund höchst unterschiedlicher Einsichten und Fähigkeiten) impliziert eine *ungerechte Verteilung* des Eigentums und der gemeinschaftlichen Güter. Dieser Einwand der Diskriminierung trifft grundsätzlich ebenso auf Marx zu, auch wenn dieser die schlimmste Ungerechtigkeit beseitigen will, indem er die *Produktionsmittel* aus dem traditionellen Eigentumsrecht ausklammert und indem er das Wertschaffende der Arbeit ausschließlich in der angewandten Arbeits*zeit* verankert. Er verknüpft die «Entlohnung» der Arbeit einzig und allein mit der angewandten (durchschnittlichen) Arbeitszeit und lehnt jegliche Form von Stück- oder Akkordlohn ab. Dies hat zwar eine «ausgleichende» Wirkung, doch ist damit noch nicht jede Ungleichwertigkeit oder Ungleichheit beseitigt, die z.B. auf ungleichem Bedarf beruht. Dazu kommt, daß die Verteilung auf einer äußerst problematischen Theorie der ökonomischen Wertbildung beruht.

In diesem Zusammenhang sei noch auf folgende Kritik an Marx' Werttheorie aufmerksam gemacht: Die rein *geistige* Arbeit, insbesondere die *Einsicht* verschiedenster Art, wird von ihm als wertschaffender Faktor unterschätzt – eine Kritik, die man auch bei Denkern antrifft, die die marxistische Tradition ansonsten weitergeführt haben. So entfallen laut Habermas, weil «Technik und Wissenschaft zur ersten Produktivkraft (werden)», die «Anwendungsbedingungen für Marxens *Arbeitswerttheorie* ...», was bedeutet, daß «die von Marx allein in Betracht gezogene Quelle des Mehrwerts: die Arbeitskraft der unmittelbaren Produzenten, immer weniger ins Gewicht fällt».[20]

Je stärker man aber den menschlichen Geist – die speziellen Einsichten und Fähigkeiten – als Faktor ökonomischer Wertbildung einbezieht, um so deutlicher wird, wie notwendig es ist, die Verteilung der Wirtschaftsgüter von der Arbeit zu *trennen*, und zwar um so mehr, wenn ihr Wert, wie in Marx' Theorie, an der Arbeitszeit gemessen wird.

Marx' Theorie hat aber den offensichtlichen Mangel, daß auch sie die Gerechtigkeit und die Gleichwertigkeit der Menschen bei der Verteilung der Wirtschaftsgüter nicht ganz berücksichtigt. Den Grund hierfür kennen wir bereits: Marx löst sich nicht von der bürgerlichen Verknüpfung von Verteilung und Arbeit. In seiner Theorie spukt noch das bürgerliche Prinzip der *egoistischen* Aneignung der Güter; diese wird gar als nahezu selbstverständliches «Recht» aufgefaßt. Durch den *materialistischen* Ausgangspunkt seiner Theorie stärkt Marx dieses Prinzip sogar. Denn die Verteilung der Wirtschaftsgüter wird bei ihm nicht mit einem rechtlichen Prinzip verbunden, das auf der *Gleichwertigkeit* der Menschen als Individuen beruht, sondern mit der Forderung nach der «Reproduktion» des einzelnen durch seine Arbeit. (Marx tut im übrigen so, als bedürfe der einzelne keiner von seiner Arbeit unabhängigen «Reproduktion», etwa bei der angewandten Zeit oder seiner Einsicht und seinen speziellen Fähigkeiten.[21]

Konsequenterweise übernimmt Marx auch im politischen und ökonomischen Denken das Erbe der bürgerlichen Klassiker: Er gründet seine Theorie auf einen angenommenen primitiven ‹Naturzustand›, bei dem der Mensch angeblich nur einen einzigen Impuls für seine Tätigkeit hat: das Bedürfnis, sich selbst in seiner rein «physischen Existenz» (!) zu ‹reproduzieren›. Diese Auffassung, die Marx' Theorie schon früh und in verschiedener Weise geprägt hat, kommt z.B. in seinem (posthum herausgegebenen) Werk *Die deutsche Ideologie* zum Ausdruck: «Die erste Voraussetzung aller Menschheitsgeschichte ist natürlich die Existenz lebendiger menschlicher Individuen. Der erste zu konstatierende Tatbestand ist also die körperliche Organisation dieser Individuen und ihr dadurch gegebenes Verhältnis zur übrigen Natur ... Alle Geschichtsschreibung muß von diesen natürlichen Grundlagen und ihrer Modifikation im Laufe der Geschichte durch die Aktion der Menschen ausgehen ... (Die Menschen) selbst fangen an, sich von den Tieren zu unterscheiden, sobald sie anfangen, ihre Lebensmittel zu produzieren ...» «Was die Individuen also sind, das hängt ab von den materiellen Bedingungen ihrer Produktion.»[22]

Auch diese Denkweise steht in der Tradition der bürgerlichen politisch-ökonomischen Theorie. Wir können durchaus behaupten, daß Marx' ‹materialistische Geschichtsauffassung› – nach der der Mensch vornehmlich damit beschäftigt ist, nach rein materiellen Gütern zu streben – eigentlich nichts anderes ist als eine *konsequente Fortführung* und Ausweitung der bürgerlich-kapitalistischen Sicht vom Menschen und seinem ökonomischen Leben, in Theorie wie Praxis. Da Marx die ökonomischen Aspekte dermaßen in den Vordergrund gestellt hat, sollte man vielleicht (wie bereits angesprochen) statt von einer materialistischen besser von einer «*ökonomischen* Geschichtsauffassung» sprechen. Über weite Strecken enthalten Marx' Ausführungen denn auch eine korrekte Beschreibung der *bürgerlich-kapitalistischen* Gesellschaft, wo genau diese Aspekte vorherrschen (vgl. das über «Kommerzialisierung» Gesagte), auch wenn diese Ausführungen als generelle Erklärung von Mensch und Geschichte falsch sind. Als Schlüssel für das Verständnis früherer Zeitalter sind die Marxschen Grundbegriffe – ‹Basis› und ‹Überbau›, ‹Ideologie›, (ökonomischer) ‹Klassenkampf› usw. – vollkommen ungeeignet, zumal sie nicht als Kategorie eines *totalen* Verstehens irgendeiner Gesellschaft dienen können.

Soweit in diesem Zusammenhang zur materialistischen (ökonomischen) Geschichtsauffassung, die also Marx dazu führt, (auf seine Weise) Arbeit, Eigentum und Güterverteilung zu verknüpfen, vor allem in seiner Arbeitswerttheorie. Aus den oben angegebenen Gründen müssen wir übrigens auch die Auffassung zurückweisen, dem einzelnen würde etwas genommen, was ihm rechtmäßig kraft seiner *Arbeit* zustehe (‹Mehrwerttheorie›). Die Ungerechtigkeit besteht nämlich darin, daß die Verteilung *überhaupt* mit etwas anderem als dem rechtlichen Prinzip der Gleichwertigkeit verknüpft wird.

Wenn wir auch wesentliche Prämissen von Marx' Theorie der politischen Ökonomie für fehlerhaft halten, bleibt davon die Berechtigung seiner Anklage des bürgerlich-kapitalistischen Eigentums an Produktionsmitteln unberührt: Dieses wirkt tatsächlich unterdrückend und muß geändert werden. Denn wie in der Einleitung dieses Kapitels gezeigt, hemmt der traditionelle Eigentumsbegriff die individuelle Entfaltung im Wirtschaftsleben – d.h. er schränkt die *Freiheit* des einzelnen ein. Wie ebenfalls gezeigt, verschärft dieser Eigentumsbegriff zudem die Ungerechtigkeit bei der Güterverteilung und unterdrückt damit auch die menschliche Sozialität – im Sinne einer *Gleichheit* der Menschen.

Wenn eine Güterverteilung entsprechend der Arbeitswerttheorie schon als ungerecht und in gewisser Hinsicht auch als sozial falsch zu qualifizieren ist, dann stellt eine Verteilung von Kapital, Boden etc. nach jeweiligem Marktwert einen noch größeren Verstoß gegen Gerechtigkeit dar. Auf diese Weise läßt man den Wert dieser ökonomischen Faktoren deren Besitzern zukommen – so wie dem «Besitzer» der Arbeitskraft den Wert des Arbeitsproduktes. Nun können Kapital, Boden etc. aber überhaupt nicht in jemandes *Besitz* sein, es sei denn in Form eines Nutzungsrechtes. Ein derartiges Nutzungsrecht berechtigt allerdings eben nicht zur Gewinnerzielung aus Nutzung oder Kauf bzw. Verkauf. Begründet haben wir dies bereits aus dem Prinzip der menschlichen Freiheit, jetzt zeigt sich, daß es ebenso von dem Prinzip der menschlichen Gleichwertigkeit ableitbar ist. In einem der folgenden Kapital werden wir noch ausführlicher auf den Status des Kapitals, des Bodens, überhaupt der Produktionsmittel in der Wirtschaft eingehen.

Die Verletzung der Gleichwertigkeit der Menschen, d. h. die Diskriminierung bei der Güterverteilung, ist bei kapitalistischem Privateigentum noch ausgeprägter als bei der Verteilung nach Maßgabe des direkten Arbeitseinsatzes. Unter *diesem* Aspekt enthält die Marxsche Theorie vom «Mehrwert der Arbeit» ein Körnchen Wahrheit, denn die kapitalistische Aneignung aufgrund bloßen Besitzes (in Form von Profit und Zins) stellt eine Usurpation der ökonomischen Wertschöpfung schlechthin und damit auch der Arbeit dar (und ist außerdem als Ausbeutung der wertschöpfenden Faktoren «menschlicher Geist» und «Natur» zu werten).

Hinzu kommt, daß die Diskriminierung bei der *kapitalistischen* Produktionsweise durch die spezifische, soziale Form, die die Verteilung der Wirtschaftsgüter hier annimmt, verschärft wird: insofern nämlich einige Individuen als «Arbeitgeber» und andere (die weitaus meisten) als «Arbeitnehmer» oder «Gehaltsempfänger» auftreten. Auch wenn heute die Verteilung der Güter durch einflußreiche «Arbeitnehmer»-Organisationen sowie verschiedene Gesetze eine erhebliche Angleichung erfahren hat, so ändert dies doch nichts an obigem Grundsachverhalt. Marx hatte zweifellos einen scharfen Blick für die Kränkung der menschlichen Sozialität (qua Verletzung der Gleichwertigkeit), für die Erniedrigung und Entwürdigung, die in diesem Verhältnis liegt. In dem Nachweis dieser menschenunwürdigen Verhältnisse in der bürgerlich-kapitalistischen Gesellschaft, im Grunde eine Hinterlassenschaft des Feudalsystems, besteht gerade die entscheidende Legitimation und der eindringliche moralische Appell des Marxschen Werkes.

Seine moralische Entrüstung über das Unrecht und die Unterdrückung in der bürgerlich-kapitalistischen Gesellschaft bringt Marx häufig in kraftvollen und treffenden Beschreibungen zum Ausdruck – so beispielsweise im *Kommunistischen Manifest:* «Arbeitermassen, in der Fabrik zusammengedrängt, werden soldatisch organisiert. Sie werden als gemeine Industriesoldaten unter die Aufsicht einer vollständigen Hierarchie von Unteroffizieren und Offizieren gestellt. Sie sind nicht nur Knechte der Bourgeoisklasse, des Bourgoisstaates; sie sind täglich und stündlich geknechtet von der Maschine, von dem Aufseher, und vor allem von den einzelnen fabrizierenden Bourgeois selbst. Diese Despotie ist um so kleinlicher, gehässiger, erbitternder, je offener sie den Erwerb als ihren Zweck proklamiert.»[23] Marx zeichnet überhaupt ein scharfer Blick aus, was derartige repressive Züge in der bürgerlich-kapitalistischen Gesellschaft angeht. Was er jedoch nicht sieht: Menschliche Sozialität im Sinne von Gleich-Wertigkeit erfordert nicht nur die Aufhebung von kapitalistischem Privateigentum und Lohnarbeit, sondern bedarf gleichermaßen einer Trennung der Verteilungsfrage von der Arbeit!

Nun rüttelt die Trennung von Verteilung und Arbeit ganz offensichtlich an tief verwurzelten Grundauffassungen unserer Zeit; die Aneignung des Produktes der eigenen Arbeit durch den einzelnen ist nicht nur historisch und psychologisch fest verankert, wie wir gezeigt haben, sondern sie wurde zudem als *moralisch* begründet angesehen. Nicht nur, daß man das Aneignungsrecht aus der eingesetzten Arbeitsmenge ableiten zu können meinte, man sah es auch als moralisch legitimierte Entschädigung für ein «Opfer». Dieser Gedanke kommt nicht zuletzt bei Adam Smith zum Ausdruck, dem auch in diesem Punkt durch weite Teile der späteren Theorie und Praxis nachgeeifert wurde. Insofern bei Smith die Arbeit ausschließlich als «Schinderei und Plage» charakterisiert ist und einen Verzicht auf die natürliche «Trägheit» (ease) des Menschen bedeutet, gilt ihm der Arbeitslohn als Entgelt für eine moralisch verdienstvolle Tat. Auch bei Marx finden sich Anklänge an eine solche Auffassung, trotz seiner ansonsten durchweg positiven Haltung zur Arbeit als einer Form der menschlichen Entfaltung: Denn Marx weist mit großem moralischen Pathos die Auffassung zurück, daß *andere* Einnahmen (Profit, Zins) ein «Verdienst» für moralische Aufopferung sein könnten.

Diese «Abstinenz»-Theorie ist bis heute eine gängige Ansicht in der Ökonomie, obwohl man meinen sollte, daß Marx' energische Kritik sie längst aus der Welt hätte schaffen können. «Mit der Spekulation und dem Kreditwesen» öffneten sich jedoch nicht nur «tausend Quellen plötzlicher Bereicherung», sondern es wurde auch versucht, den Gewinn aus Geldbesitz, der in allen früheren Zeitaltern für ein Laster gehalten wurde, nun als *Tugend* zu legitimieren: als die «Entsagung» das Kapitalbesitzers von sofortigem «Genuß». «Der Kapitalist» soll dafür belohnt werden, der «Versuchung» zu Verschwendung und Genuß im Hier und Jetzt zu widerstehen – oder, wie Marx ironisch formulierte: «Daß Korn nicht nur gegessen, sondern auch gesät wird, (sei) Abstinenz des Kapitalisten! Daß der Wein die Zeit erhält, auszugären, Abstinenz des Kapitalisten!» Mit beißendem Sarkasmus beschreibt Marx die moralische Qual «in der Hochbrust des Kapitalindividuums» im «faustischen Konflikt zwischen Akkumulations- und Genußtrieb».[24]

Im Zusammenhang mit moralischer Haltung und moralischem Handeln (Tugend) überhaupt von Entschädigung zu sprechen, ist zumindest fragwürdig, zumal wenn es sich um eine Entschädigung mit rein ökonomischen Gütern handelt. Gleichermaßen problematisch ist jedoch der unterstellte Zusammenhang zwischen dem Ausmaß des «Arbeitsopfers» und seinem ökonomischen Wert – unabhängig davon, ob dieser Wert nun auf dem Markt oder in anderer Weise ermittelt wird. Bereits alltägliche Erfahrungen zeigen, daß ein erhebliches «Opfer» an Arbeit keineswegs ein aus ökonomischer Perspektive wertvolles Ergebnis haben muß, und umgekehrt gilt, daß ökonomische Werte häufig ohne sonderliche Anstrengung desjenigen, der sie herstellt bzw. zugeteilt bekommt, hervorgebracht werden. Ganz abgesehen davon, wie problematisch der Gedanke ist, eine Tugend ökonomisch entschädigen zu wollen – wirtschaftlicher Erfolg ist keineswegs eine direkte Folge einer derartigen «Opfer»-Tugend, so wie ökonomischer Mißerfolg nicht als direkte Folge von Untugend (oder «Trägheit», wie Adam Smith sagen würde) zu werten ist.

Auch existiert kein eindeutiger Zusammenhang zwischen Kentnissen und Fähigkeiten der Individuen auf der einen und moralischen Eigenschaften wie Aufopferung auf der anderen Seite. Im übrigen hängt der *ökonomische* Wert von Kenntnissen und Fähigkeiten unter marktwirtschaftlichen Verhältnissen in höchstem Grade z. B. davon ab, auf welchen «Produktionsbereich» sie sich beziehen, mit anderen Worten, ob sie gerade «nachgefragt» werden. Man denke in diesem Zusammenhang nur an große Genies, die oft ein Leben in

Armut führen mußten, hatten sie auch – im Urteil der Nachwelt – große ökonomische Werte hervorgebracht.

Unsere Kritik einer moralischen Begründung von Arbeitseinkommen findet im übrigen Unterstützung von vielleicht unerwarteter Seite: nach dem Neoliberalisten Hayek zufolge, der sich in diesem Punkt in scharfen Gegensatz zu klassischen Liberalisten wie Adam Smith stellt, muß (nämlich) eine klare «Unterscheidung zwischen ökonomischem Wert (value) und moralischem Verdienst (merit)» getroffen werden, da «der Wert, den die Tüchtigkeit und die Dienste eines Individuums für uns haben und für die es entlohnt wird, wenig mit dem zusammenhängen, was wir moralischen Verdienst nennen».[25] Hinzuzufügen wäre noch, daß, wenn es eine notwendige Verbindung zwischen moralischem Verdienst oder Tugend und ökonomischer Wertschöpfung durch Arbeit gäbe, dies eher ein weiteres Argument gegen die Kopplung der Verteilung an die Arbeit liefern würde. Die ohnehin unerträgliche Situation des ökonomisch Erfolglosen würde durch eine solche Verknüpfung verschärft und die menschliche Sozialität untergraben. Gleichwohl scheint die ökonomische Denkweise der heutigen kommerzialisierten Gesellschaft theoretisch wie praktisch von den durch uns kritisierten Anschauungen geprägt zu sein.

Man könnte erwarten, daß Hayek vor diesem Hintergrund die Frage nach der Entkopplung von Arbeit und Verteilung aufwirft. Für einen ökonomischen Liberalisten muß dies jedoch einen undenkbaren Ausweg darstellen; würde doch eine solche Lösung «die Impulse (incentives) zerstören, die die Leute veranlaßt, eine Entscheidung darüber zu treffen was sie tun sollen».[26] Hayek sieht folglich keine andere Motivation für Arbeit als die direkte «Belohnung», mit anderen Worten die egoistische Aneignung der gemeinschaftlichen Güter, eine Überzeugung, wie sie im übrigen der ökonomische Liberalismus überhaupt vertritt. Ja, nicht nur das: «Wenn wir uns unsere Stellung und unsere Einnahmen als von der Gesellschaft als Ganzer (d. h. vom Markt; H.H.) bestimmt denken», so können wir dennoch aufgrund dieser an und für sich amoralischen ökonomischen Handlungen «Anspruch erheben auf Entschädigung im Hinblick auf moralischen Verdienst», nämlich «aufgrund dessen, was wir unseren Mitmenschen anzubieten haben».[27] Hinter dieser extremen Nutzenethik geistert die Vorstellung Adam Smiths, das Gemeinwohl gehe als Resultat aus den egoistischen Handlungen der Individuen hervor – eine Auffassung, die nicht nur jeder wirklichen Sozialethik widerspricht, sondern sich auch sozialökonomisch als unhaltbar erwiesen hat.[28]

Unter welchem Aspekt wir das Problem auch betrachten, unter dem der sozialen Gleichwertigkeit oder unter einem individual-ethischen, immer erweist sich die Entkopplung der ökonomischen Verteilung von der Arbeit als notwendig. Doch wenn die Motivation der Arbeit nicht die der individuellen Aneignung der gemeinschaftlichen Güter sein kann, unter welchen Bedingungen tritt die Arbeit dann in den ökonomischen Prozeß ein? Wie bereits ausgeführt, stellt Arbeit eine Entfaltung der menschlichen Persönlichkeit dar, eine Entfaltung von Einsichten und Fähigkeiten. Dies ist jedoch nur die eine, die individuelle Seite. Im ökonomischen System sind menschliche Einsicht und Fähigkeiten auf die Produktion (im weitesten Sinne des Wortes) gerichtet, deren Ziel ja die allgemeine Bedarfsdeckung ist. Dies ist eine entscheidende Perspektive ökonomischen Handelns, ohne die wir es mit einem Verhältnis zu tun hätten, wie es im Grunde nur für die geistige Sphäre gilt – man denke hier an den Künstler, dessen Tätigkeit wesenhaft reine Entfaltung von Einsichten und Fähigkeiten darstellt. Im ökonomischen Bereich jedoch muß das Individuelle in den *Dienst* der *gemeinsamen* Bedarfsdeckung treten; d. h. an die Stelle persönlichen Gewinns muß die Motivation treten, das *Seine* zur gemeinsamen Bedarfsdeckung beitragen zu wollen!

Nicht die egoistische Neigung, möglichst viel für sich *selbst* anzueignen, kann der Impuls, der Anreiz zur Arbeit sein (also das, was die Richtung des Einsatzes der Fähigkeiten des einzelnen lenkt), sondern die Rücksicht auf die gemeinsame Bedarfsdeckung, auf die *Gemeinschaft*. Dies ist der Blickwinkel, aus dem auch ökonomische Prinzipien wie Markt und Preisbildung, Angebot und Nachfrage usw. gesehen werden müssen. Uns geht es hierbei nicht um eine Aufhebung der «Marktmechanismen» an sich – diese haben weiterhin eine Funktion als Richtungsweiser (unter mehreren!) für ökonomisches Handeln. (Auch hier vertreten wir also insoweit eine andere Position als Marx, der die Arbeit von ihrem Warencharakter durch eine Kritik der «Warenform» überhaupt zu befreien versucht und daher in der Konsequenz den Markt, seine Preisbildung usw. als solche aufheben muß.) Worum es *uns* dagegen geht, ist die Ausschaltung der Marktmechanismen als System *persönlichen* Gewinns aus Arbeit (bzw. aufgrund traditionellen Eigentumsrechtes an Produktionsmitteln).

Die Arbeit stellt sich also mit dem «Bezug auf die Gemeinschaft» in das Wirtschaftsleben durch ein anderes Prinzip als das der Freiheit (Prinzip des Geisteslebens) oder dem der Gleichheit (Prinzip des rechtlich-politischen Lebens) hinein. Wir können dieses dritte Prinzip – mit einem Ausdruck des russischen Sozialphilosophen Peter Kropotkin – als Prinzip der *gegenseitigen Hilfe* charakterisieren. Oder wir können es, um der Komplettierung der Trinität der Französischen Revolution und des Schlagwortes des vormaterialistischen Sozialismus willen, als das Prinzip der *Brüderlichkeit* bezeichnen.

14

DIE SPHÄRE DER BRÜDERLICHKEIT

Wir leiteten das letzte Kapitel mit der Frage ein, ob das ökonomische Leben als Gesellschaftsbereich grundlegend von einem «spezifischen Prinzip» aus verstanden werden muß, das sich sowohl von den Prinzipien der Freiheit (Geistesleben) als auch dem der Gleichheit (rechtlich-politisches Leben) unterscheidet. Wir meinen, dieses *spezifische Prinzip* in der «Rücksicht auf die Gemeinschaft» oder, wie wir es auch genannt haben: im Prinzip von ‹gegenseitiger Hilfe› oder ‹Brüderlichkeit› gefunden zu haben. Wir gelangten zu diesem Prinzip vor dem Hintergrund dessen, was an früherer Stelle zu ‹Freiheit› und ‹Gleichheit› ausgeführt wurde, und durch Erörterung der Art und Weise, wie menschliche *Arbeit* in das ökonomische Leben eintritt.

Zwar haben auch Freiheit und Gleichheit in diesem Sozialbereich ihren legitimen Platz – Freiheit zur Entfaltung der individuellen Einsichten und Fähigkeiten des einzelnen, Gleichheit bei der Verteilung der ökonomischen Güter. Doch weder Freiheit noch Gleichheit sind geeignet, den *grundlegenden* Impuls ökonomischer Tätigkeit, die *spezielle* Motivation menschlicher Arbeit zu begründen. Denn wenn die Gleichwertigkeit der Menschen eine Trennung der ökonomischen Verteilung von der Wertschöpfung durch individuelle Arbeit verlangt, kann das, was ökonomischer Tätigkeit Impuls gibt und ihr die Richtung weist, Sinn nur erhalten von der *gemeinsamen* Bedarfsdeckung. Nicht Aneignung auf eigene Rechnung, wie es heute im großen und ganzen der Fall ist, kann für den ökonomischen Bereich richtungsweisend sein, sondern die Rücksicht auf die Gemeinschaft: die ‹gegenseitige Hilfe›, die ‹Brüderlichkeit›.

Über die Erörterung des Verhältnisses menschlicher Arbeit zu den Prinzipien von ‹Freiheit› und ‹Gleichheit› und deren Geltung und Abgrenzung im ökonomischen Sozialbereich sind wir zu dem für diesen Bereich spezifischen Prinzip gelangt. Bis hierhin haben wir allerdings dieses Prinzip (von ‹gegenseitiger Hilfe›) lediglich «negativ» bestimmt, indem wir festgestellt haben, was menschliche Arbeit *nicht* sein kann – nämlich die Basis für die Verteilung der ökonomischen Güter. Dies verhält sich zwar analog zu der in früheren Kapiteln vorgenommenen Begründung der Prinzipien von ‹Freiheit› und ‹Gleichheit› durch eine wechselseitige Abgrenzung voneinander – diese Prinzipien bestimmten wir allerdings direkter auch und vorzugsweise und «positiv» aus der menschlichen Individualität. Im folgenden wollen wir daher versuchen, auch das für den ökonomischen Bereich spezifische Prinzip auf entsprechende Weise abzuleiten, nämlich durch eine *direktere* Betrachtung und Bestimmung dessen, was menschliche Arbeit ist.

Wenn wir also die Frage nach *Natur* oder *Wesen* der Arbeit stellen, dann erscheint (auch hier) eine historische Betrachtung fruchtbar. Um zu erläutern, wie die Individualität des Menschen in Gestalt individueller Fähigkeiten, spezieller Einsicht und Initiative in das ökonomische Leben eintritt, nahmen wir unseren Ausgang von Jürgen Habermas' «Schema sozialer Bereiche» der bürgerlichen Gesellschaft des 18. Jahrhunderts – und wollen dies auch jetzt tun.

Wie begriff diese Gesellschaft Wesen oder Natur *der Arbeit*? Bereits der Umstand, daß diese *gänzlich* in den Bereich fällt, den Habermas als «Privatbereich» und wir als Bereich des Individuellen oder der Freiheit bezeichnet haben, legt die Antwort nahe: Der von uns aufgezeigte soziale Gemeinschaftsaspekt menschlicher Arbeit zeigt sich hier noch nicht. Dies wird zusätzlich dadurch unterstrichen, daß die Arbeit in den Teil des individuellen Bereiches eingeht, den Habermas als «Bereich des *Warenverkehrs* und der gesellschaftlichen Arbeit» charakterisiert.[1]

Die menschliche Arbeit wird, mit anderen Worten, einer *Ware* gleichgestellt. Das heißt, daß sie als privates *Eigentum* in traditionellem Sinn betrachtet wird, wobei die Eigenschaft, daß dieses Eigentum auf einem Markt *gekauft* oder *verkauft* werden kann – jederzeit zum jeweiligen Preis –, im Vordergrund steht. Diese faktische Situation findet ihre theoretische Begründung bei den Denkern der bürgerlichen Gesellschaft – um hier nur an John Locke zu erinnern, der schrieb, daß «die Arbeit unzweifelhaft das *Eigentum* des Arbeitenden ist», ja «jeder Mensch das *Eigentumsrecht* an seiner eigenen Person hat».[2]

Wir heben diese Auffassung Lockes erneut hervor, weil sie ein klassischer und expliziter Ausdruck dafür ist, wie die bürgerliche Gesellschaft über Individualität, Arbeit und Eigentum des Menschen denkt – eine Auffassung, die die Gesellschaftspraxis der nachfolgenden Jahrhunderte zu großen Teilen bestimmt hat. Anstatt Arbeit und Eigentum ausgehend von der menschlichen *Individualität* oder Persönlichkeit zu begreifen, wie wir es versuchen, wird die Arbeit und sogar die Persönlichkeit selbst in Kategorien des *Eigen-*

tums gedacht. Was «die Person» betrifft, fügt Locke zwar hinzu, daß «niemand anderes Eigentumsrecht an ihr hat, als die Person selbst» – alles andere wäre auch einem Rückfall in Leibeigenschaft und Sklaverei gleichgekommen. Doch was die menschliche *Arbeit* angeht, die ohne Zweifel ein Teil der Persönlichkeit und ein wesentliches Medium ihrer Entfaltung ist, so soll diese gleichwohl als ein Wareneigentum betrachtet werden, dessen Wert dann konsequent seinem *Preis* gleich ist. In der ökonomischen Theorie fand dies, wie wir gesehen haben, bei Adam Smith seinen klassischen Ausdruck.

Dies ist weiterhin gängige Theorie wie Praxis. Wenn man heute «Lohn» als eine Art Marktpreis menschlicher Arbeit oder «Arbeitskraft» ansieht oder von «Waren und Dienstleistungen» spricht, als ob es sich hierbei um die gleiche Sache handele, sind dies Beispiele für die oben skizzierte Denkweise. Eben dieser «Warencharakter» der Arbeit – theoretisch behauptet und sozial praktiziert – hat, wie erwähnt, die heftigsten Auseinandersetzungen und bitterste Konflikte ausgelöst, seit sich die bürgerliche Gesellschaft ernsthaft etabliert hat, obwohl diese Konflikte in der heutigen «Wohlstandsgesellschaft» eher verdeckt sind als offen zutage treten.

Bei der Betrachtung respektive Behandlung von Arbeit als einer Ware haben wir es in gewissem Sinne mit einer illegitimen Anwendung des *Eigentumsrechts*begriffes zu tun. Dies verhält sich analog zu dem Verhältnis zwischen Produktionsmitteln (Kapital, Grund und Boden etc.) und dem Eigentumsrecht, wie wir es im letzten Kapitel erörtert haben. Denn Arbeit oder Arbeitskraft des Menschen kann als ein *integrierter Teil seiner Persönlichkeit* nicht Objekt eigentumsrechtlicher Verfügungen sein und wie eine Ware «auf dem Markt» ausgehändigt, d.h. verkauft, gekauft und umgesetzt werden. Strenggenommen darf letzteres nur für *Waren* im engeren Wortsinn gelten: für die Gegenstände von *Produktion* und *Konsumtion.*

Als wesentliches Moment menschlicher Persönlichkeit und deren Entfaltung ist die Arbeit grundsätzlich als ein ebenso *unverletzlicher, unantastbarer* Teil dieser Persönlichkeit zu betrachten wie das Denken und die verbalen Äußerungen, denen wir mit größter Selbstverständlichkeit eine absolute Integrität zuerkennen. Auch bei der Arbeit geht es schließlich um eine (Ent-) «Äußerung» oder Entfaltung individueller Einsicht und Fähigkeiten, mithin um etwas innig mit der Persönlichkeit des einzelnen Verbundenem. Die Arbeit ist damit wie jeder andere Teil der menschlichen Persönlichkeit, seiner Individualität, unveräußerlich. Einzig das Produkt oder Ding, das durch die Arbeit hervorgebracht wird, kann in diesem Zusammenhang Ware, ja ökonomisches Ding überhaupt, sein. Dies zu verquicken, wie man es tut, wenn man menschliche Arbeit als ein ökonomisches Objekt betrachtet und behandelt, bedeutet deshalb, einen wesentlichen Teil der Persönlichkeit zu einem bloßen Ding zu reduzieren, d.h. sie zu «verdinglichen»! In dieser Verquikkung erkennen wir eine wichtige Ursache der *Unterdrückung* menschlicher Individualität (Repression), die wir in einem früheren Kapitel als einen wesentlichen Zug der heutigen Gesellschaft beschrieben haben.

Warum ist diese Verdinglichung der menschlichen Individualität im ökonomischen Bereich so willig akzeptiert worden – warum wird sie weiterhin akzeptiert –, und zwar nahezu als Selbstverständlichkeit? Warum nehmen wir beispielsweise hin, daß von «Kauf» und «Verkauf», von «Arbeits*markt*» gesprochen wird – Begriffe, die einer Sklavengesellschaft angemessen scheinen? Die historische Ursache hierfür liegt auf der Hand: Wir haben es hier mit einem Erbe aus einer Form von Sklavengesellschaft, nämlich der feudalen Leibeigenschaft, zu tun. In der Tat bedeutete es seinerzeit eine relative Befreiung der menschlichen Arbeit, daß diese in die Privatsphäre hineingenommen und wie eine Ware als Eigentum betrachtet werden konnte, über das zu verfügen und zwischen, formell gesehen, freien und unabhängigen Partnern zu «tauschen» man nunmehr berechtigt war. (Dies steht im übrigen in Analogie dazu, daß auch das private Eigentumsrecht an Produktionsmitteln in der damaligen Situation eine Befreiung von der Feudalherrschaft implizierte.) Wie jedoch viele Kritiker der bürgerlichen Gesellschaft (nicht zuletzt Marx) gezeigt haben, ist der Besitzer der Produktionsmittel im Grunde nur Platzhalter des Feudalherren. An die Stelle der auf Privilegien beruhenden Fürsten- und Adelsmacht, die den Arbeitenden versklavten, treten nun die nicht minder brutalen «Gesetze des Marktes», denen er sich, jetzt als «der Lohnarbeiter», zu unterwerfen hat. Dies gilt noch für die heutige Gesellschaft, selbst wenn der «Preis» (!) der Arbeit als Folge organisatorischer Mobilisierung und erzwungenen Rechtsschutzes erhöht wurde.

Denn was hat es nicht alles für Konsequenzen für die Persönlichkeit eines Menschen – seine Individualität und Freiheit –, den Marktgesetzen durch seine Arbeit unterworfen zu sein! Eine Folge ist z.B., daß Bedeutung oder «Wert» jedes einzelnen nicht auf seiner Selbsteinschätzung beruht, sondern darauf, welche Bedeutung und welchen «Wert» *andere* Menschen dem einzelnen durch den anonymen Marktmechanismus beimessen. Nicht zuletzt dies sollte im übrigen die Unhaltbarkeit der (liberalistischen) Behauptung deutlich machen, daß die Integration der Arbeit in den Markt individuelle Freiheit gerade wahre …

Grundsätzlich gilt: Solange menschliche Arbeit und deren Produkt miteinander vermischt werden, d.h. solange ein Teil der menschlichen Persönlichkeit als Ware auf einem Markt betrachtet wird, haben wir es mit einer Unterdrückung dieser Persönlichkeit zu tun. Der Arbeitende muß dann, wie es Marx ausdrückt, «als Ware seine Arbeitskraft feilbieten, die nur in seinem eigenen lebenden Körper existiert» (*Das Kapital*), also einen Teil von sich selbst «feilbieten»! Oder wie er im *Kommunistischen Manifest* schreibt: «Diese Arbeiter, die sich stückweise verkaufen müssen, sind eine Ware wie jeder andere Handelsartikel und daher gleichmäßig allen Wechselfällen der Konkurrenz, allen Schwankungen des Marktes ausgesetzt.»[3]

Hinzuweisen ist allerdings darauf – wir haben es bereits im vorangegangen Kapitel angesprochen –, daß Marx' Verständnis vom Wesen der Arbeit, wenn er auch ihren Warencharakter durch die Eliminierung des kapitalistischen Privateigentums aufhebt, eine Aufhebung der Arbeit als *ökonomisches Objekt* jedoch nicht beinhaltet. Denn die Existenz der Arbeit (der Arbeitskraft) in dem «eigenen lebenden Körper» des Arbeitenden (wie es in dem Zitat aus *Das Kapital* heißt), ist für Marx nicht – wie für uns – Teil der *Individualität* des Menschen oder Medium ihrer Entfaltung. Menschliche Arbeit wird im Einklang mit seiner materialistischen Grundauffassung ausschließlich als eine «Reproduktion» der rein körperlichen Existenz des Individuums verstanden! Es bedeutet daher keine Befreiung der Arbeit vom ökonomischen Prozeß, diese als den einzigen originären oder wertschöpfenden Produktionsfaktor anzusehen (wie Marx in seiner Arbeitswerttheorie), vielmehr hat es zur Folge, sie völlig an diesen Prozeß zu *binden.* Nicht nur daß Marx die menschliche Arbeit mit deren Produkt vermischt, er läßt sie vollständig in ihm aufgehen: Die Arbeit *ist* für ihn nichts anderes als das, was «im Arbeitsprozeß niedergelegt« ist – rein *ökonomischer* Wert. Dies gilt unabhängig davon, daß die Arbeit als «Gebrauchswert» verstanden und nicht mit ihrem «Tauschwert» identifiziert wird.[4]

Zwar tritt die Arbeit des Menschen – und dabei nicht zuletzt die geistige Arbeit (Einsicht und spezielle Fähigkeiten) – schöpferisch in den ökonomischen Prozeß ein und ist deshalb ein Hauptfaktor bei der Erzeugung des ökonomischen Wertes. Sie kann aber nicht *selbst* als Teil dieses Prozesses verstanden werden, wie es geschieht, wenn man sie zu einer Ware oder einem *ökonomischen* Objekt überhaupt macht, was auch in Marx' Theorie der Fall ist.

Wenn die Arbeit getrennt von ihrem Produkt oder dem von ihr geschaffenen ökonomischen Wert gesehen werden muß, so impliziert dies nun weiter, daß sie nicht als Verteilungsschlüssel für eben diesen Wert, also für ökonomische Güter, fungieren kann. Eine Betrachtung des *Wesens* oder der Natur menschlicher Arbeit hat uns somit zu der gleichen Schlußfolgerung geführt, zu der wir im letzten Kapitel gelangten, in dem wir von dem Prinzip der gleichwertigen Verteilung der ökonomischen Güter ausgingen: *Die Verteilung muß von der Arbeit des Menschen getrennt werden.*

Wir müssen nun erneut unsere Aufmerksamkeit darauf richten, wie sich die Arbeit in das ökonomische Leben stellt, wenn und insofern dies nicht qua ökonomischer Verteilungsfunktion geschieht. Erneut stellt sich die Frage, welche Motivation an die Stelle des «Lohnes» oder der «Belohnung» treten soll. Wie bereits gezeigt, gibt der Hinweis auf den Charakter der Arbeit als Entfaltung individueller Einsicht und Fähigkeiten noch keine hinreichende Antwort auf diese Frage. Im ökonomischen Bereich muß diese Entfaltung eine bestimmte Richtung erhalten, die Ziel und Aufgabe *dieses* Bereiches entspricht. Und dies kann nichts anderes sein als die allgemeine Bedarfsdeckung. Da diese Bedarfsdeckung – *jetzt* von der *Natur der Arbeit* aus gesehen – nicht durch die individuelle Aneignung ökonomischer Güter vermittels Arbeit geschehen kann, muß die Arbeit des einzelnen unmittelbar der allgemeinen Bedarfsdeckung, d. h. der Rücksicht auf die Gemeinschaft, verpflichtet sein. Das *Wesen* der Arbeit erfordert also das Prinzip von ‹gegenseitiger Hilfe› oder das ‹Brüderlichkeitsprinzip›.

Auf *zwei* Wegen sind wir damit zu diesem grundlegenden – und spezifischen – Prinzip für den ökonomischen Gesellschaftsbereich gelangt. Die hierbei entscheidenden Punkte wollen wir im folgenden zusammenfassen und zugleich die gemeinsame Konklusion beider Gedankenstränge präzisieren:

Das spezifische Prinzip des ökonomischen Bereiches – die Rücksicht auf die Gemeinschaft – haben wir *erstens* in dem Prinzip der *Gleichwertigkeit* bei der Verteilung der ökonomischen Güter, der Arbeitsprodukte und der Ressourcen begründet. Es würde eine Verletzung der menschlichen Gleichheit und der Gerechtigkeit bedeuten, wenn individuelle und deshalb ungleiche Arbeit oder Wertschöpfung des einzelnen motiviert wäre von einer privaten Aneignung durch eben diese Arbeit. *Zweitens* haben wir dieses selbe Prinzip durch eine Betrachtung des *Wesens der Arbeit* abgeleitet. Wir haben gesehen, daß Arbeit als integraler Teil der menschlichen Individualität und ihrer Entfaltung *nicht* «entlohnt» oder «bezahlt» werden *kann.* Dies wiederum bedeutet, daß die Arbeitsmotivation nicht in einer dem ökonomischen Wert des Arbeitsproduktes entsprechenden «Belohnung» liegen kann, sondern allein in der Rücksicht auf die allgemeine Bedarfsdeckung, also der gegenseitigen Hilfe oder Brüderlichkeit.

Hiermit weichen wir ganz offensichtlich von der traditionellen, bürgerlichen Auffassung von menschlicher Arbeit und Ökonomie ab. Bevor wir näher darauf eingehen, wollen wir *zunächst* unseren Unterschied zu Marx und dem Marxismus verdeutlichen. Wie gezeigt, unterscheidet auch Marx nicht zwischen der menschlichen Arbeit und ihrem Produkt oder ökonomischen Wert – er übernimmt insoweit die bürgerliche (im übrigen ihrerseits materialistische!) Auffassung von menschlicher Arbeit als einem bloßen Teil des ökonomischen Prozesses. Indem er zugleich den ökonomischen Wert der Arbeit nach der angewandten Arbeitszeit (der «durchschnittlichen, gesellschaftlich notwendigen Arbeitszeit») bemißt, übersieht er den *individuellen*, insbesondere den schöpferischen Aspekt menschlicher Arbeit. Mit anderen Worten: Er übersieht jenes spezifische Moment der Arbeit, das aus dem individuellen Gesellschaftsbereich (*Geistesleben*) in das ökonomische Leben tritt.

Der Theorie Marx' eignet somit eine Tendenz, die menschliche Arbeit *generell* von dem (rechtlich-politischen) Prinzip der *Gleichheit* aus zu betrachten, einem Prinzip, das nur für die *Verteilung* der ökonomischen Güter, nicht aber für die sie schaffende Arbeit legitimerweise Geltung beanspruchen kann. Marx' Sichtweise hat fatale Folgen. Denn gerade der individuelle Aspekt der Arbeit, der im Geistesleben verankert ist und daher grundlegend mit der menschlichen *Freiheit* zu tun hat, begründet das Moment der *Un*gleichheit an ihr. Negiert man das Ungleiche (Individuelle) an der Arbeit, so negiert man zugleich ihre freiheitliche Seite.

Wir berühren hiermit ohne Zweifel eine Hauptursache dafür, daß der Versuch, die Lehre Marx' zu realisieren, so viel menschlichen *Zwang* mit sich geführt hat. (Eine weitere Ursache dürfte übrigens in der generellen Tendenz des heutigen Gesellschaftsdenkens liegen, den *politischen* Bereich zu totalisieren. Auf dieses «Einheits-Staats-Denken» werden wir noch näher eingehen.) Anstatt das ökonomische Leben so zu organisieren, daß es dem Individuellen und Schöpferischen an menschlicher Arbeit Raum gibt (z.B. durch ein «Nutzungsrecht» an den Produktionsmitteln), hat man sie in eine bürokratische Zwangsjacke gepreßt. Hierin liegt sicherlich auch die Ursache für jenen Mangel an Flexibilität und Effektivität des ökonomischen Bereiches, der für die marxistische Praxis so kennzeichnend gewesen ist.

Dieser *Freiheits*aspekt menschlicher Arbeit wird in der traditionellen, bürgerlichen Gesellschaft relativ besser gewahrt, auch wenn er nicht wirklich zu seinem Recht kommt, u.a. aufgrund der Diskriminierung, die aus dem kapitalistischen Privateigentum an Produktionsmitteln folgt. Vor allem jedoch wird diese Freiheit pervertiert, indem sie an die ökonomische Verteilung gekoppelt wird. Dies bedeutet u.a., daß die Freiheit durch Egoismus korrumpiert wird, abgesehen davon, daß dies zu einer Unterdrückung der menschlichen *Sozialität* als Gleichheit und – wie wir jetzt hinzufügen können – als Brüderlichkeit führt.

Aber auch die marxistische Auffassung von Arbeit läßt der menschlichen Sozialität keine Gerechtigkeit widerfahren, wiewohl dem *gleichen* Recht auf Bedarfsdeckung in ihr auf weit bessere Weise als im traditionell bürgerlichen Verständnis entsprochen wird. Das Gleichheitsprinzip als solches tritt nämlich im Marxismus nicht klar hervor, sondern wird dadurch verwischt, daß es mit der Arbeit verbunden wird. Vor allem aber gibt das marxistische Verständnis von Arbeit keinen eigentlichen Raum für das Prinzip von *Brüderlichkeit* oder ‹gegenseitiger Hilfe›. Denn die *Motivation* für die Arbeit ist – wie in der traditionell bürgerlichen Auffassung – die individuelle Aneignung der gemeinsamen Güter durch Arbeit.

Hier dürfte denn auch die Hauptursache dafür liegen, daß die sozialistischen Bewegungen nach und nach zu einem bloßen «Lohnkampf» entartet sind, bei dem das alles überdeckende Ziel die mit der Arbeit verbundene Aneignung der gemeinsamen ökonomischen Güter durch den einzelnen oder einzelne Gruppen ist. Ein gesellschaftliches Ziel oder eine «Rücksicht auf die Gemeinschaft» spielt heute in diesem Kampf kaum noch eine Rolle, es handelt sich vielmehr um eine Gruppensolidarität, die im großen und ganzen nur eine Funktion des Egoismus des einzelnen ist. Trotzdem sind es nicht in erster Linie die einzelnen «Akteure» in diesem Kampf, die die menschliche Sozialität auf jenen Abweg bringen, den die marxistisch begründete Kopplung von ökonomischer Verteilung und Arbeit darstellt. Die sozialethische Schwäche der heutigen Arbeiterbewegung beruht auf einem entsprechenden Mangel ihrer Gesellschaftstheorie: dem mangelnden Verständnis dafür, daß Motivation und richtungsweisende Instanz der Arbeit nicht die individuelle Aneignung, sondern die gemeinsame Bedarfsdeckung sein muß.

Nun hat nicht nur die marxistische Theorie die sozialistischen Bewegungen zu der Auffassung verleitet, menschliche Arbeit und ökonomisches Leben seien als solche dem Grunde nach von den einzelnen egoistischen Interessen bestimmt. Diese – eigentlich erzbürgerliche – Auffassung ist, wie gezeigt, theoretisch wie praktisch tief in der gesamten westlichen Zivilisation seit der Renaissance verwurzelt und hat sich auf verschiedenartige Weise Ausdruck verschafft. Was die Theorie betrifft, übt heute die bereits angesprochene Spieltheorie einen bedeutsamen Einfluß auf heutiges ökonomisches Denken aus, nicht nur bei bürgerlichen Ökonomen, sondern auch in höchstem Maße bei sozialistischen und marxistischen Theoretikern.

Wir haben darauf hingewiesen, daß die Spieltheorie wie maßgeschneidert dafür ist, gemeinschaftliches menschliches Handeln als ausschließlich von selbstsüchtigen Interessen bestimmt aufzufassen: «Altruismus» ist dieser Theorie zufolge lediglich eine Funktion dieses Eigeninteresses. Dies ist einer der Gründe für die Einseitigkeit dieser Theorie, was das Verständnis menschlicher Handlungsmotive angeht. Aber nicht nur das: Ihr Begriff von «Altruismus» ist als solcher problematisch. Daß «Altruismus» darin bestehen soll, faktisch im Einklang mit den «Präferenzen» anderer Individuen zu handeln, wie es die Spieltheorie auffaßt, bedeutet den Begriff selbst zu verdrehen, denn ein sozialethisch sinnvoller Altruismus (Haltung der Brüderlichkeit) kann ebenso gut implizieren, *entgegen* solcher «Präferenzen» zu handeln. Hinzu kommt, daß die Spieltheorie als ihrem Selbstverständnis nach allgemeine Theorie gemeinschaftlichen menschlichen Handelns den Fehler begeht, *einen* Typus menschlicher Handlung: den rein *nutzen*orientierten, instrumentellen oder zielrationalen zu dem einzig möglichen zu erklären (ein Fehler, den die Spieltheorie z.B. mit der Theorie des Skinner-Behaviorismus teilt, die menschliches Handeln als ausschließlich von «Belohnung» bestimmt sieht).

Eine solche *utilitaristische* Theorie verurteilt sich selbst jedoch zum Scheitern, indem sie – wie z.B. bei Dag Østerberg (vor dem Hintergrund von u.a. Émile Durkheim und Talcott Parsons) – qua Theorie *voraussetzt*, daß es *andere* Typen (oder mindestens einen anderen Typus) von Handlungen als den der «Nutzenhandlung» gibt. Ein zentraler Punkt in der Kritik der utilitaristischen Einseitigkeit der Spieltheorie besteht daher darin, daß «schon das *Auffassen* mehrerer verschiedener Definitionen der Situation» (wie in der Spieltheorie, wenn von verschiedenen «Präferenzen» die Rede ist), «nicht *selbst* eine (utilitaristische, ‹rationelle›) Wahl zwischen Alternativen ist». Dieses Auffassen kann mit anderen Worten «nicht auf ... utilitaristische Formen von Handlung und sozialer Interaktion ... zurückgeführt werden».[5]

Worauf wir hier abzielen, ist nun eigentlich die selbstreferentielle Inkonsistenz einer jeden Nutzentheorie oder eines jeden Utilitarismus, der prätendiert, ein fundamentales Verständnis von Handlung oder Erkenntnis zu geben: Eine solche Theorie widerspricht sich selbst – was im übrigen für jegliche Form von Relativismus oder Subjektivismus überhaupt gilt (was wir in unserer erkenntnistheoretischen Erörterung gezeigt haben). Die Behauptung der Theorie, daß etwas nützlich *ist*, impliziert einen Anspruch auf Gültigkeit, Wahrheit oder Wirklichkeit, der *seinerseits* nicht durch Nutzen erklärt werden kann, ohne daß sich die Behauptung selbst aufhebt.

Wir haben soviel Gewicht darauf gelegt, die *Begrenzung* der nutzentheoretischen Erklärung menschlichen Handelns und Erkennens aufzuzeigen, weil dies die von uns vorgenommene wichtige Differenzierung erhält und stützt: Arbeit mit bloß egoistischem Nutzenziel einerseits und einer durch brüderliche Einstellung und der Entfaltung von Einsicht und Fähigkeiten motivierten Arbeit andererseits.

Wir wollen nun unsere gesamte bisherige Erörterung der menschlichen Arbeit und des ökonomischen Gesellschaftsbereiches überhaupt im Hinblick auf eine weitere Präzisierung und Systematisierung zusammenfassen. Wir wollen in diesem Zusammenhang daran erinnern, daß wir diesen Bereich «Sphäre der Brüderlichkeit» genannt haben, eine Bezeichnung, der wir nach und nach einen konkreteren Inhalt zu geben versucht haben.

Intention unserer Erörterung war zu zeigen, daß die menschliche Arbeit, die für gewöhnlich als etwas Homogenes erscheint, bei näherer Analyse *drei* verschiedene Aspekte aufweist, die es bei der Betrachtung des ökonomischen Bereiches auseinanderzuhalten gilt.

Zum einen ist die Arbeit Medium der Entfaltung von *Einsicht* und *speziellen Fähigkeiten* der menschlichen Persönlichkeit. Aufgrund seines typisch individuellen Charakters fällt dieser Aspekt der Arbeit unter den Bereich, den wir als individuellen Bereich, Geistesleben oder ‹Freiheitssphäre› (weil hier die *Freiheit* das fundamentale Prinzip ist) bezeichnet haben. In dem Maße, in dem es im ökonomischen Bereich um die Entfaltung von Einsicht und Fähigkeiten geht, muß die Ökonomie folglich mit Blick auf die Freiheit des einzelnen Individuums organisiert werden.

Zum zweiten haben wir es mit Produkten oder ökonomischen Gütern zu tun, zu deren Erzeugung die Arbeit beiträgt, sowie mit deren Verteilung. Bei dieser *Verteilung* der gemeinsamen Güter, die zur Disposition der Menschen stehen, muß *gleiches Recht* auf die individuelle Bedarfsdeckung herrschen. Würde hier der individuelle Aspekt der Arbeit zugrunde gelegt, würde dies offenbar die Gleichwertigkeit der Menschen verletzen. Statt dessen muß hier das rechtliche Prinzip der *Gleichheit* die Grundlage bilden. Die Wahrung des hier angesprochenen Rechts kann nicht eine Aufgabe des ökonomischen Lebens selbst sein, sondern fällt ihrer Natur gemäß unter den Bereich, den wir rechtlich-politischen Bereich oder ‹Gleichheitssphäre› genannt haben. Insoweit es um die ökonomische Verteilung geht, greift die Gleichheitssphäre in den ökonomischen Bereich ein. (Wir werden im nächsten Kapitel sehen, daß dies auch in anderer Hinsicht der Fall ist.)

Ein ganz *spezifisches* Prinzip der Arbeit innerhalb des ökonomischen Bereiches finden wir bei der Betrachtung der beiden bisher angesprochenen

Aspekte (dem individuell schöpferischen und dem rechtlichen Verteilungsaspekt) nicht, denn sie beziehen sich auf das Geistesleben bzw. den rechtlich-politischen Bereich und damit deren jeweiligen Grundprinzipien. Das *Eigenartige* des Ökonomischen und damit der dritte Aspekt der Arbeit erschließt sich uns, wenn wir die Aufmerksamkeit auf *Motivation* und *Richtung* menschlicher Arbeit im ökonomischen Bereich richten. Wir meinen, die grundlegende Motivation und den Richtungsweiser menschlichen Handelns in diesem Bereich *in der Rücksichtnahme auf die gemeinsame Bedarfsdeckung*, in dem Prinzip gegenseitiger Hilfe oder dem Brüderlichkeitsprinzip, gefunden zu haben.

Schematisch können wir die oben beschriebenen drei Aspekte wie folgt darstellen, wobei wir insbesondere zu zeigen versuchen, wie die ersten beiden Aspekte, ausgehend von Geistes- bzw. rechtlich-politischem Leben, mit dem ökonomischen Bereich verknüpft sind, während der dritte Aspekt als Spezifikum der Arbeit innerhalb des ökonomischen Bereiches hervorgeht:

Der individuelle Bereich, der Bereich des Geisteslebens:
Die Freiheit als Prinzip für die Arbeit als *Entfaltung von Einsicht und Fähigkeiten.*

Der rechtlich-politische Bereich:
Die Gleichheit als Prinzip für die Arbeit bei der *Verteilung* ihrer *Produkte.*

Der Bereich des ökonomischen Lebens:
Die Brüderlichkeit als Prinzip
für *Motivation und Richtung* der Arbeit.

Menschliche Arbeit in dieser Weise – mit einer Differenzierung in ihre drei beschriebenen Aspekte – zu begreifen, bedeutet einen radikalen Bruch mit traditionellen und gewohnten Vorstellungen. Dies gilt nicht nur im Verhältnis zur heutigen bürgerlichen Gesellschaft, sondern im wesentlichen auch gegenüber dem Marxismus. Wir wollen daher die *Einwände* gegen unsere Auffassung erörtern, wie sie sich aufgrund des tief verwurzelten Gewohnheitsdenkens gegen unsere Auffassung aufdrängen. Dabei wollen wir die Einwände den drei Aspekten der Arbeit zuordnen, zwischen denen wir oben unterschieden haben.

Schon unsere Behauptung, menschliche Arbeit müsse als ein Teil der Persönlichkeit, als Entfaltung der Einsicht und Fähigkeiten des einzelnen, begriffen werden, muß die Kritik derer herausfordern, die die Vorstellung hegen, man arbeite ausschließlich zum Zwecke der (eigenen) Aneignung ökonomischer Güter, für den «Lohn». Seit Adam Smith ist die Auffassung ökonomische Denktradition, daß menschliche Arbeit gänzlich vom eigenen ökonomischen Verdienst, mithin von *Egoismus* und damit gerade nicht von der *Individualität* bestimmt sei. Dies ist nicht nur falsch mit Blick auf das *Wesen der Arbeit*, sondern nicht einmal eine zutreffende Beschreibung der *faktischen Verhältnisse* in einer Gesellschaft, in der die Arbeit den institutionellen Schlüssel zur ökonomischen Verteilung darstellt. Unter anderem zeigt sich dies darin, daß Menschen nicht selten eine Arbeit, in der sie ihre Einsicht und ihre Fähigkeiten entfalten können, einer besser «bezahlten» Arbeit vorziehen, bei der dies nicht der Fall ist.

Dies trifft im übrigen nicht nur für z.B. künstlerische und wissenschaftliche Arbeit zu, bei der der schöpferische Aspekt am ehesten ins Auge fällt, sondern offenbar in gewissem Maße auch für Arbeiten in typisch ökonomischen Bereichen wie Handel und Industrie, wo man zunächst geneigt ist anzunehmen, daß hier der eigene ökonomische Verdienst alle anderen Aspekte der Arbeit überschattet. Dem widerspricht jedoch die Erfahrung, daß es Gewerbetreibende gibt, die ihre Arbeit vorrangig als Entfaltung ihrer speziellen Einsichten und Begabungen ansehen, demgegenüber der ökonomische Vorteil (das Einkommen) eine nur sekundäre Rolle spielt. Wir müssen deshalb nicht bis auf den alten Bauernberuf oder gar das Handwerk des Mittelalters zurückgehen, um Beispiele dafür zu finden, daß die Arbeit gerade als Medium zur Entfaltung der *eigenen Persönlichkeit* aufgefaßt wird. Derartige Beispiele lassen sich inmitten der bürgerlich-kapitalistischen Gesellschaft auffinden – der grundlegenden Denkweise dieser Gesellschaft, von Adam Smith bis zu den ökonomischen Theoretikern verschiedenster Schattierungen der heutigen Zeit, gleichsam zum Trotz. Wir verweisen in diesem Zusammenhang auch auf die Erörterung des Eigentumsrechtsbegriffes im vorangegangenen Kapitel, bei der wir die fachliche Leitung und die ökonomischen Eigentümer eines Unternehmens gegenüberstellten.[6]

Nun mag eingewendet werden, daß sich diese Beispiele nur auf typisch «leitende» und «geistige» Arbeit beziehen, die, relativ zur gesamten gesellschaftlichen Arbeit, nur einen kleinen Teil ausmacht. Dies bedeutet jedoch, eine künstliche Trennung zwischen verschiedenen Formen der Arbeit zu ziehen sowie die praktische Arbeit abzuwerten. Unabhängig davon, um welche Art von Arbeit es geht, entfaltet in ihr der Arbeitende etwas von sich selbst, seine Einsicht und seine individuellen Fähigkeiten. Auf der anderen Seite ist völlig klar, daß es Abstufungen *solcher* Entfaltung durch Arbeit in der modernen, industrialisierten Gesellschaft gibt, und dies trotz aller Automatisierung von besonders einförmigen (eintönigen) Arbeitsroutinen. Wir haben aber bereits gezeigt, daß dieser Aspekt der Arbeit durch die soziale Motivation ergänzt und ihr untergeordnet werden muß, soweit es den ökonomischen Bereich betrifft; wir werden an anderer Stelle darauf zurückkommen.

Fest steht jedoch – mit Blick auf den beschriebenen individuellen Aspekt der Arbeit –, daß alle Arbeit als ein Teil der Entfaltung der menschlichen Persönlichkeit Anspruch auf den gleichen Respekt hat. Deshalb ist es verwerflich, menschliche Arbeit zu einem «Handelsartikel» (um Marx' Ausdruck zu gebrauchen) bzw. zu einem ökonomischen Objekt überhaupt (woran auch Marx schuldig ist) zu machen.

Wenn die menschliche Arbeit aufgrund ihres Wesens nicht selbst ein Teil des ökonomischen Prozesses sein, d.h. «entlohnt» oder «bezahlt» werden kann, so folgt daraus (wie gezeigt) notwendigerweise, daß sie auch nicht als Verteilungsprinzip für die ökonomischen Güter fungieren kann. Wir sind damit bei dem *zweiten* Aspekt der Arbeit angelangt, nämlich bei den von ihr hervorgebrachten *Produkten* und der Frage nach deren Verteilung, bei der wir das Prinzip des gleichen Rechtes aller auf Bedarfsdeckung gegen die Verteilung nach der individuellen Arbeit der einzelnen gestellt haben. Auch unsere in diesem Zusammenhang vorgestellten Überlegungen haben sich gegenüber den auf traditionellen Vorstellungen beruhenden Einwänden zu behaupten.

Dem ohne Zweifel zentralsten Einwand: die Menschen verlören den «Ansporn» zum Arbeiten, wenn die «Belohnung» wegfiele, sind wir bereits ansatzweise entgegengetreten. Dieser Einwand verliert einen Teil seines Gewichtes bereits durch unseren Hinweis auf die Tatsache, daß Menschen – selbst in unserer heutigen durchkommerzialisierten Gesellschaft – oftmals eher zur Entfaltung von Einsicht und ihren Fähigkeiten arbeiten (aus Interesse, wie man gerne sagt) denn für das rein pekuniäre Entgelt. Wir haben auch darauf hingewiesen, daß das angesprochene gleiche Recht auf Bedarfsdeckung keineswegs utopisch ist, sondern im Gegenteil für weite Züge der Sozial- und Wirtschaftspolitik in unserem Jahrhundert *tendenziell* Richtschnur gewesen ist. Wir hatten dabei auf die «Einebnung» der ökonomischen Verteilung verwiesen, die via Steuersystem und Ausbau der Sozialversicherung stattgefunden hat – und könnten eine Reihe anderer Formen von

«Einkommensübertragung», «Subventionen» o.ä. anführen. Den hier zugrundeliegenden Gedanken von dem gleichen Recht aller Menschen auf Bedarfsdeckung wollen wir weiter vertiefen.

Die moderne Sozialversicherung und die Institution der «Einkommenstransfers» stellen (soweit sie greifen) mit ihrer Anerkennung von menschlicher Gleichwertigkeit und der Trennung der Bedarfsdeckung von der Arbeit – was im übrigen auch eine Befreiung der Arbeit impliziert (!) – einen der besten und fortgeschrittensten Züge unserer modernen Gesellschaft dar. Das Problem liegt lediglich darin, daß das *Prinzip* des gleichen Rechtes auf Bedarfsdeckung, das dieser Form von ‹gegenseitiger Hilfe› zugrunde liegt, nicht wirklich vollkommene Akzeptanz genießt, sondern subsidiär *neben* Lohnarbeit und Eigenprofit steht. Damit erhält es jedoch weniger den Charakter eines *Rechtes* als den eines «Anspruches», was ihm unwillkürlich einen Armutsstempel aufdrückt; so wird es als eine (öffentlich) organisierte Wohltätigkeit angesehen, eine Form von Almosen, beruhend auf der Gnade der «Steuerzahler». Charakteristischerweise sind es diese «Einkommenstransfers», die zuerst in das Rampenlicht der Kritik geraten, wenn die Konsumgesellschaft mit all ihrem Überfluß und ihrer Verschwendung in eine «ökonomische Krise» gerät. (Gar nicht denkbar dagegen wäre eine Reduktion z.B. des Luxusverbrauches wie des Privatautomobilismus, welcher allein die Gesellschaft mehr als der gesamte Verbrauch an Lebensmitteln kostet.) Ja, wenn wir diesen Sachverhalt angesichts der Armut in den Entwicklungsländern unter ökonomischen Gesichtspunkten im allgemeinen und dem Aspekt des Ressourcenverbrauchs im besonderen betrachten, tritt die Asozialität unserer Konsumgesellschaft in noch grelleren Farben hervor.

Wir erwähnen dies, weil es geeignet ist, klarzustellen, in welchem Grad das Prinzip des gleichen Rechtes auf Bedarfsdeckung in einer Gesellschaft, die *ansonsten* grundlegend auf der ökonomischen Verteilung via Arbeit (und einem traditionellen Eigentumsrecht an den Produktionsmitteln) basiert, *antagonistisch* wirkt – und wirken *muß*. Und dies, obwohl dieses Recht heute als ein Menschenrecht kodifiziert ist; so heißt es in der *Welterklärung der Menschenrechte von 1948* (der Vereinten Nationen), daß jeder «das Recht auf einen Lebensstandard hat, der ausreichend ist für seine und seiner Familie Gesundheit und Wohlbefinden und der Essen, Kleidung, Wohnung, Gesundheitsfürsorge und notwendige soziale Dienste umfaßt» (Art. 25, 1). Es wird sogar unterstrichen, daß jeder «Anspruch darauf hat, daß die ökonomischen, sozialen und kulturellen Güter, die unentbehrlich für seine *Würde* und die freie *Entwicklung seiner Persönlichkeit* sind, durch *nationale* Maßnahmen und *internationale* Zusammenarbeit beschafft werden» (Art. 22; Herv. H.H.). Aus dieser Erklärung geht hervor, daß das Recht, von dem hier die Rede ist, *weit über das hinausgeht*, was man mit «Recht auf Sicherheit» im Sinne traditionellen Verständnisses als «Arbeitslosigkeit, Krankheit, Arbeitsunfähigkeit, Verwitwerung, Alter» versteht. Auf der anderen Seite geht auch diese Erklärung nicht so weit, die Bedarfsdeckung völlig von der Aneignung durch Arbeit zu lösen, selbst wenn sie ausdrücklich ein «*Recht* auf eine *gerechte* und gute Bezahlung, die ... ein *menschenwürdiges* Dasein ... sichert», festschreibt (Art. 23, 3; Herv. H.H.).

Dieser Schritt jedoch muß getan werden, denn er ist die logische Konsequenz, wenn man das Prinzip des gleichen Rechtes auf Bedarfsdeckung unabhängig vom ökonomischen Wert des Arbeitsproduktes anerkennt. Doch dies bedeutet, unsere zählebigen Vorurteile über Arbeit, Verdienst und Eigentum vor eine harte Herausforderung zu stellen. Neben dem erwähnten Einwand, daß der Arbeitsanreiz wegfällt, ist z. B. der Einwand denkbar, daß dieses gleiche Recht eine Egalisierung der Lebensführung mit sich führen würde. Dieses Argument beruht jedoch auf einem Mißverständnis. Abgesehen davon, daß die Disposition des einzelnen über «seinen Teil» selbstverständlich von seiner individuellen Konsumwahl bestimmt und deshalb von der Wahl anderer Menschen verschieden sein wird, ist auch der Bedarf der Menschen unterschiedlich. Diese Tatsache hat im übrigen bereits in dem existierenden System des «Ausgleichs» (sogenannte Transferzahlungen) Berücksichtigung gefunden, insofern nach den verschiedensten Kriterien, wie Alter und Versorgungslasten, differenziert wird. Es geht hier also nicht um einen formell gesehen «gleichen Lohn», sondern um gleiches Recht auf die Deckung des (individuellen) Bedarfs.

Ein Einwand von eher theoretischer Art, der gerne von ökonomischen Liberalisten (z.B. Hayek) ins Feld geführt wird, besteht darin, daß «wenn die Menschen ungleich sind, eine Gleichbehandlung gerade eine Ungleichbehandlung bedeuten und deshalb ungerecht sein würde». Abgesehen davon, daß dieser Einwand lediglich gegen «gleiche Behandlung» in Form von «gleichem Lohn» u.ä. gerichtet ist, ist er ein charakteristisches Beispiel für die Vermischung prinzipiell unterschiedlicher Dinge. Denn eine ausgeprägte Ungleichheit der Menschen, der als *solcher* auch Rechnung getragen werden muß, ist nur in dem Bereich gegeben, der mit dem eigentlich Individuellen, der Entfaltung von Einsicht und Fähigkeiten, zu tun hat, und nicht so sehr im Bereich des Bedarfs. Eklatante Unterschiede im Bedarf nach ökonomischen (!) Gütern dürften wohl eher mit egoistischer

Habsucht und Eitelkeit denn mit menschlicher *Individualität* in Verbindung zu bringen sein ...

Daher wird das Prinzip des gleichen Rechtes auf Bedarfsdeckung und die Aufhebung des individuellen ökonomischen Vorteils aus Arbeit oder Eigentum von Produktionsmitteln den ausgeprägten Tendenzen in der modernen *Konsumgesellschaft* und noch mehr in der *kommerzialisierten* Gesellschaft zuwiderlaufen. Denn dieser Gewinn, ob als «Lohn» oder «Profit», ist ja die Triebfeder dieser Gesellschaft, deren Basis eben die Entfaltung des egoistischen Strebens nach ökonomischen Gütern darstellt. Dieser Verdienst stimuliert eine nahezu unbegrenzte materielle Begierde und eine unersättliche Genußsucht. Aber nicht nur das. Das egoistische Streben wird sogar mit «Freiheit» verwechselt. Es drängt sich daher auf, das, was wir kommerzialisierte Gesellschaft genannt haben, einer näheren Analyse zu unterwerfen – was im übrigen von dem Verteilungsaspekt der Arbeit zu einer eingehenden Erörterung des *Motivationsaspektes* sowie der Gewohnheitsvorstellungen, mit denen unsere Auffassung konfrontiert wird, überleiten wird.

Die dieser Gesellschaft zugrundeliegende Vorstellung ist ohne Frage, daß der Menschen ein in seinem Denken wie in seinem Handeln durch und durch egoistisches Wesen sei. Denn dem «inneren» Streben nach eigenem Gewinn entspricht, daß die Arbeit als bloßes Mittel zu ökonomischem Gewinn angesehen wird, mithin völlig in dem ökonomischen Prozeß aufgeht, als Ware auf einem Markt bzw. als ein rein ökonomisches Objekt überhaupt. Aus der Vorstellung eines ausschließlich egoistischen Verhaltens des Menschen in den Bereichen von Arbeit und Ökonomie erwächst sogar eine generelle Tendenz, *alle* Dinge in den *ökonomischen* Prozeß hineinzuziehen. Daß dies mit Kapital, Boden, Ressourcen (Natur) ebenso wie mit der Arbeit geschehen ist, hängt, wie wir zeigen konnten, mit dem Aufkommen der bürgerlich-kapitalistischen Gesellschaft zusammen; eine Entwicklung, die in der ökonomischen Theorie ihren klassischen Ausdruck bei Adam Smith fand. Relativ neuen Datums ist allerdings die Tendenz, auch das *Geistes- und Kulturleben*, hierbei sogar die Wissenschaft (vgl. u.a. die zunehmende «Auftragsforschung»), zu «ökonomisieren», ganz abgesehen von derselben Tendenz in wichtigen Bereichen des *politischen* Lebens, wie z.B. der Presse. Es gibt nichts, was es nicht zu «vermarkten» gälte, selbst nicht die Religion.

Diese Tendenz, alles zu einem Teil des ökonomischen Prozesses – Produktion und Konsum, Kauf und Verkauf – zu machen und einem ökonomischen Kalkül zu unterwerfen, ist ebenso für die heutige Gesellschaft charakteristisch wie für den Menschen entwürdigend. Denn dieser allumfassende

Kommerzialismus ist auf seine Art nicht weniger *totalitär* – d.h. Individualität wie Sozialität unterdrückend – als die *politische* Unterdrückung, die wir aus den Diktaturen kennen. Die Repression ist dabei allerdings nicht so offensichtlich gewalttätig und direkt gegen den einzelnen gerichtet – wie es z.B. eine offene Zensur der Meinungsäußerungen ist –, daher aber auch schwieriger zu durchschauen. Diese Form von Repression appelliert in raffinierter Form an etwas in dem Menschen selbst, was jedoch eben *nicht* seine Individualität, sondern im Gegenteil seine Selbstsucht ist. Dies stellt, wie gezeigt, eine *Unterdrückung* dar, denn die äußere Unterwerfung der Arbeit und Lebensführung unter die Kommerzialisierung hat als innere Entsprechung die Versklavung des Individuums unter seine eigenen Triebe und selbstsüchtigen Neigungen.

Aus dieser Perspektive auf den Zusammenhang zwischen Unterdrückung und Egoismus ist auch ein Phänomen zu betrachten, das heute als Frauendiskriminierung bezeichnet wird – im Grunde aber Menschendiskriminierung ist. Die Erklärung für diese Diskriminierung liegt in diesem Zusammenhang und nicht in überlieferten Vorstellungen aus früheren Gesellschaften, die ja generell hierarchisch aufgebaut waren. Auch lenkt es von den eigentlichen Gründen ab, wenn man die Ursache dieser Diskriminierung in «der männlichen Natur» sucht, als von Herrschsucht, Zynismus und Brutalität geprägt und ohne Sinn für «weiche Werte». Man übersieht hierbei, daß die Eigenschaften, die man bekämpfen will, nichts angeboren «Männliches» sind, sondern Reaktionsweisen des Mannes in der Egoismus- und Konkurrenzgesellschaft. In dieser bestimmten Bedeutung allerdings kann die Neuzeit – mit dem Aufkommen des Kapitalismus, des Imperialismus und dem technologischen Herrschaftsdenken in der Wissenschaft – als «männerchauvinistisch» charakterisiert werden, wie es einzelne getan haben.

Mit dem Hinweis auf die wissenschaftliche Denkweise wollen wir übrigens andeuten, daß nicht nur der Kapitalismus und die Kommerzialisierung der menschlichen Arbeit den Egoismus und Materialismus generell hervorbringen und ihn nähren. In gleichem Maße sind hierfür eine materialistische *Weltanschauung* und ein materialistisches *Menschenbild* verantwortlich – was wir bereits angesprochen haben. Die Kommerzialisierung auf der gesellschaftlichen Ebene fügt sich nahtlos in diesen Materialismus und Naturalismus – gedanklich und historisch gesehen sind sie sogar zwei Seiten einer Sache; hier sei nur erinnert an das zeitgleiche Aufkommen einer ökonomistischen Gesellschaftsauffassung und eines naturalistischen Menschenverständnisses in der neueren Zeit. Der «Gedanke», als deren Ausdruck die kommerzialisierte

Gesellschaftsstruktur zu begreifen ist, nämlich daß der Mensch fundamental ein egoistisches und genußsüchtiges Wesen sei, findet in dem Sinne eine «Begründung» in wissenschaftlichen Theorien, die ihn als bloß biologisches, von seinen egoistischen Impulsen bestimmtes Triebwesen ansehen – erinnert sei hier nur an den Darwinismus und das Menschenbild Freuds.

Diesen Zusammenhang zu betonen bedeutet nicht, die Rolle zu unterschätzen, die der *Kommerzialismus* dabei spielt, den Menschen nach diesem Bild zu prägen. «Humanisten» und «Spiritualisten» neigten in ihrer Reaktion gegen ein materialistisches Menschenbild zu dieser Unterschätzung. Wie in der Einleitung zu Teil II beschrieben, wirken die gesellschaftlichen Strukturen und Haltungen – nicht zuletzt innerhalb des Ökonomischen – in der heutigen Gesellschaft vielfältig und massiv auf das Bewußtsein der Menschen ein. Wir brauchen nur an die *Konkurrenzmentalität* zu denken, die eng mit der Kommerzialisierung der Arbeit und anderen Aspekten des ökonomischen Lebens zusammenhängt. Von diesem Bereich ihren Ausgang nehmend, hat sie sich einer Epidemie gleich über nahezu alle denkbaren Bereiche des gesellschaftlichen Lebens ausgebreitet, vom Erziehungswesen bis zum Sport. (Beim Sport wird sie zwar meist als relativ harmlos angesehen, doch auch hier stellt sie das Prinzip des eigenen Gewinnens auf Kosten der anderen in Reinkultur dar. Darüber hinaus stimuliert das Konkurrenzdenken zu asozialen Neigungen, die wir – im Unterschied zu wirklicher Gemeinschaft – als «Kollektivismus» bezeichnen wollen: Massenmentalität und Gruppenchauvinismus).

Denn in der egoistischen Konkurrenz – insbesondere in der Weise ihrer Manifestation im ökonomischen Bereich – gilt es, «seine eigenen Schäfchen ins Trockene zu bringen», ohne Rücksichtnahme auf den Bedarf der anderen – ob sich dies nun als «Statusjagd» auf der Konsumebene oder als «In-die-Zange-Nehmen» der «Konkurrenten» in Produktion und Verkauf äußert. Es ist eine generelle Weise, zu denken und sich zu verhalten, die den *Mit*menschen zu einem *Wider*part macht, um nicht zu sagen: einem potentiellen Feind! In dieser Hinsicht repräsentiert das Konkurrenzprinzip in der kommerzialisierten Gesellschaft mental gesehen eine Form von Kriminalität. Ja, die kommerzialisierte Gesellschaft stimuliert zu Brutalität und Gewalt.

In dieser ethischen und sozialen Perspektive müssen wir auch die vorangegangene Erörterung der Stellung der *Arbeit* im ökonomischen Bereich reflektieren, in der wir forderten, die Arbeit von ihrer Funktion als Verteilungsschlüssel ökonomischer Güter zu befreien. Denn wenn diese Verteilung durch die private Aneignung des ökonomischen Wertes der Arbeit durch den einzelnen geschieht, führt dies mit Notwendigkeit dazu, daß diese Arbeit zur

Ware auf einem Markt, d.h. kommerzialisiert, wird. Arbeit gegen «Lohn» oder «Bezahlung» ist das Einfallstor schlechthin für eine Kommerzialisierung der Gesellschaft. *Sie* ist das Muster und die Triebkraft der egoistischen Konkurrenzmentalität mit all ihren unheilvollen Wirkungen. Bereits durch die Kommerzialisierung der *Arbeit* wird die menschliche Seele identifiziert mit materiellen Dingen, d.h. verdinglicht, woraus alle anderen Kommerzialisierungsprozesse, wie z.B. des Geisteslebens, als Konsequenz folgen.

Auch aus diesem Grund muß für die Verteilung der gemeinschaftlichen wirtschaftlichen Güter ein *anderes* Prinzip gefunden werden, und zwar eben jenes gleiche Recht auf Bedarfsdeckung. Ein solches Verteilungsprinzip drängt sich uns heutzutage auch aus anderen als den von uns beschriebenen individual- und sozialethischen Gründen auf, nämlich aufgrund der bedrükkenden Ressourcenkrise der Gegenwart! Angesichts einer ständig wachsenden Ressourcenknappheit – in globalem Maßstab – muß sich ein Verteilungsmodus als Lösung anbieten, der mehr auf gleichem Recht für alle denn auf rein ökonomischem Wert oder Marktpreis beruht. Dies gilt um so mehr, als dem gleichen Recht, um das es hier geht, sowohl weltweit als auch intertemporal, d. h. gleichermaßen für die zukünftigen wie für die heutigen Generationen, Geltung zukommt.

Wir sehen, daß das Prinzip gleichwertiger Verteilung in verschiedenster Hinsicht begründet ist und sich in der modernen Gesellschaft förmlich aufdrängt – nicht zuletzt wegen der negativen sozialen Konsequenzen des herrschenden Verteilungsprinzips. Damit wird die Frage in höchstem Maße aktuell, was an die Stelle der privaten Aneignung als *Motivation* und *Richtungsweisung* der menschlichen Arbeit treten soll. Wir richten damit erneut unsere Aufmerksamkeit auf den neben der Entfaltung der individuellen Fähigkeiten und der gleichen Verteilung der geschaffenen Güter dritten Aspekt der menschlichen Arbeit. Unsere Antwort auf diese herausfordernde Frage bestand darin, daß wir an die Stelle egoistischer Aneignung die Arbeit für die Gemeinschaft, die gegenseitige Hilfe oder das Brüderlichkeitsprinzip setzten. Wir könnten auch sagen, daß an die Stelle der Arbeit der Individuen für sich *selbst* die Arbeit *füreinander* treten muß.

Hiergegen kann eingewendet werden, daß der Egoismus als Motiv menschlicher Handlungen nicht eliminiert werden kann. Auch ein solcher Einwand beruht jedoch offensichtlich auf einem Mißverständnis. Es geht hier nicht um eine Eliminierung oder «Ausrottung», sondern darum, daß die Haltung und Organisation in einem *bestimmten Gesellschaftsbereich* – nämlich Arbeit und wirtschaftliche Tätigkeit – so geändert werden, daß sie diesen

Egoismus nicht fördern und die Entfaltung menschlicher Sozialität, von Mitmenschlichkeit, behindern. Denn es sollte aus den vorangegangenen Betrachtungen (u. a. zur Konkurrenzmentalität sowie der Gleichwertigkeit der Menschen) hervorgegangen sein, daß eben eine solche Blockierung der Sozialität in der kommerzialisierten Gesellschaft stattfindet.

Ein weiterer Einwand ist denkbar. Er zielt darauf ab, daß der Egoismus besonders im *ökonomischen* (materiellen) Gesellschaftsbereich verankert, dort nahezu «natürlich» begründet zu sein scheint. Eine solche Auffassung beruht jedoch darauf, daß zwischen dem Menschen als «Produzenten» und dem Menschen als «Konsumenten» nicht differenziert wird – denn letztlich sind wir alle aus natürlichen Gründen «Egoisten»: Der Mensch *konsumiert* nun einmal «für sich selbst»; er ist hingegen keineswegs dazu «naturbestimmt», für sich selbst zu *produzieren.* Der hier begangene Fehler besteht darin, einen im Bereich des Konsums gültigen Sachverhalt auf die ökonomische *Tätigkeit* (d.h. die Arbeit) zu übertragen.

Man hat auf der anderen Seite in diesem Zusammenhang häufig darauf hingewiesen, daß die Menschheit von Anfang an mit «der Natur» um des puren Überlebens willen «gekämpft» hat und daß der *einzelne* in diesem «Kampf» so gut bestehen mußte, wie er konnte – ohne besondere Rücksichtnahme auf andere. Dieses tief verwurzelte Gewohnheitsdenken von der «Gattungsgeschichte» des Menschen beruht jedoch auf einer falschen Mythe, die in erster Linie auf die naturalistischen Gesellschaftstheoretiker des 17. und 18. Jahrhunderts (unterstützt von den «Naturhistorikern» der damaligen Zeit und später vor allem durch den Darwinismus) zurückgeht, deren Auffassung zufolge die Menschen im «Naturzustand» als reine Egoisten auftraten. Dieses atomistische Menschenverständnis (in der Philosophie am konsequentesten von dem Erzmaterialisten Thomas Hobbes verfochten) ist in zweifacher Hinsicht fehlerhaft. Erstens scheinen die Menschen ursprünglich eher in einer «kommunistischen» Gemeinschaft (die allerdings von der Blutsverwandtschaft, dem Stamm oder dem Geschlecht begrenzt war) denn als isolierte, «individuelle Akteure» gelebt zu haben. Zweitens «kämpften» sie zwar physisch gesehen mit der Natur, dies aber innerhalb eines Rahmens von *Religiosität,* wodurch moralische Eigenschaften, wie z.B. Dankbarkeit und Ehrfurcht (dem Egoismus diametral entgegengesetzte Eigenschaften), die Einstellung zur Natur mindestens ebenso stark prägten wie das bloß Ökonomische.

Auch dessen ungeachtet ist es unhaltbar, den «Kampf» der Individuen mit «der Natur» ihrer Situation in einer *Gesellschaft mit Mitmenschen* gleichzustellen. Dies gilt gewiß ganz besonders in unserer modernen Gesellschaft mit ihrer starken Integration im Wirtschaftsbereich. Denn wenn das Individuum sich in *dieser* Situation egoistisch verhält, «kämpft» es nicht nur mit der Natur, sondern auch – ja, vor allem – bekämpft es seine Mitmenschen im «Kampf ums Dasein». Genau dies ist in der kommerzialisierten Gesellschaft der Fall; die Ideologie, die zur Verteidigung dieses Zustandes bemüht wird, ist aber gerade die These eines egoistischen Menschen, der den Naturressourcen in einem angenommenen «Naturzustand» gegenübersteht. In dieser Ideologie liegt ein gedanklicher Hauptgrund des Kommerzialismus und der in seinem Bann gehuldigten asozialen Konkurrenzmentalität.

An dieser Stelle könnte der Hinweis angebracht sein, daß es per se fehlleitet, auf ein *früheres* (angenommenes oder wirkliches) menschliches Entwicklungsstadium, dessen Bewußtseinsform und Gesellschaftszustand, zu rekurrieren als Idealtypus einer Gesellschaft, nach deren Muster die menschliche Gesellschaft in *unserer heutigen* Zeit, die eine völlig andere Bewußtseinssituation aufweist, zu organisieren sei. Ein solches Vorgehen vernachlässigt die historische Entwicklung der *Individualität* des Menschen, welche auch dessen *Sozialität* begründet. Es soll nun näher darauf eingegangen werden, wie das Brüderlichkeitsprinzip im Wesen der menschlichen Individualität verankert ist. Wir behaupten in diesem Zusammenhang, daß die menschliche Persönlichkeit ebenso eines Gesellschaftsbereiches bedarf, in der sie sich *sozial in tieferer Form* als in der politischen Gleichheitssphäre entfalten kann, wie sie der Gedanken- und Äußerungsfreiheit und der gleichberechtigten Teilnahme im politischen Entscheidungsprozeß zu ihrer Entfaltung bedarf. Ein solcher Bereich tieferer sozialer Entfaltung scheint die Arbeit und damit das ökonomische Leben darzustellen, wenn und insofern diese Arbeit im Hinblick auf die Gemeinschaft geschieht, als Arbeit ‹füreinander›.

Warum sollte *diese* Gegenseitigkeit oder Sozialität nicht gleichermaßen im Wesen der *Individualität* liegen, wie die gegenseitige Anerkennung der Individuen als gleichwertige Partner im politischen (demokratischen) Dialog? Es wäre ein enges Verständnis dieser Individualität, die menschliche Sozialität auf die bloße gegenseitige «Anerkennung» als Individualitäten, wie es im rechtlich-politischen Leben der Fall ist, zu begrenzen. Denn *diese* Gegenseitigkeit hat offenbar nicht alle Tiefen weder der Individualität noch der Sozialität des Menschen ausgelotet. Daß jeder andere Mensch Individualität ist wie man selbst, begründet nämlich eine Mitmenschlichkeit, in der sich der einzelne auch in *anderen* Hinsichten als der Anerkennung der Gleichberechtigung seinem Mitmenschen gegenüber so verhält, wie er sich selbst gegenüber als Individualität verhält. (Denn gerade darin, daß jeder Mensch eine Individualität ist und seinen Mitmenschen wie sich selbst sieht, meinten wir die Begründung für menschliche Gleichwertigkeit oder Gleichheit zu finden.)

Diese *erweiterte* Art, Mitmenschlichkeit zu begründen – in casu als Prinzip der Brüderlichkeit – ist so neu nicht. Wie wir in der historischen Einleitung andeuteten, scheint dieser Gedanke bereits dem zugrunde zu liegen, was oft als «der christliche Brüderlichkeitsgedanke» bezeichnet worden ist. Dessen Inspirationsquelle ist vor allem das Gebot: «Liebe deinen Nächsten wie dich selbst», wobei das Gebot – christlich, d.h. neutestamentlich verstanden – nur Sinn bekommt, wenn dieser «Nächste» und dieses «Selbst» *beide* als die menschliche *Individualität* verstanden werden. «Der Begriff ‹Nächster›», schreibt Søren Kierkegaard in seinen *Kjerlighedens Gjerninger*, «ist eigentlich die Verdoppelung deines eigenen Selbst», und er umfaßt selbstverständlich «alle Menschen», weil *ein jeder* Mensch eine Individualität wie man selbst ist. Wir sehen, daß Sozialität, wie Nächstenliebe oder Brüderlichkeit, daraus folgt, daß der Mensch eine *Individualität* ist, indem er seinen Mitmenschen als Individualität achtet und liebt, wie er sich selbst achtet und liebt als Individualität. «Sich selbst in der richtigen Weise zu lieben und den Nächsten zu lieben, entspricht einander ganz und gar, ist im Grunde ein und dasselbe.» Diese «Verdoppelung», wie es Kierkegaard nennt, bedeutet selbstverständlich auch, der «Eigenliebe» das «Selbstsüchtige» zu «versagen».[7]

Daß die Menschenliebe darin gründet, daß jeder Mensch eine Individualität ist, impliziert für Kierkegaard auch eine grundlegende *Gleichwertigkeit* der Menschen, oder wie er es nennt: «die Gleichheit dem Ewigen gegenüber». Darin ist diese Nächstenliebe wesensverschieden von der begrenzten, mehr oder weniger selbstsüchtigen «Liebe und Freundschaft ..., Liebe des Triebes und der Neigung, der Vorliebe», welche sie außerdem «im Ernst und in Wahrheit als Zärtlichkeit überschreitet». Die «Vorliebe» müssen wir näher als äußerliche und sinnliche «Menschenverehrung» charakterisieren. Die auf der *Individualität* des Menschen beruhende Nächstenliebe transzendiert hingegen gerade die Körperlichkeit, oder, um erneut mit den Worten Kierkegaards zu sprechen: Sie ist etwas, «was man nicht mit seinem sinnlichen Auge sehen kann», sie gehört dem «verborgenen Leben» des Menschen an.[8]

In *dieser* Perspektive, in der die Menschheit als eine Gemeinschaft von *Individualitäten* verstanden wird, wird es auch sinnvoll, von einer «Emanzipation *der Menschheit*» zu sprechen, wie es z.B. Marx tut. Denn was hier für einen selbst als Individualität gilt, muß gleichermaßen für *jeden* anderen Menschen als Individualität gelten. Bei Marx hatten wir kritisiert, daß er die alle umschließende Gemeinschaft nicht in dem Individualität-Sein des Menschen verankert sieht, sondern im Gegenteil über die Freiheit und Befreiung des *einzelnen* hinweggeht (siehe u.a. Kapitel «Freiheit und Sozialität»). Wir haben weiterhin gezeigt, daß Marx in der Konsequenz auch übersieht, daß die Freiwerdung des Menschen die Befreiung des einzelnen von seinem eigenen Egoismus bedingt und nicht nur die Befreiung von einer bestimmten Gesellschaftsform (die vielmehr in diesem Egoismus wurzelt).

Auf der *äußeren, gesellschaftlichen* Ebene scheint der Brüderlichkeitsgedanke also zu allererst im ökonomischen Bereich – durch die Arbeit des Menschen – realisiert werden zu müssen. Es ist kaum ein Zufall, daß materielle Aufopferung, das «Den Bedürftigen Geben», als so zentrale christliche Tugend galt, während das Gegenteil, der begehrliche «Tanz um das goldene Kalb», als größtes Laster angesehen wurde – erinnert sei hier nur an den Apostel Paulus, der dies sogar zur «Wurzel allen Übels» erklärt.

Es mag eingewendet werden, daß das Brüderlichkeitsprinzip, indem wir es an den ökonomischen Sozialbereich anbinden, eine Einschränkung erfährt. Diese Argumentation scheint jedoch zum einen darauf zu beruhen, daß man die Dimensionen der *Unmenschlichkeit* nicht erahnt, die durch eine Organisation des ökonomischen Lebens nach dem Prinzip der Brüderlichkeit überwunden werden könnten (vgl. z.B. das zum Kommerzialismus Gesagte!). Zum anderen verkennt ein solcher Einwand offenbar die Eigenart der *übrigen* Gesellschaftsbereiche. Im Bereich des Geisteslebens gelten Wahrheit und Überzeugung und nichts anderes. Es würde dem Ethos *dieses* Bereiches grundlegend zuwiderlaufen, übernähme man, entsprechend dem Prinzip menschlicher Brüderlichkeit, eine Auffassung, die gegen die eigene Überzeugung steht – dies würde das für diesen Bereich fundamentale Prinzip der *Freiheit* untergraben, welches auf dem Recht des einzelnen auf seine *eigene* Überzeugung beruht. Ebenso würde es im *rechtlich-politischen* Sozialbereich völlig unangebracht sein, wenn wir aus einer Brüderlichkeitshaltung heraus einem Menschen beispielsweise zwei anstelle von einer Stimme bei politischen Wahlen zumessen würden. Wohl behauptete Aristoteles zu seiner Zeit, daß «es nicht so wichtig mit der Gerechtigkeit ist, wenn nur Freundschaft herrscht», doch dies kann auf keinen Fall für den rechtlich-politischen (demokratischen) Gesellschaftsbereich gelten, dessen raison d'être gerade die Gerechtigkeit oder Gleichheit ist. Das Brüderlichkeitsprinzip scheint also nicht nur ein grundlegendes, sondern zugleich ein völlig *eigenartiges* Prinzip des *ökonomischen* Gesellschaftsbereiches zu sein.

Wenn Mitmenschlichkeit als Brüderlichkeit eigentlich im ökonomischen

Bereich zu Hause ist, dann ist dieser institutionell so zu gestalten, daß der Sozialität tatsächlich die Möglichkeit der Entfaltung gegeben ist. Wird Mitmenschlichkeit in ihrer Entfaltung behindert, führt dies zu ernsten sozialen Störungen, wie sie in der kommerzialisierten Gesellschaft beobachtet werden können. Dies verhält sich analog zu den fatalen negativen Auswirkungen einer Freiheitsunterdrückung im Geistesleben und der Diskriminierung im rechtlich-politischen Bereich. Wird einer tieferen Mitmenschlichkeit durch die Art der gesellschaftlichen Organisation der Arbeit wie der ökonomischer Tätigkeit als solcher entgegengewirkt, hat dies enorme negative Effekte auf die Individualität des Menschen, vergleichbarer der von Meinungszwang und antidemokratischen Institutionen. Denn bei dieser brüderlichen Mitmenschlichkeit geht es um einen *gleich* fundamentalen *Bedarf* der menschlichen Persönlichkeit wie dem Bedarf nach Freiheit und Gleichheit.

Zunehmend ist dieser Sachverhalt auch erkannt worden, wenngleich vor einem Hintergrund, der von dem unsrigen eines ausgearbeiteten Begriffs menschlicher Individualität verschieden ist. Wir denken hier an bestimmte psychologische, psychiatrische und soziologische Betrachtungen, in denen man eben zu zeigen sucht, daß der Mensch ein fundamentales Bedürfnis nach tieferer Gegenseitigkeit hat, häufig als «Gemeinschaft» oder «Solidarität» charakterisiert. Allerdings sind diese Begriffe oft unscharf und nur bezogen auf eine Gemeinschaft in begrenzten Gruppen wie Familie, lokaler Zusammenhang oder Nation, weswegen ihnen nicht die *Universalität* oder Allgemeingültigkeit eignet, die aus der Verankerung der Gemeinschaft in der Individualität folgt. Die erwähnten Standpunkte sind deshalb oft gleichermaßen zur Begründung verschiedener Formen von «Kollektivismen» geeignet. Trotzdem können viele der faktischen Beziehungen zwischen «Individuum und Gesellschaft», die die psychologischen, psychiatrischen und soziologischen Überlegungen und Untersuchungen aufzeigen, als Beleg für unseren Standpunkt dienen.

Es soll in diesem Zusammenhang auf den wohl bedeutendsten Vertreter und Pionier derartiger Untersuchungen, den Soziologen Émile Durkheim hingewiesen werden. Durkheim meinte, einen Zusammenhang zwischen dem Mangel der Gesellschaft an tieferer Sozialität, Gemeinschaft oder «Solidarität» auf der einen und der Frustration der einzelnen Individuen, die sich u. a. in der Selbstmordrate ausdrückt, auf der anderen Seite nachweisen zu können. Es geht Durkheim also um einen *Bedarf* nach Sozialität bei den Menschen, der durch den Mangel an Solidarität oder schlicht sozialer «Moralität» in den gesellschaftlichen Institutionen unterdrückt wird.

Durkheims Überlegungen, u.a. in dem Werk *Der Selbstmord,* sind für uns insoweit besonders bemerkenswert, als er die mangelnde Sozialität oder «Solidarität» durch eine mehr gemeinschaftliche Organisation gerade des *ökonomischen* Bereiches zu überwinden sucht – wir werden hierauf denn auch näher eingehen. Sein Ansatz leidet hingegen unter einer methodologischen Einseitigkeit, die als «Soziologismus» charakterisiert werden muß, da er (hier im Einklang z.B. mit Marx) Moralität und Wesen des Menschen aus rein *gesellschaftlichen,* institutionellen Verhältnissen erklären will. So ist für ihn das Erscheinen des Einzelindividuums durch das private Eigentumsrecht bedingt; wir hingegen versuchten zu zeigen, daß dieses Bedingungsverhältnis genau umgekehrt zu sehen ist.[9]

Die Neigung Durkheims zum Soziologismus ficht jedoch die Bedeutung des von ihm aufgezeigten Zusammenhangs zwischen der Frustration des einzelnen und dem Mangel an Sozialität (Solidarität) in den gesellschaftlichen Strukturen und Institutionen in keinster Weise an. Wie bereits angedeutet, finden sich denn auch innerhalb der modernen Psychologie und Psychiatrie weitere Beispiele für entsprechende Standpunkte; in diesen Disziplinen scheint heute die Erkenntnis zu wachsen, daß viele nervöse Leiden, Neurosen und Psychosen von einer unzureichenden Entwicklung und Entfaltung der *Sozialität* herrühren, was wiederum nicht zuletzt auf eine *gesellschaftliche Umwelt* zurückzuführen ist, in der mächtige anti-soziale Kräfte am Werk sind. Es ist darauf hingewiesen worden, daß eine solche Umwelt einer krankhaften Egozentrizität, einem «Narzißmus», Vorschub leistet sowie zur Entwicklung von Angstneurosen und sich immer weiter ausbreitenden mentalen Leiden wie Alkoholismus, Drogensucht und Perversionen beiträgt – eine Auffassung, die sich auch in der Therapie niedergeschlagen hat.

Ein hervorragender Repräsentant solcher Ansätze innerhalb der modernen Psychologie und Psychiatrie war der bereits genannte Erich Fromm, der einen engen Zusammenhang zwischen der anti-sozialen Kommerzialisierung menschlichen Lebens und Arbeitens («marketing orientation» des Individuums) und dessen nervösen Leiden sah. Fromm setzt dem eine soziale Praxis entgegen, die dem Gebot der Nächstenliebe des Neuen Testamentes oder der universellen «brüderlichen Liebe» entspricht – als die einzige seelische Haltung, die keine Neurosen hervorbringt! Fromm ist in unserem Zusammenhang noch aus einem anderen Grund interessant. Er betont wie wir, daß diese brüderliche Sozialität eine Beziehung zwischen Menschen als *Individualitäten* repräsentiert, d.h. daß sie deshalb nicht «exkludiert» oder «separiert», sondern für *jeden* Menschen gilt – als solchen! «Liebe ist im Prinzip unteilbar», präzisiert Fromm, weil sie eine «Verbindung zwischen ‹den Objekten› und der eigenen ‹Individualität› (self) ist», was bedeutet, daß «Liebe zu einem Menschen Liebe zum Menschen als solchen impliziert».[10] Die von uns, u.a. in Anlehnung an Kierkegaard, behaupteten Gesichtspunkte werden also von bestimmten Richtungen in moderner Psychologie und Psychiatrie gestützt.

Solchen psychologischen und psychiatrischen Auffassungen ebenso wie soziologischen Betrachtungen à la Durkheim fehlt jedoch die Erkenntnis des Zusammenhangs zwischen der mangelnden Mitmenschlichkeit in der heutigen Gesellschaft und der gegenwärtigen *menschenfeindlichen materialistischen Welt- und Lebensanschauung* – ein Zusammenhang, den wir im ersten Teil unserer Studie (Kapitel «Individualität und Leiblichkeit») ausführlich erörtert haben. Einen bedeutsamen Schritt in Richtung einer solchen Erkenntnis finden wir jedoch in der «existentialanalytischen» Schule innerhalb der modernen Psychiatrie, in erster Linie bei dem Wiener Psychiater Viktor Frankl, der einen sehr wesentlichen Faktor für die Entstehung der heutigen nervösen Leiden in einer «existentiellen Frustration» ausmacht, die auf den Mangel an *Sinn* des Lebens zurückzuführen sei. Gegenüber dem menschlich gesehen reduktionistischen «Willen zur Macht bei Adler und Willen zur Lust bei Freud» setzt Frankl den «Willen zum Sinn» als das fundamentale Bedürfnis des Menschen, das, wenn es keine Erfüllung findet – wie es in der heute dominierenden Lebens- und Weltanschauung der Fall ist – zu psychischen Leiden führt.[11]

Dieser Hinweis reduziert jedoch nicht die Bedeutung der Tatsache, daß man in Teilen der psychologischen und psychiatrischen Forschung den Zusammenhang zwischen dem neurosenverursachenden «Narzißmus» und dem Mangel an Sozialität in den Haltungen und Strukturen der kommerzialisierten Gesellschaft erkannt hat.

Denn es ist diese *Kommerzialisierung* – das Zur-Ware-Werden von menschlicher Arbeit ebenso wie Kapital und Grund und Boden –, die vielleicht mehr als alles andere zur Entwicklung der angesprochenen neurotischen Haltung beiträgt. Ja, aufgrund der massiven Manipulation, die die gesellschaftlichen Strukturen heutzutage ausüben, *drängt sich* eine solche Haltung dem Bewußtsein des Menschen auf. Von der Kommerzialisierung geht in diesem Sinne ganz offensichtlich Macht aus, nicht zuletzt durch das Konkurrenzdenken, das sie zwangsläufig im Gefolge hat; worauf es im heutigen Leben ankommt, ist ja, sich selbst genug und dem Nächsten gegenüber gleichgültig zu sein, sich selbst (evtl. auch seiner engeren Umgebung) soviel wie möglich zuzuschanzen, und sei es auf Kosten anderer. Diese Haltung breitet sich nun, wie gezeigt, vom ökonomisch-materiellen Bereich auf alle anderen Bereiche des menschlichen Lebens aus und sät Ehrgeiz, Neid und Mißtrauen, die die Menschen einander zu Rivalen und Gegnern machen. Durch eine derartige Stimulation der egoistischen Neigungen, durch die Förderung von Gegensatz und Feindschaft anstatt von Gemeinschaft und Brüderlichkeit, repräsentiert die kommerzialisierte Gesellschaft eine sozio-kulturell materialisierte Aggression, die zu geradezu paranoiden zwischenmenschlichen Beziehungen führt.

Eine beträchtliche Literatur – Belletristik wie Wissenschaftsliteratur – hat die Konkurrenz- und Karrieregesellschaft in ähnlicher Weise wie wir charakterisiert und nicht zuletzt deren «narzißtische» Züge hervorgehoben (vgl. z.B. die Jagd nach Statussymbolen). Als ein Beispiel sei der amerikanische Historiker Christopher Lasch genannt, der diese Gesellschaft als «Krieg aller gegen alle» beschreibt, «wo die normalen Bedingungen des Alltagslebens denen gleichen, die früher für die Halbwelt galten» und die einen Zustand «narzißtischer Egozentrizität», von «Leere und Isolation» hervorgebracht und den Individuen «die Überzeugung (eingeimpft) hat, daß Neid und Ausbeutung selbst die intimsten Beziehungen beherrschen».[12]

Die narzißtische Neigung zu Selbstbespiegelung, zu Zentrierung auf den äußeren «Schein», «Erfolg» und «Popularität», prägen heute laut Lasch u.a. die moderne Werbung, die Massenmedien und die Politik. Er analysiert diese Phänomene mit einem scharfen Auge (allerdings nur so weit, wie es der freudianischen Triebtheorie nicht widerspricht; so wird auch das spontan anhängliche Kleinkind als «Narzißt» charakterisiert). Auf der anderen Seite scheint jedoch auch Lasch die augenscheinlich narzißtischen Züge z.B. des modernen Sportes nicht zu sehen. Mit seiner Jagd nach «Erlebnis», «Starkult», seinen «Tagträumen» vom eigenen Sieg und der Identifizierung mit der «eigenen» Mannschaft und nicht zuletzt mit der ihn durchziehenden Aggression dürfte der Sport ein prototypischer Ausdruck von Narzißmus sein.

Zu kritisieren ist Lasch jedoch vor allem darin, daß er den frühen Kapitalismus irreführenderweise als einen «robusten Individualismus» charakterisiert und ihn im Vergleich zu dem «narzißtischen» als beinahe sympathisch darstellt. Denn wenngleich sich über dem ursprünglichen (amerikanischen) Kapitalismus ein Überbau protestantischer Ethik erhob, so lag seinem Prinzip eigener Vorteilssuche doch ein fundamentaler Egoismus zugrunde. Die Aggressivität der Konkurrenz war auch kaum geringer als im heutigen Kapitalismus, dessen Asozialität Lasch so treffend beschreibt.

Es zeigt sich also, daß gerade der gesellschaftliche Bereich, der vor allem von Gegenseitigkeit und Gemeinschaft geprägt sein sollte, der *ökonomische*

Bereich, heute der Schauplatz von «Interessensgegensätzen» und «Tauziehen», von Konflikten und bitteren Streitigkeiten ist. Es ist auch kein Zufall, daß sich diese Konflikte am augenfälligsten um die kommerzialisierte *Arbeit*, als «Lohnkampf» oder «Tarifauseinandersetzungen», abspielen. Denn darin, daß die Arbeit als ein ökonomisches Objekt für «Belohnung» und «Bezahlung» betrachtet und behandelt wird, haben wir die wichtigste Ursache des Kommerzialismus (neben dem traditionellen Eigentumsrecht an Produktionsmitteln) ausgemacht.

In der heutigen modernen Gesellschaft ist man kaum mehr in der Lage, die menschliche Arbeit auf andere Weise zu sehen. Man hat wenig Sinn für Arbeit als Entfaltung der Individualität durch Initiative und sachliches Interesse, und es fehlt völlig der Blick für die Motivation der Arbeit in einem *sozialen* Bedürfnis. Die gängige Auffassung ist vielmehr, daß der einzelne nicht sein Bestes gäbe, ja überhaupt nicht arbeitete, würde er nicht von außen dazu getrieben, nämlich durch die allgegenwärtige Drohung, ansonsten im Konkurrenzkampf unter die Räder zu kommen. Diese Vorstellungen sind auch in der Theorie tief verwurzelt, angefangen bei dem pervertierten Menschenbild eines Adam Smith (der Mensch als faules und durch und durch egoistisches Wesen) bis zur heutigen Sozialökonomie als Variationen auf das gleiche Thema. Nicht zuletzt ist ein solches Menschenbild auf die verbreitete biologische Theorie von der «natürlichen Auslese im Kampf ums Dasein» zurückzuführen. Ja, in dieser Sicht ist der Arbeitsbegriff in der modernen Konkurrenzgesellschaft praktizierter Sozialdarwinismus schlechthin.

Der durch und durch asoziale Charakter dieser Konkurrenz- und «Arbeitskonflikt»-Gesellschaft offenbart sich u.a. und nicht zuletzt durch die Mittel, die zum Einsatz kommen: Streik und Aussperrung. Denn in unserer modernen, hochgradig integrierten Gesellschaft, in der alle voneinander abhängig sind, treffen diese Mittel auch – ja, in erster Linie – unbeteiligte Gruppen, und da insbesondere die relativ am schwächsten Gestellten und Wehrlosesten. Diese Tatsache ist jedoch nicht nur unbeabsichtigte Nebenwirkung, die als solche hingenommen wird, sondern häufig bewußt eingesetztes Druckmittel – insoweit nach dem Strickmuster terroristischer Geiselnahmen. Auf der anderen Seite sind solche Zustände gerade eine Konsequenz des *Systems* der *Lohnarbeit*. Innerhalb der Logik dieses asozialen Systems ist es sogar weitgehend folgerichtig, den Einsatz dieser Mittel (Streik und Aussperrung) als nahezu heiliges «Recht» aufzufassen.

In Anbetracht der «Interessen»- und Machtgesellschaft, die dieses System mit sich bringt, erweist sich im übrigen ein ansonsten abzulehnendes «Modell» für das Verständnis menschlicher Interaktion und Kooperation als teilweise adäquat. Den historischen Materialismus haben wir in diesem Zusammenhang bereits erwähnt, hinzuzufügen ist die bereits angesprochene «Spieltheorie», die durch ihre Verengung des Blickwinkels gerade gut geeignet ist, Gesellschaften zu «analysieren», in denen die Individuen als isolierte «Akteure» auftreten, nur damit beschäftigt, ihr materielles Eigeninteresse auf eine «strategisch» gesehen möglichst «rationelle» Weise zu «maximieren».[13]

Die Konturen des Bildes eines im wesentlichen aus Antinomien und Auseinandersetzungen bestehenden ökonomischen Lebens werden weiter verschärft durch den Sachverhalt, daß der ökonomische Bereich als solcher – materielle Produktion und Verbrauch – eine überhandnehmende *Rolle* in der kommerzialisierten Gesellschaft spielt. Der Bazillus materiellen Geizes, eine wesentliche Triebfeder der Kommerzialisierung, springt auf Bereiche des menschlichen Lebens über, in denen das Ökonomische eine untergeordnete Rolle spielen sollte – Geistes- und Kulturleben ebenso wie Politik. Damit wird die der Kommerzialisierung von Arbeit (und Kapital) zuzuschreibende Unterdrückung der menschlichen *Sozialität* noch bedrängender.

Im folgenden soll das, was an früherer Stelle über diese aus der Kommerzialisierung der Arbeit resultierende Repression der Sozialität gesagt wurde, eine Präzision und Vertiefung erfahren. Sie führt nämlich dazu, daß die Menschen in wesentlichen sozialen Beziehungen auch *miteinander* als Waren *umgehen*, als Dinge, die ökonomisch kalkuliert werden können. Die Menschen werden einander *Objekte*, Gegenstände profitablen Tausches, anderen Waren auf einem Markt gleich. Die sozialen Beziehungen degenerieren zu Tauschrelationen. Gewissermaßen ist dies die Definition des *Asozialen* und *Amoralischen*, wie es z.B. von Kant ausgesprochen wird, wenn er als Kriterium für das Menschlich-Moralische aufstellt, der Mensch solle *niemals* «nur als Mittel» gebraucht werden. Die in dem Zur-Ware-Werden der Arbeit liegende Unterdrückung menschlicher Sozialität impliziert somit eine *Demoralisierung* der Beziehung der Menschen zueinander. Das Warentauschverhältnis der bürgerlich-kapitalistischen Gesellschaft, das die Menschen zu bloßen Mitteln füreinander macht, repräsentiert somit eine Form von Prostitution.

Nun schleudert auch Marx dieser Gesellschaftsform eine vernichtende Kritik entgegen. Er sieht jedoch nicht, daß die Sozialität, was Arbeit und Ökonomie angeht, aus dem Individualität-Sein des Menschen abgeleitet werden muß. Wiewohl er ein Verständnis der Diskriminierung und Unterdrückung durch das kapitalistische Privateigentum deutlich herausarbeitet, gelangt er zu keiner wirklichen Befreiung im ökonomischen Bereich, da sie Institutionen voraussetzt, die auf dem Prinzip gegenseitiger Hilfe oder Brüderlichkeit basieren. So subsumiert auch der marxistisch orientierte Sozialismus die Ökonomie ohne weiteres unter den *politischen* Bereich, der dadurch im übrigen selbst korrumpiert wird. Besonders extrem kommt dies in der leninistischen Auffassung von «Partei» und «Staat» und der dort anzutreffenden Unterdrückung des ökonomischen Bereiches wie des Geisteslebens zum Ausdruck.

Dieser widersprüchliche, ja tragische Zug des Marxismus – einer Theorie von menschlicher Emanzipation, die in der Praxis zu rigider Unterdrückung führt – wird denn auch bei Lenin besonders deutlich. Auf der *einen* Seite betont er das brüderliche Prinzip *Jeder nach seinen Fähigkeiten, jedem nach seinen Bedürfnissen* (für eine «höhere Phase der kommunistischen Gesellschaft») weit stärker, als dies bei Marx der Fall ist. So schreibt er in *Der Staat und die Revolution,* daß dieses brüderliche Prinzip das bornierte, kleinliche bürgerliche Recht auf Belohnung entsprechend der geleisteten Arbeit überwinden wird, welches «jeden dazu zwingt, mit Shylocks Herzlosigkeit nachzurechnen, ob er nicht eine halbe Stunde mehr als ein anderer gearbeitet und ob er nicht geringere Bezahlung als ein anderer bekommen hat».[14] Auf der *anderen* Seite will dieser selbe Lenin «die Produktion organisieren ..., indem eine strenge, eisenharte Disziplin etabliert wird, die durch die bewaffnete Macht des Arbeiterstaates aufrecht erhalten wird». Mit diesem «demokratischen Zentralismus» (als die grundlegende Phase der kommunistischen Gesellschaft) rückt Lenin sowohl vom Prinzip der Brüderlichkeit als auch dem der demokratischen Gleichwertigkeit ab.

Selbstverständlich verliert dadurch die marxistische Kritik an der unmenschlichen Wirklichkeit der kommerzialisierten (bürgerlich-kapitalistischen) Gesellschaft, deren Asozialität, Diskriminierung und Ausbeutung sowie ihren inneren Widersprüchen nichts von ihrer Berechtigung. Was die Widersprüche betrifft, wollen wir indes weniger von «Ideologie» im Sinne eines «Überbaus» über und Verschleierung von «Klasseninteressen» als vielmehr von einem *sozialethischen* Widerspruch und einem verdeckten *Egoismus* sprechen, der sowohl auf der Ebene der Individuen als auch der Institutionen herrscht. Wir wollen dies mit einem Beispiel illustrieren, das so aktuell wie gut geeignet ist, die himmelschreiende Diskrepanz zwischen Sozialität und Egoismus in der heutigen bürgerlichen Gesellschaft zu beleuchten. Wir denken dabei an die heute in vielen Ländern weitverbreitete Tendenz, Sozialleistungen zu kürzen mit dem Ziel, die Steuer auf höhere Einkommen reduzieren zu können, um damit des einzelnen (egoistische!) «Lust, mehr zu verdienen» zu «stimulieren». Begründet wird dies teilweise sogar damit, man wolle die Steuergrundlage erhöhen und auf diese Weise u.a. größere Ausgaben für soziale Zwecke (!) ermöglichen.

In diese Argumentation geht also (unausgesprochen) als scheinbar selbstverständliche Prämisse ein, daß die Motivation für die Arbeit des einzelnen nichts anderes als seine private Aneignung wirtschaftlicher Güter sein kann; es wird ausgeschlossen, daß die Motivation etwas mit Mitmenschlichkeit zu tun haben könnte. Was in diesem Zusammenhang überhaupt nur Sozialität genannt werden könnte (die Sozialausgaben), tritt lediglich als eine Wirkung der Manipulation des individuellen Egoismus durch den Staat in Erscheinung. Der darin enthaltene sozialethische Widerspruch wird noch augenfälliger, berücksichtigt man, daß hier von den reichsten Gesellschaften der Welt die Rede ist, wo nicht Not das Problem der «Steuerzahler» ist, sondern eher körperliche und mentale Schäden, die aus einem *Zuviel* an Konsum herrühren. Dies dürfte ausreichend illustrieren, welch kümmerliche Existenz die Mitmenschlichkeit in der kommerzialisierten Gesellschaft fristet.

Trotz dieser offenbaren Widersprüche zwischen dem ökonomischen System in der bürgerlich-kapitalistischen Gesellschaft und der Mitmenschlichkeit als ökonomisch-materieller Sozialität hat sich ein gewisses Maß an Sozialität auch in dieser Gesellschaft einen Platz erkämpft. Wir haben bereits die Sozialversicherung und verschiedene Formen sogenannten «Einkommensausgleichs» erwähnt. Ein anderes Beispiel, das den ökonomischen Grundprinzipien der bürgerlichen Gesellschaft entgegensteht, ist die *Arbeitslosigkeit,* und zwar als Problem. In der bürgerlich-liberalistischen Vorstellungswelt, in der das einzige Motiv für das Arbeiten der *eigene* ökonomische Verdienst sein soll, sollte Arbeitslosigkeit eigentlich nicht als ein Übel gelten können (vgl. Adam Smiths Theorie von der Faulheit der Menschen), vorausgesetzt, für ausreichenden Unterhalt der Arbeitslosen wäre Sorge getragen (was in den modernen Wohlfahrtsstaaten relativ weitgehend der Fall ist). Nichtsdestoweniger wird die Arbeitslosigkeit von vielen offenbar als großes Übel angesehen. Es scheint mit anderen Worten, daß der Mensch ein *Bedürfnis* nach Arbeit hat, *unabhängig* davon, daß die Arbeit seiner eigenen materiellen Bedarfsdeckung dient.

Nun kann dies teilweise darauf zurückzuführen sein, daß die Arbeit dem einzelnen Möglichkeiten zur Entfaltung seiner Fähigkeiten gibt. Zweifellos handelt es sich jedoch auch um ein rein *soziales* Bedürfnis (wenn auch eher unbewußt als bewußt), da sich der einzelne unwillkürlich «außerhalb» der Gesellschaft oder Gemeinschaft fühlt, wenn er nicht *das Seine* durch seine

Arbeit beitragen kann. In diesem Sinne ist es sicherlich keine Fehlinterpretation, z.B. die Erklärung des norwegischen Grundgesetzes zu «Recht auf und Pflicht zu Arbeit» als Ausdruck dieses ursprünglich sozialen Bedürfnisses zu werten – und nicht nur als Ausdruck der traditionellen Auffassung von Arbeit als Verteilungsprinzip für Wirtschaftsgüter.

Es liegt in diesem Zusammenhang nahe, einen Aspekt der *Struktur*, die das Arbeitsleben und die wirtschaftliche Tätigkeit in der modernen Gesellschaft angenommen hat, hervorzuheben. Wir denken hier an die hochgradige *Arbeitsteilung*, die vor allem mit der Entwicklung von Industrie und Handel zusammenhängt und die *auch* darauf hindeutet, daß die Arbeit des Menschen auf die gemeinsame Bedarfsdeckung gerichtet sein muß und nicht vom eigenen Gewinn bestimmt sein darf. In der realisierten Arbeitsteilung arbeiten die Individuen tatsächlich *füreinander* und nicht für sich selbst, wie es tendenziell in früheren Naturalwirtschaften mit nur einem Minimum an Warentausch der Fall war. In *eben diesem Arbeitsteilungsprinzip* ist also implizit eine Forderung nach *Altruismus* und Berücksichtigung des ökonomisch Ganzen enthalten, was in schärfstem Kontrast zur traditionellen Auffassung von den Individuen als isolierten und egoistisch handelnden Einzelpersonen steht.

Nun ist es eine verbreitete Auffassung, nicht zuletzt des ökonomischen Liberalismus, die moderne Arbeitsteilung als Positivum zu sehen. Dabei hat man jedoch ausschließlich die Bedeutung der Arbeitsteilung für die Erhöhung der Produktivität im Blick (eine der Hauptthesen in Adam Smiths ökonomischer Theorie), während dem von uns betonten *sozialen* Aspekt der Arbeitsteilung wenig oder gar keine Beachtung geschenkt wird. Marx dagegen beurteilte die Arbeitsteilung negativ, erstens weil sie ihm als ein Instrument des Kapitalisten zur Ausbeutung des Arbeiters galt und zweitens weil die mit der Arbeitsteilung um den Preis von Einseitigkeit und Eintönigkeit vorangetriebene Spezialisierung nach seiner Ansicht den Arbeiter mental von seiner Arbeit entfremde. Marx zeigt hier unbestritten bestimmte negative Seiten der Arbeitsteilung auf, die die industrialisierte Gesellschaft kennzeichnen, was ihn auch gehindert zu haben scheint, das *sozial Positive* an ihr zu erkennen. Indessen waren die negativen Aspekte zu Marx' Lebzeiten auch weit ausgeprägter, als sie es heute bei weit entwickelterer Automatisierung einförmiger Arbeitsprozesse sind. Die negativen Aspekte der Arbeitsteilung und der damit verbundenen Spezialisierung sind jedoch ohne Frage weiterhin bedeutsam und werden dies auch bleiben.

Nun hat die Arbeitsteilung aber nicht nur negative Seiten (wegen derer sie laut Marx abgeschafft werden muß). Es ist vielmehr wichtig, das *soziale* Moment an ihr hervorzuheben. Denn wenn die Motivation der Arbeit in dem Maße, in dem die Arbeitsteilung zu ihrer Standardisierung führt, nicht in erster Linie die Entfaltung der individuellen Fähigkeiten der einzelnen sein kann, wird einmal mehr einsichtig, daß diese Motivation im ökonomischen Feld zuallererst «die Rücksicht auf die Gemeinschaft» sein muß: Wir müssen füreinander arbeiten. Die soziale Gegenseitigkeit, die die Arbeitsteilung generell involviert, wird hierdurch noch zusätzlich hervorgehoben: Eigentlich arbeitet niemand für sich selbst, sondern ausschließlich für die Gemeinschaft. Es wird also klar, daß der einzelne in einem Verhältnis sozialer Gegenseitigkeit steht, das geeignet sein müßte, die tiefsten sozialen Kräfte im Menschen zu mobilisieren: Vertrauen und Zusammenarbeit, Aufopferung und Dankbarkeit. Nicht zuletzt in dieser Perspektive offenbart die Institution der Arbeitsteilung den ihr als strukturelles Moment eignenden Altruismus, wofür Marx das Verständnis fehlte.

Daß Marx ein solches Verständnis fehlt, hängt im übrigen mit seinem grundlegenden Materialismus zusammen, demzufolge er davon ausgeht, daß die fundamentale Triebkraft des einzelnen zur Arbeit die (egoistische) «Reproduktion» seiner eigenen physischen Existenz ist. Die «Entfremdung» durch die Arbeitsteilung (und die ursächlich mit ihr zusammenhängende Spezialisierung) entsteht nach Marx bereits dadurch, daß der Mensch in dieser ökonomischen Struktur nicht mehr für seinen *eigenen* Verbrauch produziert. Dies zeigt, daß Marx nicht nur dem sozialen Charakter der Arbeitsteilung gegenüber blind ist, sondern daß er auch hier den bürgerlich-kapitalistischen Materialismus sowie Egoismus übernimmt.

Gerade den sozialen Aspekt der Arbeitsteilung stellte dagegen Émile Durkheim heraus – ganz im Einklang mit seinem Gespür für menschliche Sozialität generell. Die Arbeitsteilung – als fundamentaler Ausdruck von Gegenseitigkeit oder Gemeinschaft («Solidarität») – hat für ihn im wesentlichen «moralischen Charakter» und «Funktion» in der menschlichen Gesellschaft. «Die bemerkenswerteste Wirkung der Arbeitsteilung», schreibt er in seinem Werk *Über die Arbeitsteilung*, «ist nicht, daß sie den Ertrag der zerteilten Tätigkeiten erhöht, sondern daß sie diese zu gemeinschaftlichen (solidarischen) macht».[15] Durkheim sieht sogar in «einer Umformung der sozialen Gemeinschaft durch die ständig wachsende Arbeitsteilung» nichts Geringeres als das, was «die scheinbare Antinomie» zwischen «der Verselbständigung des Individuums» und «der gesellschaftlichen Gemeinschaft» auflöst. Die Arbeitsteilung ist Verkörperung schlechthin der Antwort auf die Frage, «wie der Mensch zugleich individueller und sozialer werden kann», denn sie ist gerade dadurch charakterisiert, daß die Integration der Individuen in die Gemeinschaft auf deren «Individualisierung» durch die arbeitsteilige Differenzierung von Arbeitsprozessen und Berufen beruht.[16]

Ungeachtet unserer Vorbehalte hinsichtlich der «individualisierenden» Wirkung der Arbeitsteilung können wir Durkheim in seiner Betonung von Bedeutung und «Funktion» der Arbeitsteilung folgen. Dezidiert zurückweisen müssen wir jedoch seinen Versuch, das Individuelle und Solidarische generell durch die Entwicklung der rein gesellschaftlichen Institution ‹Arbeitsteilung› *kausal erklären* zu wollen. Vor dem Hintergrund unserer Darstellung der menschlichen Individualitätsentwicklung, die auch die Basis der Sozialität bildet, muß das Kausalverhältnis eher genau umgekehrt als bei Durkheim verstanden werden. Die Arbeitsteilung, mit ihren synchronen Momenten der «Individualisierung» sowie Gegenseitigkeit und Vertrauen zwischen den Individuen in einer integrierten Gemeinschaft, ist strukturelle Widerspiegelung der beschriebenen Bewußtseinsentwicklung im ökonomischen Bereich.

Durkheim ist weit davon entfernt, die Arbeitsteilung in einer solchen Bewußtseinsperspektive zu sehen. Er rekurriert vielmehr auf rein äußerliche Erklärungen, wenn er z.B. ihre Ursache in dem Faktor ‹Bevölkerungsdichte› sucht oder sogar auf eine darwinistische Erklärung des «Kampfes um das Dasein» zurückgreift. «Wenn die Arbeit stärker aufgeteilt wird, nachdem die Gesellschaften größer und dichter geworden sind, geschieht dies, ... weil der Kampf ums Dasein sich stärker zugespitzt hat.»[17] Zwar sieht er «einen engen Zusammenhang zwischen Rationalismus und Individualismus» und meint, daß «beide einen Wert darstellen», wie der Soziologe Dag Østerberg schreibt. Doch wenn die menschliche Individualität als Ergebnis rein gesellschaftlicher Institutionen begriffen wird, haben wir es mit einem Rationalitätsverständnis zu tun, das das Individuum in «allgemeinen und gegebenen Gesetzen» aufgehen läßt. Wir werden hierbei sogar mit der naturalistischen Variante dieser Auffassung konfrontiert, als deren Repräsentant wir Auguste Comte bereits erwähnt haben.

Ungeachtet dieser Schwächen in Émile Durkheims Denken steht fest, daß er den wichtigen Zusammenhang zwischen menschlicher Sozialität (Solidarität) und der Arbeitsteilung als Gesellschaftsstruktur nachgewiesen hat. Dieser Zusammenhang öffnet bedeutsame Perspektiven. Es stellt sich uns die Aufgabe, diese eher unbewußt herausgebildete als bewußt institutionalisierte Struktur in Arbeit und Ökonomie als das zu erkennen, was sie wesenhaft ist, und ihr in solchen praktischen Ordnungen, die sozusagen auf der Höhe des Prinzips der

Arbeitsteilung sind, Ausdruck zu geben. Auch diesbezüglich war Durkheim der Intention nach auf dem richtigen Weg mit seiner Lehre von den «Korporationen», wenn er damit auch keine vollständige Lösung entwickelte – eine Frage, der wir uns in einem folgenden Kapitel zuwenden werden.

Was wir von der Arbeitsteilung lernen können, ist, daß nicht nur prinzipielle Betrachtungen über das Wesen der Arbeit und die Gleichwertigkeit der Menschen, sondern auch die *faktische Entwicklung des ökonomischen Lebens* zeigt, daß die menschliche Arbeit auf gemeinsame Bedarfsdeckung und nicht auf individuelle Entlohnung ausgerichtet ist. Dies untermauert die kritische Einstellung zu der herrschenden Auffassung von Arbeit. Denn während die Arbeit in der modernen Gesellschaft ihrer *Struktur* nach – ebenso wie das Bedürfnis der Menschen nach Entfaltung von Sozialität – förmlich nach Zusammenarbeit und Kooperation, nach Gegenseitigkeit und Brüderlichkeit schreit, gestalten wir den ökonomischen Bereich, als befänden wir uns weiterhin in einer Gesellschaft von Selbstversorgern, wo jeder auf der eigenen Scholle sitzt und nur für sich selbst und die eigene, eng begrenzte Gruppe arbeitet.

Nun führt dieser Widerspruch auch zu Krisen, ökonomischen ebenso wie sozialen und mentalen – Krisen, die nur durch soziale und wirtschaftliche Ordnungen überwunden werden können, in der die Arbeit als Entfaltung von Sozialität begriffen und geleistet wird, aus *sozialer* Notwendigkeit und nicht für Profit oder Lohn. *Dies* hat auch weitreichende Konsequenzen, weil es das genaue *Gegenteil* der Kommerzialisierung der Gesellschaft erfordert. Wird die Arbeit, ebenso wie die Disposition über Kapital, Grund und Boden etc., aus dem ökonomischen Prozeß (Kauf und Verkauf) herausgezogen, kommt es zu einer *allgemeinen Ent*kommerzialisierung der Gesellschaft – nicht zuletzt der Bereiche des Kulturlebens und der Politik – und damit einhergehend auch zur sukzessiven Aufhebung der beschriebenen schädlichen Wirkungen der Kommerzialisierung. Im Bereich des kulturellen Lebens wird dies Auswirkungen haben auf die sogenannte «Unterhaltungsindustrie» und die Flut von Blättern, Büchern, Filmen etc., die auf die schlechtesten Eigenschaften der Mitmenschen abzielen. Deren Verschwinden wird jedoch nicht die Folge von Ge- oder Verboten sein, sondern sich einfach daraus ergeben, daß Produktion und Ökonomie nicht länger auf privatem Gewinnstreben beruhen.[18]

Die *Kooperations*formen, die in Arbeit und Ökonomie überhaupt an die Stelle des egoistischen Gewinn- und Konkurrenzprinzips treten müssen, müssen wohlgemerkt *der Sozialität der Individuen* entspringen und können ihnen nicht von außen – z.B. durch den Staat – aufgezwungen werden. Es geht hier ja eben nicht um *politische* Ordnungen, die auf der Gleichheit oder Gleichwertigkeit der Individuen beruhen, sondern um *spezifische* Kooperationsordnungen für den *ökonomischen* Sozialbereich, welche auf dem diesen Bereich auszeichnenden Prinzip der gegenseitigen Hilfe oder Brüderlichkeit basieren.

Wir wollen erneut diesen prinzipiellen Unterschied zur rechtlich-politischen Sphäre vor Augen führen, weil hier oft noch größere Unklarheit besteht als bezüglich des Verhältnisses zwischen dem rechtlich-politischen und dem Geistes- und Kulturbereich. Wenn schon in letzterem Bereich die Neigung besteht, ihn politischen (demokratischen) Mehrheitsentscheidungen zu unterwerfen, so ist dies bezüglich des ökonomischen Lebens in noch höherem Maße der Fall. Hier haben die *in ihrem Bereich* berechtigten politischen, staatlich organisierten Ordnungen die Sozialität als *Brüderlichkeit* verdrängt. Anstatt das egoistische Gewinnprinzip und den asozialen Konkurrenzkampf durch brüderliche Kooperationsformen zu überwinden, hat man den ökonomischen Bereich nach politischem Muster, durch staatliche Autorität, zu «steuern» versucht. Besonders extreme Formen hat dies in den kommunistischen (marxistischen) Gesellschaften angenommen, in denen das Arbeitsleben und ökonomische Tätigkeit überhaupt der staatlich-politischen Bürokratie unterworfen worden sind, was Freiheit wie Brüderlichkeit massiv unterdrückt.

In diesem Zusammenhang ist es auch von geringerem Interesse, den Unterschied zwischen «Sozialisten» und «Kommunisten» zu akzentuieren. Der seit über hundert Jahren währende Streit zwischen ihnen galt nämlich nur der Frage, *wie* die totale *politische* «Steuerung» zu verstehen sei und was Marx (und Engels) hierzu eigentlich gemeint hätten. Fest steht jedoch, daß diese *Totalisierung* des politischen Lebens eine entsprechende Geringschätzung der übrigen Gesellschaftssphären und damit eine Unterdrückung der Prinzipien von Freiheit bzw. Brüderlichkeit zur Folge hat, gleichgültig, welche Position man zur Demokratie als Prinzip des politischen Lebens einnimmt.

Es besteht kein Zweifel, daß Marx und Engels eine solche totale Politisierung des gesellschaftlichen Lebens, das ökonomische wie das Geistesleben umfassend, gefordert haben. In *Der Bürgerkrieg in Frankreich* – dessen Auslegung im übrigen Anlaß vieler Streitigkeiten zwischen Sozialisten und Kommunisten war – sieht Marx die «Pariser Kommune» (des Jahres 1871) mit ihrem allgemeinen Stimmrecht in *allen* Dingen als «die endlich entdeckte *politische* Form, unter der die *ökonomische* Befreiung der Arbeit sich vollziehen konnte».[19] Diese *totale* Demokratisierung ist jedoch, wie gezeigt, *totalitär*, und es ist deshalb kein Mißbrauch der Sprache, sondern nur konsequent, wenn Engels in seiner Einleitung zu dieser Schrift über die Regierungsform der «Pariser Kommune» sagt, daß «sie die *Diktatur* des Proletariats ist». Denn die totale Demokratie ist nicht weniger Diktatur als die leninistische Elitesteuerung, nämlich eine *Mehrheits*diktatur.

Demokratie wird in der sogenannten «Sozialdemokratie» prinzipiell gleich totalitär gedacht wie in dem leninistischen Marxismus, insofern man meint, es stehe im ökonomischen Bereich alles zum Besten, wenn dieser nur einer «demokratischen Steuerung» unterworfen würde. Ja, im Grunde geht sogar innerhalb des bürgerlichen Lagers der heutigen Gesellschaft das Denken in diese Richtung. Denn obschon man fordert, «die Macht des Staates zu begrenzen», ist man doch geneigt, das gesellschaftliche oder «öffentliche» Leben als solches mit dem *staatlichen*, d.h. dem *politischen* Leben zu identifizieren. Der Medienkult um Politiker und z.B. den «Kanzler» (als einer Art «Landesvater»!) zeigt deutlich, daß das, was in Wirklichkeit *drei* verschiedene Aspekte des gesellschaftlichen Lebens sind, mit einem von ihnen, dem Politischen, identifiziert wird.

Diese «einheitsstaatliche» Denkweise ist im übrigen in bürgerlicher Gesellschaftstheorie tief verwurzelt, erinnert sei nur an Hegel, für den die Gesellschaft ihren Höhepunkt eben im «Staat» findet. Der einheitliche und übergeordnete Staat ist für ihn nicht weniger als die «Wirklichkeit der sittlichen Idee» selber, wie er es in seiner *Rechtsphilosophie* schreibt.[20] Ja, er ist der Inbegriff von «Vernünftigkeit» (Rationalität) und sogar von «Freiheit», wodurch es noch mehr Berechtigung erhält, Hegel als einen Theoretiker des «Einheitsstaates» zu bezeichnen.

Allerdings erhält der Staat bei Hegel eine Dimension, die über das Traditionelle und Rechtlich-Politische hinausgeht. Die Verwirklichung des allgemeinen Subjekts (also nicht der Einzelindividuen!) konstituiert für Hegel nicht nur eine Gleichheitssphäre, sondern gleichfalls eine höhere Gemeinschaft, einen «Gemeingeist». Weil aber diese Gemeinschaft im Allgemeinen und nicht in den Individuen ihren Ursprung haben soll, stellt sie eine Karikatur dessen dar, was wir unter Brüderlichkeitsprinzip verstehen und auf den ökonomischen (nicht den politischen) Lebensbereich beziehen.

Im politischen und ökonomischen Bereich geht es also um zwei *wesensverschiedene Formen von menschlicher Sozialität* – wie wir zu zeigen versucht haben. Zu dem gleichen Ergebnis gelangt man aber auch durch eine nähere Betrachtung der menschlichen *Eigenschaften*, die die Tätigkeit der jeweiligen Bereiche konstituieren.

Wie in einem früheren Kapitel beschrieben, muß die ‹öffentliche Meinung›, die den *politischen* (demokratischen) Entscheidungen die Richtung weist, aus einem «Streit der Argumente in der Öffentlichkeit» (Habermas) hervorgehen, und die ‹Öffentlichkeit›, um die es hier geht, hat eine ‹kritische› zu sein. Diese Eigenschaften sind somit die in der rechtlich-politischen Gleichheitssphäre charakteristischen und vorherrschenden. Sie können es aber nicht in der Brüderlichkeitssphäre des ökonomischen Lebens sein. Nicht ‹Kritik› und ‹Streit der Argumente› sind hier grundlegend, sondern Gegenseitigkeit als Miterleben oder «Solidarisierung» mit den Mitmenschen. In diesem Bereich ist eine Gegenseitigkeit als Anerkennung der Gleichwertigkeit zwischen den Partnern im (politischen) Dialog unzureichend. Es geht vielmehr um tieferes Verstehen und Anerkennen der Individualität des Menschen, als es in dem bloßen Sinnverstehen und eventuellen «Konsensus» in einem «Diskurs» zum Ausdruck kommt.

Die Form von Sozialität, die wir hier vor allem dem ökonomischen Bereich zuweisen, hängt mit einem höheren Grad von *Erkenntnis* des Menschen als Individualität zusammen; einem höheren Grad, als er erforderlich ist, die rechtlich-politische Sozialität zu begründen. Es ist eine Erkenntnis der Art, die wir im ersten Teil unserer Studie zu begründen suchten und die *bei weitem* den Begriff vom Individuum als autonomem «Gesprächspartner» *überschreitet*, wie er uns in der Sozialphilosophie der Gegenwart, z.B. bei Jürgen Habermas, begegnet.

Wir werden uns diesem Thema im abschließenden Teil unserer Studie erneut zuwenden.

15
DIE SOZIALE INTEGRATION DER FREIHEIT

Es könnte mit den letzten Reflexionen über die rechtlich-politische ‹Gleichheitssphäre› und insbesondere die ‹Brüderlichkeitssphäre› des ökonomischen Lebens der Eindruck entstanden sein, daß wir uns von unserem Grundthema, der Frage nach der menschlichen *Freiheit* entfernt haben. Doch der Schein trügt; auch hier wird die Frage nach der Freiheit berührt.

Zum einen haben wir gesehen, daß es zwischen der Freiheit des Menschen und dessen Entfaltung in den zuletzt erörterten Sozialbereichen einen *engen Zusammenhang* gibt, insofern es auch in diesen Bereichen um eine Entfaltung der menschlichen *Individualität* geht, nämlich in Form der Sozialität. Diese Sozialität baut, wie wir zu zeigen versucht haben, gerade auf der gegenseitigen Anerkennung der Menschen als Individualitäten, als politisch gleichberechtigte Teilnehmer bzw. Mitwirkende im ökonomischen Bereich auf. Deshalb ist Individualität im Bereich der Freiheit ohne gleichzeitige Gleichberechtigung und Gegenseitigkeit in den beiden anderen Bereichen einigermaßen illusorisch. Wie gezeigt, ist mangelnde Anerkenntnis des Mitmenschen als Individualität gleichbedeutend damit, sich selbst als solche nicht anzuerkennen. Deshalb wird Freiheit ohne Sozialität (Gleichheit und Brüderlichkeit) zu «tönendem Erz und klingender Schelle» – um es in der biblischen Bildersprache auszudrücken – oder, mit anderen Worten: Sie degeneriert zu bloßem Egoismus.

Zum zweiten gibt es eine enge Verbindung zwischen Freiheit und Sozialität dadurch, daß die individuelle Freiheit – die sich vornehmlich im Bereich des Geistes- und Kulturlebens manifestiert – darüber hinaus *unmittelbar,* und dies auf grundlegende Weise, im rechtlich-politischen und ökonomischen Bereich Wirkung entfaltet. Im politischen Leben wird dies deutlich dadurch, daß die einzelnen Individuen mit ihren autonom gebildeten Überzeugungen und Meinungen in jenen Dialog eintreten, der die politische Öffentlichkeit, d.h. den demokratischen Entscheidungsprozeß, ausmacht. Doch auch für den ökonomischen Bereich haben wir die ‹individuelle Sphäre› als eine wesentliche Voraussetzung erkannt, da die einzelnen Individuen mit ihrer Einsicht und ihren jeweiligen Fähigkeiten schöpferisch in den ökonomischen Bereich eintreten. Die Freiheit der Gedanken und Äußerungen, der Fähigkeiten und des Handelns steht mithin auch zum *politischen* und *ökonomischen* Bereich in einer grundlegenden Beziehung. Im ersten Fall geschieht dies durch den «herrschaftsfreien Dialog», im zweiten Fall durch das «Nutzungsrecht» an Produktionsmitteln, Kapital und Boden, wie durch die Entfaltung der individuellen Fähigkeiten in der Arbeit.

Wir haben des weiteren darauf hingewiesen, daß die Freiheit des einzelnen, wenn sie in diesen Bereichen nicht zu ihrem Recht kommt, in wesentlicher Hinsicht verletzt wird. Die Freiheit ist somit sozial gesehen unteilbar, was von den klassischen Liberalisten durchaus erkannt wurde, wenngleich ihnen der Blick für die *spezifischen* Prinzipien des politischen und ökonomischen Lebens fehlte. Sie verkannten die Bedeutung von Gleichheit und Brüderlichkeit als *gleich* grundlegenden, notwendigen und essentiellen Prinzipien für die Organisation der menschlichen Gesellschaft wie die Freiheit.

Vor diesem Hintergrund soll nun eingehender erörtert werden, wie sich das Verhältnis des individuellen Sozialbereiches im Verhältnis zu den übrigen Gesellschaftsbereichen gestaltet – wir können dies auch als die Frage nach der *sozialen Integration der Freiheit* bezeichnen. Es ist klar, daß es sich hierbei um eine Frage handelt, die von sich aus in eine intensive Erörterung des *generellen Zusammenspiels* der angesprochenen Sozialbereiche mündet. Einleitend wollen wir rekapitulieren, was wir zu diesem Zusammenspiel in früheren Kapiteln bereits ausgeführt haben. Insbesondere wollen wir die sozialen *Verzerrungen* hervorheben, die entstehen, wenn die unterschiedlichen Prinzipien dieser Bereiche: Freiheit, Gleichheit und Brüderlichkeit, vermengt und in sozialen Zusammenhängen geltend gemacht werden, in denen sie *nicht* begründet sind. Die Aufgabe einer solchen Grenzziehung im Sinne einer Zuordnung der Prinzipien zu ihrem jeweiligen Geltungsbereich stellt sich um so schwieriger dar (und ist aus eben demselben Grund auch desto wichtiger), als die betreffenden Bereiche nicht streng voneinander getrennt sind, sondern gerade in engem Zusammenspiel funktionieren. Wir wollen nun zunächst an das erinnern, was in diesem Zusammenhang bereits gesagt wurde.

Wir haben gezeigt, daß die Freiheit im rechtlich-politischen Bereich verletzt wird, wenn der Dialog, der Entscheidungsprozeß, nicht «herrschaftsfrei», sondern politisch manipuliert oder von ökonomischen Kräften bestimmt ist (vgl. die erwähnten Beispiele, die sich auf die Parteiapparate und die Pressestruktur in unserer heutigen Gesellschaft bezogen). Weiterhin haben wir auf die Blockierung individueller Freiheit, von Einsicht und Fähigkeiten, hingewiesen, die im ökonomischen Bereich auftritt, wenn die Verfügung über Produktionsmittel sowie die menschliche Arbeit kommerzialisiert werden (wie es in der bürgerlich-kapitalistischen Gesellschaft der Fall ist) oder wenn diese einer staatlich-politischen Bürokratie unterworfen sind (wie ganz extrem in den marxistischen Gesellschaften). In diesen Fällen wird die «soziale Integration der Freiheit» behindert oder völlig verhindert. Auf die Verletzung der *Freiheit* und ihrer fundamentalen Teilfunktion innerhalb des rechtlich-politischen wie ökonomischen Bereiches hinzuweisen ist um so wichtiger, als diese oft übersehen wird. Denn sie liegt oft im Schatten der stärker ins Auge fallenden Freiheitsbeschränkungen im Geistes- und Kulturbereich. Für jeden sichtlich ist selbstverständlich die offene Zensur von Meinungen und Äußerungen, wie wir sie am ausgeprägtesten aus den politisch-totalitären Staaten kennen.

Auch die Verletzung der Freiheit im Bereich des Geistes- und Kulturlebens kann diese verschleierten und deshalb schwieriger zu durchschauenden Formen annehmen; Beispiele hierfür haben wir bereits angeführt. Eine solche verdeckte Freiheitsbeschränkung liegt vor, wenn das Geistes- und Kulturleben kommerzialisiert und damit von *ökonomischen* Kräften bestimmt und dirigiert wird. Aber auch die *politische* Beherrschung des Geistes- und Kulturlebens kann auf eine indirekte Weise vonstatten gehen und sich deshalb dem ersten, oberflächlichen Blick nicht zeigen. Unter vielen möglichen Beispielen sei nur an die politische «Steuerung» von Forschung und Lehre (durch einen auf dem Prinzip der Gleichheit basierenden Mehrheitsentscheid) erinnert. (Diese Form der Steuerung ist vom Grundsatz her nicht weniger verwerflich als in diktatorischen Staaten, auch wenn sie in der Praxis weniger rigide Formen annimmt.)

Auf der anderen Seite haben wir jedoch gesehen, daß das Freiheitsprinzip, das legitime Geltung im individuellen oder privaten Bereich beanspruchen kann, sowohl der Gleichheit wie der Brüderlichkeit entgegenläuft, wenn es illegitimerweise im politischen oder ökonomischen Bereich geltend gemacht wird. Eine derartige Kränkung des politischen Prinzips findet sich in «elitistischen» Steuerungsformen – eine die *Gleichheit* untergrabende Diskriminierung. Entsprechend bedeutet es eine Verletzung der Brüderlichkeit im ökonomischen Bereich, wenn dieser Bereich von der «Privatsphäre» usurpiert wird, d.h. wenn die Freiheit für den einzelnen den Bereich legitimer Anwendbarkeit überschreitet. Dies ist ebenso bei der «Privatisierung» von den Produktionsmitteln aufgrund traditionellen Eigentumsrechts der Fall wie dadurch, daß die Arbeit als ein Teil des «freien Marktes», des Warenverkehrs des Privatbereiches, gesehen wird; dieser Fall ist im übrigen nicht nur ein Beispiel für die Kränkung des Prinzips der Brüderlichkeit, sondern auch für die Verletzung der *Freiheit* des einzelnen qua Unterwerfung als Arbeitender unter die Marktgesetze, was die Entfaltung der individuellen Fähigkeiten in der Arbeit einschränkt.

Der in den letzten Jahren lauter werdende Ruf nach «Privatisierung» öffentlicher Institutionen stellt übrigens einen eklatanten Wortmißbrauch dar und bringt (damit) das Mißverständnis und die Vermischung der Prinzipien der verschiedenen Sozialbereiche (in casu der Freiheit und der Gleichheit) zum Vorschein. In der (in zahlreichen anderen Fällen durchaus begründeten) Reaktion gegen staatliche oder kommunale Bevormundung wollte man gar traditionelle staatliche und kommunale Institutionen wie Krankenhäuser, Feuerwehr und sogar Polizei «privatisieren», d. h. sie dem «Markt», privatem Kapital und Eigentumsrecht unterwerfen.

Dies aber bedeutet, das Verhältnis zwischen den Sphären der Freiheit und Gleichheit, zwischen dem Privaten (Individuellen) und dem Öffentlichen (Politischen) mißzuverstehen; was die Freiheit angeht, wird hier der Teufel mit dem Beelzebub ausgetrieben. Denn stimuliert werden nicht Freiheit und Individualität, sondern die *Kommerzialisierung*, d.h. nicht Initiative, Einsicht und Fähigkeiten des einzelnen sind entscheidend, vielmehr gibt die Größe des Portemonnaies den Ausschlag. Eine solche Form von Privatisierung verletzt zudem das Prinzip der Gleichheit auf das gröbste, indem sie zu Diskriminierung in Bereichen führt, in denen gerade die Gleichwertigkeit der Menschen entscheidend ist (wie im Gesundheits- und Sozialwesen). Die Entscheidungen den Kräften des Marktes zu überlassen, bedeutet überdies, sie in hohem Ausmaß der Herrschaft der von Werbung und Medien erzeugten Massenmeinungen zu unterwerfen.

Die Beziehungen, welche zwischen der Sphäre der Freiheit einerseits und den Sphären der Gleichheit und Brüderlichkeit andererseits bestehen, werden nicht zuletzt (auf negative und indirekte Weise) durch die beträchtlichen sozialen Schäden offenbar, die immer dann entstehen, wenn die Relationen nicht richtig gestaltet sind. Dabei erleidet nicht zuletzt die *Freiheit* beträchtlichen Schaden. Aus all dem folgt, daß eine Erörterung der menschlichen Freiheit auf gesellschaftlicher Ebene notwendigerweise eine Erörterung auch der anderen sozialen Sphären, deren Eigenart und deren spezifischer Prinzipien, erfordert. Ohne eine solche Ausweitung der Betrachtung bleibt die Frage nach der Freiheit gewissermaßen im luftleeren Raum!

Zunächst wollen wir daran erinnern und näher analysieren, wie die Sphären der Gleichheit und Brüderlichkeit *positiv* im Verhältnis zur Freiheitssphäre wirken:

Die Funktion oder Aufgabe, die der *rechtlich-politische* Bereich in seinem Verhältnis zum Geistes- und Kulturleben hat, ist heutzutage allgemein akzeptiert, doch wird sie in ihren weiteren Konsequenzen unterschätzt bzw. übersehen. Längst ist die rechtlich-politische Sicherung des grundlegenden Rechtes auf freies Denken und freie Meinungsäußerung anerkannt und formell bzw. juristisch kodifiziert (wenn auch noch nicht überall Praxis). Es mangelt jedoch in großem Umfang daran, die logische Konsequenz aus diesem Rechtsprinzip zu ziehen. Weiterhin ist die Aufgabe ungelöst, den Individuen rechtlich auch die gleichen Möglichkeiten zur wirklichen *Realisation* dieser Freiheit zu sichern. Erreicht haben wir heutzutage eine *formelle* Freiheit. Sie gilt es in entscheidenden Punkten zu ergänzen, damit sie zu einer materiellen Freiheit wird.

In einem früheren Kapitel haben wir unter anderem auf die für gewöhnlich anzutreffende Pressestruktur der heutigen Gesellschaft hingewiesen (wohlgemerkt in unseren sogenannten Demokratien und nicht in Diktaturstaaten, wo der Mangel an reeller Geistesfreiheit nur zu offensichtlich ist); andere haben z.B. speziell auf die Monopolisierung der elektronischen Medien hingewiesen. Es muß eine fundamentale Aufgabe des rechtlich-politischen Bereiches in seinem Verhältnis zum Geistes- oder Kulturleben sein, allen unterschiedlichen Meinungen – Auffassung, Anschauungen, Richtungen oder «Schulen» – gleiche Möglichkeiten und Bedingungen zu sichern! Es entspricht dem Wesen der Sache (Gleichheits- oder Gerechtigkeitsprinzip), daß das *rechtlich-politische* Leben solches gewährleisten muß; d. h. es hat durch gesetzliche Bestimmungen für einen gerechten Transfer ökonomischer Mittel an die verschiedenen und miteinander «streitenden» Auffassungen und Richtungen des Geistes- und Kulturlebens Sorge zu tragen.

Da es sich von selbst versteht, daß diese Sicherung gleicher Möglichkeiten nicht diskriminierend sein darf, muß sie aufgrund *meinungsneutraler* Kriterien geschehen. Es sollte vorausgesetzt werden können, daß das rechtlich-politische Leben, seinem *Wesen* entsprechend, als Bereich der Gleichheit und Gerechtigkeit fungiert – und nicht wie heutzutage als Kampfplatz egoistischer «Interessen». Bedauerlich genug, erübrigt es sich nicht, dieses noch zu unterstreichen, denn es herrschen in diesem Zusammenhang tiefverwurzelte Vorurteile und Mißverständnisse. So ist es einerseits ein verbreitetes Fehlurteil, daß es Aufgabe des politischen Bereiches sein solle, *inhaltlich*, qua demokratischem Mehrheitsentscheid, das Geistesleben zu reglementieren. Auf der anderen Seite liegt ein ebenso großes Mißverständnis in entgegengesetzter Richtung vor, nämlich daß ein Engagement des rechtlich-politischen Bereiches im Geistes- und Kulturleben *per se* verwerflich sein solle – also auch, wenn es gilt, ihm eine ökonomisch-materielle Grundlage zu sichern. Man meint dabei, das Geistesleben als solches gerate damit in «Abhängigkeit» und würde in der Folge von den politischen Organen «bestimmt». Doch bedeutet dies nichts anderes, als das Geistesleben den «Marktkräften», der Kommerzialisierung, zu überlassen, als ob *dadurch* die Abhängigkeit geringer und Selbstbestimmung und Freiheit – geschweige denn gleiches Recht – den verschiedenen Anschauungen und Richtungen gesichert würde!

Dieses Argument, das z.B. im Zusammenhang mit der Frage öffentlicher finanzieller Unterstützung der (ansonsten «marktgesteuerten»!) politischen Presse ins Feld geführt wird, wird auch nicht konsequent vertreten. Die Subventionierung anderer Bereiche des Geisteslebens, wie Unterricht, Forschung, Theater etc. wird nämlich nicht abgelehnt. Es handelt sich also offenbar nicht um ein *durchdachtes* Prinzip, das für das Verhältnis zwischen Geistes- und politischem Leben prinzipielle Gültigkeit hätte, eher um das so unreflektierte wie verbreitete kapitalistische Geschäftsprinzip: «Wer zahlt, der soll auch bestimmen» – angewendet auf das Geistesleben. Man soll also «kontrollieren» können, in welche Verwendungszwecke das Geld fließt! Weil man der Meinung ist, «der Staat» solle nicht über das Geistesleben bestimmen (dies völlig zu Recht, auch wenn man dabei meist nur an die Presse oder den Rundfunk denkt), lehnt man (zu *Un*recht) (als vermeintliche Konsequenz dieser Position) auch eine staatliche *Finanzierung* dieses Bereiches ab.

Aber nicht nur dies. Viele, nicht zuletzt Parteipolitiker, werten das erwähnte «Geschäftsprinzip» als eine Selbstverständlichkeit und hegen gleichzeitig *keine* sonderlichen Bedenken gegen die «Steuerung» des Geistes- und Kulturlebens durch den politischen Bereich. Mit der Notwendigkeit staatlicher Beteiligung an der Finanzierung dieses Bereiches wird auch ein Anspruch auf Einflußnahme begründet. Diese Auffassung ist keineswegs auf sogenannte «sozialistische» Kreise begrenzt, sondern ist auch im «bürgerlichen» Lager weithin anzutreffen. Da es der «Steuerzahler» sei, der Geistes- und Kulturleben unterhalte, solle diesem – repräsentiert durch die politischen Organe – auch *Entscheidungsbefugnis* über dieses Geistes- und Kulturleben eingeräumt werden. Charakteristisch ist hierfür auch die in den letzten Jahren gehäuft zu beobachtende Veränderung der Steuerung und Verwaltung von Universitäten und Hochschulen in vielen westlichen Ländern.

Diese heute quer durch alle parteipolitischen Gruppierungen gehende Auffassung verletzt die Freiheit des Geistes- und Kulturlebens in doppelter Hinsicht. Zum einen dadurch, daß überhaupt eine *politische* Steuerung dieses Bereiches akzeptiert wird, zum zweiten dadurch, daß diese Lenkung (explizit oder implizit) in einem «Geschäftsprinzip» verankert wird, was in der Tendenz dazu führt, die Erscheinungsformen des Geistes- und Kulturlebens aus einer *ökonomischen* Perspektive zu bewerten («Was kostet dies den Steuerzahler?»). Das Mißverständnis über das Verhältnis von Geistes- und Kulturleben einerseits und rechtlich-politischem Leben andererseits kann größer kaum sein.

Um dies zu verdeutlichen und positiv aufzuzeigen, wie das Verhältnis zwischen den beiden Sozialbereichen idealtypisch gestaltet sein *sollte*, wollen wir neben der politischen Presse ein zweites Beispiel erörtern: die sogenannten «freien Schulen». Hier geht es genau um eine ökonomische Sicherung des Geisteslebens durch den rechtlich-politischen Bereich ohne dessen Einmischung in *inhaltliche* Fragen, in diesem Fall also Fragen der pädagogischen Richtung. In der Nachkriegszeit ist hierüber eine intensive Debatte in vielen westlichen Ländern geführt worden, eine Debatte, die unter anderem in Norwegen zur rechtlichen (gesetzlichen) Absicherung einer (teilweisen) ökonomischen Unterstützung der verschiedensten Schulformen als Alternativen zu der traditionellen «Staatsschule» geführt hat. In jedem Fall ist dies Ausdruck einer gewissen Anerkennung eines essentiellen *Prinzips* für die Gestaltung des Verhältnisses zwischen Geistes- und politischem Leben, auch wenn es unserer Meinung nach von einer zufriedenstellenden praktischen Umsetzung noch weit entfernt ist. Dazu ist das unreflektierte Gewohnheitsdenken über staatliche Steuerung von Schule und Unterricht noch zu fest im politischen Milieu verankert. Nicht zuletzt zeigt sich dies an der völlig selbstverständlich akzeptierten obrigkeitlichen Autorisierung der Lehr- und Unterrichtsbücher (im übrigen historisch eine Überlieferung aus den Tagen des Absolutismus), was an die Verhältnisse in Diktaturstaaten erinnert.

Trotz aller Unvollkommenheiten folgen doch die gesetzlichen Bestimmungen zu den freien Schulen vom Grundsatz her einem richtigen Prinzip für die Gestaltung des Verhältnisses des rechtlich-politischen Lebens (hier den staatlichen Organen) zum Geistes- und Kulturleben. Sie stellen den Versuch dar, dem Geistesleben gerechte Möglichkeiten zu verbürgen, *ohne* es damit zugleich in Abhängigkeiten zu stürzen; so bemißt sich die (finanzielle) Zuwendung nach «meinungsneutralen Kriterien» (in unserem Beispiel ist es das Kriterium der Anzahl der Eltern mit Kindern, die sich einer Schule anschließen). Von seinem Prinzip her kann daher diese Gesetzgebung als Vorbild für die rechtlich-politische Sicherung eines unabhängigen Geisteslebens dienen, wie wir es in einem früheren Kapitel für die politische Presse gefordert haben. Es sei erneut unterstrichen, daß dieses Prinzip etwas völlig anderes, ja das Gegenteil einer «Privatisierung» darstellt, bei der die staatliche Steuerung lediglich durch die der «Marktkräfte» ersetzt wird. Hierbei würden die Schulen den Spielregeln ökonomischer Konkurrenz unterworfen. Das Entscheidende an dem Prinzip der freien Schule ist jedoch gerade, eine zentrale Institution des Geisteslebens *auch* vom Geldbeutel und Profitstreben *unabhängig* zu machen.

Soweit in diesem Zusammenhang zum Verhältnis der Gleichheitssphäre (rechtlich-politisches Leben) und ihrer Funktion und Aufgabe gegenüber dem Geistes- und Kulturleben (Freiheitssphäre). Wie steht es nun mit dem Verhältnis des *ökonomischen* Sozialbereiches zu dem Geistes- und Kulturleben? Auch dies ist eine überaus wichtige Frage. Eine falsche Gestaltung dieses Verhältnisses kann zu gleich schwerwiegenden sozialen Schäden führen wie ein illegitimes Verhältnis zwischen Geistesleben und rechtlich-politischem Bereich. Auf die fatalen Konsequenzen der Kommerzialisierung des Geistes- und Kulturlebens haben wir bereits in verschiedenen Zusammenhängen hingewiesen. Die schleichende Vergiftung des menschlichen Bewußtseins, die von ihr ausgeht – man denke an die sog. Boulevardpresse –, kann für den menschlichen Geist ebenso herabwürdigend und nivellierend sein wie die sich unverhüllter zeigende Standardisierung und Gleichschaltung. Wie das Verhältnis zwischen dem ökonomischen Bereich und dem Geistes- und Kulturbereich *positiv* gedacht werden kann, haben wir bereits angedeutet, und zwar im Zuge der Erörterung der finanziellen Absicherung des Geistes- und Kulturlebens. Praktisch organisiert werden kann dies auf dem Wege öffentlicher Besteuerung (wie es heute größtenteils bereits geschieht), denkbar ist jedoch auch ein direkterer Transfer von Mitteln aus dem ökonomischen in den Geistes- und Kulturbereich. Maßgebliches Kriterium ist dabei, daß sich an die bewilligten Mittel nicht irgendwelche Bedingungen knüpfen. Sie müssen im eigentlichsten Wortsinn das sein, was wir *Geschenk* nennen wollen – alles andere würde das Geistes- und Kulturleben seiner raison d'être, seiner Selbständigkeit und Freiheit berauben. Weder die Organe der Wirtschaft noch die des politischen Bereiches sollen aus einer geleisteten finanziellen Unterstützung «Ansprüche» gleich welcher Art an das freie Geistesleben und seine Dispositionen, die zur Verfügung gestellten Mittel betreffend, herleiten können, sowenig wie es bei wirklichen *Geschenken* der Fall ist.

Die steht freilich in diametralem Gegensatz zu der zunehmenden Praxis des «Einschießens» von «privatem Kapital» über sogenannte «media invest»-

Gesellschaften u. ä. Auch wenn hier an den Inhalt der kulturellen Aktivitäten nicht direkte Bedingungen gestellt werden – allein das Faktum, daß die Kapitalzuführung auf *kommerziellen* Prämissen beruht, impliziert, daß sich der Kulturbereich von seinen ihm eigenen kulturellen Aufgaben entfernen und sich mehr und mehr den Bedingungen des *Marktes* beugen wird.

Nicht viel besser verhält es sich mit der Form finanzieller Zuwendungen, die als «Sponsern» bezeichnet wird, auch wenn man sich hier gerne mit der Aura einer uneigennützigen Unterstützung des Kulturlebens umgibt, zu der man sich erklärtermaßen aus Gründen einer «kulturellen Verantwortung» verpflichtet fühlt. Denn als conditio sine qua non gilt in unserem kapitalistischen Profitsystem, daß Sponsern immer auch eine Unterstützung des Kulturlebens *für* die Wirtschaft sein soll – nicht zuletzt als werbewirksames Aushängeschild. Nicht selten gibt sich dies sogar offen zu erkennen, wenn z.B. der Sardinenexport mit Hilfe Griegscher Töne und der Aufführung von Schauspielen Ibsens zu forcieren gesucht wird. Dies ist eine geschmacklose Verquickung von Wirtschaft und Geistesleben, die aber auch gar nichts mit einem legitimen Schenkverhältnis, wie oben beschrieben, gemein hat.

Selbst in unserer heutigen Gesellschaft trifft man auf ein gewisses intuitives Gespür dafür, daß die ökonomischen Mittel, die das Geistes- und Kulturleben für seinen Unterhalt benötigt, un-bedingt von ihrer Quelle: der ökonomischen Tätigkeit und der Arbeit, zur Verfügung gestellt werden müssen. Alles andere führt zur Einengung des Geistes- und Kulturlebens durch die ökonomische Fessel. Gleichwohl scheint es problematisch, hieraus auch die praktische Konsequenz zu ziehen, sprich, sich explizit für eine solche Bedingungslosigkeit (gleich Freiheit) einzusetzen. (Dies zeigt sich nicht zuletzt daran, mit welcher Selbstverständlichkeit wir die Kommerzialisierung des Geistes- und Kulturlebens hinnehmen.) Was uns daran hindert, ist unsere unwillkürliche gedankliche Kopplung der ökonomischen Tätigkeit (Arbeit) mit der Verteilung der Wirtschaftsgüter. Dies bewirkt, daß wir das Arbeitsprodukt als «unser Eigentum» verstehen, über das zu disponieren wir volles Recht haben – diese Haltung übertragen wir unreflektiert auf das Geistes- und Kulturleben in dem Ausmaß, in dem ihm unser Arbeitsprodukt zugeführt wird. Hier zeigt sich eine weitere nachteilige Wirkung der bereits diskutierten und kritisierten Kopplung von Arbeit und ökonomischer Verteilung.

Der Einwand, es führe zu einer Vernachlässigung ökonomischer Tätigkeit und politischen Lebens, wenn dem Kulturleben finanzielle Mittel bedingungslos zur Verfügung gestellt würden, übersieht, welche Stellung dem Geistes- und Kulturleben im sozialen *Ganzen* zukommt: ein «individueller

Bereich» für die Entfaltung und Entwicklung fachlicher wie allgemeiner Einsichten und Fähigkeiten des einzelnen. Einsicht und Fähigkeiten, in Form von Initiative und Kenntnissen, kommen wie dem Geistesleben selbst gleichermaßen Wirtschaft und Politik zugute. Die fundamentale Bedeutung des Geisteslebens für die Gesellschaft ergibt sich im übrigen auch daraus, daß alle Kreativität, aller Ideenreichtum im individuellen Bereich zu Hause ist.

Das Verhältnis zwischen Ökonomie und dem Geistes- und Kulturleben muß daher notwendig als ein *Schenkverhältnis* gesehen und entsprechend eingerichtet werden. Dabei geht es jedoch nicht um irgendeine willkürliche «Wohltätigkeit», sondern um eine tief im Wesen des ökonomischen wie Geisteslebens verankerte Verbindung. Es ist das Geistes- und kulturelle Leben, das allem ökonomisch-materiellen Fortschritt, technisch wie organisatorisch, die Grundlage im weitesten Sinne gelegt hat, und es muß Aufgabe des ökonomischen Bereichs sein, dafür auch weiterhin die ökonomisch-materielle Grundlage zu schaffen. Darüber hinaus trägt das materielle Leben auf diese Weise zu dem bei, was dem Menschen *oberste* Aufgabe sein muß: die Weiterentwicklung seines *geistigen* Lebens – was auch mit dem Brüderlichkeitsprinzip des ökonomischen Bereichs harmoniert.

Wir haben nun eingehend erörtert, wie sich der ökonomische und der rechtlich-politische Sozialbereich (die Sphären der Brüderlichkeit und Gleichheit) zum Geistes- und Kulturleben (der Sphäre der Freiheit) ihrer Natur entsprechend verhalten. Wir hatten allerdings schon angekündigt, daß ein vollständiges Verständnis der «sozialen Integration der Freiheit» nicht erlangt werden kann, wenn nicht *alle* Beziehungen zwischen den verschiedenen Sozialbereichen in der Betrachtung berücksichtigt werden, d.h. auch die Interdependenzen zwischen den beiden erstgenannten Bereichen. Wir können hierbei an die Reflexionen zur Stellung der menschlichen *Arbeit* im gesellschaftlichen Leben in den beiden vorangegangenen Kapiteln anknüpfen. Wir wollen dieses Thema nicht erneut aufgreifen, sondern lediglich daran erinnern, daß wir in diesem Zusammenhang aufzeigten, wie das rechtlich-politische Leben – von seinem Prinzip der Gleichheit oder Gleichwertigkeit ausgehend – in das ökonomische Leben bei der Frage der *Verteilung* der wirtschaftlichen Güter hineinspielen muß.

Das rechtlich-politische Leben wirkt aber auch in einem weiteren, grundsätzlichen Zusammenhang auf das ökonomische Leben ein, nämlich durch das, was wir *Nutzungsrecht* an Produktionsmitteln genannt und insbesondere im Kapitel «Von Freiheit und Gleichheit zur Gemeinschaft» erörtert haben. Wir leiteten dort die Idee dieses Nutzungsrechtes zwar vornehmlich aus dessen Beziehung zum individuellen Bereich ab, als eine Wahrung der Einsicht und Fähigkeiten der einzelnen, doch haben wir von einem *Recht* gesprochen, das den ökonomischen Bereich betrifft. Ein solches Recht muß seine Verankerung im rechtlich-politischen Bereich haben. Auch diese Beziehung zwischen den beiden Sozialbereichen haben wir bereits prinzipiell diskutiert; dieser erneute Hinweis mag daher genügen. Im nächsten Kapitel werden wir jedoch darauf zurückkommen, wie dieses Nutzungsrecht unter Berücksichtigung des für die verschiedenen Sozialbereiche je gültigen Prinzips in *praktischer* Umsetzung gedacht werden kann.

Wir wollen im folgenden unsere prinzipielle Erörterung der Beziehung des rechtlich-politischen Lebens zum ökonomischen Leben fortsetzen, und zwar bezogen auf einen Zusammenhang, den wir bisher nur gestreift haben: die Funktion, die der rechtlich-politische Bereich gegenüber dem ökonomischen Bereich wahrnimmt, soweit es *Umwelt* und *Ressourcen* betrifft. Gerade angesichts der heutigen Umwelt- und Ressourcenkrise kommt der Analyse dieser Beziehung, die die ökonomisch-materielle Tätigkeit und das Handeln in Produktion wie Konsum umfaßt, besondere Bedeutung zu. Prinzipiell gelten die folgenden Überlegungen aber nicht nur für die heutige westliche Gesellschaft, sondern für jede entwickelte Gesellschaft. Wir sind der Auffassung, daß es bei Umwelt und Ressourcen um verschiedene Formen von *Recht oder Rechten* geht – deren Sicherung Aufgabe des rechtlich-politischen Bereiches ist! Wir haben es mit einer Beziehung zu tun, die analog zu dem beschriebenen Recht auf Bedarfsdeckung zu verstehen ist, einem Recht, das, wie wir gesehen hatten, sogar in Menschenrechtserklärungen kodifiziert worden ist.

Einem traditionellen Vorstellungen verhafteten Denken ist es sicherlich nicht unmittelbar einleuchtend, was Umwelt und Ressourcen mit Recht und Rechten zu tun haben könnten, da man sie wie selbstverständlich als *wirtschaftliche Einsatzfaktoren* begreift. Von daher ist es besonders schwierig, offene Ohren für die Forderung zu finden, auch die Ressourcen von einem Rechtsstandpunkt aus zu betrachten. Denn herkömmlicherweise gelten Ressourcen in unserem ökonomischen System ausschließlich als «Ware», so daß sie, ganz wie andere Waren auch, vollständig den «Marktgesetzen» unterworfen werden, d.h. daß sie ausschließlich nach ihrem jeweiligen, rein ökonomischen Preis disponiert werden. Auch die Umwelt ist bis auf den heutigen Tag nicht prinzipiell und explizit als eine Form von Recht anerkannt worden. Wir wollen unsere Überlegungen mit dem Umweltbegriff beginnen.

Betrachten wir die Gesellschaftsentwicklung der letzten hundert bis hundertfünfzig Jahre, zeigt sich, daß ein Verständnis von Umwelt als ‹Recht›, als etwas, auf das der Mensch «Recht hat», im Grunde nicht so fremd ist, wie es unmittelbar erscheint. Der Arbeitsschutz ist hierfür ein typisches Beispiel. Die sukzessive Erweiterung des Schutzes bei gefährlicher Arbeit oder des Schutzes vor Immissionen und Lärm am Arbeitsplatz bedeutet ja gerade ein Eingreifen des *rechtlich-politischen* Lebens qua Gesetzgebung in ökonomische Tätigkeiten (hier: in Industriebetriebe) zum Schutze der *Integrität des Individuums.* Arbeitsschutz ist in dieser Sicht die (formelle) Etablierung des Rechtes des einzelnen auf eine *bestimmte Umwelt*: nämlich einer solchen, in der er sich gefahrlos aufhalten und tätig werden kann. Wir haben es mithin mit einer Form von Rechtsschutz der körperlichen Unversehrtheit (Leben und Gesundheit) zu tun. Die jetzige Arbeitsschutz-Gesetzgebung stellt den vorläufigen Höhepunkt dieser Entwicklung dar. (Auch bei dem Teil des Arbeitsschutzes, der sich auf Freizeit, Ferien etc. bezieht, geht es um die Wahrung individueller Rechte im ökonomischen Leben durch rechtlich-politische Organe qua Gesetzgebung und Kontrolle. Dies fällt jedoch eher unter das erörterte Recht auf Bedarfsdeckung als unter den hier diskutierten Schutz der Umwelt.)

Was wir heute als «Umweltschutz» bezeichnen, stellt eigentlich nur eine (wenn auch sehr bedeutsame) *Erweiterung* des oben beschriebenen und längst anerkannten Prinzips des Arbeitsschutzes dar! Denn auch hier geht es um eine Wahrung der individuellen Integrität, d.h. um einen rechtlichen Schutz vor Bedrohungen und schädigenden Auswirkungen (körperlicher wie mentaler Art) aus der Umgebung: Verunreinigung, Vergiftung, Lärm und vieles mehr. Auch beruht die Notwendigkeit eines derartigen Rechtsschutzes von Unversehrtheit auf den gleichen Umständen: Der technisch-industriellen Entwicklung, die (einschließlich der Verkehrsentwicklung) in weitem Maße die *ganze* uns umgebende Umwelt zu einem physisch (gesundheitlich) und mental schädlichen Industriearbeitsplatz gemacht hat. Einiges Nachdenken zeigt, daß auch, was die äußere, allgemeine Umwelt angeht, die Kodifizierung von Rechten keineswegs so neu ist. Bereits vor über hundert Jahren wurde eine sogenannte «Nachbargesetzgebung» etabliert, die Wohnmilieus vor «lärmender und rauchausstoßender» Industrie schützen sollte. Was sich in der heutigen Gesellschaft immer lauter als Umweltschutzforderung artikuliert, stellt daher nichts anderes als eine Erweiterung dieses Prinzips vom «Nachbarschaftsgesetz» dar, welches nun auf die menschliche Umwelt ebenso wie auf die Natur allgemein, ja, die globale Biosphäre ausgedehnt wird!

Das Ausmaß, das die Bedrohung der äußeren Umwelt angenommen hat, zeigt auch, daß Umweltschutz – als Ausdruck und Wahrnehmung dieser Rechte – und menschliche *Freiheit* eng miteinander zusammenhängen. Von

Umweltschäden geht eine Bedrohung der menschlichen Integrität aus, die so total ist, daß man sich ihr kaum entziehen kann. Man ist *gezwungen*, die verunreinigte Luft einzuatmen oder die Lärmplage zu erdulden, man kann sich kaum ohne Gefahr für Leib und Leben fortbewegen – nicht zu vergessen: all dies wegen der vom Menschen selbst verursachten Umweltzerstörungen. Es ist dies also eine Form von *Freiheitsberaubung*, die im übrigen unvergleichbar ernsthaftere und massivere Eingriffe darstellt als z.B. eine eventuelle Begrenzung der Konsumwahl, die zu erhalten so viele «Freiheitstheoretiker» eifrigst bemüht sind.

In Anbetracht dieses völlig eingeschränkten Verständnisses davon, was wirklich Freiheit und was wirklich Zwang in der modernen Gesellschaft ist, verwundert es kaum, daß der Umweltschutz heute gerade in den politisch-ideologischen Kreisen auf Unverständnis und Widerwillen trifft, die in früherer Zeit bereits Schwierigkeiten damit hatten, den Arbeitsschutz, überhaupt Rechte, die an die menschliche Arbeit geknüpft wurden, zu akzeptieren. In gleicher Weise, wie diese Rechte sukzessiv gegen die in der damaligen Gesellschaft verwurzelten Gewohnheitsvorstellungen erkämpft werden mußten, wird heute ein erbitterter Streit darum geführt, grundlegende Rechte im Bereich des Umweltschutzes zu institutionalisieren. Auch sind die Mißverständnisse bezüglich der gesellschaftlichen Beziehungen, die sich dabei als Hindernis in den Weg stellen, im großen und ganzen die gleichen geblieben. Auf der einen Seite fehlt ein wahres Verständnis des rechtlich-politischen *Gerechtigkeits*begriffes und dessen zentrale Stellung in der Gesellschaft. Auf der anderen Seite gibt es kein Verständnis dafür, was berechtigterweise *Ware* in der Gesellschaft sein kann; daß der Warenbegriff weder die Arbeit des Menschen noch dessen Umwelt und in letzter Instanz auch nicht die Naturressourcen umfassen darf.

Bei den Ressourcen ist die Situation ähnlich wie bei der Umwelt. Auch hier geht es eigentlich um *Recht* oder *Rechte*, da die Ressourcen auf der Basis des Prinzips *gleichen Rechtes* aller Menschen betrachtet werden müssen. Die Ressourcenfrage wird dabei als Folge der technisch-industriellen Entwicklung und dem damit zusammenhängenden enormen Verbrauchsvolumen immer brennender; die Begrenztheit der Ressourcen unseres Planeten wird uns immer deutlicher vor Augen geführt.

Hinsichtlich der Ressourcen kommt ein Rechts- bzw. Gerechtigkeitsaspekt noch hinzu, insofern die Ressourcenfrage in gleicher Weise – ja, eigentlich sogar viel mehr – die *zukünftigen* Generationen betrifft. Vor diesem Hintergrund zeigt sich die traditionelle Vorstellung von den Ressourcen als bloßer

Ware oder als bloßem ökonomischen Wert in besonders grellem Licht. Unterstellen wir einmal (hypothetisch) (einer rein ökonomischen Denkweise folgend), daß es berechtigt sei, Ressourcen jederzeit entsprechend der Angebots- und Nachfrage-Situation (die sich im Preis widerspiegeln) zu entnehmen und zu verbrauchen; in keinem Fall jedoch vermag eine solche Form der Ressourcenallokation die noch ungeborenen Generationen zu schützen, die aus unmittelbar einsichtigen Gründen nicht in der Lage sind, Einfluß auf die aktuellen Marktpreise zu nehmen. Die Ressourcen müssen also grundlegend aus einer Rechts- oder Gerechtigkeitsperspektive, und zwar aus einer *Menschheits*perspektive, betrachtet werden. Die praktischen Verteilungsordnungen müssen daher möglichst weitgehend in Übereinstimmung mit dieser Perspektive gestaltet werden.

Ist dieser Gedanke völlig abwegig und «utopisch»? Keineswegs. Denn ähnlich, wie wir es bezüglich des Umweltschutzes beschrieben haben, gibt es auch für den Bereich der Ressourcen bereits gesetzliche Bestimmungen, die in diese Richtung weisen. Man denke z.B. an die (zumindest in Norwegen) schon vor langer Zeit eingeführte Bestimmung, daß ein Waldbestand nicht in größerem Ausmaß abgeholzt werden darf, als er sich erneuern kann, selbst wenn der Marktpreis und das Interesse des jeweiligen Eigentümers dem entgegenstehen. Hier ist sehr deutlich, daß es das *Gerechtigkeits*prinzip ist – und zwar ein Gerechtigkeitsprinzip, das die Belange der zukünftigen Generationen berücksichtigt – das der ökonomischen Aktivität Schranken setzt!

Wir haben uns mit der Frage nach Umwelt und Ressourcen nicht nur aus dem Grund so intensiv beschäftigt, weil sie bedrängend aktuell und gesellschaftlich zentral ist, sondern auch, weil es in einem wichtigen Punkt um das Verhältnis zwischen dem rechtlich-politischen und dem ökonomischen Sozialbereich geht. Anhand der Umweltfrage kann dieses Verhältnis generell beleuchtet werden. Daß der eigentliche Charakter der Umweltfrage als Frage des Rechtes und der Gerechtigkeit bislang nicht erkannt wurde, verweist einmal mehr auf die Notwendigkeit, Eigenart und Funktion der verschiedenen Sozialbereiche in ihrer Beziehung zueinander deutlich abzuklären. Zugleich unterstreicht unsere Erörterung erneut, was für eine wesentliche, zentrale Rolle dem *rechtlich-politischen* Leben (der Sphäre der Gleichheit) in der Gesellschaft zukommt. Dies als Ergänzung zu dem, was wir an anderer Stelle bereits über die Funktion des rechtlich-politischen Bereichs für die gleichwertige ökonomische Verteilung und die Menschenrechte im allgemeinen gesagt haben. Es ist daher sehr wohl begründet, wenn wir die historische Entfaltung dieser Sphäre als «Befreiung der Sozialität» bezeichnen. Dieser

Bereich repräsentiert, bildlich gesprochen, den Blutkreislauf im gesellschaftlichen Organismus, der für die richtigen Relationen zwischen den verschiedenen Sozialbereichen und deren harmonischem Zusammenwirken sorgt.

Dies mag zunächst widersprüchlich erscheinen, da wir in vorhergehenden Kapiteln eine zu starke Gewichtung des rechtlich-politischen Lebens, wie es in der heutigen Gesellschaft tendenziell der Fall ist, ablehnten. Wir verwiesen in diesem Zusammenhang auf die äußerst gefährliche Tendenz, alles «demokratisieren» zu wollen, d.h. der Gleichheitssphäre zu unterstellen. In diesem Sinne kritisierten und wiesen wir das von uns so bezeichnete «Einheitsstaatdenken» zurück, welches mit einer besonderen Betonung des rechtlich-politischen Bereiches einhergeht und den totalitären Staat zur Konsequenz hat. Dennoch ist der Einwand, daß wir uns selbst widersprächen, ein Mißverständnis, denn unsere Kritik richtet sich nicht gegen die grundlegende Bedeutung des rechtlich-politischen Sozialbereiches an sich, sondern dagegen, daß das Prinzip dieses Bereiches – die Gleichheit – *über* seinen legitimen Geltungsbereich *hinaus* zur Anwendung kommt. *Dort* führt Gleichheit zur Gleichschaltung des Geistes- und Kulturlebens sowie u. a. zu einer überhandnehmenden Bürokratisierung des ökonomischen Lebens. Wir dagegen betonen ausdrücklich die eigentlichen Aufgaben des rechtlich-politischen Lebens: die Wahrung der wohlbegründeten menschlichen *Rechte* im Verhältnis zum individuellen Bereich und zum ökonomischen Leben. Denn jede generelle Egalisierung ist so schädlich, wie die Etablierung und der Schutz menschlicher Gleichheit dort, wo sie wirklich hingehört, wesentlich ist![1]

Auf der einen Seite umfaßt die rechtlich-politische Gleichheitssphäre heute weitaus mehr als «allgemeine Gesetzgebung» und bloße «Gleichheit vor dem Gesetz». Dieser Bereich geht außerdem weit über «Polizei und Landesverteidigung» hinaus, jenes Aufgabenfeld also, auf das liberalistische Theoretiker den Staat gerne beschränken wollten. Auf der anderen Seite hat das Prinzip der Gleichheit heute Bereiche erfaßt, wo es fehl am Platz ist; eine Entwicklung, die sich im Kielwasser der von uns als Einheitsstaatsdenken charakterisierten Denkweise vollzogen hat. Es scheint daher angebracht, auf dieses Einheitsstaatsdenken erneut einzugehen, wobei wir in Erinnerung rufen wollen, was wir bereits in vorhergehenden Kapiteln zu diesem Thema und zu Hegel, als Exponenten dieser Denkrichtung, ausgeführt haben.

Das Einheitsstaatsdenken hat jedoch Wurzeln, die tiefer in die Geschichte zurückreichen. Sein Hintergrund ist, wie wir in der historischen Einleitung zeigten, das «unvermittelte Verhältnis zwischen Individuum und Gesellschaft» und die Zementierung dieses Verhältnisses durch Thomas Hobbes, der in äußerlicher und rigider Weise die einzelnen Individuen der absolutistischen Staatsmacht unterwarf. Hobbes sieht keine andere Möglichkeit, «Frieden und Gerechtigkeit» zu realisieren als durch den totalen oder einheitlichen Staat (oder den absolutistischen «Monarchen», der für ihn diese Staatsform repräsentiert), da er davon ausgeht, daß jede Teilung der Regierung zur Auflösung der betreffenden Gesellschaft führt. So schreibt er im *Leviathan*, daß ein Königreich, das in sich selbst geteilt ist, nicht aufrechterhalten werden kann.[2]

Hobbes' Standpunkt erhellt, worauf die einheitsstaatliche Denkweise in letzter Instanz beruht: nämlich auf dem grundlegenden *Mißtrauen*, die Menschen seien aus *sich selbst* heraus – d.h. als Individualitäten – nicht in der Lage, Gesellschaftsordnungen zu schaffen, die «Frieden und Gerechtigkeit» zu wahren vermögen. In seinen Augen sind die Individuen nichts als *Egoisten*, die einander im «Kampf aller gegen alle» bekriegen, weil «alle Menschen von Natur aus offenbar mit den verschiedensten Brillen ausgestattet sind, welches ihre Leidenschaften und ihre Eigenliebe sind».[3] Oder wie er es auch ausdrückt: «Ein jeder ist eines jeden anderen Feind.» Dies bringt wiederum eine *Furcht* der Menschen voreinander hervor, die sie dazu treibt, sich einer übergeordneten Macht zu unterwerfen, die mächtiger ist als sie alle und für den ersehnten Frieden und Gerechtigkeit sorgen soll. So präsentiert sich Hobbes als der klassische Theoretiker der totalen *Kontroll*-Gesellschaft.

Diese psychologische Erklärung der Entstehung des Absolutismus ist nicht zuletzt geeignet, die heutigen Tendenzen in Richtung auf den Einheitsstaat einem Verständnis näherzubringen. Denn die bürgerlich-kapitalistische Egoismus- und Konkurrenzgesellschaft mit ihrem «Kampf der Interessen» muß unweigerlich Mißtrauen und Furcht in den zwischenmenschlichen Beziehungen säen, die ihrerseits ebenso unwillkürlich ein «totalitäres Verlangen» nach einer allumfassenden Staatsmacht oder eines entsprechenden «Landesvaters» generieren. Denn nur ein solcher Staat, so meint man, könne «Frieden und Gerechtigkeit» schaffen, wenigstens aber für «Ruhe und Ordnung» sorgen. Man verkennt, daß Gesellschaftsordnungen, sollen sie menschenwürdig sein, nur auf der Vorstellung aufbauen können, daß die Menschen soziale Wesen kraft ihres Individualität-Seins sind, wie wir es vor allem für den Bereich des Ökonomischen zu zeigen versucht haben. Die totalitären Tendenzen in der Gegenwart, wie sie u.a. in den Schreckensvisionen einer Zukunftsgesellschaft à la Aldous Huxleys *Schöne neue Welt* und George Orwells *1984* beschrieben und erahnt worden sind, haben ihren Nährboden in der Unkenntnis dieses Zusammenhangs. Gelingt es nicht, Sozialität als *Brüderlichkeit* zu entwickeln, ruft dies also mit einer Art innerer Notwendigkeit einen *Großen Bruder* auf den Plan. Dies ist die Lehre, die wir aus der Staatsphilosophie Thomas Hobbes' ziehen können!

Auf der anderen Seite finden wir Theoretiker, die den Staat schlichtweg *abschaffen* wollen. Vor allem die anarchistischen Theoretiker, aber auch Marx und insbesondere Engels vertraten (paradox genug!) die Auffassung, der politische Staat müsse «verschwinden». Hier findet also ein auf seine Art ebenso mangelhaftes Verständnis des rechtlich-politischen Bereiches und der Funktion des Staates in der Gesellschaft seinen Ausdruck wie in der oben besprochenen «einheitsstaatliche» Denkweise. Richtig verstanden ist der Staat nämlich nichts anderes als ein praktisches Organ (wenn auch nicht das einzige) desjenigen gesellschaftlichen Bereiches, in dem das Prinzip der Gleichheit und Gleichwertigkeit die Richtlinie für Entscheidungen und «Steuerung» darstellt; der Staat ist Organ des demokratischen Bereiches der Gesellschaft. Den Staat «abschaffen» zu wollen, heißt damit zugleich, die Demokratie weitgehend abzuschaffen. Es ist offensichtlich, daß Anarchisten und Marxisten, die ja beide das Prinzip der *Gleichheit* verfechten, an diesem Punkt zu kurz greifen, denn sie ersetzen lediglich den Staat als Organ der «Gleichheit» durch andere Institutionen, was jedoch an dem System selbst nichts verändert.

Ein typisches Beispiel mangelhaften geistigen Durchdringens des rechtlich-politischen Gleichheitsbereiches ist das Denken des Anarchisten Mikail Bakunin, der einerseits den Staat als eine reine «Abstraktion» begreift, ihn andererseits aber durch «Kommunen» und «Föderationen» ersetzen will. Unbestritten ist es in vielen Fällen (wenn auch nicht in allen) angebracht, die demokratische Verwaltung zu «dezentralisieren», in kleinere Einheiten aufzusplitten. Dies ändert jedoch nichts an den Prinzipien der politisch fungierenden Einheit selbst, also daran, daß deren Verwaltung u.a. auf Mehrheitsentscheid fußen muß. Funktioniert der demokratische Entscheidungsprozeß nicht so, wie er sollte, sind denn auch die negativen Wirkungen in der kleineren politischen Einheit oft nicht weniger ernst als in der größeren. Die kommunale «Bürokratie» kann ebenso große Ungerechtigkeit hervorbringen und gleichermaßen repressiv wirken wie die staatliche.

Damit soll keineswegs behauptet werden, die anarchistische Kritik der bestehenden Gesellschaft, in der der Staat seiner Funktion als Organ rechtlich-politischer Gleichheit in vielerlei Hinsicht nicht gerecht wird, sei nicht treffend und angemessen. So kann man Bakunin nur darin zustimmen, daß der Staat «die Gesellschaft (beherrscht) und geneigt ist, diese vollständig aufzusaugen», und daß es unter diesem Gesichtspunkt nicht notwendig einen Unterschied zwischen dem absolutistischen und «einem republikanischen Staat, auf allgemeinem Stimmrecht basierend», geben muß. Im letzteren Fall kann dies sogar «despotischer» sein.[4] Worauf Bakunin hier aufmerksam macht, ist der von uns in mehreren Zusammenhängen betonte Sachverhalt, daß die totale Demokratie eine totalitäre Regierungsform ist, insofern das Prinzip von Gleichheit und Mehrheitsentscheidung für gesellschaftliche Bereiche geltend gemacht wird, in denen es nicht anzuwenden ist.

Im großen und ganzen ist es jedoch charakteristisch für die anarchistische Gesellschaftsphilosophie, nicht zuletzt für deren «Vater» Pierre Proudhon, daß über die grundlegenden Gesellschaftsprinzipien, deren Eigenart und Geltungsbereich große Unklarheit herrscht. Dies gilt wohlgemerkt nicht nur für das Prinzip der Gleichheit, sondern ebenso für die Freiheit, dem Hauptanliegen des Anarchismus. Wohl kann man solchen Sätzen wie Bakunins nur beipflichten, daß «Freiheit die erste Bedingung für Menschlichkeit ist» und daß eine «freie und spontane Organisation von unten» ohne «Vormundschaft» geschehen muß. Doch stellen sich die eigentlichen Probleme erst bei der Frage, wie diese Freiheit *im Verhältnis* zu Gleichheit und Brüderlichkeit gedacht werden kann, d.h. wie die «soziale Integration der Freiheit» geschehen soll!

Hier bleibt uns der Anarchismus eine Antwort schuldig. Betrachten wir einen Denker wie Max Stirner, stellen wir sogar große Unklarheiten bezüglich des Freiheitsbegriffes selbst fest. In seinem Werk *Der Einzige und sein Eigentum* wird beispielsweise dem «Egoismus» ein Loblied gesungen, als wäre er identisch mit individueller Freiheit. Unter anderem wird «das Eigene» am «Ich» als «Selbstgenuß» charakterisiert. Es liegt hier eine Verwechslung von Individualität und Egoismus vor, wie wir sie bereits als typisch für einen unreflektierten Liberalismus ausgemacht haben. Trotz seines vehement vertretenen Antikapitalismus erinnern gewisse Passagen in Stirners Hauptwerk an einen der entschiedenen Ideologen des heutigen Kapitalismus, Ayn Rand, die den «Egoismus» mit Pathos und Begeisterung preist, ja geradezu zu etwas Heiligem verklärt. So spricht sie von der «Tugend der Selbstsucht» (the virtue of selfishness) und bekämpft (konsequenterweise) jede Form von «Altruismus» (nicht zuletzt den des Christentums). Für den Hyperanarchisten Stirner und die Ultraliberalistin Rand gilt also, daß «sich die Extreme treffen» – es macht dies auch die Unklarheit des Individualitäts- und Freiheitsbegriffes des Anarchismus überaus deutlich.[5] Aßerdem sind die meisten namhaften Anarchisten erklärte Materialisten und Anti-Spiritualisten, was deren Begriff von menschlicher Individualität und Freiheit zusätzlich aushöhlt.

Der *marxistische* Gedanke der Abschaffung des Staates ist in erster Linie von Engels und Lenin ausgeführt worden. Bei ihnen begegnet uns pointierter als bei den Anarchisten die Auffassung vom Staat als ausschließlichem Unterdrückungsmittel in den Händen der herrschenden Klasse, der deshalb in der «klassenlosen» Gesellschaft verschwinden wird, d.h. schlicht «dahinwelkt» oder «von selbst abstirbt», wie es bei Engels heißt. «Sie (die Klassen; H.H.)», schreibt Engels beispielsweise in *Der Ursprung der Familie, des Privateigentums und des Staates,* «werden fallen, ebenso unvermeidlich wegfallen, wie sie früher (in früheren Stadien der Produktionsentwicklung; H.H.) entstanden sind. Mit ihnen fällt unvermeidlich auch der Staat», indem «die Gesellschaft ... die ganze Staatsmaschinerie dahin (versetzt), wohin sie dann gehören wird: ins Museum der Altertümer ...»[6]

Lenins Beitrag hierzu bestand in der Feststellung, der Wegfall des Staates könne erst die spätere und «höhere Phase» der kommunistischen Gesellschaft betreffen. So heißt es in seinem *Staat und Revolution,* daß «beim *Übergang* vom Kapitalismus zum Kommunismus die Unterdrückung ... *noch* notwendig (ist)», wenn auch als eine «Unterdrückung der Minderheit der Ausbeuter durch die Mehrheit der Ausgebeuteten». Deshalb ist auch «ein besonderer Apparat, eine besondere Maschinerie zur Unterdrückung, ‹ein Staat›, ... noch notwendig».[7] Es ist im übrigen dieser «Übergangsstaat», den Lenin mit der «Diktatur des Proletariats» meint, dessen «Kontrolle eine wirklich universelle werden» wird, «dann wird man sich ihr auf keine Weise entziehen können, wird man sich vor ihr ‹nirgends retten› können.» Aber dieser Übergangsstaat ist also kein «letztliches Ziel», sondern soll gerade «absterben», nämlich dann, «wenn *alle* gelernt haben werden, ... die gesellschaftliche Produktion zu steuern».[8]

Diese Zitate aus *Staat und Revolution* belegen überaus deutlich das mangelnde Verständnis des Leninismus dafür, daß wahre politische Befreiung nur auf Basis der gleichberechtigten Teilnahme freier Individuen in Entscheidungsprozessen denkbar ist, wie ihm auch das Verständnis dafür fehlt, daß das ökonomische Leben («die gesellschaftliche Produktion») nicht politisch organisiert werden kann. Alles zusammen hat seine Ursache offenbar darin, daß die menschliche Individualität nicht als Basis der Gesellschaftsordnung gesehen wird. Dies wiederum hat zweifellos seinen Grund im historischen Materialismus, der das Bild eines Individuums zeichnet, das als bloßes Produkt der gesellschaftlichen Verhältnisse aufzufassen ist.

Es gibt offenbar Gemeinsamkeiten, aber auch klare Unterschiede zwischen der marxistischen und der anarchistischen Vorstellung von der Abschaffung des Staates. Eine wesentliche Gemeinsamkeit besteht darin, daß sie durch eine Art «Selbststeuerung» vonstatten gehen soll, wobei man sich jedoch, wie gezeigt, den politisch-demokratischen Prinzipien von Stimmabgabe und Mehrheitsentscheid mit ihren exekutiven Organen nicht entziehen kann. Der Marxismus wird damit von den gleichen Einwänden getroffen, die wir gegen die anarchistische Version der Abschaffung des Staates angeführt haben. Diese Ignorierung der *legitimen* Funktion des rechtlich-politischen Lebens und damit des Staates – z.B. als Garant für Freiheitsrechte – war für den Marxismus folgenreich. Es dürfte kaum bezweifelt werden können, daß dies eine wichtige Ursache dafür ist, daß der Marxismus generell (also nicht nur in der leninistischen Variante) im Gegenteil zu einer *Ausdehnung* der Macht des Staates geführt hat, sobald man versuchte, seine Theorie in die Praxis umzusetzen. Das scheinbare Paradoxon, daß man stärkt, was man doch eliminieren will, ist nicht zuletzt auf die mangelhafte Erkenntnis von Eigenart, Aufgabe und Grenzen des rechtlich-politischen Lebens zurückzuführen; unwillkürlich resultiert dies darin, daß der Ruf nach dem Staat laut wird, als ob dieser *alle* gesellschaftlichen Aufgaben lösen könne. Der Staat wird damit unweigerlich *totalitär.* Staat und Gesellschaft werden miteinander identifiziert.

Daß der Anarchismus, dessen Staatstheorie nicht weniger mangelhaft ist, sich nicht in ähnliche Schwierigkeiten verstrickt hat, muß wohl darauf zurückgeführt werden, daß er nie wirklich praktisch auf die Probe gestellt worden ist. Ansonsten gibt es jedoch auch gewichtige theoretische Unterschiede zum Marxismus, insbesondere dem Leninismus, vor allem was den Weg zur «Abschaffung des Staates» angeht. Auch verfügt der Marxismus über eine feiner elaborierte «Klassentheorie» vom Staat. Diese Theorie wollen wir näher besehen, da die marxistische Theorie vom Absterben des Staates in ihr ihre Begründung findet.

In dem bereits angesprochenen Werk von Engels wird (in polemischer Spitze gegen Hegel) betont, daß der Staat nicht «die Realisierung der moralischen Idee» oder der «Vernunft» sei. In *gewissem* Sinne ist er *dies* allerdings gerade, und zwar insoweit er ein praktischer Ausdruck des *Prinzips* (oder also der Idee) von menschlicher Gleichwertigkeit ist und – insoweit es sich um einen demokratisch funktionierenden Staat handelt – auf *Rationalität* im politischen Dialog basiert (wie wir in Anknüpfung an Jürgen Habermas gezeigt haben). Als eine solche «Idee» und eine solche «Vernunft» ist der Staat ein wichtiger Teil des rechtlich-politischen Bereichs und ganz und gar nicht das, was Engels im weiteren behauptet: «ein Produkt der Gesellschaft auf bestimmter Entwicklungsstufe (d.h. der Produktionsentwicklung; H.H.)».[9]

Hier wird auch deutlich, was Engels' Auffassung bestimmt – in diesem Punkt und in letzter Instanz auch seine Auffassung, daß der Staat in einem kommunistischen System gesellschaftlicher Produktion «absterben» müsse. Es ist sein ***historischer Materialismus***: daß Ideen und Prinzipien ebenso wie Gesellschaftsformen vollständig aus der Entwicklung der Produktivkräfte und Produktionsverhältnisse abgeleitet sein sollen. Wir haben diese Theorie bereits erörtert und in anderen Zusammenhängen zurückgewiesen.

Wir haben uns nun verhältnismäßig ausführlich mit der marxistischen und anarchistischen Staatsauffassung beschäftigt, nicht nur deshalb, weil sie historisch wie aktuell eine starke Anziehungskraft ausüben bzw. ausgeübt haben, sondern weil sie sich anbieten, das von uns reflektierte Thema zu erhellen: das Verhältnis des rechtlich-politischen Lebens zu den übrigen Bereichen des gesellschaftlichen Lebens, insbesondere dem ökonomischen Bereich. Unsere Schlußfolgerung ist, daß beide Auffassungen zurückgewiesen werden müssen, weil keine von ihnen die Spezifika dieses Verhältnisses angemessen berücksichtigt, mit all den daraus bekannten, fatalen Konsequenzen. Dies vorweggeschickt, wollen wir jedoch ausdrücklich hervorheben, daß wir damit nicht die Kritik des Marxismus und Anarchismus am *existierenden*, «bürgerlichen» Staat zurückweisen, eine Kritik, die ganz im Gegenteil oft außerordentlich treffend gewesen ist. So teilen wir in entscheidenden Punkten die marxistische Auffassung, daß die Freiheit ebenso wie Gleichheit und Gerechtigkeit in diesem Staat oft mehr formell als reell sind.

Desgleichen gehen wir sehr weitreichend z. B. mit dem Anarchisten Peter Kropotkin einig, wenn dieser mit Vehemenz darauf verweist, daß die vielgepriesene Toleranz in der bürgerlichen Gesellschaft nur so lange aufrechterhalten wird, wie sie nicht ernsthaft an den Grundfesten und «Privilegien» *dieser* Gesellschaft rüttelt. Das «Stimmrecht» ist in der bürgerlichen Gesellschaft (bei der dort anzutreffenden Organisation des ökonomischen Bereichs) nach Kropotkin «eine hervorragende Waffe zur Aufrechterhaltung der Macht, kraftlos jedoch im Kampf gegen die Privilegien der Bürgerschaft».[10] Sein Urteil hat wohl im großen und ganzen noch nichts an der Gültigkeit eingebüßt, die es für die bürgerliche Gesellschaft der Jahre um 1880 hatte.

Wenn auch die bürgerliche Gesellschaft und das kapitalistische System auf verschiedene Weise Freiheit und Demokratie hemmen und untergraben (im Spätkapitalismus insbesondere durch die Kommerzialisierung und die Bildung mächtiger Interessensgruppen), so ist doch, wie wir gezeigt haben, in die marxistische Theorie selbst eine Mißachtung von Freiheit und Demokratie eingebaut. Wir wollen hier erneut auf die Klassentheorie zurückkommen. Diese Theorie, mit ihrer Betrachtung der einzelnen Individuen als von ihren «Klasseninteressen» völlig bestimmt, betont die kollektive Gruppe, die Masse (oder die «Menge», wie Kierkegaard sagen würde) auf Kosten des einzelnen, was auch für das «Proletariat» als Klasse gilt. Überhaupt ist für den Marxismus kennzeichnend, daß er keine klare Unterscheidung trifft zwischen der auf einzelnen Individuen als *Individualitäten* basierenden menschlichen Gemeinschaft und der bloß kollektiven Einheit, die irgendeine Gruppe oder «Masse» an und für sich repräsentiert.

Das hier Gesagte gilt mit gewissen Modifikationen denn auch für den Begriff der Gruppe bei dem Marxisten Sartre. Er trennt zwar durchaus scharf zwischen «Gruppe» und dem, was er «Serialität» nennt, indem «die Gruppe» als eine Gemeinschaft von aktiv wirkenden Individuen verstanden wird, während «Serialität» Individuen als bloße Teile einer Masse meint. Doch die aktive Tätigkeit der Individuen in der «Gruppe» ist nach Sartre nichtsdestoweniger von einem gemeinsamen (d.h. allgemeinen) Motiv bestimmt, was jedoch die individuelle Freiheit gerade ausschließt, deren Eigenart, wie wir immer wieder betont haben, gerade darin besteht, daß der einzelne selbst das Motiv seiner Handlung hervorbringt. «Die Gruppe», schreibt Sartre, «konstituiert sich von einem Bedarf oder einer gemeinsamen Gefahr aus und wird durch ein gemeinsames Ziel definiert, das die gemeinsame Praxis bestimmt».[11]

Es ist allerdings der Erwähnung wert, daß dieses kollektivistische Denken von den Individuen als Gruppe, Klasse oder Masse einen geradezu milden Charakter erhält, vergleicht man es mit dem offenen Bekenntnis zur Nichtigkeit des einzelnen Individuums im *Faschismus* und *Nationalsozialismus* unseres Jahrhunderts; man denke nur an Hitlers «Du bist nichts, dein Volk ist alles». Denn hier haben wir es nicht mit einer nur totalitären *Tendenz* wie im Marxismus zu tun, in dem das Totalitäre in der Theorie nicht intendiert und im schlimmsten Fall (Leninismus) nur als eine «Übergangsphase» gedacht ist. Im Faschismus und Nationalsozialismus wird das Aufgehen des Individuums in der Masse und die Unterwerfung unter die Autorität im allmächtigen Staat («der Führer») sowohl als Weg wie als Ziel («das Dritte Reich») proklamiert. Hinzu kommt der *Kult* von Gewalt und Brutalität, der dem Marxismus fremd ist. Obwohl Marxismus wie Nationalsozialismus zur Unterdrükkung des Individuums, zu Meinungsterror und Verfolgung geführt haben, darf aber keinesfalls ohne Erwähnung bleiben, daß sie höchst verschiedene *Ursachen* haben; und eine Gesellschaftsanalyse, die sich dem Kampf wider das Schlechte verschrieben hat, muß sich vor allem mit *diesen* beschäftigen.

Es steht des weiteren außer Frage, daß der Marxismus der sozialen Problematik entspringt, die aus der europäischen (heute auch globalen) Individualitäts-, Freiheits- und Rationalitätsentwicklung folgt. Vor diesem Hintergrund reflektiert der Marxismus Fragen der Organisation des sozialen Lebens. Deshalb und trotz seiner Entgleisung in den Materialismus und der Unzulänglichkeit seiner Lösungsversuche – mit zerstörerischen Konsequenzen gerade für die individuelle Freiheit – stellt der Marxismus unsere Zeit vor eine intellektuelle wie praktische Herausforderung. Nationalsozialismus und Faschismus dagegen sind ein durch und durch ahistorisches und irrationales Zeitphänomen und eine blinde Reaktion auf die sozialen Probleme. Der Nationalsozialismus ist eine «*nihilistische* Revolution» und fällt (u.a. durch seine «Mystifizierung» der Gruppe) sogar bis auf das Stadium der alten Blutsbande und damit weit hinter die beschriebene historische Entwicklung zurück. Mit seiner Rassendiskriminierung und seinem expliziten Sozialdarwinismus – der den Menschen als rein biologisches Wesen und deshalb gerade nicht als Individualität begreift – stellt der Nationalsozialismus (und der eng verwandte Faschismus) die reaktionärste Strömung der heutigen Zeit dar. (Dies wohlgemerkt nicht nur in politischer, sondern in einer historischen, die Entwicklung der letzten Jahrtausende umfassenden Perspektive.

Der Nationalsozialismus (und der Faschismus) repräsentiert somit einen tiefgreifenden Bruch mit der gesamten Menschheitsentwicklung, die wir in unserer Studie als eine Entwicklung hin zu Individualität und Freiheit, Rationalität und Sozialität beschrieben haben. In diesem Licht ist er in der Tat ein «Nihilismus», als den ihn ein hervorragender Kenner des deutschen Nationalsozialismus charakterisiert hat: Der Nationalsozialismus ist ein vollständig «doktrinloser Dynamismus», eine «permanente Revolution» um der Revolution willen, deren Träger «als den Sinn des Lebens die Gefährlichkeit ..., als Aufgabe die Herrschaft, als Mittel die Gewaltsamkeit (sehen).» Für diese «skrupellose Bewegung des Nihilismus» ist «selbst die Vernunft entwertet», indem der Mensch als «ein Triebwesen, das Impulsen folgt wie das Tier», betrachtet wird.[12]

Die bedingungslose Huldigung des «starken Staates» durch Nationalsozialismus und Faschismus ist jedoch trotz seines Anachronismus' und seiner gedanklichen Unklarheit im Rahmen unserer Erörterung der zeitgenössischen Auffassung vom Charakter des politischen Lebens im allgemeinen und vom Wesen des Staates im besonderen erwähnenswert. Eine Analyse des Nationalsozialismus respektive Faschismus unterstreicht zusätzlich (über das zu Marxismus und Anarchismus Gesagte hinaus), wie hoch der Stellenwert eines wahren Verständnisses des rechtlich-politischen Bereichs und damit der Natur des Staates für die Frage ist, die wir in diesem Kapitel erörtern: die soziale Integration der Freiheit. Denn die Kränkung der menschlichen *Frei-*

heit und des *individuellen* Sozialbereiches ist der wohl bedrückendste Aspekt des Nationalsozialismus und Faschismus und in seiner Weise auch des Marxismus. Wir erinnern daran, daß dies die Konsequenz sowohl einer extremen Staats*verherrlichung* als auch der Vorstellung von der *Abschaffung* des Staates ist, da der rechtlich-politische Bereich (sein legitimes Funktionieren vorausgesetzt) direkt wie indirekt eine notwendige Bedingung der Freiheit ist.

Eine der eher indirekten Funktionen des rechtlich-politischen Bereiches zur Sicherung der Freiheit ist die gerechte Verteilung der ökonomischen Güter und Ressourcen. Ohne eine solche Verteilung ist die *reelle* Möglichkeit zur Freiheit sehr eingeschränkt. (*Ungleiche* Möglichkeiten in der Entfaltung der Freiheit, von Meinungen, Einsichten und Fähigkeiten werden oft – und dies mit Recht – als Zwang aufgefaßt!) Dagegen ist die Aufgabe des Umweltschutzes mit der traditionellen, *direkten* Funktion des rechtlich-politischen Bereiches gegenüber dem individuellen Bereich verwandt, wie wir es vom rechtlichen Schutz der klassischen Geistes- und Meinungsfreiheiten her kennen. Der Umweltschutz kann in Analogie zu diesem Freiheitsschutz als Wahrung der Integrität der Individuen gesehen werden, mit dem Unterschied, daß der Umweltschutz unmittelbar auch mit dem ökonomisch-materiellen Leben (als dessen rechtliche Begrenzung) zusammenhängt.

Das angesprochene ‹Nutzungsrecht› an Produktionsmitteln ist ein solches Recht, das den individuellen wie ökonomisch-materiellen Bereich berührt. Als Recht muß es vom rechtlich-politischen Bereich her institutionalisiert und sichergestellt werden. Es hat jedoch zusätzlich den besonderen Aspekt, daß es vom individuellen Bereich, vom Geistes- und Kulturleben her, verwaltet werden muß – eine Frage, auf die wir noch eingehen werden.

Wir wollen zunächst unseren Begriff vom ‹Nutzungsrecht› an Produktionsmitteln im Hinblick auf ein bestimmtes Gebiet erweitern, nämlich was die Erde, oder genereller: den *Boden*, betrifft. Im Prinzip haben wir diese Frage zwar bereits in Verbindung mit dem Eigentumsrecht an Kapital im Kapitel «Von Freiheit und Gleichheit zur Gemeinschaft» erörtert; das Eigentum an Grund und Boden (besonders an Ackerland) scheint jedoch spezielle Probleme aufzuwerfen. An keiner anderen Stelle ist das traditionelle Eigentumsrecht an Produktionsmitteln so tief verwurzelt wie hier. Gerade das private Eigentum an landwirtschaftlichem Grund und Boden ist oft mit geradezu religiösem Pathos vertreten worden.

Nichtsdestoweniger sind die Voraussetzungen, auf denen diese eigentumsrechtliche Institution aufbaut, äußerst problematisch. Historisch gesehen geht sie auf das Feudaleigentum zurück, das Eigentum ist heute, in der bürgerlich-kapitalistischen Gesellschaft, nur auf mehr Individuen verteilt. Das Eigentum an Grund und Boden ist also weit davon entfernt, ein «heiliges» Recht zu sein. Eine eingehendere Reflexion – nicht zuletzt ethischer und religiöser Art –, zeigt vielmehr, daß es noch verwerflicher ist als irgendeine andere Form von Privateigentum. Denn worauf man sich hier *privates* (exklusives) Recht anmaßt, ist nichts von Menschenhand Geschaffenes und Vergängliches, sondern ein Teil des Planeten, den wir alle bewohnen und auf den wir existentiell angewiesen sind. Es gehört eine gehörige Portion menschlichen Hochmutes dazu – wie wir ihn denn auch im Zeitalter des institutionalisierten Egoismus antreffen –, die allgemeine private Okkupation unseres Planeten zu sanktionieren oder gar als «heiliges Recht» zu verteidigen. Man wird an die warnenden Worte Rousseaus erinnert: «Die Erde gehört niemandem ...» Denn Boden läßt sich ebensowenig privatisieren wie die Luft und das Meer.

Aus unseren bisherigen, allgemeinen Überlegungen zum Dispositionsrecht über Produktionsmittel (in erster Linie Kapital) ergibt sich, daß ein Dispositionsrecht, auch wenn es Grund und Boden betrifft, einzelnen Individuen in Form des Nutzungrechtes und nicht als Eigentum übertragen werden muß. Mit anderen Worten: Ausschließlich individuelle Einsicht und Fähigkeiten des jeweiligen Nutzers darf Legitimationsgrundlage der Disposition über Grund und Boden sein. Boden darf also nicht – wie beim traditionellen Eigentumsrecht – Gegenstand von Kauf und Verkauf werden oder vererbt werden. Der einzelne Nutzer qualifiziert sich folglich ausschließlich durch eigene Einsicht und eigene Fähigkeiten; das Dispositionsrecht über den Boden wie über andere Produktionsmittel darf keinesfalls aufgrund von finanziellem Vermögen oder von Verwandtschaftsverhältnissen erworben werden können.

Im Prinzip ist dieser Gedanke der heutigen Gesellschaft denn auch nicht völlig fremd. Er ist als Tendenz der Gesellschaftsentwicklung immanent (ähnlich z. B. der Entwicklung des Verhältnisses zwischen Administration und Eigentümern in Industriebetrieben). Was die Umwandlung von Grundeigentum in Nutzungsrecht betrifft, weisen einige aktuelle Reformen deutlich in diese Richtung. Genannt seien hier nur das Gesetz über landwirtschaftlichen Boden, die Konzessionsgesetzgebung und die Änderung des Erbhofrechts. Der alte, von Blutsverwandtschaft bestimmte, sowie der kommerzialistische Eigentumsbegriff hat hier einem Recht weichen müssen, das auf Qualifikationen des einzelnen Individuums (Nutzers) aufbaut.

Das traditionelle Eigentumsrecht an Boden ist in der modernen Gesellschaft auch in anderer Hinsicht geändert oder eingeschränkt worden, und zwar im Hinblick auf die mit dem Eigentum an Boden verbundenen Verfügungsrechte. Wir denken dabei u.a. an Gesetze, die der Allgemeinheit das Recht auf freie Bewegung in der Natur sichern, ohne von einem «Zutritt verboten» daran gehindert zu werden. Hier geht es jedoch weniger um die Disposition über Produktionsmittel (kraft Nutzungsrecht) als um das Recht auf *Konsum*güter, bei denen das *traditionelle* Eigentumsrecht im *Prinzip* gelten muß. In der modernen, hochgradig integrierten Gesellschaft – und insbesondere als Folge der Umwelt- und Ressourcenprobleme – hat sich jedoch auch die Reichweite dieses Rechtes verändert; eine Entwicklung, die sich in der Zukunft fortsetzen wird. Die Zeiten des Privateigentums als Mittel des Prestiges, zu dem Zweck protziger Selbstdarstellung, sind offenbar vorbei. Dies um so mehr, als sie hauptsächlich auf dem kapitalistischen Profit und der Grundrente wie auf der ungerechten Verkopplung von Bedarfsdeckung und dem ökonomischen Wert des Arbeitsproduktes, d.h. der Reduktion menschlicher Arbeit auf eine Ware, beruht. Das Privateigentum als egoistische Selbstbehauptung und -bestätigung ist mit einem brüderlich organisierten, ökonomischen Leben unvereinbar.

Auf der anderen Seite ist das *legitime* Privateigentum ein individuelles Recht, insoweit es die freie Disposition des einzelnen über sein Eigentum, nach *eigenem* Geschmack und *eigener* Bewertung, sicherstellt. In dieser Hinsicht unterscheidet es sich von den oben angesprochenen Umweltrechten (Recht auf reine Luft, Schutz vor Lärm etc.). Letztere sind zwar für das Individuum von fundamentaler Bedeutung, ihrem qualitativen Gehalt nach jedoch für alle *gleich*. Das private Eigentumsrecht ist allerdings nicht so ausgeprägt individuell wie das Nutzungsrecht an Produktionsmitteln, da letzteres mit der individuellsten Seite des Menschen, seiner Einsicht und seinen besonderen Fähigkeiten, zu tun hat. Einsicht und Fähigkeiten eines Menschen stehen mit ihm als *Individualität* in sehr viel engerer Verbindung als die Disposition über Konsumgüter, auf die sich traditionelles Eigentumsrecht bezieht.

Dieser typisch individuelle Aspekt des Nutzungsrechtes an Produktionsmitteln muß daher auch die Art seiner *Verwaltung* bestimmen. Wenn es auch Aufgabe des rechtlich-politischen Bereiches ist, das Nutzungsrecht zu institutionalisieren und zu schützen, so kann es jedoch nicht Aufgabe dieses Bereiches menschlicher Gleichheit sein, dieses Recht zu verwalten. Denn diese Verwaltung betrifft gerade das typischerweise Ungleiche an den Menschen: ihre höchst verschiedenen, individuellen Einsichten und Fähigkeiten.

Die Verwaltung des Nutzungsrechts – die Überführung dieses Rechtes an die verschiedenen Nutzer – muß folglich Aufgabe des *individuellen Sozial-*

bereiches sein. Wer dieses Recht im konkreten Einzelfall bekommen soll, darf nicht von politischen Behörden, sondern muß von Organen entschieden werden, die mit dem Geistes- oder Kulturleben verbunden sind und über entsprechende fachliche Kompetenz auf dem betreffenden Gebiet verfügen. Nur solche Organe sind in der Lage, Qualifikation und Möglichkeiten des jeweiligen Nutzers einzuschätzen. Die Lenkung der Wirtschaft funktioniert ja z. T. bereits heute auf diese Weise: Diejenigen, die Kapital (als Produktionsmittel) disponieren und administrieren, werden nicht nur aufgrund von (finanziellem) Vermögen, Eigentum und Erbverhältnissen – oder von politischen Organen – bestimmt, sondern auch von rein fachlich kompetenten Organen.

Alles, was hier und in einem vorhergehenden Kapitel zum «Nutzungsrecht» gesagt worden ist, sollte verdeutlichen, daß dieses Recht in hohem Maße die *Freiheit* des Menschen sichert – in diesem Fall die Freiheit innerhalb des ökonomischen Bereiches. Es sichert die Entfaltung von individueller Einsicht, individueller Initiative und individuellen Fähigkeiten. Das Nutzungsrecht an Produktionsmitteln nimmt damit bei der Frage nach der «sozialen Integration der *Freiheit*» eine vergleichbare Stellung ein wie das Recht auf Meinungsäußerung im Geistesleben und gleiche Bedingungen für verschiedene Meinungen im politischen Leben. Das Nutzungsrecht ist insoweit analog der rechtlichen Sicherung individueller Freiheit im demokratischen Entscheidungsprozeß.

Bei der bisherigen Diskussion des Nutzungsrechtes ging es im wesentlichen darum, seine prinzipielle Notwendigkeit aus der Eigenart der verschiedenen Sozialbereiche und deren Beziehung zueinander abzuleiten. Es bleibt nun noch näher zu diskutieren – soweit der Rahmen unserer Erörterung dies zuläßt –, in welcher Beziehung das Nutzungsrecht zu dem *zentralen* und *spezifischen* Prinzip des ökonomischen Lebens steht: der Brüderlichkeit und gemeinschaftlichen Zusammenarbeit. Damit stellen wir die Frage nach der generellen Organisation des ökonomischen Lebens, was Thema des nächsten Kapitels sein soll.

16

DREIGLIEDERUNG UND SELBSTVERWALTUNG DER GESELLSCHAFT

Als Basis für die weiteren Erörterungen zur Organisation des ökonomischen Bereichs wollen wir die bisherigen Überlegungen in einer schematischen Übersicht der verschiedenen Sozialbereiche und ihrer Beziehungen zueinander zusammenfassen. (Das Schema stellt notwendigerweise eine Vereinfachung dar; es sei im übrigen auf die früheren schematischen Darstellungen in den Kapiteln 12 und 14 verwiesen.)

BEREICH DES GEISTES- UND KULTURLEBENS
Sphäre der Freiheit
individuelle Einsicht und Überzeugung, individuelle Fähigkeiten (Schule, Forschung, Kunst, Religion)

Politische Öffentlichkeit
«herrschaftsfreier Dialog», verschiedene Foren (z.B. Presse)

BEREICH DES RECHTLICH-POLITISCHEN LEBENS
Sphäre der Gleichheit
demokratischer Entscheidungsprozeß: Legislative und Exekutive (Parlament u.ä. bzw. Staat, Kommune, Rechtswesen)

Rechtsschutz
der individuellen, gleichen Rechte (z.B. freie Meinungsäußerung, freie Schule, Eigentumsrecht, Recht auf Umwelt, Nutzungsrecht an Produktionsmitteln)

Geschenk

Steuer

Entfaltung individueller Einsicht und individueller Fähigkeiten
kraft des Nutzungsrechtes an Produktionsmitteln, Kapital und Boden

Sicherung des gleichen Rechtes auf Bedarfsdeckung (incl. sozialer Rechte) und *gleicher Rechte auf Ressourcen*

BEREICH DES ÖKONOMISCHEN LEBENS
Sphäre der Brüderlichkeit
Arbeit als gegenseitige Hilfe zur gemeinsamen Bedarfsdeckung und ökonomische Tätigkeit überhaupt, basierend auf dem Zusammenwirken der unterschiedlichen Kooperationsorgane (vgl. die folgende Erörterung)

Wir wollen die in den letzten Kapiteln geführte Diskussion nicht weiter zusammenfassen: Im Hinblick auf die nun folgenden Überlegungen ist jedoch wichtig, die *dreigegliederte* Struktur der menschlichen Gesellschaft hervorzuheben, die sich aus den bisherigen Überlegungen ergeben hat und aus dem obigen Schema deutlich hervorgehen dürfte. Wir knüpfen damit explizit an traditionales und zeitgenössisches sozialwissenschaftliches Denken, insbesondere aber an Rudolf Steiner und seine soziale «Dreigliederungslehre», an. Steiner ist uns mit seiner Betonung des Zusammenhangs zwischen den verschiedenen sozialen Bereichen und den Idealen von «Freiheit, Gleichheit und Brüderlichkeit» eine Quelle der Inspiration und eine Orientierungshilfe bei unseren bisherigen Erörterungen gewesen. Diesen Zusammenhang zwischen den Sozialbereichen und den besprochenen Idealen drückt Steiner selbst in seiner Schrift *Die Kernpunkte der sozialen Frage* folgendermaßen aus: «... die wahre soziale Bedeutung dieser drei Ideale (tritt) erst zutage ... durch das Durchschauen der notwendigen Dreigliederung des sozialen Organismus», in dem jeder dieser Bereiche («Geistesleben», «Rechtsstaat» und «Wirtschaft») «aus einem dieser Impulse seine Kraft schöpfen (kann).»[1]

Auf der anderen Seite haben wir die Eigenart und die jeweiligen Prinzipien der drei Gesellschaftsbereiche auf unsere Weise abgeleitet, in erster Linie auf dem Hintergrund eines ausgearbeiteten Begriffes der menschlichen Individualität und deren historischer Genese. So versuchten wir, die jeweilige Eigenart des «Geistes- und Kulturlebens» und des «rechtlich-politischen Lebens» sowie die Unterschiede zwischen ihnen durch eine historische und systematische Erörterung des Heranwachsens der Demokratie (anknüpfend an Jürgen Habermas) aufzuzeigen. Weiterhin versuchten wir auf diese Weise, die Prinzipien der erwähnten Sozialbereiche (‹Freiheit› bzw. ‹Gleichheit›) und nicht zuletzt das Zusammenspiel zwischen ihnen abzuleiten. Das Zusammenspiel zwischen dem Geistes- und Kulturleben und dem «ökonomischen Leben» haben wir durch Vertiefung des klassischen Begriffes von ‹individueller Freiheit› darzulegen versucht, wobei wir in der liberalistischen Tradition unseren Ausgangspunkt nahmen. Und schließlich haben wir das Prinzip der ‹Brüderlichkeit› für den ökonomischen Bereich entwickelt, indem wir darauf verwiesen, daß sowohl die rechtlich-politische Idee von menschlicher Gleichwertigkeit als auch das Wesen der Arbeit eine Trennung von Arbeit und Bedarfsdeckung sowie eine neue Motivation der Arbeit als ‹gegenseitige Hilfe› erfordern. Ausgegangen sind wir dabei von einer historischen Erörterung des Arbeitsverständnisses (von John Locke bis zur Gegenwart) sowie von einer systematischen Diskussion des Unterschiedes zwischen ‹Individualität› bzw. individueller Freiheit und ‹Egoismus›.

Unsere Methodik und damit wesentliche Züge unserer Erörterung der Lehre vom dreigliedrigen Aufbau oder der «Dreigliederung» der menschlichen Gesellschaft unterscheiden sich damit von der Darstellungsweise Steiners in der erwähnten Schrift. Gleichwohl stimmen wir in fundamentalen Überlegungen und Schlußfolgerungen mit dieser bahnbrechenden Schrift überein.

Wir deuteten bereits an, daß unsere Auffassung von einer dreigegliederten Struktur der Gesellschaft auf «Traditionen» aufbaut, wenngleich diese nur in groben Zügen mit unseren Standpunkten vergleichbar sind. Daß es eine solche Tradition gibt, verwundert denn auch nicht sonderlich, da diese dreigliedrige Struktur in der Natur des Menschen selbst verwurzelt ist. Ausgehend von den Stichworten «Geistesleben», «politisches Leben» und «ökonomisches Leben» lassen sich die drei Bereiche in gewisser Hinsicht bereits in den drei «Mächten» der mittelalterlichen Gesellschaft: Geistlichkeit, Fürst und Adel, ausmachen (vgl. unsere Darstellung in den Kapiteln «Freiheit und Sozialität» und «Die Befreiung der Sozialität und deren Bedrohung»). Diese «Mächte» waren dabei, was die Verwaltung ihrer jeweiligen «Bereiche» anging, relativ selbständig im Verhältnis zueinander, jedenfalls in bestimmten historischen Perioden. Zumindest gilt dies für die Kirche (religiös-kultureller Bereich) und den Fürsten (Staatsverwaltung), aber wohl auch für den ökonomischen Bereich; hier läßt sich das Bild komplettieren durch einen Hinweis auf die verhältnismäßig weitgehend selbstverwaltete Wirtschaft auf der Basis des Zunftwesens.

Zugleich muß bei einer derartigen historischen Rückschau jedoch entschieden betont werden, daß sich zur damaligen Zeit die menschliche Individualität noch nicht ernsthaft auf der gesellschaftlichen Ebene auslebte, so daß sich die damaligen Gesellschaftsbereiche inhaltlich wesentlich von den heutigen unterschieden. Ja, bei ausdrücklicher Betonung dieser Einschränkung können wir eine dreigegliederte Gesellschaftsstruktur sogar bis in die Antike aufspüren, so z.B. in Platons Staatslehre. Seine Aufteilung des idealen Staates in drei «Stände», «die Philosophen», «die Wächter», «die Handwerker und Bauern», zeigt deutliche Parallelen zu unserer Einteilung in «Geistesleben», «rechtlich-politisches Leben» und «ökonomischer Bereich» auf. Es gibt jedoch auch wesentliche Unterschiede, die zu betrachten von Interesse sein kann.

Erstens denkt Platon, die verschiedenen Bereiche nicht als *gleichrangig* im Hinblick auf ihre Funktionen, indem die beiden letzteren dem ersten untergeordnet werden: «Die Philosophen sollen regieren», d.h. das «Geistesleben» wird nicht nur den übrigen übergeordnet, sondern ihm wird sogar eine politische (!) Funktion beigelegt. Es liegt hier also eine Form von «Theokratie» vor, eine Staatsform, die wir, von unserem Verständnis einer dreigegliederten Gesellschaftsstruktur ausgehend, mit Bestimmtheit zurückgewiesen haben. An dieser Stelle wird deutlich, daß wir es mit völlig verschiedenen Zeitaltern und historischen Entwicklungsstufen zu tun haben! Platon lebte in einer Zeit, bevor die menschliche Individualitätsentwicklung sich ernsthaft vollzog – wir haben diese mit dem Aufkommen des Christentums und z.B. mit dem Philosophen Augustinus in Verbindung gebracht. Für Platon war es daher unmöglich, jedem einzelnen Menschen *als solchem* eine gleichwertige Teilnahme am politischen Leben und an der politischen Steuerung zuzubilligen.

Wir wollen in diesem Zusammenhang daran erinnern (vgl. Kapitel «Freiheit und Sozialität»), daß die Antike in ihrem Gesellschaftsverständnis noch keinen Begriff von menschlicher Individualität kannte, was damit zusammenhing, daß die Antike Erkenntnis ausschließlich als Einsicht in das Allgemeine begriff. Mit Bezug auf Platons Staatslehre charakterisiert Wilhelm Windelband dies folgendermaßen: «Getreu dem logischen Prinzip der Ideenlehre», d.h. ihrer «auf das Allgemeine gerichteten Tendenz», «ist das im ethischen Sinne wahrhaft Seiende nicht der einzelne Mensch, sondern die Menschheit, und ihre Erscheinung ist die organische Verbindung der Individuen im *Staat*».[2]

Soviel zu dem fehlenden Sinn für Individualität in Platons Staatslehre und ihrem daraus folgenden theokratischen oder elitistischen Charakter. *Zweitens* zieht Platon Grenzen nicht nur zwischen den verschiedenen Gesellschaftsbereichen (dem Rang nach), sondern gleichermaßen zwischen Gruppen von *Menschen* – sein Staat gerät damit zu einem typischen Klassenstaat. Vor dem Hintergrund der folgenden, Jahrtausende währenden Entwicklung menschlicher Individualität ist jedoch nur eine Grenzziehung zwischen den verschiedenen *Funktionen* der Gesellschaftsbereiche legitim, nicht jedoch eine Grenzziehung zwischen Individuen oder Gruppen von Individuen. Zwar wird auch der Mensch der heutigen Gesellschaft seinen Tätigkeitsbereich hauptsächlich innerhalb einer der drei sozialen Bereiche haben, z.B. im Geistes- und Kulturbereich. Doch wird er als Bürger einer demokratischen Gesellschaft am politischen Leben teilnehmen und mitbestimmen und durch seine Arbeit im ökonomischen Leben stehen. Entsprechendes gilt für Menschen, die ihre Haupttätigkeit innerhalb eines der letztgenannten gesellschaftlichen Bereiche haben. Auch hier liegt ein fundamentaler Unterschied zu Platons Staatsutopie vor, in der zum einen keine Demokratie herrscht und zum anderen nur der Stand der «Erwerbsleute» im ökonomischen Sinne arbeitet. Wir werden im übrigen die

Frage noch vertiefen, in welchem Maße und in welcher Weise der einzelne heutzutage in den verschiedenen sozialen Bereichen teilnimmt und wie stark er in ihre jeweiligen Funktionsbereiche hineingestellt ist.

Nach diesem kurzen Exkurs in Antike und Mittelalter wollen wir zunächst darauf eingehen, wie die Dreigliederung der Gesellschaft in der Gegenwart zum Ausdruck kommt, und zwar explizit als Auffassung von der Gesellschaft. In erster Linie ist hier der deutsche Philosoph Eduard von Hartmann zu nennen, der in der zweiten Hälfte des vorigen Jahrhunderts lebte und als ein nicht unbedeutender Vorläufer des Dreigliederungsdenkens angesehen werden kann. In seinem Werk *Philosophie des Unbewußten* sieht er in der Herauskristallisierung und Verselbständigung der drei angesprochenen sozialen Bereiche eben einen (als Idee des «Unbewußten») tendenziell existierenden Befreiungsimpuls in der historischen Entwicklung der Menschen am Werke! Hartmann macht dies u.a. als eine «Getrenntheit von Staat und Gesellschaft» aus, wobei letztere «das weite Gebiet der Lebensbeziehungen und Verkehrsformen, die nicht mit den Begriffen Staat und Kirche gegeben sind, (umfaßt)» und, «positiv ausgedrückt, die *Organisation der Arbeit* im weitesten Sinne (ist)». Es geht, mit anderen Worten, um eine «Trennung des wirtschaftlichen, politischen und religiös-kirchlichen Parteiwesens, deren jedes seine besondere Stätte zur legitimen Entfaltung braucht».[3]

Das hier Angesprochene sind trotzdem nur Ansätze zu einer Lehre von einer «Dreiteilung» der menschlichen Gesellschaft, verglichen mit der erst in unserem Jahrhundert von Rudolf Steiner geleisteten Arbeit, die zuerst in den *Kernpunkten der Sozialen Frage* 1919 publiziert wurden. Steiners Lehre, dessen Inhalt er selbst als «Dreigliederung des sozialen Organismus» charakterisierte, war Auslöser einer breiten sozialen Bewegung, die sich in der Gegenwart beispielsweise in Kontinentaleuropa in der Bewegung «Dritter Weg» niedergeschlagen hat; ihr haben sich u.a. eine Reihe tschechischer Reform-Kommunisten des «Prager Frühlings» von 1968 angeschlossen. Auf die verschiedenen Aktivitäten, die sich seit Beginn der siebziger Jahre im Anschluß an diese Bewegung entfaltet haben, kann hier nur hingewiesen werden.[4] Aufbauend auf Steiners Arbeiten ist zudem eine sehr umfangreiche «Dreigliederungsliteratur» entstanden, oft an praktischen Alternativen in verschiedenen Bereichen innerhalb der existierenden Gesellschaft anknüpfend. Dieser Literatur gilt hier unser besonderes Interesse, denn in Anlehnung an einen Teil dieser Literatur wollen wir die erforderliche nähere Erörterung der «Organisation des ökonomischen Lebens» leisten.

In der schematischen Darstellung, die wir an den Anfang des Kapitels gestellt haben, hatten wir diese Organisation vorläufig als «Zusammenarbeit in verschiedenen Kooperationsorganen» charakterisiert; die Art dieser Organe muß nun diskutiert werden – eine Diskussion, die sich verständlicherweise auf prinzipielle Aspekte beschränken muß. Wir wollen hierbei von einem bereits angesprochenen Aspekt dieser Kooperationsorgane ausgehen, nämlich deren Aufgabe hinsichtlich der Verwaltung oder Überführung des Nutzungsrechtes an Produktionsmitteln. Hieraus ergibt sich bereits einiges über den Charakter dieser Kooperationsorgane, z.B. die Notwendigkeit einer fachlichen Kompetenz zur Beurteilung der Fähigkeiten und Möglichkeiten des einzelnen Nutzers.

Rudolf Steiner nennt diese Kooperationsorgane «Assoziationen», eine Bezeichnung, die aus der sozialistischen Theorie und Tradition bekannt ist und beispielsweise auch von Marx verwendet wird. Doch bereits die Ausführungen über das (der sozialistischen Tradition fremde) Nutzungsrecht zeigen, daß die Bezeichnung in unserem Zusammenhang einen wesentlich anderen Inhalt hat. Dies liegt offensichtlich daran, daß die sozialistische Tradition auf Einsicht, Fähigkeiten und Initiative des *einzelnen* innerhalb des ökonomischen Lebens nicht sonderlich Rücksicht genommen hat. Steiner dagegen hebt ausdrücklich hervor, daß das Produktionsleben nur funktionieren kann, wenn man «die individuellen Fähigkeiten der Menschen in der möglichst besten Art in die Erscheinung treten (läßt)», was «nur geschehen (kann), wenn ein *Gebiet* des sozialen Organismus vorhanden ist, das dem Fähigen die freie Initiative gibt, von seinen Fähigkeiten Gebrauch zu machen, und das die *Beurteilung* des Wertes dieser Fähigkeiten durch freies Verständnis für dieselben bei andern Menschen *ermöglicht.*»[5] Dieses «Gebiet» für die «Beurteilung» der einzelnen Fähigkeiten soll nun eben die angesprochene «Assoziation» sein.

Nun kann mit Recht gefragt werden, ob nicht das «Nutzungsrecht» an Produktionsmitteln und die sie vermittelnde «Assoziation» lediglich auf Einsicht und Fähigkeiten der «Führungsschicht» abstellt. Es ist deshalb zu unterstreichen, daß das Gesagte prinzipiell für alle «Ebenen» in der Produktion gilt, was in der Praxis allerdings eine *Differenzierung* sowohl des Nutzungsrechtes als auch des Assoziationsbegriffes erforderlich machen wird. Wir wollen zunächst auf den Begriff des Nutzungsrechtes an Produktionsmitteln näher eingehen. Dieses Nutzungsrecht muß also, weil es die «Entfaltung der bestimmten Einsicht und der individuellen Fähigkeiten» der einzelnen Individuen innerhalb der ökonomischen Tätigkeit rechtlich gewährleisten soll, prinzipiell für *jeden* gelten, der innerhalb des ökonomischen Bereiches arbeitet. Der Hinweis auf faktische Unterschiede zwischen den verschiedenen

Ebenen im Produktionsleben und der dispositiven Funktion ist deshalb nur eine Frage nach der adäquaten Ausgestaltung des Nutzungsrechtes.

Der Freiburger Ökonom Folkert Wilken, der sich mit dieser Frage im Rahmen der sozialen Dreigliederungslehre beschäftigt hat, hat auf die unterschiedlichen *Arten von Kapital* hingewiesen, auf die sich Produktionsleitung bzw. andere Formen der Arbeit mit Produktionsmitteln beziehen. Ersteres charakterisiert er als «Investitionskapital», letzteres als «Produktionskapital», das in Maschinen, Werkzeugen usw. «materialisierte» Kapital. Daneben operiert er mit einem dritten Kapitalbegriff: ‹Überschußkapital›, der jedoch in diesem Zusammenhang nicht von Interesse ist. Er betont, daß es sich auch beim «Produktionskapital» um ein «wirtschaftlich schöpferisches Element» handelt, wenn auch mit einer anderen Art von «Geistmanifestation im Wirtschaftsleben, als die, welche in der Aktivität des Unternehmers besteht». Es geht hier um eine Entfaltung von Einsicht und Fähigkeiten, z.B. fachlich-technischer Art, vermittelt durch die materiellen Produktionsmittel, die sich «in der Steigerung der Arbeitsproduktivität des Betriebes (auswirkt)».[6]

Dies begründet gerade ein *Nutzungsrecht* an Produktionsmitteln! Hat doch dieses Recht seine Begründung eben darin, daß der einzelne seine Einsicht und seine Fähigkeiten – als ein wesentlicher Teil seiner Individualität – vermittels seiner Arbeit entfaltet, oder, mit den Worten Wilkens: «Die Arbeitstätigkeit entspringt aus dem Zentrum der menschlichen Persönlichkeit.» Dann gibt es «auf dieser sozialen Ebene ... keinen Unterschied zwischen dem Unternehmer, den Angestellten und den Arbeitern», weil es hier darum geht, daß «die Menschenwürde im Wirtschaftsleben zur Geltung (kommt)». Der ganze Unterschied besteht darin, daß «die an der Spitze stehende Leitung ... das Ganze, der an der Drehbank schaffende Arbeiter ... *seinen Arbeitsplatz* (verantwortet)».[7]

Nun mag man einwenden, daß dies nichts anderes als die sogenannte «Demokratie am Arbeitsplatz» ist, die den Mitwirkenden eben keine Entscheidungsbeteiligung einräumt, wie sie in der allgemeinen «betrieblichen Mitbestimmung» oder gar in syndikalistischen Formen der Betriebsorganisation angestrebt werden. Dem ist jedoch zu entgegnen, daß das Nutzungsrecht an Produktionsmitteln eine Form von *Eigentum* (mit Wilkens Worten ein «Nutzungseigentum») darstellt, wenn auch eingebunden in die übergeordneten Ziele des Betriebes. Außerdem muß daran erinnert werden, daß die gesamte Ordnung des Nutzungsrechtes eine Aufhebung des kapitalistischen Privateigentums (an Produktionsmitteln) sowie eine Eliminierung des traditionellen Lohnverhältnisses zur Voraussetzung hat! Deshalb sprechen wir hier von einer Bindung der Produktionsmittel an den, der sie *nutzt*, wofür innerhalb des kapitalistischen Systems kein Raum ist. Denn in der kapitalistischen Ökonomie treten sowohl Eigentumsrecht als auch Lohnverhältnis *zwischen* den Arbeiter und seine Arbeit, indem dieses Verhältnis – wie es Wilken charakterisiert – «den arbeitenden Menschen nur durch den *Erwerbsegoismus*, d.h. nur ökonomisch, aber nicht *menschlich* an die Produktionsmittel (bindet)» – und das hieße: durch Verantwortung und sachliches Interesse.[8]

Vor diesem Hintergrund dürfte klar sein, daß die Mitverantwortung, die dem einzelnen durch das Nutzungsrecht an Produktionsmitteln zuteil wird, völlig verschieden ist von irgendeiner Form von sogenannter «betrieblicher Mitbestimmung», die im Grunde nur eine Kopie der rechtlich-politischen Form der Steuerung, mit Stimmabgabe und Mehrheitsbeschluß, im ökonomischen Bereich ist. Mit anderen Worten: Man verteilt Verantwortung, ohne daß der einzelne damit stärker mitverantwortlich würde und erhöhten Einfluß auf seinen eigenen Arbeitsplatz erhielte, während zugleich die spezifische und wichtige Leitungsfunktion untergraben wird. Durch ein differenziertes Nutzungsrecht an den materiellen Produktionsmitteln (dem Produktionskapital bzw. dem Investitionskapital) wird dagegen diese Funktion gesichert und zugleich allen Mitarbeitern im Betrieb eine maximale Verantwortung für das erteilt, wofür sie entsprechend ihrer *Qualifikationen* Verantwortung haben *können*. Zugleich ist diese Neuorganisation der wirtschaftlichen Tätigkeiten – auf der Basis der Umwandlung des Eigentumsrechtes in ein Nutzungsrecht – eine Alternative zu den traditionellen Sozialisierungsformen und überwindet ihre augenfällig schädlichen Wirkungen. Es läßt sich schwerlich behaupten, diese Formen hätten dem einzelnen größere Verantwortung und Einfluß in seiner eigenen Arbeit gebracht.

Diese Sozialisierung zeigt – ebenso wie die verschiedenen Formen sogenannter «Eigentümerdemokratie», u.a. als Beteiligung der Arbeitnehmer am Betrieb – ebenfalls, wie sehr man an den überlieferten, wir könnten sagen: statischen, Eigentumsrechtsbegriff gebunden gewesen ist. Denn Sozialisierung bedeutet nichts anderes, als daß ein anderer *Eigentümer* (vorzugsweise der Staat) an die Stelle des (oder der) Privaten tritt. Die Idee der «Eigentümerdemokratie» oder der «eigentumsbesitzenden Demokratie» besteht ausschließlich darin, das Eigentumsverhältnis, ansonsten unverändert, an mehrere Private, evtl. auch an die jeweiligen Beschäftigten zu verteilen (vgl. u.a. die Debatte um die sogenannten «Arbeitnehmerfonds»). All dies bedeutet nicht nur eine weitere Blockierung des *menschlichen* Verhältnisses des einzelnen zu seiner Arbeit, sondern verstärkt seine eigene gewinnsüchtige Bindung an sie.

Solange der traditionelle Eigentumsbegriff bezüglich Kapital und anderen Produktionsmitteln aufrechterhalten wird, wird man die dringlichen ökonomischen Probleme nicht lösen, sondern nur weiter zementieren können.

Abgesehen von allen Änderungen des Eigentumsrechtes, die darauf abzielen, *wer* Eigentümer von ökonomischen Gütern sein soll, beharrt man auf dem Eigentumsrechtsbegriff selbst. Und dies geschieht, obwohl man durch keine der beschriebenen Änderungen einer Lösung der zahlreichen und tiefgreifenden Probleme näherzukommen scheint, die das moderne Produktions- und Arbeitsleben aufwirft: der wachsenden Interesselosigkeit der Menschen an ihrer Arbeit, der heftigen Lohnauseinandersetzungen und Konkurrenzkämpfe, die das gesamte soziale Leben vergiften, sowie der ungeklärten Beziehung zwischen der Unternehmensleitung und anderen betrieblichen Aufgaben etc. Woher rührt eigentlich diese Zählebigkeit der Institution des Eigentumsrechts?

Wir haben uns mit dieser Frage bereits beschäftigt und darauf hingewiesen, daß diese Institution sowohl psychologisch wie historisch tiefe Wurzeln hat. Diese Wurzeln liegen einerseits in dem menschlichen Egoismus, andererseits in der Gesellschaftsentwicklung der Neuzeit, in der der Egoismus zur Basis auch der gesellschaftlichen Arbeit und des ökonomischen Lebens überhaupt gemacht worden ist. Letzteres fand bei John Locke einen treffenden theoretischen Ausdruck, und zwar in seiner Auffassung vom Verhältnis zwischen Arbeit und Eigentum, einer Auffassung, die von der klassischen Sozialökonomie weitergeführt und in Grundzügen auch von Karl Marx adaptiert wurde.

Wir haben die traditionelle Institution des Eigentumsrechts auch als «statisch» bezeichnet. Deren Ursprünge führen uns aber weit über John Locke hinaus. Denn das, was wir hier als das *Statische* des Eigentumsrechts hervorheben – daß es «zeitlose» und schwer zu überwindende Grenzen setzt, die den Eigentümer von der Umwelt isolieren –, ist typisch für das klassische, *römische* Recht, worauf zahlreiche Rechtshistoriker hingewiesen haben. Genau deshalb ist es jedoch eigentlich in der modernen, dynamischen Arbeits- und Wirtschaftswelt ein Fremdkörper! Das römische Recht ist ein «dingliches» Recht, das nicht die Beziehung der Menschen zu *Funktionen* regelt, obwohl gerade diese, wie unsere Erörterung u.a. des Begriffs des Nutzungsrechts gezeigt hat, für die Ökonomie der *heutigen* Zeit von wesentlicher Bedeutung ist.

Unter anderem Oswald Spengler hat diesen rechtshistorischen Aspekt betont und zugleich auf die mangelnde Adäquanz des römischen Rechts für das gesellschaftliche Leben unserer Zeit aufmerksam gemacht. «Das antike Recht war ein Recht von Körpern, unser Recht ist das von Funktionen. Die Römer schufen eine juristische Statik, unsere Aufgabe ist eine juristische Dynamik» – denn die, die arbeiten, «gehören dem Wirtschaftsleben an, nicht als Besitzer von Sachen, sondern als Träger von Energien». Auch der deutsche Sozialforscher Hans Georg Schweppenhäuser verweist in diesem Zusammenhang darauf, daß die Wirtschaft der Gegenwart eine totale Umformung oder Umwandlung des traditionellen Eigentumsrechtsbegriffes erfordert, und zwar genau in die Richtung, die wir als verschiedene Formen von *Nutzungsrecht* an Produktionsmitteln diskutiert haben. Er unterstreicht aber auch, daß diese Umformung des Eigentumsrechtes neue Formen der *Koordination* der Wirtschaft voraussetzt: «Das Eigentumsrecht im statisch-römischen Sinne löst sich auf, um neue soziale Rechtsbeziehungen nach zwei Richtungen freizulegen: das Zusammenarbeiten in der Produktionsgemeinschaft der ‹Belegschaft› und das Zusammenorganisieren von Produzenten und Konsumenten.»[9]

Dies leitet zu dem über, was wir in einer ersten Annäherung als «verschiedene Kooperationsorgane» oder «Assoziationen» umschrieben haben. Bereits mit dem Zitat von Schweppenhäuser ist angedeutet, daß es sich hier um zwei verschiedene Typen von Organen handelt: die betriebsorganisatorischen Organe und einen mehr umfassenden Typus von Kooperationsorgan im Wirtschaftlichen, für die wir die Bezeichnung «Assoziation» reservieren wollen. Diese verschiedenen Organe stehen natürlich in einem wechselseitigen Zusammenspiel, und überhaupt dürften die neuen Formen der Organisation des Produktionslebens so vielfältige praktisch-organisatorische Beziehungen umfassen, daß es den Rahmen unserer Erörterung sprengen würde, hierauf detailliert einzugehen. Wir werden uns deshalb mit weit weniger begnügen müssen, nämlich einer Erörterung – unter Bezugnahme auf relevante Literatur – einzelner Beispiele, die unsere prinzipielle Diskussion beleuchten.

Die Funktionsweise der beiden erwähnten Kooperationsorgane wird zuallererst von dem grundlegenden Prinzip des ökonomischen Bereiches, dem Prinzip von ‹gegenseitiger Hilfe› bestimmt sein. Danach aber hängt die Funktionsweise von dem jeweiligen Platz ab, den diese Organe als Glied des ökonomischen Bereiches einnehmen. Auf der einen Seite haben wir dabei das, was wir mit Schweppenhäuser als «Produktionsgemeinschaft der Belegschaft» bezeichnen können, und auf der anderen das, was wir «Assoziation» genannt haben. Ersteres bezieht sich auf das, was wir traditionell als Betriebs- oder Unternehmenseinheit kennen. Der andere Begriff ist jedoch auch im Hinblick auf den Begriffsumfang eine wesentliche Neubildung, da die Assoziation aus mehreren Produktionsgemeinschaften («Produktion» im weiten

Sinne verstanden, auch die «Distribution» umfassend) besteht; er schließt auch (nicht zuletzt!) *Konsumenten* ein, wie es im Schweppenhäuser-Zitat angedeutet wird. Dies ist bereits eine Konsequenz unserer vorangegangenen prinzipiellen Erörterung, in der wir betonten, daß alle ökonomische Tätigkeit auf *gemeinsame Bedarfsdeckung* ausgerichtet sein muß und nicht auf eigenen (in casu Produzenten-) Gewinn. Dies ist der fundamentale Unterschied zur sogenannten «Marktökonomie», in der die *Motivation* der Produktion nicht im Verbrauch, sondern im Profit der Produzenten liegt.

Nach traditioneller liberalistischer Auffassung, die sich weiterhin großer Zustimmung erfreut, nimmt gerade die Marktwirtschaft die Interessen der Konsumenten am besten wahr, weil in ihr die Produktion von der Nachfrageseite «gesteuert» werde. Man wertet diese Produktionssteuerung durch die Nachfrage der einzelnen sogar als wahre «Demokratie» (!) im ökonomischen Bereich. Wir müssen hierauf näher eingehen, bevor wir die Erörterung der beiden Kooperationsorgane fortführen.

Zum einen ist diese «Steuerung», soweit man an den Markt in der existierenden Gesellschaft (mit kapitalistischem Privateigentum und Arbeit für «Lohn») denkt, schon deshalb von Demokratie weit entfernt, weil sie nicht auf dem (einzig wahren) demokratischen Prinzip vom unbedingten *gleichen* Recht der Individuen beruht, sondern auf deren höchst *ungleicher* Ausstattung mit Verfügung über Kaufkraft. Zum zweiten führt die reine Nachfragesteuerung der Produktion zu großen ökonomischen wie sozialen *Verzerrungen* auch in einem System ohne Eigenprofit. Sie liefert den Produktionsbereich Marktzufällen aus, was zu großen Schäden für die Produktions- und Arbeitsstruktur führt – ein Sachverhalt, der in der modernen Sozialökonomie gründlich nachgewiesen worden ist. Hinzu kommen die *sozialethischen* Schäden einer reinen «Marktsteuerung»: Die *Motivation* von Produktion und Arbeit liegt nicht in der gemeinsamen Bedarfsdeckung, sondern in der Rentabilität der einzelnen Produktionseinheit.

Nun mag eingewendet werden, daß die Eliminierung dieses Rentabilitätskriteriums als übergeordnetes ökonomisches Steuerungsprinzip dahin führe, daß die ökonomische Tätigkeit nicht «die besten» Produkte hervorbringe. Mit der Eliminierung dieses Steuerungsprinzips werde nämlich zugleich «die Konkurrenz» ausgeschlossen, die grundlegendste Prämisse der marktwirtschaftlichen Theorie. Was aber verschwindet, ist hingegen nur die existierende Form des ökonomischen *Kampfes* zwischen isolierten Betriebseinheiten auf der Basis des egoistischen Gewinnmotives; ein Kampf, der nach den Regeln vom «Recht des Stärkeren» ausgefochten wird. Das Streben danach, die besten Produkte herzustellen, wird auch keinesfalls wegfallen, sondern erst wirklich zur Geltung kommen, wenn die gemeinsame Bedarfsdeckung zum übergeordneten Ziel wird! Es ist eine der Aufgaben der oben erwähnten Assoziation, die Verhältnisse zu schaffen, die einem solchen Streben förderlich sind. Durch Zusammenarbeit, d.h. auf eine ökonomisch und sozial harmonische Weise müssen die auftretenden Probleme gelöst werden und nicht wie heute dem «freien Spiel der Kräfte» überlassen werden, als einer zum System erhobenen Asozialität.

Damit sind wir erneut bei der Frage nach den beiden Kooperationsorganen innerhalb der Ökonomie; wir wollen uns zunächst der einzelnen Produktionsgemeinschaft zuwenden. Unseren prinzipiellen Überlegungen zu Nutzungsrecht und brüderlicher Zusammenarbeit folgend, muß diese Gemeinschaft eine *selbstverwaltete* Einheit sein, die als solche grundsätzlich auf der *Verantwortung* der jeweiligen Nutzer basiert, die ihr in brüderlicher Zusammenarbeit zugeteilt werden. Der norwegische Ökonom Leif Holbæk-Hanssen hat in seiner Erörterung der sozialen Dreigliederung solche Einheiten auch als «*freie* Gemeinschaften» bezeichnet, um ihren Charakter als «selbstverwaltende und selbstbesitzende» Einheiten hervorzuheben. (Der Form nach ähneln diese den heutigen «Stiftungen».) In diesem Zusammenhang verweist er darauf, daß diese Organisationsform im Prinzip nicht nur Einheiten innerhalb der Wirtschaft im üblichen Sinne umfassen kann, sondern – im Hinblick auf die Verbraucher oder Nutznießer von «Diensten» – auch «staatliche, verwaltungsbezirkliche und kommunale Institutionen, die in der Produktion von Waren und Diensten tätig sind».[10]

Beim letzten Gedanken, bei dem sich die Produktionsgemeinschaft (oder «freie Gemeinschaft») der *Assoziationsform* nähert, offenbart sich eine Organisationsform für öffentliche Unternehmen, die deren *sachliche Selbstverwaltung* im Verhältnis zum rechtlich-politischen Leben sicherstellt. Und zwar ohne diese Betriebe durch Auslieferung an die «Marktkräfte» zu «privatisieren». Zugleich stellt das Nutzungsrecht – mit seiner Delegierung von Dispositionsrecht und Verantwortung – eine sachorientierte *Steuerung* sicher, indem es die Leitung gegen kollektive Lenkung durch die Benutzer schützt.

In Verbindung mit dem Nutzungsrecht soll das Prinzip der Verantwortung noch näher erläutert werden. Wie gezeigt, ist das Nutzungsrecht im ökonomischen Bereich in der Einsicht der einzelnen und den individuellen Fähigkeiten begründet, womit jegliche Leitungsfunktion und alle Verantwortung nur in dieser Einsicht und diesen Fähigkeiten verankert sein können. Dies wiederum heißt, daß ausschließlich der Respekt, den andere Menschen der

Qualifikation entgegenbringen und der *Vertrauen* zu ihren Trägern schafft, «Autorität» in diesem Bereich erzeugen und legitimieren kann. Die Leitung und die Verantwortung, von der im Zusammenhang mit dem Nutzungsrecht die Rede ist, muß also auf dem Vertrauen basieren, das der einzelne bei seinen Mitarbeitern genießt.

Es kann so scheinen, als sei dies nichts anderes als das, was wir heute bereits von irgendwelchen «ideellen» Organisationen kennen, in denen einzelnen Mitgliedern bestimmte Aufgaben aufgrund des in sie gesetzten Vertrauens von der Gemeinschaft übertragen bekommen. Soweit ist dies richtig; es müssen jedoch zwei Dinge unterstrichen werden. Erstens sprechen wir hier von einem *ökonomisch* tätigen Organ – es geht darum, das Gewinnmotiv des einzelnen durch Vertrauen und rein sachliche Beurteilung (im Hinblick auf das Ziel der Produktionsgemeinschaft) zu ersetzen. Zweitens geht es nicht nur um eine Organisations*form* für ökonomische Tätigkeit, sondern um die Entwicklung einer *Lebenshaltung* bei den Mitgliedern der Organisation, die sich in gegenseitigem Einverständnis zusammenschließen (ein Gesichtspunkt, auf den wir in dem abschließenden Kapitel zurückkommen werden).

Eine Konsequenz davon wird sein, daß Entscheidungen gemeinhin nicht die Form von «Mehrheitsbeschlüssen» haben (wie es im rechtlich-politischen Entscheidungsprozeß der Fall ist), sondern auf einem Verständnis der Fähigkeiten oder Qualitäten der einzelnen gründen (also nicht nur auf ihren «Meinungen» wie im politischen «Dialog»!). Dieses Verständnis ist Resultat der konkreten Umsetzung des Brüderlichkeitsprinzips in dem Kooperationsorgan. Sollten wir eine Parallele hierzu aufzeigen, wäre dies die Zusammenarbeit in einer harmonischen Familie und nicht der politische «Diskurs» oder der heftige «argumentative Streit» und die «brutalen» Mehrheitsentscheide der «Vollversammlung». Wenn jedoch die beschriebene Haltung und das gegenseitige Vertrauen nicht vorhanden sind, wird sich leicht «mißtrauisches Denken» (Holbæk-Hanssen) einfinden, und die brüderliche Zusammenarbeit würde nicht so funktionieren, wie sie soll.

Die Analogie, die wir zwischen der beschriebenen ökonomischen Gemeinschaft und der Familiengemeinschaft hergestellt ist, kann auch in anderer Hinsicht erhellend sein. So wie die Familie, wenn sie als bloßer biologischer, blutsverwandtschaftlicher Zusammenhang verstanden wird, in einen Gruppenegoismus entarten kann, der ebenso asozial wirkt wie der individuelle Egoismus, kann die ökonomische Gemeinschaft, wenn sie rein kollektiv aufgefaßt wird, in einen entsprechenden Gruppenegoismus entarten. Als Kriterium für eine echte Gemeinschaft gilt auch hier die Aussage Erich Fromms, daß «einen Menschen zu lieben impliziert, ihn als solchen zu lieben», also nicht als Mitglied der Gruppe oder als Verwandten (seiner «eigenen» Gruppe). Fromm betont weiterhin: Daß «man seine Familie liebt, jedoch ohne Gefühl für den ‹Fremden› ist, ist ein Zeichen für eine fundamental fehlende Liebesfähigkeit».[11] Dies ist die Perspektive, aus der wir die Mitmenschlichkeit (Brüderlichkeit) in der ökonomischen Gemeinschaft betrachten müssen.

Die Kooperation im ökonomischen Leben kann sich nicht in der internen Zusammenarbeit im Kooperationsorgan der einzelnen Produktionsgemeinschaften erschöpfen, sondern muß zugleich in dem umfassenderen Organ stattfinden: der «Assoziation». Sie besteht nicht nur aus verschiedenen Produktionsgemeinschaften, sondern umfaßt verschiedene Glieder eines Wirtschaftszweiges, von Rohstofflieferanten bis zum Distributionsbereich; hinzu kommen, wie bereits erwähnt, die Konsumenten, die eine zentrale Stellung einnehmen. Wir sind hier nicht in der Lage, eine Erörterung dieser Zusammenhänge in Einzelheiten zu geben, sondern müssen uns mit dem Hinweis auf die Ausarbeitungen anderer begnügen. Eine hiervon stammt von dem bereits erwähnten Holbæk-Hanssen. Dort werden die Assoziationen u.a. folgendermaßen charakterisiert: «In jeder einzelnen Einheit versammelt sich die beste Einsicht in die Arbeitsbedingungen und Arbeitsmöglichkeiten dieses Gliedes. *Ein Organ, das diese Einsicht zu einer größeren Übersicht bündelt, wird zu einer vernünftigeren Disposition beitragen können.*» Zum Umfang dieses Kooperationsorgans schreibt er, daß es «*regional* oder *vertikal* orientiert sein kann», jedoch ebenso «warenorientiert, rohstofforientiert, prozeßorientiert» etc.[12]

Auf den ersten Blick sieht es so aus, als unterscheide sich die wichtige Informationsaufgabe der Assoziationen nicht von bereits existierenden Kooperationsorganen wie Branchenorganisationen, Handelskammern u.ä. Dieser Einwand scheint um so berechtigter, als die einzelnen Produktionsgemeinschaften – als selbstverwaltende Wirtschaftseinheiten – alle Entscheidungen über ihre eigene Tätigkeit letztendlich selbst treffen sollen. Man übersieht hierbei jedoch den prinzipiellen Ausgangspunkt der von uns hier erörterten Kooperationsorgane: Die Arbeit für den eigenen Gewinn ist durch die Arbeit für die gemeinsame Bedarfsdeckung abgelöst. Damit wird es z.B. zur natürlichsten Sache der Welt (etwas, was dem heutigen «Marktsystem» fremd ist), daß die einzelne Produktionseinheit (Produktionsgemeinschaft) «im Einverständnis mit ihrer Assoziation Pläne (ausgearbeitet hat), welche Bedürfnisse innerhalb der Gesellschaft sie befriedigen soll».[13]

Doch nicht nur das: Im Rahmen einer solchen Kooperation müssen auch die Preise festgesetzt werden. Hierbei wirkt «der Markt» mit seiner Nachfrage richtungsweisend, aber *nicht* als *das steuernde* System, wie in der sogenannten «freien Marktwirtschaft» (mit allen sozial und ökonomisch schädlichen Folgen). Nicht zuletzt obliegt den Assoziationen (in Zusammenarbeit mit den Kreditinstitutionen) die fundamentale Aufgabe, das oben erwähnte «Investitionskapital» zu verteilen, indem sie das Nutzungsrecht an ihm übertragen. Die Assoziationen werden, mit anderen Worten, die Funktionen des «Kapitalmarktes» sowie des Eigentumsverhältnisses (z.B. des Erbverhältnisses) übernehmen. Sie werden also an die Stelle der heutigen (öffentlichen wie privaten) Investoren treten – ein radikaler Unterschied zu den existierenden (kapitalistischen oder sozialistischen) Systemen.

Eng hiermit hängt der Status zusammen, den die assoziativ gesteuerte Ökonomie dem «Überschußkapital», der dritten Kapitalform nach Folkert Wilken, beimessen muß. In einer Ökonomie, in der das Eigentumsrecht an Produktionsmitteln durch ein Nutzungsrecht ersetzt ist und in der eine Arbeit, die motiviert ist durch das Ziel der gemeinsamen Bedarfsdeckung, die Arbeit für eigenen Gewinn abgelöst hat, ist es nämlich keine Selbstverständlichkeit, daß der «Überschuß» derjenigen Produktionseinheit zufällt, in der er entsteht. Daß letzteres als Selbstverständlichkeit aufgefaßt worden ist, hängt mit der bereits diskutierten (illegitimen) Verkopplung der Entfaltung von Einsicht und Fähigkeiten der Individuen im wirtschaftlichen Bereich einerseits und der Aneignung des ökonomischen Produktes dieser Tätigkeit andererseits zusammen. Mit Ausnahme des Teils vom Überschuß, auf den das rechtlich-politische Leben für seine Zwecke (qua Besteuerung) Anspruch erhebt, muß der Überschuß der Produktionseinheiten vielmehr als ein völlig «freies Kapital» charakterisiert werden – um erneut Wilkens Bezeichnung zu verwenden. In der assoziativen Ökonomie – in der weder private noch öffentliche (staatliche u.a.) Eigentümer des Überschusses existieren können, als «Aktionäre» o.ä. – muß dieses Kapital von den *Assoziationen* verwaltet werden.

Dies bedeutet nun nicht, daß die einzelne Produktionseinheit keinen Einfluß auf die Festlegung ihres eigenen Neuinvestitionskapitals haben soll, da sie, wie Wilken betont, durch eigene Mitwirkung in der Assoziation zu der «gesamtwirtschaftlichen sozialen Entscheidung» beiträgt, «die von der Kapitalassoziation ausgeht». Letzteres ist grundlegend, denn «die Entprivatisierung und Neutralisierung des Eigentums am Gewinnkapital bildet die Voraussetzung für die treuhänderischen Eigentumskompetenzen der Kapitalverwaltungs-Assoziationen». Auf der anderen Seite ist diese «Eigentumskompetenz» der Assoziationen nur vorübergehend. Die Aufgabe dieser Organisationen besteht in diesem Zusammenhang nämlich nicht darin, Kapitalmittel im üblichen Sinne zu besitzen, sondern dafür zu sorgen, daß sie auf die gesamtwirtschaftlich vernünftigste Weise an die Produktionsgemeinschaften, also die «Nutzer» des Kapitals, *verteilt* werden. Wilken bezeichnet das hier angesprochene Kapital auch als «Übertragungskapital».[14]

Nicht zuletzt die den Assoziationen hier beigemessene Funktion zeigt, wie verschieden dieses Kooperationsorgan von all dem ist, was früher unter gleichem oder ähnlichem Namen firmierte, auch wenn die von uns gemeinte ‹Assoziation› einzelne Aspekte anderer Formen beinhalten kann. Wir denken hier beispielsweise an die erwähnte «Korporation» Émile Durkheims, die eine statusabhängige, brüderliche Kooperation zwischen Teilnehmern sein soll, aber mehr mit den traditionellen Organisationen des Arbeitslebens zu vergleichen ist. Durkheims «Korporation» basiert nicht auf einem neuartigen Verständnis oder einer grundlegenden Differenzierung des Beriffs vom Eigentumsrecht selbst. Dies ist dagegen in der inzwischen umfangreichen Literatur über die Assoziationen in der sozialen Dreigliederungslehre von entscheidender Bedeutung. Bei Durkheim und anderen finden wir zudem kein Verständnis für die dreigliedrige Struktur der Gesellschaft, die – wie wir zu zeigen versucht haben – die Grundlage für ein Verständnis der Organisation des ökonomischen Bereiches bilden muß.

Auf der anderen Seite entsprechen die Dreigliederungs-Assoziationen den Intentionen von Durkheim, wenn er eine «gemeinschaftliche Aktivität», verschieden von der des Staates, fordert, ausgehend von «Gruppen, die für die Individuen überschaubar genug sind, um sie in ihren Handlungen stark zu engagieren und sie auf diese Weise in das allgemeine soziale Leben hineinzuziehen». Weiterhin entsprechen die Assoziationen der Auffassung Durkheims, wenn er schreibt «wie wichtig es für solche Gruppen ist, besonders in der Organisation des ökonomischen Lebens, aus dem Zustand von Widerspruch und Desorganisation herauszukommen, in der sie sich in den letzten hundert Jahren befunden haben». Hier distanziert sich Durkheim nämlich ebenso wie die Befürworter der assoziativ gesteuerten Ökonomie sowohl von einer staatlichen Organisation der ökonomischen Tätigkeit als auch von dem Mangel an Organisation in der liberalistischen Ökonomie. Hans Georg Schweppenhäuser drückt dies so aus, daß «ein solches Netz von Assoziationen ... mit der Leichtigkeit organischer Prozesse, das heißt, unbürokratisch und ohne zentrale Planung, aber doch rationell und sozial, eine echte Bedarfsdeckung (gewährleistet), die wir weder im marktwirtschaftlichen noch im planwirtschaftlichen System verwirklicht sehen».[15]

Auch die Assoziationen sind also als *selbständige*, selbststeuernde und selbstverwaltende Kooperationsorgane des ökonomischen Lebens zu verstehen, die in ihren Entscheidungs- wie Informationsfunktionen vom rechtlich-politischen Leben, d.h. staatlichen oder anderen Behörden, unabhängig sind. Sie sind jedoch auch nicht «privat» in dem Sinne, wie man üblicherweise «Privatwirtschaft» versteht, die nicht von Nutzungsrecht und Kooperation, sondern Eigentumsrecht und Arbeit für eigenen Gewinn gesteuert wird. Mit den beschriebenen Kooperationsorganen als Institution des Prinzips der ‹Brüderlichkeit› tritt also der ökonomische Sozialbereich in der Praxis als ein gleichermaßen selbständiger Teil des gesellschaftlichen Lebens hervor wie das Geistesleben und das rechtlich-politische Leben. Wir können und müssen daher von *Selbstverwaltung* – oder *Selbststeuerung* – in gleichem Maße wie bei den anderen Sozialbereichen sprechen.

Nun kann die Betonung der organisatorischen Selbständigkeit der jeweiligen Sozialbereiche unter Umständen zu dem Glauben verleiten, daß unsere Dreigliederung der Gesellschaft eine Zuordnung der Individuen zu bestimmten Gruppen impliziert, je nachdem, welcher Sozialbereichsorganisation sie angehören (was wir im übrigen bereits bei unserer Besprechung der Staatslehre Platons zurückgewiesen haben). Diese Vermutung beruht auf zwei Mißverständnissen.

Zum einen bezieht sich die Berufszugehörigkeit des einzelnen nur auf seine Arbeit, die, wie wichtig sie auch sein mag, nie seine *ganze* Entfaltung als Individuum und Mitbürger umfassen wird. Jemand, der beispielsweise einer ökonomischen Produktionsgemeinschaft angehört, wird sich immer auch mehr oder weniger im rechtlich-politischen und Geistes- und Kulturbereich engagieren, dies oft sogar mit direkter organisatorischer Anbindung (z.B. in «politischen Organisationen», «Elternverbänden», «Kirchenorganisationen»). Entsprechendes gilt für diejenigen, die ihr hauptsächliches Betätigungsfeld (Arbeit) in Organisationen der beiden letztgenannten Sozialbereiche haben, und für deren Verhältnis zu den Organen der Wirtschaft (vgl. das zur Beteiligung der Konsumenten in den Assoziationen Gesagte). Überhaupt wird eine dreigegliederte, selbststeuernde Gesellschaft die Individuen gerade nicht in Gruppen unterteilen, sondern aufgrund ihrer Selbststeuerung – die ein *Zusammenspiel* zwischen den verschiedenen Sozialbereichen voraussetzt – zu «quersozialem» Engagement, auch in der Form organisatorischer Mitwirkung, ermuntern.

Aber nicht nur das. Kraft des Zusammenspiels der verschiedenen Sozialbereiche wird jeder *auch in seiner Arbeit selbst* – unabhängig davon, in welchen

Sozialbereich und welche soziale Organisation diese fällt – mit den übrigen Sozialbereichen bzw. mit ihren grundlegenden *Prinzipien*, die in jegliche *Organisation* hineinspielen, zu tun haben. Diese Organisationen oder Organe – ob in den Bereichen der Ökonomie, des Geistes- und Kulturlebens oder des rechtlich-politischen Lebens – werden nämlich alle, mehr oder weniger, nach den Prinzipien *sämtlicher* Sozialbereiche fungieren müssen, was wir anhand einiger Beispiele nachweisen wollen.

So wird beispielsweise ein Industriebetrieb als Teil des ökonomischen Lebens selbstverständlich fundamental als eine Gemeinschaft nach dem Prinzip *brüderlicher Zusammenarbeit* organisiert sein, wie wir es bezüglich der ‹Produktionsgemeinschaft› oder ‹freien Gemeinschaft› erörtert haben. Zugleich wird er als Organisation in gewissen Fragen von dem rechtlich-politischen Prinzip der *Gleichheit* bestimmt sein, nämlich immer dann, wenn es um Dinge geht, die alle Mitglieder *gleichermaßen* betreffen, und wo deshalb die Entscheidung qua Stimmabgabe und Mehrheit die adäquate Form sein wird. Dies können z.B. Fragen der Ausgestaltung der lokalen Umwelt sein, die über das hinausgehen, was bereits durch allgemeingültige rechtlich-politische Vorgaben, d.h. qua Gesetzgebung von allgemein-politischen (staatlichen oder kommunalen) Organen, festgelegt ist. Das rechtlich-politische Gleichheitsprinzip betrifft also den industriellen Sektor nicht nur indirekt über die Entscheidungen rechtlich-politischer Organe. Dieses Prinzip funktioniert in gewissem Maße auch direkt *innerhalb* des Betriebes als Organisation. Insoweit läßt sich daher mit gutem Grund von «betrieblicher Mitbestimmung» sprechen, die jedoch nicht über diesen Aspekt hinausweist, wenn das Wort als Ausdruck für Gleichheit stehen soll.

In gleicher Weise wirkt auch das Prinzip des Geistes- und Kulturlebens, die *individuelle Freiheit*, innerhalb der einzelnen Unternehmensorganisation. Es gilt dort, wo aufgrund individueller fachlicher Qualifikation Nutzungsrechte und Verantwortung für Produktionsmittel zugeteilt werden – und zwar in dem Maße, wie diese Zuteilung innerhalb der Produktionsgemeinschaft als Organisation stattfindet (insoweit also im Unterschied zum Nutzungsrecht an ‹Investitionskapital›, dessen Zuteilung vorzugsweise eine Aufgabe der Assoziationen ist).

Wir sehen, daß die Prinzipien der beiden übrigen Sozialbereiche also in jede einzelne ökonomische Organisation hineinspielen, in unserem Beispiel ein Industriebetrieb, der an sich fundamental auf dem Brüderlichkeitsprinzip basiert. Mit anderen Worten: Dies bedeutet, daß jeder, der innerhalb einer solchen Organisationseinheit arbeitet oder tätig ist, mehr oder weniger mit *allen* drei sozialen Prinzipien im Rahmen seiner Tätigkeit zu tun hat.

Gleiches gilt nun auch für Organisationseinheiten in den anderen Bereichen des Gesellschaftslebens, und wir wollen dies anhand eines Beispiels aus dem Geistes- und Kulturleben, einer Schule, beleuchten. Eine Schule ist eine Organisation, die klar unter den Bereich des Geisteslebens fällt und deshalb grundlegend nach dem Prinzip der Freiheit strukturiert sein muß: der Freiheit für die individuelle Einsicht und Überzeugung sowie für die Entfaltung der Fähigkeiten der einzelnen. Dies gilt sowohl für die Lehrer als auch für die Schüler wie für das pädagogische Verhältnis, das zwischen ihnen besteht. Hier muß in erster Linie der Geist der Freiheit herrschen, wenn das Verhältnis nicht menschlich unwahr werden soll – mit allen damit verbundenen schädlichen Wirkungen auf Lehrer wie Schüler. Der nach politisch festgelegtem «Unterrichtsplan» ablaufende Unterricht der staatlichen Schule ist dagegen ein massiver Eingriff in die Freiheit. Der politische Zugriff beraubt die Lehrer ihrer Selbständigkeit und die Schule ihrer Selbststeuerung als Organisation des Geisteslebens. Eine ebenso schwerwiegende Verletzung des Prinzips der Freiheit liegt jedoch auch vor, wenn der einzelne Lehrer *intern* – d.h. innerhalb der *Organisation seiner eigenen Schule* – Direktiven für seine Unterweisung erhielte, z.B. aufgrund eines Mehrheitsentscheids im Lehrerkollegium. Er würde in diesem Fall nicht nach seiner eigenen Überzeugung, d.h. von dem ausgehend, was er selbst *erkennt*, unterrichten, sondern mehr oder weniger als die «Stimme seines Herrn» den Schülern gegenüber fungieren und damit eine unwahre, geradezu menschenunwürdige pädagogische Situation schaffen.

Andererseits muß hervorgehoben werden, daß die Schule als eine Organisation *auch* einen «Gleichheitsaspekt» hat, d.h. einen Bereich, in dem die Dinge nach dem rechtlich-politischen Gleichheitsprinzip entschieden werden. Und dies geht über die Funktion hinaus, die das Gleichheitsprinzip dem Schulwesen gegenüber in der Gesamtgesellschaft hat, indem es gleiche Möglichkeiten auf Unterweisung und gleiches Recht für ungleiche pädagogische Auffassungen begründet (wie wir es u.a. anhand der Gesetzgebung zu freien Schulen diskutiert haben). Die hier besprochene innere Organisation umfaßt also innere Angelegenheiten der Schulorganisation, in denen das Prinzip «Ein Mensch – eine Stimme» und das Prinzip demokratischer Mehrheitsentscheidung gelten. Ähnlich wie bei dem oben zum Betrieb Gesagten erstreckt sich dieser Bereich auf die lokale Umwelt im weitesten Sinne sowie die mehr äußere Organisation des Unterrichts, wo gleiches Recht für alle Mitwirkenden herrschen muß.

Bereits heutzutage gibt es ein rein intuitives Gespür innerhalb eines Kollegiums dafür, was zu Recht «demokratisch» entschieden werden kann und wann die Entscheidung dem einzelnen überlassen bleiben muß. Zugleich treffen wir jedoch grobe Verletzungen der Freiheit des einzelnen an, ebenso wie auf der anderen Seite Dinge, die ihrer Natur gemäß im Plenum zu entscheiden sind, «privatisiert» werden, so daß die Entscheidungen über die Köpfe derer hinweg gefällt werden, die von ihnen betroffen sind – in ähnlicher Weise, wie wir es in der heutigen Gesellschaft im Großen antreffen. Die Ursache solcher Situationen ist in einer Schulorganisation die gleiche wie auch sonst in der Gesellschaft: Man hat lediglich eine vage Empfindung und kein klares Verständnis der Prinzipien von Freiheit und Gleichheit und ist daher auch nicht in der Lage, die jeweiligen Geltungsbereiche in der Praxis klar zu definieren.

Eine Schulorganisation, z.B. ein Lehrerkollegium, ist aber darüber hinaus, wie eine ökonomische Produktionsgemeinschaft, eine Arbeitsgemeinschaft – daher muß auch hier das Prinzip der brüderlichen Zusammenarbeit zur Anwendung kommen neben der individuellen Freiheit und Mehrheitsentscheidungen im Plenum. Dies gilt sogar für eine so wichtige Sache wie die Verteilung der einzelnen Verantwortungsbereiche innerhalb des Unterrichtsprogrammes, die zwar nicht nur eine Angelegenheit des einzelnen sein kann, aber auch nicht durch bloße Mehrheitsbeschlüsse entscheidbar ist. Soll eine Schulorganisation, ein Lehrerkollegium, angemessen funktionieren und nicht voller Konflikte und Streitigkeiten sein, ist gegenseitiges Verständnis in brüderlicher Zusammenarbeit erforderlich. Manch Bitterkeit und Streit, Fraktionsbildung und «Kumpanei», Übergehen und Groll, was die soziale Atmosphäre einer Organisation vergiftet, beruht auf einem mangelhaften Verständnis der wichtigen Funktion des Brüderlichkeitsprinzips in dieser Art von Organisation.[16]

Wir sehen also auch an dem Beispiel der Schule, daß die drei verschiedenen sozialen Bereiche mit ihren jeweiligen Prinzipien *innerhalb* einer Organisation des Geisteslebens zusammenwirken, ganz so, wie wir es oben für einen Betrieb oder eine Produktionseinheit innerhalb des ökonomischen Lebens gezeigt haben. Unabhängig davon, in welchem Sozialbereich der einzelne schwerpunktmäßig tätig ist, wird er über die Teilnahme an *Organisationen* und nicht nur als Bürger der Gesamtgesellschaft mit allen drei Prinzipien konfrontiert.

Trotz aller Einflüsse der ungleichen sozialen Prinzipien werden die Organisationen der verschiedenen Sozialbereiche selbstverständlich *hauptsächlich* und *grundlegend* von dem Prinzip des sozialen Bereichs bestimmt, in dem sie ihre Aufgabe erfüllen. Die Aufgabe des Industriebetriebes ist nun einmal die

Produktion ökonomische Güter in *brüderlicher* Zusammenarbeit; der Schule soll Einsicht und Entwicklung der Fähigkeiten des einzelnen angelegen sein, was nur in einer Atmosphäre von *Freiheit* möglich ist. Die Organisationen des rechtlich-politischen Bereiches schließlich haben die Funktion, den demokratischen Entscheidungsprozeß in der Gesamtgesellschaft zu organisieren und zu vermitteln, und müssen deshalb fundamental auf der *Gleichwertigkeit* oder dem gleichen Recht der Teilnehmenden aufbauen. In ihren jeweiligen Aufgaben sind diese verschiedenen Typen von Organisationen oder Organen denn auch selbständig, selbstverwaltend oder *selbststeuernd.*

Wir stellen also fest, daß die Prinzipien der drei sozialen Bereiche, Freiheit, Gleichheit und Brüderlichkeit, zugleich *selbständig* und in einem engen *Zusammenspiel* miteinander in der gesamten gesellschaftlichen Wirklichkeit fungieren. Unmittelbar kann eine solche «Organisationsstruktur» eigentümlich, ja sogar als widersprüchlich erscheinen. Es ist schwierig zu verstehen, wie die Selbständigkeit oder Selbststeuerung der Organisationen der verschiedenen sozialen Sphären mit ihrem engen, wechselseitigen Zusammenspiel vereint werden kann. Diese Schwierigkeit rührt aber her von einer mehr traditionellen sozialen Denkweise, in der man zu einem *statischen* und äußerlich-schematischen Denken sozialer Beziehungen neigt, und zwar aufgrund der Tendenz, die Gesellschaft nach Gruppen von Menschen und nicht nach unterschiedlichen sozialen *Funktionen* zu untergliedern.

Dagegen haben wir ständig betont, daß die innerhalb des sozialen Lebens zu ziehenden Grenzen zwischen den verschiedenen sozialen Funktionen verlaufen und nicht zwischen den Menschen. Man könnte sagen, daß die traditionelle Denkweise zu einer «vertikalen» Einteilung der Gesellschaft neigt, unsere Dreigliederung hingegen «horizontal» ist. Unsere Abgrenzungen verlaufen aber nicht zwischen den Individuen der Gesellschaft, sondern quer durch jeden einzelnen Menschen, je nachdem, wie er seine individuelle Freiheit entfaltet, ob er gleichwertiger Teilnehmer oder Mitwirkender in einer brüderlichen Zusammenarbeit ist. Dies gilt wohlgemerkt nicht nur für das Verhältnis des Individuums zur Gesamtgesellschaft (was am leichtesten zu erkennen ist), sondern – wie wir zuletzt gesehen haben – auch für sein Verhältnis zu der oder den Organisationen (Organen), an denen es beteiligt ist. Die Individuen stehen in Bezug zu den verschiedenen sozialen Funktionen, die sich ihrerseits, wie gezeigt, in einem engen gegenseitigen Zusammenspiel befinden.

Ist uns eine solche Sichtweise völlig fremd? Tatsache ist, daß sie im Prinzip eine Parallele in einem anderen fundamentalen Bereich menschlicher Wirklichkeit hat: dem *lebenden menschlichen Organismus!* Hierauf geht Rudolf

Steiner intensiv in den *Kernpunkten der sozialen Frage* ein, und zwar mit eben der Absicht, die Form von Gesellschaftsverständnis zu beleuchten, die die Lehre von der sozialen Dreigliederung repräsentiert. Dies ist im übrigen der Hintergrund dafür, daß man die Dreigliederung der Gesellschaft gerne als eine Dreigliederung des sozialen *Organismus* charakterisiert und bezeichnet. Wir wollen uns mit dieser Parallele oder Analogie näher beschäftigen und dabei zum Ausgangspunkt nehmen, was Steiner selbst darüber gesagt hat.

Er schreibt in den *Kernpunkten*, daß der menschliche Organismus in seiner «ganzen Wesenheit» darauf beruht, «dass er drei nebeneinander wirksame Systeme aufzuweisen hat, von denen jedes mit einer gewissen Selbständigkeit wirkt». Diese sind das «Nervenleben und Sinnesleben», oder der «Kopforganismus», die «Atmung, Blutzirkulation» oder die «rhythmischen Vorgänge», und schließlich, als das «dritte System», «alles dasjenige, was als Organe und Tätigkeiten zusammenhängt mit dem eigentlichen Stoffwechsel». Mit diesen drei Systemen sind wohlgemerkt keine räumlich abgegrenzten Bereiche des Körpers, sondern *Tätigkeiten (Funktionen)* im Organismus gemeint. Wird beispielsweise vom «Kopforganismus» gesprochen, bedeutet dies nur, daß das Nervenleben und das Sinnesleben ihr Zentrum vor allem im Kopf haben, während im Kopf natürlicherweise auch rhythmische Prozesse und Stoffwechselaktivitäten ablaufen, ebenso wie Nerventätigkeiten und Sinnestätigkeiten auch in den anderen Körperbereichen vorkommen. Trotzdem laufen nach Steiner diese drei Arten unterschiedlicher Tätigkeit infolge ihrer Eigenart in strenger Abtrennung voneinander ab.[17]

Wir haben dies verhältnismäßig ausführlich rekapituliert, weil sich schon bei kürzerem Nachdenken vielerlei Parallelen zu dem auftun, was wir zu den «Bereichen» oder «Sphären» des *sozialen* Organismus und deren Verhältnis zueinander ausgearbeitet haben. So schreibt Steiner auch, daß «dieser soziale Organismus, soll er gesund sein, ebenso dreigliedrig sein muß wie der natürliche Organismus». Als Verständnis des Spezifischen und Selbständigen der «Systeme» dieses Organismus und des Zusammenspieles zwischen ihnen ist eine *dynamische* Denkweise erforderlich; deshalb muß von den Menschen gefordert werden, «dass das menschliche Denken, das menschliche Empfinden lehre, das Lebensmögliche an der Betrachtung des naturgemäßen Organismus zu empfinden, und dann diese Empfindungsweise anwenden könne auf den sozialen Organismus».[18]

Es ist in diesem Zusammenhang übrigens bemerkenswert, daß einem diese Analogie zu den verschiedenen körperlichen Funktionen (und nicht nur die Dreiteilung der Gesellschaft) schon in Platons klassischer Staatslehre begegnet. Was wir (mit Steiner) als die drei «körperlichen Bereiche» angesprochen haben: «Kopforganismus», «Atmung» bzw. «Blutzirkulation» und «Stoffwechsel», entspricht offensichtlich dem, was Platon mit «Kopfleib», «Zwischenleib» und «Unterleib» bezeichnet und für ihn wohlgemerkt den verschiedenen Gesellschaftsfunktionen entspricht. Es sei im übrigen unterstrichen, daß trotz unseres Hinweises auf die Parallelität mit der körperlichen Organisation hier selbstverständlich nicht einer biologischen oder überhaupt naturalistischen Erklärung des Gesellschaftsorganismus das Wort geredet werden soll (was im übrigen auch bei Platon nicht der Fall ist).

Besonders hinweisen möchten wir auf den Ausdruck «gesund» (in dem obigen Steiner-Zitat), und zwar vor dem Hintergrund der erwähnten Parallele zwischen dem sozialen und physischen Organismus. Die Perspektive Gesundheit versus Krankheit scheint uns in diesem Zusammenhang sehr erhellend. Denn wie viele körperliche Krankheiten darauf beruhen, daß die drei organischen Systeme sich nicht im Einklang miteinander befinden, sondern auf Bereiche des Körpers übergreifen, in die sie nicht hingehören, haben wir gezeigt, daß soziale Schäden oder «Krankheiten» gerade dann entstehen, wenn eine soziale Sphäre in den Funktionsbereich einer anderen Sphäre übergreift. Erinnert sei hier nur daran, wie Gleichschaltung des Geisteslebens und «Expertokratie» im politischen Leben als Folge davon auftreten, daß die legitimen Funktionsbereiche der Prinzipien von Gleichheit bzw. Freiheit überschritten werden (vgl. Kapitel «Die Sphären von Freiheit und Gleichheit»).

Gemeinsam ist beiden verglichenen «Organismen», daß keine *einheitliche* Organisation vorliegt, sondern daß *die Einheit durch das harmonische Zusammenspiel* zwischen den verschiedenen (drei) Organsystemen oder sozialen Sphären *entsteht*. Auf der einen Seite haben wir die drei Körpersysteme, die – um erneut Steiner zu zitieren – «dadurch den Gesamtvorgang im menschlichen Organismus aufrecht erhalten, dass sie in einer gewissen Selbständigkeit wirken, dass *nicht* eine absolute Zentralisation des menschlichen Organismus vorliegt».[19] Auf der anderen Seite haben wir den sozialen Organismus, in dem das Einheitliche in vergleichbarer Weise entsteht, wie es Steiner an anderer Stelle ausdrückt: «Diese Einheit wird nicht dadurch bewirkt, daß man sie durch eine zentrale Macht ordnet, sondern dadurch, daß man sie aus dem Zusammenwirken derjenigen Kräfte entstehen läßt, die als einzelne für sich leben wollen, um das Leben eines Ganzen zu bewirken.»[20]

Dies zeigt erneut, wie verfehlt der «einheitsstaatliche» Gesellschaftsbegriff ist, der das soziale Denken der Gegenwart so weitgehend beherrscht. Es mag aber eingewendet werden, daß die Denkweise über die Gesellschaft, die wir dem «Einheitsstaatsdenken» entgegensetzen – und bei der die gesellschaftliche Einheit also aus einer «Dreiheit» hervorgeht – nichts anderes ist als das seit langem bekannte «Prinzip der Gewaltenteilung». Es ist bekannt, daß auch dieses Prinzip der «absoluten Zentralisierung» der gesellschaftlichen Organisationsform entgegengestellt worden ist. Man hat dabei behauptet, daß diese Organisation aus drei relativ selbständigen und nebeneinanderstehenden «Gewalten» bestehen muß: der «gesetzgebenden», «ausübenden» und «urteilenden».

Die Verwandtschaft mit unserer eigenen Auffassung ist jedoch äußerst oberflächlich. Das «Gewaltenteilungsprinzip» verfolgt erstens ein ziemlich eingeschränktes Ziel, indem es sich ausschließlich auf das richtet, was wir als das rechtlich-politische Leben charakterisiert haben (welches lediglich ein «Drittel» der gesamten gesellschaftlichen Organisation ausmacht). Und zweitens ist das Prinzip an sich problematisch, u.a. weil es Legislative und Exekutive trennt, was dem demokratischen Entscheidungsprozeß direkt zuwiderläuft. Darüber hinaus enthüllt der Begriff «Gewaltenteilung» selbst, daß man es hier mit einem Denken über Individuum und Gesellschaft (Individualität und Sozialität) zu tun hat, das eigentlich ein *Gegensatzverhältnis* zwischen ihnen voraussetzt, einem Denken also, das für die Staatstheorie des 17. und 18. Jahrhunderts typisch war – aus dem das Gewaltenteilungsprinzip historisch gesehen auch hervorgegangen ist.

Wir wollen an dieser Stelle unterstreichen, daß unser Verständnis von der Dreigliederung der Gesellschaft nicht nur ein (antidemokratisches) System mit einer selbständigen «ausübenden» Gewalt ausschließt. Unsere Auffassung macht sogar ein staatliches «Oberhaupt», sei es als Präsident oder Kanzler oder Monarch, gänzlich überflüssig, die allesamt eigentlich nichts anderes als eine Überlieferung einer vergangenen, vor-demokratischen Zeit darstellen. Heute trägt jedoch diese Fiktion als ein falsches Symbol in besonders verschleiernder Weise dazu bei, das Einheitsstaatsdenken im Bewußtsein der Bevölkerung zu zementieren und die Erkenntnis zu verhindern, daß wahre gesellschaftliche Einheit nur aus einem Zusammenspiel der selbststeuernden sozialen Bereiche und nicht aus einer äußeren Institution hervorgehen kann.

Eine andere Frage ist, ob die Selbständigkeit und Selbststeuerung der gesellschaftlichen Organe von der Bewegung der «Grünen» gestärkt wird, die sich seit einem knappen Jahrzehnt geltend gemacht hat und international in starkem Wachstum begriffen ist. Denn die verschiedenen Varianten von «Populismus» und Umweltbewegung betonen genau die kleineren, autonomen Steuerungseinheiten, deren Ziel die Sicherung der individuellen Freiheit sowie der brüderlichen Zusammenarbeit ist, welche beide in der zentralisierten Großgesellschaft nicht zu ihrem Recht kommen. All diesen Strömungen gemeinsam ist daher das Schlagwort «Dezentralisierung». Die Frage stellt sich, ob dies unseren Vorstellungen, z. B. von den «freien Gemeinschaften», entspricht?

Es dürfen hierbei wesentliche Unterschiede nicht übersehen werden, insbesondere weil diese Ideenströmungen in der heutigen Gesellschaftsdebatte eine doch verhältnismäßig große Rolle spielen – vor allem stimuliert durch die ständig drängender werdenden Umweltprobleme. Wir können zwar der Kritik der «Grünen» an der existierenden Gesellschaft – der privatkapitalistischen wie der staatskapitalistischen – in weiten Teilen zustimmen, z.B. was «Expertokratie» und «Kommerzialisierung» angeht (ganz zu schweigen von Umweltzerstörung und Raubbau an Ressourcen). Die Kritik und die alternativen gesellschaftlichen Organisationsformen beruhen innerhalb der grünen Strömungen jedoch auf keiner Gesellschaftsanalyse, die die verschiedenen sozialen Sphären und Funktionsbereiche abdeckt! Die vertretenen Standpunkte sind deshalb (trotz aller richtigen Aspekte) oft verfehlt, was wir im folgenden zeigen wollen.

Charakteristisch ist beispielsweise, daß man mangels Einsicht in die sozialen Prinzipien (Freiheit, Gleichheit und Brüderlichkeit) und deren Zusammenspiel auch in den «kleinen» Gesellschaften (vgl. unsere Beispiele ‹Industriebetrieb› und ‹Schulorganisation›) lediglich das Prinzip demokratischer Mehrheitsentscheidung auf die «kleine» Gesellschaft überträgt. Wie klein und autonom, «nah» und «übersichtlich» man diese auch denken mag – sie wird die Freiheit des einzelnen und die brüderliche Zusammenarbeit nicht besser wahren können als eine allumfassende Demokratie in der «großen» Gesellschaft.

Das fehlende Verständnis der verschiedenen sozialen Prinzipien bzw. Funktionen impliziert außerdem die Neigung, Umwelt- und Ressourcenschutz als reine Verwaltungsfrage anzusehen und deshalb als eine Angelegenheit, über die die kleinere («lokale») Einheit die «Übersicht» hat. Wie jedoch im vorangegangenen Kapitel gezeigt, handelt es sich bei Umwelt- und Ressourcenschutz in erster Linie um *Rechte*, die wie andere Rechte in den Bereich der *staatlichen* Organe des rechtlich-politischen Lebens fallen. Denn in diesen Fragen sind alle – und nicht nur die Mitglieder einer örtlichen Kommune – gleichberechtigt. Viele Schutzmaßnahmen erfordern sogar (ebenso wie andere Menschenrechte) internationale Rechtsbestimmungen. Zwar ist es sehr berechtigt, das rechtlich-politische Leben zu «dezentralisieren» (z.B. als kommunale Selbstverwaltung) – und dies ist in weit größerem Maße notwendig, als wir es heutzutage antreffen –, doch kann man dies nicht in *allen* Zusammenhängen befürworten, schon gar nicht bei grundlegenden Ressourcen- und Umweltrechten.

Eine Modifikation ist hier jedoch angebracht: Das Prinzip politischer *De*zentralisierung hat – auch im Bereich des Umweltschutzes – eine klare Berechtigung gegenüber den großen «übernationalen» politischen *Organisationen*, die im Trend der heutigen Welt des Machtkampfes liegen. Dies gilt für eine Organisation wie die EG ebenso wie für das Phantom «Weltregierung», von der zwar viele träumen, die wegen ihrer Zentralisierung jedoch eher ein politischer Alptraum ist. Denn selbst wenn Umweltschutz über die Landesgrenzen hinaus, ja in globaler Perspektive, realisiert werden muß, zeigt sich, daß derartige politische Einheiten enorme Probleme aufwerfen – und zwar nicht nur bei Fragen des Umweltschutzes (vgl. die dänische Auseinandersetzung um die sogenannten EG-Reformen).

Organisationen wie die EG sind nicht nur deshalb unheilschwanger, weil sie unnötigerweise in großen Einheiten gedacht werden, sondern auch, weil sie in Verlängerung des nationalen *Einheitsstaats* gedacht werden, in dem der ökonomische, politische und kulturelle Bereich miteinander vermischt wird. Die EG baut beispielsweise fundamental (vgl. Römische Verträge) auf traditionellem ökonomistischen Denken auf, welches das Konkurrenzprinzip nicht nur zementiert, sondern sogar als übergeordnetes Prinzip etabliert – z.B. gegenüber dem Umweltschutz.

Ein dritter kritisch zu sehender Aspekt der Dezentralisierungsideen der «grünen Bewegung» ist die Tendenz, «Spezialisierung» und «Arbeitsteilung» ausschließlich negativ einzuschätzen und sogar eliminieren zu wollen. Selbstverständlich gibt es gewichtige Argumente gegen die Arbeitsteilung und die Spezialisierung, wie sie heute in der Profit- und Konkurrenzgesellschaft anzutreffen sind, wo beide unterdrückend auf Freiheit und Sozialität wirken. Völlig anders verhält sich dies jedoch in einer Gesellschaft, in der kapitalistisches Privateigentum ebenso wie die Lohnarbeit aufgehoben ist. In dieser Situation wirken sie nicht länger repressiv, sondern sind ganz im Gegenteil ein Ausdruck brüderlicher Gemeinschaft (gegenseitiger Hilfe) – so wie wir es in einem früheren Kapitel ausgeführt haben, u.a. anknüpfend an Émile Durkheims Verständnis von Arbeitsteilung und Spezialisierung als strukturellem Ausdruck von ‹Solidarität›.

Unsere Kritik der – auch als «ökopolitisch» bezeichneten – Ideenströmungen ist also in vielerlei Hinsicht ebenso wesentlich wie unsere Zustimmung an anderen Punkten. Wir wollen unsere Kritik deshalb untermauern, indem wir uns mit zentralen Auffassungen einiger hervortretender Repräsentanten dieser Strömungen auseinandersetzen, und zwar mit dem Ökoanarchisten Murray Bookchin, dem Technogesellschafts-Kritiker Ivan Illich und dem Ökosozialisten André Gorz. Die drei unterscheiden sich zwar in vielerlei Hinsicht, stehen aber alle mehr oder weniger für die oben generell kritisierten Standpunkte. Darüber hinaus haben sie alle ihren Ausgangspunkt in dem gegen Ende der sechziger und zu Beginn der siebziger Jahre erwachenden Bewußtsein für Umwelt- und Ressourcenfragen, wie es z.B. in Barry Commoners Schriften und dem Rapport der britischen «Ecologist»-Gruppe zum Ausdruck kam.

Fruchtbar an Murray Bookchins Kritik der existierenden (bürgerlich-kapitalistischen) Gesellschaft ist u.a. sein Hinweis darauf, daß «Tauschbeziehungen (in den meisten Fällen als Geldbeziehungen) nahezu alle anderen Formen von menschlichen Beziehungen verdrängen». Dies ist insoweit eine Kritik, die er u.a. mit Marx teilt. Bookchin betont jedoch vor allem, daß die menschlichen Beziehungen damit zu nur noch «indirekten» werden, und er kritisiert den Marxismus, für dieses Problem keine Lösung anzubieten. Mehr noch – er betont, daß der Marxismus notwendigerweise zu Zentralismus führt, was seines Erachtens darauf zurückzuführen ist, daß dieser die gesellschaftliche Organisation nicht auf dem «lokalen Milieu» («Kleingesellschaft») basiert. Für den Anarchisten Bookchin bildet diese *kleinere* Einheit die Basis für «Formen der Freiheit», und er meint, für seine Auffassung Unterstützung in der Ökologie zu finden.

Sobald allerdings Bookchin diese Organisationsform näher erläutern soll, hat er nicht mehr ins Felde zu führen als wenig nuancierte Formulierungen von «direkter Demokratie, einer Steuerungsform, bei der alle direkt am politischen (!) Entscheidungsprozeß teilnehmen». Auf ihn trifft also die Kritik vollständig zu, die wir generell gegen den Anarchismus vorgebracht haben.[21]

Ivan Illich ist ein sehr scharfer Kritiker der modernen, durchtechnifizierten Gesellschaft. Sein zentraler Gesichtspunkt ist, daß die Technik, wenn sie eine bestimmte Schwelle überschreitet, nicht länger Diener der Menschen ist, sondern sich zum Herrn aufschwingt. Er denkt hierbei nicht in erster Linie an die Zerstörung der natürlichen Umwelt und an den Raubbau an Ressourcen, sondern an die Lebensform und Handlungswahl der Menschen. Diese Kritik gilt unabhängig von der Eigentumsform (also nicht weniger für die sogenannten sozialistischen als für die kapitalistischen Gesellschaften). Oft tendiert die Herrschaft der Technik sogar zu einem «radikalen Monopol», was Lebensform und Handlungswahl angeht, wobei dieses «die Menschen mit Hilfe der Werkzeuge steuert ... und so die Freiheit begrenzt».

Typisch hierfür ist für Illich das «Verkehrssystem – dieses Monstrum», in erster Linie der massenhafte Automobilismus, der von vielen als «*Diktatur* des Autos» kritisiert und auch von Illich analysiert worden ist.[22]

Bis hierhin können auch wir ihm folgen: Illichs Technologiekritik ist ausgesprochen lehrreich. Gerade deshalb ist es aber angebracht, auch auf die Stellen zu verweisen, an denen seine Schwächen offenkundig werden. Erstens sieht Illich (wie Bookchin) nicht, daß die Wahrung der Lebensform und Handlungswahl des Menschen gegenüber der technologischen Bedrohung – z.B. durch den Automobilismus – *primär* keine Frage der Organisation und Abwicklung dieser Technologie in großem Maßstab, sondern eine Frage des *Rechts*schutzes ist. Es ist eine Frage von generellen rechtlich-politischen Entscheidungen, die eine solche Abwicklung der großtechnologischen Gesellschaft zwar teilweise als Konsequenz haben können, keineswegs jedoch als das Mittel selbst. Illich ist also teilweise zuzustimmen, was sein Ziel betrifft; er liegt jedoch weitgehend falsch, was den Weg angeht.

Eng mit ersterem zusammenhängend, lehnt Illich zweitens nicht nur Großtechnologie völlig ab, sondern auch Spezialisierung und Arbeitsteilung. Er ist nämlich der Auffassung, daß *spezielle* Einsicht bei den Individuen eine *erzwungene* Abhängigkeit hervorruft, analog zu der, die die «übereffektive» (oder richtiger: überexpandierte) Technik mit sich bringt. Die Technik sei nur «konveniell» (erzeugt nur Gleichgewicht) «in dem Ausmaße, wie jeder (!) sie benutzen kann ... Die Werkzeuge erfordern keine speziellen Qualifikationen der Benutzer».[23] Illich sieht also nicht, daß es sich hier um höchst *verschiedene Formen* von «Abhängigkeit» handelt – und dies hat gewichtige Konsequenzen. Denn während die Abhängigkeit der Menschen von der überexpandierten Technik (z.B. Massenautomobilismus) ihre Lebensform und Handlungswahl stark einschränkt, ist ihre Abhängigkeit *voneinander*, von den «speziellen Qualifikationen» der Mitmenschen, die soziostrukturelle Grundlage für die Entfaltung tiefster Sozialität der Individuen. Die Arbeitsteilung ist die Grundlage der gegenseitigen Hilfe in der brüderlichen Gemeinschaft! Illich übersieht aber noch etwas anderes. Indem er die Spezialisierung ablehnt, entfernt er zugleich die Grundlage der (von ihm angestrebten) individuellen Freiheit und der «schöpferischen Arbeit», weil die Freiheit und schöpferische Tätigkeit des einzelnen gerade in der Entfaltung seiner *speziellen* Einsicht und seiner *speziellen* Fähigkeiten besteht. Diese Entfaltung zu sichern ist uns ein zentrales Anliegen – und zwar durch das differenzierte Nutzungsrecht an den Produktionsmitteln.

Der Dritte im Bunde der erwähnten «ökopolitischen» Gesellschaftskritiker, André Gorz, baut in wesentlichen Hinsichten – was die Stärken wie die Schwächen angeht – auf Ivan Illichs Technologie- und Gesellschaftssicht sowie auf dem Marxismus auf. Seine Auffassung scheint mit unserer zusammenzufallen, wenn er die «sozialen Beziehungen ..., die auf Gegenseitigkeit und Freiwilligkeit aufbauen», hervorhebt und betont, daß die Gesellschaft in ihren einzelnen Teilen «selbstregulierend» sein muß. Doch sehen wir genauer hin, werden fundamentale Unterschiede deutlich, da Gorz (wie Illich) die «kleinen» Einheiten als die einzig seligmachenden ansieht und zugleich nicht zwischen den verschiedenen sozialen *Funktionen* differenziert. Statt dessen spricht er von «territorialer Gemeinschaft» und gar von «lokaler Selbstversorgung». Wenn man jedoch beispielsweise «alle (!) Entscheidungen in der Gemeinschaft» treffen soll – und dies sogar nach dem Muster der «Vollversammlungen» (also qua Mehrheitsbeschluß) –, wird hierdurch die *Freiheit* im ökonomischen Leben (ganz zu schweigen vom Geistes- und Kulturleben) *verletzt*, die doch Gorz gerade proklamiert und die als Schlagwort sogar auf der Titelseite seines Buches erscheint.[24]

Eine seiner Thesen verdient besondere Aufmerksamkeit, weil sie zeigt, daß Gorz auch kein klares Verständnis von der Idee «gegenseitiger Hilfe» im ökonomischen Leben hat, obwohl er von dieser Idee ständig spricht. So schreibt er, in einer erdachten Zukunftsperspektive auf die heutige Gesellschaft zurückblickend, daß «der Ursprung allen Elends und aller Frustrationen ... darin bestand, daß niemand das verbrauchte, was er produzierte, oder produzierte, was er ‹verbrauchte›».[25] Dies stellt jedoch die Verhältnisse genau auf den Kopf: Die wirkliche, brüderliche Gegenseitigkeit im ökonomischen Leben beruht gerade im Gegenteil darauf, daß die einzelnen *nicht* für sich selbst produzieren, sondern daß alle füreinander produzieren! Das fehlende Verständnis *hiervon* kann mit vollem Recht als «Ursprung allen Elends und aller Frustrationen» der gegenwärtigen Gesellschaft angesehen werden, wie wir es im Kapitel «Die Sphäre der Brüderlichkeit» zu zeigen versuchten.

Wir haben uns recht ausführlich mit den wichtigsten Standpunkten in der sogenannten «grünen Bewegung» bzw. den heutigen ökopolitischen Strömungen beschäftigt, weil diese durch die Betonung der Umweltprobleme und ihre Gesellschaftsanalyse wesentliche Beiträge zur heutigen Gesellschaftskritik geleistet haben. Aus gleichem Grund haben wir ihre Standpunkte an den Stellen kritisch beleuchtet, weil wir der Auffassung sind, daß diese unzureichend oder gar irreführend sind. Denn der beste Dienst, den man einer guten Sache erweisen kann, besteht oft gerade darin, nachzuweisen, wo sie den Anforderungen nicht gewachsen ist – so daß die Spreu vom

Weizen getrennt werden kann.[26] Ebenso wichtig ist uns dabei, unser eigenes Verständnis von der «Dreigliederung» und «Selbstverwaltung» der Gesellschaft im Lichte anderer Auffassungen weiter zu erhellen und zu zeigen, wie wichtig es ist, die ökopolitischen Ideen durch ein Verständnis der verschiedenen Funktionen der Gesellschaft und ihres harmonischen – gleichgewichtigen – Zusammenspiels zu ergänzen.

Wir schließen unsere sozialphilosophische Erörterung mit einer Erinnerung an die Frage ab, die den Anstoß zur Erörterung gab. Am Ende unserer einleitenden historischen Betrachtung formulierten wir die Herausforderung, die uns die historische Entwicklung der menschlichen Individualität zu stellen scheint: Wie müssen wir das Verhältnis zwischen Individualität und *Sozialität*, zwischen der Freiheit des einzelnen und der sozialen Gemeinschaft denken – und wie soll dieses Verhältnis *in der Praxis unter Vermeidung prinzipieller Gegensätze und Widersprüche ausgestaltet werden*?

Mit der Lehre von der sozialen Dreigliederung der Gesellschaft meinen wir eine Antwort auf diese Frage gefunden zu haben.

ABSCHLIESSENDER TEIL: DIE UNTEILBARKEIT DER FREIHEIT

17

INNERE UND ÄUSSERE EXISTENZ DER INDIVIDUALITÄT

Wir haben in dem nunmehr abgeschlossenen zweiten Teil unserer Studie das erörtert, was wir einleitend als die «äußere» oder soziale Freiheit des Menschen bezeichnet haben. Wir sind dabei zu der Überzeugung gelangt, daß diese Freiheit nur im engen Zusammenspiel mit den gesellschaftlichen Bereichen verstanden werden kann, die wir als Gleichheitssphäre und Brüderlichkeitssphäre bezeichnet haben – alle drei Gesellschaftssphären bedingen sich gegenseitig. Es ist die *gleiche menschliche Individualität*, die in allen drei Gesellschaftsbereichen zur Entfaltung kommt. Deshalb haben wir auch von der «sozialen Integration» der äußeren Freiheit gesprochen. Diese ist keine isolierte «Insel» in der Gesellschaft, sondern unlösbar oder unteilbar mit dem ganzen sozialen Leben verbunden.

Aber nicht nur in dieser gesellschaftlichen Ganzheitsperspektive muß die menschliche Freiheit als unteilbar angesehen werden. Die äußere, soziale Freiheit muß auch in ihrem engen Zusammenhang mit dem verstanden werden, was wir einleitend als die *innere* Freiheit des Menschen bezeichnet haben, die häufig auch als «Willensfreiheit» erörtert worden ist. Dies wiederum bedeutet, daß das Verständnis der äußeren Freiheit auch mit den Fragen verbunden ist, die mit dem Problem der Willensfreiheit zusammenhängen – als Fragen nach der Autonomie des menschlichen Ich und der ethischen Verantwortung des Individuums. Wir haben in den vorangegangenen Teilen unserer Studie diesen Zusammenhang zwischen innerer und äußerer Freiheit in mehreren Problemfeldern berührt. Dieser Zusammenhang hat sogar, wie wir in unserer Einleitung präzisierten, den Aufbau unserer Studie bestimmt: die Notwendigkeit, das Freiheitsproblem sowohl erkenntnistheoretisch, moralphilosophisch als auch sozialphilosophisch zu reflektieren.

Unser grundlegender Standpunkt ist hier, daß der Mensch, wenn wir sinnvoll von menschlicher Freiheit und Entfaltung von Individualität auf der äußeren, sozialen Ebene sprechen können sollen, auch «nach innen» frei sein muß, d.h. er muß einen *wirklich freien Willen* haben und *als autonome Indivi-*

dualität existieren. Konkreter gesagt: Der Mensch kann nicht als sozial freies und selbständiges Individuum begründet werden, wenn er «innerlich» als ein bloßes biologisches Gattungswesen und «äußerlich» als vollständig von Umweltbedingungen verschiedener Art determiniert begriffen wird. Eine Begründung der inneren Freiheit des Menschen und seiner Existenz als autonome Individualität war deshalb unser primäres Anliegen, und ihr war der erste Teil unserer Studie, «Freiheit und Erkenntnis», gewidmet.

Im zweiten Teil unserer Studie haben wir versucht, den Zusammenhang zwischen innerer und äußerer Freiheit auch auf einem anderen Wege herzustellen. Denn, wie wir hervorhoben, hängt die *Realisierung* der inneren Freiheit auf vielerlei – und oft recht entscheidende – Weise mit der Realisierung äußerer Freiheit und der Entfaltungsmöglichkeit menschlicher Individualität auf der sozialen Ebene überhaupt zusammen. Wird letzteres durch soziale Strukturen oder Institutionen be- oder verhindert, wird die innere Freiheit und Verwirklichung der Individualität gehemmt und verkrüppelt. Dies ist vor allem auf den Umstand zurückzuführen, daß der Mensch der Gegenwart, im Unterschied z. B. zum Menschen des nach innen gewandten Mittelalters, hochgradig in sozialen Beziehungen eingebunden ist. Wir müssen deshalb in der heutigen Zeit gleichermaßen von der *äußeren* wie inneren Existenz der Individualität sprechen.

Dreh- und Angelpunkt der vorangegangenen Erörterungen war also der Zusammenhang zwischen innerer und äußerer Freiheit des Menschen, zwischen der inneren und äußeren Existenz der Individualität überhaupt – oder das, was wir ab jetzt die *Unteilbarkeit der Freiheit* nennen wollen. Eher schwang dieser Zusammenhang implizit in den Reflexionen mit, als daß er ausdrücklich thematisiert worden wäre. In diesem abschließenden Teil unserer Studie soll daher die Frage der Unteilbarkeit der Freiheit diese explizite Thematisierung erfahren. Wir wollen uns dabei sukzessive den beiden Aspekten der Frage zuwenden: Es wird einerseits darum gehen, die äußere Freiheit des Menschen vor dem Hintergrund der inneren zu *verstehen und begründen* und auf der anderen Seite den Zusammenhang zwischen diesen Freiheiten aufzuzeigen, wenn es um die *Realisierung* der Existenz der Individualität, nach innen wie nach außen, geht. Der erste Aspekt ist das Thema dieses Kapitels, den zweiten werden wir in dem folgenden und letzten Kapitel aufgreifen.

Wir haben bereits an verschiedenen Stellen (z.B. bei unserer Besprechung von Stuart Mill und Hayek) darauf verwiesen, daß die heutige Diskussion der sozialen Freiheit des Menschen zu einem großen Teil darunter leidet, daß der von uns aufgezeigte Zusammenhang entweder völlig ignoriert oder nur unzureichend berücksichtigt wird. Dies hat Konsequenzen, die ebenso fatal sind wie die der traditionellen marxistischen Position, in der innere Freiheit und Individualität prinzipiell negiert werden. Eine der Konsequenzen besteht darin, daß man keine Unterscheidung zwischen *Individualität und individueller Freiheit* einerseits und *Egoismus* andererseits vornimmt – eine Unterscheidung, deren grundlegende Bedeutung wir in unserer Darlegung des Themas ‹Freiheit und Gesellschaft› aufgezeigt haben. Liberalistisches wie marxistisches Gesellschaftsdenken sind je auf ihre Weise von diesem Mangel geprägt. Auf den liberalistischen Ansatz wollen wir weiter unten eingehen, auf den marxistischen im nächsten Kapitel.

Das Bild muß in einer weiteren historischen Perspektive unvollständig bleiben, wenn nur kritisch auf die angesprochene *Trennung* der äußeren von innerer Freiheit verwiesen wird. Denn, wie wir in unserer historischen Einleitung ansprachen, ist es jedoch um Freiheit und Individualität nicht schon dann gut bestellt, wenn ein Zusammenhang zwischen oder eine Vereinigung von innerer und äußerer Freiheit behauptet wird wie in der rationalistischen und idealistischen Denktradition. Derartige «Vereinigungsversuche» – wie z.B. derjenige Hegels – haben eher zweifelhafte Konsequenzen für Freiheit und Individualität gezeitigt, indem sie dazu beitrugen, den Glauben derer zu festigen, die die Frage nach äußerer Freiheit in völliger Abtrennung von dem Problem der inneren Freiheit sehen wollten. Karl Popper (siehe das Kapitel «Die Sphären von Freiheit und Gleichheit») und Isaiah Berlin sind hierfür aktuelle Beispiele; Berlins Auffassungen wollen wir hier zur Illustration heranziehen.

In der Diskussion des Verhältnisses zwischen innerer und äußerer Freiheit ist erstere auch als «positive», letztere als «negative» bezeichnet worden: «positive Freiheit» als «Freiheit zu» – Freiheit z.B. zur Entfaltung oder Realisierung bestimmter Fähigkeiten –, «negative Freiheit» als «Freiheit von» – d.h. Freiheit von äußeren Eingriffen in das Handeln des einzelnen, insbesondere von seiten der staatlichen Gewalt. Diese Bezeichnungen entsprechen jedoch in einer wesentlichen Hinsicht nicht dem Begriffspaar, das *wir* meinen, wenn wir von innerer und äußerer Freiheit sprechen. Wir bestimmen die äußere Freiheit nicht nur negativ, sondern auch positiv (als Entfaltung der Individualität)! Trotzdem sind die Kategorien ‹positiv› und ‹negativ›, wie Berlin sie verwendet, geeignet, um einen entscheidenden Aspekt herauszustellen. Wir wollen sie hier diskutieren, auch weil wir die liberalistische (Berlins) Reduktion der menschlichen Freiheit auf eine bloß äußere, dazu rein negative Freiheit kritisieren wollen.

Thomas Hobbes verlieh mit seiner Definition von Freiheit diesem Begriff einen klassischen Ausdruck: «Ein freier Mensch ist ein Mensch ..., der nicht daran gehindert wird, das zu tun, was er zu tun wünscht.» Hier wird also nicht versucht, menschliche Handlung positiv im Hinblick darauf zu *qualifizieren*, inwiefern diese frei oder nicht, individuell oder nur schablonenhaft ist. Was hier als «ein freier Mensch» bezeichnet wird – frei, weil dessen Wünsche «nicht behindert» werden –, kann deshalb ebenso der Gewaltverbrecher oder der im Delirium handelnde Betrunkene sein wie der schöpferische Künstler und der hilfreiche Nächste. Ja, diese Freiheitsdefinition ist ebensogut auf ein Tier wie auf einen Menschen anwendbar, insofern sie nichts in irgendeiner Weise für *menschliche* Handlung Spezifisches voraussetzt. Folglich kann eine solche «natürliche» oder primitive Form von «Freiheit» in einer menschlichen Gesellschaft auch nicht aufrechterhalten werden, ohne daß dies «zu einem sozialen Chaos führen würde», wie Berlin völlig richtig konstatiert. Man muß sie deshalb «einschränken», und alle Aufmerksamkeit wird sich, im Banne dieses rein negativen Freiheitsbegriffes, darauf richten, in welchem *Grad* die Freiheit «begrenzt» werden muß, d.h. wo ihre *Grenzen* verlaufen – gerade dies ist kennzeichnend für das liberalistische Denken.[1]

Vor unserem Begriff von menschlicher Freiheit entpuppt sich dieser positiv gesehen inhaltslose, rein negative Freiheitsbegriff jedoch als eine Sackgasse; er beinhaltet darüber hinaus Widersprüche und unlösbare Dilemmata. Wir haben an anderer Stelle bereits darauf hingewiesen, daß die Freiheit auf diese Weise in Konflikt mit sich selbst und dem Wesen des Menschen gerät (vgl. unsere Erörterung der Auffassungen von Humboldt und Stuart Mill in dem Kapitel «Die Sphären von Freiheit und Gleichheit»). Ebenso haben wir auf die Unklarheit und Willkür hingewiesen, die unvermeidlich jeglicher praktischen Etablierung der erwähnten «Grenzen» anhaften muß, wenn die Freiheit ausschließlich negativ bestimmt wird. Wir wollen aus diesem Grund jetzt auf andere Probleme eingehen, die der negative Freiheitsbegriff aufwirft: daß man, wenn man die äußere Freiheit außerhalb jeden Zusammenhangs mit der *inneren* definiert, weder von einer äußeren Freiheit sinnvoll sprechen noch seinen eigenen Räsonnements und Worten einen Inhalt geben kann. Die Argumentation wird unweigerlich inkonsistent!

So können die Verfechter eines rein äußeren und negativen Freiheitsbegriffes nicht vermeiden, von «dem Individuum» und seiner «Unantastbarkeit» etc. zu sprechen, wie wir es z.B. auch bei Berlin ständig antreffen. Doch da sie von jeglicher *positiven* Bestimmung dieser Begriffe Abstand nehmen, bleiben die Begriffe ohne eigentlichen Inhalt – ja, sie werden zu bloßen Floskeln.

Nicht zuletzt bei Berlin finden wir hierfür Beispiele. Wenn er begründen soll, warum das Individuum und seine Unantastbarkeit überhaupt respektiert werden sollte, kann er auf nichts anderes verweisen als auf rein psychologische Zustände, so z. B. daß man «Ekel und Abscheu fühlen» soll, wenn «ein Mensch ohne Gerichtsverfahren verurteilt wird».

In Ermangelung eines positiven Begriffes von der Existenz des menschlichen Individuums, der dessen Unantastbarkeit *objektiven* Sinn geben könnte, wird hier also zu rein subjektiven Empfindungen Zuflucht genommen, die sowohl willkürlich wie relativ sein können. Um Berlins Beispiel aufzugreifen: Es ist eine unbestreitbare Erfahrung, daß Menschen keineswegs «Ekel und Abscheu» beim Bruch von Normen wie der erwähnten fühlen *müssen*, wenn diese kein *Verständnis*, d.h. einen Begriff vom Menschen haben, der eine solche Norm erst zu einer Selbstverständlichkeit macht. Und es ändert nichts an dieser Tatsache, wenn man, wie Berlin, das eine Verhalten bzw. Gefühl «normal» *nennt*, das andere hingegen «geisteskrank».[2] Der Kern des Problems liegt offenbar darin, daß Berlin implizit eine gewisse *positive*, innere Bestimmung des menschlichen Individuums voraussetzt, die er explizit mit seinem rein äußeren und negativen Freiheitsbegriff negiert! Mit anderen Worten: Er tut sein Äußerstes, den metaphysischen Ast abzusägen, auf dem er sitzt.

Wenn man versucht, jede positive Bestimmung der Freiheit zu umgehen, ist man überdies nicht in der Lage, der *äußeren* Freiheit den richtigen Platz zuzuweisen und ihre Funktion im sozialen Leben zu erkennen. Man begibt sich also der Möglichkeit eines Verständnisses der von uns im zweiten Teil unserer Studie aufgezeigten gesellschaftlichen Zusammenhänge, nicht zuletzt was das Verhältnis zwischen den Sozialbereichen der Freiheit und der Gleichheit angeht. Was letzteres betrifft, deckt Berlin selbst das Unzureichende des negativen Freiheitsbegriffes auf, wenn er erklärt, daß «es keine notwendige Verbindung zwischen individueller Freiheit und demokratischer Gesellschaftsordnung gibt».[3] Wie gezeigt, *gibt es* gerade eine solche Verbindung – und zwar in beiden Richtungen. Auf der einen Seite ist die individuelle Freiheit – als Voraussetzung für den herrschaftsfreien Dialog, der die Grundlage für die politische Öffentlichkeit bildet – eben das Fundament, auf dem die Demokratie ruht. Und auf der anderen Seite kann diese individuelle Freiheit erst kraft des demokratischen Gleichheitsprinzips realisiert werden.

In der modernen, sozial hochgradig integrierten Gesellschaft ist die Entfaltung der Individualität im Rahmen der demokratischen Prozesse ein wesentlicher Teil ihrer äußeren Existenz überhaupt. (In noch höherem Maße gilt diese Entfaltung der Individualität, wie wir gezeigt haben, im Gemeinschaftsbereich des ökonomischen Lebens.) Diesen Zusammenhängen gegenüber sind jedoch die Verfechter des rein negativen Freiheitsbegriffes blind. Ihr Freiheitsbegriff beruht auf einem *abstrakten* Verständnis der Individualität, einer «Individualität», die sozusagen im luftleeren Raum bleibt, beruhend auf bloßer Ahnung und auf vagem Empfinden.

Ein Freiheitsbegriff, der jegliche positive Bestimmung menschlicher Individualität ebenso wie jeden Zusammenhang zwischen innerer und äußerer Freiheit ausschließt, hat noch weitere Konsequenzen zur Folge. Weil man es unterläßt, menschliche Handlung im Hinblick auf Freiheit zu qualifizieren – jegliches Verhalten wird über einen Kamm geschoren (vgl. unseren Kommentar zum Hobbes-Zitat) –, verzichtet man darauf, eine Unterscheidung zwischen individueller Freiheit und Egoismus zu etablieren. Aber gerade diese Unterscheidung ist, wir erinnerten daran, von grundlegender Bedeutung, um die Organisation der menschlichen Gesellschaft verstehen zu können. Dies gilt besonders für das ökonomische Leben, wo wir auf die fundamentale Differenzierung zwischen freier Entfaltung von Fähigkeiten und «freier» Aneignung von wirtschaftlichen Gütern Gewicht legten. (Freie Hand für Fähigkeiten und Initiativen, nicht jedoch für Besitzergreifung!)

Auf der anderen Seite hängt dies damit zusammen, daß der negative Freiheitsbegriff nie über bloße *Wahl*freiheit hinausreicht. Man stellt sich nie die Frage, *was* im Menschen da eigentlich wählt. Man betrachtet jegliches Handeln lediglich daraufhin, was der Handelnde faktisch tut, und eventuell was er im Hinblick auf die rein äußerlichen institutionellen Bedingungen tun kann. Konsequent zu Ende gedacht, wird damit menschliche Freiheit sogar zur Möglichkeit der Wahl des Bösen oder Schlechten, wie es z.B. Berlin offen vertritt, wenn er den Utilitaristen Jeremy Bentham lobt: Mit seiner Frage danach, ob «nicht die Freiheit, etwas Schlechtes zu tun, Freiheit (ist)», habe er das «entscheidende Wort hierzu gesagt».[4] (Es sei an dieser Stelle an unseren Hinweis auf die Problematik eines solchen Freiheitsbegriffes erinnert; gegenüber dieser Auffassung von menschlicher Freiheit äußerte bereits Augustinus Bedenken).

Ob zwischen individueller Freiheit und Egoismus unterschieden oder Freiheit mit Wahlfreiheit identifiziert wird, hat sowohl eine konkrete soziale als auch eine theoretische, prinzipielle Seite. Wir wollen deshalb diese Frage aus dieser Perspektive vertiefen und dabei an das bereits Gesagte anknüpfen. Wir wollen jedoch schon jetzt präzisieren, daß wir selbstverständlich die Behauptung zurückweisen, daß ein Mensch, der das Böse tut, «frei ist». Und wir weisen nicht minder Berlins weitere Behauptung (in der zitierten Passage) zurück, diese Auffassung beinhalte folgende Konsequenz: Wenn man einen Menschen «*hindere*», das Böse zu tun, bedeute es, «ihm Freiheit zu geben». Denn wie wir noch an späterer Stelle zeigen werden, gibt es keine notwendige Verbindung zwischen der Annahme, daß gewisse Handlungen nicht frei sind, und der Annahme, diese zu verhindern, *fördere* die Freiheit, ja, daß es überhaupt irgendeinem Zweck diene, diese zu «verhindern».

Es ist nicht schwierig, in unserer heutigen Gesellschaft Anzeichen dafür zu finden, daß sich ein rein negativer Freiheitsbegriff geltend macht, d.h. daß man Freiheit lediglich als Wahlfreiheit ansieht und nicht zwischen individueller Freiheit und Egoismus unterscheidet bzw. überhaupt keinen Zusammenhang zwischen innerer und äußerer Freiheit sieht. Ganz im Gegenteil: Die heutige Debatte um Freiheit leidet weitgehend unter gerade diesen Mängeln. Ein einziges unter vielen Beispielen mag dies illustrieren: die ständig wiederaufflammende Debatte um Geistesfreiheit (in Literatur, Kunst und Presse) im Zusammenhang mit Pornographie. Man begegnet hier nicht selten der Auffassung, daß es hier um das Prinzip der Meinungsfreiheit, ja, daß es hier um Sein oder Nicht-Sein der Geistesfreiheit gehe, während es in Wirklichkeit um die Entfaltung des egoistischen Trieblebens des Menschen geht, das etwas völlig anderes ist als seine Individualität. Typisch für die Pornographie ist ja, daß hier der Mensch nicht als ein Subjekt, sondern nur als Objekt – als rein gattungsbestimmtes geschlechtliches Wesen – betrachtet wird. (Noch deutlicher wird dies bei der sogenannten harten Pornographie, wo der Zynismus der Erniedrigung des Menschen zum Objekt noch deutlicher zutage tritt.) Und doch steht all dies im Einklang mit dem *rein negativen* Freiheitsbegriff. Von diesem Begriff ausgehend, kann also nicht nur der Verneinung der Individualität, sondern sogar offener Erniedrigung des Menschen im Namen der *Geistesfreiheit* das Wort geredet werden.

In diesem Zusammenhang wird gerne der Einwand erhoben, man könne ein derartiges Ausleben nicht *verbieten*, weil damit dem Verbot anderer Formen von Entfaltung, die irgend jemandem mißbehagt, Tür und Tor geöffnet würde. Ganz abgesehen davon, daß ein solcher Einwand Ausdruck eines ethischen Nihilismus ist, insoweit charakteristisch für den rein negativen Freiheitsbegriff, baut er auf einem fundamentalen Mißverständnis auf. Denn hier werden zwei völlig verschiedene Fragen vermischt, nämlich die Frage, *was* wahre Freiheit (oder ethisch richtig) ist, und die Frage, wie diese Freiheit (oder das ethisch Richtige) *realisiert werden* soll. Denn etwas als positiv richtig anzunehmen, impliziert in keinerlei Hinsicht, daß es zugleich angemessen sei, über das, was nicht richtig ist, ein *Verbot* auszusprechen. Es folgt in keinster Weise aus unserem positiven Freiheitsbegriff, daß man das verbieten solle, was als Freiheit disqualifiziert werden muß. (Dies gilt auch für das Pornographie-Beispiel; es stellt sich jedoch die Frage, ob ein solches Phänomen nicht aus *anderen* Gründen verboten oder Restriktionen unterworfen werden sollte, worauf wir hier jedoch nicht eingehen werden.)

Es ist wichtig zu unterstreichen, daß ein *Verbot* fiktiver Formen von Freiheit nicht automatisch die wirkliche Freiheit fördert. Wie wir in vielen anderen Zusammenhängen hervorgehoben haben, gründet diese Freiheit in der *Erkenntnis* des einzelnen, und *diese* kann das Individuum selbstverständlich nur aus sich heraus erwerben und nicht von außen aufgezwungen bekommen. Darin, daß die Erkenntnis jedes einzelnen sozusagen von Null an beginnt, liegt denn auch die legitime Funktion der *Wahl*freiheit – illegitim wird diese, wenn man sie zur Freiheit *schlechthin* erklärt und dabei die wirkliche, positive Freiheit übersieht. Wir können in diesem Zusammenhang sogar von einer Qualifizierung auch der Wahlfreiheit sprechen, denn es besteht ein offensichtlicher Unterschied zwischen der relativ banalen Wahlfreiheit, mit der wir z.B. auf einem Markt zu tun haben, und der existenziellen Wahlsituation, mit der sich die Existenzphilosphen, von Augustinus über Kierkegaard bis zu Sartre, beschäftigt haben.

Dies führt uns zu einem theoretischeren und prinzipielleren Aspekt der bloßen Wahlfreiheit. Zur Erhellung dieser Frage wollen wir erneut den norwegischen Philosophen Marcus Monrad zitieren, der in seiner Abhandlung *Die menschliche Willensfreiheit und das Böse* die reine Wahlfreiheit folgendermaßen charakterisiert: «Diese unbestimmte Möglichkeit, dieser Grenz- und Indifferenzpunkt zwischen der Naturbestimmtheit und der Selbstbestimmung ist ... noch nicht Freiheit und in der absoluten Freiheit ewig (augenblicklich) aufgehoben ... Immer weniger bleibt eine Wahl als solche.»[5]

Die Wahlfreiheit ist also noch nicht die *wirkliche* Freiheit, sondern nur eine *Möglichkeit* oder ein Ausgangspunkt von dieser – oder ein «Entwicklungsmoment» in der Verwirklichung dieser Freiheit, wie Monrad sie auch begreift. Aber weil die Wahlfreiheit nur Möglichkeit der wirklichen Freiheit ist, kann sie ebensogut das *Entgegengesetzte* mit sich führen – d.h., daß der Wählende, so Monrad, «in eine herrschende Naturbestimmtheit zurücksinkt».[6] Treffender könnte man es kaum ausdrücken, denn gerade dies geschieht häufig in solchen nicht-existenziellen, bloßen Wahlsituationen: Die hochgepriesene Wahlfreiheit wird zum Einfallstor für die naturgegebenen Triebe und Neigungen (wie oft in der Wahlentscheidung am Markt, ganz zu schweigen von dem Beispiel der Pornographie, das wir oben erörterten).

Was aber macht nun die Wahlfreiheit zu einem Entwicklungsmoment in der Realisierung der wirklichen – wir könnten auch sagen: der *positiven* – Freiheit? Es ist das Denken, die Erkenntnis! Denn es ist *diese*, die uns über die vorgegebene Naturbestimmtheit, die Triebe und überhaupt das rein Sinnliche erhebt. «So kommt ja auch überhaupt der vernünftige Gedanke als solcher ausdrücklich zum Vorschein im Gegensatz zu dem gedankenlosen Haften an Sinneseindrücken und individuellen Vorstellungen».[7] Dies trifft sich mit unserer Auffassung von der positiven, wie wir es nannten: inneren Freiheit, die wir im Kapitel «Erkenntnis, Individualität und Freiheit» skizzierten. (Diese Übereinstimmung gilt mit einer Ausnahme: Wo Monrad von «individuellen» Vorstellungen spricht, würden wir den Ausdruck «subjektive» gebrauchen – ein Unterschied, den wir hier jedoch nicht näher erläutern wollen.)

Mit dieser Hervorhebung der grundlegenden Bedeutung des Denkens und der Erkenntnis für die wirkliche, positive Freiheit werden wir im übrigen mit einem weiteren charakteristischen und wesentlichen Zug des rein negativen Freiheitsbegriffes – des bloßen Wahlfreiheitsbegriffes überhaupt – konfrontiert: Dieser Begriff ignoriert den Zusammenhang zwischen Freiheit und *Erkenntnis.* Es existiert im übrigen eine offensichtliche Verbindung zwischen dem (impliziten oder expliziten) Einnehmen einer erkenntnisskeptischen, nominalistischen Position und dem Verständnis von Freiheit als rein negativer oder bloßer Wahlfreiheit. So sind die führenden Liberalisten – als Verteidiger gerade eines solchen Freiheitsbegriffes – erkenntnistheoretische Empiristen oder Positivisten, wie wir bereits in anderem Zusammenhang angeführt haben. Dies gilt für Stuart Mill als Repräsentanten des klassischen Liberalismus bis hin zu den Neoliberalisten wie Popper, Hayek und Isaiah Berlin. Nicht zuletzt bei diesem zeigt sich dies deutlich und konsequent.

Denn Berlin weist nicht nur den engen Zusammenhang von Freiheit und «Vernunft» zurück, sondern gibt im Zusammenhang mit dem Freiheitsbegriff sogar die grundlegenden Forderungen der Vernunft nach der Vereinbarkeit oder Widerspruchsfreiheit der Dinge auf! «Die Ziele des Menschen sind vielfältig», schreibt er, so «daß sich nicht alle von ihnen miteinander vereinen lassen», indem «sie in einem ewigen (!) Rivalitätsverhältnis existieren.»[8] Dies ist wohlgemerkt nicht nur in dem (banalen) Sinn eines zeitbedingten empirischen Sachverhaltes zu deuten, sondern als integrierter Teil des Freiheitsbegriffes selbst. Dies hat Konsequenzen. Es impliziert nicht nur, daß sich das einzelne Individuum in einem «ewigen» Streit mit sich selbst befindet, sondern auch, daß die Kommunikation *zwischen* Menschen sinnlos wird, weil alle Kommunikation ein Gerichtetsein auf Vereinbarkeit oder «Konsensus» voraussetzt (vgl. das Kapitel «Individuelle Freiheit und allgemeine Rationalität»).

Dieser arationale – um nicht zu sagen irrationale – Freiheitsbegriff schließt selbstredend auch einen prinzipiellen «Dezisionismus» ein, d.h. daß die entscheidenden Motive menschlicher Handlung auf bloßen «Beschlüssen» jenseits der Erkenntnis beruhen sollen. Wir kritisierten diesen Dezisionismus – der einen klassischen Ursprung in der prinzipiellen Trennung zwischen dem, was «ist», und dem, was «sein soll», zwischen Erkenntnis (Rationalität) und Moral (Ethik) hat, wie sie von dem Empiristen Hume eingeführt wurde – bereits im Kapitel «Freiheit und Dogmatismus»; wir wollen diese Position deshalb hier nur kurz (ergänzend) streifen. Wir wollen dies tun, indem wir die für eine kritische Erörterung des rein negativen Freiheitsbegriffes entscheidende Frage stellen: Ist es überhaupt möglich, von einer von Erkenntnis *abgetrennten* menschlichen Handlung zu sprechen? Von einem dezisionistischen Standpunkt aus hat man darauf hingewiesen, daß das Handeln des Menschen entscheidend auf «Werten» basiere, die als solche Gegenstand einer reinen «Bewertung» seien, und nicht auf Begriffen, die der Erkenntnis entstammen. Aber *kann* man überhaupt von Werten sprechen, ohne daß sie *Begriff*, d.h. vom Denken bestimmt sind? Oder *kann* man gar von einer Bewertung der Werte sprechen, bei denen *denkende* Abwägung, Bestimmung und Vergleich ausgeschlossen sein soll? Selbst in der sogenannten blinden Triebhandlung sind Begriffselemente integriert, wenn es sich überhaupt um menschliche Handlungen dreht.[9]

Es würde den Rahmen dieser Darstellung sprengen, dies näher auszuführen, doch das von uns hier lediglich Angedeutete sollte zumindest zeigen, daß und wie äußerst problematisch es ist, scharf zwischen Erkenntnis und «Bewertung» zu trennen (wie in weiten Teilen moderner Ethik), und damit auch den rein negativen Freiheitsbegriff problematisieren, welcher eine solche Trennung *voraussetzt.* Denn wenn man akzeptiert, daß die *Erkenntnis* des Menschen wesentliches Moment seiner freien Handlung ist, dann muß man auch eine Differenzierung von Handlungen nach dem Grad der Erkenntnis und insoweit auch einen *positiven* Freiheitsbegriff akzeptieren. Ja, solange das Denken und die Erkenntnis eine Aktivität ist, die «von innen» kommt, nimmt man eo ipso eine *innere* Freiheit an und impliziert damit notwendigerweise die Existenz einer menschlichen Individualität, nämlich als das Ich, das im Denken und der Erkenntnis wirksam ist. Gerade dies müssen die Anhänger eines bloß negativen Freiheitsbegriffes vor allem anderen zurückweisen, wie es sehr deutlich und konsequent aus Isaiah Berlins Erörterung des positiven Freiheitsbegriffes hervorgeht. Er verwirft ausdrücklich die Annahme eines solchen «inneren Menschen», der sich von dem rein «empirischen» unterscheidet, d.h. «das Individuum mit allen seinen wirklichen (!) Wünschen und Bedürfnissen, wie man es gewöhnlich (!) auffaßt».[10]

Aber ebenso wie es einen Zusammenhang zwischen der Annahme eines rein negativen Freiheitsbegriffes und der empiristischen Geringschätzung der Rolle der Erkenntnis im Handlungsleben des Menschen gibt, gibt es einen Zusammenhang zwischen einer solchen Annahme und einer Psychologisierung der ethischen Motive oder Normen. Man versucht, das Ethische, und damit auch die Freiheit (als rein negative), nicht in der Erkenntnis und der Individualität zu begründen, sondern z.B. im «Nutzen» für das Individuum oder in dessen «Glück». Für die Anhänger des rein negativen Freiheitsbegriffes wird dies besonders zu einem Problem, wenn es darum geht, «die Grenzen» für diese Freiheit zu bestimmen (wozu man sich aus sozialen Gründen genötigt sieht). Wiederum steht Stuart Mill – nun als Utilitarist – neben Jeremy Bentham («Größtes Glück der größten Zahl») als klassisches Beispiel. Der Nachweis, daß dies eine sehr problematische Art der Begründung von Freiheit ist, ist allerdings leicht zu führen und von vielen auch geführt worden. Denn dieser Begründungsversuch wirft nicht nur unüberwindliche Schwierigkeiten auf festzulegen, was für den einzelnen oder für die Individuen insgesamt Nutzen und Glück sind. Vielmehr können «Nutzen» und «Glück» in der Funktion einer Richtschnur für menschliches Handeln und Gesellschaftsorganisation eher zur Legitimation drastischer Eingriffe in das Handeln des einzelnen als zur Begründung von Freiheit von derartigen Eingriffen herangezogen werden. So weist Robert Wolff in einer breitangelegten Auseinandersetzung mit Mills Utilitarismus darauf hin, daß «eine konsistente Verfolgung dieser zwei Maximen (‹Größtes Glück der größten Zahl›) einen enorm aktiven Staatsapparat und soziale Kontrolle von bedeutlichem Umfang erfordert».[11]

Grundsätzlich höhlt es die Freiheit aus, sowohl theoretisch wie praktisch, wenn ein rein negativer Freiheitsbegriff postuliert wird; es bedeutet mithin den Ausschluß des inneren Aspektes der Freiheit und ihre Verankerung in Individualität und Erkenntnis des Menschen. Dies läßt sich auch anhand des leidenschaftlichen Angriffs veranschaulichen, den ein Zeitgenosse Stuart Mills, James Stephen, gegen Mills negativen Freiheitsbegriff richtete. Er beklagte dessen Sinnleere und Bedeutungslosigkeit: «Das Wort ‹Freiheit› (bei Mill) hat keine bestimmte Bedeutung ... Es ist nahezu unmöglich, irgendeine allgemeingültige Aussage mit ihm zu verbinden». Es unterstreicht im übrigen nur die Richtigkeit dieses Urteils, daß der gleiche Stephen, der selbst über keinen *positiven* Begriff von Freiheit verfügt, den Stab über der Freiheitsidee überhaupt bricht![12]

Die Unbestimmtheit und die Inhaltsleere des bloß negativen Freiheitsbegriffes charakterisierten wir oben als einen Mangel an Differenzierung bzw. Qualifizierung von menschlichen Handlungen. Eine solche Unterscheidung trafen wir mit Blick darauf, ob diese Handlungen einer Individualität entsprungen (d.h. positiv freie Handlungen) oder nur Ausdruck von Egoismus sind. Die fehlende Differenzierung zwischen Individualität und Egoismus durchzieht allerdings nahezu das gesamte heutige Denken vom Menschen. Dies gilt nicht nur für den gesellschaftlichen Bereich – wie wir im zweiten Teil unserer Studie in vielen Zusammenhängen zeigten –, sondern auch für weite Teile der Humanwissenschaften.

Ein Beispiel für die fehlende Differenzierung zwischen Individualität und Egoismus ist Sigmund Freuds berühmter Ausspruch (aus den *Vorlesungen zur Einführung in die Psychoanalyse*) über die drei «Kränkungen», die dem Menschen in der Neuzeit widerfahren seien: Zunächst sei dies das heliozentrische Weltbild gewesen, das die Erde aus dem Mittelpunkt des Universums rückte, danach der Darwinismus, der den Menschen zu einem animalischen Entwicklungsprodukt reduzierte, und schließlich Freuds eigene Psychoanalyse, die das Menschen-Ich als «Herrn im eigenen Haus» entthronte. Was Freud nun als «gekränkt» sieht, ist die «Größensucht» und «Eigenliebe» des Menschen, also das, was wir als seinen *Egoismus* bezeichnen würden – während die beschriebenen Kränkungen tatsächlich der *Individualität* des Menschen widerfahren. Denn es bedeutet keine «Kränkung» des Egoismus des Menschen – d.h. seiner Triebe und Begierden –, daß der Mensch als etwas Tierisches (Darwin) oder als ein reines Triebwesen (Freud) aufgefaßt wird – ganz im Gegenteil, es stützt und stimuliert diesen Egoismus! Dagegen ist deutlich, daß die erwähnten (teils einseitigen, teils fehlerhaften) Theorien die Individualität des Menschen kränken, indem sie die Bedeutung des Menschen in der Welt reduzieren und ihn als Geisteswesen und autonomes Ich unterschätzen.[13]

Was die fehlende Differenzierung zwischen Individualität (Ich) und Egoismus angeht, weisen übrigens Freuds Theorie und gewisse Typen von Religiosität eine schlagende Ähnlichkeit auf, ungeachtet aller sonstigen, großen Unterschiede. Freud liefert mit seiner Auffassung vom Menschen als «narzißtisches» und von «Größensucht» erfülltes Wesen eine säkularisierte Variante der pietistischen Verdammung des Menschen als durch und durch egoistisch und hochmütig. Mit dieser Verwechselung von Ich und Egoismus wird in beiden Fällen dem menschlichen Geist seine eigentliche Dimension, die Individualität und das uneigennützige Erkenntnisstreben, aberkannt.

Ganz ohne Zweifel fällt jedoch die fehlende Differenzierung zwischen – oder die Vermischung von – Egoismus und Individualität (und damit auch der individuellen Freiheit) auf der gesellschaftlichen Ebene ins Auge. Hierauf haben wir bereits in früheren Kapiteln hingewiesen, vor allem in «Die Sphäre der Brüderlichkeit». An dieser Stelle kann es insbesondere interessant sein, auf die Verwechslung von Freiheit und Individualität einerseits und Egoismus andererseits zu verweisen, wie sie in der traditionellen «Rechts-Links»-Klassifizierung zum Ausdruck kommt und auf große Teile der politischen Diskussion gedanklich lähmend wirkt. Denn es ist offensichtlich, daß die Rechten dem Egoismus ständig huldigen in dem Glauben, dieser sei individuelle Freiheit, während «die Linken» ebenso häufig die wirkliche individuelle Freiheit bekämpfen, in dem Glauben, diese sei Egoismus. Das rechte Lager appelliert an egoistische Aneignung, die mit «freier Initiative» und der Entfaltung von individuellen Fähigkeiten identifiziert wird. Das linke Lager bekämpft derartige freie Initiativen, wie u.a. freie Schulalternativen, indem sie in einen Topf mit unsolidarischer «Privatisierung» geworfen werden.

Man geht denn auch fehl in dem Glauben, nur die «Linke» bedrohe die individuelle Freiheit des Menschen – wenngleich diese Bedrohung insbesondere in linksextremen Positionen offener zum Vorschein kommt. Es ist verfehlt zu glauben, daß nur die «Linke» die individuelle Freiheit des Menschen bedroht – selbst wenn, insbesondere in ihren extremen Varianten, der Bruch mit dieser Freiheit offener zutage liegt. Die Bedrohung der Freiheit von «rechts» ist eher noch gefährlicher, weil *deren* Vermischung von Individualität und Egoismus im Namen von Individualismus und Freiheit geschieht. Dieser «Rechtsindividualismus» trägt damit dazu bei, die wirkliche, *positive* Freiheit zu korrumpieren, indem diese Freiheit mit ihrem genauen Gegenpol konfundiert wird: «freie» Entfaltung der materiellen Begehrlichkeit der Individuen, die gar als Triebkraft und Organisationsprinzip der Gesellschaft gepriesen wird!

Ja, in ihren extremen Formen (welche übrigens von der heutigen politischen Praxis vieler Länder nicht sehr weit entfernt liegen) verschafft sich die negative, unqualifizierte Auffassung von «Freiheit» in menschenverachtender Weise Ausdruck. Zum Beispiel die sogenannte «Humankapital»-Theorie: Der Mensch als Individuum wird hier als eine ökonomische Größe, als eine Kapitaleinheit und ein Investitionsobjekt betrachtet! Solche Theorien, die gar als eine «neue Ideologie für die Rechte» präsentiert werden, stehen in ihrer Erniedrigung des einzelnen Individuums nicht hinter der marxistischen Auffassung vom Individuum als sich selbst «reproduzierende» Produktionseinheit zurück.[14] Das Individuum erlangt auch keine größere Freiheit, wenn es den Marktgesetzen unterworfen wird, als wenn es als ein Produkt der Produktionsstruktur der Gesellschaft gesehen und einer rigiden Staatsgewalt unterworfen wird. Der «freie Markt» – mit seinem Prinzip des privaten Gewinns – impliziert vielmehr eine noch größere Unfreiheit, weil er auch eine *innere* Unterwerfung, nämlich unter die egoistische Begehrlichkeit, mit sich bringt. Insoweit gilt hier das Wort von Augustinus, es sei «besser, Sklave eines Menschen als einer Lust zu sein», wenngleich er dies in einem anderen Kontext schrieb.[15]

All dies zeigt, wie notwendig es zur Begründung und Verteidigung von Freiheit ist, den negativen Freiheitsbegriff, der nicht zwischen Egoismus und aus der Individualität entspringendem Handeln differenziert, zu überwinden. Das aber heißt, daß die Reflexion über die äußere, soziale Freiheit uns dazu zwingt, die Existenz ihres *inneren* Aspektes anzunehmen, der erst ermöglicht, zwischen egoistischer und wirklich individueller Handlung zu unterscheiden. Ein *positiver* Freiheitsbegriff wird nämlich mit einem tieferen Verständnis des menschlichen *Wesens* verbunden sein, insbesondere mit einem tieferen Verständnis davon, was menschliche Erkenntnis (Rationalität) und Individualität ist. Die Ausarbeitung eines solchen positiven Freiheitsbegriffes war ja auch die Aufgabe, die wir uns im ersten Teil unserer Studie («Freiheit und Erkenntnis») gestellt hatten, im Lichte dessen wir im zweiten Teil («Freiheit und Gesellschaft») die äußere Freiheit erörterten. Ohne dieses Verständnis der inneren und positiv begründeten Freiheit ist es nicht möglich, das Verhältnis zwischen individueller Freiheit und *Gesellschaft* in fruchtbarer Weise zu erörtern. Wir gingen auch von einem solchen positiven Freiheits- (und Individualitäts-) Begriff aus, als wir die Idee von der *Dreigliederung* der Gesellschaft zu begründen versuchten – eine Perspektive, die sich die Verfechter des rein negativen Freiheitsbegriffes nur schwerlich werden aneignen können.

Nun verhält es sich nicht so, daß den Anhängern dieses negativen Freiheitsbegriffes (in Theorie wie Praxis) die Kenntnis eines alternativen, positiven Freiheitsbegriffes generell fehlte oder sie überhaupt nicht Stellung zu ihm nähmen – auch wenn dies in der heutigen Gesellschaft und in heutigem politischen Denken eher die Ausnahme ist. Eine solche rühmliche Ausnahme ist Isaiah Berlin, der den positiven Freiheitsbegriff intensiv erörtert, ihn jedoch verwirft. Seine Kritik wird dann zur entscheidenden Prämisse seines rein negativen Freiheitsbegriffes; auch sind seine Argumente sowohl klar als auch repräsentativ für diese Position. Dies ist Grund genug, näher auf seine Überlegungen einzugehen.

Berlin beschreibt wesentliche Züge eines positiven Freiheitsbegriffes, wie er aus der Geschichte des Denkens bekannt ist. So verweist er darauf, daß dieser häufig auf ein «autonomes», «wahreres» oder «eigentlicheres Ich» rekurriert, im Unterschied zu dem «empirischen» Ich. Es ist weiterhin wesentlich, wenn er betont, daß die «Realisierung» dieses Ichs meist an die «Vernunft» und das Streben des Menschen, die Welt vermittels ihrer zu durchdringen, verbunden wird. Und schließlich ist es treffend, wenn Berlin hervorhebt, daß der positive Freiheitsbegriff in diesem Zusammenhang häufig eine Analogie zwischen der Überwindung von «Despotie» im Äußeren und der Überwindung von «Sklaverei» durch die «Leidenschaften» im Inneren annimmt. All dies sind auch Aspekte unseres positiven Freiheitsbegriffes. Berlin macht weiterhin darauf aufmerksam, daß dies ein Begriff von Freiheit ist, wie er insbesondere innerhalb der *rationalistischen* Tradition, von Platon bis Hegel, anzutreffen ist. (Er erwähnt nicht Thomas von Aquin, obschon dieser sehr gut in das Bild paßt, das Berlin zeichnet.)[16]

Aber gerade dadurch, daß Berlin die angeführten rationalistischen Standpunkte als *erschöpfende* Kennzeichnung eines positiven Freiheitsbegriffes erachtet, wird er zu folgenreichen Mißverständnissen dieses Begriffes verleitet. So schließt er, daß ein positiver Freiheitsbegriff «autoritäre» Tendenzen beinhalte. Das Argument ist folgendes: Wenn die Freiheit an die *Vernunft* geknüpft werde, die selbstverständlich allen Menschen *gemeinsam* ist, so impliziere dies zweierlei: erstens, daß das einzelne Individuum in einer «höheren Einheit» aufgehe, und zweitens, daß ihm damit die eine (vernünftige) Wahrheit von außen aufgezwungen werde. Oder, mit Berlins eigenen Worten: «Das ‹positiv› freie Ich», oder der «‹innere› Mensch kann in einer überpersönlichen Größe verschwinden – dem Staat, der Klasse, der Nation oder dem Gang der Geschichte selbst, der als ein in höherem Maße ‹wirkliches› Subjekt betrachtet wird als das einzelne Individuum». Hieraus folgert er, daß es damit «möglich ist, ... aufgrund eines Zieles Menschen unter Druck zu setzen», ja «diese im Namen und zum Vorteil von ihrem ‹eigentlichen› Ich zu tyrannisieren, unterdrücken und zu peinigen».[17]

Ohne Zweifel entbehrt es nicht jeglicher Grundlage, dem *rationalistischen* positiven Freiheitsbegriff solche Implikationen zuzuschreiben, insbesondere dann, wenn man wie Berlin unter der Bezeichnung «Rationalismus» nicht nur Denker wie Platon und Hegel, sondern z.B. auch Marx subsumiert (vgl. das oben zur «Klasse» Gesagte). Wir haben selbst Marx' Auffassung von dem

Verhältnis zwischen Individuum und Gesellschaft zurückgewiesen und den größten Teil unserer historischen Einleitung und den ersten Teil unserer Studie darauf verwandt, das Unzureichende und die individualitätsnegierenden Tendenzen in der rationalistischen Auffassung von Freiheit aufzuzeigen. So klagten wir diese Tradition – nicht zuletzt Hegel, der offenbar auch Hauptadressat der Kritik Berlins ist – an, das einzelne Individuum in etwas Allgemeinem aufgehen zu lassen (bei Hegel in dem «allgemeinen Individuum» als dem «Subjekt der Geschichte»).

Im Unterschied zu Berlin machen wir jedoch ein Verständnis von Rationalität («Vernunft») und Individualität geltend, welches den positiven Freiheitsbegriff gerade an diesem Punkt aus der rationalistischen Sackgasse herausführt. Dies geschieht dadurch, daß wir die individuelle Freiheit in der Erkenntnis des einzelnen von seiner eigenen Handlungssituation begründen, der moralischen Intuition, die absolut individuell, jedoch zugleich rational ist. Berlin sieht diese Möglichkeit nicht, ja erörtert sie nicht einmal. Damit schüttet er das Kind – den positiven Freiheitsbegriff – mit dem Bade – der begrenzten Entwicklung dieses Begriffes in der rationalistischen Tradition – aus.

So liegt es auch in keinster Weise in *unserem* Begriff von positiver Freiheit, daß dem einzelnen Individuum das eine oder andere «gemeinsame Ziel» «aufgezwungen» würde. Denn zum einen beinhaltet unser Freiheitsbegriff gerade, daß es ein solches Ziel (eine «allgemeine» Norm oder Gesetz) für die freie Handlung *nicht* gibt. Und zweitens kann Erkenntnis – ob von der eigenen Handlungssituation oder von anderen Objekten – nach unserer Auffassung nur von dem einzelnen *Selbst* erworben und nicht von außen aufgezwungen werden. Dies ist für uns ein grundlegender Aspekt der inneren Existenz der menschlichen Individualität, worauf wir weiter unten noch einmal eingehen werden.

Diese unsere Auffassung, daß wir mit den Rationalisten eine absolute und allgemein-menschliche Rationalität annehmen, zugleich und im Unterschied zu diesen aber behaupten, daß nur der einzelne selbst zur Erkenntnis (seiner eigenen Handlungssituation oder anderer Sachverhalte) gelangen kann, hat eine weitere wesentliche zwischenmenschliche Konsequenz. Sie beinhaltet etwas, was für Anhänger des rein negativen Freiheitsbegriffes (mit Popper als typischem Beispiel) nahezu als eine contradictio in adjecto galt, nämlich die gleichzeitige Behauptung von absoluter Wahrheit und absoluter Toleranz! Gesellschaftlich kommt dies konkret in unserer Begründung und Ausarbeitung der zwei sozialen Sphären zum Ausdruck: der Sphäre des Individuellen oder des Geisteslebens, in dem das Wahrheitskriterium gilt, und der rechtlich-politischen Gleichheitssphäre, in dem das gleiche Recht aller auf ihre eigene Meinung unbeschränkt herrscht.

Es kann also keine Rede davon sein, daß der positive Freiheitsbegriff nicht die menschliche Toleranz sicherstellt, wie es gerne von den Verfechtern eines negativen Freiheitsbegriffes behauptet worden ist. De facto ist es dieser negative Freiheitsbegriff, der nicht in der Lage ist, wirklich Toleranz zu sichern, weil er nicht klar zwischen der individuellen und der Gleichheitssphäre trennt. So bleiben seine Fürsprecher in der Regel bei bloß formellen politischen Freiheiten (wie dem Recht auf Meinungsäußerung) stehen, während sie die (materiale) Sicherung der individuellen Möglichkeiten, diese Freiheiten auch zu *verwirklichen*, ignorieren. (Vgl. auch hier unsere früheren Erörterungen.) Wie oben gezeigt, geht ein Denker wie Berlin sogar so weit, eine «Verbindung zwischen individueller Freiheit und demokratischer Regierungsform» überhaupt zu verneinen (obwohl doch letztere die einzige «Regierungsform» ist, die die erwähnten Möglichkeiten den Individuen sichern kann).

Noch fataler ist, daß von einem rein negativen Freiheitsbegriff ausgehend kein wirklicher *Sinn* dafür aufgezeigt werden kann, daß sich das *Individuum selbst* seine Meinungen bilden und nicht von außen beeinflußt werden soll. Denn dies würde gerade voraussetzen, daß man im Prinzip den *positiven* Freiheitsbegriff akzeptierte, der allein von einem ‹autonomen Selbst› handelt. Berlin spricht beispielsweise völlig richtig davon, daß «nichts schlimmer ist, als die Menschen zu behandeln, wie wenn sie keine selbständigen Wesen, sondern eine Art Naturgegenstände wären, ursachenbestimmten Kräften unterworfen, Geschöpfe, die von äußeren Stimuli geleitet werden». Und: «Menschen auf diese Weise zu behandeln, bedeutet, sie zu behandeln, als ob sie nicht über sich selbst bestimmten».[18]

Aber woher hat Berlin es, daß die Menschen «selbständige Wesen» *sind*, d.h. Wesen, die nach seinen eigenen Worten *nicht* «ursachenbestimmten Kräften» unterworfen und «von äußeren Stimuli geleitet» sind? Dies kann nur aus der Annahme entspringen, daß der Mensch ein «autonomes Ich» *hat* – d.h. daß wirklich ein «innerer Mensch» *existiert*, völlig verschieden von «Naturgegenständen», die «ohne eigenen Willen» sind. Denn es muß ja notwendigerweise ein *Subjekt* existieren, auf das sich all diese Charakteristika beziehen sollen. Dies bedeutet jedoch, gerade das zu akzeptieren, was Berlin ansonsten als Implikationen eines *positiven* Freiheitsbegriffes verleugnet. Denn weder «selbständiges Wesen» noch Indeterminiertheit folgt aus der rein negativen «Freiheit von äußeren Eingriffen».

Es ist jedoch nicht unser Hauptanliegen gewesen, die Widersprüche in

Berlins Darstellung des rein negativen Freiheitsbegriffes aufzuzeigen – den inneren Widerspruch dieses Begriffes haben wir in allgemeiner Form bereits an früherer Stelle nachgewiesen. Interessant an den wiedergegebenen Zitaten ist Berlins Präzisierung dessen, was er als den «selbständigen» Menschen begreift, nämlich etwas, das «nicht ursachenbestimmten Kräften unterworfen» oder «von äußeren Stimuli geleitet» ist! Denn dies führt geradewegs zu unserer eigenen Erörterung des Freiheitsbegriffes im ersten Teil dieser Studie, wo wir zu zeigen versuchten, daß die Individualität des Menschen nicht auf Kausalprozesse reduzierbar ist. Und wir wiesen nach, daß er dadurch ein selbständiges Wesen ist, daß er von *Vernunftgründen* (Begriffen) «geleitet» ist, im Unterschied zu «äußeren Stimuli» (eine Einsicht, von der sich Berlin distanziert, indem er Handlung nicht von «Vernunft» ausgehend qualifizieren will). Ja, wir wiesen darauf hin, daß es überhaupt sinnlos ist, Vernunftgründe oder Begriffe von «Ursachen» ableiten zu wollen.

Es erscheint trotzdem angebracht, dies erneut aufzugreifen, weil die Unterscheidung zwischen Vernunftgründen (Begriffen) und Ursachen so wesentlich für die Frage der positiven Freiheit des Menschen ist. So kann diese Differenzierung verhindern, daß das Problem der «Willensfreiheit» nur zu einer verengten Frage nach der Wahl zwischen den zwei – gleichermaßen unakzeptablen – Alternativen gerät: der Ursachenbestimmtheit der menschlichen Handlungen oder deren Unbestimmtheit (sprich das, was man für gewöhnlich unter «Indeterminiertheit» versteht). Daß die Handlungen von Vernunftgründen bestimmt sind, eröffnet die Möglichkeit einer individuellen, inneren Freiheit und schließt zugleich blinde Willkürlichkeit aus. Dies hängt mit dem spezifischen Verhältnis zwischen dem *Ich* des Menschen und seiner *Vernunft* (dem Denken und der Erkenntnis) zusammen – spezifisch, verglichen mit dem Verhältnis, in dem der Mensch zu allem übrigen steht: physischen, biologischen und psychologischen Prozessen etc. Während der Mensch hierbei Teil einer Kausalkette und deshalb *nicht* autonom ist, befindet er sich beim Denken und Erkennen in etwas, das er *selbst* hervorbringt und wo er deshalb *autonom* existiert (vgl. das Kapitel «Erkenntnis, Individualität und Freiheit»).

In der Diskussion über die (innere) Freiheit des Menschen – und in Erklärungen von menschlichen Handlungen überhaupt – ist oft der Unterschied zwischen Gründen und Ursachen herausgestellt worden. Es ist jedoch für einen großen Teil dieser Diskussion charakteristisch, daß man von Gründen im allgemeinen gesprochen hat und die Aufmerksamkeit nicht auf den offensichtlich besonderen Status richtete, der *Vernunft*gründen – d.h.

Begriffen – als Beweggründen (Motiven) der Handlung beigemessen werden muß. Man hat, wie wir es an früherer Stelle ausdrückten, nicht unterschieden zwischen dem allgemeinen, von Intentionen (Gründen) ausgehenden Handeln und dem intentional von der *Erkenntnis* ausgehenden Handeln (vgl. das Kapitel «Die Wirklichkeit der Individualität»). Ungeachtet der geforderten Unterscheidung zwischen dem «Verstehen» von Handlungen durch Gründe einerseits und ihrem «Erklären» durch Ursachen andererseits hat man doch damit die Existenz des Menschen als autonomes Wesen (und damit als freies Wesen) nicht definitiv begründet. Ganz im Gegenteil, man hat oft – sozusagen in der zweiten Runde – das intentionale Bewußtsein auf Kausalprozesse verschiedener Art reduziert.

In dieser Weise scheint auch z.B. der finnische Philosoph G. H. v. Wright verstanden werden zu müssen, auch wenn er den Unterschied zwischen dem durch Ursachen «Erklären» und dem durch Gründe «Verstehen» besonders hervorhebt. So behauptet er, daß «der Mensch nicht deshalb frei handelt, weil er aus dem Zwang der Naturgesetze ausgenommen ist. Er ist es deshalb, weil wir – oder zumindestens die meisten von uns – ihn (den Menschen) auf eine Weise verstehen können, wie wir die übrige Schöpfung nicht verstehen können, d.h. als eine Person». «Person» und «frei» bekommen zwar hier einen eigenen *methodologischen*, aber keinen eigenen *ontologischen* Status im Verhältnis zu «der übrigen Schöpfung».[19]

Einen vergleichbaren Standpunkt nimmt auch der norwegische Philosoph Anfinn Stigen in seiner breitangelegten Arbeit *Menneskets frihet* (Die Freiheit des Menschen) ein. Auf der einen Seite betont er, daß «‹Gründe› (im Unterschied zu Ursachen; H.H.) einen Faktor zu bezeichnen scheinen, der bestimmt, ohne zu zwingen» – auf der anderen Seite schreibt er jedoch, daß «auch unsere Gründe ihrerseits vollständig von vorausgehenden beeinflussenden Faktoren bestimmt sind».[20] Wenn Stigen von «der Freiheit, die ein Mensch aufgrund seiner Denkfähigkeit selbst hat», spricht, so faßt er diese Fähigkeit keineswegs als einen Entfaltungsbereich für dessen Ich auf, sondern ganz im Gegenteil als Potential gewisser «Regeln», «denen der Mensch frei gegenübersteht». Hinzu kommt, daß «auch diese (die Freiheit, diese Regeln zu befolgen oder nicht; H.H.) natürlich (!) ursachenbestimmt ist, abhängig von meiner Natur, meinen Umwelteinwirkungen usw.»[21]

Auf diese Weise vermag Stigens Unterscheidung zwischen Gründen und Ursachen weder ein autonomes Ich noch wirkliche Freiheit zu begründen. Ja, Gründe sind nichts anderes als «Ursachenfaktoren, die als ‹Beweggründe› (Motive) auftreten», d.h. daß sie nur *scheinbar* eine eigene Realität ausmachen.[22] Dies führt uns erneut dazu, auf unsere früheren Äußerungen zum Verhältnis zwischen dem Ich und dem Denken und zur Irreduzibilität der Erkenntnis und der Begriffe in bezug auf Kausalprozesse zu verweisen.[23]

Wir wollen an dieser Stelle auf einen wesentlichen Unterschied in *Herangehensweise* und *Methode* zwischen Stigens und unserer Erörterung der Frage nach menschlicher Freiheit hinweisen. Während wir von einer *Betrachtung der menschlichen Erkenntnis* ausgehen (die sich für uns u.a. aus der historischen Entwicklung der menschlichen Freiheit ergab), nähert sich Stigen auf dem Weg einer *Sprachanalyse* an, «einer Analyse des alltäglichen Gebrauches der Ausdrücke ‹freiwillig› und ‹unfreiwillig›».[24]

Nun wollen wir die sprachanalytische Methode nicht pauschal als unfruchtbar ablehnen. Wenn wir sie hier bei Stigen jedoch zurückweisen, hat dies seinen Grund darin, daß sie zur einzigen oder grundlegenden Methode einer philosophischen Untersuchung der menschlichen Freiheit gemacht wird. Unseres Erachtens erfordert eine solche Untersuchung vielmehr und vor allem eine erkenntnistheoretische und bewußtseinsphilosophische Herangehensweise. Dieser Mangel bei Stigen erklärt auch, warum er die Problematik seiner Sichtweise von Freiheit und Ursachenbestimmtheit nicht erkennt, ja sogar erklärt, daß «unser Freiheitsbewußtsein ... nichts mit unserer Position zur Frage der Ursachenbestimmtheit unserer Entscheidungen zu tun (hat)».[25]

Diese Behauptung scheint nun gerade beredtes Zeugnis der Unzulänglichkeit einer bloßen Analyse von alltagssprachlichen Ausdrücken wie «freiwillig» und «unfreiwillig» abzulegen. Selbst wenn man von «Freiheit» oder «Freiwilligkeit» *sprechen* (und sogar etwas Bestimmtes damit meinen) kann, ohne zugleich auf die Frage der «Ursachenbestimmtheit» zu blicken, so ist damit nicht gesagt, daß diese Ausdrücke auch etwas Sinnvolles in einer tieferen – ethischen, erkenntnistheoretischen oder ontologischen – Perspektive aussagen. Von einem «autonomen Ich», verschieden von «Naturgegenständen» (Berlin), kann somit in diesem common-sense-Freiheitsbegriff keine Rede sein. Bezeichnenderweise finden wir auch keine Differenzierung zwischen individueller Freiheit und Egoismus – eine Differenzierung, deren fundamentale Bedeutung für das Verständnis von menschlicher Freiheit von uns mehrfach hervorgehoben worden ist.

So wendet Stigen die gleiche, rein sprachanalytische Methode auch bei der Erörterung der mit dem Freiheitsbegriff zusammenhängenden Begriffe ‹Ich› und ‹Ich-Bewußtsein› an. Das menschliche Ich ist für ihn schlicht das, was jeder Mensch zu jeder Zeit *faktisch* als sein Ich *«anerkennt»*: «die Faktoren, die ich als mein Ich konstituierend anerkenne und wiedererkenne», im Unterschied zu denen, die « ‹fremd› wirken». Aber dies bedeutet, daß das Bewußtsein von diesem Ich, «dieses Ich-Bewußtsein nichts ausmacht weder in der einen noch der anderen Richtung in der Frage, ob ich vollständig ursachenbestimmt bin oder nicht». Und: «Das Ich, von dem wir hier reden», schreibt Stigen, «ist ein Ich, das von vorausgehenden Ursachen und Einwirkungen bestimmt ist».[26]

Dieser Ich-Begriff, der dieses Ich nur ein Glied in einer Kausalkette sein läßt, ist sicherlich nicht zur Begründung und Wahrung der reellen Existenz eines autonomen Ich geeignet – so wenig, wie der sprachanalytische Freiheitsbegriff eine reelle Freiheit des Menschen begründet. Dieser Ich-Begriff ist im übrigen (als Freiheitsbegriff) auch durch seine offenkundige Relativität und Willkürlichkeit problematisch: Denn was können Menschen nicht alles «anerkennen» und sich mit ihm als ihrem «Ich» identifizieren, von Trieben und Leidenschaften bis zu Erbfaktoren, Geschlecht und Rasse – ganz zu schweigen von allen möglichen «Typen» und «Rollen»!

Damit berühren wir die ernsthaften *Konsequenzen*, die ein Ich-Begriff zeitigt, in dem das Ich – oder die Individualität – substanzlos und ohne selbständige (ontologische) Existenz wird. So führt er zu einer naturalistischen Auffassung des Menschen – und legitimiert diese – in wissenschaftlicher Theorie und Praxis, von Biologie und Medizin bis zu Psychologie und Soziologie, was einer Unterbewertung oder Negierung des Menschen als Geistwesen gleichkommt und ihn auf eine Ebene mit den Tieren stellt.[27] Die ernsthaften Folgen, die daraus für das Wirklichkeitserleben, für Haltung und soziales Leben der Menschen erwachsen, haben wir bereits angesprochen. Wir wollen uns deshalb hier mit einem Beispiel begnügen, das jedoch ausgesprochen symptomatisch und repräsentativ ist: der medizinischen Manipulation des menschlichen Erbgutes, mit der sich die moderne reduktionistische Genetik befaßt. Sie ist ohne Frage praktische Implikation des substanzlosen Ich-Begriffes und des naturalistischen (in casu biologischen) Menschenverständnisses, welches wir grundlegend kritisieren. (Es sei präzisiert, daß wir nicht behaupten, Anhänger eines solchen Ich-Begriffes träten notwendigerweise selbst für eine derartige genetische Manipulierung ein. Wir behaupten jedoch, daß dies eine logische Konsequenz ihres Ich-Begriffes ist.) Wenn nämlich das theoretische Bild des Ich ausschließlich das eines von äußeren «Einwirkungen» («Ursachenfaktoren») wie dem Erbmaterial determinierten Ich ist, ist es nur konsequent, daß dieses zum *Gegenstand* derartiger «Einwirkungen» gemacht wird! Aufgrund der genannten theoretischen Prämissen lassen sich hiergegen jedoch Einwände vorbringen. (Gleiches gilt freilich, wenn das «Ich» mit Umweltfaktoren identifiziert wird, wie z.B. bei den wohlbekannten verhaltenspsychologischen Manipulationen in der modernen Psychotherapie.) Welchen Schluß sollen wir denn hieraus für das Grundthema dieses Kapitels, die innere und äußere Existenz der menschlichen Individualität, ziehen? Wenn die *innere Existenz* der Individualität – als ein autonomes Ich – unterschätzt oder negiert wird (wie in dem oben kritisierten Ich-Begriff), so schließt dies eine Geringschätzung auch ihrer *äußeren* Existenz ein, d.h. ihrer *sozialen* Integrität und Freiheit. Es gerät ja damit schlicht zu einem direkten Widerspruch, zugleich eine humanistische Gesellschaftsauffassung und ein naturalistisches (materialistisches) Menschenbild zu vertreten; darauf haben wir in den vorangegangenen Teilen unserer Studie mehrfach hingewiesen. Ein so verstandener Humanismus übersieht, daß das naturalistische Menschenverständnis abgelehnt werden muß, weil es die Notwendigkeit, die *innere* Realität der menschlichen Individualität und Freiheit begründen zu müssen, um dessen äußere Realität überhaupt sichern zu können, nicht einsieht.

Im Unterschied zu dem diskutierten substanzlosen Ich-Begriff haben wir des weiteren den Zusammenhang zwischen dem Ich oder der Individualität des Menschen einerseits und dessen *Denken und Erkennen* andererseits betont. Diesen Zusammenhang haben wir wohlgemerkt durch erkenntnistheoretische Reflexionen zu begründen versucht, also innerhalb des klaren und sicheren Erfahrungsbereiches des Gedankens, der Rationalität. Wir können deshalb sagen, daß der substanzlose Ich-Begriff – wie auch der verwandte rein negative Freiheitsbegriff – auf einer unzureichenden oder fehlerhaften *Erkenntnistheorie* beruht. Man hat gleichsam kein Zutrauen zu Denken und Erkenntnis, dessen Idealität diesem Mißtrauen nur als Abstraktion erscheint, und man wagt deshalb auch nicht, das Ich dorthin zu verlegen. Wie im erkenntnistheoretischen Teil unserer Studie gezeigt, sieht man die Eigenschaft der Irreduzibilität von Denken und Erkenntnis nicht, sondern sucht partout etwas «hinter» dessen Idealität, eine «handfestere» sozusagen – ob nun eine physische (z.B. das Gehirn) oder biologische (z.B. Genstrukturen oder Selektionsmechanismen). Man erliegt insofern der gleichen materialistischen Neigung, die den weitverbreiteten Sinnes-Reduktionismus geprägt hat, der analog alle Sinnesqualitäten auf angenommene «dahinterliegende» oder «zugrundeliegende» mechanistische (d.h. «handfestere») Eigenschaften als deren «Ursachen» zurückführen wollte. So wie beispielsweise ein Laut nach diesem Sinnes-Reduktionismus «eigentlich» eine Welle (als angenommene Ursache des Lautes) ist, so soll das Denken und seine Objekte (die Begriffe) infolge dieses Gedanken-Reduktionismus nichts anderes als das sein, als was sie in ihrer Idealität erscheinen: als etwas *Materielles* (als ihre angenommene Ursache).[28]

Mit unserer Auffassung vom Denken nehmen wir innerhalb der Philosophie keinen originellen Standpunkt ein – wie bereits erwähnt, sehen wir uns ganz im Gegenteil in bester Übereinstimmung mit einer langen Tradition von Platon und Aristoteles bis Hegel. Diese Übereinstimmung bezieht sich auch nicht nur auf die Auffassung vom Denken und der Irreduzibilität der Erkenntnis, sondern auch darauf, daß das Wesen des Menschen (sein Ich) eng mit seinem Denken und der Erkenntnis (Vernunft, Ratio) verbunden ist. Sie reicht sogar bis zu unserer Annahme einer Polarität zwischen dem Denken des Menschen und dem Ich auf der einen Seite und dessen Trieben und Begierden auf der anderen (eine Auffassung, die wir z. B. auch mit Thomas von Aquin und Spinoza teilen). Letzteres haben wir als eine Unterscheidung zwischen der (mit dem Denken verbundenen) Individualität und dem (mit dem Triebleben verbundenen) Egoismus hervorgehoben – eine Unterscheidung, deren Fehlen wir bei dem substanzlosen ebenso wie bei dem rein negativen Freiheitsbegriff kritisiert haben.

Diese Unterscheidung war in der erwähnten idealistischen Tradition von selbstverständlicher Gültigkeit. Das Leben des Menschen im Denken und in der Erkenntnis war ein Leben in Uneigennützigkeit, gerichtet auf das Wahre und Objektive, ein Leben, in dem «das Subjektive abgestreift ist» (um es mit dem Hegelianer Monrad zu charakterisieren). Im alten Hellas und bis weit in die Scholastik hinein war dieses Leben im Denken ein Leben in Ehrfurcht vor dem Objektiven, das als etwas Erhöhtes, ja Göttliches erfahren wurde. Für uns modernen Menschen scheint jedoch dieser ethische Aspekt des Denkens gleich schwierig zu fassen und zu akzeptieren, wie es erkenntnistheoretisch schwierig ist, die irreduzible Idealität des Denkens zu begreifen. Das Denken ist in der heutigen Zeit weit von einer solch ehrfürchtigen Haltung entfernt und eher von triebgesteuerter Aggressivität gekennzeichnet. (Heute ist das – jedenfalls was das Denken über die Natur angeht – für einige Menschen evident.) Es hat in diesem Zusammenhang sogar ein wahres Moment, wenn die sogenannten «Postmodernisten» der jüngsten Zeit (mit Friedrich Nietzsche) behaupten, unsere (moderne) Wissenschaft sei vom «Willen zur Macht» geleitet. Aber unseres Erachtens hat dieser Machtwille und die Aggression nicht nur nichts mit dem *Wesen* des Denkens (und der Wissenschaft) zu tun, sondern ist Ausfluß unserer eigenen mangelhaften Erfahrung mit ihm.[29]

Wenn dem so ist, besteht unsere vordringlichste Aufgabe in einer erkenntnistheoretischen Abrechnung mit dem Skeptizismus und Nominalismus;

eine Auseinandersetzung, die wir im ersten Teil unserer Studie führten und hier nicht erneut aufgreifen wollen. Es sei lediglich noch einmal betont, was hieraus zu folgen scheint: Wir müssen versuchen, das Wesen des Denkens zu *erfahren*, um hierdurch erneut *Zutrauen* zu ihm zu gewinnen. Und warum auch sollten wir solche Erfahrungen nicht machen können? Auch wenn der Königsweg zu solchen Erfahrungen die erkenntnistheoretische Selbstreflexion ist, scheinen wir sie auch aus vielen alltäglichen Situationen des Lebens gewinnen zu können. Läßt es sich z. B. nicht erfahren in dem bei kleinen Kindern einsetzenden Wundern und Fragen; und läßt sich nicht Zutrauen in das Denken und Ehrfurcht vor ihm als vor etwas Fundamentalem im Dasein gewinnen aus diesem kindlichen Aufleuchten der Vernunft – wenn sie sich, noch unverdorben von der Materialität und Skepsis der Welt der Erwachsenen, entfaltet? Dies müßte uns moderne Menschen zumindest erahnen lassen können, warum menschliches Denken oder Vernunft (Ratio) zu früheren Zeiten als das «Licht des Geistes» geachtet und geehrt wurde.

Auf dem Weg einer solchen Erfahrung des Denkens sind jedoch viele Steine, sprich: Vorurteile, aus dem Weg zu räumen. Eines von ihnen, im heutigen religiösen Bereich weit verbreitet, läuft darauf hinaus, daß das Denken nichts mit den Tiefen des Daseins zu tun habe, mit dem Ethischen und dem Gottesverhältnis. Dies ist jedoch ein sehr enger Blickwinkel auf das menschliche Denken und selbst ein Produkt des Skeptizismus und Nominalismus der letzten Jahrhunderte. Tatsächlich verhält es sich jedoch so: Ebenso wie das Gute im Menschen Zutrauen darin erfordert, daß sich Gerechtigkeit und Barmherzigkeit verwirklichen lassen, so erfordert ein Leben in Wahrheit Zutrauen darin, daß die Wahrheit wirklich *gefunden werden kann* – was ausschließlich durch das Denken und die Erkenntnis möglich ist. Um es in religiösen Worten auszudrücken: Warum sollte nicht der wahre Gott eine gleich große Realität für das Denken sein, wie es der barmherzige und gerechte Gott für das Gefühl und den Willen ist?[30]

Das eher philosophisch orientierte skeptische Vorurteil gegen die Erfahrung des Denkens haben wir bereits kritisch erörtert und zurückgewiesen, es sei hier nur an unsere Diskussion der «Letztbegründungs-Problematik» erinnert. Eine ergänzende Bemerkung zu diesem Vorurteil sei jedoch erlaubt. Sie bezieht sich auf die in moderner Philosophie gar nicht so selten vertretene Auffassung, daß der Skeptizismus Inbegriff einer *vorurteilsfreien* und *offenen* Einstellung gegenüber der Erfahrung sei und daß ein sogenanntes «sceptical wonder» eine besonders edle Form von Erkenntnishaltung sei. Wir behaupten dagegen, daß diese Sicht auf einem unvollständigen Verständnis des Erkenntnisprozesses beruht.

Denn zwar gehört es zum Wesen der Erkenntnis, sich im Ausgangspunkt vorurteilsfrei und offen gegenüber dem Gegebenen zu stellen – welches Gegenstand von «Verwunderung» ist –, aber das, was in unserem Fragen selbst wirksam ist, ist das *Denken*, dessen Wesen es ist, auf eine *Antwort* auf unsere Fragen gerichtet zu sein, d.h. auf die *Wahrheit*. Die Möglichkeit einer solchen Antwort (Wahrheit) zu bezweifeln, wie es der Skeptizismus tut, ist daher von einer echten Erkenntnishaltung weit entfernt, ja bedeutet die Erkenntnis selbst aufzugeben. Ja, weil das Wesen des Menschen eng mit seiner Erkenntnis verbunden ist, bedeutet der philosophische Skeptizismus nichts weniger als die Aufgabe der eigentlichen Existenz des Menschen!

Aber die Frage, wie das Wesen des Denkens erfahren und Zutrauen in es gewonnen werden kann, kann unsere Aufmerksamkeit auch in eine andere Richtung lenken, nämlich in die der Wissenschaft. Hierbei stellt sich das Problem, wie *dessen* Denken und Erkenntnis entwickelt und verändert werden kann – weg von einem tendenziell «selbstsüchtigen» und «aggressiven» und hin zu einem «ehrfürchtigen» Denken. Dies ist nun allerdings ein Thema für sich, mit dem wir uns hier nicht beschäftigen können; wir wollen daher lediglich auf Erörterungen an anderer Stelle hinweisen.[31] Ein Gesichtspunkt soll jedoch angedeutet werden.

In einer auf das *Qualitative* – in der Natur wie der Welt des Menschen – gerichteten wissenschaftlichen Erkenntnis ist ein ganz anderes Maß von uneigennützigem Engagement, von selbstloser Hingabe an das Objekt und verstehendem Einfühlen in das Objekt von seiten des erkennenden Subjekts erforderlich als bei einer bloß quantifizierenden, äußerlichen, registrierenden Methode, wie sie die heutigen Wissenschaften im großen und ganzen beherrscht. Es ist, mit anderen Worten, eine *ethisch* geläuterte Haltung in der Erkenntnis erforderlich, die zugleich das rein theoretische und abstrakte Denken überwindet, das weite Teile der heutigen Wissenschaft kennzeichnet (z.B. wenn sie die Wirklichkeit mit Hilfe konstruierter «Modelle» zu erklären sucht). Gegen dieses abstrakte Theoretisieren ließe sich beispielsweise Goethes Farbenlehre anführen, die gerade qualitativ orientiert ist und von der Goethe selbst sagte, daß sie «*gemacht*», also nicht nur «theoretisiert» werden muß. Das heißt, daß sich das erkennende Subjekt in das Objekt hinein *denken* oder selbst «zur Seite treten» muß, damit die Wahrheit, das Objekt, hervortreten kann. «Frommsein» nannte Goethe diese Erkenntnishaltung.[32]

Zusammengefaßt können wir *zwei* Aspekte betonen, wie die unmittelbare Abstraktheit des heutigen Denkens überwunden werden kann. Auf der einen Seite ist es die erkenntnistheoretische Untersuchung – oder eine *Selbstreflexion des Denkens* –, die in eine meditative Vertiefung der denkenden Aktivität mündet, in der das Denken eine erfahrene Realität im Dasein wird.[33] Auf der anderen Seite ist es die *qualitativ* ausgerichtete Erkenntnis in den *Wissenschaften*, für die wir ein Vorbild in der ‹goetheanistischen› Wissenschaft sehen.[34]

Soweit die Zusammenfassung unserer Auffassung von der menschlichen Erkenntnis, die sich für die Frage, die wir in diesem Kapitel erörtern, als fundamental erweist. Denn wir sehen die Begründung und Bewahrung der Realität des Denkens und der Erkenntnis in der Welt als *Bedingung* der Möglichkeit auch für eine Begründung und Bewahrung der reellen Existenz des menschlichen Ich oder der Individualität in dieser Welt! Denn wie wir in unserer erkenntnistheoretischen Erörterung (Kapitel «Erkenntnis, Individualität und Freiheit») zu zeigen suchten, lebt und entfaltet sich unser Ich oder unsere Individualität in besonders identifizierender Weise gerade im Denken und der Erkenntnis. Und dies ist – um an die vorangegangenen Betrachtungen anzuknüpfen – gerade dasjenige, was von einem rein negativen Freiheitsbegriff oder dem substanzlosen Begriff vom Ich ignoriert wird.

In dieser Perspektive ist übrigens auch die sogenannte *Existenz*philosophie – von Kierkegaard bis zu Heidegger und Sartre – zu sehen, die zwar der Realität des menschlichen Ich oder «Subjekts» eine so große Rolle zuweisen will, auf der anderen Seite aber dieses Ich nicht mit dem Denken und der Erkenntnis verbindet. Die Existenzphilosophie hat eben «Anstoß» genommen gerade an dem *unmittelbar Abstrakten* des gewöhnlichen Denkens – nicht zuletzt in der Wissenschaft – und kann deshalb mit dem Denken als solchem keine «eigentliche» oder «authentische» Ich- oder Bewußtseins-Existenz verbinden. Diese Philosophie ist somit, wie wir es oben über die bloße Glaubenreligiosität sagten, selbst ein Kind des heutigen Erkenntnisskeptizismus und Nominalismus.

Wie der Glaubensreligiosität durch ihr fehlendes Verständnis vom Denken und der Realität der Erkenntnis eine wesentliche Seite des Gottesverhältnisses verlorengeht, so gelingt es der Existenzphilosophie aus eben demselben Grund nicht, vollständig zu dem vorzudringen, was sie sucht: die Existenz des Menschen als Individualität, als autonomes und freies Wesen. Zwar wird diese Individualität nicht mit Egoismus identifiziert – wie in weiten Teilen des heutigen Denkens –, und sie wird auch nicht bis zur Selbstaufgabe «zerschlagen» – wie in der glaubensdogmatischen Religiosität –, aber man verbindet die Individualität mit der bloßen Wahlsituation, die (wie wir gesehen haben) noch nicht wirkliche Freiheit ist. Hinzu kommt, daß die Existenzphilosophie bei einer Individualitäts- oder Subjekt-Existenz verharrt, die von der *Welt* – der Vielfalt der Natur, der Geschichte und der Kultur – isoliert ist, weil die Brücke zu ihr nur in der Erfahrung des Ich in dem vereinenden Denken und Erkennen geschlagen werden kann! Die Grundbeziehung des Menschen zur Welt ist somit für die Existenzphilosophie bei weitem nicht das Erkennen (das selbstlose Hineindenken des Ich in die Wirklichkeit), sondern die «Angst» vor der Welt. Die grundlegende Weise des Menschen, sich in Beziehung zur Welt zu setzen, drückt z.B. Heidegger so aus: «Wovor die Angst sich ängstet, ist das In-der-Welt-sein selbst».

Wohl kann das subjektive Erleben von Angst eine Warnung vor einer «uneigentlichen» Existenz sein, und diese existentielle Angst ist gewiß eine «Grundstimmung» der heutigen Zeit. Aber sie beruht nicht so sehr auf subjektiv-persönlicher «Schuld» als auf einer (meist unbewußt erlebten) Entfremdung im heutigen materialistischen Weltbild und dem asozialen gesellschaftlichen Leben (und zusätzlich genährt von der Bedrohung eines Atomkriegs und der Ökokatastrophe). Diese existentielle Angst ist doch mitnichten eine Grundbeziehung der menschlichen Existenz zur Welt generell. Und es ist deshalb nicht die Angst, die «das Dasein aus seinem verfallenden Aufgehen in der ‹Welt› zurück(holt)», wie Heidegger behauptet, sondern eine wirkliche (qualitative oder wesenhafte) *Erkenntnis* der Welt, die die Entfremdung des Menschen in ihr aufhebt. Das «Anstoßnehmen» der Existenzphilosophie an der Abstraktheit des heutigen Denkens verleitet sie jedoch dazu, bei der Angst stehen zu bleiben, was nur die Isolation des Menschen weiter festigt.[35]

Es ist jedoch offenbar nicht nur der abstrakte Charakter, sondern auch der *rein allgemeine* Charakter des gewöhnlichen Denkens, der die Existenzphilosophie irreführt. Denn mit einem solchen Denken ergreift man zwar die Welt, jedoch nicht das Individuelle des Menschen und damit auch nicht dessen *Freiheit*. Es sei deshalb hier an das von uns im ersten Teil unserer Studie Gesagte erinnert, wo wir gerade eine Auffassung von menschlichem Denken und Erkennen zu begründen suchten, die dieses Individuelle wahrt. Genau an diesem Punkt distanzierten wir uns auch von der idealistischen Tradition (oder der Tradition von Thomas bis Hegel, wie wir sie u.a. nannten); wir versuchten über sie hinauszukommen, weil sie das Individuelle nicht zu seinem Recht kommen läßt. (Vgl. erneut das Kapitel «Erkenntnis, Individualität und Freiheit».) Hinzugefügt sei jedoch, daß das allgemein ausgerichtete Denken und Erkennen andererseits dieses Individuelle *befördert*, sofern dieses nicht ein abstrakt theoretisierendes, sondern aktiv engagiertes Denken ist, wie wir es oben beschrieben haben. In dieser Hinsicht ist z.B. der Goetheanismus ein Freiheitsimpuls!

Daß in jeder tieferen Erkenntnis, z.B. in der Naturerkenntnis, ein Freiheitsimpuls liegt, hängt unseres Erachtens damit zusammen, daß sie durch eine Aktivität des Ich im Denken hervorgebracht wird. Selbst wenn sich diese Erkenntnis auf *allgemeine* Gesetze bezieht, die immer schon Gültigkeit haben und also von vornherein existieren, *erscheinen* diese Gesetze – worauf wir an früherer Stelle eingegangen sind – als Gesetze erst durch die Erkenntnisaktivität des Menschen, und zwar nur durch diese. «Der Stein ist für den anderen Stein nichts als ... ein anderer Stein. Dieser offenbart also gerade nicht, was er in sich selbst ist. Dies kann nur für und in dem bewußten ... Denken (geschehen)», hebt Marcus Monrad hervor und illustriert damit das von uns oben Gesagte.[36] Daß der Mensch auch auf diese Weise schöpferisch ist und somit der Freiheit teilhaftig wird, zeigt sich auch, und aus guten Gründen besonders deutlich, bei den großen Pionieren in der Geschichte des Denkens (wie z.B. den Begründern der Naturwissenschaft der Neuzeit), aber im Prinzip gilt dies für jede wirkliche Erkenntnis.

Allerdings können wir von Freiheit im absoluten Sinne nur dort sprechen, wo die Begriffe, die der Mensch hervorbringt, seine eigenen *individuellen* und *vollständig* von ihm selbst geschaffenen sind, was, wie gezeigt, nur der Fall sein kann bei der Erkenntnis der eigenen Handlungssituation durch den einzelnen.

Wie haben wir die reelle Existenz der menschlichen Individualität zu begründen versucht? Im Blick auf die Fragestellung dieses Kapitels wollen wir hierzu eine kurze Zusammenfassung geben. Ausgehend von unserem Nachweis dieser Existenz im Denken und in der Erkenntnis, begründeten wir im nächsten Schritt die Existenz der menschlichen Individualität über die jeweils aktuellen Denk- und Erkenntnisakte. Wir versuchten darzulegen, daß analog der Irreduzibilität des Denkens oder des Denkvermögens auf sein körperliches Organ (Gehirn) das Ich, das im Denken lebt, im Verhältnis zu seinen körperlichen Manifestationen verstanden werden muß. Wie das Denkvermögen muß das Ich oder die Individualität denn auch als übergeordnet und organisierend im Verhältnis zu der leiblichen oder körperlichen Existenz angesehen werden – was zur Konsequenz hat, daß diese Individualität eine präkörperliche Existenz hat!

Unsere Argumentation hat uns somit Schritt für Schritt zu der Annahme der Prä- wie Post-Existenz der menschlichen Individualität und zur Annahme ihrer *Reinkarnation* geführt. Diese Annahme wurde dabei wohlgemerkt nicht als irgendein Glaubensdogma oder als Resultat metaphysischer Spekulation eingeführt, sondern war auf der Basis von teils erkenntnistheoretischen, teils wissenschaftsphilosophischen und teils anthropologischen Betrachtungen begründet. In diesem Zusammenhang knüpften wir u.a. an Rudolf Steiners Erkenntnistheorie, Aristoteles' Ursachenlehre und Adolf Portmanns Anthropologie an, und unsere Konklusion trifft sich mit Platons Ausführungen zum Reinkarnationsgedanken in seinem *Phaidon.* (Vgl. die Kapitel «Die Wirklichkeit der Individualität» und «Individualität und Leiblichkeit».)

Dies ist also *unsere* Begründung der *Existenz der Individualität des Menschen* – eine Begründung, die diese Individualität zu einer fundamentalen *Realität* im Dasein macht! Der Individualität wird eine ewige, unvergängliche Existenz zugesprochen, das Zeitliche des weltlichen Daseins transzendierend. Allein eine solche Begründung kann nach unserer Auffassung die Würde und Unverletzlichkeit der Individualität sichern, indem allein sie das Individuum vor einer Reduktion auf «allgemeine Gesetze», ob biologische, psychologische, soziale oder historische schützt. Es ist weiterhin nur in dieser Perspektive sinnvoll, von der *Autonomie* der Individualität zu sprechen – z.B. gegenüber den gattungsbestimmten Erbfaktoren und äußeren Umwelteinwirkungen. Wir behaupten sogar, daß unsere Auffassung die wahre *Existenz*-philosophie repräsentiert, weil wir die Individualität auch über die «Historizität» erheben, und dies gerade auf dem Wege einer wirklichen «Fundamental-Ontologie» (Heidegger)!

Dies sei anhand eines konkreten Beispieles veranschaulicht. Wir denken an die höchst unterschiedlichen Ereignisse, die den Menschen zwischen Geburt und Tod widerfahren können und besonders dort Fragen aufdrängen, wo es sich um den Tod von Kindern, unheilbare Geisteskrankheit und generell unverschuldetes menschliches Leiden handelt. Wie soll dies innerhalb der menschlichen Individualitäts- und Persönlichkeitsentwicklung irgendeinen Sinn ergeben, wenn nicht durch die Idee von der Reinkarnation des Menschen? Eine andere Frage, die hiermit eng zusammenhängt und sich unmittelbar aufdrängt: Wie soll den Menschen, denen verwehrt bleibt, ihre menschlichen Möglichkeiten im üblichen Sinne zu realisieren, in gleicher Weise wie bei den anderen Menschen ihre *Rechte* als menschliche Individuen *gesichert* werden? Wir stellen also die Frage nach der *generellen Begründung* der Menschenrechte und sind dabei der Auffassung, daß eine solche Begründung nur sinnvoll durch den von uns dargestellten, erweiterten Individualitätsbegriff geleistet werden kann. Nur dieser Begriff gibt mitmenschlicher Gerechtigkeit und Fürsorge eine konsistente Grundlage und sichert die Gleichwertigkeit *eines jeden* Individuums.

Gerechtigkeitsfragen, wie die von uns hier aufgeworfene, sind denn auch überhaupt mit großer Aufmerksamkeit bedacht worden, nicht zuletzt deshalb, weil sie sich als Problem in der Praxis gestellt haben respektive stellen. Gerechtigkeitsfragen haben übrigens einen besonderen Akzent durch die Konsequenzen erhalten, die ein rein *biologisches* Menschenverständnis für die Menschenrechte gezeitigt hat – erinnert sei hier an die nationalsozialistische «Rassenhygiene». Einer von denen, die diese Frage aufgegriffen haben, ist der herausragende amerikanische Moralphilosoph John Rawls. Rawls' Argumentation steht offenbar vor dem Hintergrund, daß es heutzutage ein gewisses intuitives Gefühl dafür gibt, daß *allen* Menschen die menschlichen Rechte zustehen, d.h. daß hier Gleichwertigkeit ungeachtet aller äußeren (z.B. biologischen) Verschiedenheit herrschen muß. Wie aber läßt sich dies gedanklich begründen, so daß diese Gleichwertigkeit *in der Praxis sichergestellt werden kann*?

Rawls versucht, einen Begriff von Recht und Rechten («Gerechtigkeit») durch eine Art Gedankenexperiment herauszuarbeiten. Man soll sich vorstellen, daß die Rechtsregeln oder Rechtsnormen von Menschen, die sich in einer «ursprünglichen Position» befinden, institutionalisiert werden sollen, wobei diese Menschen zwar ein unbegrenztes generelles Wissen über die allgemeinen Tatsachen der menschlichen Gesellschaft haben, wo aber ein «Schleier des Nichtwissens» über ihre eigene tatsächliche Stellung in der Gesellschaft gezogen ist. Dies soll den Rechtsgebern einen Status der Unabhängigkeit in bezug auf ihre eigenen Interessen sichern. «Niemand kennt seine eigene Stellung in der Gesellschaft und ebensowenig seine natürlichen Eigenschaften, und deshalb ist niemand in der Lage, Prinzipien ausarbeiten zu können, die zu seinem eigenen Vorteil wären.»[37] Man muß sich also selbst in jedwede Position gedanklich hineinversetzen können.

Dies scheint ein Weg zu sein, zu unparteiischem und allgemeingültigem Recht zu gelangen – wenn wir von den Schwierigkeiten absehen, sich konkret den beschriebenen «Urzustand» vorzustellen. Denn hierbei handelt es sich ja um ein rein fiktives Gedankenmodell, das keinerlei Entsprechung in der realen Welt hat: Menschen *sind* nie in der Position, daß alle alternativen Situationen für sie gleich möglich sind. Oder richtiger gesagt: Man kann sich dies nur unter einer bestimmten Voraussetzung vorstellen – nämlich wenn die Menschen die Idee der Reinkarnation akzeptieren! Unter dieser Voraussetzung ist es zudem überflüssig, die Wirklichkeit mit einem künstlichen «Schleier des Nichtwissens» zuzudecken, um eine unparteiische Rechtsinstanz zu etablieren. Nur auf der Grundlage dieser Prämissen beinhaltet also Rawls' Argumentation eine *Realität*.

Sein gedankliches Experiment ist jedoch auch unter einem anderen Gesichtspunkt mangelhaft. Es impliziert nämlich einen fundamentalen *Egoismus*, indem es voraussetzt, daß alle Beteiligten nur an das für *sich selbst* Beste denken – mit dem einzigen Unterschied, daß angenommen wird, sie seien in der «ursprünglichen Position» darüber in Unkenntnis, was dieses Beste für sie eigentlich sei. Eine Ethik oder Rechtsphilosophie darauf zu basieren, daß der einzelne nur im Hinblick auf den *eigenen* Vorteil oder den *Eigen*nutzen handelt, ist insoweit für Rawls' Argumentation charakteristisch, als er den Utilitarismus zu rehabilitieren versucht – eine Position, die wir in anderen Zusammenhängen bereits kritisch angegangen sind.[38]

Wir haben Rawls' moralphilosophisches Projekt deshalb hier erwähnt, weil es repräsentativ sein dürfte für Versuche in der Gegenwart, ein Recht für die menschliche Individualität zu begründen *ohne* den Versuch, die *Existenz* dieser Individualität zu begründen – sei es erkenntnistheoretisch oder ontologisch. Die Individualität verbleibt eine abstrakte Größe in einem bloßen Gedankenexperiment. Ein derartiger Standpunkt findet übrigens in gewisser Hinsicht in Kant ein Vorbild. Kant baute zwar nicht auf einer rein hypothetischen Rechtsquelle auf, sondern nahm sogar die «Unsterblichkeit der Seele» als eine notwendige Voraussetzung für Recht und Moral an. Diese Unsterblichkeit fungierte jedoch lediglich als ein ethisches *Postulat* – d.h. es stellte noch keine ontologische Realität dar geschweige denn eine Realität für die menschliche Erkenntnis. So ist denn auch nicht die Individualität des Menschen Anliegen Kants, sondern der Versuch, das – im übrigen rein formale und allgemeine (!) – «Moralgesetz» zu begründen. Es ist daher kein Zufall, daß Rawls explizit an Kant anknüpft.[39]

Wenn aber die innere Existenz der Individualität auf diese Weise sozusagen im freien Raum schweben bleibt, kann man auch seiner äußeren Existenz keinen wirklichen Inhalt verleihen, wie sich bei dem rein negativen Freiheitsbegriff und dem substanzlosen Ich-Begriff gezeigt hat. Auf diese Weise ist man auch nicht in der Lage, eine klare Unterscheidung zwischen Individualität und Egoismus zu etablieren. Rawls muß gar einen «Schleier des Nichtwissens» über die äußere Existenz des Individuums ziehen, um überhaupt das «Eigeninteresse» eliminieren zu können, und selbst dies gelingt ihm nicht – es greift auch auf die «ursprüngliche Position» über. Dies hängt offensichtlich damit zusammen, daß nicht nur vorausgesetzt werden muß, daß die Individuen in dieser hypothetischen Position ihr «allgemeines Wissen» über Mensch und Gesellschaft einbringen, sondern auch ihr mangelhaftes Menschenverständnis im Hinblick auf die menschliche Individualität.

Wir wollen einige Beispiele zur Illustration dieser Individualität-/Egoismus-Perspektive anführen, wobei wir zunächst die oben angesprochenen Situationen näher betrachten wollen: die Manipulation am Erbmaterial und die Frage nach den Menschenrechten von unheilbar Geisteskranken. Die Position, die das einzelne Individuum in Rawls' «ursprünglicher Position» in diesen Situationen vertreten wird, wird – indem es sein «Selbst» in diese Situationen hineindenken soll – davon bestimmt sein, was es sich über Wesen und Status dieses «Selbst» denkt, und dies wiederum wird davon abhängen, welche Art von *Menschenbild* das jeweilige Individuum hat. Von der Auffassung ausgehend, der Mensch sei ein rein egoistisches Wesen, das sich nur seinen eigenen «Vorteil», sein «Interesse» oder privates «Glück» angelegen sein läßt, lassen sich kaum Argumente, Vorbehalte oder Einwände gegen eine Kränkung der *Individualität* ableiten, wie sie die Manipulation des Erbmaterials zur Folge hat. Ganz im Gegenteil werden solche genetischen Eingriffe als «vorteilhaft» für den einzelnen beurteilt werden, und, aus utilitaristischer Sicht, häufig auch als Vorteil für die Gesellschaft. Gleiches gilt für die Einstellung zu unheilbar Geisteskranken, deren Existenz in keinster Weise als sinnvoll aufgefaßt werden kann, wenn man einem egoistischen Glücksideal anhängt – ganz zu schweigen, daß ihre Existenz kaum als «zum Wohle der Gesellschaft» angesehen werden wird.

Eine Konsequenz der fehlenden Differenzierung zwischen der Individualität oder dem «Selbst» des Menschen und dessen Egoismus ist auch die Aushöhlung des Begriffes «Menschenrechte» selbst, was in den Debatten der heutigen Zeit besonders augenfällig ist. Es gibt kaum noch einen Wunsch oder ein Bedürfnis, dessen Befriedigung nicht zu einem «Menschenrecht» überhöht würde, vom «Kinderkriegen» bis zur «freien Fahrt für freie Bürger» auf den Autobahnen. Dies liegt in der Natur der Sache: Wenn dem Menschen als Individualität kein substantieller Inhalt gegeben wird, der diese vom Egoismus unterscheidet, führt dies mit Notwendigkeit zu einer Inflationierung dessen, was als seine «Rechte» angesehen wird.

Es gibt eine Unzahl von Situationen, in denen ethische oder rechtliche Entscheidungen fundamental davon bestimmt sein werden, was unter dem «Selbst» des Menschen verstanden wird: Individualität oder Egoismus. Dies gilt u.a. für so aktuelle Fragen wie Euthanasie und der embryonalen Diagnostik – ganz zu schweigen von der Abtreibungsproblematik. Ausgehend von unserer Auffassung vom Menschen als einer autonomen und real existierenden Individualität – einer prä-leiblichen Entität, die den biologischen Prozessen übergeordnet ist – folgt klar, daß dem menschlichen Fötus voller rechtlicher Schutz zusteht. «Freie Abtreibung» folgt gleichermaßen konsequent aus der Auffassung, daß der Mensch fundamental ein egoistisches, rein biologischen Gesetzen unterworfenes Triebwesen ist.[40]

Die Bedeutung der Annahme der inneren, übernatürlichen Realität der Individualität für die Begründung, Sicherung und Wahrung ihrer äußeren, sozialen Existenz geht aber weit über solche Fälle hinaus, wie wir sie hier besprochen haben. Die Annahme und Begründung der inneren Realität der menschlichen Individualität ist von grundlegender Bedeutung für unser *ganzes* kulturelles, politisches und ökonomisches Leben – wenn dieses in gesunder Weise funktionieren soll. Wir denken hierbei daran, daß es die Erkenntnis dieser Realität ist, die in letzter Instanz das begründet und prägt, was wir als die drei sozialen Sphären beschrieben haben: die der Freiheit, Gleichheit und Brüderlichkeit. Denn wie wir zu zeigen suchten, bildet die innere Existenz der Individualität die Grundlage sowohl für die freie Entfaltung des einzelnen in der Sphäre des Geisteslebens als auch für die gegenseitige Anerkennung der Individuen als gleichwertige Teilnehmer im rechtlich-politischen Leben wie für deren brüderliche Zusammenarbeit im ökonomischen Bereich!

Auch die faktische historische Entwicklung weist zwar in die Richtung eines solchen Gesellschaftsverständnisses, d.h. ohne daß die jeweiligen Institutionen explizit aus der inneren Realität der menschlichen Individualität begründet worden wären. Wir haben auf diese Tendenzen bereits hingewiesen, zugleich aber betont, daß sie, solange ihnen eine solche tiefere Begründung fehlt, leicht abdriften und damit die Institutionen verfallen können; wir haben das an einigen Beispielen illustriert. Wir wollen in diesem Zusammenhang an das erinnern, was wir zu der heutigen Bedrohung der individuellen, äußeren Freiheit und der «Befreiung der Sozialität», zur Gleichschaltung und Kommerzialisierung des Geisteslebens sowie dem Verfall der politischen Öffentlichkeit gesagt haben. Es sei nicht zuletzt auch erinnert an die umsichgreifende Tendenz, das Individuum als arbeitendes zu einem ökonomischen Objekt zu machen – d.h. zu einem Ding, einem «Naturgegenstand». In all dem kehrt das eine Muster wieder: Wird die Individualität nicht in einer inneren Realität verankert (aus der Institutionen klar abgeleitet und Grenzen zwischen den sozialen Bereichen gezogen werden können), dann wird die äußere, soziale Existenz der Individualität in verschiedenster Weise bedroht.

Wie beispielsweise sollten die Geistesfreiheit, die persönliche Integrität und die demokratischen Institutionen einer Aushöhlung und einem Verfall entgehen, wenn sie ohne Fundament in der inneren Autonomie des einzelnen Menschen sind, wenn also das Individuum nicht als ein selbständiges Ich mit einer «positiven» Freiheit angenommen wird? Alles Gerede von Freiheit und

Rechten des einzelnen wäre dann nur ein dünner, verbaler Schleier über z.B. rein biologischen Realitäten, die weder einem selbständigen Ich noch individueller Freiheit Raum geben. Gleichermaßen ist die Erkenntnis der inneren Existenz der Individualität Voraussetzung für die brüderliche Gemeinschaft im ökonomischen Bereich, für die soziale Beziehung, die wir auch als gegenseitige Hilfe bezeichnet haben. Wir haben gesehen, daß diese Gemeinschaft aus der tiefen gegenseitigen Anerkennung der Individuen als *Individualitäten* hervorgeht (aus einer Anerkennung als «nächster» im brüderlichen Sinne und nicht nur als Partner im politischen Dialog). Eine wahre Gemeinschaft kann überhaupt nur auf dem größten Respekt des einzelnen für den anderen Menschen als dem Menschen, der *er* ist, d.h. als Individualität, aufbauen.

Für uns ist also die tiefste Sozialität – die ökonomische Brüderlichkeit – in der tiefsten Anerkennung der menschlichen Individualität verankert. Nicht zuletzt in diesem Sozialbereich gibt es deshalb einen klaren Zusammenhang zwischen der *inneren und äußeren Existenz* der Individualität. Insoweit können wir sogar sagen, daß es einen Zusammenhang gibt zwischen der sublimsten Form organisierter menschlicher Gemeinschaft (die wir als «Assoziationen» charakterisiert haben) und der Annahme der Unvergänglichkeit der Individualität, wie sie in der Idee von der Reinkarnation zum Ausdruck kommt. Denn mit der Begründung des unendlichen Wertes und der Würde des einzelnen durch die Reinkarnationsidee wird der Boden für die Achtung der Mitmenschen bereitet, die das Fundament u.a. der Assoziationsform ist. Eigentlich stellt dies auch nur die Konsequenz unserer Behauptung dar, daß Individualität und Nächstenliebe gleich ursprünglich sind.

Diese Überlegungen führen konsequenterweise zur Ablehnung der Position, wahre menschliche Gemeinschaft sei nur aus etwas *Kollektivem* abzuleiten, aus der «Gruppe» in der einen oder anderen Form. Denn im Kollektiv ist der einzelne nur einer unter vielen und als solcher der äußeren Ganzheit untergeordnet. Hier kommt die Gemeinschaft von außen und wächst nicht von innen – wir werden im folgenden Kapitel hierauf näher eingehen. Es sei an dieser Stelle lediglich angemerkt, daß eine Verwechslung von wahrer Gemeinschaft und Kollektivismus verschiedenster Ausprägung bis heute der entscheidende Irrtum des Sozialismus gewesen ist. Dieser hat nicht klar getrennt zwischen dem Kollektiv – in dem der einzelne nicht eigentlich als Individualität anerkannt wird – und der wahren Gemeinschaft – deren Basis die gegenseitige Anerkennung der Individuen als Individualitäten ist.

Kollektivismus in politischer Theorie und Praxis ist jedoch nicht die einzige, ja sogar bei weitem nicht die gefährlichste Kollektivierungsgefahr der heutigen Zeit. Eine weit bedrohlichere Form kollektivistischer Lähmung der Individualität ist das repressive «Gemeinschaftsbewußtsein» von Meinungen und Haltungen, das letztlich in unserer modernen Zivilisation wurzelt – in unserem materialistischen Menschen- und Weltbild, das über Jahrhunderte in die Geschichte zurückreicht. In Beziehung gesetzt zu der Realität, die die menschliche Individualität repräsentiert, haben wir es hier eigentlich mit einer *Schein*wirklichkeit zu tun – eine Scheinwirklichkeit, die weit mehr als die politische Indoktrinierung geeignet ist, Illusionen vorzugaukeln, u.a. weil sie nicht so leicht zu durchschauen ist.

Wir haben diese Tatsache an früherer Stelle (z.B. in dem Kapitel «Individualität, Sozialität und Repression») erörtert und wollen hier nur den *kollektivistischen* Aspekt pointieren: daß die Unterdrückung menschlicher Individualität einhergeht mit einer Betonung der Gruppe in verschiedenster Form. Wir denken dabei nicht in erster Linie an die formell organisierte Gruppe, die in unserer Gesellschaft so häufig anzutreffen ist und die wohl längst überhand genommen hat (z.B. im politischen Parteiwesen). Wir denken vielmehr insbesondere an die starken Tendenzen zur Herausbildung verschiedener Formen von *Gruppenbewußtsein.* Hierbei handelt es sich nicht um Gruppen, denen man beitreten oder aus denen man austreten kann. Es sind dies Grupen, denen man in der Regel zugewiesen wird – meist ohne ein klares Bewußtsein hiervon zu haben – und die man deshalb auch nicht so ohne weiteres nach Belieben verlassen kann. Ein Beispiel hierfür ist die massive «Sozialisierung» der Individuen in «Typen» und «Rollen»; ihr wird innerhalb der Sozialpsychologie und Soziologie soviel Aufmerksamkeit gewidmet. Von verschiedener Seite ist darauf hingewiesen worden, daß die so geschaffene «Massenmentalität» die größte Bedrohung der Menschlichkeit in heutiger Zeit darstellt.

Der norwegische Soziologe Sigurd Skirbekk ist einer von denen, die die Aufmerksamkeit auf diesen Zusammenhang gerichtet haben. Mit der bezeichnenden Charakterisierung «fiktiver sozialer Druck» verweist er auf die Beeinflussung, der sich das Individuum seitens der Gruppe ausgesetzt sieht und von der es u.a. in bestimmte Rollenmuster gepreßt wird. Diese Beeinflussung ist so stark, daß der «Einfluß (des Individuums) im wesentlichen darauf begrenzt ist auszuwählen, welchem Beeinflussungsstrom es vorrangig ausgesetzt ist». Bezüglich der Frage, was die größte Beeinflussung von außen ausübt (eine Frage, auf die wir noch näher eingehen werden), betont Skirbekk zu Recht, daß es «in diesem Zusammenhang ... gute Gründe dafür gibt, die modernen Massenmedien ins Rampenlicht zu rücken».[41]

Eine solche «Sozialisierung» und Erzeugung von Massenmentalität wird meist mit rein politischer Propaganda in Verbindung gebracht. Tatsächlich ist sie in diesem Bereich am augenfälligsten – erinnert sei an das nationalsozialistische «Propagandaministerium» oder auch die heutige Tendenz, Politik wie eine «Show-Veranstaltung» zu inszenieren. Und doch finden wir die vermassenden, individualitätsnegierenden Kräfte gerade auch außerhalb der Politik, und zwar vor allem im kulturellen Leben im weitesten Sinne – in erster Linie durch Vermittlung der zu Recht so bezeichneten «Massenmedien» und nicht zuletzt durch die moderne Werbung. Der deutsche jüdische Kulturphilosoph Günther Anders hat zu Recht betont, daß «die Reklame ... noch schlimmer als Hitler (ist)». Denn durch die Werbung und die Massenmedien – besonders die Regenbogenpresse, den Film und das Fernsehen – wird der einzelne in eine scheinwirkliche Gemeinschaftswelt von Idolen, Typen und Rollen versetzt, vom Diva- und Divuskult bis zu dem ständigen Zwang, «mitzuhalten». Dies wird wohlgemerkt nicht nur durch den Inhalt der Medien vermittelt, sondern auch durch ihre marktschreierische und gedanklich passivierende Form.

Wir haben es hier also mit einer Unterdrückung der menschlichen Individualität durch die Hervorbringung verschiedener Formen kollektiven Gemeinschafts- oder Massenbewußtseins zu tun, eine Unterdrückung, die die verschiedensten Erscheinungsformen annimmt, vom Druck der Kulturkonformität bis zu dem der Nachbarschaft. Trotzdem ist dies nur eine Seite des Phänomens. Denn dieser Beeinflussung *von außen* entspricht (wie in dem erwähnten Kapitel betont) ein *innerer* Zustand der Individuen, der überhaupt das Massenbewußtsein erst möglich macht. Das heißt, daß das Massenbewußtsein erst hervorgebracht werden kann, wenn das Individualitätsbewußtsein im einzelnen Individuum nicht stark genug ist. Dies bedeutet wiederum, daß das Individuum von dem Egoismus im eigenen Selbst mit seinem gattungsbestimmten schablonenhaften Triebleben beherrscht ist, an das Massenbeeinflussung, Typen- und Rollenmuster eben appellieren. Auf diese Weise *identifiziert* sich auch das Individuum mit der kollektiven Masse, der Gruppe, dem Typ oder der Rolle, indem es seinen eigenen Egoismus und dessen Neigungen als sein «Selbst» erlebt. Es identifiziert sich mit der Diva oder dem Divus etc., de facto also mit seiner eigenen *Repression.* Ja, diese Identifikation mit dem Kollektiv kann den einzelnen völlig okkupieren, von der Vergötterung des «Idols» über die fanatische Identifikation mit der eigenen «Mannschaft» im modernen Sport bis zur nationalsozialistischen Massenpsychose.

Hier wird auch deutlich, daß das kollektive Massenbewußtsein in allen seinen Formen eine *Karikatur* der wahren menschlichen Gemeinschaft oder Sozialität ist. Denn das «Gemeinschaftliche» oder die «Solidarität», die den Individuen in dem rein Kollektiven, in der Masse oder Gruppe, als Typ oder Funktion einer Rolle begegnet, beruht auf keinerlei Anerkennung «der anderen» als *Individuen.* An diesem Punkt müssen wir uns im übrigen von dem oben zitierten Skirbekk distanzieren, wenn er gegen die vermassenden Gruppenbildungen nicht die Individualität des einzelnen setzt, sondern nur eine andere Gruppe, nämlich die soziale «Primärgruppe» wie die Familie. Wir können uns Skirbekk nicht anschließen, wenn er schreibt, daß «die Bedeutung der Primärgruppen darin besteht, daß sie Voraussetzung für unsere Menschlichkeit sind».[42] Denn wohl sind solche Gruppen nicht «fiktiv», insoweit wir alle ihnen «natürlicherweise» angehören, aber auch ihr Wert beruht darauf, wie sich *der einzelne ihnen gegenüber verhält*: mit seinem Bewußtsein und seiner Erkenntnis oder mit seinem triebbestimmten Egoismus! Familiärer Egoismus ist ein ebenso wohlbekanntes Phänomen wie der individuelle Egoismus. Wenn unser Verhältnis zu «Gruppen» – wie z.B. Nation und Sprache – nicht von Bewußtsein geprägt ist, verfällt es zu Chauvinismus und Vulgarität (wofür die Gegenwart leider allzu viele Beispiele liefert). Der Mensch *ist* kein soziales Wesen; das soziale Wesen ist etwas, wozu sich der Mensch durch seine Individualität *entwickelt.*

Doch noch einmal zurück zu der «fiktiven» Gruppe. Hier ist es am offensichtlichsten, daß «die Gemeinschaft» nur darin gründet, daß die einzelnen ihren eigenen subjektiven Egoismus auf die anderen projizieren und damit ein «fellow feeling» haben. Dies ist auch die Art von «Gemeinschaft» und «Solidarität» der Zechkumpane oder Stammtischbrüder. Man könnte auch das rein erotische Liebesverhältnis als Beispiel anführen, eine Beziehung, die Erich Fromm, wie erwähnt, als einen «Egoismus für zwei» charakterisiert hat, indem beide den anderen suchen, aber nicht um dessentwillen, sondern um die eigene Begierde zu befriedigen. Mit anderen Worten: Es handelt sich um Eigenliebe und nicht um Nächstenliebe. Zu Recht betonte Augustinus in diesem Zusammenhang, daß die Liebe nicht «körperliches Begehren», sondern ein «Verhältnis zwischen Seelen» ist – oder wie wir es im Geiste Augustinus' sagen könnten: ein Verhältnis von Individualität zu Individualität.[43]

Die Polarität zwischen Individualität und Leiblichkeit oder Körperlichkeit, die wir an früherer Stelle erkenntnistheoretisch und ontologisch erörtert haben, zeigt sich also hier in einer sozialethischen Perspektive. Es ist dies auch eine alte Einsicht europäischen Denkens von Augustinus – ja, Sokrates und Platon – bis zu Søren Kierkegaard. Hieran zu erinnern ist in einer Zeit besonders angebracht, die den inneren Widerspruch kultiviert, Individualität und individuelle Freiheit (verbal) über alles setzt und zugleich einem extremen Körperkult frönt.[44] Ohne diese Einsicht werden Individualität und Freiheit in letzter Instanz schöne Worte für Egoismus bleiben und Gemeinschaft oder Sozialität konsequent zu Kollektivismus oder Massenmentalität verschiedenster Provenienz verfallen.

Doch wir können noch mehr aus den erwähnten Traditionen lernen. Sie können uns den Weg zur *Überwindung* der falschen «Gemeinschaft» weisen, einer Gemeinschaft, in der das Individuum sich selbst und andere mit dem Kollektivem als Masse, Gruppe, Typ, Rasse, Geschlecht, Klasse etc. identifiziert. Und sie verweisen auf die Nächstenliebe als Kern menschlicher Sozialität; erinnert sei an Kierkegaard (Kapitel «Die Sphäre der Brüderlichkeit»). Mit diesem Problem gehen wir aber über die Frage nach dem Zusammenhang zwischen der inneren und äußeren Existenz der Individualität hinaus und werfen die Frage nach der *Realisierung* dieses Zusammenhangs auf – das Thema unseres nächsten und letzten Kapitels.

18

INDIVIDUELLE WANDLUNG UND GESELLSCHAFTLICHE VERÄNDERUNG

Wir greifen hiermit eine Frage auf, die im Zentrum sozialethischer und politischer Debatte steht. Die Beantwortung dieser Frage ist in höchst unterschiedlichen «Richtungen» erfolgt. Auf der einen Seite gibt es diejenigen, die in Ethik und Politik das Schwergewicht auf die «Mentalitäts»- oder Einstellungsänderung legen: Nur wenn der einzelne verändert und geläutert werde, würden sich auch Politik und Gesellschaft zum Besseren wenden können. Dieser Position stehen diejenigen gegenüber, die meinen, wenn nur die äußeren, gesellschaftlichen Institutionen zum Guten geändert würden, so würden zugleich die Individuen verändert, was zu der Einschätzung führt, es gelte primär die gesellschaftlichen Institutionen zu verändern.

Etwas vereinfacht ließe sich der erste Standpunkt Menschen zuordnen, die sich selbst als «Individualisten» oder «Humanisten» charakterisieren (im großen und ganzen gilt dies auch für die «Christen»), während der zweite Standpunkt vor allem von Menschen eingenommen wird, die sich «Sozialisten» nennen. Es könnte fruchtbar sein, die beiden Standpunkte anhand von Beispielen zu illustrieren, die diese quasi in Reinkultur darstellen: auf der einen Seite die sogenannte «Moralische Aufrüstung», kurz M. R. A. (Moral Rearmament), auf der anderen Seite der traditionelle Marxismus. Dessen Position zur Veränderungsproblematik bringt der Soziologe Dag Østerberg in prägnanter Weise wie folgt zum Ausdruck: «Will man die Welt verändern, beginnt man mit der Welt, und will man sich selbst verändern, beginnt man auch mit der Welt.» In dem marxistischen Verständnis der Beziehung zwischen Individuum und Gesellschaft hat also «die Umwelt Vorrang», und zwar unter allen Umständen. «Unter dem Gesichtspunkt der Veränderung sind *alle* Forderungen nach ‹Mentalitätsveränderungen› minderwertig im Vergleich mit Forderungen nach materiellen Veränderungen.»[1]

Der Ablauf der folgenden Erörterung wird so sein, daß wir auf dem Hintergrund unserer Reflexionen zum Verhältnis von Individuum und Gesellschaft gegen beide Standpunkte argumentieren und beide als verfehlt ablehnen. Wir werden deutlich machen, welche bedenklichen Konsequenzen beide Positionen auf ihre Weise sowohl für Freiheit wie Befreiung, Individualität wie Sozialität haben.

Es ist unsere Grundauffassung – die wir auch in dem vorangegangenen Kapitel noch einmal zu begründen versuchten –, daß es einen innigen *Zusammenhang* zwischen der «inneren» und «äußeren» Existenz des Menschen, zwischen seiner inneren und äußeren Freiheit gibt. Diese Existenz und Freiheit kann deshalb nicht dadurch gesichert werden, daß man alles Gewicht auf den einen *oder* den anderen dieser beiden Aspekte legt, sondern nur durch eine bewußte Gestaltung ihres Zusammenhanges bei der *Realisierung* dieser Existenz und Freiheit. Die Wandlung des Individuums und gesellschaftliche Veränderung sind somit für uns zwei Seiten einer Sache. Und wir wollen zu beweisen versuchen, daß dies nicht nur eine Art modus vivendi ist, der sich von jeder Position jenseits der beschriebenen Extremstandpunkte postulieren läßt, sondern daß unsere Auffassung ein bestimmtes Verständnis davon beinhaltet, was individuelle Wandlung wie gesellschaftliche Veränderung heißen muß.

Um die beiden angesprochenen extremen Standpunkte im Lichte unserer eigenen Auffassung erörtern zu können, wollen wir an das anknüpfen, was im Vorangegangenen über «Massenmentalität» und die Tendenz zur «Kollektivierung» des Einzelindividuums gesagt wurde. Wir verwiesen dabei darauf, daß dieser Kollektivismus einerseits bestimmten gesellschaftlichen Verhältnissen (Kommerzialismus, Massenmedien usw.) geschuldet ist, andererseits aber auch nur möglich ist, weil diese äußeren Verhältnisse mit Zuständen und Kräften in dem einzelnen Selbst korrespondieren: mit Egoismus, Materialismus. Wenn sich das Individuum heute ständig mit etwas *außerhalb* seiner identifiziert – ob nun das Identifikationsobjekt die Gruppe, der Typus, die Rolle oder z.B. die Autorität («Wissenschaft», «Kirche», «Partei», «Zeitung») ist – so ist dies nicht nur auf die äußeren Einwirkungen zurückzuführen. Dies gilt unabhängig davon, wie massiv die äußeren Kollektivierungskräfte, Standardisierungs- und Gleichschaltungsimpulse sind.

Wenn wir von äußeren Einwirkungen sprechen, dann denken wir hierbei nicht in erster Linie an den Einfluß politischer Institutionen als vielmehr an Faktoren, die unmittelbar auf das Bewußtsein, die Mentalität und das Verhalten des Menschen einwirken und die schwieriger zu durchschauen sind (Konformismus, Massenmedien, Werbung u.v.m.). Wir könnten in Anlehnung an George Orwell sagen, daß die größte Gefahr von Standardisierung und Gleichschaltung heute nicht darin liegt, daß «der Große Bruder» einen sieht, sondern darin, daß man den «Großen Bruder» überhaupt nicht mehr erkennt. Denn wie schlimm es auch ist, sich mit einer äußeren Macht konfrontiert zu sehen, so bedeutet dies noch nicht, daß man aufhört, sich mit sich *selbst* zu identifizieren – eher im Gegenteil. Diese Wirkung zeigen jedoch die von uns erwähnten Beeinflussungs- und Gleichschaltungsfaktoren: Wir *identifizieren* uns mit ihnen. Die Individuen erleben sich «selbst» in der Masse oder Gruppe, oft in gleicher Weise und zur gleichen Zeit über die ganze Welt hinweg: in der globalen Technologie-, Markt- und Medienwelt (wir «sehen fern», fühlen und meinen im Takt und «wählen» sogar unsere Lektüre kollektiv). Und, wohlgemerkt, wir fühlen uns dabei *wohl* und bringen diese standardisierende und uniformierende Technifizierung und Kommerzialisierung sogar mit «Freiheit» und «Befreiung» in Verbindung.

Was die Bedrohungen der Existenz und der wirklichen Freiheit der menschlichen Individualität angeht, muß man die Aufmerksamkeit also nicht nur auf das richten, was jenseits von «eisernen Vorhängen» geschehen ist und geschieht, ob diese nun «rot» oder «schwarz» sind. Gleichermaßen darf sie sich nicht nur auf «die Bürokratie» und «die Überwachung» diesseits dieser Grenzen richten. Unser Blick muß sich vielmehr auf die *tieferliegenden* Gleichschaltungsfaktoren richten, von denen wir *alle* in stärkster Weise beeinflußt sind. Die gefährlichste Unterdrückung von Menschen ist im übrigen nicht die, die arm und unglücklich macht oder ihnen gar Leiden zufügt, sondern die, welche die Menschen dazu bringt, die Gleichschaltung und Standardisierung, die Unselbständigkeit und Ich-Losigkeit als etwas Behagliches und Bequemes, ja als einen normalen und glücklichen Zustand zu erleben.

Eine Gegenüberstellung der bereits früher erwähnten Visionen von der Zukunftsgesellschaft, wie sie George Orwell und Aldous Huxley entwarfen, ist geeignet, dieses Problem in all seiner Schärfe zu beleuchten. Vor obigem Hintergrund steht außer Frage, daß Huxley die Problematik tiefsten erfaßt, indem er aufzeigt, daß die gefährlichste Negierung von Individualität und Freiheit jene ist, die den Menschen gleichzeitig glücklich macht. Nicht äußere Überwachung und Gebote, sondern «Unterhaltung» und «Genußsucht», mit der Folge einer *inneren Lähmung,* ist nach Huxley die wirksamste Weise der Manipulation. Auf diese Weise geht das wahrhaft Menschliche zugrunde – u.a. weil der einzelne in dem Glauben gehalten wird, seine eigene Integrität zu wahren. Treffend kleidet Benjamin Constant dies in die Worte: Der «Triumph der Despotie» sei, wenn sie die «Sklaven» dazu bringe, «zu erklären, daß sie frei seien».[2]

Die in jeder Hinsicht gefährlichste Bedrohung für Individualität und Freiheit des Menschen ist also die, bei der die äußere Beeinflussung an Kräften ansetzt, die in den Individuen selbst walten. Hieraus können wir eine wesentliche Perspektive für die Frage nach innerer und äußerer Veränderung gewinnen! Denn wenn die Unterdrückung oder Repression, die Standardisierung und Gleichschaltung in so entscheidender Weise auf dem Inneren des einzelnen – seinem Egoismus und der entsprechenden Ich-Schwäche – beruht, dann wird auch die *Änderung* dieses repressiven Zustandes in entscheidender Weise auf dem einzelnen Individuum beruhen. Denn befreiende Veränderung kann sich nicht darin erschöpfen, *äußere* Verhältnisse, d.h. Institutionen der Gesellschaft etc., zu verändern. Aus der Perspektive, aus der wir das Veränderungsproblem sehen zu müssen meinen, geht sogar hervor, daß nicht nur die innere Veränderung, die Veränderung des Bewußtseins des Menschen, sondern *auch* die Änderung der Gesellschaftsverhältnisse im einzelnen Individuum ihren Ausgangspunkt nehmen müssen. Daß sich die einzelnen Individuen dieser repressiven Kräfte – in ihrem eigenen Inneren wie in den äußeren Verhältnissen – bewußt werden, ist *Voraussetzung* dafür, daß eine Gesellschaftsveränderung die unterdrückenden Institutionen aufheben kann.

Insoweit ist es also fundamental richtig, die individuelle Veränderung als das Primäre anzusehen, zumal in Form einer «mentalen» oder inneren Veränderung. Damit ist allerdings noch nichts über den *näheren* Zusammenhang zwischen der individuellen Wandlung und der gesellschaftlichen Veränderung gesagt. Vor allem aber ist damit nicht gesagt, daß die Gesellschaftsveränderung gewissermaßen nachhinken solle, geschweige denn, daß alles mit einer rein inneren Wandlung in bester Ordnung sei – wie es die Tendenz in weiten Teilen «humanistischer» und «christlicher» Tradition gewesen ist. Und ebenso ist damit noch nichts über die *Weise* gesagt, wie sich die innere Wandlung vollziehen kann. Auf letzteres kommen wir später zurück, mit dem ersteren wollen wir uns nun näher beschäftigen. Wir wollen dabei unsere Auffassung in kritischer Auseinandersetzung mit jenem Standpunkt darlegen, den wir einleitend als Beispiel für ein einseitiges Verständnis des Veränderungsproblemes erwähnten: mit der moralischen Aufrüstung (M.R.A.).

Abgesehen von der ahistorischen, unphilosophischen und unwissenschaftlichen Vorgehensweise, das Befolgen von abstrakten moralischen Idealen (die vier «Absoluten») als Weg menschlicher Veränderung bloß zu fordern, impliziert dieser Standpunkt tendenziell eine *Trennung* der inneren und äußeren Existenz der Individualität. Dies steht unserer Auffassung diametral entgegen, insofern wir ja gerade den intimen *Zusammenhang* von äußerer und innerer Existenz vertreten.

Bei M.R.A. haben wir es mit einer Art von «Weltflucht» zu tun; diese Weltflucht ist Folge ihrer fehlenden Auseinandersetzung mit dem Materialismus in der Wissenschaft, und sie zeigt sich nicht zuletzt im gesellschaftlichen, sozialen und politischen Bereich. Man postuliert die Ideale von «absoluter Selbstlosigkeit» und «Liebe», übersieht jedoch, daß dies eine totale Veränderung *auch* der äußeren *Institutionen* in der existierenden, bürgerlich-kapitalistischen Gesellschaft bedingt – welche doch gerade auf die Selbstsucht ausgerichtet ist! Indem man diesen Zusammenhängen gegenüber völlig blind ist, trägt M.R.A. – wie viele andere «christliche» und «humanistische» Strömungen der heutigen und früherer Zeiten – dazu bei, diese Gesellschaft zu konservieren. So hat man stets einseitig auf die offensichtlichen Mängel der sogenannten sozialistischen Gesellschaften verwiesen, jedoch die verborgeneren Mängel in der eigenen Gesellschaft kaum bemerkt.

Man übersieht zudem, daß die Kritik des Kommunismus eine Kritik des Kapitalismus voraussetzt, und dies aus mindestens zwei Gründen: Es sind die Mängel des Kapitalismus, die den Kommunismus ständig genährt haben, und eine der Hauptwurzeln des marxistischen Kommunismus ist gerade der ökonomische Materialismus des Kapitalismus. Die fehlende Einsicht in diese Zusammenhänge, die den traditionell «humanistischen» und «christlichen» Antikommunismus geprägt haben, findet in M.R.A. einen typischen Exponenten, der, befangen in seinem einseitigen Antikommunismus, sogar über die faschistische Variante von Unterdrückung (großzügig) hinwegsah.[3]

Die Forderung nach «moralischer Aufrüstung» zu erheben, ohne die *gesellschaftlichen Institutionen* des Egoismus – das egoistische Profit- und Konkurrenzsystem etc. – ändern zu wollen, ist im übrigen ein ethischer Widerspruch in sich. «Sich selbst genug» zu sein – Gefühllosigkeit, Zynismus, Argwohn – ist nicht nur ein Zustand innen in unseren Herzen, sondern hat sich gleichermaßen real in den Gesellschaftsinstitutionen in der Form von Eigentums- und Arbeitsverhältnissen manifestiert. Dies kann am allerwenigsten durch bloße Moralgebote von Selbstlosigkeit und Liebe bekämpft werden, seien sie noch so «absolut» – dies gilt es durch konkrete gesellschaftliche Änderungen zu überwinden. In *dieser* Hinsicht existiert keine «innere Festung» für die Individuen, hinter deren Mauern sie sozusagen gerechtfertigt werden können. Hegels Wort von «der schönen Seele», die glaubt, aus «dem geistigen Tierreich», das die bürgerliche Gesellschaft in ihrem ganzen Mangel an Sozialität darstellt, flüchten zu können, trifft hier zu.

Die «Bewußtseinsgestalt», die Hegel als «die schöne Seele» bezeichnet, wird nämlich als das «Versinken innerhalb seiner selbst», d.h. als eine rein «partikuläre» Existenz beschrieben, in deren Abgesondertsein und «Reinheit» im Verhältnis zur Welt und der Gesellschaft Moralität als gewahrt angenommen wird. Doch diese Haltung ist eine Täuschung, ist Selbstgerechtigkeit und «Heuchlerei», bar jeglicher «Kraft der Entäußerung», d.h. ohne handelndes oder veränderndes Eingreifen in die Welt und die Gesellschaft. Die «schöne Seele» negiert durch ihre «Partikularität», die wir auch als *Egoismus* charakterisieren würden, jegliche Sozialität. Denn die rein partikuläre Existenz der Individuen ist auf der sozialen Ebene die Entsprechung dessen, was Hegel als das «geistige Tierreich» beschrieben hat, in dem «*das Tun* des Bewußtseins ... hier ein vollendetes *sich auf sich selbst* Beziehen ist; die Beziehung auf Anderes ist aufgehoben».[4]

Aber nicht nur das. Auch läßt sich die innere Veränderung nicht ohne den Willen zu äußerer, gesellschaftlicher Veränderung realisieren, was übrigens bereits daraus folgt, daß es einen ethischen Selbstwiderspruch impliziert, den Blick *nur* nach innen zu richten. Dies hängt in hohem Maße mit dem zusammen, was wir über den engen Zusammenhang zwischen innerer und äußerer Repression und damit auch innerer und äußerer Befreiung ausgeführt haben. Wir haben beschrieben, wie massiv der repressive Druck ist, den gesellschaftliche Institutionen, Haltungen und Strukturen auf den einzelnen Menschen in der modernen, integrierten Gesellschaft ausüben. Die Eroberung innerer Freiheit erfordert damit zugleich ein Sich-Auflehnen gegen diesen Druck, was ohne adäquate gesellschaftliche Veränderung erheblich erschwert wird. Beispiel hierfür ist die erwähnte Standardisierung und Kollektivierung, die so tief in unser inneres Leben eingreift, daß wir uns mit ihren Erscheinungsformen sogar identifizieren. Kommerzialisierung und Technifizierung, die Massenmedien und Gruppenmentalität verschiedenster Spielart üben unweigerlich auf uns als Individuen Wirkung aus: durch unsere Arbeit (nicht zuletzt), auf dem Wege der Information, in unserer «Freizeit» und unserem Alltag generell. Hier wird deutlich, wie dringend erforderlich parallel zur inneren Wandlung eine *gesellschaftliche Veränderung* ist.

Dies ist auch der Grund dafür, warum wir es in unserer philosophischen Studie als notwendig erachtet haben, intensiv auf die praktischen Seiten der Organisation der Einrichtungen des sozialen Lebens (nicht zuletzt im ökonomischen Bereich) einzugehen (wie wir es besonders in dem Kapitel «Dreigliederung und Selbstverwaltung der Gesellschaft» taten). Mit der Behauptung eines solchen engen Zusammenhanges zwischen Ethik und

Erkenntnistheorie einerseits und der konkreten Organisation der Gesellschaft andererseits stößt man jedoch auf weitverbreitete Vorurteile, sowohl von seiten der «Männer des praktischen Lebens» als auch der Repräsentanten des traditionellen Geisteslebens. Handeln erstere – in einer weiteren Perspektive gesehen – unreflektiert, so verstehen letztere unter dem Geistes- und Kulturleben, um es mit Rudolf Steiner auszudrücken, oft «ein seelisches, ein denkerisches, ein nach wissenschaftlicher Erkenntnis suchendes inneres Leben, gewissermaßen wie eine Insel im Gesamtmenschenleben». Deshalb sind sie auch «nicht in der Lage, die Brücke zu bauen von diesem Leben hin zu demjenigen, was den Menschen in die Alltäglichkeit einspannt», sie finden keinen Übergang zu dem, was «im Alltag den Menschen umgibt als Kapitalwirkung, als Arbeitsentlöhnung, als Konsum» usw.[5]

Es ist also dies, wofür den traditionellen «Christen» und «Humanisten» – mit M.R.A. als prototypischem Beispiel – der Blick fehlt. Dies wirkt auf ihre Positionen in zweierlei Weise korrumpierend. Erstens unterliegen sie selbst den repressiven Kräften ihrer Zeit und der Gesellschaft: dem Kommerzialismus mit seiner verdeckten Selbstsucht, der Standardisierung und Gruppenmentalität (ganz zu schweigen von der Indoktrinierung durch ein materialistisches Menschen- und Weltbild) – dies verschafft sich sozusagen durch die Hintertür Geltung und macht auch die innere Wandlung zur Illusion. Zweitens wird der Appell zu innerer Wandlung aufgrund der fehlenden gesellschaftlichen Perspektive verlogen und heuchlerisch – insbesondere dort, wo er jegliche kritische Distanz zur Inhumanität des Kapitalismus vermissen läßt. An dieser Stelle setzt auch die sozialistische und marxistische Kritik an den traditionellen Humanisten und «Verwaltern» der christlichen Religion an: Ihre Botschaft sei «Ideologie», «idealistische» Verschleierung der herrschenden Kräfte und Machtverhältnisse in der existierenden bürgerlich-kapitalistischen Gesellschaft.

Allerdings ist hervorzuheben, daß der traditionelle marxistische Ideologiebegriff nuancierter und in der richtigen historischen Perspektive gesehen werden muß. Eine solche Nuancierung nimmt z.B. Jürgen Habermas vor, wenn er schreibt, daß «die bürgerliche Kultur ... *nicht bloße* Ideologie (war)», insofern sie trotz allem die Idee der ‹politischen Öffentlichkeit› hervorgebracht hat. Doch ist diese Idee, ebenso wie die Idee der bürgerlichen Kultur von Humanität, später «zur Ideologie herabgesetzt» worden – um weiterhin bei der Ausdrucksweise Habermas' zu bleiben. Der Grund hierfür liegt in dem, was wir als Kommerzialisierung beschrieben haben, dem «Eindringen der Gesetze des Marktes, die die Sphäre des Warenverkehrs und der gesellschaftlichen Arbeit beherrschen», in die politische und ebenso in die kulturelle Sphäre.[6]

Die marxistische Anklage des traditionellen Humanismus und des bürgerlichen Idealismus, «ideologisch» zu sein, entspricht im wesentlichen auch *unserer* Auffassung. Denn, wenn wir auch meinen, daß dieser «Humanismus» und «Idealismus» *nicht nur* Ideologie ist, sondern, indem er die innere Wandlung an die primäre Stelle setzt, trotz allem einen Kern Wahrheit beinhaltet, so wird diese Wahrheit doch insofern verscherzt, als man von der Gesellschaftsveränderung abstrahiert. Wie richtig es auch ist, daß gesellschaftliche Veränderungen nicht ohne einen humanistischen oder idealistischen Ausgangspunkt durchgeführt werden können, so richtig ist es auch, daß dieser Humanismus und Idealismus, wenn er nicht auch gesellschaftliche Veränderungen intendiert, von geringem Wert ist.

Dem Idealismus sollte die Überwindung eines materialistischen Menschenverständnisses zwar ein fundamentales Anliegen sein, jedoch zementiert das kapitalistische ökonomische System – mit seiner Verdinglichung des Menschen im sozialen Bereich – gerade diese Auffassung in sehr effektiver Weise. Es wirkt weit unmittelbarer auf unser Bewußtsein, unsere Einstellung zueinander und unsere Handlungen, als es die eher theoretische Indoktrinierung durch eine materialistische Auffassung vom Menschen vermag. Hinzu kommt, daß das kapitalistische ökonomische System mit seiner Durchdringung des Alltagslebens, mit seiner Unterdrückung von Individualität und Sozialität alle Menschen gleichermaßen trifft. Eine Kritik am Materialismus, die die Rolle des Kapitalismus übersieht, stellt deshalb (wenn überhaupt) nur die halbe Wahrheit dar. Man könnte sogar sagen, daß unter diesem Aspekt selbst der Marxismus mit seinem theoretischen Materialismus – aber eben doch Antikapitalismus – für die menschliche Individualität ebenso befreiend wirken kann wie der abstrakte Idealismus und Humanismus, der den praktischen Materialismus und die Menschenfeindlichkeit des Kapitalismus ignoriert.

Indirekt haben wir damit auch die Einseitigkeit des *Marxismus und Sozialismus* angedeutet (die der Einseitigkeit des Idealismus und Humanismus in nichts nachsteht), da man die Aufmerksamkeit *ausschließlich* auf die *Gesellschafts*veränderung richtet. Die Konsequenzen dieser Einseitigkeit sind kaum weniger folgenreich. Insofern der Marxismus, tendenziell im übrigen auch der Sozialismus, die Bedeutung der *inneren* Wandlung – deren entscheidende Relevanz auch für gesellschaftliche Veränderung wir betont haben – explizit hintanstellt, wird in ihm letztlich der Einzelmensch überhaupt ignoriert. Selbst den moderateren Varianten des Sozialismus (bei denen u.a. der parlamentarisch-demokratische Weg befürwortet wird) wohnt diese Tendenz inne, so wenn man den ökonomischen Bereich und gar das Kulturleben einer politischen «Steuerung» unterwerfen will. (Vgl. unsere Erörterung u.a. in dem Kapitel «Die Sphären von Freiheit und Gleichheit».) Innerhalb des Sozialismus hat man gegen den Einheitsstaat mit seiner Individualitätsfeindlichkeit kaum Bedenken geäußert.

Folgenreich war die einseitige Betonung der Gesellschaftsveränderung vor allem für die marxistische *Revolutions*theorie und -praxis. Eine derartige Einseitigkeit scheint überhaupt der Idee von einer Revolution, als alleinigem Weg zu fundamentaler gesellschaftlicher Veränderung, anzuhaften. Denn diese Vorstellung impliziert, daß mit einer rein äußeren Veränderung, oft sogar mit einer bloßen Umstürzung der bestehenden Institutionen im Grunde alles getan sei.[7] Die Notwendigkeit innerer Wandlung wird hier völlig übersehen! In Lenins *Staat und Revolution* finden wir dies folgendermaßen ausgedrückt: «Wir wollen die sozialistische Revolution mit den Menschen, so wie sie jetzt sind.»[8]

In diese Perspektive von gesellschaftlicher Veränderung versus innerer Wandlung müssen wir offenbar die meisten Übergriffe auf den einzelnen einordnen, die im Laufe der Geschichte im Namen der Revolution begangen worden sind – wohlgemerkt nicht nur in deren blutigen Phasen, sondern ebenso danach. Auch scheint dies unabhängig davon zu gelten, welch hehre Ideale die Revolution zu realisieren anstrebte – worauf viele vor uns bereits hingewiesen haben. Klassisch ist in diesem Zusammenhang das Wort Schillers über den Geist des Revolutionärs: «Und willst Du nicht mein Bruder sein, so schlag' ich Dir den Schädel ein!»

Diese Auffassung von gesellschaftlicher Veränderung ist – explizit und implizit – von einer bestimmten Auffassung geprägt, was das menschliche *Individuum* sei und insbesondere in welchem Verhältnis es zur Gesellschaft stehe. Marx' Auffassung hiervon drückt sich u.a. in der bereits oben zitierten Feuerbach-These aus: «Das menschliche Wesen ist kein dem einzelnen Individuum innewohnendes *Abstraktum* (!; H.H.). In seiner Wirklichkeit ist es das Ensemble der gesellschaftlichen Verhältnisse.»[9] Aus dieser Sicht ist klar, daß nur eine *gesellschaftliche* Veränderung in Betracht kommt und alles Reden von einer *individuellen* Wandlung bloß Fiktion ist.

Was Marx' Auffassung von «dem einzelnen Individuum» und dessen Verhältnis zur Gesellschaft ausdrückt, ist jedoch fehlerhaft. Wie wir mit unserer Studie zu zeigen gesucht haben, stellt sich das Verhältnis von Individualität und Sozialität völlig anders dar. Hieraus folgt, daß auch Marx' einseitige

Betonung des gesellschaftlichen Wandels verfehlt ist. Wenngleich der Charakterisierung des traditionellen Humanismus und Idealismus – als illusorisch und teilweise gar «ideologisch» verschleiernd – beizupflichten ist, so folgt daraus nicht, daß individueller Wandlung *jegliche* Bedeutung abzusprechen sei. Ganz im Gegenteil, in diesem Fall ist die marxistische Auffassung wirklichkeitsfern, weil sie die Realität menschlicher Individualität übersieht.

Wir stehen an dieser Stelle zweifellos dem grundlegenden Irrtum des Marxismus gegenüber: Er kann nicht sehen, daß menschliche Sozialität dem einzelnen Menschen als denkendem und wollendem Wesen entspringen muß, wenn sie nicht rein äußere Organisation, d.h. Kollektivismus der einen oder anderen Form sein soll. Aber nicht nur das: Infolge dieses Mangels muß der Marxismus in der Praxis zwangsläufig zu einer *Zwangs*gesellschaft *politischer* Art führen. Denn wenn die Sozialität nicht als etwas dem einzelnen Individuum Innewohnendes und deshalb auch nicht von *dessen* Verwandlung bedingt verstanden wird, so muß sie (aus der Sicht der Individuen) etwas sein, was vollständig von außen – oder von oben – kommt! Ja, sie muß schlechthin über die Köpfe der einzelnen denkenden und wollenden Individuen hinweg installiert werden, mit allen Konsequenzen, die dies hat. «In einer marxistisch geregelten wirtschaftlichen Großgenossenschaft», schreibt Steiner, «müßte die völlige *Interesse*losigkeit an aller Arbeit das Menschenleben zur Qual machen.» Denn wie verlockend eine solche Gemeinschaft auch als «Ziel» zu sein scheint, so hört die Begeisterung auf, «sobald es verwirklicht ist», indem «das Eingespanntsein in einen unpersönlichen Gesellschaftsmechanismus alles aus den Menschen auspumpen müßte, das im Lebenswillen sich offenbart.»[10]

Dies bedeutet weiterhin, daß eine solche, rein äußerlich bleibende Organisation der Gesellschaft – aus welch hehren Idealen diese auch motiviert sein mag – nicht wirklich *sozial* wirken kann. Steiner schreibt in seiner Schrift *Zur Dreigliederung des sozialen Organismus:* «Man sollte sich nicht der Illusion hingeben, daß ohne ‹sozial *gestimmte*› Menschen ein sozial befriedigender Lebenszustand herbeigeführt werden könne.»[11] Daß Sozialität auf dem Bewußtsein und der Haltung der einzelnen Individuen aufbauen muß, ist für die Darstellung, die wir bezüglich der *Dreigliederung der Gesellschaft* gegeben haben, grundlegend. Wir erinnern hier an das, was wir zum rechtlich-politischen und ökonomischen Leben sagten. Grundlage für ersteres ist die gegenseitige *Anerkennung* der Individuen in der politischen Öffentlichkeit, die Voraussetzung für den demokratischen Prozeß ist. Die Sozialität im ökonomischen Bereich, die gegenseitige Hilfe, basiert auf der brüderlichen *Haltung* der Einzelindividuen.

Wird Sozialität jedoch ohne diese Basis in Haltung und Wandlung der einzelnen Menschen zu verwirklichen versucht, kann sie nicht nur nicht realisiert werden, sondern die Bestrebungen schlagen in das genaue Gegenteil des Gewollten um: in Asozialität. Denn die Gegenseitigkeit zwischen den Individuen muß einem Kollektiv weichen, in welchem Gemeinschaft nicht ein wahres mitmenschliches Verhältnis, sondern eine Relation zwischen dem einzelnen Individuum und dem ihm übergeordneten, abstrakten Kollektiv ist. Die Geschichte liefert unzählige Beispiele dafür, daß sich im Hinblick auf eine solche «Gemeinschaft» und gar im Namen der «Brüderlichkeit» schlimmste Asozialität entfaltet hat und schwerste Grausamkeiten begangen worden sind. Im Blick auf bloße *gesellschaftliche* Veränderung und das «Allgemeinwohl» ist am hemmungslosesten Gewalt gegen das Wohl des *einzelnen* ausgeübt worden. Der norwegische Philosoph Niels Treschow drückte dies so aus: «Auf keinen Altaren raucht es öfter von Menschenblut als auf denen, die der Menschheit selbst geweiht sind»[12]

Auch schleichen sich durch die Hintertür Egoismus, Begierden und Leidenschaften ein, wenn man bei gesellschaftlichen Veränderungen die individuelle Wandlung ignoriert – nicht nur im Verlaufe der Revolution, sondern auch in der «neuen» Gesellschaft. Die Aggressivität und der leidenschaftliche Haß, die mit revolutionären Umwälzungen häufig einhergehen, sind dafür Ausdruck.[13] Gleiches gilt, wenn in marxistischen Gesellschaften das gegenseitige Mißtrauen zwischen den Menschen, das im Kapitalismus herrscht, durch eine verschärfte politische Verdächtigung der Individuen «von oben herab» ersetzt wird. (Diese Form von Verdächtigung kennzeichnet jede Gesellschaft, deren Basis nicht die denkenden und wollenden Einzelindividuen sind, d.h. auch die «braunen» oder «schwarzen» Diktaturen.)

In den marxistischen Gesellschaften erscheint der Egoismus nur in anderen Formen als im Kapitalismus, indem er sich vom ökonomischen in den politischen Bereich verlagert – es bilden sich *neue* «Eliten» oder Machtgruppen (vgl. den Begriff der ‹neuen Klasse›). Und schließlich zeigen sich Egoismus und mangelnde Sozialität der Individuen deutlich, wenn es gilt, sich durch die Ausnutzung von «Schlupflöchern» des Systems private Vorteile zu verschaffen – die Korruption ist nicht ohne Grund ein verbreitetes Übel in marxistischen Gesellschaften.

Hintergrund all dieser Phänomene ist, daß man in diesen Gesellschaften zwar das private, egoistische Profit- und Gewinnmotiv des Kapitalismus ausrotten wollte, im Grunde aber nichts anderes an seine Stelle als Triebfeder menschlichen Handelns gesetzt hat – mit der Folge, daß der *Egoismus* den

Kapitalismus überdauert hat. Denn die alternative Triebfeder kann nur die brüderliche Sozialität unter den einzelnen Individuen sein, welche nicht durch eine gesellschaftliche, institutionelle Veränderung allein, sondern nur durch eine gleichzeitige individuelle Wandlung hervorgebracht wird.

So gründet die Geringschätzung der Bedeutung der einzelnen Individuen für die Gesellschaftsveränderung in einem Menschenverständnis, welches das Individuum unter eine menschliche Totalität subsumiert und den Menschen als Exemplar der *Gattung* sieht. Bei Marx äußert sich dies in besonders expliziter Form in seinen grundlegenden, frühen Schriften, in denen er ständig von dem Menschen als «Gattungswesen» und von dessen «Gattungsbewußtsein» spricht. So heißt es in den *Pariser Manuskripten*, daß «das Leben des Menschen als Individuum und als Gattung nicht *verschieden* ist». Dieses «Gattungsleben» besteht – wie in *Die deutsche Ideologie* betont wird – in nichts anderem als dem bloßen Überlebensverhältnis zur Natur: «Was sie (die Individuen; H.H.) sind, fällt also zusammen mit ihrer Produktion». Mit gutem Grund kann deshalb Alfred Schmidt behaupten, daß «für Marx ein naturalistischer Materialismus die geheime Voraussetzung bildet».[14]

Diese Auffassung vom Menschen als Gattungswesen, mit der wir hier in sozialem und politischem Denken konfrontiert werden, ist wiederum in der materialistischen Auffassung vom Menschen als rein *biologischem* Wesen verankert. Wir haben diese Auffassung im ersten Teil unserer Studie kritisch erörtert und abgewiesen und wollen sie hier nicht erneut aufgreifen (vgl. insbesondere das Kapitel «Individualität und Leiblichkeit»). Diese biologistische Menschenauffassung wollen wir jedoch zum Zwecke einer Vertiefung unserer Auffassung der Veränderungsproblematik in einem bestimmten Zusammenhang näher betrachten, nämlich anhand ihres Niederschlags in der marxistischen und traditionell sozialistischen Kultur- und Lebensauffassung. Wir denken hierbei an das Menschenverständnis und die Lebenseinstellung, die häufig als «Kulturradikalismus» bezeichnet worden ist.

Im Lichte der vorangegangenen Erörterung ist es augenfällig, daß dieser Kulturradikalismus tiefe innere Widersprüche aufweist. Auf der einen Seite will er durch sein Anknüpfen an sozialen und politischen Radikalismus menschliche Sozialität fördern. Auf der anderen Seite kultiviert er – kraft seines biologischen, naturalistischen Menschenbildes – eine «freie» Entfaltung der gattungsbestimmten, egoistischen Triebe und Begierden des Menschen, welche gerade *anti*sozial wirken. Typisch ist das Plädoyer für die sogenannte «sexuelle Befreiung», obwohl es doch kaum die Sexualität ist, die in der modernen Gesellschaft unterdrückt ist, sondern vielmehr die Mitmenschlichkeit, die Nächstenliebe. Des weiteren steht die Forderung des Kulturradikalismus nach freier Entfaltung und Befreiung im Kulturleben im Widerspruch zu seiner eigenen materialistischen Lebenseinstellung, welche gerade Standardisierungstendenzen und Nivellierung, Massenmentalität und Konformismus stimuliert. Vom Kulturradikalismus bis zur Unterhaltungsindustrie ist deshalb kein so weiter Weg, wie man meinen könnte, wenn man sich nur an seiner politischen Seite orientiert. Es gibt sogar gute Gründe für die Behauptung einer gewissen inneren Verwandtschaft zwischen «linksradikaler» Lebensauffassung und «rechtsliberalem» Kapitalismus.

So hat z.B. der bereits zitierte norwegische Soziologe Sigurd Skirbekk auf die enge Verwandtschaft zwischen dem kulturradikalen Bekenntnis zu Freuds Triebtheorie und dem liberalistischen Appell an das egoistische Gewinnmotiv hingewiesen. So schreibt er, daß «die Gedankenstruktur der Theorien Freuds in großen Teilen mit liberalistischen Begründungen kongruent ist, z.B. hinsichtlich der segensreichen Wirkungen des privaten Profites für die Gesellschaft. Gemeint ist hier unter anderem seine Lehre, der Mensch müsse Lustbefriedigung suchen ..., damit die Gesellschaft Unfrieden vermeiden kann.» Ähnliche Auffassungen hat auch der norwegische Philosoph Gunnar Skirbekk vertreten. Er sieht klare Parallelen zwischen dem Kulturradikalismus und dem, was er «Wirtschaftsliberalismus» nennt, nämlich «dem individualistischen Egoismus» mit «Lustmaximierung» als grundlegender Triebkraft. Deshalb sei ihnen auch gemein, daß «aller Widerstand gegen diesen ‹natürlichen› Egoismus ... ‹Zwang› und ‹Unfreiheit› oder ‹Eingriffe in eine freie und natürliche Entwicklung›» sei.[15]

Trotz seiner inneren Widersprüche hat der Kulturradikalismus, direkt wie indirekt, einen dominierenden Einfluß ausgeübt und übt ihn weiterhin aus – vor allem auf die wesentlichsten Bereiche des menschlichen Lebens: auf Lebensauffassung, Moral, Weltanschauung. Durch seine massive Einflußnahme auf Schule und Universität, Massenmedien und Verlage, Kunst und Literatur (dort vielleicht in besonderem Maße) wirken seine Auffassungen als Dogmen von mindestens gleich repressiver Art wie die der Kirche in früheren Zeiten. Sie werden zwar nicht von der Kanzel verkündet, aber von so manchem wissenschaftlichen Lehrstuhl und Schulkatheder.

Die Wurzeln des Kulturradikalismus lassen sich denn auch in der Geschichte weit länger zurückverfolgen als bis zum Marxismus und Sozialismus. Wir könnten bis zum Aufkommen eines naturalistischen Menschenbildes in Theorie und Praxis in der Renaissance zurückgehen, wollen uns jedoch an das Denken der Aufklärungszeit halten. Der Kulturradikalismus ist ein Kind von dessen engem Rationalitätsverständnis und Weltanschauung. Hiermit ist zugleich etwas darüber gesagt, wie abwegig seine Standpunkte heute sind. Denn ein materialistisches Menschen- und Weltbild war im Jahre 1789 in Opposition zu Kirche und König zeitgemäß, ist es jedoch nicht mehr am Ende des 20. Jahrhunderts. Dieser Materialismus mag in Opposition zu bigottem Christentum und Bürgerlichkeit des letzten Jahrhunderts in gewisser Weise sinnvoll gewesen sein; die Situation in der Zeit zwischen den beiden Weltkriegen – ganz zu schweigen von der Gegenwart – war bzw. ist aber eine völlig andere, was den Materialismus, das kulturelle «Establishment» und die Opposition hierzu betrifft.

Wir sind auf den «Kulturradikalismus» deshalb so intensiv eingegangen, weil dieses Phänomen einen entscheidenden Beitrag zur Konservierung eines naturalistischen Menschenbildes im traditionellen Sozialismus, insbesondere auch im Marxismus, geleistet hat: der Mensch als bloß biologisches Gattungswesen – dies betrifft also unsere Auffassung der Frage nach individueller Wandlung und gesellschaftlicher Veränderung in hohem Maße. So ist der Kulturradikalismus ein prototypischer und einflußreicher Vermittler von Auffassungen, die nur Gesellschaftsveränderungen Platz bieten, nicht jedoch individueller Wandlung.

Zudem ist das Engagement des Kulturradikalismus in Sachen Lebensauffassung und Weltanschauung höchst ambivalent. Denn eigentlich impliziert seine Auffassung, daß er der einzelnen Lebens- und Weltanschauung *keine* Bedeutung für die Frage der sozialen und politischen Befreiung beimessen kann – denn diese bezieht sich ja «nur auf Gedanken». Nicht selten wird auch eine solche prinzipielle Verachtung von Lebensauffassungen recht offen erklärt – wie grundlos diese auch sein mag. Wie wir in vielen Zusammenhängen gezeigt haben, ist die Lebens- und Weltanschauung der Menschen von entscheidender Bedeutung für die zur Rede stehende Befreiung, positiv wie negativ. Der Nationalsozialismus ist ein deutliches negatives Beispiel für den engen Zusammenhang zwischen der Lebens- und Weltanschauung der Menschen einerseits und politischer und sozialer Praxis andererseits. Seine Praxis war nur kraft der in der Gegenwart weitverbreiteten Theorie möglich, daß der Mensch grundlegend ein biologisches Wesen sei.[16] Daß der Zusammenhang zwischen Lebensauffassung und Weltanschauung der Menschen einerseits und befreiender Gesellschaftsveränderungen andererseits schlicht übersehen wird, steht im Einklang damit, daß individueller Wandlung und einem «inneren Leben» der Menschen überhaupt Ignoranz entgegengebracht wird. Diese Auffassung hat eine systematische Ausformung in der marxistischen *Praxis*philosophie erhalten, die *alles* Gewicht auf die rein äußere, konkrete Tätigkeit (in casu der Arbeit) der Menschen legt. Dabei beansprucht diese Orientierung auf die «Praxis» nicht nur bezüglich der Frage nach Gesellschaftsveränderung, sondern für das Wirklichkeitsverständnis überhaupt Geltung. Klassisch ausgedrückt finden wir dies in Marx' 14. Feuerbach-These: «Die Philosophen haben die Welt nur verschieden *interpretiert*; es kommt darauf an, sie zu *verändern.*» Marx hat also keinen Blick für den *engen Zusammenhang* zwischen dem ersten und dem letzteren.[17]

Vor diesem Hintergrund ist innerhalb des Marxismus eine konsequente Verachtung des Suchens und Strebens des einzelnen Menschen in Fragen des Lebenssinns und der Weltanschauung anzutreffen. Nach einem «Sinn des Daseins» zu suchen, ist gar als eine Form von Egoismus oder «Narzißmus» abgestempelt worden. Symptomatisch hierfür ist die Verwendung des Ausdrucks «kontemplativ» (der sich doch gerade auf das innere Leben des einzelnen bezieht!) in einer herabwürdigenden Bedeutung, als etwas rein Abstraktes und sozial Wirklichkeitsfernes. In marxistisch orientierter Philosophie ist dieser Begriff sogar zur Kennzeichnung jeglicher anderer Philosophie als der marxistischen Praxis-Philosophie verwendet worden, wobei erstere als «reine Theorie» aufgefaßt worden ist.

So finden wir eine derartig herabsetzende Bewertung des «Kontemplativen» bei Georg Lukács, aber auch bei Habermas. Zurückzuführen ist dies auf die Position von Marx, genauer gesagt auf seine Kritik der Hegelschen Philosophie als einer «Abstraktion». Die Wurzeln dieser Auffassung reichen jedoch noch weiter zurück: z.B. zu Rousseau, der sogar behauptet, daß «der Zustand der Reflexion wider die Natur ist», und meint, daß «ein grübelnder (médite) Mensch ein entartetes Tier ist».[18] Eine verwandte extreme Verachtung des kontemplativen Lebens und der «Spekulation» begegnet uns denn auch innerhalb der marxistischen Tradition. In der weitverbreiteten Diskussions- und Theoriefeindlichkeit marxistisch-leninistischer Gruppierungen der Gegenwart finden wir nicht wenig von dem Rousseauschen Antiintellektualismus und Irrationalismus wieder.

Nun entbehrt eine solche «Theorie»-Feindlichkeit durchaus nicht jeglicher Grundlage. Wie wir sahen, hat ein großer Teil des traditionellen Humanismus – sowie ein bedeutsamer Teil der Philosophie – den Charakter bloßer «Theorie», ohne verändernde Kraft in der Wirklichkeit. Es ist jedoch ein schwerwiegender Schritt, von dieser Feststellung aus das innere Leben des Menschen und das Suchen nach Lebenssinn an sich als reine Abstraktion, ja als Fiktion aufzufassen, wie es im Marxismus geschehen ist. Nicht nur wird man dadurch blind für den fundamentalen Sachverhalt, daß ein den Menschen entwürdigendes Weltbild ebenso *entfremdend* wirkt wie der Kapitalismus, man übersieht zudem die gleichermaßen fundamentale Tatsache, daß das individuelle Suchen nach dem Sinn des Lebens und das Streben nach Erkenntnis eine *Voraussetzung* für die äußere, praktische Gesellschaftsveränderung ist, wenn diese Veränderung denn eine soziale sein soll. Wir können diesen Zusammenhang auch so ausdrücken: Die äußere Befreiung ist bedingt durch die gleichzeitige *innere* Befreiung.

Im Lichte unserer Erörterungen läßt sich die einseitige Betonung der gesellschaftlichen Veränderung und eine entsprechende Ignorierung individueller, innerer Wandlung im Marxismus im wesentlichen auf zwei Faktoren zurückführen. Zum einen ist dies die Unzulänglichkeit, ja innere Gehaltlosigkeit weiter Teile der humanistischen und idealistischen (sowie christlichen) Tradition, die ebenso einseitig das «innere Leben» des Individuums betont und die Bedeutung gesellschaftlicher Veränderung ignoriert haben – eine Einseitigkeit, auf die der Marxismus eine im großen und ganzen berechtigte Reaktion darstellt. Zum zweiten ist es die – ungerechtfertigte – Auffassung, das einzelne Individuum sei vollständig von gesellschaftlichen Verhältnissen, d.h. rein *äußeren* Faktoren bestimmt.

Diese Auffassung wird allerdings nicht nur im Marxismus vertreten, und auch die daraus erwachsenden Konsequenzen sind nicht nur dort anzutreffen. Ein explizites oder implizites Ignorieren der Bedeutung der individuellen Veränderung ist charakteristisch für *jede* Theorie, die das Individuum als von außer ihm liegenden Kräften bestimmt ansieht – unabhängig davon, ob diese in biologischen oder sozialen Faktoren gesehen werden. Bei allem Widerspruch gegen solche Theorien unterschätzen wir aber nicht die Macht, die von diesen Faktoren, z.B. dem sozialen Bereich, ausgeht (vgl. u.a., was wir über die Standardisierungs-, Kollektivierungs- und Kommerzialisierungskräfte in der modernen Gesellschaft gesagt haben).[19]

Für die Frage nach der Herrschaft des Individuums über seine eigenen Entscheidungen und Handlungen erscheint auch in diesem Zusammenhang eine Gegenüberstellung unserer Auffassung mit der der *Existenzphilosophie*, die wir teils teilen und von der wir uns teils distanzieren, fruchtbar. Wahr ist diese Philosophie, insofern sie dem Willen und der Wahl des einzelnen entscheidende Bedeutung beimißt. Prinzipiell alle Macht zur Veränderung – auch zur gesellschaftlichen Veränderung – in das Individuum selbst zu legen, steht in Einklang mit unserer Hervorhebung der individuellen Wandlung. Kritisch stehen wir der Existenzphilosophie gegenüber, weil sie die Rolle der äußeren, in erster Linie gesellschaftlichen Verhältnisse für die innere Befreiung übersieht. Wir kritisieren die Existenzphilosophie weiterhin, weil sie die Faktizität der äußeren Einflüsse unterschätzt, insbesondere den Einfluß der sozialen Strukturen auf das Bewußtsein des Menschen.[20]

Im Blick auf die Frage der Freiheit unterscheiden wir uns, wie bereits präzisiert, von der Existenzphilosophie vor allem durch die Bedeutung, die wir dem Denken beimessen: Wir knüpfen die Möglichkeit des einzelnen Menschen zur Veränderung nicht in erster Linie, geschweige denn ausschließlich, an seine Wahl, sondern vor allem an seine *Erkenntnis.* Nur bei dem Menschen als erkennendem Wesen meinen wir nämlich, es mit etwas absolut Irreduziblem im Verhältnis zu äußeren Einflüssen (biologischen, psychologischen oder sozialen) zu tun zu haben, weshalb wir auch die Freiheit des Menschen hierhin verlegt haben, d.h. in die Erkenntnis des einzelnen von seiner eigenen Handlungssituation. Hinzu kommt, daß nur durch Denken und Erkenntnis eine Brücke vom «Ich» zur «Welt» geschlagen wird, ein Hinweis, den wir oben bereits speziell an die Existenzphilosophie adressiert haben. All dies ist besonders interessant, wenn es um die Frage der Relation zwischen individueller Wandlung und äußerer, gesellschaftlicher Veränderung geht. Wir wollen in diesem Zusammenhang auf die menschliche Erkenntnis genauer eingehen.

Zur Erhellung dieser Frage erscheint es fruchtbar, sich mit der Existenzphilosophie stärker auseinanderzusetzen, wie sie von Sartre repräsentiert wird. Es tritt hier deutlich zutage, daß man, wenn man der existentialistischen Grundreflexion folgt, *alles* Gewicht auf die rein innere Wandlung legen muß. Das menschliche Bewußtsein wird nämlich schlechthin als eine kontinuierliche *Negierung* alles Vorgegebenen verstanden, als Negierung alles Vergangen-«Seienden» – hierin besteht des Menschen «Für-sich-Sein». In diesem Sinne ist das menschliche Bewußtsein selbstverständlich total «frei» in Relation zu allem Äußeren, d.h. es ist nicht von irgendeiner «Welt» determiniert. Wie aus unserer früheren erkenntnistheoretischen Erörterung hervorgehen sollte, gilt ein solcher Zusammenhang jedoch strenggenommen nur für das *Denken* und *Erkennen* des Menschen, nicht für dessen bewußte Existenz generell. In dem Kapitel «Erkenntnis, Individualität und Freiheit» versuchten wir nachzuweisen, daß wir nur *hier* von einem Ich-Bewußtsein sprechen können, das autonom im Verhältnis zu äußeren Einwirkungen ist und was wir deshalb als wirkliche Freiheit bezeichnen können.

Damit kommen wir auf einen weiteren Unterschied zwischen unserer Position und Sartres Existentialismus zu sprechen, denn bei der Erkenntnis liegt nicht nur eine «Negierung» vor, sondern auch das Hervorbringen von etwas

Positivem, nämlich des Erkenntnis*inhaltes*. «Bei Sartre ist das Prinzip der Negation verabsolutiert», schreibt der norwegische Philosoph Helge Salemonsen. Er betont, daß dies nur «eine Seite des Wesens des Intellektes (ist)», weil «der Intellekt das Sein negiert, um sein Eigenes zu setzen – d.h. seine *eigenen* Schöpfungen an die Stelle des Seins». Auf der anderen Seite weist Salemonsen darauf hin, daß diese «*positiven* Leistungen des Denkens» in heutiger Zeit dadurch untergraben werden, daß dessen «Allgemeingültigkeit ... auf eine Funktion von zugrundeliegenden psychologischen, biologischen, soziologischen, historischen oder gar grammatikalischen Umständen zu *reduzieren* versucht wird».[21] Wir wollen vor diesem Hintergrund unsere Frage nach innerer, individueller Wandlung und gesellschaftlicher Veränderung erneut aufgreifen.

Es stellt sich die Aufgabe, unsere eigene Position hinsichtlich ihres Unterschiedes *sowohl* gegenüber der einseitigen Betonung innerer Wandlung durch die Existenzphilosophie *als auch* gegenüber der ebenso einseitigen naturalistischen Betonung äußerer Veränderung herauszuarbeiten. Wir unterscheiden uns von diesen beiden Standpunkten, indem wir davon ausgehen, daß der Mensch ein *erkennendes* Wesen ist und *kraft dessen* auch ein autonomes Wesen. Alle menschenwürdige Veränderung, innerliche wie äußerliche, beurteilen wir daher danach, ob sie in letzter Instanz der *Erkenntnis* entspringt oder nicht. Durch die Erkenntnis erheben wir uns über das Gegebene *und* bringen das Neue, die Veränderung hervor!

Wir wollen unsere Position noch vertiefen, und zwar durch eine Erörterung der in der heutigen Philosophie vieldiskutierten Frage, ob es «in unserer Macht (liegt), anders zu handeln, als wir es faktisch tun» – eine Frage, die seinerzeit von G. E. Moore formuliert wurde, dem Gründer der modernen sprachanalytischen Moralphilosophie.[22] Diese Fragestellung, die häufig mit dem Problem der Willensfreiheit einerseits und dem Problem menschlicher Veränderung andererseits verbunden worden ist, erscheint uns als äußerst problematisch – u.a. weil sie unseres Erachtens klare *naturalistische* Untertöne enthält.

Zum ersten beinhaltet die Fragestellung selbst eine Einschränkung des Freiheits- und Veränderungsproblems, indem sie die Aufmerksamkeit nur auf die *Wahl*freiheit lenkt, welche, wie wir gezeigt haben, noch keine wirkliche Freiheit ist. (Über die wirklich freie, d.h. von der *Erkenntnis* der Handlungssituation ausgehende Handlung muß man in gewissem Sinne sogar sagen, daß sie *nicht* «anders sein kann», als was sie faktisch ist.) Zum zweiten führt uns die Frageformulierung unwillkürlich in Richtung einer rein sprachlichen Analyse: Was «meinen wir gewöhnlicherweise» – also im allgemeinen! – damit, anders «gewählt haben *zu können*», oder was verstehen wir unter «freiem Willen» etc.?[23]

Bei einem Common sense-Philosophen wie Moore ist eine solche Herangehensweise selbstverständlich und ausdrücklich erklärtes Programm. Dieselbe Herangehensweise finden wir jedoch bei allen Theoretikern, die von dieser oder einer ähnlichen Fragestellung ausgehen. So gelangt man denn auch zu der Feststellung – wie bei Moore –, daß «anders gewählt haben zu können» bzw. die Idee vom freien Willen mit dem Prinzip, daß alles eine Ursache hat («Ursachenprinzip»), voll vereinbar ist.[24] Diese Folgerung liegt auf der Hand: Wenn wir nur danach fragen, was die Leute mit dem meinen, was sie «sagen» – und nicht danach, ob ihrer Meinung eine tiefere erkenntnistheoretische, ontologische oder ethische Begründung zugrunde liegt –, können wir zu keinem anderen Ergebnis kommen, als daß sogar Freiheit und Kausalbestimmtheit zusammenpassen. Deterministen und Indeterministen sprechen schließlich die gleiche Alltagssprache.

Für uns verhält sich die Sache völlig anders. Wenn sich der Mensch den wirkenden Ursachen oder «Einflüssen» *erkennend* gegenüberstellt, tritt er zugleich aus den «Ursachenreihen» *heraus*. Er negiert die gegebenen «Umstände» und verhält sich positiv zu den irreduziblen Begriffen, die er selbst in der Erkenntnis hervorbringt – er hebt sich über die äußeren Gesetzmäßigkeiten hinaus, indem er diese Begriffe zur Basis seiner Handlungen macht. Was das Negieren des Gegebenen und Vergangenen – des bereits Bestimmten – angeht, befinden wir uns denn auch in einer Linie mit Sartre, wenn er behauptet, daß diese Negation im *Fragen* selbst impliziert ist (statt «fragen» würden wir aber sagen: «beginnen, sich erkennend zu verhalten»). So betont Sartre, daß «sich der Fragende selbst, durch eben die Tatsache, daß er fragt, in einen Zustand von Nicht-Bestimmtheit versetzt».[25] Deshalb können wir (in Sartres Terminologie) auch sagen, daß der Fragende auf eine bestimmte Weise «das Sein ver-nichtet». Um es in unserer Terminologie auszudrücken: All das, dem wir uns als Fragende, Erkennende gegenüberstellen, wird für uns zu bloßen «Beobachtungsobjekten», d.h. zu etwas, das (noch) unbestimmt ist. «Das erkennende Subjekt steht in jedem Augenblick abwägend, als eine urteilende Instanz», diesen Objekten gegenüber – wohlgemerkt auch dann, wenn diese bereits Urteile und Begriffe beinhalten, wie es bei schon «früher gebildeten Vorstellungen» der Fall ist.[26] Kurz gesagt: Es liegt im Wesen der Erkenntnis, sich *alles* zu einem neutralen Objekt zu machen, dem sich der Mensch *gegenüberstellt*. Dies genau ist die Voraussetzung dafür, daß das Erkennen eine *befreiende* Aktivität im Menschen sein kann: Das Erkennen negiert alles von außen Gegebene und eröffnet damit die Möglichkeit, daß das *Subjekt* etwas aus *sich selbst* hervorbringen kann.

Diese Auffassung von der Erkenntnisbeziehung bricht in der Tat mit einer Anschauung, die in der heutigen Zeit ebenso wie die tendenziell naturalistische weit verbreitet ist. Wir denken an das Verständnis von menschlicher Erkenntnis und besonders des Beobachtungsprozesses oder der «Perzeption», das auf der Phänomenologie Husserls aufbaut. Auch hier wird die Erkenntnis nicht als vergangenheitsnegierende Aktivität gesehen, wie wir es oben beschrieben haben, sondern (ganz im Gegenteil) als grundlegend von «Vor-Urteilen» *bestimmt.* Aus der jüngsten Gegenwart können die Perzeptionsphilosophie Merleau-Pontys und Gadamers philosophische Hermeneutik als verschiedene Varianten dieser Auffassung angeführt werden. Man behauptet hier, daß sich der Mensch, auch in seiner Erkenntnis, immer schon innerhalb eines gegebenen Sinnuniversums befinde, wobei man sich dieses als in der allgemeinen «Lebenswelt» (Husserl), in unserer historischen «Situiertheit» (Heidegger, Gadamer) oder in unserer «Körperlichkeit» (Merleau-Ponty) verankert denkt. Es erscheint angebracht, dieses Verständnis der Erkenntnisbeziehung näher zu untersuchen, da es entscheidend für das Verständnis von menschlicher Freiheit und Veränderung ist. Denn unser Einwand gegen die phänomenologische und hermeneutische Position läuft darauf hinaus, daß diese in ihrer Konsequenz individuelle Freiheit und wirkliche Veränderung negieren muß.

Nun wollen wir mit dem Zurückweisen der phänomenologischen Auffassung zu *diesem* Punkt keineswegs den Stab über der Phänomenologie als Philosophie brechen. Im Gegenteil – wir meinen, daß sie viele fruchtbare Beschreibungen des «Seins» des Menschensubjektes «in der Welt» – insbesondere des psychologischen Aspektes dieses Seins – liefert und so zur Überwindung des Naturalismus beiträgt. Sogar aus unserem Verständnis von Individualität, Freiheit und Veränderung heraus ist *etwas* Richtiges an der Betonung der historischen Situiertheit des Menschen in Zeit und Raum durch Phänomenologie und Hermeneutik. Dies gilt nämlich für unsere Handlungssituation, insoweit sie uns *gegeben* ist, selbst wenn wir dieses Gegebensein wohlgemerkt vorzugsweise als individuell (biographisch) und nicht als allgemein «traditionsbestimmt» auffassen.

Diese «Historizität» oder «Geschichtlichkeit» (Heidegger) gilt nach unserer Auffassung aber *nicht* für die *Erkenntnis* und damit auch nicht für die Erkenntnis der individuellen Handlungssituation. Unsere Kritik an der phänomenologischen und hermeneutischen Schule bezieht sich deshalb darauf, daß diese *auch* die Erkenntnisbeziehung aus der beschriebenen subjektivistischen Perspektive zu verstehen sucht, d.h. die Erkenntnisbeziehung zu einer primären «Lebenswelt», einem «historischen Horizont» oder einer «leiblichen Struktur» in Beziehung setzt und ableitet. Damit übersieht sie nämlich, daß die Erkenntnis eine spezielle Beziehung darstellt, bei der der Mensch jeglichen Subjektivismus überschreitet, indem er sich negierend zu allem *Gegebenen*, zu Vorstellungen, (Vor-) Urteilen, Meinungen und Strukturen verhält.[27] (Wir haben es übrigens bei der phänomenologischen bzw. hermeneutischen Herleitung der Erkenntnis aus der subjektiven Situiertheit des Menschen in Zeit und Raum mit einer Einseitigkeit zu tun, die in gewisser Weise umgekehrt wie die platonische ist, welche ja Erkenntnis von dem, was in Zeit und Raum situiert ist, generell verneint.)

Der norwegische Philosoph Terje Kvilhaug hat Merleau-Pontys Phänomenologie in ähnlicher Weise vehement kritisiert. Er betont, daß «der fundamentale Fehlschluß bei dem phänomenologischen Projekt in dem Versuch liegt, die bewußte Subjekt-Objekt-Beziehung (d.h. die Erkenntnisbeziehung; H.H.) *aus dem abzuleiten*, was Sinn gibt». Ja, die Phänomenologie müsse *selbst* diese Beziehung, die «Objektivierung oder Vergegenständlichung» voraussetzen, wenn sie «das sinnvolle Feld» beschreiben will.[28]

Kraft dieser «Indifferenz», die dem «Gegenstand» der Erkenntnis (dem Beobachtungsobjekt) anhaftet (vgl. die «Negierung» des Gegebenen) wird überhaupt «Raum für die Realisierung von Meinungen, die noch nicht gegeben sind», geschaffen. Die Objektivierung «setzt den historisch wirkenden Sinn außer Gefecht», so daß man von «dem Bewußtsein als ‹ahistorischem› Subjekt» und von «dem Gegenstandsmäßigen» als etwas «über die Zeit Erhobenem» sprechen kann. Ja, «das Bewußtsein scheint überhaupt sein *Selbst* durch die Beziehung zu einem Gegenstand zu haben», d.h. in der Erkenntnisbeziehung (worauf wir übrigens in dem Kapitel «Erkenntnis, Individualität und Freiheit» hingewiesen haben). Kvilhaug verweist weiterhin mit Recht darauf, daß durch die «Indifferenz» des Erkenntnisobjektes (Beobachtungsobjektes) im Verhältnis zu allem gegebenen Sinn «*Freiheit* ... erst verwirklicht zu sein» scheint.[29]

Letzteres ist auch für uns der springende Punkt, doch muß unterstrichen werden, daß hier trotz allem nur von der *Möglichkeit* oder dem Ausgangspunkt der Freiheit (und menschlicher Veränderung) die Rede ist – wie notwendig dies auch ist. Denn erst durch die *positive* Erkenntnis, durch die das Subjekt einen *neuen* «Sinn» an die Stelle des Gegebenen setzt, *realisiert* es sich selbst und damit seine Freiheit. Im Hinblick auf die Veränderung ist es also noch ein weiter Schritt von ihrer Ermöglichung, indem die gegebenen Bindungen in der Erkenntnisbeziehung negiert werden, bis zu ihrer *Verwirklichung* durch positive, neue Erkenntnis. Doch bereits kraft der Negierung des Gegebenen in der Erkenntnis liegt es potentiell, prinzipiell und absolut «in unserer Macht, anders zu entscheiden und zu handeln, als wir es tun» (vgl. oben) – selbst wenn die Veränderung erst durch die positive Erkenntnis verwirklicht wird, was selbstverständlich entsprechendes Engagement und Zeit erfordert.

Hinsichtlich individueller Wandlung und äußerer, gesellschaftlicher Veränderung haben wir es mit zwei verschiedenen Aspekten menschlicher Erkenntnis zu tun: der Selbsterkenntnis und der nach außen auf das soziale Leben gerichteten Erkenntnis. Im Hinblick auf die Selbsterkenntnis sei an die Notwendigkeit des kontemplativen Aspektes jeder menschenwürdigen Veränderung erinnert. Es sei weiterhin auf das verwiesen, was wir im erkenntnistheoretischen Teil unserer Studie über die vertiefende Erfahrung des Denkens als Aktivität erarbeitet haben. Hinsichtlich der Selbsterkenntnis impliziert dies, daß sich der einzelne einen «inneren Raum» schaffen muß, in dem er seine egoistische Subjektivität objektivieren kann. Man muß eine auf *Erkenntnis* beruhende Distanz gewinnen, sowohl gegenüber den äußeren Einflüssen als auch gegenüber den repressiven Kräften im eigenen «Selbst» (Trieben und Begierden, egozentrierten Sympathien und Antipathien etc.).

In dieser erkennenden Negierung des «niederen» Selbst wird das Heranwachsen des Höheren, der *Individualität* des Menschen, ermöglicht. Von einem solchen «höheren» bzw. «niederen» Selbst im Menschen zu sprechen kennen wir aus jeglicher ethisch-religiösen Tradition. Neu ist bei uns jedoch, daß wir das, was «heranwächst», als «Individualität» bezeichnen. Dies ist deshalb berechtigt, weil es sich um eine Befreiung von dem Nicht-Individuellen, dem Schablonenhaften und Gattungsbestimmten innerhalb der egoistischen Subjektivität handelt. Es sei hier an dasjenige erinnert, was wir zum Zusammenspiel zwischen den von außen wirkenden Standardisierungs- und Kollektivierungstendenzen und den «inneren» egoistischen, gattungsbedingten Neigungen gesagt haben.

Damit werden wir mit einem weiteren Aspekt menschlicher Erkenntnis konfrontiert, der sich auf das Veränderungsproblem bezieht: mit der Erkenntnisbeziehung zur Gesellschaft, zu den anderen Menschen. Dieser gesellschaftliche Aspekt der Erkenntnis knüpft an den zweiten Teil unserer Studie an. Dort haben wir in zwei verschiedenen Zusammenhängen darauf verwiesen, wie eine menschenwürdige Gesellschaft voraussetzt, daß sich die Menschen *erkennend* verhalten. Zum ersten betraf dies die rechtlich-politische Sphäre, welche nach unserer Ansicht auf *rationalem* «Diskurs» aufbauen muß, d.h. auf der gegenseitigen Anerkennung der Individuen als Vernunftwesen und auf deren gegenseitigem Sinnverstehen. Wir betonten sogar, daß dies die Voraussetzung jeglicher menschenwürdiger Kommunikation ist.

Zum zweiten deuteten wir an, daß auch die Brüderlichkeit im Ökonomischen auf individueller Erkenntnis aufbauen muß – wenn auch in einem anderen (und wie wir hinzufügten: tieferen) Sinn als im rechtlich-politischen Bereich. «Es geht vielmehr um tieferes Verstehen und Anerkennen der Individualität des Menschen, als es in dem bloßen Sinnverstehen und eventuellen ‹Konsensus› in einem ‹Diskurs› zum Ausdruck kommt. Die Form von Sozialität, die wir hier vor allem dem ökonomischen Bereich zuweisen, hängt mit einem höheren Grad von *Erkenntnis* des Menschen als Individualität zusammen; einem höheren Grad, als er erforderlich ist, die rechtlich-politische Sozialität zu begründen.» Wir wollen diese Andeutungen im folgenden vertiefen.

Diese Form von sozialer Erkenntnis – die sich auf den *anderen* Menschen als Individualität bezieht – soll aus zwei Perspektiven beleuchtet werden. Zum einen aus einer mehr «theoretischen» Perspektive, die mit dem Menschenbild zu tun hat, und zum zweiten aus einer eher «praktischen» Perspektive auf die Erkenntnisbeziehung des einzelnen zum sozialen Leben. Erstere betrifft das philosophische und wissenschaftliche Menschenbild, auf das wir uns z.B. in psychologischen, medizinischen und pädagogischen Zusammenhängen beziehen. Bereits im vorigen Kapitel betonten wir, daß wir andere Menschen nicht als Individualitäten im sozialen Leben erkennen und anerkennen können, wenn wir von der Vorstellung ausgehen, daß der Mensch als solcher nur ein Produkt von Genen und Umwelt, von gesellschaftlichen und historischen Umständen ist.

Ohne Zweifel drängen sich in der heutigen Welt derartige Vorstellungen auf und müssen überwunden werden, um zur Erkenntnis des Menschen als Individualität im sozialen Leben zu gelangen. Solche Vorstellungen sind in Soziologie wie Psychologie und Biologie verbreitet – ja, die Auffassung vom einzelnen Menschen als etwas wirklich Individuellem, Autonomem und Einzigartigem findet sich fast *nirgendwo* in modernem wissenschaftlichen und philosophischen Denken. Diese Wissenschaft und Philosophie hat das Individuelle jedes Menschen – seine *Individualität*, die sich vor allem in seiner *Biographie* zeigt – nicht wirklich entdeckt. Dieser Mangel ist selbst der Existenzphilosophie zu eigen, welche doch «den einzelnen» und seine «authentische» oder «eigentliche» Existenz so betont, und zwar im Unterschied zur allgemeinen Existenz «in der Menge» oder als «Man». Denn diese Hervorhebung geschieht nur in ethischer und rein genereller Perspektive, abstrahiert von der konkret existierenden Individualität (sowie abstrahiert von der «Welt»), ohne eine Erkenntnis dieser Individualität, wie wir sie anstreben.

Unseres Erachtens ist also die Erkenntnis, daß der Mensch eine wirkliche Individualität ist, eine wesentliche Voraussetzung für die Entwicklung einer wahren Sozialität – und zwar insbesondere für die Sozialität in der Form brüderlicher Gemeinschaft oder gegenseitiger Hilfe im ökonomischen Bereich. Dies ist jedoch nur der eine Aspekt gesellschaftsverändernder Erkenntnis, und zwar der eher «theoretische» oder generelle. Der andere Aspekt ist die Erkenntnis*praxis* des einzelnen Individuums. Dies zeigt im übrigen auch, wie eng die Erkenntnis der Individualität des anderen Menschen mit der individuellen, inneren Wandlung zusammenhängt. Denn die Erkenntnis der Individualität des anderen erfordert gerade die Entwicklung der Selbstlosigkeit durch Selbsterkenntnis.

Diese Erkenntnis verlangt offenbar ein objektives *Interesse* am anderen Menschen als dem Menschen, der er ist, d.h. als Individualität. Sie erfordert die Überwindung unmittelbarer «Sympathien» und «Antipathien», die unser Verhältnis zu unseren Mitmenschen für gewöhnlich bestimmen, häufig jedoch nur unsere eigenen egoistischen Wünsche und Neigungen widerspiegeln und unsere Mitmenschen als bloße «Typen» oder «Gruppenmenschen» erscheinen lassen. Wir müssen also den Schleier zerreissen, den die Selbstsucht über die Individualität des anderen (und die eigene!) zieht. Denn nur aus unserem eigenen subjektiven Egoismus heraus zu leben und keinen Blick für die entsprechende Subjektivität des anderen zu haben, gibt keinen Impuls und Kraft für brüderliche Sozialität. Erfahren wir uns selbst ausschließlich als das «niedere Ich», sehen wir auch in unseren Mitmenschen nichts anderes. Auch hier gilt das alte Wort: «Gleiches erkennt Gleiches».

Diese Auffassungen mögen an die «Ich-Du-Philosophie» Martin Bubers und an verwandte Standpunkte von Existenzphilosophen wie Gabriel Marcel erinnern, da unser Verständnis des anderen Menschen als eines Ichs eine völlig eigenartige Erfahrung impliziert. Wir distanzieren uns dennoch von jenen philosophischen Ansätzen, da wir diese Erfahrung nicht *außerhalb der Erkenntnis* verlegen, sondern sie im Gegenteil als die tiefste Form von Erkenntnis ansehen. Die «Objektivierung» der Erkenntnis, die das Objekt als etwas für unser Ich «Fremdes» oder sozusagen als «dritte Person» (Buber) fixiert, stellt für uns lediglich ein *vorübergehendes* Stadium des Erkenntnisprozesses dar. Er hebt die Fremdheit im weiteren Verlauf gerade auf – auch, was das Ich des anderen Menschen angeht. Sowohl «Ich» als auch «Du» haben für uns deshalb ihren Platz *innerhalb* der Erkenntnis; wir sind also nicht gezwungen, ein irrationales «Mysterium» (Marcel) anzunehmen, um deren Existenz aufrechterhalten zu können (ganz abgesehen von der erkenntnistheoretischen und ontologischen Unhaltbarkeit einer solchen Annahme).

Im Lichte der Ausführungen über die Erkenntnis der Individualität des anderen Menschen wird weiterhin deutlich, welcher Unterschied nach Art und Umfang zwischen *dieser* Erkenntnis und Anerkennung des anderen Menschen als Individualität und derjenigen liegt, die in der rechtlich-politische Sphäre vorausgesetzt wird. Zwar wird auch hier vom einzelnen eine Aktivität gefordert – jegliche Erkenntnis impliziert eine solche Aktivität, da Einsicht und Überzeugung nur Sache des einzelnen sein können. Doch unterscheidet sich die *kritische Reflexion*, die für den politischen Meinungsaustausch erforderlich ist, weitgehend von dem *vertrauensvollen Einleben*, welches die Erkenntnis des Mitmenschen als Individualität innerhalb der Gemeinschaft des Ökonomischen prägen muß. Dies ist der Unterschied zwischen dem Erkennen und Anerkennen des Mitmenschen als Gesprächspartner und dem Erkennen und Anerkennen des Nächsten als Bruder. Hier wird auch die Begrenzung der neomarxistischen, sogenannten «kritischen» Theorie (z.B. von Habermas) deutlich, wenn sie das rechtlich-politische Prinzip des «Diskurses» zur Grundlage auch des ökonomischen Lebens machen will.

Wie gezeigt, finden wir einen noch größeren Mangel an tieferer Erkenntnis und Anerkennen des Menschen als *Individuum* im traditionellen Marxismus und Sozialismus. Man war so damit beschäftigt, das Gesellschaftssystem und dessen Institutionen zu ändern, daß man die *Individuen* übersah, die doch das Alte verändern und das neue System und die neuen Institutionen bilden sollten. Als Gesellschaftsreformator war man nur an Dingen und «Sachen» interessiert, indem man sich, wie es der norwegische Moralphilosoph Harald Ofstad ausdrückt, «nicht mit Individuen identifiziert, sondern mit Symbolen», d.h. daß einem die Welt «Worte und Ideale, Zahlen und Statistik, nicht die menschlichen Realitäten» ist.[30] Doch nicht nur dies. Schauen solche Reformatoren einmal über den Horizont bloß äußerer politischer Institutionen hinaus, scheint es nicht der Mensch *als Individuum* zu sein, der dann zuallererst interessiert. Entsprechend ihrem materialistischen Weltbild und ihrem «kulturradikalen», naturalistischen Menschenverständnis ist es der Mensch als egoistisches Triebwesen, das nun «entdeckt» wird. Dieser Zusammenhang fällt sehr ins Auge, wenn man die «Bekehrung» vieler Maoisten und vieler Anhänger des Marxismus-Leninismus in der jüngeren Vergangenheit betrachtet.[31]

Wir können zusammenfassen: Wir haben, auch im Bereich des Sozialen, die Frage nach der Veränderung mit der Erkenntnis des einzelnen Menschen verknüpft. Die weiterführende Erörterung zeigte, daß diese Gesellschaftsveränderung eine innere Wandlung voraussetzt. Nur eine solche individuelle Wandlung kann menschenwürdige gesellschaftliche Institutionen erschaffen und sie mit Leben erfüllen. Dies gilt insbesondere für die Brüderlichkeitssphäre des ökonomischen Lebens, dessen Institutionen – z.B. die Assoziationen – offensichtlich von einer Veränderung auch der Individuen selbst abhängen (vgl. die Kapitel «Die Sphäre der Brüderlichkeit» und «Dreigliederung und Selbstverwaltung der Gesellschaft»).

Nachdem dies gesagt ist, muß jedoch erneut unterstrichen werden, daß wirkliche gesellschaftliche Veränderung nicht als bloße «Ergänzung» individueller, innerer Veränderung – als etwas von dieser Abgetrenntes – vor sich gehen kann. Wie gezeigt, besteht im Gegenteil ein enger Zusammenhang zwischen individueller und gesellschaftlicher Veränderung. Die innere Wandlung *setzt* gesellschaftliche Veränderungen *voraus*, die Raum für menschliche Individualität und Sozialität schaffen. Der Wille zur Gesellschaftsveränderung ist ein integrierter Bestandteil der inneren Wandlung! (Wir können jedoch nicht soweit gehen zu behaupten, daß die individuelle Veränderung schon eine faktische Gesellschaftsveränderung darstellt, weil diese auch von der Erkenntnis und dem Willen anderer Individuen abhängig ist.) Die innere Wandlung ist durch diese Beziehung zur Gesellschaft die revolutionäre Kraft in den wirklichen Gesellschaftsveränderungen.

Wie wir sahen, gibt es auch auf andere Weise einen engen Zusammenhang zwischen individueller und Gesellschaftsveränderung: Äußere Verhältnisse, Institutionen und soziale Strukturen können individuelle Veränderungen in starkem Maße hemmen. Auch aus *diesem* Grund muß das Individuum diese Strukturen zu ändern versuchen. Es gibt also einen engen Zusammenhang zwischen dem Inneren und dem Äußeren hinsichtlich Repression wie Befreiung. Genauer gesagt: Die äußeren Institutionen, sozialen Strukturen, gängigen Meinungen und Haltungen sind dann, wenn sie der Existenz dieser Individualität widersprechen, eine erhebliche Gegenmacht gegen die Erkenntnis des einzelnen von sich selbst und seinen Mitmenschen als Individualität.

Es sei dabei erneut an den vielfältigen und überwältigenden Konformitäts-, Standardisierungs- und Kollektivierungsdruck erinnert, dem jedes Individuum in der modernen Gesellschaft ausgesetzt ist. Mit einer gewissen Umformulierung von Henrik Ibsen könnten wir dies so ausdrücken, daß es sich nicht nur um einen Kampf mit Trollen in «Herz und Hirn» handelt, sondern gleichermaßen um einen Kampf mit mehr oder weniger verborgenen Gegenmächten in unserer Gesellschaft, Kultur und Zivilisation. Ja, gerade weil diese Mächte oder Kräfte im Verborgenen wirken, können sie eine derartige Macht über unsere Identität gewinnen.

Die unselbständig machende Identifikation, von der wir hier sprechen, muß also keineswegs von außen (wie bei der Werbung) beabsichtigt sein. Vielmehr trifft zu, was z.B. Harald Ofstad behauptet, daß nämlich «die Kontrolle über die Identitätskriterien selbst tiefer geht und umfassendere Konsequenzen hat als die Kontrolle, die mit Hilfe von Vorschriften ausgeübt wird ...», denn dabei «hat die Gesellschaft ... in gewisser Weise die Substanz, die Grundlage selbst, beeinflußt, in der meine Handlungen und Einstellungen wurzeln».[32]

Diese Charakterisierung der äußeren Gegenkräfte gegen die Entwicklung von Individualität und Sozialität stützt unsere Auffassung, daß die ernsthafteste Behinderung dieser Entwicklung in der schleichenden kulturellen Uniformierung der Meinungen und nicht zuletzt in der Kommerzialisierung der menschlichen *Seele* liegt, welche uns dazu verleitet, unser Ich mit unserem Egoismus zu identifizieren. Beispielsweise ist das Gefährliche an dem kapitalistischen ökonomischen System (das tendenziell alles ökonomisiert) *mentaler* Art: daß es das Individuum dazu bringt, sich selbst genug zu sein und anderen argwöhnisch und gehässig gegenüberzutreten. Wir klagen dieses ökonomische System also nicht in erster Linie deshalb an, weil es Marktverzerrungen und ökonomische Krisen mit sich führt (obwohl auch dies zutrifft) – unsere Anklage ist primär psychologisch, ja psychiatrisch begründet. Moderne Kapitalismuskritiker wie Erich Fromm, in weiten Teilen Herbert Marcuse und Christopher Lasch haben ebenfalls längst in derartigen Bahnen gedacht.

Der mentale Aspekt äußerer Beeinflussung, wie der des kapitalistischen Systems, zeigt im übrigen erneut, welch enger Zusammenhang zwischen innerer und Gesellschaftsveränderung (in casu der Überwindung des Kapitalismus) besteht. Bis zu einem gewissen Punkt kann die Gesellschaftsveränderung nur aus innerer Wandlung folgen: Wir müssen den Kapitalismus auch «in uns selbst» überwinden. Ebenso klar ist aber, daß der Kapitalismus (als Behinderung der Entfaltung von Individualität und Sozialität) in hohem Maße mit konkreten, äußeren Institutionen verbunden ist, welche also verändert werden müssen.

Eine besonders massive Behinderung individueller wie sozialer Befreiung finden wir in der ökonomischen Denkweise, wenn diese eine Symbiose mit «Politisierung» eingeht. Wir denken dabei in erster Linie nicht an die politische Staatsplanwirtschaft, in der diese Symbiose offensichtlich ist. Wir denken vor allem an die prinzipiell gleichermaßen verwerfliche Kombination von Einheitsstaatsdenken und Kommerzialismus, die sich in den kapitalistischen Gesellschaften mehr und mehr ausbreitet. Oft ist diese zwar nicht beabsichtigt, verrät sich jedoch, wenn z.B. davon gesprochen wird, auch Politik zu «vermarkten», und dies auch tatsächlich getan wird, indem man z.B. den Wahlkampf von «Reklamebüros» erledigen läßt. Eine solche Symbiose von Wirtschaft und Politik kommt auch zum Vorschein, wenn man beispielsweise vom «Unternehmen Norwegen» spricht oder den Etat des Kulturministeriums als «Kultur-Norwegen AG» bezeichnet – ganz zu schweigen davon, daß Bewilligungen finanzieller Mittel für das kulturelle Leben, z.B. für Universitäten und Hochschulen, zunehmend aufgrund kurzsichtiger ökonomischer Nutzenerwägungen vorgenommen werden.

Diese umsichgreifende ökonomische Denkweise – häufig als «Ökonomismus» bezeichnet – macht auch vor dem kulturellen Bereich nicht Halt, wo wir eine zunehmende Tendenz finden, daß alles «vermarktet», «angeboten» und «nachgefragt» werden soll. Deshalb ist es verfehlt, der *Politisierung* des kulturellen Bereiches durch dessen *Privatisierung* entgegenwirken zu wollen – d.h. durch dessen Auslieferung an den Markt. Was die Gefahren angeht, die vor allem das kulturelle Leben bedrohen: Gleichschaltung, Qualitätsverlust und Verflachung, bedeutet es, den Teufel mit dem Beelzebuben auszutreiben, wenn man die Abhängigkeit des kulturellen Bereiches vom Stimmzettel durch eine Abhängigkeit vom Scheckheft ersetzt. Unter anderem in unserem Kapitel «Die Sphären von Freiheit und Gleichheit» haben wir gezeigt, daß ein völlig anderer Weg einzuschlagen ist, der durch die Idee der sozialen Dreigliederung markiert ist. Nur hierdurch ist es unseres Erachtens möglich, auch die äußeren Hindernisse für die Entwicklung menschlicher Individualität wie Sozialität zu überwinden.

Daß eine rein ökonomische Denkweise, der Kommerzialismus, heute auch in Bereiche vordringt, in denen nur rechtlich-politische Prinzipien legitim sind, zeigt, daß in der fortgeschrittenen Industriegesellschaft nicht nur die Gefahr einer «Politisierung», sondern auch die einer «*Ent*politisierung» besteht (wie besonders von Neomarxisten hervorgehoben). Wo die politischen Institutionen verfallen (vgl. die «Expertokratie» und das Heranwachsen der großen «Interessenorganisationen»), dringt ökonomisches Erwerbsdenken vor. Nicht zuletzt Habermas hat hierauf eindringlich hingewiesen und in vielen seiner Schriften nachgewiesen, daß das politische Leben in der «spätkapitalistischen» Gesellschaft nicht mehr steuert (wo es steuern sollte), sondern selbst von technisch-ökonomischen Kräften «gesteuert» wird. «Das Abhängigkeitsverhältnis des (technisch-ökonomischen; H.H.) Fachmannes vom Politiker scheint sich umgekehrt zu haben – dieser wird zum Vollzugsorgan ...»[33] Technik und Ökonomie, die nur *Mittel* zur Realisierung menschlicher Ziele sein sollten, werden Ziele an sich, denen die Politik dienen soll.

Mit letzterem streifen wir einen weiteren wesentlichen Aspekt der die Verwirklichung von Individualität und Sozialität hemmenden Verhältnisse in der modernen Gesellschaft: die *durchtechnifizierte* Umwelt. Wie in verschiedenen Zusammenhängen gezeigt, kann diese Umwelt sowohl antiindividualisierend wie antisozial wirken; hier denken wir jedoch besonders an die Tatsache, daß diese Auswüchse gerade durch die Symbiose von Ökonomismus und Politik gefördert werden. Überhaupt existiert ein innerer Zusammenhang zwischen der ökonomistischen oder kapitalistischen Denkweise (Maximierung des Kapitals als übergeordnetes Ziel) und der umweltzerstörenden Technologie (Naturzerstörung, Massenautomobilismus etc.). Dabei macht es in diesem Zusammenhang keinen prinzipiellen Unterschied, ob wir es mit «Staatskapitalismus» (in den kommunistischen Staaten) oder mit «Privatkapitalismus» zu tun haben. In beiden Fällen haben wir es mit einem eingebauten Mechanismus zu tun, in dem mehr Technologie mehr Kapital hervorbringt, welches wiederum mehr Technologie erzeugt, und so weiter in einer unendlichen Spirale. In dem Maße, wie dieser «Technokapitalismus» zerstörerisch auf die menschliche Umwelt wirkt, können wir deshalb von einem «Teufelskreis» der beschriebenen Symbiose von Ökonomismus und Politik sprechen.[34]

Auf welche Weise wirkt nun die technifizierte Umwelt, näher besehen, als Gegenmacht gegen individuelle Wandlung und menschenwürdige Gesellschaftsveränderungen? Wir haben bereits erwähnt, daß sie menschlicher Individualitätsentwicklung und Befreiung wegen ihrer standardisierenden Wirkung und der Passivierung des menschlichen Bewußtseins entgegenwirkt (vgl. das Fernsehen und die Formen «mechanisierter» Unterhaltung). Nicht zuletzt erschweren die aus flüchtigen Eindrücken bestehenden Bilder, die die technifizierte Umwelt hervorbringt, sowohl innere Vertiefung als auch äußere Einfühlung. Wir wollen dies näher betrachten. Es liegt im Wesen der Technik, den direkten Kontakt des Menschen mit seiner Umgebung, den *Mit*menschen ebenso wie der Natur, zu eliminieren. Solange dies in Bereichen geschieht, die ihrem Wesen nach routinemäßig und standardisiert sind, hat dies keine schädlichen Auswirkungen. *Hier* geht es jedoch um Fälle, in denen die standardisierende Technik auf Bereiche übergreift, wo sie an die Stelle des lebendigen menschlichen Kontaktes mit der Umwelt tritt und so individuelle Stellungnahme lähmt und zwischenmenschliche Kommunikation ersetzt. Dann tritt passives Registrieren an die Stelle aktiver Teilnahme – in dieser Hinsicht wirkt z.B. das Fernsehen in weiten Bereichen anti-kommunikativ und die sogenannte Informatik (EDV-Technologie) anti-informativ. Es ist wohl auch kein Zufall, sondern ein typisches Zeichen der Zeit, daß mehr und mehr von «Information» gesprochen wird, wo man früher von Einsicht und Kenntnis sprach: «Information» steht eben für die bloße Mitteilung, die man nur registriert und nicht durch aktive Erkenntnis erwirbt.

Es geht uns hier in erster Linie um die technische, mechanisierende *Form* des Fernsehens, Computers, Videos etc. und nicht um den oft ebenfalls standardisierenden und vermassenden Inhalt, den sie vermitteln (ob visuell, verbal oder – nicht zuletzt – musikalisch). Was wir meinen, läßt sich an dem mentalen (ja physiologischen) Unterschied illustrieren, der zwischen dem Aneignen von Einsicht via Lesen und der Entgegennahme von «Information» via Bildschirm besteht.

Die Informatik muß aus der Natur der Sache heraus *passivierend* wirken. Die Form menschlichen Denkens, die sich in der Computertechnik ausdrückt, ist eine rein äußerliche, konstatierende, registrierende und automatisch (rein logisch) schließende – nicht die qualitativ erkennende, aktiv hervorbringende. Der Computer ist nicht in der Lage, auch nur eine einzige *Erkenntnis* hervorzubringen, d.h. etwas *Neues* zu entdecken, wie es nicht nur der wissenschaftliche Pionier tut, sondern jeder einzelne Mensch, wenn er etwas *einsieht.* Die Datenverarbeitungsmaschine kann nichts anderes, als zu entfalten – wenn auch ungeheuer rasch und effektiv –, was ihr vorher eingegeben worden ist.

Nun scheint unsere Auffassung im Widerstreit zu der Tatsache zu stehen, daß Computern «trial and error»-Mechanismen eingebaut sein können, die ihn anscheinend in die Lage versetzen, aus Erfahrung zu «lernen». Derartiges «Lernen» läuft jedoch stets innerhalb des instruierten oder programmierten Rahmens ab. Erkenntnistheoretisch gesehen kann man daher sagen, daß der Computer in gewissem Maße die Deduktion widerspiegelt, jedoch prinzipiell von Intuition abgeschnitten ist. Kybernetische Erörterungen der Frage, was der Computer «kann» und was er «nicht kann», haben häufig ähnliche Gedanken hervorgebracht, wie die von uns hier angedeuteten – so z.B. von Jacob Bronowski, wenn er den Unterschied zwischen der Erkenntnis des Menschen und der Maschine so beschreibt, daß die menschlichen «Methoden zur Gewinnung von Erfahrung nicht vollständig formalisiert werden können».[35] Wir würden es folgendermaßen ausdrücken: Man kann zwar deduktive Systeme (wie die der Mathematik), nicht aber die erkennende intuitive Fähigkeit des Menschen in Computertechnologie «übersetzen». Gerade die Intuition ist aber das Schöpferische – oder auch: das radikal *Verändernde.* Mit diesem Gedanken sei unterstrichen, wie relevant die Begrenzung der Computertechnologie für das Thema ist, das wir hier diskutieren.

Die Art von «Wissensverständnis», die sich im Computer oder in «künstlicher Intelligenz» manifestiert, ist im übrigen (wie jegliche Technologie) in philosophischem Denken (innerhalb der Erkenntnistheorie und Logik) vorbereitet worden. Sie ist nur eine praktische Konsequenz der einseitigen Betonung der formal logischen, rein «technischen» Seite menschlichen Denkens in der modernen analytischen Philosophie und der entsprechenden Ignorierung des qualitativ schöpferischen Aspektes der Begriffsbildung, der allein zu erweiterter Erkenntnis führt. Man hat, wie wir es auch ausdrücken können, «extentionales» Denken betont, das lediglich auf Übereinstimmung in Zeit und Raum hinausläuft, und zwar auf Kosten «intentionalen» Denkens, das sich auf den Inhalt, die Qualität und das Wesen der Phänomene richtet.

Der technologische Charakter des Computerdenkens hat noch einen weiteren Aspekt, der paradox erscheinen kann. In den letzten Jahren hat die Maschinenorientierung auch dazu geführt, daß der «Inhalt» der Phänomene, die Intentionalität, der ‹Sinn› in zunehmendem Maße Gegenstand der Aufmerksamkeit geworden ist. Dies ist eine genau gegenläufige Tendenz zu dem, was ansonsten die «Technifizierung» von Denken und Wissenschaft geprägt hat, gegenläufig z.B. zu den verschiedenen Formen des Behaviorismus. Der norwegische Soziologe Stein Bråten hat dies folgendermaßen ausgedrückt: «Es liegt etwas Ironisches darin, daß unsere Zuflucht zu *Maschinen* und Computer-Programmen in Kybernetik und Systemforschung, als Mittel für das Studium kognitiver Prozesse, dazu beitragen konnte, bildliche Sprache und mentale Phänomene als respektable wissenschaftliche Objekte zu reetablieren.»[36]

Doch ist dies vielleicht nicht so paradox oder «ironisch», wie es unmittelbar erscheint. Gerade das bewußte, theoretische wie praktische, mit der «Programmierung» des maschinellen Prozesses Beschäftigtsein muß zu der Einsicht führen, daß ein solcher Prozeß einen *Inhalt* voraussetzt, wenn er überhaupt einen Sinn haben soll. Auf der anderen Seite ist es noch ein wesentlicher Schritt von dieser Einsicht bis dahin, die Erkenntnis auf Qualität und Wesen der Dinge zu richten! Hier scheint die erkenntnistheoretische Begrenzung sowohl der Kybernetik wie der Systemtheorie zu liegen.

Das hier zum Computerdenken Gesagte ist nur eine stark komprimierte erkenntnistheoretische Charakterisierung. Trotzdem kann es das in unserem Zusammenhang Wesentliche beleuchten: daß es sich bei der EDV-Technologie (wie bei der technifizierten Umwelt generell) um einen sehr *engen Ausschnitt* aus der Wirklichkeit des Menschen, seiner Erkenntnis und Kommunikation handelt – und daß sie zu einer Bedrohung seiner Individualität und Sozialität wird. Es ist kaum zuviel gesagt, daß dieses einseitige, technologische Rationalitätsverständnis eine ebenso ernsthafte Bedrohung für die «innere Welt» des Menschen und seine Mitmenschlichkeit darstellt, wie es die mechanistische Naturauffassung für die äußere Welt, die natürliche Umwelt und die Ressourcen, ist. Die technologische Denkweise ist der Hintergrund der heraufziehenden *mentalen* «Ökokrise».

Wie kann dies *geändert* werden? Wie soll die technifizierte Umwelt auf eine menschenwürdige Dimension zurückgeführt werden? Im Hinblick auf den aufgezeigten engen Zusammenhang zwischen der Umwelt und der ökonomistischen (privat- oder staatskapitalistischen) Denkweise scheint klar, daß eine Änderung der technifizierten Umwelt nur auf dem Wege einer Überwindung des Ökonomismus erreicht werden kann. Die ökonomistische Denkweise wurzelt wiederum in der Verkopplung von Arbeit und Verteilung, wie wir in den Kapiteln «Von Freiheit und Gleichheit zur Gemeinschaft» und «Die Sphäre der Brüderlichkeit» zeigten. (Diese Verkopplung, oder genauer gesagt: der ihr zugrundeliegende materielle Egoismus, der die eigentliche Triebkraft ökonomistischer Theorie und Praxis darstellt, ist übrigens im Marxismus nicht aufgehoben, sondern nur gemildert.) Dies bedeutet weiterhin, daß der Ökonomismus nur überwunden werden kann, indem das Prinzip von Brüderlichkeit und gegenseitiger Hilfe zur Grundlage der ökonomischen Gesellschaftsordnung gemacht wird. Auch im Hinblick auf die Veränderung der technifizierten Umwelt zeigt sich also die entscheidende Bedeutung, die der Realisierung des Brüderlichkeitsprinzips im ökonomischen Bereich zukommt.

Aus dem, was wir oben über die Behinderung der Individualitätsentwicklung und Sozialität durch die herrschenden Wirtschaftsordnungen gesagt haben, ergibt sich die besondere Wichtigkeit, *diese* Ordnungen zu verändern. Dies wird noch dadurch unterstrichen, daß in der modernen Gesellschaft die Integration des Individuums in den ökonomischen Bereich besonders stark ausgeprägt ist, insbesondere durch die Arbeit. Daß der Marxismus die Bedeutung gesellschaftlicher Veränderungen in diesem Bereich so stark betont, ist also eine richtige Intention. Sein fundamentaler Mangel besteht jedoch darin, diese Veränderungen nicht im Lichte dessen zu sehen, was mit den einzelnen Individuen (der individuellen Wandlung) geschieht.

Wenn wir vom Prinzip der Brüderlichkeit sprechen, muß auch gesehen werden, daß dieses Prinzip die tiefste Erkenntnis und Anerkenntnis jedes Menschen als Individualität von seiten des *einzelnen* erfordert. Die enge Verbindung zwischen dem Leben des Menschen und den äußeren Gesellschaftsordnungen im *ökonomischen* Bereich führt übrigens dazu, daß der Mangel an menschenwürdigen Institutionen in diesem Bereich häufig als besonders bedrückend und repressiv erlebt wird – bewußt oder unbewußt. Es beruht insoweit auf einer tief verankerten Intuition, wenn sich Menschen gleichermaßen gekränkt fühlen, in diesem Bereich nicht als gleichwertig, d.h. als Individualität, anerkannt zu werden, wie wenn ihnen das Recht der freien Meinungsäußerung versagt wird.

Die alte bürgerliche «Armuts»-Stigmatisierung wird also nicht ohne Grund als ebenso frustrierend wie politische Diskriminierung erlebt. Die individualitätsverneinende Bewertung von Menschen nach ökonomischen Kriterien nimmt so lange immer neue unterdrückende Formen an, wie die Verteilung an die Arbeit gekoppelt ist. Das neubürgerliche «Keep up with the Jones» und andere ökonomische «eratus»-Kriterien können ebenso repressiv wirken wie institutionalisierte Gesetze in der politischen Diktatur.

In dieser Perspektive können wir sogar sagen, daß das Prinzip der Brüderlichkeit, das den Menschen als Individualität in tiefster Weise anerkennt, auch die tiefste Form von *Individualismus* repräsentiert, wenn man dieses Wort richtig versteht. Indem sich dieses Prinzip auf den *Mit*menschen bezieht, tritt zudem klarer hervor, daß es sich wirklich um Individualität und nicht um den Egoismus handelt. Denn das Freiheitsprinzip kann, wenn es nicht ausdrücklich als Entfaltung von Individualität verstanden wird, leicht in Selbstsucht entarten – in bloße Freiheit «für sich selbst». (Unsere heutige Gesellschaft liefert hierfür Belege im Übermaß.) Wie fundamental wirkliche, individuelle Freiheit auch ist – im übrigen auch für die Realisierung der Brüderlichkeit –, so ist doch der Weg zu ihrer Karikatur nicht weit, wenn sie nicht im Zusammenhang mit den anderen Entfaltungsbereichen menschlicher Individualität gesehen wird: der Gleichheit und der Brüderlichkeit. Dies ist der entscheidende Grund dafür, daß wir uns bei der Erörterung menschlicher Freiheit mit diesen Gesellschaftsbereichen beschäftigt haben, mit denen die Freiheitsfrage in so vielfältiger Weise eng verbunden ist.

Es ist auch ansonsten nicht ohne Grund, daß in der weisheitsvollen Botschaft der Bibel eher von Brüderlichkeit und Nächstenliebe als von Freiheit die Rede ist. Das Gebot der Nächstenliebe in der Bergpredigt ist zentral und wohlbekannt. Ein weiteres Beispiel sind die Worte, die Christus, dem Menschensohn, im Neuen Testament zugeschrieben werden: «Was ihr gegen den Geringsten der Meinen tut, tut ihr gegen mich.» Dies begründet die tiefste Sozialität, indem es aussagt, daß *jeder* Mensch eine Individualität ist und daß dessen Kränkung – auch wenn sie den nach den zeitgebundenen Maßstäben «Geringsten» trifft – eine Kränkung des Menschen als solchen impliziert!

Wir haben den engen Zusammenhang zwischen individueller, innerer und äußerer Gesellschaftsveränderung herausgearbeitet und ihre *Gleichzeitigkeit* behauptet. Letzteres gilt selbstredend für die *gewollte* Gesellschaftsveränderung, in gewissem Maße jedoch auch für die *faktische*: für die konkrete Veränderung der Institutionen, die die Entfaltung menschlicher Individualität und Sozialität mehr oder weniger behindern. Das Radikale an dieser Auffassung wird zweifellos am deutlichsten bei der Darstellung der Gesellschaftsveränderungen im ökonomischen Bereich. Angesichts dieser Radikalität mag es zwar so aussehen, als seien die äußeren Hindernisse in der heutigen Welt unüberwindlich und als brächten wir deshalb nur ein utopisches Ideal vor (noch utopischer als das des Marxismus, der trotz allem nur die «materiellen Verhältnisse» hat ändern wollen). Der von uns behauptete Zusammenhang zwischen individueller und gesellschaftlicher Veränderung impliziert jedoch eine Revolution, die *sukzessive und im «Kleinen»* stattfindet, nicht plötzlich und im «Großen». Wenn es den Individuen unmöglich gemacht wird, innerhalb der *etablierten* Institutionen verändernd zu wirken – und dies dürfte im großen und ganzen der Fall sein –, so können sie sich doch in verschiedenen Bereichen *ihre eigenen* Institutionen schaffen, als eine Art von «Enklaven» innerhalb des existierenden «Systems», jedoch mit eigenem Inhalt.

Obwohl die herrschenden Ordnungen, nicht zuletzt im ökonomischen Bereich, massiv verankert sind, ist es z.B. möglich, Unternehmen zu etablieren, die das Prinzip der Trennung von Arbeit und Verteilung praktizieren. Zwar herrscht in der heutigen Schule und Universität ein materialistisches und naturalistisches Menschenbild vor, doch wo sich kein erfolgversprechender Weg innerhalb des Systems zu finden scheint, können alternative Schulen und freie Hochschulen gegründet werden. Und selbst wenn der Materialismus z.B. die «Schulmedizin» dominiert, kann eine alternative Medizin in Theorie wie Praxis etabliert werden, einschließlich vollständig ausgebauter Gesundheitsinstitutionen. Diese Beispiele lassen sich leicht vervielfachen, und zwar im Hinblick auf bereits existierende alternative Institutionen. Unsere Antwort auf die Frage nach tatsächlicher Gesellschaftsveränderung und «Utopie» besteht deshalb vor allem darin, auf diese bereits bestehenden Institutionen zu verweisen![37]

Wir begründen also eine solche alternative Praxis im Zusammenhang zwischen innerer und äußerer, individueller und gesellschaftlicher Veränderung. Diese Form von «Opposition» ist zwar als solche nichts Neues, weder historisch gesehen noch in der gegenwärtigen Gesellschaft. Wirkliche Opposition ist im Ausgangspunkt immer «alternativ» – in dem Sinne, wie wir das Wort gebrauchen. Wir könnten auch sagen, daß sie «außerparlamentarisch» im weitesten Sinne ist. Die neuen Ideen und grundlegenden Veränderungen kommen nicht – oder fast nicht – vom «Establishment», weder vom politischen, vom ökonomischen noch vom kulturellen. Doch kann das Neue aus seiner Alternativposition heraus als «Sauerteig» vis-à-vis des Etablierten wirken und *auch dieses* nach und nach verändern.

Damit meinen wir selbstverständlich nicht, daß jegliche «alternative» Gesellschaftsveränderung positiv zu sehen ist, wir sind aber der Auffassung, daß der größte Teil positiver Gesellschaftsveränderung alternativ im obigen Sinne ist. Und wir wollen noch einmal daran erinnern, daß wir nicht zuletzt wissenschaftliches und philosophisches Denken in diese Perspektive mit einbeziehen! Was wir über die den herrschenden Auffassungen und Haltungen immanente Repression gesagt haben, gilt auch hier – nicht so sehr als Folge mangelnden Rechts auf freie Meinungsäußerung als aufgrund von Konformitätsdruck, Autoritätshörigkeit und inoffiziellem «Papsttum».

Für unsere Auffassungen zu Veränderungen und «Alternativen» im Wissenschaftsbereich finden wir denn auch starke Unterstützung in der Wissenschaftstheorie der jüngsten Zeit. So betont Thomas S. Kuhn, daß «die etablierte Wissenschaft (normal science) oft das radikal Neue unterdrückt, weil dies notwendigerweise ihre grundlegenden Voraussetzungen verwirft». Er meint deshalb, daß das Neue nur durch eine (der politischen analoge) «Revolution» zum Durchbruch kommen kann. Und Paul K. Feyerabend spricht von «dem wissenschaftlichen Chauvinismus, der sich Alternativen zum Status quo widersetzt», und von den totalitären Bestrebungen, von der die Repräsentanten der Wissenschaft oft geprägt sind.[38]

Bei der Bedeutung, die wir der Entwicklung der Erkenntnis des Menschen sowohl für individuelle wie gesellschaftliche Veränderung beimessen, dürfte weiterhin klar sein, daß die revolutionierenden Standpunkte in Wissenschaft und Philosophie als besonders wichtig zu gelten haben. Die *Alternativen* zum Herrschenden – die deshalb verketzert und bekämpft, verschwiegen und verfolgt werden – sind an keiner anderen Stelle von entscheidenderer Bedeutung als hier. Und doch ist die *Freistatt* dieser Alternativen – der wirklich neuen Ideen und radikalen Veränderungen – auch in heutiger Zeit am ehesten wohl mit den Katakomben zu vergleichen.

ANHANG

ANMERKUNGEN

Kapitel 1

1 Die Auffassung von der Individualität (dem Ich) oder dem «Selbst» nimmt in der buddhistischen Tradition zwar verschiedene Formen an, allen gemeinsam ist jedoch eine Negierung des Ich, das als «eine Illusion» der irdischen Existenz aufgefaßt wird. Es sprechen daher gute Gründe dafür, eine enge innere Verbindung zwischen dieser buddhistischen Auffassung und David Humes Auflösung des Ich im westlichen Denken herzustellen. «David Hume und Buddha sind häufiger miteinander verglichen worden als irgendwelche anderen Repräsentanten des Westens und des Ostens», schreibt N.P. Jacobson, *Buddhism: The Religion of Analysis*, Southern Illinois University Press 1974, S.162. (Zu David Humes Auffassung von dem menschlichen Ich vgl. Teil I unserer Studie, Kapitel «Individuelle Freiheit und allgemeine Rationalität».)

2 Der fundamentale Unterschied zwischen dem Konfuzianismus und dem Christentum geht u.a. aus einem Vergleich des konfuzianischen Gebotes «Verhalte dich anderen gegenüber, wie du es selbst wünschst» und dem biblischen Wort, den Nächsten so zu lieben «wie sich selbst», hervor. In ersterem liegt keine Anerkennung des Nächsten als *gleichwertige Individualität* begründet, wie es in dem Bibel-Wort der Fall ist (worauf wir im übrigen noch näher eingehen werden); zudem ist das konfuzianische Gebot mit einem sozialen System der Über- und Unterordnung der Individuen verbunden.

3 Wilhelm Windelband, *Lehrbuch der Geschichte der Philosophie*, Tübingen 1919, S. 231. In seinem *Philosophischen Lesebuch*, Frankfurt a. M. 1965, drückt Hans-Georg Gadamer das gleiche aus, wenn er hervorhebt, daß mit Augustinus «die innere Selbstgewißheit der Seele eine fundamentale Bedeutung (gewinnt)» (S. 273).

4 Augustinus, *Confessiones* (Bekenntnisse), X, 6 und XIII, 11. In *De civitate Dei* (Vom Gottesstaat), XI, 26, wird im übrigen der göttliche Aspekt des inneren, seelischen Lebens des Menschen noch stärker hervorgehoben, wenn es dort heißt, daß «wir ... in uns selbst ein Bild von Gott als ein Bild der Dreieinigkeit erkennen (können)», und wenn er weiterhin schreibt, daß dieses Bild «in seinem Wesen Gott näher ist als irgend etwas anderes in der ganzen Schöpfung». Die Gewißheit dieses inneren Lebens gründet nach Augustinus darin, daß wir es

nicht «mit körperlichen Sinnen (erfassen), wie es mit dem der Fall ist, was außerhalb von uns ist». – Augustinus' Betonung des rein inneren Seelenlebens, sozusagen auf Kosten der übrigen Schöpfung, muß übrigens im Zusammenhang gesehen werden mit seiner lebenslangen Auseinandersetzung mit dem Manichäismus, in dem das mythische Bewußtsein zu einem Naturalismus verkommen war (vgl. z.B. *Confessiones*, VI, 4 und X, 27). Diese an und für sich berechtigte Reaktion Augustinus' gegen den zeitgenössischen Manichäismus sollte folgenreiche Konsequenzen für spätere Zeitalter nach sich ziehen. Durch seine einseitige Ausrichtung auf die Göttlichkeit im Seelenleben ist dieser einflußreiche Erzieher des Christentums zu Innerlichkeit und Selbsterkenntnis, Frömmigkeit und Reinheit der Sitten zugleich zum Urheber eines gedanklichen Subjektivismus geworden, der u.a. die «Weltflucht» des religiösen Lebens stimuliert und zu einer Vernachlässigung des Göttlichen in Kosmos und Natur geführt hat.

5 Augustinus, *De libero arbitrio*, II, 3. Daß das Gewolltsein oder die Freiwilligkeit eine notwendige Eigenschaft der rechten Handlung ist und nur *dies* Lob und Tadel einen Sinn gibt, ist bereits von Aristoteles hervorgehoben worden. So heißt es in seiner *Ethica Nikomacheia* (III, 1, 1109b31–34), daß «freiwillige Gemütsbewegungen und Handlungen gelobt und getadelt werden», im Unterschied zu den «unfreiwilligen». Allerdings ist der Hintergrund für Augustinus' Argumentation wesensverschieden von der Aristoteles', und eben diese Divergenz enthüllt das unterschiedliche Individualitätsverständnis beider. Während Aristoteles die individuelle Freiheit aus einer Betrachtung des Verhältnisses des Individuums zu den äußeren Umständen, in denen es sich befindet, ableitet, begründet Augustinus die menschliche Freiheit in der *inneren* (moralischen und religiösen) Erfahrung von Wahl und Verantwortung. Wie wir später noch zeigen werden, stößt das Denken der Antike nie zu einer Auffassung von menschlicher Individualität vor, die diese mit seiner *inneren* Freiheit, der Willensfreiheit *(liberum arbitrium)*, in Verbindung bringt – eine Auffassung, die das ganze christliche Mittelalter prägen sollte.

6 *De libero arbitrio*, III, 19, 65 und 74. In dem Vorwort zu der deutschen Übersetzung: *Der freie Wille*, Paderborn 1972, weist C. J. Perl auf das gleiche hin, indem er schreibt, «daß eben auch Gott diesen freien menschlichen Willen gleichsam respektiert» (S. XV). Auf der anderen Seite scheint eine solche Hervorhebung menschlicher Freiheit, Individualität und des Selbstbewußtseins dem zu widersprechen, was Augustinus selbst z.B. in *Confessiones* betont: daß der Mensch sich unter «die Zucht des Herrn» beugen muß. Aber auch in diesem meistgelesenen seiner Werke ist es die einzelne Menschenseele und deren Wille, mit denen Schuld und Gnade verbunden sind. Es ist jedoch klar, daß Augustinus' spätere Lehre der von uns herausgestellten Freiheits- und Individualitätsidee entgegensteht, worauf wir weiter unten näher eingehen werden.

Kapitel 2

1 Einen guten Eindruck von der gedanklichen Kraft der Scholastik im wissenschaftlichen Denken vermittelt z.B. Anneliese Maier, *Die Vorläufer Galileis im 14. Jahrhundert*, Rom 1966. Daß wir auch heute Wesentliches von der scholastisch-aristotelischen Wissenschaftsphilosophie lernen können, ist ein Thema, das wir in Teil I unserer Studie (Kapitel «Individualität und Leiblichkeit») streifen werden.

2 Windelband, *Lehrbuch der Geschichte der Philosophie*, Tübingen 1919, S. 237, charakterisiert das Verhältnis zwischen dem früheren und dem späteren Augustinus wie folgt: «Es wird immerdar eine erstaunliche Tatsache bleiben, daß derselbe Mann, der seine Philosophie auf die Selbstgewißheit des bewußten Einzelgeistes gründete ... und im Willen den Lebensgrund der geistigen Persönlichkeit entdeckte, sich durch die Interessen eines theologischen Streites zu einer Ansicht der Heilslehre gedrängt sah, welche die Handlungen des Einzelwillens als unabänderliche Folgen entweder einer generellen Verderbnis oder der göttlichen Gnade betrachtet.» Der theologische Streit, auf den hier Bezug genommen wird, ist Augustinus' jahrelanger Kampf gegen Pelagius und seine Anhänger, die (im Einklang mit Augustinus' eigener Willensfreiheitslehre!) sowohl die kirchliche Autorität gegenüber dem einzelnen als auch eine *von außen* kommende Gnade abwiesen. Der Pelagianismus wahrte insoweit die christliche Individualitäts- und Freiheitsidee besser als das offizielle Christentum. Gleiches gilt in noch höherem Maße für oppositionelle christliche Nebenströmungen des späteren Mittelalters wie die sogenannten Katharer («die Reinen») im 13. Jahrhundert – ein Vorläufer der Rosenkreuzbewegung –, die u.a. die Dogmen von «Auserwählung» («Prädestination») und «ewiger Verdammnis» abwiesen und die stark von der päpstlichen Macht verfolgt wurden. An solche Strömungen anknüpfend, bewegen wir uns allerdings außerhalb der zentralen historischen und philosophischen Tradition, in der wir nun einmal unter positiven wie negativen Aspekten stehen und zu der Stellung zu beziehen wir aufgefordert sind.

3 Dieser Ausspruch aus Augustinus' Schrift gegen die Manichäer (Kap. 6) charakterisiert seine sich mehr und mehr festigende Auffassung von der Kirche als eine dem einzelnen völlig übergeordnete Gemeinschaft. So wurde auch die Frage des Heiles vorzugsweise auf diese übergreifende Gemeinschaft als solche bezogen, was in scharfem Widerspruch zu Thomas steht. «Für Augustinusus war die Menschheit ein Ganzes; für Thomas war der einzelne Mensch eine Individualität», sagt Rudolf Steiner in diesem Zusammenhang (*Die Philosophie des Thomas von Aquino*, Dornach 1958, S. 33). Dies wird auch dadurch untermauert, daß Thomas, wie die Scholastiker überhaupt, vorzugsweise an den *frühen* Augustinus anknüpft, hierbei nicht zuletzt an seine Willensfreiheitslehre.

4 Dieser Kontrast zu der oben beschriebenen Individualitäts- und Freiheitsidee ist gerade auf die Betonung der Erbsünde beim späteren Augustinus zurückzufüh-

ren, welche der Unterwerfung des einzelnen auch unter eine weltliche Macht die Begründung liefern soll. So heißt es in *De civitate Dei*, XIX, 15: «So wie die Menschen einmal waren, als ihre Natur so war, wie Gott sie geschaffen hatte, war kein Mensch Sklave weder anderer Menschen noch der Sünde. Aber jetzt (also nach dem Sündenfall; H.H.) hat Sklaverei den Charakter, eine Strafe zu sein und ist in dem Gesetz niedergelegt, das die Aufrechterhaltung der natürlichen Ordnung steuert und deren Zerstörung verhindert. Konsequenterweise werden damit auch «Autorität und Gehorsam» selbstverständliche Grundprinzipien der Gesellschaftsordnung, übrigens gleichermaßen in dem «Gottesstaat» wie in dem «weltlichen Staat» (*ebd.*, z.B. XIX, 17). Diese Gedanken des späteren Augustinus haben ohne Zweifel sozialer Unterdrückung Vorschub geleistet, wie andererseits seine Persönlichkeits- und Willensfreiheitsidee die Befreiung des Menschen gefördert hat.

5 So ist diese «Hinordnung des Menschen auf Gott oder die Seligkeit ... auch der Fußpunkt der scholastischen Freiheitslehre», wie es J. Bernhart in einem Kommentar zu Thomas' *Summa theologica* (*Summe der Theologie*, Bonn 1935, Bd. I, S. 271) schreibt.

6 Thomas von Aquin, *Summa theologica*, II, II, 155, 1 ad 2. (Hervorhebung H.H.) Das Zitat bezieht sich charakteristischerweise auf eine Erörterung des Verhältnisses des Menschen zu seiner «niederen Natur», welche nicht nur «unvernünftig», sondern in unserer Begrifflichkeit auch nicht individuell, vielmehr gattungsmäßig ist.

7 Michael Wittmann charakterisiert diese Auffassung in *Die Ethik des hl. Thomas von Aquin*, Frankfurt a. M. 1962, S. 106, folgendermaßen: «Nur so weit wir zu urteilen vermögen, haben wir die Dinge in unserer Gewalt; das Urteil aber ist ein Vorrecht der Vernunft.»

8 *Summa theologica*, I, II, 19, 3. Wir wollen auf diese Hervorhebung des *vernunftgebildeten Motivs* der Handlung besonders hinweisen, da dies für uns in den folgenden Kapiteln ein zentraler Begriff sein wird, wenn wir Thomas von Aquins Verständnis dieses Motivs zu unserem Ausgangspunkt machen.

9 Vgl. *Summa theologica*, I, II, 14: «Über die Überlegung, die der Wahl vorausgeht».

10 Thomas von Aquin, *Quaestiones disputatae de veritate*, 24, 3 ad 2. Das Zitat zeigt den grundlegenden Unterschied zwischen Thomas' und Augustinus' Auffassung von der Willensfreiheit. Es sollte in diesem Zusammenhang unterstrichen werden, daß Freiheit, verstanden als Wahl zwischen dem Guten und dem Schlechten, auch für Augustinus ein Problem darstellte, da der Wille, der sich für das Schlechte entscheidet, so wesensverschieden von dem zu sein scheint, der das Gute will, daß es sich kaum um denselben handeln kann. So spricht er auch an einzelnen Stellen von «zwei Willen», und der Wille, der zur sündigen Handlung führt, wird u.a. charakterisiert als ein «pervertierter Wille ..., der seinem eigenen, inneren Wesen entsagt und sich in Äußerlichkeit aufbläst» (*Confessiones*, VII, 16).

11 In *Die Rätsel der Philosophie in ihrer Geschichte als Umriß dargestellt*, Berlin 1914, charakterisiert Rudolf Steiner dies wie folgt: «Die führenden Philosophen fühlen die Kraft des Gedankenlebens (wie im griechischen Denken; H.H.) wieder erwachen. Die Menschenseele hat die durch Jahrhunderte durchlebte Selbständigkeit innerlich befestigt. Sie beginnt zu suchen: was denn eigentlich ihr ureigenster Besitz ist. Sie findet, daß dies das Gedankenleben ist. Alles andere wird ihr von außen gegeben; den Gedanken erzeugt sie aus den Untergründen ihrer eigenen Wesenheit heraus, so daß sie bei diesem Erzeugen mit vollem Bewußtsein dabei ist.» (Bd. I, S. XXI.)

12 Was den philosophiehistorisch sehr wichtigen Unterschied zwischen Thomas' und Aristoteles' Verständnis der menschlichen Freiheit angeht, sei auf Wittmann, *op.cit.*, verwiesen, wo dieser Unterschied u.a. folgendermaßen charakterisiert wird (S. 105): «Nur geht Aristoteles nicht so weit, die Freiheit aus der Überlegung (der Vernunft; H.H.) zu *erklären*, oder gar, wie die späteren Kommentatoren wollen, die Vernunft nicht bloß als das Zeichen, sondern als den Sitz der Freiheit zu betrachten.»

13 Diese Auffassung wird dadurch gestützt, daß Thomas in seiner Freiheitslehre weitgehend auf dem griechischen Denken bei Aristoteles aufbaut, für den – wie gezeigt – die menschliche Individualität noch keine grundlegende Realität im Dasein geworden war. Aristoteles begrenzt nämlich die Freiheit («die Freiwilligkeit») auf die Auswahl der Mittel zur Erreichung eines festgelegten Zieles (was er in «dem Glück» sieht) – also eben auf «Wahlfreiheit». So heißt es, daß «das Ziel das ist, was wir suchen, die Mittel das, was wir erwägen und wählen; die Handlungen, die sich auf Mittel beziehen, müssen aus Wahl und Freiwilligkeit folgen» (*Eth. Nic.*, III, 5, 1113b3–5). Im Prinzip übernimmt Thomas diese Lehre, so wenn er schreibt: «Wenn etwas Gegenstand von Überlegung» – d.h. Wahl und Freiheit! – ist, «so ist es ein Mittel und kein Ziel» (*Summa theologica*, I, II, 14, 2 ad 1).

14 *Summa theologica*, I, II, 19, 5 ad 2. Wittmann, *op.cit.*, S. 177, charakterisiert diese Auffassung von Thomas wie folgt: «Jede Abweichung von der Vernunft ist daher unerlaubt, mag die Vernunft richtig oder falsch urteilen».

Kapitel 3

1 Wie wenig die Idee von der *äußeren*, gesellschaftlichen Freiheit selbst im hochscholastischen Denken entwickelt war, geht z.B. aus der Auffassung Thomas' hervor, das Verhältnis zwischen den «Regierenden» und den «Regierten» sei in der Schöpfungsordnung festgelegt. «Unter den Menschen findet man eine Ordnung, insoweit als die, die aufgrund ihres Intellektes über anderen stehen, Herrscher der Natur sind», heißt es in *Summa contra gentiles*, III, 81, hier zitiert nach D. Bigongiari (Hg.), *The Political Ideas of St. Thomas Aquinas*, New York 1953, S. VII.

2 Die Einsicht, die nach Aristoteles den Menschen in gewisser Weise frei macht, wenn er dem Gesetz folgt, beruht also auf nichts anderem, als daß der Mensch einsieht, warum die Gesetzesbestimmungen so sind, wie sie sind. Dies auf die gesellschaftlichen Gesetze zu übertragen ist zweifelsohne problematisch und entspricht auch nicht der Auffassung von Thomas, was wir weiter unten noch sehen werden.

3 Vgl. z.B. *Summa theologica*, I, II, 96, 4, wo die Frage angesprochen ist, ob das gesellschaftliche Gesetz «den Menschen, dem Richterstuhl des Gewissens gegenübergestellt, zwingt»; die Antwort fällt verneinend aus, wenn «das göttliche Gesetz» von dem gesellschaftlichen verletzt wird. In diesem Fall können die einzelnen Individuen sowohl das Recht als auch die Pflicht zur Auflehnung gegen die gesellschaftlichen Gesetze haben. Durch seine Gedanken zu diesem Themenkreis kann Thomas als ein Vorläufer des späteren Naturrechtsdenkens und der Idee vom «zivilen Ungehorsam» angesehen werden.

4 *Summa theologica*, I, II, 93, 6.

5 *Summa theologica*, I, II, 90, 2 ad 2.

6 Der norwegische Philosoph Knut Erik Tranøy charakterisiert in seinem Buch *Thomas av Aquino som moralfilosof*, Oslo 1957, S. 96, dieses Gesetz folgendermaßen: «Das natürliche Gesetz baut auf der *gemeinsamen* menschlichen Natur auf und nicht auf der individuellen.» – In diesem Zusammenhang ist ein Vergleich von Thomas mit Spinoza interessant, welch letzterer zumindest in bestimmten Interpretationen die Bedrohung von Individualität und Freiheit zu vermeiden scheint, die darin liegt, die «Natur» des Menschen als etwas im wesentlichen Allgemeines aufzufassen. So macht Arne Næss in seiner *Filosofiens historie*, Oslo 1980, S. 74, darauf aufmerksam, daß «Spinoza unter freiem Handeln und freier Entfaltung ein Handeln versteht, das aus einem *Selbst*, aus der *eigenen* Natur entspringt» (Herv. H.H.). Da aber dieses Handeln als «determiniert» verstanden werden soll, sind dessen Motive dem Individuum nicht weniger *vorgegeben*, sosehr sie auch als «individuelle» verstanden werden sollen. Von wirklich individueller Freiheit kann daher auch bei Spinozas Auffassung keine Rede sein.

7 Die Verweise auf Hegel beziehen sich auf die *Phänomenologie des Geistes*, Hamburg 1952, S. 24 bzw. S. 20.

8 *Ebd.*, S. 26. Für Hegel sei der einzelne Mensch nur dazu «bestimmt, eine *gegebene* Natur zu realisieren», betont Charles Taylor in *Hegel and Modern Society*, Cambridge 1979, S. 29 (Herv. H.H.) – ja, auch das ganz Eigenartige eines einzelnen Individuums ist «gegeben als ein innerer Teil der menschlichen Natur». Taylor weist weiterhin darauf hin, daß «die Freiheit des Menschen» für Hegel nur in «der freien Realisierung» seiner «Bestimmung» bestehe, während ausschließlich der «*Geist* (Weltgeist) im radikalen Sinn frei sein soll. Was dieser realisiert und als realisiert erkennt, ist nicht gegeben, sondern von ihm selbst bestimmt.»

9 Hegel, *Grundlinien der Philosophie des Rechts*, Frankfurt a.M. 1976, § 258, S. 399.

10 Es ist in diesem Zusammenhang charakteristisch, daß Hegel nie direkt die Frage nach individueller Unsterblichkeit beantwortete; sie muß, wie Oskar Hansen in der Einleitung zu seiner dänischen Übersetzung von Hegel-Texten (*Hegel*, Kopenhagen 1971, S. 53) hervorhebt, in Kenntnis des gesamten Hegelschen Werkes anscheinend verneinend beantwortet werden. Für Hegel «entäußert» sich der Geist (Weltgeist) völlig in Raum und Zeit, so daß kein Platz für eine transzendente Existenz verbleibt (im Unterschied z.B. zu Aristoteles und selbstverständlich auch insbesondere zu Thomas). Trotz seines fundamentalen Idealismus und wiewohl er den Weltgeist als Gott versteht, besteht deshalb in diesem Punkt kein so großer Unterschied zwischen Hegel und dem «linkshegelianischen» Atheismus. Dies hatte zweifellos weitreichende Konsequenzen.

11 Søren Kierkegaard, *Afsluttende Uvidenskabelig Efterskrift* (deutscher Titel: Abschließendes unwissenschaftliches Nachwort), *Søren Kierkegaards samlede Værker* (Søren Kierkegaards gesammelte Werke), Kopenhagen 1902, Bd. VII, S. 272 und S. 145. Indem er die Rationalität als etwas bloß «Abstraktes» auffaßt, das die «Existenz» (die Individualität) nicht betrifft, ist Kierkegaard im übrigen ein ausgeprägter Intellektualist. Nach seinem Verständnis macht er auch die tieferen Dimensionen nicht bei der Individualität aus, sondern trägt zu einem rein subjektivistischen und privatisierenden Verständnis der Individualität bei. Das Problem der Individualität ist jedoch in *unserer* Zeit nicht weniger als das der Gesellschaft, der Geschichte und der Natur mit der Frage nach *wissenschaftlicher Erkenntnis und Weltanschauung* verbunden – Fragen, die Kierkegaard unbeantwortet läßt.

12 Karl Marx, *Thesen über Feuerbach* (6), in: Karl Marx, *Die Frühschriften*, Stuttgart 1964, S. 340. – Nun ist, z.B. von Georg Lukács in *Geschichte und Klassenbewußtsein*, behauptet worden, daß, wenn die Menschen in das «Reich der Freiheit» (die kommunistische Gesellschaft) eintreten, die Individuen nicht länger von den «gesellschaftlichen Verhältnissen» bestimmt, sondern auch individuell-persönlich befreit seien – dies würde einen «Funktionswechsel des historischen Materialismus» bedeuten. Wenn jedoch eine Entwicklung der Individualität historisch und unter anderen Gesellschaftsverhältnissen nicht vorstellbar ist, weil man die Individualität als *total* von den gesellschaftlichen Verhältnissen be-

stimmt sieht, verfügt man auch schwerlich über eine Kategorie, sie in einer kommunistischen Gesellschaft zu denken.

13 Es ist der Einwand gegen unsere «historische Perspektive» denkbar, daß wir eine zu bestimmte Linie in der Entwicklung des Denkens «von Thomas zu Hegel» gezogen und vielleicht auch die Bedeutung der Hegelschen Philosophie und der Reaktionen auf sie überbetont haben. Auf ersteres sei geantwortet, daß die Verbindung, die wir zwischen den beiden erwähnten, ansonsten sehr ungleichen Denkern gesehen haben, nur für einen ganz bestimmten, wenngleich wichtigen Zusammenhang gilt: das Rationalitätsverständnis im Verhältnis zu individueller Freiheit. Was den zweiten Einwand angeht, sehen wir in der Tat in der Philosophie Hegels den entscheidenden historischen Verknüpfungspunkt in dieser Hinsicht – dies wurde offenbar auch in dem nachfolgenden Denken so erfahren, wenn auch nicht immer klar erkannt und ausgedrückt. Die Reaktionen auf Hegel stellten dabei einen wesentlichen Strang der Weiterentwicklung dar, erinnert sei hier nur an den Marxismus und die Existenzphilosophie. Zwar hatte es auch früher bereits verschiedenste Reaktionen gegen «Rationalismus» gegeben, wie die der deutschen Romantik im 18. Jahrhundert. Konfrontiert mit Hegels durchdachtem Gedankengebäude, scheint es jedoch schwierig zu sein, Zuflucht in etwas außerhalb des Rationalen zu finden – sei es in dem reinen «Glauben», in bloßen «Gefühlen» oder der nicht-rational verankerten «Persönlichkeit». Die historische Entwicklung stellt uns offenbar vor die Herausforderung: *mit* Hegel, zugleich aber auch *über ihn hinaus* zu gehen. Dies ist ein grundlegender Gesichtspunkt in dem folgenden Teil I unserer Studie, in dem es um Rationalitätsverständnis, Individualität und Freiheit gehen wird.

Kapitel 4

1 Nach unserer Auffassung setzt die Entwicklung der menschlichen Individualität ein, lange bevor ein klarer und expliziter philosophischer Begriff darüber vorliegt. Dies übersieht z. B. Heinz Heimsœth (*Die sechs großen Themen der abendländischen Metaphysik*, Darmstadt 1974, Kap. «Das Individuum»), der den Individualitätsgedanken zuerst in Leibniz' Monadenlehre ausmacht. Wie wir später sehen werden (in einer Erörterung des Nominalismus), führt auch ein Individualitätsbegriff, wie der von Heimsœth betonte, eher von einem Verständnis der *menschlichen* Individualität *fort*. Sein Individualitätsbegriff ist nämlich kein Begriff für die *menschliche* Individualität, sondern eigentlich ein Begriff für ein einzelnes Ding, wie es z. B. ‹die Erde› und ‹die Sonne› – ja ein jeder Begriff von einem einzigartigen, einmaligen Gegenstand – ist.

2 Was Sartre angeht, muß allerdings hinzugefügt werden, daß er später (in der *Kritik der dialektischen Vernunft*) die Vereinigung von Individualität mit Ratio-

nalität und Sozialität versucht, indem er in einer bestimmten Auslegung Hegels die «dialektische Vernunft» als einen grundlegenden «Rationalitätstypus» hervorhebt und zugleich Sozialität geltend macht (mit Marx). Aber wie in weiten Bereichen der Gegenwartsphilosophie geschieht dies auf Kosten der *individuellen* Freiheit und ohne ontologische Begründung der Individualität. Das Individuum ist in letzter Instanz (in der Tradition von Hegel und Marx) bestimmt von der kollektiven «Gruppe» und ihrem «totalisierenden» Ziel, von der Gesellschaft und «der Geschichte».

3 Edmund Husserl, *Cartesianische Meditationen*, Haag 1963, § 8, S. 58. Auf der anderen Seite weist Husserl darauf hin, daß Descartes seine «große Entdeckung» «entwertet» durch eine falsche «Identifikation dieses Ego mit der reinen Seele» (*Die Krisis der europäischen Wissenschaften und die transzendentale Phänomenologie*, Haag 1954, S. 82). Das bedeutet also, daß er das *denkende* Subjekt verwechselt mit der Seele oder dem Bewußtsein überhaupt. – Unabhängig davon distanzieren wir uns von dem späteren Husserl, wenn er Erkenntnis voll und ganz aus des Menschen «Lebenswelt» verstehen will. Nach unserer Meinung ist dies eine Unterschätzung sowohl des ‹ego› als auch der ‹ratio›. Vgl. die Erörterung dieser Frage in unserem abschließenden Kapitel.

4 Den hier gegebenen Hinweis auf den speziellen Charakter des Denkens als Ich-Aktivität habe ich Rudolf Steiner zu verdanken, besonders dem Werk *Die Philosophie der Freiheit.* Für eine nähere Erörterung sei auf das Kapitel «Das Denken im Dienste der Weltauffassung» hingewiesen. Zusammenfassend heißt es dort, «daß *nur* in der Betätigung des Denkens das ‹Ich› bis in alle Verzweigungen der Tätigkeit sich mit dem Tätigen als *ein* Wesen weiß. Bei keiner anderen Seelentätigkeit ist dies restlos der Fall» (S. 54, Ausgabe Dornach 1987).

5 Vgl. Steiner, *Die Philosophie der Freiheit*, wo es in diesem Zusammenhang u. a. heißt (S. 60), daß «wir uns nur mit Hilfe des Denkens als Subjekt bestimmen und uns den Objekten entgegensetzen können».

6 Für Hegel gehört es ja zum Wesen des erkennenden (vernünftigen) Bewußtseins, «die Entfremdung aufzuheben», die Welt als bloßes Objekt (das «Für-sich-Sein» des Bewußtseins) dadurch aufzuheben, daß man sie *begreift* (s. z. B. *Phänomenologie des Geistes*, Hamburg 1952, S. 559ff.). Im übrigen ist bei Hegel allerdings das erkennende Subjekt letztlich das «allgemeine Individuum» und nicht die einzelne menschliche Individualität; dies ist darauf zurückzuführen, daß er von einer Reflexion über die Rationalität ausgeht, wie sie sich bei der dialektischen Entwicklung der (allgemeinen) Begriffe ergibt. Unser Ausgangspunkt hingegen besteht in einer erkenntnistheoretischen Betrachtung des Denkens als Tätigkeit, also gerade als eine Tätigkeit *des einzelnen Menschen-Ich.* Siehe auch die nähere Erläuterung des Unterschieds unserer Auffassung zu Hegel im Kapitel «Freiheit und Dogmatismus».

7 Wenn wir hier hervorheben, daß wir es bei der Wirklichkeit als Objekt unserer

Erkenntnis unmittelbar mit etwas Unbestimmtem und Unzusammenhängendem zu tun haben, so soll damit nicht etwa ausgeschlossen sein, daß dieses Objekt auch Begriffe und «Sinn» haben kann, wie es beispielsweise bei unseren Gebrauchsgegenständen der Fall ist. Entsprechendes wird auch in der modernen Gestaltpsychologie und Phänomenologie nachgewiesen. Treten wir als *Erkennende* dieser Wirklichkeit als Objekt gegenüber, bleibt sie hingegen am Ausgangspunkt genauso «unbestimmt» wie jedes andere Objekt auch. Einzelheiten zu dieser Frage entnehme man meiner Abhandlung *Erkjennelse og virkelighet* (Erkenntnis und Wirklichkeit), mit einer deutschen Zusammenfassung, Oslo 1957, S. 68ff. Auch in dieser Studie wird im Kapitel «Individueller Wandel und Gesellschaftsveränderung» die Frage im Rahmen einer Kritik der phänomenologischen Position ausführlicher diskutiert.

7a Goethe, *Sprüche in Prosa,* 165.

8 Eine genauere Erörterung dieser Frage findet sich in meinem Essay «Theory of Science in the Light of Goethe's Science of Nature», *Inquiry,* Vol. 15, 1972 – auch abgedruckt in F. Amrine u.a. (Hg.): *Goethe and the Sciences. A Reappraisal,* Bd. 97 der *Boston Studies in the Philosophy of Science,* Dordrecht/Boston 1987, S. 195–218. Das obige Monrad-Zitat ist entnommen aus M. J. Monrad: *Udsigt over den høiere Logik* (Ausblick auf die höhere Logik), Christiania 1881, S. 19. – Zu einer Begründung der Objektivität der Erkenntnis siehe außerdem meine erwähnte Abhandlung *Erkjennelse og virkelighet* (Erkenntnis und Wirklichkeit), Abschnitt «Tenkningens funksjon i erkjennelsesprosessen» (Die Funktion des Denkens im Erkenntnisprozeß). Darin wird u. a. (S. 83ff.) hingewiesen auf die fehlende Unterscheidung der modernen Wissenschaftsphilosophie zwischen «hypothetischen» und «adäquaten» Begriffen in der Erkenntnissituation, was heute zu der verbreiteten Ansicht führt, die empirische Erkenntnis habe nur relative Gültigkeit.

9 Wie aus unserer bisherigen Darstellung hervorgegangen sein müßte, besteht in diesem Zusammenhang auch ein Unterschied zwischen Thomas und Hegel. Für Thomas ist das Allgemeine (Vorgegebene) die verschiedenen «Gesetze», nach denen das Individuum sein Verhalten ausrichtet; bei Hegel hingegen besteht das Allgemeine darin, daß das einzelne Individuum letztlich die gesetzmäßige Selbstrealisierung des «allgemeinen Individuums» (des Weltgeistes) darstellt. Wie sehr auch die Individualität selbst an sich real ist, so ist doch «die Bewegung der Individualität ... die Realität des *Allgemeinen*» (*Phänomenologie des Geistes,* S. 281, Herv. H.H.). Das heißt, *an sich,* also «in seiner Wirklichkeit», ist die Individualität bloß ein Ausdruck des «allgemeinen Individuums». Bei Thomas kommt der *übergeordnete Charakter des Allgemeinen* u. a. auf folgende Weise zum Ausdruck: «Der Wille antwortet auf ... etwas *Allgemeines* Ganzes, nämlich das Gute, ebenso wie die Vernunft auf etwas *Allgemeines* Ganzes antwortet, nämlich auf das Wahre und Bleibende» (*Summa Theologica,* I, II, 10, 1 ad 3; Herv. H.H.).

10 Genauer gesagt handelt es sich hier um allgemeine Gesetze als «Kausalzusammenhänge», wobei die Einsicht durch «Selbstreflexion» zur «*Aufhebung* der Kausalzusammenhänge selber» führt (Jürgen Habermas, *Erkenntnis und Interesse*, Frankfurt a.M. 1968, S. 330, Abschnitt «Selbstreflexion als Wissenschaft»). Habermas' Emanzipationsidee eröffnet hier übrigens eine fruchtbare Perspektive auf das Thema, das wir im Kapitel «Individualität, Sozialität und Repression» besprechen werden.

11 Der beschriebene erkenntistheoretische (und ontologische) Unterschied zwischen dem Menschen selbst auf der einen und allen anderen Erkenntnisobjekten auf der anderen Seite wird ausführlich in Rudolf Steiners *Philosophie der Freiheit* dargestellt, an die wir hier anknüpfen. Steiner führt in diesem Zusammenhang aus (S. 169): Der Begriff «ist in den Außendingen unzertrennlich mit der Wahrnehmung verbunden und nur innerhalb unseres geistigen Organismus von dieser abgesondert. Beim Menschen selbst ist Begriff und Wahrnehmung zunächst *tatsächlich* getrennt, um von ihm ebenso *tatsächlich* vereinigt zu werden.» Das entspricht unseren obigen Ausführungen, daß Bestimmung und Zusammenhang bei allen anderen Objekten außer beim Menschen im voraus gegeben sind, d. h. sie werden in der Wirklichkeit vollendet, während der Mensch in seiner Handlungssituation unvollendet bleibt, solange er nicht selber seine Bestimmung oder seinen Begriff *schafft*.

12 Dieses und das folgende Zitat stammen aus dem Abschnitt «Die Freiheit des Selbstbewußtseins» in Hegels *Phänomenologie des Geistes*, S. 152.

13 Vgl. Steiner *Die Philosophie der Freiheit*, S. 158, wo es weiter heißt: «Damit treten die anderen Motive von der leitenden Stelle ab, und nur der Ideengehalt der Handlung wirkt als Motiv derselben». Was wir hier als «Begriff der Handlungssituation» gekennzeichnet haben, bezeichnet Steiner im übrigen treffend als «moralische Intuition».

14 *Ebd.*, S. 162.

Kapitel 5

1 Eine ausführlichere Beschreibung des Verhältnisses zwischen dem, was wir hier unter ‹Triebfeder› oder ‹charakterologischer Anlage› auf der einen und ‹Motiv› auf der anderen Seite verstehen, findet sich in Steiner, *Die Philosophie der Freiheit*, Kap. IX, «Die Idee der Freiheit».

2 Vgl. z.B. Tranøy, *op.cit.*, Kap. III, «De menneskelige handlinger» (Die menschlichen Handlungen), Pkt. 2. – Eine entsprechende Auffassung von dem engen Zusammenhang zwischen der Vernunft (dem Gedanken) und anderen Bewußtseinsaktivitäten finden wir in der Neuzeit z.B. bei Spinoza, für den selbst jede

«Sinnesstimmung» ein «Gedankenmodus» ist. Was insbesondere den Willen betrifft, behauptet Spinoza, daß «der individuelle Willensakt und Gedanke ein und dasselbe sind. Deshalb sind der Wille und der Intellekt ein und dasselbe.» (*Ethica*, IIP49CorDem.)

3 Aristoteles, *De anima*, III.5.430a21–24.

4 Adolf Portmann, *Biologische Fragmente zu einer Lehre vom Menschen*, Basel 1969, S. 71.

5 Hegel, *Phänomenologie des Geistes*, S. 79. Es steht auf einem anderen Blatt, daß sich die Begriffsfülle der Erfahrungswirklichkeit Hegels «spekulativer» oder dialektischer Methode entzieht, die bei deren *logischer* Struktur stehen bleibt (ein Problem, auf das wir später zurückkommen werden). Zur Kritik der sensualistischen Position vgl. meine Kritik der «phänomenalistischen These» in *George Berkeley. Tre dialoger om ånd og materie* (George Berkeley. Drei Dialoge über Geist und Materie), Oslo 1974, u.a. S. 133ff.

6 Eine intensivere Darstellung von Aristoteles' Verständnis von «der Form» (des Begriffes) als das, was die Dinge «verwirklicht» (d.h. «organisiert») – verbunden mit einer Erörterung des in diesem Zusammenhang wichtigen Prinzips von «immanenter Teleologie» – habe ich u.a. in meinem Buch *Menesket og naturen* (Der Mensch und die Natur), Oslo 1978, u.a. S. 39ff., zu geben versucht.

7 Karl-Otto Apel (der als weitgehend repräsentativ für eine hermeneutisch orientierte Gegenwartsphilosophie angesehen werden kann) charakterisierte während einer Diskussion in Oslo im Frühjahr 1969 die organische Morphologie als einen Grenzfall «hermeneutischer Wissenschaft». – In *Mennesket og naturen* (Der Mensch und die Natur) habe ich versucht, eine historische und systematische Darstellung des aristotelischen «Wesensverständnisses» zu geben und dessen Aktualität erörtert; vgl. u.a. S. 115ff und S. 135f.

8 Hans-Georg Gadamer, *Wahrheit und Methode*, Tübingen 1960, S. 256–269.

9 Die «Interessen», die nach Habermas die menschliche Erkenntnis «leiten» sollen, sind allerdings in methodologischer Hinsicht als eine Art irreduzibler «transdenzentaler Rahmen» für die Erkenntnis zu verstehen, ontologisch gesehen sollen sie nichtsdestoweniger als in einer naturalistisch verstandenen Evolution gründend verstanden werden. So heißt es in seiner *Technik und Wissenschaft als ‹Ideologie›*, Frankfurt a.M. 1969, S. 161: «Meine *erste These* heißt deshalb: *Die Leistungen des transzendentalen Subjekts haben ihre Basis in der Naturgeschichte der Menschengattung.*» Aber selbst innerhalb der «transzendentalen Rahmen» (die eigentlich nur «quasi-transzendental» sind) ist der Status menschlicher Individualität äußerst problematisch, wie wir in einem späteren Kapitel zeigen werden.

Kapitel 6

1 Wir haben oben Jürgen Habermas' Auffassung für das erwähnt, was wir eine (ontologisch) *in*direkte Reduktion des menschlichen Bewußtseins auf materielle und stoffliche Faktoren nennen können. Ein Beispiel für einen konsequenter weitergeführten derartigen Reduktionismus gibt der norwegische Philosoph Jon Elster in seiner *Forklaring og dialektikk* (Erklärung und Dialektik), Oslo 1979. Als intentional handelndes ist das Bewußtsein methodologisch gesehen als irreduzibel aufzufassen, als «Fähigkeit» aber soll es auf rein biologische Prozesse reduziert werden können. Es handelt sich also um eine Art Reduktion in «zwei Stufen», «wobei man zuerst die einzelnen Verhaltensmuster auf eine generelle problemlösende Fähigkeit zurückführt und anschließend diese Fähigkeit durch einen evolutionstheoretischen Mechanismus erklärt» (S. 16).

2 Das Zitat stammt aus Goethes *Geschichte der Farbenlehre* in Rudolf Steiner (Hg.), *Goethes Naturwissenschaftliche Schriften*, Stuttgart 1884–96, Bd. IV, I, (*Goethes Werke*, Bd. 36, 1, in «Deutsche Nationalliteratur»), S. 199.

3 Vgl. z.B. meine Schrift *Mennesket og naturen*, S. 71–78, das hier u.a. an den amerikanischen Historiker Clarence J. Glackens Darstellung des Spätmittelalters in *Traces on the Rhodian Shore*, Berkeley (Cal.) 1967 anknüpft.

4 Platon, *Phaidon*, 66a2, 66c2. Aristoteles, *De anima*, III. 5.430a22–23. Daß auch Aristoteles die Unsterblichkeit der Menschenseele behauptet, ist über jeden Zweifel erhaben. Es ist jedoch Gegenstand verschiedener Interpretationen gewesen, ob diese Seele, d.h. das «wirkende Denkvermögen» oder der «höhere Gedankengeist» (siehe oben), als individuell zu verstehen ist. Der arabische Aristoteliker Averroës legte sie als allgemein aus, während Thomas von Aquin für seine Auffassung Unterstützung bei Aristoteles zu finden meinte, wie er es in *De unitate intellectus* ausführt – der Verweis im Haupttext bezieht sich auf die deutsch/lateinische Ausgabe *Die Einheit des Geistes*, Stuttgart 1987.

5 *Phaidon*, 70c6. Der Gegenstand dieses Kapitels kann auch als «Leib-Seele-Problem» bezeichnet werden. Es hat uns zu der Frage nach der prä-materiellen Existenz der Individualität oder Menschenseele hinübergeführt. Die Auffassung, daß das «Leib-Seele-Problem» die Frage nach der «Unsterblichkeit der Seele» impliziert und uns damit natürlicherweise zu Platons *Phaidon* leitet, finden wir auch bei einem bezüglich dieses Problems hervorragendsten Denker unserer Zeit, Josef Seifert. Er weist auch auf den bemerkenswerten Umstand hin, daß dieses Problem «und die damit verknüpften Probleme des Ursprungs und Zieles der individuellen menschlichen Person» in der Gegenwartsphilosophie «ausgeklammert» worden sind. Zugleich aber schreibt er, daß «die Forschung zum Leib-Seele-Problem wenigstens indirekt einen gewissen Beitrag auch zur Lösung dieser Urfrage nach Unsterblichkeit geleistet (habe), die seit Platons *Phaidon* die philosophische Leib-Seele-Diskussion ausdrücklich oder stillschweigend

leitet ...» *(Das Leib-Seele-Problem in der gegenwärtigen philosophischen Diskussion*, Darmstadt 1979, S. 164).

6 Eine nähere historische und theologische Begründung dieses Standpunktes gibt z.B. Rudolf Frieling, *Christentum und Wiederverkörperung*, Stuttgart 1974.

7 Eine eingehende Erörterung des «Menschen als Art seiner selbst» gibt Rudolf Bubner, *Evolution, Reinkarnation, Christentum*, Stuttgart 1975, wo es u.a. heißt (S. 84): «Im Rahmen der Menschheit ist der einzelne (die Individualität; H.H.) noch einmal eine eigene Spezies», nämlich als «Erscheinungsform seines eigenen überzeitlichen, der Dauerwelt angehörenden Wesenskerns». – Zu der hiermit zusammenhängenden Frage nach der Evolution der Menschheit, die in dem folgenden Abschnitt gestreift wird, siehe z.B. Hermann Poppelbaum, *Mensch und Tier. Fünf Einblicke in ihren Wesensunterschied*, Basel 1928 und spätere Ausgaben.

8 Die heutige wissenschaftstheoretische Position zu der beschriebenen reduktionistischen Auffassung findet in Carl G. Hempels Kritik des Physikers Eddington einen repräsentativen Ausdruck (*Philosophy of Natural Science*, New Jersey 1966, S. 77ff.): «Diese Auffassung ist unhaltbar», schreibt Hempel, denn «es ist weder Ziel noch Resultat von theoretischer (wissenschaftlicher) Erklärung, nachzuweisen, daß die aus unserer täglichen Erfahrung wohlbekannten Dinge und Phänomene unwirklich sind». So weist die kinetische Gastheorie nicht nach, «daß es solche Dinge wie makroskopische Gase nicht gibt ... und daß dies in Wirklichkeit nur Schwärme von umherschwirrenden und zufälligen Molekülen sind», und «in entsprechender Weise zeigt die Theorie von der Atomstruktur der Materie nicht, daß ein Tisch (Eddingtons Beispiel) nicht etwas Substanzielles ist, ein festes und hartes Objekt» mit observierbarer Farbe etc.

9 Hermann Poppelbaum, *Entwicklung, Vererbung und Abstammung*, Dornach 1974, Kap. «Die Überwindung des Mendelismus», S. 36. Die Neigung des Neodarwinismus, die Ganzheitsperspektive bei der Betrachtung der organischen Formen und deren Entwicklung zu ignorieren, ist ein Hauptansatzpunkt der gegen ihn gerichteten Kritik – z.B. bei Ludwig von Bertalanffy (vgl. «Chance or Law» in: A. Koestler und J. R. Smythies (Hg.), *Beyond Reductionism. New perspectives in the life sciences*, London 1972).

10 Vgl. Portmann, *Neue Wege der Biologie*, München 1960, Kap. VI. Portmanns Unterscheidung zwischen den beiden verschiedenen Sorten organischer Eigenschaften: den selektivrelevanten und den nicht-funktionellen, bildet auch die Basis für seinen zentralen Begriff von der ‹Selbstdarstellung› der Organismen im Unterschied zu deren reiner ‹Selbsterhaltung›. Eine wissenschaftsphilosophische Erörterung dieser Fragen findet sich in meinem Vortrag auf dem «Darwin-Seminar» der Universität Oslo im März 1982, *Ut over darwinismen. Et vitenskapsteoretisk perspektiv på Adolf Portmanns biologiske metode* (Über den Darwinismus hinaus. Eine wissenschaftstheoretische Perspektive auf die biologische Methode Adolf Portmanns). Dieser Vortrag liegt inzwischen in erweiterter Form auf

englisch unter dem Titel: *Transcending Darwinism in the Spirit of Goethe's Science* zur Publizierung in A. G. Zajonc et al.: *The Eye's Mind. Studies in the Light of Goethe's Scientific Work*, vor (vorläufig als Manuskriptkopie beim Verfasser erhältlich).

11 Portmann, *The special position of man in the realm of the living*, in: *Beyond Darwinism, Commentary*, Nov. 1965, S. 40. Eine nähere Begründung dieser Standpunkte gibt Portmann in der zentralen, bereits erwähnten Arbeit *Biologische Fragmente*, die auf seiner grundlegenden Forschung über die frühe Ontogenese der Säugetiere und des Menschen aufbauen und in der die «Unfertigkeit» des Menschen rein biologisch als fundamentale Tatsache angesehen wird.

12 Portmann, *Biologische Fragmente zu einer Lehre vom Menschen*, S. 16.

Kapitel 7

1 Rudolf Steiner bemerkt hierzu in der *Philosophie der Freiheit*, S. 166: «Der Unterschied zwischen mir und meinem Mitmenschen liegt durchaus nicht darin, daß wir in zwei ganz verschiedenen Geisteswelten leben, sondern daß er aus der uns gemeinsamen Ideenwelt andere Intuitionen empfängt als ich.»

2 Eine kritische Erörterung der «dezisionistischen» Position im Hinblick auf die menschliche Sozialität (als «intersubjektive Kommunikation»), mit speziellem Bezug auf Popper, leistet z.B. Gerard Radnitzky in *Continental Schools of Metascience*, Göteborg 1968, S. 177ff. Radnitzky weist dabei das Argument für den Dezisionismus zurück, daß eine «sich selbst verstehende Rationalität» aus formallogischen Gründen unmöglich sei, d.h. Kontradiktion oder unendlichen Regreß impliziere (eine Auffassung von «Selbstbegründung», die von analytischen Philosophen wie Bertrand Russell und den logischen Empiristen vertreten worden ist).

3 Moritz Schlick, *Allgemeine Erkenntnislehre*, Berlin 1918, u.a. §§ 5 und 17. Wohl sind die Begriffe auch für Schlick in gewissem Sinne irreduzibel, z.B. vis-à-vis psychologischer Prozesse (dies ist der Unterschied zum Psychologismus und zum klassischen Empirismus), und Schlick mißt dem Denken Realität als eigenem Bewußtseinsakt bei. Die Begriffe, auf die, ja, nach denen sich dieser reale Akt faktisch richtet, sollen also keine Realität haben (!). – Daß die Begriffe nur «Sinn» oder «Geltung» und kein «Sein» haben sollen, kann man im übrigen als kantischen Standpunkt einordnen, wie es z.B. Gerold Prauss in seiner *Einführung in die Erkenntnistheorie*, Darmstadt 1980 (u.a. S. 147ff.) tut.

4 Was die Prägung der neuzeitlichen Wissenschaft durch den philosophischen Nominalismus angeht, schreibt z.B. der Wissenschaftshistoriker E. J. Dijksterhuis, daß «der Konzeptualismus Ockhams ... unzweifelhaft eine Denksphäre (schafft), die in mancher Hinsicht mit derjenigen der späteren, speziell der modernen

Naturwissenschaft verwandt ist.» (*Die Mechanisierung des Weltbildes*, Berlin 1956, S. 187). Nominalistisch ist auch die in der modernen Wissenschaftstheorie verbreitete Auffassung, daß die (empirische) «wissenschaftliche Erklärung» nur komparative Gültigkeit hat, da man eine solche Erklärung vorzugsweise als eine extentionale Verbindung der Phänomene in Zeit und Raum auffaßt. Ein begriffsrealistisches Denken behauptet dagegen über eine solche Verbindung hinaus (die für die Begriffsrealisten der Scholastik nur ein «necessitas secundum aliquid», eine «Sekundärursache» war) auch einen qualitativen Wesenszusammenhang (eine «necessitas absoluta»). Aristotelisch ausgedrückt bedeutet letzteres eine Erklärung durch «Zweckursache» bzw. «Zielursache» und nicht nur durch «bewirkende» Ursache. Was diese fundamentale Unterscheidung im Bereich der Hochscholastik angeht, vgl. z.B. Anneliese Maier, *op.cit.*, S. 56ff. und S. 240f.

5 Interessant ist in diesem Zusammenhang, daß unsere Zeit, obwohl die Wissenschaftsphilosophie den Nominalismus theoretisch vertritt, ein ungewöhnliches Vertrauen in die Realität des Gedankens aufbringt, indem sie die praktischen wissenschaftlichen Resultate akzeptiert. – Daran, daß das Denken eine tiefe Realität im Dasein ist, werden wir auch von unerwarteter Seite erinnert, nämlich durch die heutige starke Verbreitung von Meditations-Bewegungen, die von alter indischer Weisheitstradition inspiriert sind. Da diese nicht an unserer eigenen westlichen Denkentwicklung ansetzen, können sie auch nachteilige Wirkungen haben. Wir werden hierauf in einem späteren Kapitel eingehen.

6 David Hume, *A Treatise of Human Nature*, I, IV, VI, «On Personal Identity», Ausg. London 1962, S. 301f.

7 Das Kant-Zitat ist entnommen der *Kritik der reinen Vernunft*, B 158. Der folgende Kant-Kommentar stammt von Samuel J. Todes, *Knowledge and the Ego*, zitiert nach *Kant* in R. P. Wolff (Hrsg.), *Modern Studies in Philosophy*, London 1968, S. 167.

8 Es mag auf den ersten Blick so aussehen, als ob das, was Fichte unter «intellektueller Anschauung» versteht, durch die das Ich sich selbst als Ich bewußt wird, mit dem zusammenfällt, was wir zuvor als «Erfahrung des Ich im Denken» beschrieben haben. Diese Auffassung scheint dadurch gestützt zu werden, daß dieses Selbstbewußtsein für Fichte «durch Beobachtung des ursprünglichen Verfahrens der Vernunft» entstehen soll, wie er es z.B. in seiner *Erste und zweite Einleitung in die Wissenschaftslehre*, Ausg. Hamburg 1961, S. 44, schreibt. Fichte sieht aber das Ich nicht, wie wir es verstehen, in seiner Tätigkeit *im* Denken und Erkenntnisprozeß, da er das Denken und die Erkenntnis qua Prozeß oder Aktivität als eine bloße Ableitung von Begriffen auffaßt.

9 Das Fichte-Zitat ist entnommen aus J.G. Fichte, *op.cit.*, S. 23, Herv. H.H. Die Steiner-Zitate stammen aus Rudolf Steiner, *Wahrheit und Wissenschaft*, Ausg. Emmendingen 1948, Kap. «Die voraussetzungslose Erkenntnistheorie und Fichtes Wissenschaftslehre», S. 79 und 84.

10 Vgl. u.a. Habermas' Erörterung von Ch. S. Peirces Pragmatismus und Wilhelm Diltheys hermeneutischer Position in *Erkenntnis und Interesse*, S. 116ff. Eine Kritik der subjektivistischen Erkenntnistheorie von Habermas findet sich auch in den folgenden Kapiteln unserer Studie.

11 Jürgen Habermas, «Dogmatismus, Vernunft und Entscheidung. Zu Theorie und Praxis in der verwissenschaftlichten Zivilisation», in: *Theorie und Praxis, Politica*, Bd. 11, Neuwied 1963.

Kapitel 8

1 Eine Darstellung seiner Auffassung von dem «technischen» Rationalitätsverständnis gibt Habermas u.a. in *Technik und Wissenschaft als ‹Ideologie›*, in der oben zitierten Ausgabe auf S. 48–104. Es ist ihm ein wesentliches Anliegen, dieses Rationalitätsverständnis als grundlegend im Verhältnis zur *Natur* anzusehen – hierbei in Opposition zu Herbert Marcuse, der auch dies als einseitiges Verständnis ansieht, das von einer übergeordneten *mechanistischen* Wirklichkeitsauffassung bestimmt ist. Es ist deutlich, daß unser Standpunkt in dieser Frage näher an dem Marcuses liegt (vgl. unsere bisherigen Ausführungen).

2 Habermas, «Dogmatismus, Vernunft und Entscheidung», in: *Theorie und Praxis*, S. 231.

3 *Ebd.*, S. 232f.

4 Zitiert nach Habermas, *Theorie und Praxis*, S. 236.

5 Fichte, *op.cit.*, S. 19. Eine breitangelegte Erörterung seiner Auffassung im Hinblick auf Kant und Fichte gibt Habermas in *Erkenntnis und Interesse*, S. 235–236.

6 Das hier zum Verhältnis zwischen Fichte und Hegel Gesagte bezieht sich nur auf einen Aspekt dieses Verhältnisses, da beide gerade im Hinblick auf die Frage nach der menschlichen Individualität im wesentlichen übereinstimmen. So ist Fichtes «Ich» weniger das einzelne Menschen-Ich, sondern eher ein «überindividuelles» Ich, ein Grundprinzip des Daseins, vergleichbar mit Hegels «allgemeinem Individuum» (Weltgeist). Und wie Fichte den ganzen Weltinhalt aus diesem Ich-Bewußtsein ableiten will, versucht Hegel (in Weiterführung von Fichte und Schelling), diesen Inhalt aus dem allgemeinen denkenden Subjekt abzuleiten.

7 Habermas, *Theorie und Praxis*, S. 238f.

8 Vgl. hier und in den nächsten Abschnitten: Habermas, *Erkenntnis und Interesse*, Kap. I, 1, «Hegels Kantkritik. Radikalisierung oder Aufhebung der Erkenntnistheorie».

9 *Ebd.*, S. 30ff.

10 Habermas' Ansicht kommt zum Ausdruck z.B. in *Erkenntnis und Interesse*, Kap. I, 2: «Marxens Metakritik an Hegel: Synthesis durch gesellschaftliche Arbeit», wo es u.a. (in beabsichtigter Analogie zu Fichte) heißt: «In ihrem Produktionsprozeß *setzt* die Gattung sich erst *als* gesellschaftliches Subjekt.» (S. 55).

Wohl übt Habermas auch prinzipielle Kritik an Marx, indem er behauptet, daß Marx das Gesellschaftliche einseitig «instrumentell» versteht, allerdings scheint auch bei Habermas die einseitig kollektive Perspektive auf menschliche Befreiung vorherrschend zu sein.

11 Habermas, *Zur Logik der Sozialwissenschaften*, Frankfurt a.M. 1985, S. 240. Für eine Kritik des oben angesprochenen individualitätsnegierenden Aspektes von Habermas' sprachphilosophischem Blickwinkel sei auch verwiesen auf Diether Lauenstein, *Das Ich und die Gestalt der Gesellschaft*, Stuttgart 1974. Lauenstein schreibt beispielsweise, daß bei Habermas «an die Stelle des Denkens ... die angeblich selbst denkende Sprache und ... an die Stelle der Logik die Lehre vom Aufbau der Sätze (tritt). Statt zu denken, was jeder zunächst nur für *sich allein* tun kann, wird laut Habermas gleich geredet, folglich wird auch *nicht das Ich*, sondern ... sofort *das Wir* gemeint» (S. 171; Herv. H.H.).

12 Ludwig Wittgenstein, *Philosophische Untersuchungen*, I, § 202. Viele haben auf eine offensichtliche Inkonsistenz in Wittgensteins Auffassung hingewiesen: daß sich das Denken des Menschen darin erschöpfe, Sprachgebrauchsregeln zu befolgen. Denn erstens spricht Wittgenstein *über* das «Sprachspiel», was eine Position *außerhalb* von ihm voraussetzt. Zweitens schleichen sich *naturalistische Voraussetzungen* ein, wenn er (wie erwähnt) «Lebensformen» und gar «Naturtatsachen» annimmt, die den Sprachgebrauchsregeln vorausgehen sollen. Vgl. hierzu z.B. die Kritik des norwegischen Philosophen Helge Salemonsen in *Tenkningen som erfaring* (Das Denken als Erfahrung), Oslo 1985, Kap. «Det almene og det enkelte» (Das Allgemeine und das Einzelne).

13 Jürgen Habermas/Niklas Luhmann, *Theorie der Gesellschaft oder Sozialtechnologie*, Frankfurt a.M. 1971, S. 216–217 (Herv. H.H.).

14 Vgl. *Erkenntnis und Interesse*, S. 25ff. Habermas kommt durch seine Anknüpfung bei Hegel und Wittgenstein zu einer Auffassung von Erkenntnis als etwas wesentlich *Intersubjektivem*. Trotz fundamentaler Unterschiede gibt es auch gewisse gemeinsame Züge dieser beiden Denker: So wie Hegel die allgemeinen Begriffe auf Kosten der Individualität betont, ignoriert Wittgenstein die Individualität durch die Hervorhebung der allgemeinen Sprachgebrauchsregeln. Letzteres stellt jedoch eine ernsthaftere Negierung der Individualität dar, weil das Menschen-Ich in dem die allgemeinen Begriffe bildenden Denken lebt. Werden die Begriffe durch Worte ersetzt, geht das Ich in dem «Wir» auf, das die Sprache ausdrückt.

15 Steiner, *Die Philosophie der Freiheit*, S. 38.

16 *Ebd.*, Kap. VII, «Gibt es Grenzen des Erkennens?» Wichtig ist in diesem Zusammenhang, daß *wir selbst* als Denkende zunächst das Dasein in ein Subjekt und Objekt *aufspalten*. Eine solche Trennung liegt also nicht im Dasein selbst und wird – wie gezeigt – mit Hilfe des Denkens wieder überwunden. Gerade in diesem Vorgang besteht die *Erkenntnis*!

Kapitel 9

1 Hans Skjervheim, *Deltakar og tilskodar og andre essays* (Teilnehmer und Beobachter und andere Essays), Oslo 1976, S. 53f. Indem er den Stab über jeglichem Objektivismus (nicht nur über dessen positivistischer Form) bricht, endet auch Skjervheim in einem subjektivistischen Standpunkt, was nicht zuletzt in seinem *Ideologianalyse, dialektikk, sosiologi* (Ideologieanalyse, Dialektik, Soziologie), Oslo 1973, zum Ausdruck kommt. Er weist hier nicht nur Edmund Husserls «objektivistisches» Verständnis des «absoluten Ego» zurück (S. 162ff.), sondern behauptet generell, daß «die theoretische Vernunft nicht selbständig sein und das Primat haben kann» (S. 164). Statt dessen schließt er sich Fichtes Willensphilosophie an und räumt (mit Apel und Habermas) der «intersubjektiven Kommunikationsgemeinschaft», die durch Sprache hergestellt wird, sogar «transzendentalphilosophisch» das Primat ein. Er unterliegt damit der gleichen Kritik, die wir zu diesen Positionen bereits vorgebracht haben.

2 Hans Skjervheim, *Objectivism and the Study of Man*, Filosofiske Problemer (Philosophische Probleme) Nr. 23, Oslo 1959, S. 13 und 41, Herv. H.H.

3 Das Zitat ist dem Nachwort zur norwegischen Übersetzung von Skjervheims *Objectivism ...*: *Objektivismen og studiet av mennesket*, Oslo 1974, S. 105, entnommen.

4 M. J. Monrad, *Idee und Persönlichkeit*, in: *Archiv für systematische Philosophie*, Bd. II, Heft 2, 1896, S. 182, 193 und 196.

5 Innerhalb der klassischen Philosophie scheint das Verhältnis zwischen Beobachtungsobjekt oder Wahrnehmung und Begriff (‹Stoff› und ‹Form›) in dieser Hinsicht nur in der aristotelisch-thomistischen Tradition richtig verstanden worden zu sein, weshalb man Aristoteles als erkenntnistheoretischen Realisten charakterisieren kann – ontologisch gesehen jedoch als Idealisten.

6 *Die Philosophie der Freiheit*, S. 143. – Die «Erfahrung» des Denkens als einer Ich-Aktivität baut auf der Reflexion über und der Arbeit mit den erkenntnistheoretischen Problemen auf. In *Die Rätsel der Philosophie in ihrer Geschichte* versucht Steiner nachzuweisen, daß die Probleme der Philosophie in ihrer Entwicklung bereits auf ihre Lösung in Form einer solchen Denkerfahrung *abzielen*. Die Arbeit mit diesen Problemen beinhaltet eine Vertiefung und Verstärkung des Denkens, das konsequenterweise in ein *meditatives* Bewußtsein einmünden muß – die Entwicklung eines solchen Bewußtseins kann als folgerichtige Weiterentwicklung philosophischer Betätigung angesehen werden (vgl. sein abschließendes Kapitel «Skizzenhaft dargestellter Ausblick auf eine Anthroposophie»). Wir kommen auf die Frage nach meditativem oder kontemplativem Bewußtsein im abschließenden Teil unserer Studie zurück.

7 *Die Philosophie der Freiheit*, S. 162.

8 Eine solche unvollständige Positivismuskritik fordert ihre Erweiterung heraus;

ein fruchtbarer Beitrag hierzu findet sich z.B. in Marcus Monrads *Tankeretninger i den nyere Tid* (Titel der deutschen Ausgabe: *Denkrichtungen der neueren Zeit*, Bonn 1879). Monrad hat mit seiner breitangelegten Analyse des Positivismus und seiner tiefreichenden Kritik eine Aktualität, die heute (neueste Ausgabe: Oslo 1981) vielleicht noch größer ist als bei Erscheinen der ersten Ausgabe vor über einem Jahrhundert (Christiania 1874).

9 Jean-Paul Sartre, *La Transcendance de l'Ego*, Paris 1936. Die hier angeführten Zitate beziehen sich auf *The transcendence of the ego*, New York 1957. Das zentrale Argument Sartres gegen die Annahme eines «transzendentalen Ego»: Ein solches Ego könne nicht Objekt unseres Bewußtseins oder unserer Erkenntnis sein – ein Argument, dem wir bereits bei Jaspers entgegentraten.

10 Sartres Argument gegen Husserl (und Kant) besteht hier darin, daß die Annahme eines Ich oder «transzendentalen Ego» nicht notwendig sei, um die Einheit oder Identität des Bewußtseins erklären zu können, da «Bewußtsein», laut Sartre, «sich selbst vereint» (*The transcendence of the ego*, S. 39). Auf unsere Argumentation ist dieses Argument nicht zu beziehen, da wir die Existenz des Ich völlig anders begründen als Husserl (und Kant), nämlich durch die Betonung der denkenden und erkennenden Tätigkeit als einer Ich-Aktivität.

11 Einem konsequent anti-dogmatischen Standpunkt verleiht Steiner Ausdruck, wenn er z.B. in *Die Philosophie der Freiheit* (S. 268) schreibt: «Wir wollen nicht mehr bloß *glauben*; wir wollen *wissen*. Der Glaube fordert Anerkennung von Wahrheiten, die wir nicht ganz durchschauen. Was wir aber nicht ganz durchschauen, widerstrebt dem Individuellen, das alles mit seinem tiefsten Inneren durchleben will. Nur das *Wissen* befriedigt uns, das keiner äußeren Norm sich unterwirft, sondern aus dem Innenleben der Persönlichkeit entspringt.»

Kapitel 10

1 Herbert Marcuse, *Der eindimensionale Mensch*, Neuwied 1968, S. 98.

2 Erich Fromm, *The Sane Society*, New York 1955, S. 360.

3 Erich Fromm, *The Art of Loving*, New York 1956, S. 88. Es steht auf einem anderen Blatt, daß Betonung des Trieblebens und dessen «Verdrängung» bei Freud teilweise ein richtiges Bild der Menschen in der entspiritualisierten und selbstsüchtigen Gegenwartsgesellschaft zeichnet, welche den Hintergrund seiner Analysen und Theorie darstellt.

4 Karl Marx, *Die Frühschriften*, Ausg. Stuttgart 1964, S. 527f. und 545f., Herv. H.H.

5 Franz Stark (Hrsg.), *Revolution oder Reform? Herbert Marcuse und Karl Popper – eine Konfrontation*, München 1976, S. 17.

6 Marcuse, *Der eindimensionale Mensch*, S. 77. Dort wird weiterhin betont, daß eine höhere menschliche Kultur, die «in funktionellem wie historischem Sinne

eine ‹vortechnische› ist», ihre Wahrheit durch die Umformung zur «Massenkultur» weitgehend verliert – vgl. in diesem Zusammenhang u.a. Marcuses Charakterisierung der Äußerlichkeit und Oberflächlichkeit des modernen «Tourismus».

7 Karl Marx, *Grundrisse der Kritik der politischen Ökonomie*, Frankfurt a.M. 1969, S. 544 und 545.

8 Hedwig Conrad-Martius, *Utopien der Menschenzüchtung. Der Sozialdarwinismus und seine Folgen*, München 1955, S. 287f.

9 Was wir hier problematisieren, ist wohlgemerkt nicht das Prinzip der freien Konsumwahl, welches an und für sich in dem unterschiedlichen Bedarf und Geschmack der Individuen wohlbegründet ist (wir werden darauf noch eingehen). Wir meinen vielmehr die *einseitige* Betonung der Wahlfreiheit, die eine Abstraktion impliziert und oft verschleiert, daß es sich überhaupt nicht um Freiheit, sondern bloßen Egoismus handelt. In unserer Erörterung der *inneren* Freiheit des Menschen haben wir auch die prinzipielle Begrenztheit der Wahlfreiheit im Lichte eines in der menschlichen Individualität begründeten Freiheitsbegriffes aufgezeigt (Kapitel «Freiheit und Rationalität»). Vgl. ansonsten unsere Erörterung von «Wahlfreiheit» vs. «positiver» Freiheit in dem Kapitel «Die innere und äußere Existenz der Individualität».

10 Eine Konsequenz hieraus zieht z.B. der bereits erwähnte Jon Elster in seinem *Forklaring og dialektikk* (Erklärung und Dialektik). Er behauptet sogar, daß die hermeneutische Methode (Sinnverständnis) nicht einmal für literarische Werke gelten kann, sondern nur für explizite Intentionen des Verfassers. Elster verkennt dabei das Wesens- und Sinnverständnis, indem er es bloß als eine Erklärung von Zweck bzw. Nutzenziel versteht, d.h. als eine reine «funktionelle Erklärung».

11 Dag Østerberg, *Essays i samfunnsteori* (Abhandlungen zur Gesellschaftstheorie), Oslo 1975, S. 63, 26 und 85. Was den Begriff ‹materielle Struktur› oder ‹soziomateriell› angeht, scheint Østerberg inspiriert zu sein von dem Begriff des ‹trägen Handlungsfeldes› des späten Sartre, teilweise auch von Auffassungen von Marx und Émile Durkheim.

12 Jürgen Habermas, *Technik und Wissenschaft als ‹Ideologie›*, S. 83.

Kapitel 11

1 Jürgen Habermas, *Strukturwandel der Öffentlichkeit. Untersuchungen zu einer Kategorie der bürgerlichen Gesellschaft*, in: *Politica*, Bd. 4, Neuwied 1969.

2 C. Englert-Faye, *Vom Mythus zur Idee der Schweiz*, Zürich 1940, S. 145 (Herv. H.H.).

3 Habermas, *Strukturwandel der Öffentlichkeit*, S. 8, 36ff., 117 und andernorts.

4 Zitiert nach Habermas, *ebd.*, S. 121f. und 132 (Herv. H.H.).

5 *Ebd.*, S. 194.

6 *Ebd.*, u.a. S. 239 und 268ff. Ein Beispiel für erzeugte «Massenloyalität» bieten die politischen Wahlen, wenn sie wie heutzutage zu Zirkusveranstaltungen verkommen.

7 Habermas, *Technik und Wissenschaft als ‹Ideologie›*, S. 122. «Verwissenschaftlichung» und «Expertenmacht» oder «Expertokratie» sind heutzutage nicht nur Phänomene des politischen Lebens im üblichen Sinne, sondern beziehen sich auch auf das Verhältnis zwischen Gesellschaftsorganen und dem *einzelnen* Individuum. Typisch hierfür ist z.B., wenn eine psychiatrische oder psychologische «Expertise» kraft der Autorität einer «Fachwissenschaft» Entscheidungen fällt, die die Überzeugung, die Selbstbestimmung und die Integrität des einzelnen verletzen. Auch hier kann von einer gewissen «Refeudalisierung» der modernen Gesellschaft gesprochen werden, mit dem Staat an der Stelle des Fürsten – zwar nicht «von Gottes Gnade», aber im Namen «wissenschaftlicher» Expertise. Als Beispiel seien verhaltenspsychologische Übergriffe oder teilweise auch die Praxis in sogenannten «Pflegezentralen» genannt. Für eine solche machtausübende Sozialbürokratie wird die Bezeichnung «vormundschaftlicher Staat» zu Recht verwandt.

Kapitel 12

1 Habermas, *Strukturwandel der Öffentlichkeit,* S. 157 und S. 173ff. (Herv. H.H.). Was das Verständnis der *politischen Öffentlichkeit* angeht, ist es zwar richtig, daß Habermas *das Individuum* betont. Die Hervorhebung des Individuums durch Habermas begrenzt sich jedoch auf dessen politische Funktion. Wie in dem Kapitel «Freiheit und Dogmatismus» gezeigt, gelangt Habermas zu keinem Begriff der Autonomie des *Einzelmenschen,* da er die menschliche Individualität aus einem rein «gesellschaftlichen Bildungsprozeß» hervorgegangen begreift.

2 Der Sprachenstreit in Norwegen illustriert auch in anderer Hinsicht die mangelnde Erkenntnis der Eigenart der beiden angesprochenen Gesellschaftssphären und ihres Verhältnisses zueinander. Man hat zu Recht «freie Sprachentwicklung» gefordert – ausgehend von der Einsicht, daß der politische Staat nicht legitimiert ist, inhaltlich über einen Geistesbereich wie die Sprache zu entscheiden –, hat dabei aber oft übersehen, daß die Sprachentwicklung ebensowenig frei ist, insoweit sie von *ökonomischer* Macht bestimmt wird. Die Freiheit setzt *gleiche Möglichkeiten* für die verschiedenen Sprachgruppen voraus, und die Wahrung dieser *Gleichheit* ist gerade eine legitime Aufgabe des politischen Staates – eine Frage, auf die wir im folgenden unter prinzipiellen Gesichtspunkten zurückkommen werden.

3 Eine weitere folgenschwere politische Verletzung des freien und unabhängigen Geisteslebens liegt vor, wenn versucht wird, die Prinzipien der Staatsverwaltung

auf Universitäten und Hochschulen anzuwenden und die Forschung administrativ zu «planen» und nach vorgegebenen Zielen zu «steuern».

4 Nicht zuletzt die bedrohliche Umweltsituation illustriert dies, indem verzerrende Wahlordnungen und verkrustete Parteistrukturen einen grundlegenden Schutz und die Etablierung von Rechten für die Umwelt behindern.

5 John Stuart Mill, *On Liberty*, London 1859, S. 101. Daß die Argumente für die Freiheit «im Prinzip nicht weniger auf die verschiedenen Handlungen der Menschen als auf deren Gedanken und Äußerungen anwendbar sind» (Mill), ist ein Grundgedanke auch der modernen Liberalisten, so z.B. bei F.A. Hayek in seinem für die heutige liberalistische Tradition bedeutsamen Werk *The Constitution of Liberty*, London 1960. Hier heißt es, «den Wert intellektueller Freiheit auf Kosten der Handlungsfreiheit zu betonen, ist gleichbedeutend damit, den obersten Teil eines Gebäudes zu behandeln, als sei er das ganze Gebäude» (S. 33).

6 Liberalistische Denker von Wilhelm von Humboldt bis Wilhelm Röpke (in seiner *Civitas humana*) haben sich explizit gegen Tendenzen gewandt, den Menschen zu einer Maschine zu machen. Bei Mill kommt dies u.a. in folgender (in anderen Hinsichten allerdings problematischer) Analogie zum Ausdruck: «Die Natur des Menschen ist keine Maschine, die nach einem Modell konstruiert und dazu gebracht werden kann, exakt die vorgeschriebene Arbeit zu tun, sondern ein Baum, der es bedarf zu wachsen und alle seine Seiten zu entwickeln – im Einklang mit der Tendenz in den inneren Kräften, die ihn zu einem lebenden Ding machen». (*op.cit.*, S. 107.)

7 *Ebd.*, S. 7 und 24.

8 Wilhelm von Humboldt, *Ideen zu einem Versuch, die Grenzen der Wirksamkeit des Staates zu bestimmen*, Ausg. Stuttgart 1967, S. 37.

9 Hayek, *op.cit.*, S. 73ff. und S. 438. Mit seinem Determinismus und der positivistischen Unterbewertung des Menschen als intentionalem und erkennendem Wesen nehmen Hayek und Gleichgesinnte sogar den gleichen Standpunkt ein wie der Behaviorist B.F. Skinner, der den freien Willen als «mentale Fiktion» zurückweist und behauptet, daß «das soziale Milieu … immer für moralisches Verhalten verantwortlich gewesen ist». Was wir «Willensakt» nennen, ist für Skinner nur ein determiniertes Produkt von «reinforcing» (verhaltensverstärkenden) Handlungskonsequenzen. (*About Behaviorism*, New York 1974, S. 241 und andernorts).

10 Vgl. Humboldt, *op.cit.*, u.a. S. 202ff.

11 Hayek, *op.cit.*, S. 109.

12 Habermas, *Strukturwandel der Öffentlichkeit*, S. 41.

13 Was z.B. die politische Presse angeht, könnten diese Prinzipien dadurch realisiert werden, daß diese Medien dem Anzeigenmarkt entzogen und statt dessen öffentlich finanziert werden. Das Entscheidende hierbei ist, zum einen «gleiches Recht» durch Befreiung der Presse von der Kommerzialisierung, zum anderen

ihre Freiheit durch eine von «meinungsneutralen» Kriterien ausgehende Finanzierung zu sichern.

14 Auch wenn diese Negierung der Objektivität der Erkenntnis des Menschen historisch und systematisch dem Nominalismus entspringt, ist versucht worden, sie auf verschiedene Weisen zu begründen. Vgl. die Erörterung von Objektivismus vs. Subjektivismus in unserem Kapitel «Die Wirklichkeit der Freiheit».

15 Jürgen Habermas/Niklas Luhmann, *op.cit.*, S. 337 und 355.

16 Luhmann ignoriert allerdings nicht nur die europäische Rationalitätsentwicklung, sondern auch – und insoweit nur folgerichtig – die entsprechende europäische Individualitätsentwicklung. So ist das «Ich-Selbst als Einheit» nach Luhmann ein bloß «kontingentes» Phänomen, das «erst das Sinnsystem (!) Persönlichkeit» konstituiert (*ebd.*, S. 82).

17 Habermas/Luhmann, *op.cit.*, S. 136.

18 Jürgen Habermas, *Legitimationsprobleme im Spätkapitalismus*, Frankfurt a.M. 1973, Abschnitt «Komplexität und Demokratie», S. 189.

19 G. H. v. Wright, *Of Human Freedom*, Manuskript Tanner-Seminar, Helsinki 1984, S. 44. (Habermas hat in einem späteren Werk, *Theorie des kommunikativen Handelns*, Frankfurt a.M. 1981, seine Grundstandpunkte ausführlicher herausgearbeitet, ohne jedoch die prinzipiellen, von uns hier diskutierten Auffassungen zu ändern.)

20 Audun Øfsti, *Språk og fornuft*, (Sprache und Vernunft), Oslo 1975, S. 87. Wir schließen uns Øfsti jedoch an, wenn er die Notwendigkeit behauptet, ein «transzendentales Subjekt» und dessen «Einheit» anzunehmen, und wenn er deshalb an anderer Stelle u.a. W. V. O. Quine dafür kritisiert, die Erkenntnistheorie auf traditionelle, äußerliche «Erfahrungswissenschaft» zu reduzieren.

21 Karl Popper, *Conjectures and Refutations*, London 1965, S. 347ff.

22 Vgl. Habermas, *Strukturwandel der Öffentlichkeit*, S. 112ff., wo er betont: «Rousseau will Demokratie ohne öffentliche Diskussion», d.h. eine «Demokratie der nichtöffentlichen Meinung», die «am Ende die manipulative Gewaltausübung (postuliert)».

23 Die hier angesprochenen prinzipiellen Standpunkte Poppers prägen sein philosophisches Werk generell, insbesondere das breitangelegte Werk *The open Society and its Enemies*. Poppers Gesichtspunkte sind im übrigen auch wegen seiner Behauptung problematisch, seine (skeptische) philosophische Position sei Ausdruck einer «intellektuellen Bescheidenheit», die «Toleranz» impliziere. Eher impliziert der prinzipielle Erkenntnisskeptizismus – auch in Poppers modifizierter, methodologischer Version – *mangelnden Respekt* für die Überzeugung des einzelnen!

Kapitel 13

1 Habermas, *Strukturwandel der Öffentlichkeit*, S. 41

2 Hegel, *Grundlinien der Philosophie des Rechts*, S. 102 und 103 (§§ 41 und 42). Auf diese Weise stellt für Hegel das Eigentum schlechthin das «*Dasein* der Persönlichkeit» dar – und «Begriff des Eigentums» ist schlicht, «daß die Person ihren Willen in eine Sache legt» (*ebd.*, S. 114 und 115 (§ 51)).

3 Entnommen sind die Zitate der Schrift *Eiendomsretten i det demokratiske samfunn* (Das Eigentumsrecht in der demokratischen Gesellschaft), Oslo 1964, herausgegeben von Studieselskapet Samfunn og Næringsliv (Studienkreis Gesellschaft und Wirtschaft), S. 13. Quelle des Zitates von Fr. Vinding Kruse ist sein Werk *Eiendomsretten* (Das Eigentumsrecht; Bd. 1, 2. Ausg.).

4 Hegel, *Grundlinien der Philosophie des Rechts*, S. 128 und 132 (§§ 59 und 62).

5 John Locke, «An Essay Concerning the True Origin, Extent, and End of Civil Government», in: *The Works of John Locke*, London 1823 (Nachdruck Darmstadt 1963), Vol. V, S. 353f. (§ 27)).

6 Nun ist sich auch Locke darüber im klaren, daß die Anbindung der Verteilung an die Arbeit zu großer Ungleichheit führen kann. Er zeigt sich sogar besorgt angesichts der darin liegenden Ungerechtigkeit. Seine Bedenken betreffen dabei jedoch nicht den Naturzustand, in dem er den Ursprung des Eigentumsrechtes sucht. Denn im Naturzustand war der Mensch «nicht der Versuchung ausgesetzt, für mehr zu arbeiten, als er selbst gebrauchen konnte», da ein Lagern der Naturprodukte ausgeschlossen war. Mit der Tausch- und Geldwirtschaftsgesellschaft aber, mit der Einführung von «Gold und Silber» als Werten, wurde eine Anhäufung der Arbeitsprodukte und damit «ein ungleicher und ungerechter Besitz» möglich (*ebd.*, S. 366f. (§§ 51 und 50)). Obwohl Locke damit eigentlich selbst erklärt, daß die Verteilung der Wirtschaftsgüter nach der Arbeit bedenklich ist, sobald die Gesellschaftsbildung stattgefunden hat, problematisiert er seine Begründung des Eigentumsrechtes nicht. Ganz im Gegenteil, er verteidigt die Anhäufung von Eigentum, indem er eine mit der Eigentumsgröße wachsende Produktivität annimmt – und kommt damit in offensichtlichen Konflikt mit seiner eigenen Begründung des Eigentumsrechtes.

7 In einer Kritik Lockes zeigt der norwegische Philosoph Gunnar Skirbekk die Konsequenz der Lockeschen (und überhaupt der liberalistischen) Auffassung von Individuum und Eigentum auf: «... daß Eigentum und Profit höhere Priorität haben als in einer sittlichen Gemeinschaft zu leben und sich selbst als Mensch in dieser Gemeinschaft zu realisieren.» (*Politisk filosofi* (Politische Philosophie), Oslo 1972, Bd. 2, S. 27). Skirbekk übersieht jedoch, daß die Gemeinschaft ihre Grundlage in der menschlichen *Individualität* hat; indem er die liberalistische Auffassung zurückweist, verneint er die Existenz einer dem Staat *vorausgehenden*, mit Sprache, Vernunft und unveräußerlichen Rechten ausge-

statteten Individualität *überhaupt.* In seiner Kritik des liberalistischen «sich selbst genügenden Individuums» (Egoismus) gerät Skirbekk also auf das gleiche falsche Gleis wie beispielsweise Habermas, der jedwedes «fertige Subjekt» verneint, d.h. jedwedes Menschen-Ich, das etwas anderes ist als das Produkt eines gesellschaftlichen Entwicklungsprozesses.

8 Jean-Jacques Rousseau, *Discours sur l'Origine et les Fondements de l'Inégalité parmi les Hommes,* in: Jean-Jacques Rousseau, *Schriften zur Kulturkritik* (franz. und dt. Text), Hamburg 1971, S. 193.

9 *Ebd.*, S. 219 und 221

10 Jean-Jacques Rousseau, *Du contrât social,* hier zitiert nach der deutschen Ausgabe *Der Gesellschaftsvertrag,* Stuttgart 1971, S. 18f. – Es ist in diesem Zusammenhang nur konsequent, wenn Rousseau Thomas Hobbes huldigt, weil dieser «sich den Vorschlag zu machen getraute ... *alles* zur *politischen* Einheit zurückzuführen» (*ebd.*, S. 149; Herv. H.H.). Daß Rousseau andererseits der glühende und scharfsinnige Verteidiger der Volkssouveränität und ihrer Unveräußerlichkeit ist – dies ist nur scheinbar paradox: Wie bereits ausgeführt, hat die *Totalisierung* dieser Souveränität (d.h. die Totalisierung der politischen Sphäre) eine totalitäre Gesellschaft zur Folge. Zudem hat Rousseau keine klare Vorstellung davon, was *Demokratie* ist. Er sieht zum einen nicht, daß Demokratie aus der Gleichwertigkeit der Menschen als Individualitäten entspringt – und nicht aus einer Gleichheit in *allem,* aus einer «vollkommenst(en) Gleichheit» in bezug auf «Sitten und Talente» als auch «Grundsätze» (S. 123). Zum anderen hat Rousseau keinen Blick für die Eigentümlichkeit des *Entscheidungsprozesses* in der Demokratie. Weit von der Vorstellung entfernt, die öffentliche Meinung (in casu «allgemeiner Wille») könne Ergebnis eines Streites der Argumente in rationalem «Diskurs» sein, mystifiziert er den «allgemeinen Willen» zu einer Art Instinkt «einfacher Menschen» (S. 116), wobei sich der allgemeine Wille «mehr oder weniger leicht erkennen» lasse (S. 119 und 120).

11 Adam Smith, *An Inquiry into the Nature and Causes of the Wealth of Nations,* Vol. I., hrsg. London 1920, S. 13 (Bd. I, Kap. II).

12 *Ebd.*

13 Das Zitat entstammt Smith, *The Wealth of Nations,* Vol. II, hrsg. London 1924, S. 199 (B. V. Kap. I).

14 Es ist sehr erhellend, das Verhältnis von ‹Arbeit› und ‹ökonomischen Gütern› (Eigentum, Reichtum) in einen größeren historischen Zusammenhang zu stellen. Die entsprechenden Auffassungen haben sich in der geschichtlichen Entwicklung radikal gewandelt: Arbeit als Entfaltung des Individuums «in der äußeren Welt» hat sein Gegenstück offensichtlich in der egoistischen Selbstbehauptung und dem begierigen Verlangen nach «irdischen Gütern», welches mit der Kolonisierung und Technologie der Renaissancejahrhunderte einsetzte. In einer Darstellung des sich wandelnden Verständnisses von menschlicher Arbeit,

Arbeid og menneskeverd (Arbeit und Menschenwürde), Oslo 1973, weist Anfinn Stigen auf diese Entwicklung hin: «Man kann vom 16. bis zum 20. Jahrhundert ... eine überaus deutliche Entwicklung von einer Geringschätzung des Reichtums hin zu der Vorstellung erkennen ..., Reichtum für viele sei ein Teil des Glücks (J. St. Mill), bzw. Bereicherung sei ein natürlicher Instinkt des Menschen, wie beim Tier (W. James)» (S. 99). – Die tieferen Wurzeln der von uns kritisierten Verknüpfung von Arbeit und Güterverteilung sind in diesem historischen Zusammenhang zu finden.

15 Karl Marx, *Das Kapital*, Bd. 1, in: Karl Marx/Friedrich Engels, *Werke*, Bd. 23, Berlin 1979, S. 183.

16 Locke, *op.cit.*, S. 361 (§ 40).

17 Marx' enge Anlehnung an die klassische Arbeitswerttheorie Ricardos berechtigt – aus sozialökonomischer Sicht – zu der Behauptung (die z.B. der schwedische Nationalökonom Cassel aufstellt), daß «mit der Feststellung der Unzulänglichkeiten in *Ricardos* Kostentheorie zugleich die sozialistische (marxistische) Arbeitswertlehre in sich zusammenfällt.» (Gustav Cassel, *Teoretisk socialekonomi* (Theoretische Sozialökonomie), Stockholm 1938, S. 304). Es steht auf einem ganz anderen Blatt, daß Cassel (als bürgerlicher Ökonom) das *ethisch* Berechtigte an der sozialistischen (marxistischen) Idee übersieht: die menschliche Arbeit dem Markt und dessen Preisbildung zu entziehen.

18 Zitiert nach Karl Marx, *Die Frühschriften*, S. 540f.

19 Marx, *Das Kapital*, Bd. I, in: *op.cit.*, Bd. 23, S. 791. Daß Marx die Verteilung (in der kommunistischen Gesellschaft) an die Arbeit, gemessen in der Arbeitszeit, koppeln will, geht ausdrücklich aus folgendem hervor: Marx präzisiert u.a., daß «die Arbeitszeit ... eine doppelte Rolle spielen (würde)». Ihre Rolle sei einerseits, für «die richtige Proportion der verschiednen Arbeitsfunktionen zu den verschiednen Bedürfnissen» zu sorgen und andererseits «als Maß des individuellen Anteils des Produzenten an der Gemeinarbeit *und daher auch an dem individuell verzehrbaren Teil des Gemeinprodukts*» zu dienen (*ebd.*, S. 93; Herv. H.H.)

20 Habermas, *Technik und Wissenschaft als ‹Ideologie›*, S. 79f. In diesem Zusammenhang weist Habermas auch auf E. Löbls Schrift mit dem vielsagenden Titel *Geistige Arbeit – die wahre Quelle des Reichtums* (1968) hin.

21 Andererseits charakterisiert Marx dieses Verteilungsprinzip in der (posthum herausgegebenen) *Kritik des Gothaer Programms* als «noch mit einer bürgerlichen Schranke behaftet». Dieser «enge bürgerliche Rechtshorizont» könne erst in «einer höheren Phase der kommunistischen Gesellschaft» ganz «überschritten» werden, in der «die Gesellschaft auf ihre Fahne schreiben (kann): Jeder nach seinen Fähigkeiten, jedem nach seinen Bedürfnissen!» (Karl Marx und Friedrich Engels, *Ausgewählte Werke*, hrsg. Moskau 1983, S. 338f.). Diese Aussage steht in klarem Gegensatz zu jeder Verknüpfung von Arbeit und Verteilung der Wirtschaftsgüter. Aber für Marx soll das Prinzip: «Jeder nach seinen Fähigkeiten,

jedem nach seinen Bedürfnissen» nur unter zwei utopischen Voraussetzungen gelten: Aufhebung der Arbeitsteilung und materieller Überfluß – als wenn dieses Prinzip nicht gleichermaßen in einer Gesellschaft der Knappheit berechtigt (ja sogar weit dringender erforderlich) wäre.

22 Karl Marx, *Die deutsche Ideologie*, in: Karl Marx, *Die Frühschriften*, S. 347.

23 Karl Marx, *Die Frühschriften*, S. 533. – Man kann selbstverständlich einwenden, daß diese Beschreibung eher auf das vorige Jahrhundert als auf die Gegenwart mit ihren «sanfteren» Betriebsorganisationsformen und ihrem hohen Lebensstandard zutrifft. Aber im wesentlichen ist die Charakterisierung immer noch gültig, solange die Arbeitskraft *weiterhin* als eine *Ware* betrachtet wird, die den «Kräften des Marktes» und dem kapitalistischen Privateigentum unterworfen ist!

24 Marx, *Das Kapital*, Bd. I, in: *op.cit.*, Bd. 23, S. 620ff.

25 F. A. Hayek, *The Constitution of Liberty*, S. 94.

26 *Ebd.*, S. 98. Die nicht problematisierte Kopplung von Arbeit und Aneignung stellt auch die Ausgangsbasis des Neoliberalisten Robert Nozick dar. Nozick steht indessen Adam Smith näher, wenn er betont, daß «jedes Individuum auf das Anspruch hat, was es aus eigener Anstrengung ohne fremde Hilfe erwirbt» (vgl. *Anarchy, State and Utopia*, Oxford 1974, S. 185).

27 Hayek, *op.cit.*, S. 98.

28 Hayek begeht auch den verbreiteten liberalistischen Fehler, *Freiheit* und *Egoismus* zu verwechseln, also die freie Entfaltung von Einsicht und individuellen Fähigkeiten mit der Aneignung materieller Güter. Zudem hat er (wie andere Liberalisten) einen sehr engen und im wesentlichen formalen Begriff von *Gleichheit*, nämlich als «Gleichheit vor dem Gesetz» (*op.cit.*, S. 85). Bei näherer Begründung seiner Auffassung gerät Hayek übrigens auf den gleichen naturalistischen Holzweg wie die meisten anderen Gegenwartsautoren, die sich mit den Ideen «Freiheit und Gleichheit» beschäftigt haben und diese Ideen in biologischem Erbe und/oder äußerer Umwelt zu verankern versucht haben – anstatt die Wurzeln in der Entwicklung des menschlichen Bewußtseins und Denkens zu suchen, d.h. in dem Heranwachsen der menschlichen *Individualität*, welche sowohl Freiheit als auch Gleichheit begründet. Wenn Hayek «den Unterschied in den individuellen Fähigkeiten» begründen soll, stützt er sich dagegen auf biologisch-reduktionistische Vorstellungen von «Kombinationen von Genen und Genmustern» (*ebd.*, S. 86f. und 440).

Kapitel 14

1 Habermas, *Strukturwandel der Öffentlichkeit*, S. 41 (Herv. H.H.).

2 Locke, *op.cit.*, S. 354 und 353 (§ 27), Herv. H.H. Lockes von dem Begriff des «Eigentums» ausgehende Auffassung von der menschlichen Existenz gründet wiederum in seiner Ansicht von der für das menschliche Dasein fundamentalen Rolle des «Selbsterhaltungstriebes», den er sogar als dem Menschen von der Gottheit eingegeben ansieht. (In diesem Zusammenhang liegt die Frage nahe, was denn dann das Dasein des Menschen von dem der Tiere unterscheiden soll?!) Die Primärstellung des (egozentrierten) Selbsterhaltungstriebes war auch ansonsten – in verschiedenen Varianten – eine verbreitete Tendenz des Denkens des 17. und 18. Jahrhunderts. Lockes Beitrag bestand lediglich darin, das Eigentumsrecht aus dem Selbsterhaltungstrieb abzuleiten.

3 Zitiert nach Karl Marx, *Die Frühschriften*, S. 532.

4 Hier berühren wir wiederum einen Punkt, an dem Marx' Auffassung nicht eindeutig ist. Denn in anderen Zusammenhängen (so wenn die Rede von der erwähnten materiellen «Reproduktion» ist) scheint die Arbeit *auch* einen Wert an sich zu haben, als wichtige Form menschlicher Entfaltung. Auf der anderen Seite soll dieses Arbeitsverständnis (nicht nur Mittel, um leben zu können, sondern primäres Lebensbedürfnis) jedoch nur für die «höhere Phase der kommunistischen Gesellschaft» gelten, die, wie wir oben gezeigt haben, auf den utopischen – ja illusorischen – Voraussetzungen von materiellem Überfluß und Aufhebung der Arbeitsteilung beruht.

5 Dag Østerberg, *Samfunnsteori og nytteteori*, (Gesellschaftstheorie und Nutzentheorie), Oslo 1980, S. 64 und 75 (Herv. H.H.). Es steht auf einem anderen Blatt, daß Østerberg – in seinem Verweis auf die utilitaristische Ignorierung der sozialen «Ganzheit» – nicht zwischen legitimer Sozialität einerseits und verschiedenen Formen von «Gruppensolidarität» andererseits zu unterscheiden scheint. Manifestationen von auf Individualität basierender Brüderlichkeit und Beispiele von «Konformitäts»-Gemeinschaften werden somit unnuanciert als «*kollektive* Erfahrungen» definiert (S. 77 –79; Herv. H.H.), obwohl es sich im ersten Fall um Erkenntnis, im zweiten nur um triebbestimmte und instinktive Neigungen, ja um Massenphänomene handelt.

6 Untersuchungen in moderner Unternehmensgeschichte zeigen oft, daß auch andere Impulse als das ökonomische Gewinnmotiv eine Rolle spielen. Oft ist die Möglichkeit der Entfaltung von Einsichten und Fähigkeiten und die damit verbundene Freude ebenso ausschlaggebend für den Einsatz des einzelnen wie die Aussicht auf privaten Verdienst. Unseres Erachtens ist es deshalb einseitig gedacht, wenn z.B. der bereits zitierte Anfinn Stigen in seinem Werk *Arbeid og menneskeverd* schreibt, daß «(Adam) Smith sogar darin Recht haben kann, daß dies (privater Gewinn) der *einzige* Antrieb für die selbständigen Gewerbetreibenden ist» (S. 87).

7 Søren Kierkegaard, *Kjerlighedens Gjerninger*, in: *Søren Kierkegaards samlede Værker*, hrsg. Kopenhagen 1903, Bd. IX, S. 25f. – Daß Sozialität als Nächstenliebe auf dem Menschen als einer Individualität beruht, ist in der Philosophie der Gegenwart von Max Scheler verfochten worden. Doch ist sein Begriff ‹Person› offenbar enger als das, was Kierkegaard mit «Selbst» versteht, und er unterscheidet sich in verschiedener Hinsicht von unserem Begriff ‹Individualität›, wie wir in unserem Kapitel «Die Wirklichkeit der Freiheit» aufzeigten.

8 Kierkegaard, *op.cit.*, S. 47 und 9.

9 Dieser Soziologismus mit seiner Unterbewertung des *inneren* Lebens der Menschen und der Realität der *Ideen* kommt auch in *La Suicide* zum Ausdruck, wo es u.a. heißt (II, 3, I), daß «man die Entwicklung der Geschichte nicht als ein Spiel rein metaphysischer Begriffe erklären kann ... Die religiösen Auffassungen sind Produkte der sozialen Umwelt und keineswegs deren Ursprung».

10 Die Verweise auf Fromm beziehen sich auf sein Buch *The Art of Loving*, aus dem auch das Zitat entnommen ist (S. 59). Wie Kierkegaard in *Kjerlighetens Gjerninger* unterstreicht im übrigen auch Fromm den fundamentalen Unterschied zwischen dem «sich Selbst Lieben» als Individualität einerseits und «Selbstsucht» andererseits, wobei wir letzteres auch mit Egoismus bezeichnet haben. Hieraus folgt auch, daß sich «der selbstsüchtige Mensch ... nicht selbst liebt», wie allgemein angenommen, sondern sich «in Wirklichkeit selbst haßt» (*ebd.*, S. 60). Diese Betonung des Zusammenhangs zwischen Individualität und Sozialität verweist auf den radikalen Unterschied Fromms zu Freud, welcher das triebbestimmte «Lustprinzip» betont, infolgedessen ein basaler *Konflikt* zwischen Individuum und Gesellschaft bestehen soll. Damit ist jedoch nicht gesagt, daß Fromm einen in allen Teilen – erkenntnistheoretisch wie ontologisch – wohlbegründeten Begriff der menschlichen Individualität hat. Trotz seiner Huldigung der «Rationalität» verzichtet Fromm in letzter Instanz darauf, «die Antwort im *Gedanken* zu finden», und sucht statt dessen Halt in einer irrationalen Handlungsphilosophie und östlichen religiösen Traditionen (*ebd.*, S. 77ff.).

11 Vgl. z.B. Viktor Frankl, «Reductionism and Nihilism», in: A. Koestler und J. R. Smythies (Hrsg.), *op.cit.*, S. 306ff.

12 Christopher Lasch, *The Culture of Narcisme*, New York 1979, S. XV, 51 und 53. – Andererseits übersieht Lasch, wie es beinahe die Regel für «radikale» oder sozialistische Gesellschaftskritik ist, daß nicht nur «die Gesellschaftsverhältnisse», sondern gleichermaßen – und sogar fundamentaler – die heutige materialistische Lebens- und Weltanschauung Entfremdung und Angst hervorbringt. Auch diese Lebens- und Weltanschauung – mit ihrer Entseelung sowohl des Menschen als auch der Natur – treibt die Menschen in einen «Solipsismus», wie es Lasch treffend nennt, bringt also die «narzißtische Neurose» hervor. Daß er dies übersieht, ist um so bemerkenswerter, als er «Leere» und Mangel an «Lebenssinn» als *die* Grundelemente des «narzißtischen Persönlichkeitstypus»

hervorhebt. Seine Analyse und Kritik reicht also über eine rein psychologische und soziologische Perspektive nicht hinaus.

13 Deshalb zeichnet z.B. der sogenannte «Macht-Rapport» der norwegischen Regierung, der im wesentlichen auf einem spieltheoretischen Modell aufbaut, ein weitgehend richtiges Bild unserer *heutigen* Gesellschaft, in der das eigene materielle «Interesse» auch innerhalb des politischen Bereiches zu einem bestimmenden Faktor geworden ist. Eine solche Untersuchung trägt jedoch dazu bei, diese «Gesellschaft der Interessenkämpfe» zu festigen, da sie die Gesellschaft nicht im Lichte eines wahreren Begriffes von menschlicher Individualität, Sozialität und Rationalität betrachtet. Das Bild vom Menschen als jemandem, der lediglich über seine engen Eigeninteressen wacht, «Macht» und «Kontrolle» anstrebt, bleibt damit nicht nur unproblematisiert, sondern wird als selbstverständlicher Ausgangspunkt der Gesellschaftsanalyse akzeptiert.

14 Dieses und das folgende Zitat ist entnommen aus V. I. Lenin, *Collected Works*, Vol. 25, Moskau 1964, S. 469 bzw. S. 426.

15 Émile Durkheim, *De la Division du travail social*, hier zitiert nach der amerikanischen Ausgabe *The Division of Labor in Society*, Glencoe Ill. 1947, S. 60f.

16 *Ebd.*, S. 27f. Zentral stehen in Durkheims Werk im übrigen die Begriffe ‹mechanische› und ‹organische› Solidarität. Erstere entspricht in wichtigen Punkten dem, was wir als «Kollektivismus» bezeichnen, d.h. einer begrenzten, auf äußerlicher Gleichheit und nicht auf Individualität beruhenden Gemeinschaft.

17 Durkheim, *The Division of Labor in Society*, S. 266. Die folgende Charakterisierung von Durkheims Auffassung von Rationalismus und Individualismus ist entnommen aus Østerberg, *Emile Durkheims samfunnslære* (Die Gesellschaftslehre Émile Durkheims), Oslo 1974, S. 37.

18 Was damit zum Verschwinden gebracht wird, ist nicht weniger als «die Degenerierung einer ganzen Zivilisation», um es mit dem norwegischen Verfasser Kaj Skagen auszudrücken. Skagen, der den gleichen Standpunkt einnimmt wie wir, meint, daß diese deshalb verschwinden wird, weil es einfach «strukturell unmöglich wird, aus allem X-beliebigen Geld zu machen ... Die Degenerierung wird von sich aus verschwinden». (Kaj Skagen, *Den permanente evolusjon* (Die permanente Evolution), in der Zeitschrift *Arken* (Die Arche) Nr. 1–2/1980, S. 26).

19 Karl Marx/Friedrich Engels, *Werke*, Bd. 17, Berlin 1968, S. 342 (Herv. H.H.). Der folgende Verweis auf Engels bezieht sich auf das gleiche Werk, S. 625.

20 Hegel, *Grundlinien der Philosophie des Rechts*, S. 398, § 257. Hegels Auffassung von der Verwirklichung des «allgemeinen Individuums» im Staat kann im übrigen als eine Personifizierung des Rousseauschen «Allgemeinwillens» gelten – hierbei jedoch verstanden als Gedanke und nicht als Wille. Beide versuchen, den in der Neuzeit entstandenen Gegensatz zwischen Individuum und Gesellschaft zu überwinden, jedoch auf Kosten der menschlichen Individualität und der Freiheit des Individuums.

Kapitel 15

1 Der klassische «Denker der Gleichheit» – im Guten wie im Schlechten – ist vor allen anderen Rousseau. Er hat in seiner Analyse der *anti*sozialen Ungleichheit des Eigentums und der Habsucht viele scharfsinnige Nachfolger auch in der Gegenwart gefunden, unter Sozialpsychologen ebenso wie in der schöngeistigen Literatur. Gemeinsam für die meisten Verfechter der Gleichheit ist jedoch auch, daß ihnen, wie Rousseau, der Sinn dafür fehlt, daß die Gleichheit prinzipiell nur für einen *bestimmten* Gesellschaftsbereich gilt.

2 Thomas Hobbes, *Leviathan*, in: *The English Works of Thomas Hobbes*, Vol. III, London 1839 (Nachdruck Aalen 1966), S. 168.

3 *Ebd.*, S. 170.

4 Die Bakunin-Zitate sind entnommen aus G. Nataf (Hrsg.), *Bakounine. Fédéralisme, Socialisme, Antithéologisme*, Montreux 1969, S. 161 und 164.

5 Vgl. Max Stirner, *Der Einzige und sein Eigentum*, Leipzig 1892, S. 374ff., und Ayn Rand u.a. *Capitalism: the Unknown Ideal*, New York 1967. Dieser Vergleich zwischen Stirner und Ayn Rand muß selbstverständlich mutatis mutandis verstanden werden. Es handelt sich hier um sehr verschiedene Denker, die in höchst verschiedenen geistigen Klimata und mit einer zeitlichen Verschiebung von einem Jahrhundert auftreten. Für Stirner gilt, daß er in seiner Betonung des «Einzigen» ein Reflexionsniveau erreicht, das nicht hinter dem des ihm vorangegangenen Fichte, seinem Zeitgenossen Kierkegaard und der späteren Existenzphilosophie zurücksteht.

6 Friedrich Engels, *The Origin of the Family, Private Property and the State*, Moskau 1954, S. 284.

7 Lenin, *The State and Revolution*, in: *op.cit.*, S. 463.

8 *Ebd.*, S. 474.

9 Engels, *ebd.*, S. 277.

10 Peter Kropotkin, «Les droits politiques» in: *Paroles d' un Révolté*, Ausgabe Paris 1978, S. 47ff.

11 Jean-Paul Sartre, *Critique de la raison dialectique*, Paris 1960, S. 385.

12 Hermann Rauschning, *Die Revolution des Nihilismus*; Zürich 1938, 5. (ergänzte und verbesserte) Auflage, S. 90 und 49. Das letzte Zitat zeigt im übrigen, daß der Nationalsozialismus mit seiner Auflösung aller Normen zu bloßen «Kulissen» für die zynische Manipulierung der «Massen» selbst auf einer bestimmten Doktrin aufbaut: dem Darwinismus – ein Zusammenhang, auf den u.a. Conrad-Martius, *op.cit.*, hingewiesen hat.

Kapitel 16

1 Rudolf Steiner, *Die Kernpunkte der sozialen Frage in den Lebensnotwendigkeiten der Gegenwart und Zukunft*, Dornach 1919, hier zitiert nach der Ausgabe Dornach 1973, S. 71f. – Steiners Schrift wurde zum ersten Mal unmittelbar nach dem deutschen Zusammenbruch im Ersten Weltkrieg und während der darauf folgenden Friedensverhandlungen herausgegeben und wurde präsentiert als eine Lösung der konfliktreichen internationalen politischen Probleme, die zu dieser Zeit anstanden. Es gibt gute Gründe für die Behauptung, daß die soziale Dreigliederung eine vernünftige Alternative zu dem einheitsstaatlichen Denken gewesen wäre, das die Unterhändler in Versailles prägte. Denn durch Trennung des kulturellen Lebens von dem rechtlich-politischen hätte man die Minoritätsprobleme lösen können, die als Folge des Nationalstaates unvermeidlich auftraten. Statt dessen dachte man weiter in alten Gleisen und legte damit den Keim einer neuen Kriegskatastrophe, nur zwanzig Jahre später. Das Minderheitenproblem ist bis heute keiner Lösung zugeführt worden, wie sie die Dreigliederungslehre anbietet. Hiervon zeugen die vielen brennenden Konflikte in der heutigen Welt; erwähnt seien nur der Mittlere Osten und die wieder aufbrechenden ethnischen Gegensätze in Osteuropa.

2 Wilhelm Windelband, *op.cit.*, S. 104.

3 Eduard von Hartmann, *Philosophie des Unbewussten* (1869), Leipzig 1904 (11. revidierte Auflage), 1. Teil, S. 336. Das andere Zitat ist entnommen aus Hartmann, *Zwei Jahrzehnte deutscher Politik*, Leipzig 1889, S. XI. Neben Parallelen gibt es auch wesentliche Unterschiede zwischen Hartmanns und unserer Auffassung von der dreigliedrigen Gesellschaft. Beispielsweise spricht er von «Kirche» und dem «Religiös-kirchlichen», wo wir von dem Bereich des Geistes- oder Kulturlebens sprechen; er versteht zudem die Organisation des ökonomischen Bereiches «analog zur einheitlichen politischen Organisation», spricht in diesem Zusammenhang sogar von «Parlament» (*Ph. d. Unbew.*, S. 341; *Zw. J. d. Pol.*, S. 130). – Den Hinweis auf von Hartmann verdanke ich übrigens Eiliv Bakke, der sich in Norwegen als einer der ersten, und zudem unermüdlich, publizistisch mit der Idee der sozialen Dreigliederung beschäftigt hat.

4 Die Bewegung des «Dritten Weges» – die ein Zentrum (u.a. mit Verlag) in Achberg (BRD) gehabt hat – charakterisiert sich selbst als «eine Gesellschaftsalternative jenseits des Kapitalismus und Kommunismus ..., bei der es um ein organisches Zusammenwirken von Freiheit, Demokratie und Sozialismus geht».

5 Steiner, *Die Kernpunkte der sozialen Frage*, S. 75f., Herv. H.H.

6 Folkert Wilken, *Die Entmachtung des Kapitals durch neue Eigentumsformen*, Freiburg i.Br. 1959, S. 19.

7 *Ebd.*, S. 50ff.

8 *Ebd.*, S. 52.

9 Hans Georg Schweppenhäuser, *Das Eigentum an den Produktionsmitteln*, Berlin 1963, S. 42. – Das vorhergehende Zitat von Spengler, aus *Untergang des Abendlandes* (München 1922, Bd. II, S. 97f.), ist hier wiedergegeben nach Schweppenhäuser, *op.cit.*, S. 16.

10 Leif Holbæk-Hanssen, *Metoder og modeller i markedsføringen* (Methoden und Modelle des Marketing), Bd. 3, Oslo 1976, S. 140. Holbæk-Hanssen gibt in seinem Buch eine relativ breite Erörterung (die umfassendste, die bis heute in einer skandinavischen Sprache vorliegt) der Organisation des ökonomischen Bereiches, von der Idee der sozialen Dreigliederung ausgehend. Für ein detaillierteres Studium dieses organisatorischen Aspektes der Dreigliederung kann deshalb auf dieses Buch (insbesondere S. 117–185) verwiesen werden – nicht zuletzt, was die sozialökonomischen Fragen angeht. Auf der anderen Seite können wir uns Holbæk-Hanssens Auffassungen, wie sie in *Metoder og modeller* ... vorgelegt werden, nicht vollständig anschließen. So müssen wir entschieden zurückweisen, daß außerhalb der «freien Gemeinschaften» und deren Kooperation weiterhin ein gewisser «privater Sektor» (die «Kleinbetriebe» der Wirtschaft umfassend) aufrechterhalten werden soll, auf Privateigentum und Profit basierend. Auch wenn sich diese Auffassung (die Holbæk-Hanssen übrigens mit dem deutschen Dreigliederungstheoretiker Wilhelm Schmundt teilt) nur auf einen begrenzten Teil der Wirtschaft bezieht, stellt sie doch eine Konzession an den Privatkapitalismus dar. Damit wird die ungleiche ökonomische Verteilung und die Verdinglichung der Arbeit weiterhin akzeptiert, die doch durch das Prinzip von Brüderlichkeit oder gegenseitiger Hilfe gerade überwunden werden soll.

11 Erich Fromm, *The Art of Loving*, S. 59. Echte Gemeinschaft in der Familie wie im ökonomischen Bereich wird in der kapitalistischen Egoismus- und Konkurrenzgesellschaft untergraben. Insoweit können wir Friedrich Engels weitgehend zustimmen, wenn er einen Zusammenhang zwischen Repression in der Ehe, Promiskuität und Prostitution einerseits und kapitalistischem Privateigentum und Lohnarbeit andererseits ausmacht. Wir können ihm jedoch nicht folgen, wenn er meint, die bloße Aufhebung dieser Institutionen sei eine hinreichende Bedingung dafür, daß «die Monogamie ... endlich verwirklicht wird» (Engels, *op.cit.*, S. 125f.). Hierbei wird unterschätzt, daß Ehe und Familie ebenso wie die echte ökonomische Gemeinschaft auch einen individualethischen und psychologischen Aspekt haben, worauf z.B. Fromm in der oben zitierten Passage hinweist.

12 Holbæk-Hanssen, *op.cit.*, S. 149.

13 *Ebd.*, S. 165. Der selbststeuernde und selbstverwaltende Charakter der Produktionsgemeinschaften wird im übrigen dadurch unterstrichen, daß sie der Verfasser in anderen Zusammenhängen als «Verantwortungsgemeinschaften» bezeichnet hat.

14 Wilken, *op.cit.*, S. 39f.

15 Schweppenhäuser, *op.cit.*, S. 29. Die vorangegangenen Durkheim-Zitate sind entnommen aus *The Division of Labor in Society*, S. 28.

16 In diesem Zusammenhang sei darauf hingewiesen, daß Holbæk-Hanssen die Anwendung der Organisationsform der ‹freien Gemeinschaften› auch für den Bereich des Geistes- und Kulturlebens erörtert, auch wenn diese dort «in vielerlei Hinsicht einen anderen Charakter (haben)» (*op.cit.*, S. 156f.).

17 Steiner, *Die Kernpunkte der sozialen Frage*, S. 46f., Herv. H.H.

18 *Ebd.*, S. 48 und 50.

19 *Ebd.*, S. 47f.

20 Steiner, *In Ausführung der Dreigliederung des sozialen Organismus*, Stuttgart 1920 (später abgedruckt in: *Rudolf Steiner Gesamtausgabe* Nr. 24), hier zitiert nach *Zur Dreigliederung des sozialen Organismus*, Stuttgart 1972, S.55. – Hier besteht, wie bereits angedeutet, ein wesentlicher Unterschied zu Platons Gesellschaftsphilosophie, in der trotz aller «Dreiteilung» ein institutionell einheitliches, übergeordnetes Prinzip angenommen wird: das «Königtum der Philosophen».

21 Die Zitate von Murray Bookchin stammen aus seinem *Post-Scarcity Anarchism*, Berkeley 1971, S. 144, 153 und 146.

22 Ivan Illich, *Tools for Conviviality*, London 1973, S. 52f.

23 *Ebd.*, S. 22.

24 André Gorz, *Écologie et Liberté*, Paris 1977, S. 79f., 88 und 104.

25 *Ebd.*, S. 107f.

26 Ein weiterer kritikwürdiger Zug eines großen Teiles heutigen ökologischen Denkens oder der ökologischen Bewegung sind ihre naturalistischen, um nicht zu sagen biologistischen, Untertöne. Als Folge mangelhafter Erkenntnis der Eigenart des Menschen als Individualität und sozialen Wesens hat man ihn mit seinem Egoismus und der Ausbeutung der Natur identifiziert. So ist man versucht, die (materialistisch verstandene) Natur *auf Kosten* des Menschen zu betonen. Dies hat jedoch in jüngster Zeit erhebliche Kritik hervorgerufen. Ein anderer Mangel dieser – häufig als «Öko-Philosophie» präsentierten – Bewegung besteht darin, daß sie die naturbewahrenden Traditionen europäischen Denkens übersieht – von Aristoteles über Thomas von Aquin bis zu Schelling, Goethe und Steffens – und, wie bereits erwähnt, statt dessen Halt in äußerst problematischen, östlichen Impulsen wie Taoismus und Buddhismus sucht.

Kapitel 17

1 Vgl. Isaiah Berlin, *Two Concepts of Liberty*, Oxford 1958, S. 8f., aus dem auch das Hobbes-Zitat entnommen ist.

2 Die Zitate von Berlin sind entnommen aus *op.cit.*, S. 51.

3 *Ebd.*, S. 14.

4 *Ebd.*, S. 33.

5 M.J. Monrad, *Die menschliche Willensfreiheit und das Böse*, Leipzig 1898, S. 36.

6 *Ebd.*
7 *Ebd.*
8 Berlin, *op.cit.*, S. 56.
9 Ebenso wie wir behaupten, daß «Bewertung» Erkenntnis impliziert, behaupten wir auch, daß jegliche Erkenntnis einen ethischen Aspekt hat. Zu der zentralen Frage nach wissenschaftlicher *Methode* meinen wir daher, daß eine solche Methode nicht ethisch «wertneutral» sein kann.
10 Berlin, *op.cit.*, S. 19. Vgl. hier generell Berlins Erörterung des «positiven Freiheitsbegriffes», S. 16ff.
11 Robert Paul Wolff, *The Poverty of Liberalism*, Boston 1968, S. 45.
12 James F. Stephen, *Liberty, Equality, Fraternity*, zitiert nach der Ausgabe Cambridge 1967, S. 176. Weil Stephen selbst keinen positiven Freiheitsbegriff und damit auch keinen inhaltlich gefüllten Begriff von Individualität hat, vermag er im übrigen auch keinen Sinn in den Prinzipien der Gleichheit und Brüderlichkeit zu erkennen.
13 Die Zitate von Freud sind entnommen aus seinen *Vorlesungen zur Einführung in die Psychoanalyse*, Leipzig 1926, S. 294f.
14 Die Theorie vom «Humankapital» oder dem «menschlichen Kapital», die ihren Ursprung an der Universität Chicago hat, ist mit ihrem primitiven Menschenverständnis gleichwohl konsequent liberalistisch und liegt offensichtlich in der Verlängerung der neoliberalistischen Auffassungen des Sozialökonomen Milton Friedman. Dieser Neoliberalismus – mit seiner zynischen und materialistischen Menschen- und Gesellschaftsauffassung – wird gar als völliger Neubeginn konservativer Ideologie angesehen.
15 Vgl. in diesem Zusammenhang unsere Erörterung des Verhältnisses zwischen «innerer» und «äußerer» Repression in unserem Kapitel «Individualität, Sozialität und Repression».
16 Berlin, *op.cit.*, S. 17f.
17 *Ebd.*, S. 17ff.
18 *Ebd.*, S. 21f.
19 Das Zitat von v. Wright ist der bereits zitierten Manuskriptkopie *On Human Freedom*, S. 93, entnommen.
20 Anfinn Stigen, *Menneskets frihet. En filosofisk undersøkelse* (Die Freiheit des Menschen), Oslo 1982, S. 102f.
21 *Ebd.*, S. 82, 87 und 97.
22 *Ebd.*, S. 59.
23 Wir verweisen in diesem Zusammenhang auf die ausführlichere Erörterung in Teil I unserer Studie, Kapitel «Erkenntnis, Individualität und Freiheit» und «Die Wirklichkeit der Individualität».
24 Stigen, *Menneskets frihet*, S. 8 (Vorwort). Sich sprachanalytisch an die Frage menschlicher Freiheit anzunähern, ist im übrigen eine weitverbreitete Methode

der Philosophie der Gegenwart. So hat auch der norwegisch-schwedische Philosoph Harald Ofstad eine solche Methode seinem Werk *An Inquiry into the Freedom of Decision* (Oslo/Stockholm/London 1961) zugrunde gelegt, das mit folgender Erklärung beginnt: «Beizupflichten oder zu verneinen, daß wir frei wählen können, ist so lange ohne Sinn, wie wir nicht klarstellen können, was wir damit *meinen*, ‹frei zu wählen› (freedom of decision). *Der Ausdruck* ist nicht nur zweideutig, sondern läßt eine Unzahl von *Interpretationen* zu ...» (S. IX, Herv. H.H.).

25 Stigen, *Menneskets frihet*, S. 48.

26 *Ebd.*; die beiden ersten Zitate stehen auf S. 97, das letztere auf S. 59.

27 In Stigens *Menneskets frihet* liegen eindeutig derartige naturalistische Tendenzen vor, besonders explizit in dem Abschnitt mit dem bezeichnenden Titel: «Der Mensch, ein biologisches Wesen», wo z.B. betont wird, daß selbst das Denken nichts anderes als eine Art biologische Fähigkeit sei (S. 229).

28 Sehr treffend warnte Goethe vor diesem Mißtrauen dem Denken und seinen Begriffen gegenüber, welches dazu verleitet, etwas «hinter» ihm zu suchen: «Man suche nur nichts hinter den Phänomenen; sie selbst sind die Lehre.» (*Sprüche in Prosa*, Nr. 165, hier zitiert nach der Ausgabe Stuttgart 1967, S. 44f.)

29 Die hier tangierte Frage, ob sich die menschliche *Erfahrung* (das «Erleben») vom Denken von der Antike bis heute geändert hat, ist ein Hauptthema in Helge Salemonsens *Tenkningen som erfaring* (Das Denken als Erfahrung); siehe insbesondere das Kapitel «Mellom bilde og abstraksjon» (Zwischen Bild und Abstraktion).

30 Rudolf Steiner verleiht diesem fundamentalen Vertrauen, daß die Wahrheit *erkannt* werden kann, Ausdruck, wenn er erklärt: «Das mit dem Gedankeninhalt erfüllte Leben in der Wirklichkeit ist zugleich das Leben in Gott.» (*Die Philosophie der Freiheit*, S. 250.)

31 Eine nähere Begründung einer Erkenntnisart, wie wir sie hier meinen, habe ich in meinem Essay «Theory of Science in the Light of Goethe's Science of Nature», *Inquiry*, Vol. 15 (1972), zu geben versucht, insbesondere S. 378–383 – auch abgedruckt in: F. Amrine et al. (Hrsg.), *Goethe and the Sciences: A Reappraisal. (Boston Studies in the Philosophy of Science*, Vol. 97/1987), S. 210–215.

32 Siehe mein Essay «Transcending Darwinism in the Spirit of Goethe's Science. A Philosophical Perspective on the Works of Adolf Portmann», Abschnitt «An epistemological grounding of Portmann's and Goethe's standpoint» (vgl. Anmerkung 10 zum Kapitel «Individualität und Leiblichkeit»).

33 Indem wir das vertiefte, meditative Denken als (konsequente) Verlängerung der philosophischen (erkenntnistheoretischen) Reflexion sehen, unterscheiden wir uns radikal von der östlichen Meditationstradition, die in den letzten Jahren auch in den westlichen Gesellschaften eine erhebliche Verbreitung erfahren hat. Unser Fundament liegt also in unserer eigenen Kultur, in ihrer Wissenschaft,

ihrem religiösen Leben und ihren sozialen Ideen. Die Meditation der östlich inspirierten Meditationsbewegungen etabliert sich dagegen isoliert von unserer Kultur und ihren Lebenssinn- und Weltanschauungsproblemen.

34 Die klassische und noch immer mustergültige Einführung in und philosophische Begründung von «goetheanistischer Wissenschaft» sind die Einleitungskapitel Rudolf Steiners zu der ersten gesammelten Ausgabe von Goethes naturwissenschaftlichen Arbeiten (auf die wir bereits hingewiesen haben). Diese Einleitungskapitel sind in einer Reihe späterer Ausgaben separat verlegt worden, und zwar unter dem Titel *Goethes naturwissenschaftliche Schriften* (zuletzt Dornach 1973; englische Ausgabe *Goethe the Scientist*, New York 1950).

35 Die obigen Heidegger-Zitate sind seinem Werk *Sein und Zeit*, § 40, Ausgabe Tübingen 1953, S. 187 und 189, entnommen.

36 M.J. Monrad, *Udsigt over den høiere Logik*, S. 16.

37 John Rawls, *A Theory of Justice*, Cambridge Mass. 1971, S. 139; vgl. auch S. 136ff.

38 Gegen unsere Rawls-Kritik könnte eingewandt werden, daß auch die Annahme des Reinkarnationsgedankens Egoismus impliziert, nämlich den privaten Wunsch nach «Unsterblichkeit». Dieser Einwand beruht jedoch auf der von uns kritisierten Verwechslung der Begriffe Egoismus und Individualität. Hinzu kommt, daß beim Reinkarnationsgedanken nicht nur von «Unsterblichkeit» die Rede ist (wo der private Egoismus involviert sein könnte), sondern gleichermaßen von «Ungeborensein» (wo ein solcher Egoismus keine Motivation darstellen kann).

39 So ist es Rawls' explizite Auffassung, daß «der Begriff des Schleiers der Unwissenheit ... Kants Ethik (impliziert ist)» (*op.cit.*, S. 140f.). Er betont zudem, daß dieser ein besonders origineller und grundlegender Begriff Kants ist (S. 251ff.).

40 Charakteristisch für eine solche rein biologische Auffassung vom Menschen ist die folgende Passage aus einer Abtreibungsdebatte: «Es ist grotesk, diesen Zellklumpen in einem frühen Stadium als einen Menschen zu bezeichnen.»

41 Sigurd Skirbekk, *Den samfunnsvitenskapelige tenkemåte*, (Die gesellschaftswissenschaftliche Denkweise), Oslo 1968, hier zitiert nach der 2. Aufl. 1971, S. 33.

42 Sigurd Skirbekk, *op.cit.*, S. 34.

43 Augustinus, *Confessiones*, II. 2, S. 33.

44 Um zu verdeutlichen was wir meinen, können wir beispielsweise den heutigen Körperkult mit der klassischen griechischen Huldigung des menschlichen Körpers, dessen Schönheit und dessen harmonischen Aufbaus vergleichen. Letztere war Teil einer spiritualistischen Kosmologie, während erstere rein sensualistisch und sinnlich ist – beispielsweise kein Sonnenkultus, sondern eine Anbetung des «Sonnenbades»! Die moderne Verehrung des Körpers stellt insoweit eher eine auf materialistischer Physiologie beruhende Lebenshaltung und Lebenspraxis dar.

Kapitel 18

1 Dag Østerberg, *Makt og materiell* (Macht und Materialität), Oslo 1971, S. 42 und 43, Herv. H.H.

2 Hier zitiert nach Berlin, *op.cit.*, S. 50. Unser Vergleich von Orwells und Huxleys Zukunftsvisionen findet Unterstützung bei dem amerikanischen Medienforscher Neil Postman, der betont, daß nicht Orwell die treffendste Vorahnung der Entwicklung gehabt hat, sondern Aldous Huxley. Der Grund hierfür liegt darin, daß nicht die politische Unterdrückung die ernsthafteste Gefahr für unsere Kultur ist, sondern die Verflachung, Leere und unser Drang zur Unterhaltung. Vgl. Neil Postman, *Amusing ourselves to Death*, London 1987, S. 112f. und 160f.

3 So sympathisierte Frank Buchman, Leiter des Vorläufers der M.R.A., der Oxford-Bewegung, mit Hitler als Bollwerk gegen den Kommunismus.

4 Die Hegel-Zitate sind entnommen aus *Phänomenologie des Geistes*, S. 462ff. und S. 285. Auf der anderen Seite weicht unsere Auffassung von der Hegels ab, wenn er die «partikuläre» Existenz des Individuums auch als «Individualität» bezeichnet. Für uns ist dies sowohl terminologisch als auch real irreführend, da wir die Sozialität im Unterschied zu Egoismus als aus der Individualität abgeleitet ansehen.

5 Steiner, *Die Kernpunkte der sozialen Frage*, S. 81f.

6 Habermas, *Strukturwandel der Öffentlichkeit*, S. 177 (Herv. H.H.) – Auf der anderen Seite impliziert die tatsächliche Entwicklung, daß laut Habermas auch der Ideologiebegriff selbst einen völlig anderen Inhalt bekommt. Die verschleiernde Ideologie besteht nicht länger vor allem in offenen verbalen Deklarationen von Humanität, Recht und Gerechtigkeit, sondern darin, daß «sich Ideologie in Gestalt der sogenannten Konsumkultur ein(richtet) und ... gleichsam auf tieferer Bewußtseinsstufe ihre alte Funktion, nämlich den Zwang zur Konformität mit den bestehenden Verhältnissen (erfüllt)» (*ebd.*, S. 236).

7 Einer solchen Revolutionsromantik scheint auch Herbert Marcuse anzuhängen, auch wenn er ansonsten die Bewußtseinsveränderung des *Individuums* betont. In einer Antwort auf die Frage nach gesellschaftlicher Veränderung verweist er auf eine bloß dialektische Wendung, daß «gerade im Negativen auch das Positive liegt». Um diese rein negative Auffassung von Gesellschaftsumwälzung zu illustrieren, wählt er ein Beispiel, das die ganze Unzulänglichkeit einer solchen Auffassung aufdeckt: «In Persien wäre die Antwort ..., daß es dort nicht länger einen Schah gibt.» (*Das Ende der Utopie*, Berlin 1967, hier zitiert nach der schwedischen Ausgabe, mit dem weniger romantisierenden Titel *Protest, demonstration, revolt*, Stockholm 1968, S. 104.)

8 Lenin, *The State and Revolution*, in: *op.cit.*, S. 425. Wir kritisieren an der marxistischen Revolutionsidee deren Ignorierung individueller Veränderung und *nicht* das Prinzip radikaler Veränderung. Dies unterscheidet uns vom Gros der

traditionellen Kritik an dieser Idee, wie z.B. der Leszek Kolakowskis, der meint, der Fehler der marxistischen Revolutionsidee bestehe in «dem revolutionären Messianismus, der sich auf das Prinzip ‹alles oder nichts› stützt». Er hat deshalb dieser Idee nichts anderes entgegenzusetzen als Flickwerk (vgl. *Der revolutionäre Geist*, Stuttgart 1972; Zitat auf S. 16).

9 Marx, *Thesen über Feuerbach*, *op.cit.*, S. 340, Herv. H.H.

10 Steiner, *Zur Dreigliederung des sozialen Organismus*, S. 56, Herv. H.H. Die Erfahrungen mit diesen Zwangsverhältnissen haben offenbar die Bestrebungen für einen «Sozialismus mit menschlichem Antlitz» («Glasnost» u.ä.) motiviert. Diese münden jedoch häufig in Konzessionen an das kapitalistische Profitprinzip, das man (zu Recht) überwinden wollte. Nach unserer Auffassung ist dies deshalb der Fall, weil man die Bedeutung der individuellen Veränderung übersieht und deshalb nicht zu Gesellschaftsinstitutionen gelangt, die dieser entsprechen.

11 Steiner, *Zur Dreigliederung des sozialen Organismus*, S. 50, Herv. H.H. Der Fehler des Marxismus liegt also in dessen Auffassung, daß es nur gelte, die repressiven *Institutionen* des Kapitalismus zu entfernen. «Richtig ist,» schreibt Steiner, «was Marx und Engels gesehen haben: daß die Verwaltung des Wirtschaftskreislaufes nicht enthalten darf, was eine Regierung über Menschen bedeutet, und daß dem Kapital ... nicht die Macht zukommen darf über den Menschengeist ... Aber verhängnisvoll geworden ist, daß sie glaubten, beides, die durch das Regieren geregelten Verhältnisse der Menschen zueinander und die Leitung des Wirtschaftslebens durch den Menschengeist, werde dann von selbst da sein können, wenn es nicht mehr von der Wirtschaftsverwaltung ausgeht.» (*ebd.*, S. 23). Wie wir in Teil II unserer Studie zu zeigen suchten, werden diese Verhältnisse nur gewahrt, indem sie an andere soziale Sphären (andere als die rein ökonomische) mit deren eigenen Institutionen geknüpft werden.

12 Niels Treschow, *Gives der noget Begreb eller nogen Idee om eenslige Ting? Besvaret med Hensyn til Menneskeværd og Menneskevel* («Gibt es einen Begriff oder eine Idee von einzigen Dingen? Beantwortet in bezug auf Menschenwürde und Menschenwohl»), *Det Kongelige Danske Videnskabernes-Selskabs Skrivter* (Schriften der Königlich-Dänischen Wissenschaftsgesellschaft), Kopenhagen 1807, hier zitiert nach A. H. Winsnes (Hrsg.), *Niels Treschow. «Philosophiske Forsøg» og andre Skrifter*, (Niels Treschow, «Philosophische Versuche» und andere Schriften), Oslo 1966, S. 178.

13 Noch charakteristischer ist dies für den Nationalsozialismus und Faschismus, in denen Haß – und damit verbunden Hetze, Verfolgung und Terror – nicht nur als mehr oder weniger unvermeidliche Mittel auf dem Weg zu einer «besseren Gesellschaft» angesehen werden, sondern die treibenden Kräfte der Bewegung selbst sind. Der Nationalsozialismus *lebt* schlechthin von seinen Feinden, weil er als «nihilistische Revolution» (Rauschning) überhaupt kein anderes wirkliches Ziel als die «Ausrottung» des Feindes durch «Kampf» und den «Marsch» zum

«Sieg» hat. Der Ausspruch: «Wenn wir keine Juden gehabt hätten, hätten wir sie erfinden müssen», ist Hitler zu Recht zugeschrieben worden.

14 Die Marx-Zitate sind entnommen aus *Nationalökonomie und Philosophie*; Karl Marx, *Die Frühschriften*, S. 238f., bzw. *Die deutsche Ideologie, op.cit.*, S. 347. Das Zitat von Alfred Schmidt stammt aus seiner Schrift *Der Begriff der Natur in der Lehre von Marx*, Frankfurt a.M. 1971, S. 13.

15 Das Zitat von Sigurd Skirbekk ist entnommen aus seinem Werk *Kulturoppfatninger og samfunnsutvikling* (Kulturverständnisse und Gesellschaftsentwicklung), Oslo 1971, S. 80. Gunnar Skirbekks Standpunkte finden sich u.a. in einem Essay, das in der Schrift *Ord* (Wörter), Oslo 1984, S. 66–69 wiedergegeben ist. Hieraus ist auch das Zitat entnommen.

16 Vgl. u.a. unseren früheren Verweis auf Conrad-Martius, *Utopien der Menschenzüchtung*, wo der Zusammenhang zwischen Darwinismus und heutigen politischen Strömungen, vom Nationalsozialismus bis zum Liberalismus, nachgewiesen wird.

17 Marx, *Thesen über Feuerbach, op.cit.*, S. 341. Was wir an der marxistischen Praxisphilosophie kritisieren, ist also ausschließlich ihre Ignorierung des beschriebenen Zusammenhangs und nicht die Bedeutung, die sie z.B. der menschlichen *Arbeit* beimißt, die wir als wesentlich für die Entfaltung des Menschen als Individualität, d.h. für die Entfaltung seiner Fähigkeiten und seiner Sozialität, hervorgehoben haben.

18 J.-J. Rousseau, *Ulikhetens opprinnelse* (Ursprung der Ungleichheit), *op.cit.*, S. 99. Der Verweis auf Habermas bezieht sich u.a. auf seine *Technik und Wissenschaft als ‹Ideologie›*, S. 150ff., aus dem auch das Zitat entnommen ist.

19 Wegen dieses Zusammenhangs sind z.B. Marx' und Freuds Lehre (oder auch Nietzsches Analyse in der *Genealogie der Moral*) weitgehend richtig, wenn sie den Menschen als Produkt der Gesellschaft bzw. als von seinem Triebleben determiniert beschreiben. Auch wenn diese Theorien ein falsches Bild vom Menschen als Individualität, vom Menschen als erkennendem und sozialem Wesen, zeichnen, so decken sie doch wesentliche Züge des *heutigen* Menschen in der *heutigen* Gesellschaft auf. Fatal ist jedoch, daß sie, indem sie das wahrhaft Menschliche ignorieren, den Materialismus und Triebegoismus theoretisch sanktionieren (vgl. z.B. Freuds Sexualtheorie!).

20 Es liegt offensichtlich eine Tendenz in der Existenzphilosophie, alles Äußere – politische Geschehnisse und Institutionen etc. – als bloßen «welthistorischen Auflauf» (Kierkegaard) ohne existentielle Relevanz aufzufassen.

21 Salemonsen, *Tenkningen som erfaring*, S. 81, 84 und 93f.

22 G. E. Moore, *Ethics*, London 1955, S. 126. Moores Fragestellung ist auch zentral für weite Teile der heutigen philosophischen Erörterung des Freiheitsproblemes. So erklärt der bereits zitierte Harald Ofstad: «Ich habe zu zeigen versucht, daß die zentrale Frage in der Debatte um den freien Willen darin besteht, ob wir die

Macht haben, anders zu entscheiden und anders zu handeln, als wir es tun.» (*Ansvar og handling* (Verantwortung und Handeln), Oslo 1980, S. 138. Und von Wright betont: «Jedesmal, wenn ich wirklich sagen kann: ‹Ich hätte anders handeln können›, als ich faktisch getan habe, habe ich frei gehandelt. Es gibt keinen Zweifel darüber, daß diese Idee das Zentrum (the core of) menschlicher Freiheit berührt.» (*On Human Freedom*, S. 19.)

23 Die Zitate sind entnommen aus Moore, *op.cit.*, S. 134 und 137.

24 *Ebd.*, S. 134f. Daß man den «freien Willen» als mit Ursachenbestimmtheit (Determination) vereinbar ansieht, beruht häufig (wie bei Moore) darauf, daß man die Aufmerksamkeit lediglich auf die faktischen «Erwägungen» von und die «Wahl» zwischen Möglichkeiten richtet, ohne danach zu fragen, *was* innerhalb des Menschen «erwägt» und «wählt». Denen, die diese Auffassung vertreten, die unter dem Namen «Kompartibilismus» bis auf Aristoteles zurückgeführt worden ist, fehlt somit das Verständnis dafür, daß Freiheit nur sinnvoll wird, wenn sie mit einer autonomen Individualität verbunden wird. Auf diesen Standpunkt trifft die Kritik zu, die wir im vorigen Kapitel gegen den rein negativen Freiheitsbegriff richteten. (Eine ausführlichere Darstellung der kompartibilistischen Auffassung findet sich z.B. in Ulrich Steinvorth, *Freiheitstheorien in der Philosophie der Neuzeit*, Darmstadt 1987, besonders S. 16ff.)

25 Jean-Paul Sartre, *L'être et le Néant*, hier zitiert nach der amerikanischen Ausgabe *Being and Nothingness*, New York 1978, S. 36.

26 Die Zitate sind meiner bereits erwähnten Abhandlung *Erkjennelse og virkelighet*, S. 71, entnommen; vgl. aber auch die erkenntnistheoretische Erörterung in unserem Kapitel «Erkenntnis, Individualität und Freiheit».

27 In meiner oben zitierten Abhandlung (aus dem Jahre 1957) betonte ich diesen Zusammenhang in Verbindung mit einer kritischen Erörterung gestaltpsychologisch orientierter Erkenntnistheorie (S. 68ff.); diese Kritik trifft im Prinzip auch für die hier besprochene phänomenologische Auffassung menschlicher Erkenntnis zu.

28 Terje Kvilhaug, *Mening, gjenstand og begrep. Bevissthetens form og innhold i Merleau-Pontys og Hegels filosofi* (Meinung, Gegenstand und Begriff. Form und Inhalt des Bewußtseins in Merleau-Pontys und Hegels Philosophie; Dissertation), Institutt for filosofi, Universität Oslo 1983, S. 64 und 60.

29 *Ebd.*, S. 116, 171, 198 und xiv (Herv. H.H.).

30 Ofstad, *Ansvar og handling*, S. 233. Das extremste Beispiel für «Identifikation» mit «Symbolen» statt mit Individuen stellt jedoch der Nationalsozialismus dar.

31 Typisch für diese Identifizierung des Menschen mit seinem biologischen Triebleben ist die Einstellung eines norwegischer marxistisch-leninistischen Verfassers, der behauptet, daß er innerhalb seines rein politischen «Weltbildes (auch) ... ein Mensch mit Körper, Unterleib, Blut (ist). Es ist auch notwendig, sich damit zu beschäftigen, Mensch zu sein.»

32 Ofstad, *Ansvar og handling*, S. 199.

33 Habermas, *Technik und Wissenschaft als ‹Ideologie›*, S. 122.

34 Vgl. meine Schrift *Mennesket og naturen*, S. 142ff., wo das Verhältnis zwischen Kapitalismus, Technologie (in weitestem Sinne) und Umweltzerstörung näher dargestellt wird.

35 Jacob Bronowski, *The Identity of Man*, London 1966, S. 22.

36 Stein Bråten, *The Role of Representations*, in der Festschrift für Arne Næss: I. Gullvåg and J. Wetlesen (eds.), *In Sceptical Wonder*, Oslo 1982, S. 102f.

37 Alternative Institutionen in diesem Sinne sind die verschiedenen praktischen Initiativen, die von der Anthroposophie ausgegangen sind: internationale pädagogische Aktivitäten (Waldorf- oder Rudolf-Steiner-Schulen), die anthroposophische Medizin mit ihren Kliniken, die biologisch-dynamische Landwirtschaft etc. – und in unserem Zusammenhang nicht zuletzt die angedeuteten Neugestaltungen im ökonomischen Bereich (Betriebsorganisation, Kreditinstitute u.v.m.).

38 Die Zitate von Kuhn und Feyerabend sind entnommen aus Thomas S. Kuhn, *The Structure of Scientific Revolutions*, Chicago 1965, S. 5; bzw. Paul K. Feyerabend, *Against Method*, London 1976, S. 47. Was Kuhn und Feyerabend hier hervorheben, charakterisiert unseres Erachtens u.a. die herrschende, neodarwinistische Evolutionstheorie.

PERSONENREGISTER

SACHREGISTER

Einige zentrale Begriffe wie Freiheit, Individualität, Erkenntnis, Sozialität u.ä. sind nicht in das Register aufgenommen, da sie auf beinahe jeder Seite vorkommen und darüber hinaus in den Kapitelüberschriften angegeben sind.

LOGOI

Philosophie, Literatur, Geschichte

MANFRED KRÜGER

WANDLUNGEN DES TRAGISCHEN

Drama und Initiation
244 Seiten, Klappenbroschur

«Wandlungen des Tragischen als Wandlungen des menschlichen Bewußtseins im Verhältnis zu seinen metaphysischen Bezugspunkten ... Die Arbeit wendet sich nicht nur an den Literaturwissenschaftler, sondern bietet auch der allgemeinen Geistesgeschichte wertvollen Ansätze.»
Wissenschaftlicher Literaturanzeiger

«Krüger's discussion of outstanding works of drama to exemplify his theory is supplemented by discussions of method, illuminating notes and a valuable and extremely instructive bibliography, so that his book could be just as rewarding to the general reader with an interest in the history of ideas as to an initiate of the great tragic drama born of nearly three thousand years of European civilization in search of literary historical data with particular reference to the Romance languages.» *Prof. Dr. H. K. Weinert, German Studies*

DIETHER LAUENSTEIN

DAS ICH UND DIE GESELLSCHAFT

Einführung in die Philosophische Soziologie
im Kontrast zu Max Weber und Jürgen Habermas
in der Denkweise Plotins und Fichtes
367 Seiten, Klappenbroschur

Die Soziologie leidet eingestandenermaßen unter einem Defizit an begrifflich-philosophischer Grundlegung, sowohl was den Gegenstand als auch was die Methode ihrer Untersuchungen betrifft. Hier setzt der Autor in einem umfassenden Überblick von Platon bis zur neomarxistischen Schule an: er zeigt dabei, daß es der gemeinsame Grund, die wenigen großen Inhalte des «reinen Denkens» sind, die in ihrer Ordnung die Vorentscheidung über die Lebensformen der Menschen, über heutige und vergangene Sozialformen enthalten. Durch eine Fülle von Texten bietet das Buch darüber hinaus eine in vieler Hinsicht notwendige Einführung in das Denken der klassischen und modernen Soziologie.

«Ich freue mich vor allem, daß es Ihnen gelungen ist, sehr komplizierte Zusammenhänge in einer einfachen Sprache darzustellen, und ich hoffe, daß das Buch dazu beitragen wird, zahlreiche Vorbehalte gegen Soziologie, die in den letzten Jahren entstanden sind, wieder abzubauen.»
Prof. Dr. Niklas Luhmann

VERLAG FREIES GEISTESLEBEN